唐蕃古道青海段历史文化

陈玮○主编　张生寅○副主编

中国社会科学出版社

图书在版编目（CIP）数据

唐蕃古道青海段历史文化 / 陈玮主编 . —北京：中国社会科学出版社，2023.8
ISBN 978-7-5227-1363-2

Ⅰ.①唐… Ⅱ.①陈… Ⅲ.①吐蕃—古道—研究—青海—唐代 Ⅳ.①K928.642

中国国家版本馆CIP数据核字（2023）第022487号

出 版 人	赵剑英
责任编辑	刘　艳
责任校对	陈　晨
责任印制	戴　宽

出　　版	中国社会科学出版社
社　　址	北京鼓楼西大街甲158号
邮　　编	100720
网　　址	http://www.csspw.cn
发 行 部	010-84083685
门 市 部	010-84029450
经　　销	新华书店及其他书店
印　　刷	北京明恒达印务有限公司
装　　订	廊坊市广阳区广增装订厂
版　　次	2023年8月第1版
印　　次	2023年8月第1次印刷
开　　本	710×1000　1/16
印　　张	28.75
插　　页	2
字　　数	488千字
定　　价	148.00元

凡购买中国社会科学出版社图书，如有质量问题请与本社营销中心联系调换
电话：010-84083683
版权所有　侵权必究

目　录

绪　论 ……………………………………………………………… (1)

第一章　唐蕃古道青海段的线路及历史变迁 …………………… (6)
　第一节　青藏地区与中原地区的早期交通 ……………………… (6)
　　一　旧石器时代青藏高原与中原地区的交往 ………………… (6)
　　二　新石器时代青藏地区与中原地区的交通 ………………… (7)
　　三　体质人类学反映出的西藏地区与中原地区的联系 ……… (15)
　　四　文献记载中中原地区与青藏地区的往来 ………………… (16)
　　五　汉代以来河湟地区的交通及管理 ………………………… (18)
　第二节　文成公主进藏与唐蕃古道的形成 ……………………… (19)
　　一　成型的唐蕃古道 …………………………………………… (20)
　　二　唐蕃古道青海段的主要线路及几条辅道 ………………… (23)
　第三节　唐代以后唐蕃古道青海段的历史变迁 ………………… (26)
　　一　元明清时期中原与西藏地区的交通 ……………………… (27)
　　二　民国时期青康公路的修建 ………………………………… (34)
　　三　中华人民共和国成立之后西藏与内地的交通 …………… (36)

第二章　唐蕃古道青海段的历史事件 …………………………… (39)
　第一节　古代历史事件 …………………………………………… (39)
　　一　先秦至两汉时期 …………………………………………… (40)
　　二　魏晋南北朝时期 …………………………………………… (44)
　　三　隋唐时期 …………………………………………………… (48)

  四 宋元时期 …………………………………………………… (56)
  五 明清时期 …………………………………………………… (62)
 第二节 近现代历史事件 ………………………………………………… (70)
  一 光绪"河湟事变" …………………………………………… (70)
  二 马麒"艳电" ………………………………………………… (71)
  三 朱绣入藏谈判 ……………………………………………… (73)
  四 民国时期"河湟事变" ……………………………………… (74)
  五 青海建省 …………………………………………………… (75)
  六 青藏玉树之争 ……………………………………………… (76)
  七 兴修青藏公路宁玉段 ……………………………………… (77)
  八 九世班禅玉树圆寂 ………………………………………… (78)
  九 青海解放 …………………………………………………… (79)
  十 十世班禅致电拥护中央 …………………………………… (80)

第三章 唐蕃古道青海段的历史人物 ……………………………… (81)
 第一节 古代历史人物 …………………………………………………… (81)
  一 无弋爰剑 …………………………………………………… (81)
  二 赵充国 ……………………………………………………… (82)
  三 邓训 ………………………………………………………… (84)
  四 秃发乌孤 …………………………………………………… (87)
  五 秃发利鹿孤 ………………………………………………… (88)
  六 秃发傉檀 …………………………………………………… (89)
  七 阿豺 ………………………………………………………… (90)
  八 文成公主 …………………………………………………… (92)
  九 诺曷钵 ……………………………………………………… (93)
  十 宋云 ………………………………………………………… (95)
  十一 唃厮啰 …………………………………………………… (96)
  十二 胆巴 ……………………………………………………… (98)
  十三 宗喀巴 …………………………………………………… (99)
  十四 李英 ……………………………………………………… (101)

十五　固始汗 …………………………………… (103)
　　十六　罗卜藏丹津 ……………………………… (105)
　　十七　杨应琚 …………………………………… (107)
　　十八　三世章嘉 ………………………………… (108)
第二节　现当代历史人物 …………………………… (111)
　　一　周希武 ……………………………………… (111)
　　二　马麒 ………………………………………… (112)
　　三　喜饶嘉措 …………………………………… (115)
　　四　朱海山 ……………………………………… (117)
　　五　曾国佐 ……………………………………… (119)
　　六　李德渊 ……………………………………… (121)
　　七　根敦琼培 …………………………………… (122)
　　八　慕生忠 ……………………………………… (124)
　　九　王昭 ………………………………………… (126)
　　十　十世班禅 …………………………………… (128)
　　十一　索南达杰 ………………………………… (130)
　　十二　尕布龙 …………………………………… (131)

第四章　唐蕃古道青海段的物质文化遗产 ………… (134)
第一节　遗址与墓葬 ………………………………… (134)
　　一　柳湾遗址 …………………………………… (134)
　　二　马场垣遗址 ………………………………… (135)
　　三　喇家遗址 …………………………………… (136)
　　四　卡约遗址 …………………………………… (138)
　　五　宗日遗址 …………………………………… (138)
　　六　都兰热水墓葬 ……………………………… (139)
　　七　沈那遗址 …………………………………… (140)
　　八　乌兰泉沟一号墓 …………………………… (142)
　　九　聂龙加霍列、章齐达墓群 ………………… (143)
　　十　凤凰山拱北 ………………………………… (143)

第二节 城址与驿站 ……………………………………………（145）
　　一　古城垣古城 ………………………………………（145）
　　二　西海郡古城 ………………………………………（145）
　　三　乐都大小古城 ……………………………………（146）
　　四　老鸦古城 …………………………………………（147）
　　五　香日德古城 ………………………………………（148）
　　六　伏俟城 ……………………………………………（148）
　　七　桦林嘴北古城 ……………………………………（149）
　　八　湟源北古城 ………………………………………（150）
　　九　石堡城 ……………………………………………（150）
　　十　西宁青唐古城 ……………………………………（151）
　　十一　西宁明清古城 …………………………………（152）
　　十二　切吉古城 ………………………………………（153）

第三节 寺观与塔窟 ……………………………………………（153）
　　一　北禅寺 ……………………………………………（153）
　　二　文成公主庙 ………………………………………（155）
　　三　丹斗寺 ……………………………………………（156）
　　四　白马寺 ……………………………………………（157）
　　五　达那寺 ……………………………………………（157）
　　六　瞿昙寺 ……………………………………………（158）
　　七　大佛寺 ……………………………………………（160）
　　八　塔尔寺 ……………………………………………（161）
　　九　夏宗寺 ……………………………………………（164）
　　十　佑宁寺 ……………………………………………（165）

第四节 岩画与碑刻 ……………………………………………（167）
　　一　野牛沟岩画 ………………………………………（168）
　　二　卢丝沟岩刻 ………………………………………（169）
　　三　卢森岩画 …………………………………………（169）
　　四　怀头他拉岩画 ……………………………………（170）
　　五　切吉岩画 …………………………………………（170）

六　和里木岩画 …………………………………………………… (170)
　　七　玉树勒巴沟岩画 ……………………………………………… (170)
　　八　玉树贝纳沟摩崖石刻 ………………………………………… (171)
　　九　曲麻莱县昂拉岩画 …………………………………………… (171)
　　十　曲麻莱县塔琼岩画 …………………………………………… (172)
　　十一　称多岩画 …………………………………………………… (172)
　第五节　古桥与渡口 ………………………………………………… (173)
　　一　临津渡 ………………………………………………………… (173)
　　二　河厉桥 ………………………………………………………… (174)
　　三　大母桥 ………………………………………………………… (174)
　　四　洪济桥 ………………………………………………………… (175)
　　五　骆驼桥 ………………………………………………………… (175)
　　六　盐泉桥 ………………………………………………………… (176)
　　七　河源古渡 ……………………………………………………… (176)
　　八　曲麻莱七渡口 ………………………………………………… (176)
　　九　直布达渡 ……………………………………………………… (176)
　　十　巴哈苦苦赛渡 ………………………………………………… (177)

第五章　唐蕃古道青海段的非物质文化遗产 …………………… (178)
　第一节　民间文学 …………………………………………………… (178)
　　一　文成公主的传说 ……………………………………………… (178)
　　二　阿尼玛卿雪山神话传说 ……………………………………… (181)
　　三　藏族英雄史诗《格萨尔》 …………………………………… (183)
　　四　土族民间叙事诗《拉仁布与吉门索》 ……………………… (184)
　　五　藏族婚宴十八说 ……………………………………………… (185)
　　六　蒙古族英雄史诗《汗青格勒》 ……………………………… (186)
　　七　撒拉族《骆驼泉传说》 ……………………………………… (187)
　第二节　音乐舞蹈 …………………………………………………… (188)
　　一　河湟"花儿" ………………………………………………… (188)
　　二　土族婚礼歌 …………………………………………………… (190)

三　回族宴席曲 …………………………………………………（191）
　　四　玉树"卓舞" …………………………………………………（192）
　　五　土族安昭舞 …………………………………………………（193）
　　六　藏族扎木聂弹唱 ……………………………………………（193）
　　七　撒拉族"口细" ………………………………………………（194）
　　八　藏族拉伊 ……………………………………………………（194）
　　九　撒拉族骆驼舞 ………………………………………………（195）
　　十　则柔（尚尤则柔）…………………………………………（197）
　　十一　塔尔寺"跳欠" ……………………………………………（197）
第三节　工艺美术 ……………………………………………………（199）
　　一　塔尔寺"艺术三绝" …………………………………………（199）
　　二　热贡艺术 ……………………………………………………（200）
　　三　德昂洒智藏文书法 …………………………………………（202）
　　四　湟源排灯 ……………………………………………………（203）
　　五　土族盘绣 ……………………………………………………（204）
　　六　湟中农民画 …………………………………………………（205）
　　七　青稞酒酿造 …………………………………………………（207）
第四节　戏剧与曲艺 …………………………………………………（207）
　　一　河湟皮影戏 …………………………………………………（208）
　　二　民和麻地沟目连戏 …………………………………………（209）
　　三　黄南藏戏 ……………………………………………………（210）
　　四　青海马背藏戏 ………………………………………………（211）
　　五　青海平弦 ……………………………………………………（212）
　　六　青海下弦 ……………………………………………………（213）
　　七　青海越弦 ……………………………………………………（214）
　　八　西宁贤孝 ……………………………………………………（214）
第五节　体育、游艺与杂技 …………………………………………（215）
　　一　玉树赛马会 …………………………………………………（215）
　　二　传统箭术 ……………………………………………………（216）
　　三　轮子秋 ………………………………………………………（217）

四　那达慕 …………………………………………… (218)
　　五　回族武术 ………………………………………… (219)

第六章　唐蕃古道青海段的民俗 …………………………… (220)
第一节　古代民俗 ……………………………………… (220)
　　一　羌、小月氏和党项的民俗 ……………………… (221)
　　二　鲜卑民俗 ………………………………………… (229)
　　三　吐蕃、唃厮啰民俗 ……………………………… (234)
　　四　汉族、藏族和回族民俗 ………………………… (238)
第二节　近现代民俗 …………………………………… (247)
　　一　汉族民俗 ………………………………………… (247)
　　二　藏族民俗 ………………………………………… (257)
　　三　回族、撒拉族民俗 ……………………………… (266)
　　四　土族民俗 ………………………………………… (268)
　　五　蒙古族民俗 ……………………………………… (270)

第七章　唐蕃古道青海段的民族历史变迁 ………………… (273)
第一节　古代民族 ……………………………………… (273)
　　一　早期羌人的迁徙与定居 ………………………… (273)
　　二　秦汉时期羌人的迁徙繁衍 ……………………… (275)
第二节　汉族 …………………………………………… (277)
　　一　两汉魏晋时期 …………………………………… (277)
　　二　隋唐时期 ………………………………………… (280)
　　三　宋元时期 ………………………………………… (282)
　　四　明清时期 ………………………………………… (283)
第三节　藏族 …………………………………………… (285)
　　一　吐蕃的由来 ……………………………………… (286)
　　二　吐蕃与青海藏族的关系 ………………………… (286)
　　三　宋代唃厮啰政权与青海藏族的发展 …………… (287)
　　四　元朝时期的青海藏族 …………………………… (287)

五　明清时期的青海藏族 ……………………………………… (288)

第四节　回族与撒拉族 ……………………………………………… (291)
　　一　回族 ………………………………………………………… (291)
　　二　撒拉族 ……………………………………………………… (295)

第五节　土族 ………………………………………………………… (299)
　　一　土族族源 …………………………………………………… (299)
　　二　汉代至魏晋时期 …………………………………………… (300)
　　三　唐宋时期 …………………………………………………… (301)
　　四　元明清及民国时期和中华人民共和国成立初期 ………… (302)
　　五　土族经济变迁 ……………………………………………… (303)

第六节　蒙古族 ……………………………………………………… (303)
　　一　元朝时期 …………………………………………………… (304)
　　二　明朝时期 …………………………………………………… (305)
　　三　清朝时期 …………………………………………………… (306)
　　四　民国时期及中华人民共和国成立初期 …………………… (308)
　　五　蒙古族经济生活演变 ……………………………………… (309)

第八章　唐蕃古道青海段的民族文化交流 ……………………… (311)

第一节　史前民族文化交流 ………………………………………… (311)
　　一　旧石器时代 ………………………………………………… (312)
　　二　新石器时代 ………………………………………………… (313)
　　三　青铜器时代 ………………………………………………… (315)

第二节　古代民族文化交流 ………………………………………… (319)
　　一　秦汉时期 …………………………………………………… (320)
　　二　魏晋南北朝时期 …………………………………………… (323)
　　三　隋唐时期 …………………………………………………… (329)
　　四　宋元时期 …………………………………………………… (337)
　　五　明清时期 …………………………………………………… (344)

第三节　近代民族文化交流 ………………………………………… (354)
　　一　政治互动 …………………………………………………… (354)

二　经济交流 …………………………………………………… (357)
三　文化发展 …………………………………………………… (359)

第九章　唐蕃古道青海段的宗教传播与交流 ……………………… (364)
第一节　佛教 ……………………………………………………… (364)
一　藏传佛教 …………………………………………………… (365)
二　汉传佛教 …………………………………………………… (374)

第二节　道教 ……………………………………………………… (380)
一　道教在青海的传播 ………………………………………… (380)
二　道教与其他宗教间的互动与影响 ………………………… (384)

第三节　伊斯兰教 ………………………………………………… (386)
一　伊斯兰教传入青海 ………………………………………… (387)
二　宋元明时期伊斯兰教的发展 ……………………………… (389)
三　清代民国时期伊斯兰教的发展 …………………………… (397)
四　新中国成立以来伊斯兰教的新生 ………………………… (403)

第四节　基督教 …………………………………………………… (403)
一　天主教 ……………………………………………………… (404)
二　基督新教 …………………………………………………… (407)

第十章　唐蕃古道青海段的文化内涵与联合申遗 ………………… (411)
第一节　唐蕃古道青海段的文化内涵 …………………………… (411)
一　悠久的历史文化 …………………………………………… (411)
二　多元的民族文化 …………………………………………… (413)
三　浓郁的宗教文化 …………………………………………… (416)
四　多样的非物质文化 ………………………………………… (418)
五　深厚的商贸文化 …………………………………………… (419)

第二节　文化线路视角下的唐蕃古道青海段 …………………… (421)
一　文化线路的概念及认定要素 ……………………………… (421)
二　唐蕃古道青海段的动态性特征 …………………………… (422)
三　唐蕃古道青海段的整体文化价值 ………………………… (428)

第三节　唐蕃古道联合申遗的思考 …………………………（430）
　一　唐蕃古道联合申遗的重要意义 ………………………（430）
　二　唐蕃古道联合申遗面临的挑战 ………………………（434）
　三　推进唐蕃古道联合申遗的对策思考 …………………（436）

参考文献 …………………………………………………………（439）

后　记 ……………………………………………………………（446）

绪　　论

　　唐蕃古道是1300多年前从唐朝都城长安（今陕西西安）通往吐蕃都城逻些（今西藏自治区拉萨）的官道，是唐代以来中原去往青海、西藏乃至尼泊尔、印度等地的必经之路，是民族交往、政治互动、贸易往来、文化交流、宗教传播和区域联系的重要通道。吐蕃王朝和唐王朝崛起与兴盛之前，沟通中原内地与青藏高原的交通道路主要有羌中道、吐谷浑道和党项道等，它们都为唐蕃古道的形成奠定了重要基础。公元7世纪初，吐蕃松赞干布即赞普位后，迁都逻些，在征服了苏毗、羊同、党项等部落后，在青藏高原建立了吐蕃奴隶制政权。随着吐蕃的崛起，唐朝与吐蕃之间的政治、经济、文化往来日益密切，唐蕃古道也随之进入兴盛期。松赞干布与文成公主联姻后，唐蕃关系进入了一个新的发展时期，唐蕃古道也随之定型，对唐蕃关系的维系和发展做出了巨大的贡献，也为汉藏民族的发展融合奠定了坚实基础，被誉为沟通汉藏两族人民友好联系的"黄金桥"。

　　唐蕃古道跨越陕西、甘肃、青海、四川、西藏等地，全长3000余公里，其中青海境内近1600公里，占全程一半以上。唐蕃古道青海段所经过的青海地区，东接秦陇、西通西域、南交蜀藏、北护甘凉，具有特殊的地理环境、区位条件和历史发展背景，区域历史文化发展呈现出农牧文化共存、多种宗教文化共生、多种制度文化共举、民族风俗文化迥异的独特样貌，具有多元交汇、互补共融的特点，是唐蕃古道青海段这一文化线路孕育发展的独特历史文化背景。在漫长的历史进程中，唐蕃古道青海段的发展变迁具有如下鲜明的特点：

　　一是时空的延续性。自古至今，人类社会对道路走向的选择基本遵循着大致相同的原则与需求。因此，道路的选择与延续在时间和空间上具有较强的稳定性和延续性。与唐蕃古道的其他路段一样，唐蕃古道青海段并不是在唐代时突然出现的，而是千百年来人们在生产生活实践中相互往来、自然选择的结果，在时空上同样具有较强的稳定性和延续性。从时间的维度看，唐蕃古道青海段是一条史前时期已初具雏形、秦汉时得以开拓发展、魏晋南北朝和隋唐时空前兴盛、宋元时复兴发展、明清时仍在局部使用、至今仍在延续和发挥重要作用的交通线路，是一条在时间隧道中不断延续发展和历久弥新的重要通道。从空间维度看，唐代以后，随着政治局势和经济贸易活动的不断变化，唐蕃古道青海段在不同路段不断发生着变化，既有对前代道路的沿袭利用，又依据形势需要有新的开拓，基本空间构成和走向大体得到延续。

二是环境的艰苦性。唐蕃古道由关中平原向西延伸，途中渡过渭河、黄河、通天河、澜沧江、怒江等大江大河，翻越陇山、巴颜喀拉山、昆仑山等高山峻岭，最终到达被誉为"世界屋脊"的青藏高原腹地，东西绵延数千里，沿途的自然环境差异很大。而唐蕃古道青海段所经的青海地区，基本上处于青藏高原，海拔4000米以上的地区占全省面积的60.93%，平均海拔远远超过同纬度周边地区。由于地势较高，古道沿线地区的气温比同纬度的东部地区低得多，空气稀薄，含氧量低。特别是日月山以西的道路，途经草原、戈壁、雪山、江河、沼泽，穿行在高海拔地区，高山大川密布，地形复杂，道路险峻，气候多变，通行的条件极为艰苦。可以毫不夸张地说，唐蕃古道青海段是世界上通行条件最为艰苦的高原道路之一。

三是主体的多元性。唐蕃古道青海段所经过的青海地区，很早以来就是一个多民族聚居的地区，羌人、月氏、粟特、突厥、匈奴、党项、回鹘、鲜卑、吐蕃等族先后驻足于此，频繁迁徙，交流交融，在元明清以来逐渐形成了以汉、藏、回、土、蒙古和撒拉等世居民族为主的分布格局。在唐蕃古道青海段形成发展的历程中，古道沿线的各族人民始终是古道的开拓者、维护者和使用者，是古道最主要的使用主体。尤其是历史上的吐谷浑、唃厮啰等地方政权，在唐蕃古道青海段的发展中做出过突出贡献，都曾充当过中西陆路交通中介的重要角色。古道沿线各民族文化在相互冲撞和交融的过程中，一方面在继承本民族文化传统的基础上保持着自己独立的文化品格，另一方面又在与其他民族文化交流的过程中不断吸收其他民族的优秀文化，形成了各个民族之间、各种民族文化之间的相互尊重、和睦相处、广容博纳与兼容并蓄的历史文化氛围，从而使唐蕃古道青海段凸显出多元的人文内涵和精神魅力，维护和推进了各种文化之间的友好共存、和谐发展的历史文化主流进程，既是一条承载多民族文化交流互惠的文化运河，也是一条促进民族团结进步、加快开放发展的繁荣之路。

四是联通的国际性。唐蕃古道是中原与青藏地区政治、经济、文化的纽带和动脉，同时它与泥婆罗道相贯连，又是中国内地联系尼泊尔、印度等南亚诸国的一条重要国际通道，是中西文化交流的干线之一。青海段作为唐蕃古道最中间的一段，不仅在唐蕃古道联系中国内地与南亚地区的过程中发挥着重要作用，而且作为丝绸之路青海道的重要组成部分，在沟通中国与西域乃至中亚、西亚和欧洲的过程中也发挥着十分重要的作用，是东西方文化交流中极为重要的中转站和文化通道。历史上，经由唐蕃古道青海段输往西方的茶叶、丝绸、瓷器等物品，经由唐蕃古道青海段东来西去、南来北往的商旅使团，以及唐蕃古道青海段沿线出土的大量西方器物和货币，无不生动地彰显着唐蕃古道青海段鲜明的国际性。深居内陆的青海虽然偏远，艰难漫长的唐蕃古道青海段虽然时兴时衰，但却在东西方文化的交流中占据着一席之地，在东西方文化交流史上谱写了灿烂的华章。

近年来，随着线性文化遗产成为世界文化遗产申请、保护与利用的热点，唐蕃古道联合申遗引起了学界和文化主管部门的关注和重视，相关的考古调查、文物展览和学术研究渐次展开，为后续申遗工作开展奠定了初步基础。例如：2014 年，陕、甘、青、川、藏五省（区）文物考古研究所联合组队，对四川西北部、青海玉树地区和西藏昌都地区连续发现的吐蕃时期摩崖造像、石刻文字进行了考古调查。2016 年 10 月，西藏民族大学西藏文化传承协同创新中心联合陕西省考古研究院、西藏考古研究院、青海文物考古研究所，对唐蕃古道青海段主干道核心区域的唐蕃考古遗存进行了系统考察。2017 年，青海省文物局根据国家文物局要求，联合青海省文物考古研究所、西北大学、陕西考古院、青海省社会科学院、青海师范大学等五家单位，启动了"丝绸之路南亚廊道——唐蕃古道青海段"文化遗产调查工作，调查工作从当年 9 月开始，至 2021 年结束，为期 5 年，目的是为"丝绸之路南亚廊道"申遗提供基础资料和学术支撑。此外，甘肃省博物馆、西藏博物馆发起的"唐蕃古道——八省区文物展"于 2017 年 9 月首展于敦煌国际会展中心，后于同年 12 月在甘肃省博物馆展出，收到了较好的社会反响。由青海省博物馆牵头组织策划，陕西历史博物馆、甘肃省博物馆、宁夏回族自治区博物馆、新疆维吾尔自治区博物馆、四川博物院、西藏博物馆、青海省海西州民族博物馆、青海省湟源县古道博物馆参展的"唐蕃古道——七省区精品文物联展"，于 2018 年 11 月起，先后在青海省博物馆、宁夏博物馆、陕西历史博物馆、四川博物院、广东省博物馆展出，社会反响良好。2019年2月至6月，青海省文化和旅游厅在首都博物馆举办了"山宗·水源·路之冲——一带一路中的青海"文物展，集中展出了13家文博单位的442件（套）文物珍品，展览期间推出各年龄层次的互动活动和讲座，引起了很大的社会反响。此外，自2016年起，中国社会科学院科研局组织协调中国社会科学院历史研究所和陕西、甘肃、青海、四川、西藏五省区社会科学院开展唐蕃古道联合申遗前期研究工作，为未来联合申遗提供学术支撑。作为"唐蕃古道"联合申遗前期研究的合作单位，青海省社会科学院抽调科研骨干组成了课题组，查阅搜集相关文献资料，进行学术考察活动，积极开展申遗前期学术研究工作。但是，联合申遗工作是一项复杂的系统工程，需要做大量的前期工作，其中历史资料的挖掘梳理无疑是重中之重。《唐蕃古道青海段历史文化》一书，正是在前期实地考察的基础上，力图从一个新的视角来全面挖掘和梳理唐蕃古道青海段的人文历史，全景式展现唐蕃古道青海段的历史、民族、宗教及文化面貌，为社会各界进一步了解唐蕃古道及唐蕃古道青海段提供一本既具有一定学术性又通俗易懂的读物，为唐蕃古道沿线各省区联合申遗贡献绵薄之力。

《唐蕃古道青海段历史文化》一书共由十一个部分组成，其中"绪论"简要概述唐蕃古道青海段的历史和文化特点及撰写本书的主要背景；"唐蕃古道青海段的线路及历史变迁"一章，系统梳理了唐蕃古道青海段形成、发展、延续、变迁的历史脉络以及不同时期不同路段的走向、重要节点和发展变化；"唐蕃古道青海段的历史事件"一章，按照时间顺序简要介绍了古道沿线发生的重大历史事件；"唐蕃古道青海段的历史人物"一章，简要介绍了古道沿线涌现出的重要历史人物；"唐蕃古道青海段的物质文化遗产"一章，简要介绍了古道沿线分布的遗址、墓葬、城址、驿站、寺观、塔窟、岩画、碑刻、古桥、渡口等物质文化遗产遗存；"唐蕃古道青海段的非物质文化遗产"一章，简要介绍了古道沿线已入选国家和省级非遗保护项目的一些重要非物质文化遗产；"唐蕃古道青海段的民俗"一章，依据文献资料梳理了古道沿线生息过的主要民族的生产生活习俗；"唐蕃古道青海段的民族历史变迁"一章，全面梳理了古道沿线主要民族发展迁徙的历史；"唐蕃古道青海段的民族文化交流"一章，概述了古道沿线各民族在不同时代进行文化交流的方式、过程与特点；"唐蕃古道青海段的宗教传播与交流"一章，勾画了古道沿线多宗教文化传播流变的概貌；"唐蕃古道青海段的文化内涵与联合申遗"一章，从文化线路的视角对唐蕃古道青海段的文化内涵、动态性特征、整体文化价值进行了分析论述，并从联合申遗的角度提出相关意见建议。

唐蕃古道联合申遗是古道沿线省区各族人民的共同心愿。推动唐蕃古道联合申请世界文化遗产，不仅将为世界文化遗产宝库提供更多中国智慧，而且对于加强唐蕃古道这一著名文化遗产的保护传承、推动社会各界深入认识唐蕃古道的历史文化价值、增强西部各民族的文化自信、提升西部各省区的文化软实力、助力西部省区的"一带一路"建设均具有十分重要的意义。我们期盼着唐蕃古道这一著名的文化线路遗产能够得到更加科学有效的保护传承，早日入选世界文化遗产名录，造福沿线及世界各族人民。

第一章

唐蕃古道青海段的线路及历史变迁

青藏高原自古就非封闭一隅，生活在高原上的人群一直与周边地区有着密切的交往。考古发现表明，从旧石器时代开始，青藏地区的原始人群就已经凭借原始的交通，与中原地区有着经济、文化上的交流。大抵到唐代，这种联系愈发紧密，两地之间的交通也逐渐固定，形成了相对比较稳定的通道。唐代以降，历代中原王朝根据自己的需要，对这些通道进行了不同程度的建设和经营，促进了两地之间交通的发展。

第一节 青藏地区与中原地区的早期交通

从考古发现、体质人类学及文献资料等来看，青藏地区与中原地区在很早时候就有来往，两地之间的交通在远古时期就已经产生了。青藏地区早期的文化遗址，既有地方特点，又与中原地区的古代文化有较密切的关系。这表明青藏高原上的原始居民不仅仅在青藏高原这个狭小的经济文化区域内活动，他们与周边地区，尤其跟中原地区的原始人群有着互相依存的密切关系。通过各种各样的联系，两地之间的交通从起初的探索，到其间的成型，再到最后的固定和提升，表现出明显的阶段性特征。

一 旧石器时代青藏高原与中原地区的交往

20世纪50年代以来，我国考古工作者不断地在青海霍霍西里（即可可西里）地区青藏高原入口处，西藏定日县苏热，申扎县多格则、珠洛勒，日土县扎布、夏达错，普兰县霍尔区，吉隆县的哈东淌、却得淌等地发现了一批包括砍砸器、刮削器、尖状器在内的旧石器时代的文化遗物。

这些石器质料多为角岩，石片厚大，不与细石器共存，虽表现出鲜明的地方特点，但也与甘肃、宁夏、内蒙古、河南、江苏、广西等地的旧石器有着相同的工艺传统，应属于同一个文化体系。青藏地区发现的旧石器大多以石片石器为主，石片石器均用锤击法打片，多由破裂面向背面加工，并保留着砾石面，有组合的石器工具则以砍砸器、边刮器、尖状器三种器型最为普遍，与我国华北地区发现的旧石器文化表现出了共同特点。如一丁认为"定日旧石器中某些类型，可以从中国猿人文化中找到其祖型，因此，可以设想，定日旧石器源于内地"①。而安志敏等人也认为藏北申扎、双湖一带的旧石器与华北旧石器时代晚期遗存有着密切联系，"例如椭圆形的长刮器，长条形圆头刮器和尖状器等，均与宁夏水洞沟遗址出土的遗物相近似或基本一致，同时相似的器型也见于河北阳原虎头梁和山西沁水下川遗址"②。此外，在青藏高原东南部地区的汉源富林遗址、汉源狮子山地点，攀枝花回龙湾洞穴遗址，甘孜州炉霍县人牙化石和石制品地点，北川人牙化石地点等5处旧石器时代的遗址中发现的小石器或细石器类型，明显是承袭了华北旧石器的小石器传统。③学者们据此推测，在旧石器时代晚期，即1万—2万年前，具有小石器和细石器传统的北方人群已经开始由黄河上游的甘青地区向南迁徙，进入青藏高原东南部横断山脉地区，他们将源自华北的小石器或细石器传统带入了这一地区。因此，西藏高原的旧石器文化呈现出华北旧石器的传统就是理所当然的事。既然远古的西藏地区与我国西北、中原地区有着文化上的广泛联系，表明两地之间存在着古老的交通，只是这些古老的交通没有被文字记载下来，我们还不能清晰地认识它们。

二 新石器时代青藏地区与中原地区的交通

到了新石器时代，青藏高原地区原始文化的地方性特征更趋明显。同时，这些文化与我国其他地区，尤其是中原地区的联系也更为广泛。以西

---

① 一丁：《从近年新发现看西藏的原始文化》，《化石》1981年第2期。
② 安志敏、尹泽生、李炳元：《藏北申扎、双湖的旧石器和细石器》，《考古》1979年第6期。
③ 石硕：《从旧石器晚期文化遗存看黄河流域人群向川西高原的迁徙》，《西藏研究》2004年第2期。另见叶茂林《四川旧石器时代考古》，载四川大学考古专业编《四川大学考古专业创建三十五周年纪念文集》，四川大学出版社1998年版，第18页。

藏为例，根据目前考古发现材料，西藏新石器时代的文化面貌主要呈现出了四种类型：藏东区域类型，主要以昌都卡若文化为代表；西藏中部腹心地带类型，主要以拉萨曲贡文化为代表；藏东南区域类型，主要以林芝地区的星云、居木等新石器时代遗址为代表；藏北及藏西区域类型，主要以广泛分布于藏北、藏西以及雅鲁藏布江上游的细石器、岩画、巨石遗迹为代表。

其中，藏北及藏西区域类型中的细石器文化遗存与甘青地区的细石器及华北地区的细石器有着密切的联系。西藏地区的细石器最早在1956年发现于那曲地区。以后在聂拉木、申扎、双湖、日土、普兰等地又陆续发现。这些石器在类型、制作工艺和形制及质料上较多地表现出地区性特点。但西藏的细石器同旧石器一样，并不是孤立发展的，它同我国中原地区的原始文化有着一定的共性特点和渊源关系。目前学术界认为细石器主要有两个大的传统，即石叶细石器传统和几何形细石器传统，而石叶细石器传统的最早起源地是我国的华北地区，广泛分布于亚洲东北部和北美西北部。相比较而言，藏北地区的细石器属于石叶细石器传统，与我国中原地区的原始文化有着关联。[①] 就目前所见华北细石器和藏北细石器而言，两者"在工艺传统上和器型上几乎完全一致，前者在时代上比后者要早得多"[②]。如藏北地区的细小石器以石片石器为主，采用锤击法打片，二次修理不普遍，多由劈裂面向背面加工，一如西藏的旧石器制作。其器型也多为刮削器。这些特点与在青海的拉乙亥、达玉台等地点发现的细石器一致。再如藏北申扎、双湖发现的细石器与青海拉乙亥地点的细石器石核的类型多样，有楔形、扁块型、圆锥形、半锥形、柱型和半柱型等，但以圆体石核为主，次为扁体石核。石叶主要通过间接压剥法产生，多为长条形。从总体判断，青海拉乙亥、达玉台的细石器在器型上较藏北申扎、双湖地区的细石器原始一些，[③] 这或许意味着藏北地区的细石器文化是通过青海地区向西传播和移动的。有学者认为，"青海拉乙亥和达玉台细石器在时间上、器型以及传播路线上都起到中介作用，所以藏北细石器与华北

---

① 西藏自治区文物管理委员会编：《西藏考古工作回顾——为西藏自治区成立二十周年而作》，《文物》1985年第9期。
② 汤惠生：《略论青藏高原的旧石器和细石器》，《考古》1999年第5期。
③ 汤惠生：《略论青藏高原的旧石器和细石器》，《考古》1999年第5期。

细石器之间的渊源关系是无法否认的"①。可见，青海在西藏地区与中原地区的交通中，很早就充当了交通枢纽的角色。

藏南地区的细石器较接近华南地区的石器传统，尤其与四川、贵州、云南等地的旧石器时代晚期以来的石器传统有着直接的关系。但在藏南聂拉木发现的细石器文化中，除了占比很大的细石器外，还有部分带有不同程度旧石器外貌的石片石器，这种情形与陕西大荔沙苑地区的细石器文化类似。贾兰坡认为藏北地区的细石器是"从华北向西传播过程中，大概沿黄河上游也向南传播，一直到喜马拉雅山下的聂拉木县"②。西藏细石器文化中占比达45.74%的楔形石核，在山西沁水，河北阳原，黑龙江昂昂河、牡丹江，辽宁村西，内蒙古多伦，新疆罗布淖尔等地均有发现。甚至河南安阳后岗龙山文化中也出土了一件类似石核。因此，安志敏等人认为，藏北地区的"细石器出现较晚，又缺乏更原始的器型，当是承袭了源自华北的细石器传统，而发展成具有地区特点的文化遗存"③。可见，远古青藏地区与中原地区的交往一直在持续着。

另外，在以卡若文化为代表的藏东区域文化类型中，有许多明显来自黄河上游甘青地区以及华北地区的文化因子和影响。作为西藏地区极具代表性的新石器时代文化，卡若文化不是单纯的地域性文化，而是不同文化在该地区长期交融的产物。④ 卡若遗址的地理位置正好处在南北交通要冲的横断山脉谷地，在其北面与其时代大体相当的是甘青地区的马家窑文化和齐家文化，卡若遗址先民与黄河中上游流域的原始部落之间有着密切的文化联系。同时，如果进一步追溯卡若文化的根源，就会发现西藏原始文化中相当部分的文化因子来源于我国中原地区。甘青地区除了是影响卡若文化的主要源头之外，还充当了中原文化向西藏地区传播的通道。

彩陶是黄河上游陕甘青地区新石器文化最突出的成就之一，其中尤以距今约5000年的马家窑文化的彩陶最为发达。卡若遗址中出土了两件完

---

① 汤惠生：《略论青藏高原的旧石器和细石器》，《考古》1999年第5期。
② 贾兰坡：《中国细石器的特征和它的传统、起源和分布》，《古脊椎动物与古人类》1978年第16卷第2期。
③ 安志敏、尹泽生、李炳元：《藏北申扎、双湖的旧石器和细石器》，《考古》1979年第6期。
④ 格勒：《略论藏族古代文化与中华民族文化的历史渊源关系》，《中国藏学》2002年第4期。

整的彩绘陶器和27片带彩绘的陶片。这些"彩绘是直接绘在夹砂陶的磨光面上，无色衣，黑彩暗淡，容易脱落，这种情况与一种马厂类型的彩陶相似"①。可见，卡若文化的彩陶与黄河上游甘青地区的马家窑彩陶基本属于同一风格类型。马家窑文化的彩陶是沿着多条道路传播到青藏高原地区的。除了卡若遗址这条通道外，青海地区也应该是彩陶文化交流的重要枢纽。青海同德宗日文化出土的陶器有两种，其中一种是典型的做工精湛、绘图精美的马家窑陶器（包括马家窑、半山、马厂陶器），橙红色泥质彩陶为主，彩以黑彩为主，仅含极少数泥质素面陶和夹砂陶；另一种是主要分布在共和—贵德盆地的做工粗糙、绘画简单的乳白色夹砂粗陶，其中彩陶以紫红彩为特征，主要纹饰为多道横行连续折线纹和变形鸟纹，考古学界称之为宗日式陶器。② 一般认为，宗日文化中的马家窑陶器，与地处黄河—湟水谷地的马家窑先民的移民、贸易有关，非本地生产，而宗日式陶器则为本地制造。③ 有学者还认为，宗日文化中马家窑陶器来自河湟谷地的多个地点，但主要集中在湟水流域的西宁（大通上孙家寨—西宁西杏园），黄河的化隆群科地区（完干滩、上多吧、窑洞），西宁和化隆群科均处在马家窑文化与宗日文化的过渡、接触地带，上述两地正是两种文化互相接触、交流最频繁、最活跃、最集中的桥头堡。马家窑时期青海河湟流域存在两条贸易路线，分别为湟水谷地与黄河谷地，其走向大致与湟水、黄河走向一致。这两条贸易路线中，湟水路线贯穿了马家窑文化区—细石器狩猎区—宗日文化区，这可以从宗日、羊曲遗址中一些陶片与大通上孙家寨、西宁西杏园等密切相关得到佐证；而黄河路线则连接了马家窑文化区与宗日文化区。从当时的贸易方式来看，贸易最集中的区域发生在两种文化交接、过渡地带一些遗址上，这些遗址很可能曾经充当了贸易口岸的作用，大通上孙家寨、化隆上多吧村可能是当时贸易、交换的集中地点。当然来自马家窑文化核心区的陶器也可以借助贸易路线，通过这些贸易口岸输向宗日、细石器狩猎文化区。这些口岸地位特殊，文化性质以马家窑

---

① 西藏自治区文物管理委员会、四川大学历史系编著：《昌都卡若》，文物出版社1985年版，第139、153页。
② 陈洪海、格桑本、李国林：《试论宗日遗址的文化性质》，《考古》1998年第5期。
③ 洪玲玉、崔剑锋、陈洪海：《移民、贸易、仿制与创新：宗日遗址新石器时代晚期陶器分析》，载北京大学考古文博学院、北京大学中国考古学研究中心编《考古学研究（九）》，文物出版社2012年版。

为主，同时受宗日文化影响，因为在大通上孙家寨出土了较多的马家窑陶器，也发现了宗日式陶片。①

此外，卡若文化遗址中发现的粟是从中原地区传来的。从《隋书》《新唐书》的记载来看，吐蕃是没有粟的。但在卡若遗址中，发现了大量的粟。截至目前，我国共发现有粟的新石器时代遗址达25处之多，多分布在黄河流域。其中，河南新郑裴李岗遗址、河北武安磁山遗址出土的古粟距今有7000多年历史，是迄今为止世界上最早的人工栽培粟。可见，我国中原地区是粟米的最早发源地。从各地出土的粟的年代来看，古代粟在中原地区人工栽培成功后，大约自新石器时代开始，由中原地区向西传播，甘、青一带的氐羌先民最早接受了古粟的生产技术。在甘肃永靖大何庄、马家湾、青海乐都柳湾等新石器时代的遗址中均有粟米出土，说明粟是当时黄河上游主要的农作物品种。然后通过甘、青地区，传到了卡若。童恩正先生认为，"卡若文化的粟米，很可能就是从马家窑系统文化传播而来"②。青海史前农业的发展也是在仰韶文化庙底沟类型早期，由甘肃东部的仰韶人移居青海地区传来的。当时，仰韶人群进入今青海民和、循化、化隆一带的黄河、湟水河及其支流流域，他们带来了种植已久的粟和黍以及成熟的农业生产技术，青海史前农业一开始就进入了耜耕农业阶段。仰韶文化时期，群尖盆地伊沙尔河口一带是来自东方的农业人群与从事采集狩猎经济的土著人群交融的地带。农业技术传播到青海地区后，农业经济的优势很快被从事采集狩猎经济的青海土著人群所接受，土著人群开始从青藏高原东北部边缘的高海拔地区收缩至河湟地区从事农业生产。到了马家窑文化晚期，青海地区农业生产的分布区域由化隆县黄河支流伊沙尔河口一带逆黄河而上到达共和盆地的同德宗日一带，湟水流域则由民和县米拉沟河下游逆湟水河而上到达大通长宁及湟中多巴一带。可以说，在史前生产力条件下适合农业生产的河湟地区均得到了开发，而且在以后的半山、马厂类型期及齐家文化时期，农业生产的领域基本上再没有超出这一区域太远。到了马家窑类型晚期，青海的土著人群已成为农业生产的

---

① 侯光良、鄂崇毅、杨阳、王青波：《共存与交流——青藏高原东北部史前陶器来源地分析》，《地球环境学报》2016年第6期。

② 童恩正、冷健：《西藏昌都卡若新石器时代遗址的发掘及相关问题》，《民族研究》1983年第1期。

主体，马家窑类型期可以称为青海史前的农业革命时期。①

卡若文化遗址中发现的半地穴建筑技术也是从中原地区传来的。卡若遗址中共发现了几种不同结构的房屋基址，其中一种在考古学上称"半穴居房屋"或"半地穴式住房"。卡若遗址中木骨泥墙半地穴式住房的复原也是窝棚式的原始建筑，在黄河上游的不少新石器时代的文化遗址中均发现了这种形式的住房。事实上，这种原始的建筑形式最早出现在中原地区。如在河北武安县磁山遗址中，就发现了半地穴式窝棚。磁山遗址是华北地区新石器时代遗址中最早的遗址之一，其年代在公元前6000年至公元前5600年之间。而仰韶文化中的半地穴式的房屋形式和建造方法，自公元前5000年左右延续到公元前3000年，持续了2000年左右。同时，卡若遗址和黄河上游地区半地穴式房屋在房屋地面的处理上十分一致，"卡若文化早期的圆形或方形半地穴房屋，处理过的红烧土墙壁和居住面则为甘肃、青海等地马家窑文化系统传统的居住形式，它见于兰州青岗岔、临夏马家湾等地。卡若文化某些房屋居住面的红烧土下有铺设木条的情况，这与西安半坡仰韶文化24号房屋居住面下铺设一层木板的情况相似"②。有理由相信，西藏昌都卡若遗址中半地穴式的建筑形式是受了中原文化的影响而产生的。江道元承认："从卡若文化和相邻地区原始文化居住遗址的典型结构复原中考察：我们可以发现作为藏族的先民的原始氏族社会的文化的重要组成部分——建筑，虽然有自己独特的文化系统，但与黄河中、上游的新石器文化有着非常密切的关系，在新石器时代早、中期它们的房屋建筑发展的趋向大致相同。"③

卡若遗址中发现的某些器物在形制、制作技术等方面均受到中原地区的影响。卡若遗址中出土的盘状敲砸器、有肩石斧、长条形石锛、安装有细石器的骨刀柄、细石器中的锥状石核和柱状石核等，与马家窑文化中出土的相同器物极具相似性。卡若遗址出土一批磨制石刀，大部分是单孔或双孔石刀，其中有半月形凹背形直刃石刀，以及长宽比值很大的磨制条形石斧、石锛。这类穿孔的半月形石刀在甘肃大地湾遗址、东乡林家的马家

---

① 肖永明：《青海史前农业的出现与土著人群生存方式的改变》，《农业考古》2013年第6期。

② 西藏自治区文物管理委员会、四川大学历史系编著：《昌都卡若》，文物出版社1985年版，第153页。

③ 江道元：《西藏卡若文化的居住建筑初探》，《西藏研究》1982年第5期。

窑文化遗址、甘肃白龙江流域的巩家坪遗址、青海贵德县罗汉堂遗址、西宁朱家寨遗址中均有普遍发现。而磨制石器在甘肃兰州东乡林家的马家窑遗址、武威皇娘台齐家文化遗址、青海民和县核桃庄马厂类型遗址中出土较多。其差别主要表现在穿孔方法、刀刃所开的部位不同。因此，"卡若遗址出土的磨制石器的制造工艺，……与仰韶、龙山文化的传统工艺没有大的出入，尤其是切割石料和穿孔技术，与庙底沟龙山文化以及甘肃马家窑文化基本一致"①。卡若文化的陶器以小平底占绝对优势，完全不见三足器，器型以罐、盆、碗、壶为多。而在甘青地区马家窑、半山、马场类型诸文化系统中，陶器同样以平地器为主，不见三足器，器型同样多为罐、盆、碗、壶。一些典型的陶器上，两者之间也十分接近。"卡若陶罐的基本类型是小口直颈鼓腹罐，这与马家窑、半山、马场类型诸文化中罐、壶的轮廓很接近。深腹盆、陶碗在马厂、半山文化中亦为常见者。"② 卡若遗址出土的陶器的花纹，既有其独特风格，如剔刺花纹等，又有中原仰韶文化和龙山文化中发现的绳纹和篮纹等。卡若遗址的陶器大多用手制和泥条盘筑法的特点，也与仰韶文化相同。此外，卡若遗址中还出土了一批硬玉制作的玉凿、玉锛、玉刀。在拉萨曲贡文化也发现了较为完整的玉凿、玉锛、玉镞。曲贡遗址出土的玉器中，有两件经过了闻广先生的鉴定。他在鉴定意见中还提出了关于中国史前玉器文化发展趋向和玉料来源问题，认为各地区的史前玉器文化发展总的来看是自北向南和自东向西逐步发展，因为拉萨曲贡遗址的年代要晚于甘青地区的齐家文化，所以基本上是符合这一规律的。由于西藏与黄河上游甘青地区新石器文化之间的密切联系，西藏原始先民对玉的认知与利用或有可能也在很大程度上受到这个地区观念和技术上的影响。③ 这些相同的部分表明西藏地区和甘青、中原地区或有着共同的文化传统，或可能是相互影响的结果，反映出不同地区原始部落之间相互交流的历史事实。

卡若文化遗址中出土的宝贝表明西藏地区与甘青、中原地区存在着联系。昌都卡若遗址中出土了10枚穿孔贝饰。经鉴定均系宝贝，上有穿孔。

---

① 西藏自治区文物管理委员会、四川大学历史系编著：《昌都卡若》，文物出版社1985年版，第58页。
② 西藏自治区文物管理委员会、四川大学历史系编著：《昌都卡若》，文物出版社1985年版，第152页。
③ 霍巍：《从考古发现看西藏史前的交通与贸易》，《中国藏学》2013年第2期。

出土时与其他的小件装饰品组合在一起，作为卡若原始居民日常佩戴的装饰器物使用。童恩正指出："此类贝主要产于南海，但在仰韶文化、龙山文化以及黄河上游诸石器时代文化中，经常可以发现以宝贝作为装饰品的情况。""卡若遗址远离南海，竟然也发现了这种贝，这……也反映出了当时的部落之间的交换，不论是直接或间接的，已经达到了很远的范围。"[①]同德宗日遗址中曾发现92枚海贝，在马家窑遗址也有广泛发现。这些海贝是甘青地区史前文化存在广泛贸易与交流的佐证。

西藏东部地区、青海玉树囊谦县卡则遗址以及贵南尕马台遗址等，都发现了在黄河流域盛行的儿童瓮棺葬葬式。儿童瓮棺葬主要集中分布于黄河流域华北地区仰韶文化及甘青地区的新石器时代文化遗址中。甘青地区的瓮棺葬与华北地区仰韶文化和藏东的瓮棺葬在葬法和葬俗上并无大的差别，所葬者均为幼童，尤以1周岁以下的婴儿为多，并同样有在瓮棺上钻小圆孔的做法。藏东、玉树地区的幼童瓮棺葬可能直接来源于甘青地区。瓮棺葬蕴含的乃是一种独特的原始信仰及灵魂观念，而原始信仰和灵魂观念往往是原始人群文化之核心要素，属于精神层面，它在不同原始人群或文化之间通常并不像物质层面的陶器、石器等那样容易得到传播。因此，主要流行于黄河流域及甘青地区的儿童瓮棺葬在藏东、玉树的出现，反映了黄河流域原始人群向藏东、青南地区的迁徙。

近年来，在青藏高原发现了分布极为广泛的古代岩画。其延续的时代从史前时期一直到吐蕃时期以至更晚。根据岩画的内容特征，大致可分为早、晚两期。早期岩画主要分布于藏西和藏北地区，其特点是均为旷野露天岩画，制作方法有凿刻法、敲琢法、磨刻法等。这些岩画在内容和形式上都与中国北方草原地带岩画最为接近，尤其与新疆、青海等地岩画在艺术风格、题材上颇具共性。如西藏早期岩画中出现了众多牦牛、鹰、鹿的形象，这在青海岩画中多有发现，表明分布在高原东北部的青海岩画不仅与西藏岩画具有相似的地理生态环境特征，在文化上也具有特殊的共性。更有学者进一步论证指出，"西藏、青海岩画中所具有的某些北方岩画因素，正是通过高原东北通道及青海地区与北方游牧文化发生交流

[①] 西藏自治区文物管理委员会、四川大学历史系编著：《昌都卡若》，文物出版社1985年版，第147—148页。

的结果"①。

从新石器时代文化的分布来看，中原地区到青藏高原已经有较为固定的通道。仰韶文化自河南往西延伸，到甘青地区发展为马家窑文化，其传播的主要途径就是沿渭水溯源而上，进入洮河、大夏河流域，继而进入湟水流域。甘青地区路线主要沿黄河、洮河、大夏河、白龙江、湟水河、沙珠玉河、隆务河等主干道及其支流。

三 体质人类学反映出的西藏地区与中原地区的联系

人类学家的最新研究表明，西藏人与其他地区的汉族和少数民族都源于以北京周口店山顶洞人为代表的中国北部的晚期智人。中国科学院古脊椎动物与古人类研究所的研究人员通过对西藏林芝地区发现的新石器时代人骨、现代西藏人头骨特征，以及对现代藏族体征的连续研究发现，藏族的体质特征与中国华北、西北地区的少数民族和汉族最为接近。1975年在林芝地区发现了一个包括颅骨、下颌骨、枢椎、股骨的女性人骨，俗称"林芝人"。其股骨内侧的关节面上发现了一个附加的小关节面，这应是由于长期蹲踞习惯而造成的蹲踞面。目前在西藏，唯藏族妇女才有蹲踞的习惯。由此可见，"林芝人"应是藏族的祖先。通过对"林芝人"的研究，发现其头骨颞线所在的位置比较接近现代华北人，枢椎测量结果表明接近殷代中国人，鼻根区高度和指数比较接近西安半坡人。从下颌枝最小宽度的比较来看，"林芝人的族源关系接近于汉族和藏族"②。新石器时代藏族的先民与中原地区的居民无疑存在着一定的关系，否则不会在体质上产生如此相近的特点。

英国学者G. M. 莫兰特对现代藏族头骨进行测量分析，结果表明，藏族至少存在着两个不同的种族类型，其中一个被莫兰特称为藏族B型，又可称为卡姆型。该型人大多来自云南和四川相毗连的西藏东部昌都地区，这些头骨一般比较粗壮，头骨测量尺寸比较大，为中长颅型，面部高而较宽，也较扁平，眼眶较高而圆，鼻凸起弱，鼻形较狭，有突颌倾向。1928年，外国学者D. 布莱克对安特生从甘肃、河南所采集的史前人类遗骨进

---

① 西藏自治区交通厅、西藏社会科学院编：《西藏古近代交通史》，人民交通出版社2001年版，第38—39页。
② 林一璞：《西藏塔工林芝村发现的古人类遗骸》，《古脊椎动物与古人类》1961年第3期。

行研究，认为甘肃史前人种与现代华北人有许多相似之处，可视其为"原始的中国人"。另外，在甘肃史前人种中，铜石并用时代的人在有些形态特征上更偏离现代华北人，但在另一些暗示性的特征上，"呈现出同莫兰特研究过的卡姆类型的相似"，这实际上暗示了现代藏族与古代西北地区居民之间可能存在着某种体质上的关系。①

1965年，复旦大学的老师和学生在咸阳民族学院对来自西藏各地的1542个藏族学生进行了体质测量，分析表明，藏族应属蒙古人种，具有与蒙古人种共同的体质特征，现代藏族的体质特征与蒙古人种中的东亚种族类型最为接近。总之，西藏藏族是由西藏新石器时代的古代居民为主体发展起来的，但后来随着历史的发展和人群的迁徙，北部地区的古代蒙古人种逐渐向南部和西南部扩展，其中有一部分进入西藏，并与当地居民不断混血，最后形成了今日的藏族。② 在这个过程中，中国西北甘青地区发挥了交通中介的作用。

四　文献记载中中原地区与青藏地区的往来

西藏的原始文化自旧石器时代到新石器时代晚期，在某些重要考古学特征上与我国甘青、中原地区的原始文化有相同之处，这不是巧合。《史记》记载，黄帝有25子，其中"一曰玄嚣，是为青阳，青阳降居江水；其二曰昌意，降居若水"③。尤中先生认为"江水""若水"即指今金沙江、雅砻江流域一带。④ 可见，早在原始社会时期，中原地区的某些氏族部落群就曾向西藏高原的东端雅砻江、金沙江流域一带迁徙，与当地居民发生过联系。《后汉书》记载，"西羌之本，出自三苗，姜姓之别也。其国近南岳。及舜流四凶，徙之三危，河关之西南羌地是也。滨于赐支，至乎河首，绵地千里。赐支者，禹贡所谓析支者也。南接蜀、汉徼外蛮夷，西北接鄯善、车师诸国。所居无常，依随水草。地少五谷，以产牧为业"。秦厉共公（？—前443年）时期，羌人的首领无弋爰剑被秦国所拘执，当作奴隶。"后得亡归，而秦人追之急，藏于岩穴中得免。羌人云爰剑初藏

---

① 霍巍：《西藏高原墓葬考古的新发现与藏族族源研究》，载四川大学历史系编《中国西南的古代交通与文化》，四川大学出版社1994年版。
② 张振标：《藏族的体质特征》，《人类学学报》1985年第3期。
③ 《史记》卷1《五帝本纪》。
④ 尤中：《中国西南的古代民族》，云南人民出版社1980年版，第27页。

穴中，秦人焚之，有景象如虎，为其蔽火，得以不死。既出，又与劓女遇于野，遂成夫妇。女耻其状，被发覆面，羌人因以为俗，遂俱亡入三河间。诸羌见爰剑被焚不死，怪其神，共畏事之，推以为豪。河湟间少五谷，多禽兽，以射猎为事，爰剑教之田畜，遂见敬信，庐落种人依之者日益众。羌人谓奴为无弋，以爰剑尝为奴隶，故因名之。其后世世为豪。"秦献公时代（前384—前362年在位），羌人首领"忍季父卬畏秦之威，将其种人附落而南，出赐支河曲西数千里，与众羌绝远，不复交通。其后子孙分别，各自为种，任随所之。或为牦牛种，越嶲羌是也；或为白马种，广汉羌是也；或为参狼种，武都羌是也"①。羌人南迁之后，在青藏高原的纵深地区获得了巨大的发展空间。这是汉文史籍对中原、甘青地区原始居民迁往藏东的最早记载。《新唐书》也记载，"吐蕃本西羌属，盖百有五十种，散处河、湟、江、岷间，有发羌、唐旄等，然未始与中国通。居析支水西。祖曰鹘提勃悉野，健武多智，稍并诸羌，据其地。蕃、发声近，故其子孙曰吐蕃，而姓勃窣野"②。汉文史籍上的这些记载与藏文史籍中有关早期王族来源的传说可能存在着内在的联系。据《敦煌本吐蕃历史文书》记载，吐蕃历史上的第一代赞普聂赤赞普是天神天父六君之子赤顿祉的儿子，降临吐蕃地方为主。③ 黄奋生认为爰剑后人卬进入西藏的时间恰在秦献公执政时期，其进藏路线则是从赐支河向西行数千里，经过青海南部及西藏北部的羌塘地带进入西藏。"聂赤赞普是卬到西藏当了酋长后的称号。"④ 综上所述，可见西藏地区自古就与甘青地区、中原地区有着来往。但起初两地之间完整的交通线路还不明确，只能在较短的距离内了解某一段的线路。从西藏交通的地理特点来看，原始先民们很早就对高原特殊的自然地理环境有了认识。因此，当时西藏与甘青、中原地区的交通应该是西藏东部的三江河谷通道、东北部高差较小的黄河与长江源头地区的通道。随着吐蕃社会的不断发展和部落之间的兼并战争，西藏内外交通不断得到探索和使用，交通线路不断得到拓展。《汉藏史集》记载，"朗日伦赞时期，由汉地传入历算六十甲子、医疗、讲论饮食利益和危害的保养方

---

① 《后汉书》卷87《西羌传》。
② 《新唐书》卷216《吐蕃传》。
③ 王尧、陈践译注：《敦煌本吐蕃历史文书》，民族出版社1992年版，第173—174页。另《新疆出土古藏文文书》《唐蕃会盟碑》《工布第穆摩崖刻石》《赤松德赞墓碑》等都有类似记载。
④ 黄奋生编著：《藏族史略》，民族出版社1989年版，第4页。

法"，"朗日伦赞曾征服汉人和突厥人"。① 说明当时吐蕃已经将对外的交通进行了大规模的扩展，与中原王朝建立了较为稳定的联系。杨正刚认为，当时西藏高原到中原地区有两条较为固定的通道：一是自藏北高原经康区到西宁通往长安的东线；二是经藏北高原的突厥地区，可通往西域，又可通往汉地的线路。② 但事实上，西藏地区还通过藏东的三江河谷，从今天的藏彝走廊也可到长安。吐蕃时期，西藏的交通不单靠徒步行进，已经普遍地借用牦牛、马等作为基本的交通工具了。

五　汉代以来河湟地区的交通及管理

自汉至唐，历代中央王朝开疆拓土、屯田戍边，设置郡县、经营河湟，中原至河湟的交通逐渐趋于稳固。汉代时，先秦以前开辟的丝绸之路青海道已经基本固定，即由长安至陇西、临洮，西北行经临夏，渡黄河至西宁，或北经扁都口至张掖，或通过柴达木盆地至西域。此外，丝路青海道还通过黄河源头、柴达木盆地延伸到今西藏地区，这就是唐蕃古道的前身。在漫长的历史时期，这条道路一直在通行。只是由于文献资料匮乏，我们不清楚具体的状况而已。

汉代以后至魏晋南北朝时期，历代中央王朝以及地方政权在青海地区设郡置州，治所就多修筑在丝路沿线。随着经济社会的发展，对丝路主干道路的利用得到加强，并不断衍生出一些较为稳定的支线，相互交错，如吐谷浑开辟的丝绸南路河南道，其东段即从龙涸（今松潘），经今临潭，到甘南合作，从夏河经过甘家滩，入今青海黄南州境内的瓜什则、保安、兰采、东沟，到贵德，自此一分为二，一条由贵南、兴海、大河坝地区，翻过扎梭拉山口至白兰，另一条由茫拉川，过黄河，经过曼头城，翻过布尔汗布达山至白兰。然后以白兰为据点，或西北行，至西域；或西南行、南下，汇入吐蕃地区的不同道路。或者，该条路自贵德汇入今唐蕃古道主要线路入西藏。丝路在甘肃临夏河州自西向东，通过黄河上不同位置的渡口，如临津渡口、野城峡口渡（即炳灵寺渡口、枫林渡）、孕脑河沿渡（即莲花城渡）等，形成不同的支线。魏晋时期，东晋僧人法显通过炳灵寺渡口，从西平张掖道入河西走廊。而北魏僧人宋云是通过莲花渡，经过

---

① （明）达仓宗巴·班觉桑布：《汉藏史集》，陈庆英译，西藏人民出版社1986年版，第87页。
② 杨正刚：《苏毗初探》，《中国藏学》1989年第4期。

西平张掖道前往天竺求法的。到了隋代，这条道路更趋稳定，大业五年（609年），隋炀帝也是通过这条道路，从临津渡口到西平（今海东市乐都区）陈兵讲武的，之后沿西平张掖道返回长安。此外，《隋书》记载："（隋炀帝时）西域诸番，多至张掖，与中国交市，帝令矩掌其事。矩知帝方勤远略，诸胡商至者，矩令言其国俗山川险易，撰西域图记三卷……其序曰：……'发自敦煌，至于西海，凡为三道，各有襟带。……其三道诸国，亦各自有路，南北交通。其东女国、南婆罗门国等，并随其所往，诸处得达'。"① 可见，隋代时，从河西敦煌到西藏，也已有固定的通道。

汉代以来，中原王朝开始在河湟地区设置邮驿设施，对当地的交通进行有效的管理。元鼎五年（前112年），李息、徐自为进击河湟地区的羌人，随即在今西宁地区设立西平亭、长宁亭、东亭等，负责驿传事宜。随着破羌县、临羌县等行政建置的设置，青海东部地区建立了郡县体制，乡、亭随之设置，河湟地区主要干道的邮驿设施逐步趋于完备。汉宣帝神爵元年（前61年），赵充国入河湟，看到临羌到浩门交通沿线的邮亭多被先零羌破坏，即刻着人修缮，建传舍，驻驿卒，配驿马，恢复驿站设施。

汉代河湟地区的邮驿设置，按十里一亭、三十里设驿的定制。在东起金城小寺沟、允吾、浩门、冰沟、破羌、安夷、西平、临羌及至青海湖沿线的道路上，都设置了邮驿设施。东汉章帝建初二年（77年），傅育将护羌校尉治所迁至临羌（今西宁市湟中区多巴镇），并以此为驿传交通的中心，大大加强了河湟地区的驿传交通建设。汉代的驿传效率极高，三个骑士接力传递，一昼夜行程可达1000里。魏晋时期，吐谷浑等地方政权对河湟地区的交通管理更趋严格，利用更趋高效了。

第二节　文成公主进藏与唐蕃古道的形成

唐贞观七年（633年），松赞干布统一了吐蕃诸部，建立了统一强大的吐蕃王朝，定都逻些（即今拉萨市）。松赞干布仰慕华风，于贞观八年派使者访问长安，唐太宗李世民遣使回访。经过一段时期的交往，641年，松赞干布遣使至唐求婚，唐室允诺，命礼部尚书江夏王李道宗持节送文成

---

① 《隋书》卷67《裴矩传》。

公主、唐蕃专使赴吐蕃成婚。文成公主进藏的这条古道即唐蕃古道。文成公主进藏之后，唐蕃双方往来不断。据《旧唐书》《新唐书》《册府元龟》等史籍统计，从吐蕃首次遣使长安至唐蕃覆灭前后的200年间，双方使者往来有200余次，形成了"金玉绮绣，问遗往来，道路相望，欢好不绝"的动人局面。

一 成型的唐蕃古道

唐贞观十五年（634年），文成公主一行从长安出发，经秦州（今甘肃天水市）、狄道（今甘肃临洮）、河州，自炳灵寺渡黄河入鄯州境内龙支城（今青海民和县柴沟乡北古城），再傍湟水西行直达鄯城（今西宁市），然后自鄯城出发，西越赤岭（今日月山），进入吐谷浑境内，西南行至柏海后入藏。文成公主入吐蕃途经日月山至黄河源一带时，吐谷浑王诺曷钵和弘化公主筑馆隆重接待。松赞干布亲自在柏海（今青海的鄂陵湖和札陵湖区域）迎亲，后返回逻些。自此，经过青海河湟地区的唐蕃古道最终成型。唐蕃古道是唐王朝和吐蕃王朝之间政治、经济、文化交流的主要通道，也是中印文化交流的干线之一。这条道路是从今陕西西安出发，经过甘肃、青海，直通到西藏的拉萨，再一直向西南方向延伸通往尼波罗（即今尼泊尔）和印度的一条古道。在漫长的历史长河中，这条通道扮演了重要的角色，它不仅是汉藏人民友谊的见证，也是一条文化传播长廊。这条古道所经过的青海地区，历史上就是中原地区通往西藏地区和西域的中介地。

关于唐代经过吐蕃、尼泊尔，至印度的交通，道宣在《释迦方志》中是这样记载的："自汉至唐往印度者，其道众多未可言尽。如后所纪，且依大唐往年使者，则有三道。依道所经，且睹遗迹，即而序之。其东道者，从河州西北度大河，上漫天岭，减四百里至鄯州。又西减百里至鄯城镇，古州地也。又西减百里至故承风戍，是隋互市地也。又西减二百里至清海，海中有小山，海周七百余里。海西南至吐谷浑衙帐。又西南至国界，名白兰羌，北界至积鱼城，西北至多弥国。又西南至苏毗国，又西南至敢国。又南少东至吐蕃国，又西南至小羊同国。又西南至呾仓法关，吐蕃南界也。又东少南度末上加三鼻关，东南入谷，经十三飞梯、十九栈道。又东南或西南，缘葛攀藤，野行四十余日，至北印度尼波罗国。"[1]

---

[1] （唐）道宣：《释迦方志》，中华书局1983年版，第14—15页。

《释迦方志》把这条道路称为东道。除了这条道路，《释迦方志》还记载了汉唐时期自唐代长安通往印度的其他两条道路：中道，即是从鄯州东出发，北出凉州，经过河西走廊，又过鄯善、且末、于阗，出帕米尔高原南下印度的道路；北道，即从长安出发，通过河西走廊，经过伊州、蒲昌、高昌、阿耆尼、龟兹、姑墨，至今之帕米尔高原南下印度的道路。综合考虑唐朝长安、吐蕃、尼泊尔、印度以及河西走廊、天山南北各个绿洲城市的方位，可知《释迦方志》把所谓经过今青海地区通往西藏、尼泊尔的道路称为东道是方位叙述上的错误，这条道路应该被称为南道。而所谓南道，其实就是我们所说的唐蕃古道，尽管该书的记述极为简略，但基本勾勒出了自河州至青海，再西南行至吐蕃国，南下尼波罗的线路概貌。我们的关注点在唐都长安到拉萨之间的路线，因此，对于由拉萨往尼泊尔乃至印度的道路，在这里不做讨论。

唐蕃古道不是一条唯一的线路，而应是以长安和拉萨两个必须通过的枢纽为重要节点，在广袤的地域内，由不同路线组合而成的庞大的道路交通网络。因此，要从广阔的空间范围内去理解。在这些繁多的路线中，其中一条是唐蕃古道的主要线路。为了便于研究，学术界一般将这条线路分为东段和西段。唐蕃古道东段指的是古道在唐域内的分布，由唐都长安（今西安市）至鄯城（今西宁市），约928公里。这段路线也即前面叙述的丝绸之路的一部分。唐代时，即长安—凤翔（今陕西凤翔县）—陇州（治陇县）—秦州（治今甘肃天水市）—渭州（治陇西县）—临州（治临洮县）—河州（治临夏市），渡过凤林渡（今炳灵寺渡）到龙支县（治今民和古鄯镇），再到鄯州。西段是指蕃域内的路线，自鄯城至逻些（今拉萨），约有2125公里。关于古道西段的走向和路线，《新唐书·地理志》"鄯城"条有详细的记载。在蕃域古道的一些标志性地名上，《释迦方志》和《新唐书·地理志》的记载是大致相同的，但一些小却又重要的地名，《新唐书·地理志》的记载显然更为详尽。因此，需要引述《新唐书·地理志》关于这段线路的记载，有助于我们勘清唐蕃古道西段线路的具体走向。

《新唐书·地理志》是这么记载的：鄯城"西六十里有临蕃城（今西宁市湟中区多巴镇），又西六十里有白水军、绥戎城（今西宁市湟源县东的北古城），又西南六十里有定戎城（今湟源县日月乡克素尔古城）。又南隔涧七里有天威军，军故石堡城（即石堡城，今湟源大小方台），开元十七年置，初曰振武军，二十九年没吐蕃，天宝八载克之，更名。又西二十里至赤岭（今日月山），其西吐蕃，有开元中分界碑。自振武经尉迟川（今称倒淌河）、苦拔海（今称尕海）、王孝杰米栅，九十里至莫离驿（今共和县恰卜恰镇北东巴古城，一说在共和县达连海一带）。又经公主佛堂（约在今兴海县子科滩镇北哇滩古城，一说在今兴海县河卡乡一带）、大非川（今兴海县大河坝河上游北岸，'大河坝营盘'古城）二百八十里至那录驿（水塔拉河中游地区），吐浑界也。又经暖泉（今兴海县温泉）、烈漠海（今苦海），四百四十里渡黄河（今玛多县黄河沿），又四百七十里至众龙驿（今称多县清水河镇，镇南有崇陇峒滩，'崇陇'与'众龙'音近）。又渡西月河（今称多县扎曲，'扎曲'藏语意为'发源于月亮一样泉眼中的河'），二百一十里至多弥国西界。又经犛牛河（又作牦牛河，今通天河）度藤桥（今称多县尕朵乡吾云达一带通天河渡口），百里至列驿（今玉树市隆宝镇，原名结隆乡）。又经食堂、吐蕃村（今玉树市年吉措，又名野鸡海）、截支桥（今杂多县子曲桥），两石南北相当（今杂多县子曲桥东约8公里的给沙扁地方确有两块巨石，各长约20米、高约15米、宽8—10米，一南一北兀立于子曲两岸草地，相距约500米，格外引人注目），又经截支川（今杂多县子曲河谷），四百四十里至婆驿（杂多县子曲河上游子野云松多一带）。乃渡大月河罗桥（约在今扎尕拉松多一带），经潭池、鱼池，五百三十里至悉诺罗驿（今杂多县当曲以北莫云乡与原查当乡之正中一带）。又经乞量宁水桥（今杂多县当曲）"，在此处翻越查吾拉山口，"又经大速水桥（今西藏聂荣县索曲），三百二十里至鹘莽驿，唐使入蕃，公主每使人迎劳于此。又经鹘莽峡十余里，两山相釜，上有小桥，三瀑水注如泻缶，其下如烟雾，百里至野马驿。经吐蕃垦田，又经乐桥汤，四百里至阁川驿（今西藏那曲）。又经恕谌海，百三十里至蛤不烂驿，旁有三罗骨山，积雪不消。又六十里至突录济驿，唐使至，赞普每遣使慰劳于此。又经柳谷莽布支庄，有温汤，涌高二丈，气如烟云，可以熟米。又经汤罗叶遗山及赞普祭神所，二百五十里至农歌驿。逻些在东南，距农歌二百里，唐使至，吐蕃宰相每遣使迎候于此。又经盐池、暖泉、江布灵河，百一十里渡姜济河，经吐蕃垦田，二百六十里至卒歌驿。乃渡臧河，经佛堂，百八十里至勃令驿鸿胪馆，至赞普牙帐，其西南拔布海（今羊卓雍措湖）"。①

---

① 《新唐书》卷40《地理四》。

唐蕃古道的开通，在祖国内地与西藏高原之间架起了一座友好交流的桥梁，在历史上发挥了极为重要的作用。

二 唐蕃古道青海段的主要线路及几条辅道

唐蕃古道青海段的线路指的是唐蕃古道在今青海省境内的分布，它与学术界所谓唐蕃古道东段、西段线路是两个概念。唐蕃古道全长3000多公里，在青海的路段约占全长的三分之二。由于唐蕃古道的每段路线在不同历史时期的利用频率各不相同，因而有了主道和辅道的区分。所谓的主道，就是利用上稳定，时间上久远，使用主体是唐蕃双方官方使团、军队、大型商贸队伍，也可将其称呼为官道，唐蕃双方在这条线路上建有驿站。《新唐书·地理志》记述的唐蕃古道在今青海境内的分布线路就是唐蕃古道青海段的主要线路。所谓辅道，是在主道交通阻碍的情况下，临时利用，是主道的补充。同时，在时间上断断续续，使用主体以当地居民、民间商人以及军事行动等为主。唐蕃古道青海段的辅助线路基本上都是在某个狭小的地域内，偏离了城镇、驿站等两个重要节点之间传统连线的线路，应属于在少数地段除了传统走法之外的其他走法。从今甘肃入青至今青海入藏间的漫长距离内，唐蕃古道青海段的辅道较多。我们可通过自今甘肃入青、在今青海境内的分布、自今青海入藏三个点去了解。

唐代自甘肃入青海的交通路线，除了《新唐书·地理志》记载的河州凤林渡路之外，还有自兰州入青海的数条线路。从《新唐书》《通典》《资治通鉴》《元和郡县志》《太平寰宇记》《元丰九域志》等的记载来看，河州道比兰州道近140里。另外，河州道的自然地形条件较兰州道更为优越。临洮至河州一线，除了一道天堑黄河、漫天岭（即炳灵寺所在的小积石山，青海境内也叫接官岭）道路难行外，其他都是平坦宽畅的黄河、湟水谷底和山谷道路。而在兰州沿线，临州至兰州的路段虽然较为平缓，但兰州以西至鄯州的道路远不如河州道轻松，分布有虎头崖、红古坡、老鸦峡等艰险路段，或沿途重峦叠嶂，或一路势峭险峻，皆行走困难。另外，相关的文献记载和实物资料证明，河州道是隋唐时期西去鄯州和吐蕃的官道。据《安多政教史》记载，文成公主入吐蕃经过河州时，在炳灵寺做了短暂停留，雕塑八丈高的佛像一座。① 据新旧《唐书》记载，崔琳所率71人使团入蕃，走的就是此路，迄今炳灵寺尚存有崔琳使团途经此地留下的灵岩寺题记遗迹。唐代自今甘肃进入青海的辅道主要有：一是自临州（治今甘肃临洮县）到兰州，路分为北南二线，其北线经河桥驿（今甘肃永登）、冰沟，到鄯州（今乐都区）；南线经广武梁（庄浪河入黄河处），到鄯州。《新唐书·吐蕃传》记载，唐穆宗长庆元年（821年），大理卿刘元鼎入蕃会盟，即从此路过。上述二线在鄯州汇入主道的线路。二是由临州经岷县，到今青海黄南州，自此路分为二，一条至今青海果洛，到河源地区，与唐蕃古道主道会合；另一条经贵德，到共和恰卜恰，与唐蕃古道主线会合。三是由临州到河州，经今循化、贵德、兴海，与唐蕃古道主道会合的路线。四是从今甘肃其他地方进入青海的辅道。这类线路较多，从青海青南地区往北，一直分布到海西。如党项古道中的两支都跟唐蕃古道交会，其中一支从武都，经迭部、阿坝、久治、班玛、达日，至玛多河源地区，汇入古道主道的线路；另一支由洮岷溯河而上，经今河南、泽库、同德，至兴海夏塘古城，然后与唐蕃古道交会；黄河九曲道，自临潭、松潘西北至洮阳，经今碌曲、河南、泽库、同德，西出大汉门城，过大母桥，西渡黄河，汇入古道主道。此路如继续西进，则可翻越布尔汗布达山，进入柴达木地区；以及前面提到过的吐谷浑丝路河南道，还有自祁连大斗拔谷（今扁都口）、当金山口入青海的路线等。

  唐代在今青海境内的辅道主要有：一是鄯城县至日月山的辅道：由鄯城县经牛心川（今大南川）、马鸡沟峡，翻过红山嘴，北上到哈城，汇入主道的线路。《释迦方志》所载由唐至印度的路线在青海湟水流域似乎就是此条道路。二是从吐谷浑国都城（或香日德）汇入唐蕃古道主道的辅道：由日月山经过青海湖西滨伏俟城、都兰，到香日德，自此路分为西、中、东三条线路，西线经秀沟、雪水河上游，到纳赤台，从唐古拉山口越山（格尔木市辖区与西藏交界处，早先为吐蕃通沙州之驿道。青藏公路、青藏铁路都经过此处），过山口后到安多、那曲至拉萨的路线，与今青藏公路基本重合；中线溯香日德河南行，翻越布尔汗布达山，到星宿海汇入唐蕃古道主线；东线从今都兰县香日德镇（或伏俟城）出发，东南行，越

---

① （清）智观巴·贡却乎丹巴饶吉：《安多政教史》，吴均等译，青海人民出版社2017年版，第32页。

扎梭拉山口，在今兴海县大河坝河上游汇入唐蕃古道主线。三是黄河沿渡河的辅道：自烈漠海，从鄂陵湖、扎陵湖相接处的周茂松多渡过，到众龙驿，接唐蕃古道主道。从唐蕃古道在青海境内的分布来看，有几个重要的城镇或地区，如今西宁、日月山、今倒淌河、兴海、河源地区、玉树巴塘、查吾拉山口、今都兰、今格尔木地区、今可可西里、当拉岭。把这几个重要的城镇或地区，通过唐蕃古道的走势连接起来，就可形成两条干线和三条大的支线。两条干线是：自今西宁经过日月山，到倒淌河。在此线路一分为二，西线经过今都兰地区、格尔木地区，然后沿着今青藏公路和青藏铁路南下，过可可西里、当拉岭，到西藏；东线经过兴海、河源地区、玉树巴塘，过查吾拉山口，到西藏。这两条线路最终在那曲地方交会。三条大的支线是：西线基本上在都兰地区西南行，在可可西里地方汇入西干线；中线是自都兰地区南下，在河源地区汇入东干线；东线是自甘肃经过今青海黄南地区、果洛地区，在河源汇入东干线。干线和大的支线之间，还有许多细小的支线，共同组成了唐蕃古道的交通网络。

唐代由今青海境内入藏的线路较多，陈小平在《唐蕃古道》中认为"唐古拉山脉在今青海省与西藏自治区接壤的广大段域内只为我们提供了五个逾山的山口（亦就是道路口）"，这五个山口，自西向东依次排列的名称是"当拉、郭由（纽）拉、查吾拉、沙卖拉、保苟加吾拉"[①]。当拉山口即今青藏公路、青藏铁路所经之唐古拉山口。敦煌发现的《吐蕃投递驿书》记载说，此道口是唐代吐蕃经柴达木去敦煌的必经之地。此路也即拜渡路，元代以后称之为柴达木西路，自逻些北上，经今那曲、牦牛河（长江上游河流，或称拜渡河、布来楚河、巴楚河等。拜渡路即以河名），过可可西里，过昆仑山，到柴达木盆地西部，在今格尔木地区，与丝绸之路青海道相接，延伸至乌图美仁、甘森湖，到嘎斯口；郭由拉山口（杂多县与西藏交界处）过山口后到安多或聂荣县；查吾拉山口（杂多县与西藏交界处，过此山口，到西藏聂荣县），此为唐蕃古道青海段主线过唐古拉山的道口；保苟加吾拉山口（杂多苏鲁乡与西藏交界处）过山口后到巴青；沙卖山口（杂多县与西藏交界处）过山口后到索县。此外，根据资料，青海和西藏间的道口应该还有果龙拉山口（果瓦拉沙拉山口，由杂多东南行，经格那寺、吉曲，过果龙拉山口，到西藏巴青）；觉拉山口（囊谦与

[①] 陈小平：《唐蕃古道》，三秦出版社1989年版，第94页。

西藏交界处）过山口后到荣布区；沙俄拉山口（囊谦与西藏交界处）过山口后到昌都。① 安多、聂荣、索县、巴青、荣布区、昌都之间有路相通，到那曲后通往拉萨。

唐蕃古道的各个线路的分布不是单一的，而是交错串联的，其存在充分利用了当时的生产力水平：一是道路的走向大致沿水草丰茂的河谷、海拔适宜的草原，以满足人畜对后勤供给的需求；二是沿途山高路险，江河纵横，交通道路受到天险的遏制，一些通道有着固定的隘口和渡口，比如渡口会大多选在水流平稳的宽阔之地。在这样的情况下，交通线路一旦确定，便会保持相对稳定，千百年来很难发生大的变化。当时的交通工具以马、牛、骆驼以及车辆为主。

第三节　唐代以后唐蕃古道青海段的历史变迁

唐代以降，唐蕃古道一直被频繁使用着，并没有废弃。但元之后的各朝在充分利用古道时，并不是简单地使用，而是根据现实需求，调整了古道这个庞大的交通网络中的某些线路的利用频率。这使唐蕃古道延展的大方向没有改变，但局部地区发生了很大的变化。同时，元代以来，中央政府对古道的管理也得到强化，古道的使用首现可持续利用的端倪。但唐蕃古道始终都不是静止的，其发展表现出了动态的特征。随着朝代的更替和社会经济的发展，唐蕃古道的建设中不断地渗入现代文明的因子，如近代以来，青康公路的修筑，中华人民共和国成立以后，青藏公路、青藏铁路的建设以及航空事业的发展，使古老的唐蕃古道在交通设施、交通工具等方面，都焕发了新生，充分地挖掘出了古道的潜能，极大地提高了古道的利用效率，使唐蕃古道从形式和内容上实现了涅槃。另外，元代以来，随着中央政府与西藏地方政府关系的不断调整，使用古道的主体也不断发生变化，唐蕃古道的价值也发生了天翻地覆的变化，可以说，中原地区和西藏高原之间交通的需求，成就了这条古道，同时也改变、推动了这条古道的发展。

---

① 青海公路交通史编委会编：《青海公路交通史》（第一册），人民交通出版社1989年版，第111页；周希武编著，吴均校释：《玉树调查记》，青海人民出版社1986年版，第36—45页。

一 元明清时期中原与西藏地区的交通

唐蕃古道并非在它生命的所有时期都是辉煌的，它也经历过惨淡的阶段。这样的经历与内地跟西藏政治、经济、文化之间的关系相关。唐末五代宋时，由于地方割据，唐蕃古道的利用率大为降低。当时在河湟地区的唃厮啰政权主要利用西宁至倒淌河段。10世纪后期，西夏党项势力西进，阻遏甘州回纥道的畅通。当时河湟地区的一些较大的势力集团连横合纵，相互吞并。1032年，唃厮啰青唐政权建立，开展商业贸易，使古老的丝路青海道东段复兴。当时的青唐城（今西宁）、林檎城（今多巴）是这条道路上重要的商贸重镇。

元代以来，中原地区经过今青海入藏的交通网络，依然承袭了唐蕃古道两条干线、三条大的支线的框架结构。元朝将西藏纳入中国版图，西藏成了中原统一王朝的一级地方行政区划，唐蕃古道也不再是两国间交好的通道，而成了藏族与其他民族之间进行政治、经济、文化交流的孔道。元朝为了通达边情、宣布号令，在全国范围内遍设驿站。据成书于至顺二年（1331年）的《经世大典》记载，元代全国驿站总数达到1500多处，构成以大都为中心的稠密交通网络。13世纪中期，元朝建立后，忽必烈利用藏传佛教萨迦派，加强了对西藏的控制。为能顺利"通达边情，布宣号令"，1260年至1265年间，忽必烈派遣达门进藏，让他从青海开始到康区、前藏、后藏，清查沿途人口多寡、土地肥瘠、道路险易等情况，仿照汉地设置驿站之例，设置站赤（即驿站）。《汉藏史集》记载，达门从青海汉藏交界处起，直到萨迦，总计设置了27个大驿站。其中，在吐蕃等处宣慰使司都元帅府辖区（朵思麻地区）设立7个大驿站；在吐蕃等路宣慰使司都元帅府辖区（朵甘思地区）设立9个大驿站；在乌思藏地区设立11个大驿站，包括前藏的索、夏克、孜巴、夏颇、贡、官萨、甲哇等7个驿站，以及后藏的达、春堆、达尔垅、仲达等4个驿站。[1] 元代在乌思藏设立11个驿站是为了上师八思巴顺利地来回于拉萨与大都之间，因此，这条驿路是连接拉萨与大都之间最为便利可靠的交通线。驿站设立的目的就是保证行进的迅捷，因此，驿站的选择和管理都较为严格，站点要有丰

---

[1] （明）达仓宗巴·班觉桑布：《汉藏史集》，陈庆英译，西藏人民出版社1986年版，第167—169页。

茂的水草和足够的物资供应，八思巴的大队人马经行时可以停顿修整，甚至要保证顺利举行一些集会活动。

大站之间设有若干小站和急递铺。这条驿路是把藏区三个行政区联系起来的一条主要交通干线，也是元代入藏的主要线路之一。但它与唐蕃古道并非完全重合。从兰州（或河州）到西宁，经日月山到黄河源头的这部分线路与唐蕃古道大体相同，在自河源翻唐古拉山到拉萨的路线上略有出入。青藏间唐古拉山的主要隘口自西向东，分别是唐古拉山口（格尔木市辖区与西藏交界处，早先为吐蕃通沙州之驿道。青藏公路、青藏铁路都经过此处。过山口后到那曲）、郭由拉山口、查吾拉山口、沙卖拉山口、保苟加吾拉山口、果龙拉山口、觉拉山口、沙俄拉山口等。上述诸山口中，元代入藏官道有可能选择觉拉山口和沙俄拉山口。元代囊谦王族在多甘思地位尊崇，且与元中央政权关系密切，元政府应该会充分利用囊谦王族在当地的势力，维护驿路的正常运行。此外，1937年，在玉树市巴塘边青寺（一作班遣寺）出土了明廷曾赐给喇嘛锦敦钻竹"坚修口津"的象牙印章。该印章是明廷要锦敦钻竹负责通天河渡口摆渡事宜，以保障通往乌思藏大道上通天河渡口畅通无阻的实物。因为明代通藏驿路充分利用了元代的旧驿，故此，元代入藏大道很有可能通过玉树、囊谦，选择这两个山口。

此外，元代进藏驿路另有几条辅道。第一条是自西宁起程，连至柴达木南路，即西出日月山，沿青海湖南岸至今大水桥地区，越查汉斯山、托土山，穿柴达木河流域，至今格尔木地区，然后连接摆渡路，即柴达木西路，南下越过可可西里，翻过当拉岭，到那曲。① 柴达木南路会合柴达木西路后到拉萨的线路即是今天青藏公路、青藏铁路的雏形。由于青海地处新疆、西藏、四川与内地交往的中介，元朝以来，除了传统上经今海南、果洛、玉树到西藏的道路之外，由西宁经格尔木到西藏的道路地位也比较重要，成了自青海入藏的重要通道之一。这条大线路上还有一些支线道路，如自巴隆南越巴汗勒多山口，经秀沟、舒尔干河谷（雪水河上游）、均均沟垭口到哲茂伦（即可可西里），汇入柴达木西路；如自柴达木南路

---

① 柴达木西路自嘎斯地区，南下茫崖湖，沿阿真川（今甘森湖、乌图美仁地区）至格尔木河流域，跨长江上游楚玛尔河、沱沱河、木鲁乌苏河，越唐古拉山口入藏。清代俗称木鲁乌苏河为布赖楚河或巴楚河，也有译为摆渡河的。

的香日德南越布尔汗布达山，至星宿海汇入入藏驿路等。① 这两条支线沿途多水草，也常为骑驼大队的通行线路。第二条是柴达木中路（自当金山口、鱼卡、伊克柴达木、巴夏柴达木南穿麻黄沟、达布逊湖，在今格尔木地区汇入柴达木西路）会合柴达木西路后入藏的驿路，这也是当时通过青海入藏的主要通道之一。第三条即自河州西南出土门关，经夏河、科才寺、有干滩、曲朵寺、拉加寺，南渡黄河，跨越大石门山，进入果洛地区，过斗云滩，在河源汇入河湟入藏驿路。元代时，都实探寻河源，即取此道。第四条自宁河驿（在河州境）西南行，经纳邻（今甘南拉力关）、赤术（今青海河南县香扎寺附近）、俄拉、哈喇别里赤儿（今果洛久治上、下贡麻地区），入当洛、党项然洛草原，沿亦耳麻不莫剌到河源，接通入藏驿路。这条路因比河湟入藏驿路直捷，元时利用率较高。② 第五条自河州经土门关、保安、兰角、清水至贵德，然后汇入河湟入藏驿路等。③ 此外，还有自松潘经今青海入藏的线路：自松潘出黄胜关，进两河口、楚皂、杀鹿堂、察汗拜胜，自此一分为二，一路至图深图过黄河，进吾浪莽、宗喀尔、察汗托灰、齐齐哈赖、土龙图老、但仲营，在库库赛地方汇入西宁入藏大道，另一路经布尔哈数、巴汉海流图、乌兰勒格、伊克图儿根、察罕诺木汗，与西宁经贵德去石门大山口道相交。事实上，所有这些线路，都是唐蕃古道主道和辅道的重新利用，只不过彼时利用的频率跟前朝不同而已。

明代入藏驿路是在元朝驿站的基础上发展起来的。明为通畅入藏驿路，永乐五年（1407年）三月丁卯，成祖"谕帕木竹巴灌顶国师阐化王吉刺思巴监藏巴里藏卜同护教王、赞善王、必力工瓦国师、川卜千户所、必里、朵甘、陇答三卫，川藏等族，复置驿站，以通西域之使。令洮州、河州、西宁三卫，以官军马匹给之"④。同月，"敕都指挥同知刘昭、何铭

---

① 青海公路交通史编委会编：《青海公路交通史》（第一册），人民交通出版社1989年版，第109页。

② 青海公路交通史编委会编：《青海公路交通史》（第一册），人民交通出版社1989年版，第117页。有人认为这条路线就是所谓的"纳邻"七站线路，至于七站的名称，不见史料记载。还有人认为"纳邻"七站事实上就是元朝在朵思麻地区设立的7个大站。

③ 明代在此条线路中的这几条重要节点之间设置有清水、边都、保安、讨来、弯沟、三岔等驿站，俗称清水六番站。

④ 《明太宗实录》卷65，永乐五年三月丁卯。

等往西番、朵甘、乌思藏等处设立站赤，抚安军民"[1]。刘昭等人很快完成了修复驿站的使命。永乐十二年（1414年），明廷令中官杨三保对该驿路进行了检查，"令所辖地方驿站有未复旧者，悉如旧设置，以通使命"[2]。明代从西宁入藏的道路有三条：经今都兰、格尔木入藏的青藏西道；经琐力麻（今玛多黄河沿）、鄂灵海（鄂陵湖）、查灵海（扎陵湖）、星宿海、喇嘛托罗海、巴彦哈拉、必里术江（今通天河）、阿克当木曲（当曲）、索克曲（索曲），到拉萨一带的青藏中道；经过玛多、称多、玉树、囊谦的青藏东道。这些都沿用了元朝的道路。其中，青藏中道和东道均是明代驿路。此外，唐、元朝时期的一些入藏辅道，这个时候依然是重要的入藏交通路线之一。

元朝驿站分为军站和民站，由宣政院和兵部管理。元驿站设有专门的站户，为驿站提供马匹、驮牛、物资及劳役。忽必烈后期，乌斯藏地区站户不堪役使，不断逃亡，遂改以军队管理，让当地万户提供日常度支。如驿路遭破坏中断，即派军队加以恢复。元朝规定官吏和使臣等往来驿道上，必须遵守驿站制度，而站户也必须按规定供应食宿，提供马匹等。由于管理严格，驿路的使用规范，呈现出可持续发展的积极势头。明代驿路由卫所管理，当时在今青海境的入藏驿路上设立的卫有河州卫、西宁卫、罕东卫、必里卫、必里术江卫（治今曲麻莱县境）、朵甘卫（治今四川德格）、陇答卫（治今西藏昌都）、上邛部卫、答陇卫以及乌斯藏卫等。明朝驿传服役由民户佥当，自备马、骡、牛只当差。明代因公使用驿传设施须持有符信，传递文书也须盖有印信，而且还要经过当地官府检验。元明驿站为西藏与中原地区的政治、经济、文化联系创造了条件，对蒙藏、汉藏关系的发展起了促进作用。这一时期，西藏地方与祖国内地的贸易较前代有了很大发展，如贡赐贸易、茶马贸易、民间贸易等，都远超前代。而以佛教为中心的造塔、塑像工艺，佛经印刷工艺，绘画工艺等，成了双方交流的重要内容之一。

清代自青海入藏的道路也沿袭了唐蕃古道的主要框架结构，表现出多条线路纵横交会的走势。主要有：一是由西宁起，经河源、曲麻莱、治多、杂多，过郭由拉山口，到拉萨的道路，这是清代入藏的官马大道，是

---

[1] 《明太宗实录》卷65，永乐五年三月辛未。
[2] 《明太宗实录》卷147，永乐十二年春正月己卯。

清代川康道入藏大道、云南中甸入藏大道的姊妹路。《西宁府新志》详细记载了这条道路所经的站口，自西宁至拉萨共67站，计3670里。开始的站点是西宁、阿拉库托营、哈什哈水（即倒淌河）。由此分南北两路，南路走6程，经今共和县曲沟、三塔拉等处；北路走5程，过塘格木滩后两路会合。南路的站点是侃布滩、阿拉乌图、哈套、西哈套峡、木户儿、牛哥兔；北路自哈什哈水到白彦脑儿、恰不恰（今共和县恰卜恰）、西泥脑儿（达连海）、公噶脑儿（更尕海）、牛哥兔，与南路相接。之后到沙拉兔、衣麻兔、登弩儿特（鄂拉山口）、哈隆乌素（今兴海县温泉）、至列脑儿（苦海）、至利卜拉、必留兔沟、阿隆阿他拉川、索力麻川黄河源（今玛多县黄河沿）、噶顺阿坝兔、且克脑儿（今玛多县鄂陵湖北）、哈麻胡六太、哈拉河、乌兰伙哩、阿拉台奇、喇嘛托洛海（今曲麻莱县玛多）、一克白彦哈拉（巴颜喀拉山西山口）、乌河那峡、巴汗白彦哈拉底、哈拉河洛、穆鲁乌苏河（今通天河）、柯柯赛渡口（估计在今曲麻莱县叶格一带。此河还有七叉河、摆图两个渡口，不发水时驼马可过。因柯柯赛渡口有皮船，官兵入藏多由此通过）、柯柯托儿、大湖滩、托火六托洛海、插汗哈达、东卜拉（今杂多县附近）、赛柯奔、胡蓝你伙、多蓝巴图儿、卜汉你赛儿、胡角尔图、阿河但、因大木、铁兔托洛、一克努木汗、索湖、巴汗奴木汗、拨湖沙、查汗哈达坡伙、尺汗哈达、沙各、瞒扎希里、却那你伙六、哈喇乌素（今西藏那曲）、班的奔第、哈拉伙洛、愧田希拉、巴卜隆、乃满素不拉哈、达目（今当雄）、羊阿拉、来顶寺、铁锁桥、恰哈拉、逊冬卜宗、浪唐、西藏大诏。① 清代入藏官道与唐蕃古道主线在自河源到那曲之间不完全相合。清路走北线，经两湖、柯柯赛渡口（或通过曲麻莱与治多县之间的七渡口），从治多县中部、杂多县西部穿过，沿郭纽曲翻过郭由拉山口，到西藏聂荣县；唐蕃古道主线走南线，从称多县经玉树西部，穿过杂多县东部和中部，沿查吾曲翻过查午拉山口，到西藏聂荣县。

清代入藏大道衍生出三条支线：第一条从河源过鄂陵湖、扎陵湖、七渡口（一作七叉河，在今曲麻莱县曲麻莱乡勒池牧委会西）、里曲（通天河上游沱沱河），在察曲卡（温泉）汇入故摆渡路。五世达赖曾由此路到

---

① （清）杨应琚著，李文实校：《西宁府新志》，青海人民出版社1982年版，第560—564页。

北京朝见过顺治皇帝。五世达赖自哲蚌寺出发，过吉布穆、逊冬卜宗、达木、则尔普、盆多、夹堪、洋拉、把布隆、鬼屯锡里、狼林拉卡、肖莽苏穆拉、绰诺果尔、布穆楚河渡口、则楚卡、牙克逊、托伙六乌苏、里楚河津、曲麻莱、哈拉乌苏、里普那木都，过巴颜喀拉山、扎陵湖、阿普齐都陡、阿拉克沙、托素湖、坦羊撒、卡尔普坦、等努尔特山、大河坝、哈图、青海湖、恰卡布拉克、林毛湖、卡尔坦莫尔坤措毛、鄂勒坤稀巴尔滩、吉尔嘎尔、岳洛托、纳克隆、药水河、中国外长城、镇海堡、古布穆、塔尔寺、西宁、平戎驿、冰沟、河桥驿、庄浪。① 此外，六世班禅也曾由此路去过北京。六世班禅由扎什伦布寺出发，过通门雄、扎西雄、多吉保、藏藏草地、香香东噶尔岗、拉布噶尔当草地、勒唐贡、雪布拉纳、羊八井、雪布巴拉、纳查毛、年钦滩、宁日河、乌达巴、当雄扎西塘、觉泽拉山、那曲、巴布绒草场、渡玉隆河、贵隆河、到那章毛、渡油克曲河、江木曲河、到夏尔巴尔图、翻越噶尔琼、噶尔钦的拉琼山岭、到噶尔钦、那曲格瓦、那曲巴尔、拉毛、热的扎西松多、曲那干、恰波俄热、夏提、扎噶尔毛、朋曲河边、牛拉山西麓、当拉山西麓的伦珠布、翻越唐古拉山、到察曲河边、巴巴鲁玉、鄂丹木山南麓、察噶尔琼瓦、察噶尔切瓦、多伦巴图尔、琼曲河西、麦多塘、东珠扎、那毛且、霍尔欠珠果、察仓松多等地，到智果拉山南麓、过智果拉山北麓、长江南岸的草原、渡治曲七渡口、经拉泽噶尔琼、曲玛尔河畔、雅果拉山顶、浪麻沟、巴颜喀拉山、鄂敦塔拉、库库阿玛、那毛且草原、杰塔昌措湖边、索罗麻湖边、白哈赛白苏、阿里通号博、太门库居、扎木噶尔、哈尔赛、阿日温泉、肖绕拉山、夏巴尔图、歇热图、曲米麦隆、夏拉图、阴德尔图、哈托拉山西口、贡库热、霍约尔托罗盖、库库托罗盖、阿夏根、日月山、哈拉金达巴、东廓尔城（今湟源县）、廓家城、第玛尔塘、塔尔寺、西宁、平戎驿、高店子、碾伯城、老鸦城、冰沟、西大通驿、渡过大通河、到河桥驿，由此经过宁夏到北京。② 第二条从河源过鄂陵湖、扎陵湖、星宿海，沿楚玛尔河西行，在五道梁一带汇入故摆渡路。第三条即故柴达木西路汇入到柴达木中路的路线。自那曲翻越唐古拉山，经过可可西里，到柴达木盆地，

---

① [日] 佐藤长：《清代唐代青海拉萨间的道程》，青海省博物馆筹备处，1983年。
② 柳森：《六世班禅额尔德尼研究》，博士学位论文，中央民族大学，2012年，第145—150页。

再到敦煌。民国十二年（1923年），九世班禅自日喀则出发去北京，基本上就是按此路线行进，后到安西、兰州、山西、北京。① 另外还有经都兰、诺木洪、格尔木，沿故拜渡路翻唐古拉山到拉萨的线路。这条路在乾隆以后逐渐替代了经河源入藏的驿路。十三世达赖曾由此路出走蒙古库伦。当时行走的路线是翻过色拉寺后面的郭拉山，到达巴雅。从巴雅出发，越过盘布恰拉山，经白教达隆寺、热振寺，抵达那曲，自那曲起程，过唐古拉山、通天河，到青海柴达木盆地，在这里遇到了蒙古太济乃尔台吉诺尔和库罗贝子两部落，并会见了桑青则桑王爷和库罗札萨，过嘉峪关，进入喀尔喀蒙古境内。十三世达赖返回时，经甘州（今张掖）、平番（今永登）、兰州，到达西宁，然后驻进塔尔寺。② 由这条入藏大道衍生出两条支线，第一条是从香日德（或巴隆）翻越巴汗勒多山口，经秀沟、雪水河上游、均均沟牙壑，在可可西里一带汇入故摆渡路；第二条是从香日德（或巴隆）翻越布尔汗布达山的那木山口，在星宿海一带汇入河源入藏驿路。此外，由松潘经两河口、察汗拜胜、图胜图、察汗托灰、丹仲营，在柯柯赛渡口汇入河源入藏道路也在正常通行。而民间也常利用从河州经今青海河南县、果洛，在河源地区接通河源入藏驿路后到拉萨的线路。

清代入藏的三条驿路中，青藏驿道路途平坦，距离又近，因此起初使用频繁。乾隆帝曾下令："今查西宁到藏，路平且近，较为便捷，著勒保、奎舒即将甘肃各营及青海众札萨克等之马调拨数十匹，从西宁至藏界，仿照康熙年间之例安置驿站，专为驰送藏中来往奏折之用。并按站分派弁兵赍领驰送，已专责成。"③ 嘉庆《重修一统志》记载，当时青藏驿路和川藏驿路的任务分工是"其进贡两年一次，贡道由西宁入，其互市在四川打箭炉之地"。但事实上，这样的分工并不固定，使用驿路还是考虑了路途的供给、安全、远近以及自身的需求。达赖和班禅的商队，每年都经过青海丹噶尔（今西宁市湟源县）到库伦（今蒙古国乌兰巴托市），陕、甘商人也多选择青藏驿路。清朝藏区驿站在中央由理藩院和兵部共同治理，在地方由地方部门管理，如西藏驿站由驻藏大臣直接辖理，而安多藏区驿站

---

① 蒲生华：《九世班禅进京路线及沿途境遇与活动》，《青海师范大学学报》2020年第2期。
② 梦娜：《清末民初十三世达赖喇嘛两次出走述评》，硕士学位论文，中央民族大学，2011年，第11—13页。
③ 《西藏研究》编辑部编辑：《清实录藏族史料》（第七集），西藏人民出版社1982年版，第3312页。

则属西宁办事大臣掌管。对于经过驿路的赴藏僧俗官员、部族首领，清廷根据其官阶品位、身份高低，详细地规定了沿途使用马驼车船、锅帐用具、夫役等应享有的待遇。为防止欺诈伪骗，理藩院、兵部发给乌拉票、勘合、火牌或兵牌，注明人数、所需物资数量、行走路线、所需时间等，由地方官府勘验。违犯者要受到处罚。藏区驿站设立之初，清政府根据各地具体情况，派置了数量不等的驿丁官弁，但这项制度没能系统地贯彻下去，各地有各地的特点。比如青藏官道基本不设固定驿站，来往官员及文书传递由路经各部族负责交替支应。另在那曲设有堪布喇嘛，木鲁乌苏设有蒙古塞桑，供应往来使者所需物资。对重要的官员及僧俗首领，西宁办事大臣、驻藏大臣还要派兵护送。随着军事行动、文书投递、商旅往来的不断增多，青藏驿路的管理逐渐出现了一些不便解决的问题，如新设青海各台站兵丁"口粮难以接济，水草不便，马匹牧饲维艰"[1]。而当时川藏驿路采购粮食方便，水草丰美，加之"文报往来向无迟滞"，朝廷要求上谕文书驰驿经川藏各站。[2] 但到道光年间，这种情况又发生了变化。道光十七年（1837年），陕甘总督富呢杨阿奏："西藏堪布入贡，为四川番匪劫掠，……奏请贡道改由柴达木由青海大臣派兵护送。"[3]

清代，西藏与内地的交往更趋于普遍，除了保持经济文化上的交往外，自青海到西藏的道路又增加了维护祖国统一的内容。

二 民国时期青康公路的修建

民国时期，经过青海地区入藏的大道基本沿袭清代以来的老路，前朝能用的道路都在充分利用。由于青海毗邻新疆、西藏，屏障于四川、甘肃，主要道路干线的网络由几条过境道路组成。以甘肃的临夏、永登为门户，由民和、乐都入境溯湟水而上至西宁，是这些道路干线的主轴，因此有"咽喉要道"的称谓。自西宁起，一是向北，过扁都口，入河西走廊，西行可到新疆。入藏通道主要穿柴达木盆地东部边缘、南部边缘入藏；二是到柴达木盆地，在格尔木地区，北上到敦煌，西进到新疆，南下到西藏；三是沿唐蕃古道走向，越河源，自玉树分几路入藏。此外，夏河和拉

---

[1] 《清高宗实录》卷1396，乾隆五十七年二月丁未。
[2] 《清高宗实录》卷1395，乾隆五十七年一月癸巳。
[3] 《清史稿》卷382《胡松额·布彦泰传》。

卜楞寺是甘南地区、青海东南部的政治经济中心之一，由夏河经循化至西宁，汇入入藏道路及由夏河沿青海南部，经果洛地区入西藏的道路也是当时经过今天青海入藏的重要路线之一。这些道路干线中的大部分都自草原通过。当时交通工具主要是驮畜，在草原上行进，水草柴火决定了行程站点，而固定的行程站点决定了道路的大致走向。因此，青海境内的道路大致是固定不变的。但草原道路多由人畜长期践踏而成，牧场随季轮转，部落亦随之迁徙，因而部落间的驮道繁杂难考。驮道受气候影响大，有些路段夏季泥淖难行，有些渡口汛期不能渡涉，必须绕道，往往需要耗费时日，方可逾越。有些道路没有明显标志，本地人凭借"嘛尼石"堆勉强辨路，外来人往往迷路不识。加上道路蜿蜒曲折，无确切里程，行走不便，效率低下。

1912年，马麒任西宁镇总兵之后，采取了一系列经营青海的措施，提出由西宁至都兰、玉树建设台站。1913年，西姆拉会议讨论划分中藏界限，西陲边疆形势紧张。1918年，马麒在西宁到玉树间设立台站，每百里一所，"仿前驿站章程递寄公文，转运兵饷"①。马麒在青海多处驻兵设防，建立台站，改善境内交通，将驮道扩建为车驮道，形成了车驮道路网。其中驮道有两个辐射中心：一是以西宁为中心，通向甘州、肃州、拉萨、邓柯、且末、河州等几条；二是以玉树为中心，通向境内西宁、湟源、囊谦及西藏等数条。车道主要是由西宁至各县、各县之间及青海通向甘肃、新疆、西藏、四川等。其中有些驮道与车道是重合的，比如西宁至大河坝的车驮道。1923年，青海试办湟源至结古马班邮路，对这段道路又做了拓宽。1929年，青海建省后，设立交通处，制定了筑路计划大纲，开始按计划修建。这次修路以军事需要为目的，在原有车驮道的基础上，进行了加宽和改建。其中西宁经玉树到拉萨线仅修至今兴海县大河坝，当时行进在这条道路上的主要仍是牦牛驮队。

1935年之后，青海地区交通发展中开始渗入现代文明的因子，其中最重要的是青康公路的修建和汽车的初步使用。青康公路即自西宁起，经湟源、共和、兴海、玛多黄河沿、称多清水河、玉树歇武、囊谦，经西藏昌都，最终到云南景洪的线路。因西藏昌都在历史上属于康区，公路以此得

---

① 《奏筹办青海各项折文》，转引自青海公路交通史编委会编《青海公路交通史》（第一册），人民交通出版社1989年版，第161页。

名为青康公路。青康公路的修建与玉树的地理安全形势有关。它在青海境内的大部分路段与唐蕃古道重合，在玉树上拉秀地方始与唐蕃古道分离，转向南行，在囊谦经麻衣涌，延伸到西藏境（新中国成立以后，青康公路曾被称为宁玉路——西宁至玉树、西玉路——西宁至玉树、青藏公路、青康公路、倒邦路——倒淌河至云南邦达。1971年，恢复了青康公路的名称）。

1936年8月以后，马步芳为了进一步加强军事实力，对改善地方交通较为重视，并把它列入全省"六大中心工作"之一，制定了修路规划，采用"兵工筑路"的办法，新修、改修青甘、青新、青藏等公路。1937年，马步芳强征民夫、西路红军被俘官兵草修了西宁到大河坝便道，汽车可勉强通行。抗战后期，日寇南线威胁川黔，北线威胁潼关、西安。为打通四川通往甘肃的第二条后备交通路线，青康公路（此时将该路分为北、南两段，其中北段即西宁经玉树到歇武，叫青藏公路；南线即歇武至康定，叫康青公路）的修建成了政府工作的重中之重。1941年，国民政府行政院组成康青经济交通视察团，来青海视察，拟先修建康青公路。1942年5月，蒋介石认为"青藏系国防重镇，又为陪都大后方"，宜"加强防务"，遂决定先修青藏公路（即宁玉段）。中央拨给款项，电令开工。到1944年9月底，该路线竣工。由于青藏高原气候恶劣，加上技术条件限制，道路质量极其低劣，只简单铺平了道路，沿线桥涵及养护设施绝大多数均未修筑。1944年10月试车时，汽车从西宁出发，经历19天才到玉树，平均时速仅17公里。

三　中华人民共和国成立之后西藏与内地的交通

中华人民共和国成立之后，西藏与内地的交通发生了革命性的变化，其表现主要是现代公路乃至高等级公路的诞生，青藏铁路的修筑以及现代航空加入内地入藏交通的行列，大大地提高了唐蕃古道交通的便利性和效率。

中华人民共和国成立以后，对青康公路进行了修整。由于质量低劣、缺乏保养等问题，西宁到结古的道路在20世纪50年代时已经不能正常通行。1950年3月，中共西北军政委员会命令西北交通部勘察设计修复工程。自5月起，青海省交通处与中国人民解放军一军组成青藏公路修建委员会，组织施工队伍，开始抢修青藏公路，当年完成了西宁到黄河沿的抢修任务。1954年12月，黄河沿到玉树路段建成通车，并将西宁到玉树的公路恢复为青康公路。这次修建后，建立了养路机构，基本上恢复和维持了季节通车。但由于不能很好地解决冻土、缺少涵洞和桥梁等问题，冬季大雪封山，春季翻浆泞泥，夏秋季节洪水漫流，汽车自西宁到玉树要10天左右，不能适应经济社会发展的需要。从1956年起，开始对青康公路进行扩建、改建、整修。这次修整旷日持久，直到1995年时，青康公路西宁到歇武段全部改建成沥青路面，其中三级公路654.12公里，四级公路64.24公里。青康公路全程3286公里，到2020年，都是沥青路面，路况较好。目前共和至玉树高速也已通车。青康公路使古老的唐蕃古道改变了容颜。不仅道路发生了本质的变化，因为有了汽车运输，运输量、进藏所需时间也发生了革命性的变化。

青藏公路起自西宁，终于拉萨，全长1937公里，是当今世界上海拔最高的公路之一。青藏公路始建于1953年，与西宁经格尔木入藏道路基本重合。20世纪50年代时，西藏军民粮食告急，中央指示西北局成立运粮队，由西藏工委组织部长、原西北军区进藏部队政治委员慕生忠担任运粮总队政委，组织人员用骆驼驮运粮食。由于路途遥远艰辛，驼死人乏，转运艰难。慕生忠遂提出修筑青藏公路的设想，得到彭德怀元帅的支持，从军费中拨付经费并支援技术人员。筑路部队发扬了大无畏的牺牲奉献精神，只用了七个月零四天，于1954年12月竣工。青藏公路经过湟源、倒淌河、茶卡、察汗乌苏、香日德、诺木洪、格尔木、沱沱河沿、雁石坪、安多、那曲、当雄、羊八井等城镇；翻过日月山、橡皮山、托土山、昆仑山、唐古拉山等十几座大山；跨过察汗乌苏河、香日德河、格尔木河以及楚玛尔河、沱沱河、通天河、唐古拉山河等河流。这些高山激流几千年来一直阻挡着西藏与内地的往来。青藏公路通车以后，经过不断的改建、扩建、整修，路面黑色化，桥涵永久化，成了一条具有现代化水平的公路，它使从西宁到拉萨的路途由以前的几个月缩短到两三天时间，改变了西藏与内地交通不便的历史状况，因此被西藏人民誉为"地上的长虹，幸福的金桥"。青藏公路通车后，带来了沿线经济文化的繁荣。一些古老的城镇如多巴、湟源、察汗乌苏、香日德等焕发了青春，一些新兴城镇如格尔木、沱沱河沿、那曲、羊八井等不断兴起、发展。青藏公路现在也叫109国道西宁到拉萨路段，其中西宁至格尔木路段794公里，格尔木至拉萨段1215公里。这是目前我国四条进藏公路中路况最好且最安全的公路，也是唯一有客运班车和高原列车营运的线路。青藏线截然不同于川藏、滇藏线上的崇山峻岭、峡谷河川，是一条直线到达天边的路段。走这条线进藏，基本上所有车型都可以完成，而且一年四季都可以通行，是多数人进藏的首选。青藏公路通车后运输非常繁忙，它承担了85%进藏物资的运输任务，昼夜行车平均在千辆以上，成了祖国内地通往西南边陲的大动脉。自从有了这条公路，西藏与内地的联系就大大地改观了。

青藏铁路起自青海西宁，终于西藏拉萨，全长1956公里，是世界上海拔最高、线路最长的高原铁路，被人们誉为"天路"。青藏铁路由两部分组成：第一段是西宁至格尔木段，全长814公里；第二段是格尔木至拉萨段，全长1142公里。第一段是在20世纪50年代末至20世纪80年代中期建成通车的。进入21世纪以来，随着西部大开发战略的实施，运往西藏的物资大幅度增加，西藏原有的以青藏公路为主体的运输通道无论从运能、运量上，还是从运输的快捷、方便上，都远远不能满足经济发展的迫切要求。建设青藏铁路，已成为克服交通"瓶颈"，加快西藏、青海经济发展，促进西部大开发顺利进行的当务之急。2001年6月，党中央、国务院作出修建青藏铁路的决定并开始动工，2006年7月1日正式开通。青藏铁路的走向与青藏公路基本相同。青藏铁路为西藏增加了一条经济、快速、全天候的运输通道，它不仅承担了75%以上进藏物资、85%以上出藏物资的运输任务，而且使进藏的时间大大缩短。青藏铁路还大大降低了进出藏物资的运输成本，大幅提升了进出藏货物运输量，降低了西藏市场商品价格，刺激了居民消费。同时，极大地方便了西藏企业开拓国内市场和国内、国外企业进入西藏市场。青藏铁路横跨青海、西藏两省区，与陇海线一道和纵贯我国南北的京九铁路构成了世界铁路网上最大的"十"字，成为了沟通西藏、青海与内地联系的具有战略意义的大通道，古老的唐蕃古道发生了翻天覆地的变化，进藏难的历史一去不复返了。值得注意的是，青康公路、青藏公路以及青藏铁路运营后，原先唐蕃古道的辅道并没有完全废弃，它们仍发挥着交通作用。有些辅道也被修建成了现代高等级公路，成了青海现代交通网络的重要组成部分。

除了公路、铁路，内地大的省会城市，包括西宁，都与西藏开通了航班。而青海西宁、玉树、格尔木等地也开通了通往西藏拉萨的航班。果洛机场已建成通航，黄南机场也在规划中。现代公路、铁路以及航空业加入祖国内地入藏的交通行列中，使古老的唐蕃古道实现了真正意义上的涅槃。

第二章

唐蕃古道青海段的历史事件

古道漫漫,道长且险。遍布世界各地的古道是人类历史无言的实践者和见证者,人类的政治、军事、经济与文化交流无不是沿着古道进行。青海地处中国西北内陆,在中国历史上虽一直处于边缘化状态,但其地理位置却非常重要。从远古时代开始,受民族迁徙、政治交往、物资交流、文化交流、宗教传播等各种因素影响,在青海境内先后形成羌中道、吐谷浑道、唐蕃古道青海段、青唐道等闻名遐迩的古道,沿着这些古道,产生了许多可歌可泣的重大历史事件,对青海乃至中国历史产生了较大影响。纵观青海历史,实际上就是一部古道兴衰史,尤其是随着唐蕃古道的兴起,青海历史更加风起云涌、绚丽多元,涌现了诸多丰富乃至奠定青海历史文化多元一体的重大历史事件,这些事件是唐蕃古道文化线路的重要无形要素,它们不仅直接或间接影响古道的兴衰,也影响着青海历史的发展走向。

第一节 古代历史事件

唐蕃古道虽然是自文成公主入藏后才闻名于中国历史,但它的前世今生还有许多重大历史事件发生。如春秋战国至两汉时期,青海高原最早的世居民族羌人沿着"羌中道"不断加强与西域羌人的迁徙交往,并加强了与中原地区的交流与学习;赵充国屯田河湟无形中也加大了对古道的开发力度。魏晋南北朝时期,南凉、吐谷浑等发源于东北的鲜卑民族沿着古道千里迢迢迁牧到青海,在广阔的青海高原建政立国,或独领风骚数十年,或叱咤风云数百年,而吐谷浑王国更是开辟了四通八达的"吐谷浑道",

在中国历史上留下了重彩浓墨的一笔。隋代，隋炀帝西巡不仅展现了其沟通西域的雄心壮志，还谱写了一曲中原帝王亲临青海境内的历史绝唱。唐代，唐蕃古道的兴起更是开启了青海文明交流史中崭新的一页，文成公主和金城公主入藏留下了汉藏民族友好交往的历史佳话；唐蕃之间频繁的争战也使古道演绎出了一幕幕金戈铁马的往事。宋元时期，唃厮啰与元昊在牦牛城展开了一场戏剧性的战争，三贤者在河湟弘法保留了藏传佛教的火种。明清，仰华寺会晤诞生了"达赖"尊号，罗卜藏丹津叛乱失败后一路西逃新疆，等等。这些事件不仅延续、开拓、发展了青海境内古道，尤其是唐蕃古道的路网结构，丰富了唐蕃古道的文化内涵，也共同建构了青海独特而丰厚的地域历史。

一　先秦至两汉时期

1. 周穆王西巡

据《穆天子传》《竹书纪年》等古籍记载：周穆王十三年至十七年，周穆王率领七萃之士，驾上赤骥、盗骊、白义、逾轮、山子、渠黄、骅骝、绿耳八骏之乘，六师之人，自宗周（今洛阳）出发，越过漳水，经由河宗、阳纡之山、群玉山等地，西至西王母之邦，"吉日甲子，天子宾于西王母，乃执白圭玄璧以见西王母。好献锦组百纯。西王母再拜受之。乙丑，天子觞西王母于瑶池之上"。西王母为天子谣，曰："白云在天，丘陵自出。道里悠远，山川间之。将子无死，尚能复来？"穆天子作答曰："予归东土，和治诸夏。万民平均，吾顾见汝。比及三年，将复而野。"[①] 周穆王的西巡路线，大致是从洛阳出发，渡过黄河，北行越太行山，经由河套，然后折向西，穿越今甘肃、青海，到达西王母之邦。周穆王西巡是历史传说，大约产生于战国时期，虽然有着浓厚的传说色彩，但它反映了当时的地理概念和交通路线。有学者认为，《穆天子传》中周穆王西巡所走的路线与后世中原通西域的路线大体上是一致的，说明早在张骞通西域之前的好几百年，中西交通的南、中、北线已基本上畅通无阻了，而周穆王西巡是由东而西贯穿了青海之境的，《穆天子传》中记述的正确的山川道里，也是由中原取道青海进而通达西域的道路在战国之前即已被开通的

---

① 《穆天子传》卷3。

证明。[1]

2. 羌人西迁河源

从战国末期开始，日益强大起来的秦国不断向西拓展疆土，许多弱小的羌人部落迫于秦国的压力，纷纷离开青海地区迁往西藏、西域和西南各地。据《后汉书·西羌传》记载，秦献公（前384—前362年）再次向西拓展疆土，秦兵来到渭水之源（今甘肃渭源地区），消灭了活动在那里的一些戎人部落。秦国的军事扩张活动，使世代生活在青海河湟地区的羌人部落受到了极大威胁。这些部落虽然数目众多，但各自为政、互不统属，很难采取统一行动来抵挡秦国的进攻。因此，许多羌人部落在首领的带领下纷纷迁往他处避险。其中，就有无弋爰剑的孙子卬，他率领部落向西迁徙，经过长途跋涉，最后来到离赐支河曲几千里远的青海西南部和西藏东北部一带，与湟中羌断绝了往来，这支"与众羌绝远，不复交通"的羌人，就是后来的"发羌""唐旄"，他们慢慢融入藏族先民之中，成为今天藏族的一个重要来源。还有一部分羌人长途跋涉到了新疆天山南路，成为后来文献上所记载的"婼羌"的组成部分。此外，还有大量羌人陆续向西南移动，有的到了白龙江流域，名为武都羌；有的到了涪江、岷江流域，名为广汉羌；有的到了雅砻江流域，成为越嶲羌。这些迁徙的羌人与当地原有的居民共同生活，发展成为西南藏彝语族各支的先民。这些从河湟地区通过羌中道陆续迁徙到西北、西南各地的羌人部落，由于所处地理环境和民族分布状况各不相同，走上了不同的发展道路。他们中有的继续从事游牧生产，有的发展农业耕作，有的被当地汉族同化，有的与当地土著民族相融合，形成了其他一些新的民族。

3. 赵充国河湟屯田

汉宣帝神爵元年（前61年），年逾古稀的后将军赵充国进兵湟中、平息羌乱后，为了保证西部边境长久安宁和节省军费开支，向朝廷提出了"罢兵屯田"的建议，他三上《屯田奏》，提出了中国历史上著名的"屯田十二便疏"。赵充国认为罢兵屯田，"内有亡费之利，外有守御之备"[2]，是保境安民的良策。赵充国的屯田主张在朝中引起很大反响，开始遭到了许多朝臣的责难，赵充国据理力争，在《屯田奏》中对湟中屯田的好处做

---

[1] 崔永红：《丝绸之路青海道史》，青海人民出版社2021年版，第20页。
[2] 《汉书》卷69《赵充国传》。

了详细阐述，提出屯田有十二便，出兵则失十二利，观点明确，论据精当，极有说服力，最终使汉宣帝和大多数朝臣接受了他的主张。汉宣帝下诏罢兵，撤走了骑兵，独留一万步兵屯田。赵充国受命在河湟屯田后，率众拓荒垦田，除耕种了西起临羌、东至浩门的2000余顷原羌人和汉族农民所开垦的荒地外，还在"地势平易"的河湟两岸"肥饶之地"开垦了大量的荒地。屯军在屯田分布区交通线路旁的高岭上视野开阔处建木樵（高楼），修筑烽火台和堑垒，"缮乡亭""浚沟渠"，"治湟陿以西道桥七十所"① 至鲜水（青海湖）左右。一时之间，从河湟地区通往青海湖的羌中道出现了"堑垒木樵，校联不绝"、"烽火相通"、桥梁毗邻的局面。在屯田的过程中，来自淮阳、汝南等中原经济相对发达地区的士兵、弛刑应募人员和官兵私从，还把内地先进的铁铧犁、水磨、碾硙等生产工具和耕作技术传入河湟地区，大大地提高了河湟地区的农业生产技术水平。赵充国河湟屯田的时间并不长，前后不到一年，但他开创的屯田戍边举措由留驻当地的军民坚持下来，在青海历史上产生了极为深远的影响。赵充国河湟屯田不仅推动了河湟地区社会经济的发展，促进了汉羌民族间的经济文化交流与发展，还极大地改善了羌中道的交通路况。

4. 王莽设置西海郡

西汉末年，大司马王莽掌握了朝中大权，力谋开拓疆土。元始四年（4年），王莽派中郎将平宪等人到驻牧于西海（即今青海湖）地区的卑禾羌部落中，用大量财物利诱卑禾羌人首领良愿献地内附。良愿等人慑于西汉武力，又贪图财币，同意献出鲜水海（今青海湖）、允谷（即大允谷，今共和县等地区）、盐池（今茶卡盐湖）等地，率部落12000多人迁到了西部更偏远的地区。王莽得西海、盐池后，为实现所谓的"四海一统"，奏报临朝的太后王政君，谓当时全国已有东海郡、南海郡、北海郡，请在良愿等所献地区设置西海郡，准奏后，同年冬，设立西海郡，治龙夷（又名龙耆，在今青海海晏县三角城），下设五县，并分设驿站及烽火台，② 加强了对河湟羌中道的利用与管理。西海郡的设立，也使古道上的驿站随政权的设置延伸到环青海湖地区。王莽设立西海郡后，在国内增立新法50条，凡有违犯者，均沿着"羌中河湟道"将其强行迁徙到环湖地区，甚至

---

① 《汉书》卷69《赵充国传》。
② 《汉书》卷99《王莽传》。

柴达木盆地，当时，"徙者以千万数"①，引起内地百姓的强烈不满。王莽居摄元年（6年），即西海郡设立两年后，西羌首领庞恬、傅幡等率兵攻打西海郡，西海郡太守程永弃城逃走，后被王莽所杀，羌人遂占领西海郡。次年，王莽遣护羌校尉窦况等击败西羌，恢复西海郡。窦况收复西海郡后，调集更多的军民加紧修筑郡、县城池，建立健全烽燧亭障制度，强化防范体系，史称这一时期青海湖地区"边海亭燧相望"。新莽始建国元年（9年），王莽篡位称帝后，曾在西海郡树立"虎符石匮"。王莽末年，爆发绿林、赤眉起义，新莽政权摇摇欲坠，无力经营远在西陲的西海郡，卑禾羌遂又乘机攻占了西海郡，收复了故地，西海郡也随之废弃。西海郡的存在虽然很短暂，但西海郡的设置使西汉王朝的西部边境向西扩展到了青海湖地区，青海广大西羌的活动地区也被纳入了西汉王朝的政治统治区域之内，对以后整个青藏高原逐步归入祖国版图，有着深远影响和重大意义。

5. 马援奏守金城郡

东汉建立后，为了加强对陇右地区的统治，光武帝刘秀依照西汉旧制复设护羌校尉，拜陇右名士马援为陇西太守，负责经营陇右地区。当时，朝中许多大臣主张放弃金城郡破羌县（治所在今乐都县境内）以西地区，马援上书光武帝坚决反对，力主不弃湟中："破羌以西，城多完牢，易可依固；其田土肥壤，灌溉流通。如令羌在湟中，则为害不休，不可弃也。"② 光武帝十分赞同马援的看法，决心继续经营河湟地区，下令武威太守梁统将在战乱中逃亡到武威地区的百姓3000余口迁返到湟中故地。接着，马援又奏请朝廷在河湟地区置长吏，缮城郭，起坞堠，开导水田，鼓励百姓耕牧，使湟中地区出现了社会秩序平稳、百姓安居乐业的局面。在马援的努力和坚持下，建武十三年（37年），东汉"复置金城郡"。为了便于行政管理，东汉对青海东部地区的郡县设置进行了调整，把原属金城郡的黄河以南的枹罕、白石、河关三县划归陇西郡，使金城郡的辖县由西汉末年的13县减少为10县，郡治仍在允吾，其中在今青海河湟地区的有允吾、破羌、临羌、安夷等县。东汉末年时，为了加强对青海东部湟中地区的统治，于汉献帝建安年间（196—220年），从金城郡析置西平郡，治

---

① 《汉书》卷99《王莽传》。
② 《后汉书》卷54《马援传》。

西都（今青海西宁），辖有西都、破羌、临羌、安夷四县，允吾等县仍属金城郡。"西平郡的设立，标志着河湟地区在实现郡县管理体制方面又迈出了具有重要意义的一步。"①

二　魏晋南北朝时期

1. 南凉崇文兴儒

鲜卑秃发氏源于阴山北的拓跋鲜卑。东晋隆安元年（397年），秃发氏首领秃发乌孤自称"西平王"，在湟水流域建立了南凉政权，全力经营河湟地区。南凉政权虽是游牧民族建立的政权，崇尚习武，但其3任国主均受到了汉文化的影响，从秃发乌孤开始就广泛招揽各方人才，大量录用河陇等地的汉族豪门及儒士。东晋隆安三年（399年）八月，秃发利鹿孤继位之后，迁都西平，他接受祠部郎中史暠以孔子所言"不学礼，无以立"的告诫后，注意到了倡明风俗、引进贤彦的重要性，以西平硕儒田玄冲、秦陇士人赵诞为博士祭酒，"建学校，开庠序，选耆德硕儒以训胄子"②。在西平开馆延士，举办儒学，教育贵族子弟，使自东汉以来中衰200余年的公学制度在河湟地区首先恢复了起来。统治南凉达13年之久的秃发傉檀汉文素养甚高，后秦大臣韦宗与傉檀会晤后由衷感叹道："命世大才、经纶名教者，不必华宗夏士。……车骑神机秀发，信一代之伟人，由余、日䃅岂足为多也。"③将秃发傉檀与历史上政治才干很高的由余、金日䃅相提并论，可见对其的推崇。南凉政权虽存在时间不长，在青海东部地区立国仅18年，但其统治时重视文教，提倡儒学，崇尚经史，擢拔士人，促进了河湟地区儒学的发展。

2. 高僧西行求法

自晋以来，内地僧人西行求法成为热潮。从西晋到东晋十六国南北朝的300多年间，有记载的经过河西地区西行求经的僧人多达一百五六十人。其中，经过青海道的比较有名的高僧有法显、宋云等人。晋安帝隆安三年（399年）春，即南凉迁都西平之年，65岁的高僧法显与慧景、道整、慧应、慧嵬四人结伴西行求法。据法显所撰回忆录《法显

---

① 张生寅、杜常顺：《青海历史》，民族出版社2014年版，第16页。
② 《晋书》卷126《秃发利鹿孤载记》。
③ 《晋书》卷126《秃发傉檀载记》。

传》记载:"初发迹长安。度陇,至乾归国夏坐。夏坐讫,前行至褥檀国。度养楼山(今大通县境),至张掖镇。"可见法显一行人从长安出发,翻越陇山,先到了西秦境内,在西秦坐禅修学一段时间后,来到了以西平(今青海西宁)为国都的南凉国境内,然后翻越今大通境内的达坂山,出大斗拔谷(今青海、甘肃交界之扁都沟)到达张掖。法显等人实际上是从丝绸之路青海道的支线河湟道至西平,再转从西平到张掖的古道一路去往西域求经的[1]。北魏神龟元年(518年)十一月,僧人宋云和惠生等人往天竺访求佛经,他们"从洛阳出发,西行40天经陕、甘入青海,再越赤岭(今青海湖东南日月山)西行23天,到达吐谷浑国,又沿柴达木盆地北缘继续西行,越阿尔金山到达鄯善(今新疆维吾尔自治区若羌地区),过且末(今新疆且末县南)、于阗(今新疆和田县),经塔什库尔干,越葱岭(帕米尔高原)进入嚈哒国(今阿富汗北),又经西南越兴都库山进入天竺,遍游佛迹,求得真经"[2]。宋云一行往返历时五载,返回时仍沿吐谷浑道经伏俟城、赤岭至西平,沿丝绸之路返回洛阳。魏晋南北朝时期,有近20批内地高僧前往西域或天竺取经,他们中有一部分人是经丝绸之路青海道西行求法的,在他们的引领下,佛教不仅在青海东部地区有较广泛的传播,在中西部羌人、吐谷浑人、党项人中也有较大影响和传播。

3. 吐谷浑迁牧青海

吐谷浑源出辽东慕容鲜卑,是慕容鲜卑首领涉归的庶长子。《晋书》记载其是因部落马斗导致兄弟失和而西迁,但其根本原因是由于牧场狭小引发了部落内部的深刻矛盾,吐谷浑才率部远徙。吐谷浑西迁的时间约在晋太康四年至十年(283—289年)之间,其西迁之地,"先附阴山(即今内蒙古河套北的阴山山脉)"。西晋末年,乘"永嘉之乱"向西南迁徙至陇西,又西迁至枹罕(今甘肃省临夏市)。吐谷浑去世后,他的后代子孙以枹罕为桥头堡,向羌区推进,势力发展很快,统治了今甘南、四川西北和青海等地的氐、羌等民族,并逐渐建立起了以吐谷浑人为主体、吸收氐羌等民族的地方政权,为吐谷浑民族共同体的形成奠定了基础。吐谷浑的

---

[1] 另一说认为法显是从苑川、金城、武威,沿弱水至居延,再西至高昌的。
[2] 青海省地方志编纂委员会编:《丝绸之路青海道志》,青海民族出版社2018年版,第71页。

孙子叶延即位后，以祖父吐谷浑之名作姓氏，亦作为国号和部族名，建立了吐谷浑政权。草原王国吐谷浑是一个由鲜卑人和羌人联合组建起来，以游牧经济为主的地方王国，历经魏晋南北朝、隋、唐几个朝代，共15代22王，到唐龙朔三年（663年）亡于吐蕃，在青藏高原前后活动长达3个半世纪。强盛时期的吐谷浑，先后东与北魏、西魏和北周为邻，南与宋、齐、梁朝接壤，西与西域各国相通，其最盛时的疆域东起今甘肃南部、四川西北，南抵青海南部，西到今新疆若羌、且末，北隔祁连山与河西走廊相接。由于吐谷浑王国的疆域正处于中西陆路交通的要道和中国北方与西南方各民族交往的通路上，从公元5世纪中期至7世纪，吐谷浑人不仅开辟了从今青海省境由黄河之南向东经益州（今四川成都）最终通往南朝都城建康（今江苏南京）的"吐谷浑道"，还在中西陆路交通要道上建筑城池、架设桥梁、保护商旅，为丝绸之路的畅通和东西方之间的经济文化交流做出了积极贡献。

4. 阿豺遣使南朝

在吐谷浑的发展历史上，阿豺（又作"阿柴"）是一位较有作为的国王，他和他的前几代先祖一样，非常仰慕中原文化，对中原王朝有很强的归属感。据《魏书·吐谷浑传》记载，阿豺曾登上西强山（今西倾山），观垫江（今白龙江）源，问群臣道："此水东流，更有何名？由何郡入何水也？"长史曾和回答："此水经仇池，过晋寿，出宕渠，号垫江，至巴郡入江，度广陵会于海。"阿豺听后感叹道："水尚知有归，吾虽塞表小国，而独无所归乎？"① 他显然是把南朝刘宋政权作为华夏正宗，反映出了吐谷浑尊重中央王朝的正统思想。基于这种历史背景和思想，宋少帝景平元年（423年）二月，阿豺派遣使者到南朝献方物通好。宋少帝诏曰："吐谷浑阿豺介在遐表，慕义可嘉，宜有宠任。今酬其来款，可督塞表诸军事、安西将军、沙州刺史、浇河公。"② 吐谷浑王国偏居中国西北一隅，尽管前几代王都有"远朝天子"的心愿，但与中原王朝没有多少实质性的接触。阿豺开创了吐谷浑政权向中原王朝遣使进贡的先例，改变了吐谷浑政权与中原王朝没有直接来往的局面，他积极推动与南朝刘宋王朝的关系，大力吸收汉文化，为吐谷浑王国的兴盛奠定了基础。

---

① 《魏书》卷101《吐谷浑传》。
② 《宋书》卷96《鲜卑吐谷浑传》。

5. 慕利延西征于阗

北魏太平真君六年（445年）四月，北魏派征西将军、高凉王拓跋那等攻打吐谷浑。八月，高凉王拓跋那等率军从乐都、西平来到曼头城（约在今青海兴海县河卡乡幸福古城，一说是河卡乡切吉古城），"慕利延惧，驱其部落西渡流沙"，"遂西入于阗（今新疆维吾尔自治区和田市）"。① 在北魏军队的追击下，慕利延率领部落从曼头城向西穿越荒漠戈壁，西征于阗。关于慕利延西征于阗的路线，有学者认为他是从青海湖南切吉草原往西经都兰、格尔木，西入今新疆维吾尔自治区南端鄯善、且末，到达于阗，该路线沿途多为荒漠戈壁，间有小块草原，地势宽阔平坦，是"吐谷浑道"向西区段的主线。② 慕利延率军到达于阗后，杀其王，占其地，接着又南征罽宾（今克什米尔地区），取得了胜利。北魏太平真君七年（446年），慕利延返回青海，其路线大致是从罽宾回到女国，然后从女国取四十里海、大岭道返回。慕利延西征于阗后，吐谷浑逐步占领了鄯善（今新疆若羌）、且末等地，历代吐谷浑王对这些区域特别重视，曾派第二世子以宁西将军的职位率部落三千镇守，以便抵御来自西域的来犯之敌，吐谷浑也从此控制了丝绸之路的南道。

6. 史宁劫掠吐谷浑商贸使团

公元5世纪至7世纪初，吐谷浑不失时机地开拓和经营青海道，充分利用所拥有的交通设施、牲畜运力、安全保卫、居中通译等条件，引导、护送西域商使往来，促进了东西方的国际商贸发展。其时，为了巩固政治地位，并借此得到利用沿途驿站的食宿接待和转运商品运力等方便，吐谷浑频繁地向南北朝遣使奉贡，如《梁书》有"其使或岁再三至，或一岁再至"的记载，反映了吐谷浑向南朝年年遣使或一年多次往返南朝的史实，对北朝遣使也非常频繁，《魏书》中记载其"朝贡不绝"，这些史料表明吐谷浑的商业活动非常活跃，丝绸之路南北道上商队相继，不绝于道。吐谷浑的商队规模非常庞大，从《周书·吐谷浑》中有关史宁劫掠吐谷浑使团的记载中可见一斑："魏废帝二年（553年）……是岁，夸吕又通使于齐氏。凉州刺史史宁觇知其还，率轻骑袭之于州西赤泉，获其仆射乞伏触

---

① 《魏书》卷4《世祖纪下》。
② 崔永红：《丝绸之路青海道史》，青海人民出版社2021年版，第65页。

扳、将军翟潘密、商胡二百四十人，驼骡六百头，杂彩丝绢以万计。"① 史宁劫掠吐谷浑使团，满载而归，受到了西魏废帝元钦的嘉奖，并因此官拜大将军。此次历史事件表明，吐谷浑有重臣、将军率领的高级使团，实际上是胡商组成的商队，商队规模庞大，运量可观，其队伍中除了有吐谷浑使臣、将军、中原商人外，还有胡商，而商队的所载货物以丝绸为主，运输方式则是靠驼、骡等畜力，以驮运为主。

三 隋唐时期

1. 隋浑联姻

隋文帝开皇九年（589年），隋灭亡了南朝的陈，结束了自东晋以来270多年的南北朝分立局面，建立起统一政权。隋开皇十年（590年），吐谷浑遣使到长安修好，受到隋文帝礼遇。次年，新继位的吐谷浑王世伏希望与隋联姻，他派侄儿无素向隋奉表称蕃，献土特产，并拟送其女为隋文帝充嫔妃。隋文帝以不可聚敛他人子女以实后宫为由，婉言谢绝。隋开皇十六年（596年），隋文帝以宗室女光化公主嫁与世伏，命柳謇之兼散骑常侍送公主至吐谷浑，满足了吐谷浑联姻通好的要求。世伏大喜之下，上表求称公主为"天后"，文帝未许。第二年，吐谷浑国内大乱，世伏被杀，其弟伏允袭位。伏允遣使往长安，要求依吐谷浑"兄死妻嫂"的风俗尚光化公主。这虽与内地风俗不符，但隋文帝还是答应了。以后的十几年中，吐谷浑"朝贡岁之"②，隋浑保持着友好关系。隋浑和亲进一步密切了双方关系，对加强双方的经济文化交流，特别是交通畅通起到了重要作用。

2. 隋炀帝西巡

隋朝统一全国后，从南北朝时开始阻塞的河西走廊再次畅通，西域商人云集张掖，而吐谷浑国所在的青海地区失去了原来的"丝绸辅道"作用，原先可从丝绸辅道获得优厚收入的吐谷浑贵族们转而对河西走廊商道进行壅遏和劫掠，严重影响了东西贸易。为了扫清中西道路交通的障碍，发展丝路贸易，招徕西方奇货，隋大业五年（609年）三月，隋炀帝率百官、宫妃和各路大军数十万人西征吐谷浑，他们"浩浩荡荡从长安出发，过渭水，溯渭水北岸西行，到扶风郡（治今陕西凤翔县）后，溯汧水（今

---

① 《周书》卷50《吐谷浑传》。
② 《隋书》卷83《吐谷浑传》。

陕西千水）西北行，翻越陇山，沿洮河支流东峪河而下，来到狄道县（治今甘肃临洮县），并继续西北行，经枹罕（治今甘肃临夏市），于四月二十七日在临津关（今甘肃积石山县大河家乡的关门村）渡黄河。四月底，在西平郡（治今青海乐都）陈兵讲武"①。五月九日，炀帝在拔延山周围200里（今青海乐都南山、化隆北山）举行大围猎，以耀兵威。十四日，入长宁谷（今青海西宁北川）。十六日，度星岭（今青海大通景阳西北）。十八日，炀帝在金山（今大通金娥山）大宴群臣。二十四日，炀帝抵浩门川（今青海大通河），架桥渡河，渡河时桥坏，炀帝大怒，斩杀了朝散大夫黄亘及督役者9人。当时，吐谷浑王伏允率部众退保覆袁川（今青海门源永安河谷一带）。炀帝命内史元寿屯兵南面的金山，东西连营300余里；兵部尚书段文振屯兵北面的雪山（今祁连山），也是东西连营300余里；太仆卿杨义臣屯兵东面的琵琶峡（今青海门源珠固、仙米一带的浩门峡谷），连营80里；将军张寿屯兵西面的泥岭（今青海门源西大通山）。欲将吐谷浑一举歼灭。在隋军的四面包围之下，伏允命部属据守车我真山（今祁连默勒山一带），自己率数十骑逃出。二十八日，吐谷浑小王仙头王被围，率部众10万余众降隋。六月二日，炀帝遣梁默、李琼等追击伏允，均兵败被杀。后来，炀帝又派卫尉卿刘权率军出击伊吾道（从今甘肃安西镇经祁连山到青海湖之道），左武将军周法尚由松州道，分头合击伏允。这两路隋军在青海湖会师，乘胜攻破了吐谷浑都城伏俟城。伏允无处容身，仅率两千骑南奔党项（今青海果洛）。炀帝西征吐谷浑大获全胜后班师回朝，六月八日，他率百官、宫妃等经过大斗拔谷（今青海、甘肃交界之扁都口）前往张掖。大斗拔谷山路险峻，只能鱼贯而行。隋军遇上了大风雪，"士卒冻死者大半，马驴什八九，后宫妃、主或狼狈相失，与军士杂宿山间"②。十一日炀帝抵达张掖，十七日登燕支山（今甘肃山丹县南大黄山）。裴矩引高昌、伊吾等西域27国国王和使者盛装觐见，表示归顺。炀帝举行了盛大的仪式，"复令武威、张掖士女盛饰纵观，衣服车马不鲜者，郡县督课之。……周亘数十里，以示中国之盛"③。六月十八日，隋在吐谷

---

① 青海省地方志编纂委员会编：《丝绸之路青海道志》，青海民族出版社2018年版，第57页。
② 《资治通鉴》卷181。
③ 《资治通鉴》卷181。

浑故地及归附的西域设置西海（治伏俟城）、河源（治赤水城）、鄯善（治鄯善城，即古楼兰城）、且末（治且末城）四郡，每郡统县二。其中今青海境内有二郡：西海郡统宣德、威定二县，河源郡统远化、赤水二县。七月八日，炀帝令置牝马于青海湖中海心山上，以求良马龙种，后因无效而止。九月二十五日，隋炀帝车驾返回长安，其规模浩大、历时半年之久的西巡至此结束。隋炀帝西巡大败吐谷浑，吐谷浑"故地皆空，自西平临羌城以西，且末以东，祁连以南，雪山以北，东西四千里，南北二千里，皆为隋有。置郡县镇戍，发天下轻罪徙居之"①。隋炀帝是古代封建帝王中到过青海的唯一一人，炀帝西巡不仅统一了今青海及西域大部分地区，使青海地区为统一的中央王朝所管辖，还扫清了中西交通的障碍，密切了内地和西域的关系，从而促进了中国和西亚等地的经济文化交流。

3. 刘权河源屯田

隋攻灭吐谷浑，在其故地设立的河源郡境内设了积石镇，派卫尉卿刘权率军驻守。河源郡辖区大致在今青海兴海、共和、贵南、同德等县及其以东地区，基本在汉代的大小榆谷和大允谷范围之内。据《隋书》记载："帝复令权过曼头、赤水，置河源郡、积石镇，大开屯田，留镇西境。在边五载，诸羌怀附，贡赋岁入，吐谷浑余烬远遁，道路无壅。"② 隋朝还"谪天下罪人，配为戍卒，大开屯田，发西方诸郡运粮以给之"③。从这些记载看，刘权屯田规模较大，但其初期收获物较少，以至于需从西方诸郡运粮向屯田的戍卒供应粮饷。隋代在河源郡、积石镇屯田的戍卒大都是有罪之人，他们从全国各地千里跋涉来到河源郡，加上给他们运送粮食的车辆或牲畜，一时之间提高了丝绸之路吐谷浑道的利用率。

4. 李靖西征吐谷浑

唐初，吐谷浑一边遣使通贡，一边屡寇唐西北沿边各州，梗阻西域通道。贞观八年（634年）十一月，吐谷浑再寇凉州，并拘执前往吐谷浑的唐行人鸿胪丞赵德楷、安侯等人。唐太宗在遣使交涉10次都无结果的情况下，于十二月下诏征讨吐谷浑。唐以特进李靖为西海道行军大总管，兵部尚书侯君集为积石道行军总管，任城王李道宗为鄯州道行军总管，胶州

---

① 《隋书》卷83《吐谷浑传》。
② 《隋书》卷63《刘权传》。
③ 《隋书》卷24《食货志》。

郡公、岷州都督李道彦为赤水道行军总管，凉州都督李大亮为且末道行军总管，利州刺史高甑生为盐泽道行军总管，兵分五路进讨吐谷浑。贞观九年（635年）三月，大军齐集于鄯州（治今青海乐都）。李靖以鄯州为基地，西进出击，从鄯州西到属县鄯城（今西宁），折西南经牛心川（南川河），再经承风戍折西至库山（在唐石堡城，今日月山哈拉库图一带），打败吐谷浑。唐朝各路大军会于库山，兵分南北两路，追击吐谷浑。北路军由李靖、李大亮、薛万均、薛万彻及契苾何力等指挥，其行军路线大致是由库山"出曼头山（今青海兴海县河卡乡境），逾赤水，涉青海，历河源、且末，穷其西境"①。李靖率大军至青海（今青海湖），攻占吐谷浑国都伏俟城后留驻，而李大亮、薛氏兄弟、契苾何力则由青海追击吐谷浑王伏允于河源，李大亮与吐谷浑大战于蜀浑山（在赤海西）。伏允经今柴达木盆地西逃至新疆且末，李大亮等追至且末。伏允又遁逃于突伦碛（今新疆且末以西沙碛），契苾何力率精骑千余追击，碛中缺水，将士乃刺马饮血止渴艰难行军，直捣伏允牙帐。伏允大败，仅带着几百人逃走，躲到了沙漠深处，十几天后自缢而死（一说被左右所杀）。南路军由侯君集、李道宗率领，其行军路线大致是由库山，"历破逻真谷（约在青海东南大非川之东），逾汉哭山（积石山北），经途二千余里，行空虚之地，盛夏降霜，山多积雪，转战星宿川（今黄河河源附近之星宿海），至于柏海（今扎陵湖、鄂陵湖）"②。南路军在过破逻真谷时，唐军粮草不继，将士们和战马曾一度吃冰充饥。唐军从汉哭山到乌海（今青海玛多县冬给措纳湖，又名托索湖）后，与吐谷浑部展开激战，俘执其名王梁屈葱。南路军行2000余里荒无人烟之地，历尽艰辛，到达柏海，北望积石山，观河源所出。侯君集所观览的河源，即黄河源头和扎陵湖、鄂陵湖地区，是吐谷浑与多弥、苏毗的交界处，也是三个地方政权相互交通的中心。侯君集的南路大军抵达河源后回师，在大非川（今青海兴海县大河坝河上游）与李靖所率北路大军会师。李靖西征吐谷浑，军势浩大，部署周密，大败吐谷浑。双方作战过程中，数以万计的人、马、车行走在丝绸之路吐谷浑道上，大大提高了吐谷浑道的利用率。在唐军的强大攻势之下，伏允可汗身死，其长子大宁王慕容顺降唐，被封为西平郡王，不久慕容顺在内乱中被部下所杀，其子

---

① 周伟洲：《吐谷浑史》，广西师范大学出版社2006年版，第93页。
② 《旧唐书》卷69《侯君集传》。

诺曷钵被封为河源郡王，吐谷浑国完全依附于唐朝，成为唐朝在西北的属国。

5. 唐浑联姻

贞观十年（636年）十二月，吐谷浑王诺曷钵入长安觐见，献马牛羊万头，向唐请婚。唐太宗以宗室女弘化公主许之。贞观十三年（639年）底，诺曷钵亲自到长安迎亲。十四年（640年）二月，太宗"资送甚厚"，遣淮阳郡王李道明和右武卫将军慕容宝率军持节护送弘化公主到吐谷浑地区完婚。唐朝与吐谷浑联姻，密切了双方的关系，此后双方交往频繁，贡使不绝。唐高宗永徽三年（652年），弘化公主请求入朝，高宗遣左骁卫将军鲜于济迎接诺曷钵夫妇入朝。弘化公主是唐代远嫁边疆少数民族地区的15位公主中唯一曾回长安娘家省亲的一位。高宗对其优礼相待，还把会稽郡王李道恩第三女、封为金城县主的季英，嫁给诺曷钵之子慕容忠（苏度摸末）。高宗封慕容忠为左领军卫大将军，宿卫京师。慕容忠于麟德元年（664年）与金城县主季英完婚。慕容忠死后，弘化公主又为次子良汉王慕容宝（哒卢摸末）请婚，唐高宗以宗室女金明县主嫁之，并授其为右武卫大将军，宿卫京师。唐朝先后3次与吐谷浑联姻，其目的是巩固诺曷钵的统治地位，进一步扩大唐朝对吐谷浑的影响，以便使其发挥抵制吐蕃东扩的作用。但是，唐朝对吐谷浑的支持并没能减缓吐蕃继续东扩的步伐。高宗龙朔三年（663年），吐谷浑大臣素和贵叛投吐蕃，吐蕃因此尽知吐谷浑虚实，集兵北进，在黄河岸边击溃吐谷浑军队。诺曷钵与弘化公主率数千帐投奔到唐朝凉州境内，吐蕃占领吐谷浑全境，立国近350年的吐谷浑王国就此灭亡。

6. 唐蕃联姻

唐贞观十四年（640年）十月，吐蕃赞普松赞干布派大相禄东赞献黄金5000两和其他宝物珍玩数百件，再次向唐朝请婚，唐太宗允婚，许嫁宗室女文成公主。次年正月，唐太宗派礼部尚书、江夏郡王李道宗持节护送文成公主经青海赴吐蕃成婚。文成公主的随行人员中有各种工匠、乐师和农业技术人员，她除携带大批嫁妆外，还带了谷物种子、蚕种、乐器、药物、经史、诗文、佛经、工艺书籍、绸缎、日用器皿，以及释迦牟尼像等。李道宗和文成公主一行"从长安出发，经凤翔、秦州、狄道、河州，自炳灵寺渡黄河入鄯州境内龙支城，再傍湟水西行直达鄯城。然后自鄯城出发，西越赤岭（今青海日月山），进入吐谷浑境内，西南行至柏海"。①在途经吐谷浑境内时，诺曷钵奉唐太宗诏令整治沿途道路，整饰行宫②，隆重接待了文成公主。文成公主到达黄河源地区时，松赞干布率迎亲队伍亲自在柏海迎接公主，并修建行宫③恭候。举行隆重的婚礼仪式后，李道宗返回长安，文成公主继续西行，来到唐蕃古道重镇玉树地区，在玉树留驻休整了一段时日，之后从玉树翻越唐古拉山，跋涉数月，抵达吐蕃都城逻些（今拉萨）。贞观二十三年（649年），唐以松赞干布为驸马都尉，封西海郡王。唐蕃联姻是中国历史上的一段佳话，具有重大的历史意义。它开创了唐蕃关系史上的新局面，唐朝与吐蕃从此以甥舅相称，在政治、经济、文化各方面展开了频繁的交流与沟通。唐长安四年（704年），吐蕃赞普派使者到长安求盟请婚。唐神龙三年（707年），唐中宗以雍王李守礼之女为金城公主，许嫁吐蕃赞普赤德祖赞。吐蕃派尚赞咄、名悉腊、尚钦藏等赴唐迎亲。景龙四年（710年）正月，中宗派左骁卫大将军杨矩为送亲专使，护送公主取道青海赴逻些，唐中宗还亲自渡渭河来到始平（今陕西兴平），为金城公主送行。唐中宗念公主年幼，赠锦缯数万，并派大批杂技诸工随行。金城公主从始平出发，"翻越陇山，继续西北行，经狄道县（治今甘肃临洮县），过枹罕县（治今甘肃临夏市）到鄯州（治今青海乐都），又经鄯城县（治今西宁），经石堡城（今湟源大小方台）至赤岭，所行路线与文成公主基本一致"④。据《新唐书·吐蕃下》记载，金城公主入藏时，乘车过悉诺结罗岭，尚赞咄、名悉腊凿石道通车。金城公主与赤德祖赞和亲，是继文成公主和亲之后唐蕃关系史上又一重大事件，进一步加强了汉藏民族经济文化的交流。文成公主和金城公主入藏，随行队伍庞大，携带行李很多，且历时两年之久，对唐蕃古道而言就是两次大规模的拓建。据藏文史籍《贤者喜宴》记载，文成公主进藏时带有骡、马、骆驼等百十牲口驮载的嫁妆。此外，文成公主入藏时还携带了一尊释迦佛十二岁的铜制身量像，主要靠木车载运，行程数千里，从长安带到了

---

① 崔永红、张得祖、杜常顺主编：《青海通史》，青海人民出版社1999年版，第181页。
② 即《旧唐书》中的公主佛堂，其位置可能是今兴海县子科滩镇北龙曲村哇滩古城，一说在今兴海县河卡镇一带。
③ 行宫遗址"周毛松多"至今还在，被当地群众视为圣迹。
④ 青海省地方志编纂委员会编：《丝绸之路青海道志》，青海民族出版社2018年版，第93页。

逻些，经过了很多荒无人烟、不能通车的地段，完成了唐蕃古道运输史上的一项壮举。

7. 大非川之战

吐蕃攻灭吐谷浑国后，继续在西域扩张势力。唐咸亨元年（670年），唐朝设在西域的龟兹、于阗、疏勒、碎叶安西四镇被吐蕃攻陷，促使唐朝下决心对势力正盛的吐蕃进行军事反击，对其军事扩张进行遏止，同时帮助吐谷浑王诺曷钵恢复故地。这年四月，唐高宗任命右威卫大将军薛仁贵为逻娑道行军大总管，右卫员外大将军阿史那道真、左卫将军郭待封为副，率兵十余万讨伐吐蕃。七月，唐军进至大非川（今青海省兴海县大河坝河上源）后，薛仁贵留副将郭待封率两万人在大非岭上置栅守护辎重，自己率主力轻装前进，前往乌海（冬给措纳湖，一名托索湖）对吐蕃军实施突击。当薛仁贵率军到河口（约今玛多县城东北）时，与吐蕃军遭遇，击而获胜。但郭待封因耻居薛仁贵之下，不愿接受其调度，违令携辎重缓进，结果被吐蕃20万之众围攻，辎重粮秣全部落入吐蕃军之手，薛仁贵被迫退屯大非川。吐蕃大将论钦陵集合40万人马围攻，唐军寡不敌众，全军覆没，薛仁贵、阿史那真、郭待封与论钦陵约和才得以生还。唐军在大非川之战惨败，不但未能遏止吐蕃扩张势头，也宣告了吐谷浑复国希望的破灭。唐朝的控制区域从河源一线退至日月山一线，而吐蕃则牢固占据了水草丰美的河湖地区和环青海湖地区，成为唐朝西北边境的劲敌。此后，唐蕃双方在青海地区展开了旷日持久的军事和政治角逐。

8. 唐蕃赤岭分界

唐朝中期，连绵不断的战争，使唐蕃两国都消耗了巨大的人力、财力、物力，双方都希望息兵停战。金城公主多次与赞普一起上书唐玄宗，表达自己希望唐蕃两国和睦相处的良好愿望。开元十七年（729年），唐玄宗派皇甫惟明及张元方等人入蕃，以探视金城公主为名，表达和平意愿。吐蕃立即作出积极响应，派重臣名悉腊随唐使入朝谈判。开元十八年（730年），赤德祖赞和金城公主遣使向唐朝求赐《毛诗》《礼记》《左传》等，并请求定界互市。开元二十年（732年），唐朝与吐蕃达成协议，于"赤岭（今日月山）各竖分界之碑，约以更不相侵"①。开元二十二年（734年），唐派金吾将军李佺到青海，在赤岭与吐蕃分界立碑。碑文明确

---

① 《册府元龟》卷981，外臣部。

提到"舅甥修其旧好,同为一家"。然后,唐蕃分派官员到双方交界处,布告"两国和好,无相侵掠"①。赤岭分界后,唐蕃双方维持了很短时间的和平交往,到开元时期又开始了大规模争战。

9. 石堡城之战

石堡城在今青海西宁市湟源西南日月乡境,地势险要,易守难攻,是吐蕃东进河湟必经之地,战略位置十分重要。唐玄宗时,吐蕃据守石堡城,屡次进犯河右。从开元十七年(729年)至天宝八载(749年)的20年间,唐与吐蕃多次争夺石堡城。开元十七年,朔方大总管、信安郡王李祎率军攻占吐蕃石堡城(铁仞城),分兵据守,遏制吐蕃,唐玄宗将石堡城改名为振武军。开元二十九年(741年)十二月,吐蕃攻占石堡城,并倾力而守,唐军屡攻不克。天宝八载(749年),唐玄宗命新任陇右节度使哥舒翰统领陇石、河西、朔方等部兵马及突厥阿布思部共6万人,以人海战术围攻石堡城。石堡城三面险绝,只有一路可通,吐蕃在城内贮足粮食及擂木、滚石阻挡唐军。唐军轮番强攻,在付出"士卒死者数万"的重大伤亡代价后,终将其攻破,生擒了吐蕃大将铁刃悉诺罗等400人。之后,唐朝在石堡城置神武军,分兵镇守。唐军虽然在石堡城之战中死伤惨重,但意义重大,吐蕃失去了东进的跳板,而唐朝以此为契机,在河西、陇右的战事中暂时占据了优势。

10. 刘元鼎出使吐蕃

公元8世纪末9世纪初,唐蕃双方各由于其内部矛盾加深,均无力再战,尤其是吐蕃连年与唐争战,民穷财尽,属部不受控制,王权日趋衰落。这一时期,僧人逐步进入吐蕃政权中枢,为赢取民心,巩固王室权力,在僧相钵阐布的策动下,多次派遣使臣赴唐请求和盟。唐穆宗长庆元年(821年),吐蕃赞普赤祖德赞派礼部尚书论讷罗来长安请和。穆宗命宰相及大臣17人与吐蕃使臣在长安西郊会盟,盟文表示要息兵宁人,恢复甥舅之好。唐承认吐蕃占有河西陇右,吐蕃承诺不再扰唐边境。次年,唐派大理卿刘元鼎为会盟使,与论讷罗取道青海同赴逻些参加会盟仪式。刘元鼎率使团沿着唐蕃古道一路西行,经兰州渡广武梁(今兰州河口,庄浪河入黄河处)入青海境,然后经鄯城(今西宁)到达逻些,受到了吐蕃赞普赤祖德赞的盛情款待。刘元鼎出使吐蕃对行经地点有记载,《新唐

---

① 《册府元龟》卷979,外臣部。

书·地理志》对其做了转载。"据记载,刘元鼎这次出使吐蕃从长安出发,经过今天水、兰州、民和、乐都到鄯城。又西行60里到临蕃城(今镇海堡),又西行60里到白水军、绥戎城(今湟源附近)。又西南行60里抵安戎城,又南行至天威军,即石堡城,又西行20里至赤岭。自石堡城经尉迟川、苦拔海、王孝杰木栅90里至莫离驿(今共和县恰卜恰附近)。又经公主佛堂、大非川行280里至那录驿。又经暖泉、列漠海440里渡黄河,又行470里至众龙驿。又渡西月河,行210里至多弥国西界。又经犛牛河,渡藤桥,行百里至列驿。又经食堂、吐蕃村、截支桥,又经截支川440里至婆驿。又渡大月河、罗桥,经潭池、鲁池530里至悉诺罗驿。又经乞量宁水桥、大速水桥320里至鹘莽驿。又经鹘莽峡十余里,行百里至野马驿。经吐蕃垦田、乐汤桥,行400里至阁川驿。又经恕谌海,行130里至哈不烂驿。又行60里至突录桥驿。又经柳谷、莽布支庄(今羊八井),有温泉,热气高腾两丈如烟雾,水热可以熟米。又经汤罗叶遗山及赞普祭神所,250里至农歌驿。又经盐池、暖泉江、布灵河,行110里渡姜济河,经吐蕃垦田,260里至卒歌驿。又渡臧河(雅鲁藏布江)经佛堂,又行180里至勃令驿、鸿胪馆,至赞普牙帐(今夏季行宫)。"[①]刘元鼎的入蕃路线与文成公主、金城公主基本一致。五月六日,唐使刘元鼎与吐蕃僧相钵阐布在逻些东郊会盟,吐蕃大尚论和各属部首领也都参加了会盟盛典。这次会盟史称"长庆会盟",亦称"甥舅会盟"。盟文称:"舅甥二主商议社稷如一,结立大和盟约,永无渝替,神人俱以证知,世世代代,使其称赞。"[②] 长庆会盟基本结束了唐蕃间多年的争战,符合唐蕃各族人民希望和平的美好愿望。会盟后,吐蕃都元帅尚塔藏召集东道诸将在河州大夏川宣读盟文,约束诸将领不得侵犯唐境,而刘元鼎则在拉萨会盟后经河州返回长安。长庆三年(823年),唐蕃各于双方京师用汉藏文将盟文镌刻于石,树碑纪念。

四 宋元时期

1. 唃厮啰建政青唐城

吐蕃赞普后裔唃厮啰从少年时就被青海东部宗哥城(今青海乐都碾伯)僧人李立遵和邈川(今民和县境)首领温逋奇尊为"赞普",前半生

[①] 陶柯:《论吐蕃为开辟高原丝路做出的贡献》,《甘肃高师学报》2000年第1期。
[②] 转引自崔永红、张得祖、杜常顺主编《青海通史》,青海人民出版社1999年版,第200页。

一直受李立遵笼络控制，后因与其矛盾加剧，约于北宋天圣元年（1023年）带其属下迁徙邈川投奔温逋奇。唃厮啰到邈川后，以温逋奇为论逋（国相），他们招纳部族，发展力量，数次遣使宋朝，请求内附。宋明道元年（1032年），宋朝封唃厮啰为宁远大将军、爱州团练使，同时称他为"邈川大首领"，并封温逋奇为归化将军。温逋奇像李立遵一样，欲废赞普而代之，不久发动政变，将唃厮啰囚禁在枯井中。唃厮啰被看守他的士兵放出，利用"赞普"的地位和号召力，集兵杀掉了温逋奇及其同党，迅速平息了这次政变。宋仁宗景祐元年（1034年），唃厮啰将国都从邈川迁徙到了青唐（即今西宁），彻底摆脱了任人摆布、受人控制的局面，将河湟吐蕃政权真正地掌握在了自己手中。他采取了一系列措施，以巩固和发展刚刚建立起来的政权。对内，筑造宫室，制定章程，广建佛寺，因俗而治，用盟誓形式保持与吐蕃诸部的联系；对外，和契丹使聘往来，通婚结好；与宋朝朝贡修好，共同防御西夏。此后，唃厮啰政权统治青海东部河湟地区近百年之久，使该地区的农牧业、手工业和商业经济得到了恢复和发展，尤其是商业贸易较为发达。这一时期，西夏在占据河西走廊后，阻遏西域各族与中原的贸易，西域商贾不得不改道走经柴达木盆地的"青唐道"前往中原，青唐城因此成为东西贸易往来的要冲之地，而唃厮啰政权重视商业贸易，对过往的使团和商人持友好态度，并积极为商贸往来提供食宿馆驿、语言翻译、道路安全保障等便利，使唐蕃古道青海段在经历了一百多年的沉寂后再次兴盛了起来，在东西方经济文化交流中发挥了积极作用。

2. 熙河之役

宋神宗继位后，不满宋朝积贫积弱的现状，力图富国强兵。为了制服西夏，采纳王韶的建议，对其委以重任，派他到秦州主持"开边"。从熙宁三年（1070年）开始，王韶的开边活动由秦渭缘边逐渐向西推进。熙宁五年（1072年）五月，宋在通渭寨设通远军，以王韶为知军，作为进取熙河的桥头堡。七月，王韶率大军向唃厮啰政权外围的熙河地区发动进攻，到次年元月，宋军相继占领熙（今甘肃临洮）、河（今甘肃临夏）、洮（今甘肃临潭）、岷（今甘肃岷县）等地，招抚大小吐蕃部落30余万人。宋朝的西进开边活动严重威胁到了唃厮啰政权，迫使青唐主董毡改变了长期所奉行的联宋抗夏政策，与西夏联姻通好，共同抵抗宋朝。同时，董毡于熙宁七年（1074年）派大首领鬼章率兵进入河州、岷州、洮州等地，与当地吐蕃大首领联兵抗宋。当年二月，鬼章先是联合河州赵家、常家及杨家三部落，袭击河州伐木宋军，接着又聚兵三万，在踏白城（今甘肃临夏银川驿）诱歼河州知州景思立所部六千官兵，"遂围河州，又围岷州，道路不通者数月"①，引起宋朝野震动。三月上旬，王韶由熙州率部两万西渡洮河，于结河川破额勒锦部，接着又进兵宁河寨，分兵入河州南山镇压反宋部落。四月，王韶领军由河州间精谷出踏白城（今甘肃临夏西北），连连获胜。之后，宋军从北至黄河、南至河州南山，进行大范围清剿，终将河州一带的反宋部落镇压下去。与此同时，岷州宋将高遵裕在蕃官包顺（即原秦州青唐部首领俞龙珂）等的协助下，击退了围城的吐蕃部落。熙河之役后，鬼章虽然仍在熙河一带活动，但已无力动摇宋朝对这一地区的统治。而宋朝面对吐蕃各部的反抗活动，也逐渐停止了西进开边活动，对吐蕃各部实行招抚政策，宋朝与唃厮啰政权也恢复了臣属关系。熙河之役历时五年，拓边二千余里，收复熙、河、岷、洮、叠、宕六州，恢复了安史之乱前由中原王朝控制这一地区的局面。熙河之役是北宋王朝建立以来所取得的最大的胜利，使北宋对西夏形成了包围之势，达到了使西夏腹背受敌的战略目标。

3. 北宋设立西宁州

宋徽宗继位后，起用"新派"人物蔡京为相，欲效法神宗熙宁之治，向西北吐蕃地区开边拓地，重新恢复鄯湟诸州。为此，宋廷任用王韶之子王厚知河州兼洮西安抚使，主持收复鄯湟诸州事宜。崇宁二年（1103年）六月，宋军兵分两路西进。王厚在军事上稳步推进，政治上采取对归附吐蕃各部恩威兼施的招抚策略，先后攻克了湟州和黄河以南各城。崇宁三年（1104年）四月，宋军从湟州兵分三路西进鄯州，在宗哥城大败小陇拶后兵临鄯州城下，龟兹公主青宜结牟及酋豪李阿温率城中吐蕃首领及回纥、于阗诸族商贾、使者开城出降。随后，宋军又西进青海湖，南下廓州，将青海东部地区全纳入宋朝疆域之内。这是继元符二年（1099年）宋军进占河湟地区后第二次进占青海东部地区，而前后历时一年的河湟之役结束后，唃厮啰政权宣告瓦解。北宋统治势力进入青海后，在东部河湟地区设立三州一军的行政建置，即保留原有的鄯、湟（治今青海民和县境）、廓（今青海化隆县群科）三州，三州下各设一县，同时各辖有大量的城、寨、

---

① （宋）陈均：《九朝编年备要》卷19。

堡等，在溪哥城增设积石军。崇宁三年（1104年）五月，改鄯州为西宁州（治今西宁市），隶属于陇右都护府。从此，西宁这一名称一直沿用到了今天。

4. 三贤哲河湟弘法

公元9世纪中叶，吐蕃赞普朗达玛在吐蕃本土禁佛，在雅鲁藏布江南岸曲卧日山修行的僧侣玛尔释迦牟尼、藏饶赛、肴格迥等人驮载部分律经法器西逃阿里，后辗转西域于阗等地到达青海，定居丹斗（今青海化隆境内），凿洞为室，诵经静坐，招徒弘法，史称"三贤哲"。911年，三贤哲收当地牧童穆苏赛拔为徒，穆苏赛拔后因学识渊博被尊称为贡巴饶赛（"聪慧异常"之意）。后来，贡巴饶赛在丹斗寺建立道场，授徒弘法，最终使丹斗寺成为"后弘期"佛教的发祥地，而贡巴饶赛被尊为点燃藏传佛教薪火的喇勤（大师）。10世纪晚期，卫藏地区鲁梅·茨诚喜饶、罗顿多杰旺秀等10人来到丹斗寺学经求法，其时，三贤哲已年逾古稀，无力再收僧徒，便由贡巴饶赛出面作堪布，为吐蕃10人授戒，这些人成为贡巴饶赛的再传弟子，史称后弘期"十比丘"。十比丘返回西藏后大力弘传，西藏佛教由此复兴，藏史称此为"下路弘传"。同时，经过印度高僧阿底峡在西藏阿里地区的"上路弘传"，佛教在中国藏区迅速传播，史称"佛法后弘期"。三贤哲河湟弘法保留了藏传佛教的种子，青海河湟地区的丹斗寺成为复兴佛教的一个中心，而贡巴饶赛成为藏传佛教后弘期的鼻祖。

5. 都实探测黄河源

公元13世纪初，蒙古成吉思汗在本土和广大征服地区遍设驿站，具有遣使前往边远地区的交通条件。元至元十七年（1280年），元世祖忽必烈以女真人蒲察都实为招讨使，令其佩带金虎符，取道河州，往求河源。都实历时四个月，才到达阿剌脑儿（今鄂陵湖、扎陵湖）和火敦脑儿（今星宿海）。都实是历史上第一位探察河源的专使，他所找到的河源，在吐蕃等处宣慰使司所属的朵甘思（今青海海南）西边。"据称那里有一百多个泉泓，散布在广大沮洳地带，方圆达七八十里，居高临下看去，像一片星星一样。从此向东北流入一百余里，汇入名叫火敦脑儿的大泽（火敦即星宿之意），就是现在的星宿海。源出诸泉，奔流东向，汇为相连的两个大湖，又东流名赤浜河。都实从这里往东走了七八天的路程，见忽兰河、也里术河汇入赤浜河，水流变大，据称由此才名黄河，但水仍清澈，可以徒步涉过。再走七八天，才看见水变浑浊。"① 都实认为黄河正源是火敦脑儿，他对当地的地形、水系、植被、动物、人口、聚落分布等做了记录，并绘制了河源位置图。同年冬，都实返朝，向朝廷奏报探察河源的经过。元仁宗延祐二年（1315年），元朝翰林学士潘昂霄由都实之弟阔阔手里获得都实的记载，继而写成《河源志》。与此同时，道士朱思本从帝师八思巴所藏梵文图书中翻译了有关河源的记载。这两本记载河源的书，内容基本相同，互有详略。《元史》取二家之书，考定异同，综合其说。都实探察河源，在中国历史上有着深远的影响。经都实探察之后，人们对自汉代以来没有弄清楚的河源有了较为真实的认识，都实的探察活动还为以后勘探河源的工作奠定了初步基础。

6. 元设宣慰使司

13世纪20年代，蒙古统治势力逐渐深入今青海全境。南宋宝祐元年（1253年），奉命南征大理的忽必烈在河州置吐蕃等处宣慰使司都元帅府，管理朵思麻（即青海东部）、贵德州，以及甘南、川北、川西的一些地方的驻军和驿站。忽必烈称帝改元后，元朝在青海地区的行政管理体制日趋完善。至元二十三年（1286年），元在青海东部湟水流域设立西宁州，管辖原西宁州、乐州和廓州，隶属甘肃行中书省。同年，设立西宁州等处拘榷课程所，负责西宁州的财政税收事务。在青海黄河以南，元朝设有贵德州、必里万户，其中：贵德州治今青海贵德县河阴镇，管辖今贵德及其西南地区；必里万户府在贵德州西南，管辖今青海贵德县西部、贵南县、同德县等部分牧区。贵德州以东设有朵思麻路军民万户府和积石州元帅府，朵思麻路军民万户府治河州，辖有今青海海南、黄南等地，积石州元帅府治今甘肃积石山县大河家镇（一说在今青海循化街子一带），辖有今青海循化、同仁等地。这些州、万户府和元帅府，除西宁州外，均归吐蕃等处宣慰使司都元帅府管辖。此外，今青海玉树地区也归当时的吐蕃等路宣慰使司都元帅府管辖。由此，元代在青海形成了东部湟水流域归甘肃行中书省管辖，黄河南岸和广大牧区归吐蕃等处宣慰使司都元帅府管辖的二元分治结构。元朝在设置吐蕃等处宣慰使司都元帅府、完善青海地区行政建置的基础上，进一步加强了驿站建设，答失蛮（达门）受元世祖忽必烈派遣到今青海化隆丹斗寺，后奉命负责藏区驿站的修设。据崔永红先生研究，

---

① 青海省志编纂委员会编：《青海历史纪要》，青海人民出版社1987年版，第112页。

"当时从青海汉藏交界处起,直至萨迦,总计设置了27个大驿站。其中在吐蕃等处宣慰使司都元帅府辖区(朵思麻地区)设了7个大驿站,在吐蕃等路宣慰使司都元帅府辖区(朵甘思地区,包括今青海玉树和果洛西部、四川甘孜和西藏昌都等地)设立9个大驿站,在乌思藏地区设立11个大驿站(其中前藏7个,后藏4个)。大站之间设有若干小站和急递铺,其中朵思麻地区设有13个小站,朵甘思地区设有19个小站。这条27站驿路是把藏区三个地区联系起来的一条主要交通干线,也是元代入藏的主要线路。这些驿站的设置有效地保证了经今青海入藏道路的正常运转"①。

7. 宗王出镇青海

元初,为了加强对辽阔国土的有效控御,根据蒙古传统的分封习俗,元朝建立了宗王镇守制度,即派皇室宗王"将兵镇边徼襟喉之地",其目的在于控御边缴,藩屏朝廷。元代出镇青海的宗王主要有西平王奥鲁赤及其后裔镇西武靖王、宁濮郡王章吉及其后裔岐王和宁王卜烟贴木儿等。奥鲁赤是忽必烈第七子,于至元六年(1269年)受封西平王,开镇西府于"朵哥麻思地之算木多城"(今青海互助松多),驻军于"汉藏交界处",负责对吐蕃地区的镇戍。奥鲁赤有两个儿子,其长子铁木尔不花于大德元年(1297年)因战功受封镇西武靖王,西平王由奥鲁赤次子八的麻刺承袭。铁木尔不花驻扎镇西府,世袭封地,有权同宣政院一起处理吐蕃地区的军政事宜。铁木尔不花死后,由其次子搠思班、搠思班之孙卜纳刺先后承袭镇西武王,成为有元一代出镇和经营吐蕃地区的主要宗王。宁濮郡王章吉属蒙古弘吉刺氏,娶孛儿只斤氏鄫国大长公主忙古台。元初,西宁州被赐给章吉驸马作分地。至元十二年(1275年),章吉曾分遣所部随西平王奥鲁赤西征吐蕃。至元十四年(1277年),章吉受封为宁濮郡王,出镇西宁州地。章吉死后,其弟脱脱木儿(又作脱贴木儿)继娶忙古台长公主,并于大德十年(1306年)受封为濮阳王。忙古台死后,脱脱木儿又娶桑哥不刺长公主,延祐四年(1317年)进封岐王,仍以西宁州为其分地。脱脱木儿之后,先后承袭歧王的有琐南管卜、阿刺乞巴和朵儿只班。此外,元朝还曾封忽答里迷失、速来蛮(又作搠鲁蛮)为西宁王,都曾镇守过西宁州地。其中速来蛮皈依伊斯兰教,曾在西宁南山一带为来自今伊

---

① 青海省地方志编纂委员会编:《丝绸之路青海道志》,青海民族出版社2018年版,第108页。

拉克地区的传教士固土布兰巴尼·尔布都来海麻尼修建拱北，并立碑纪念。元时，撒里畏兀儿地区（今海西州茫崖市为中心的地区）隶属甘肃行省沙州总管府曲先答林元帅府，由蒙古宗王出伯（一作术伯，系成吉思汗第四子拖雷的玄孙）及其后裔负责镇守。出伯因为戍边功劳很大，他一个人就有威武西宁王、豳王两个封号，他的一部分后裔承袭了"威武西宁王"，另一部分后裔承袭了"豳王"。《明史》中的宁王卜烟帖木儿是出伯的后代，是镇戍撒里畏兀儿的最后一位蒙古宗王，他承袭了威武西宁王。卜烟帖木儿降明后被封为安定王。

8. 撒鲁尔部东迁

撒拉族先民撒鲁尔部是西突厥乌古思部中的一支，居于中亚撒马尔罕一带。13世纪，蒙古军西征，使东西大动脉丝绸之路大开，造成了民族大迁徙和重新分化组合的新格局。在这种历史背景下，撒鲁尔部在首领尕勒莽和阿合莽兄弟的率领下举族东迁，经新疆、河西走廊辗转迁居于今青海省循化境内。定居循化后，为了繁衍生息，他们在坚守自己伊斯兰教信仰的前提下，与当地的藏族、回族等民族通婚，在元明时期形成了一个新的民族共同体。关于尕勒莽东迁的路线，《撒拉族简史》认为他们是从"天山北路，过吐鲁番，进嘉峪关，经肃州（今酒泉）、甘州（今张掖）、凉州，到了宁夏，又向东南走秦州（今天水），再折而西返等等……乃是当时13世纪20年代及其以后的蒙古军的行军路线"[①]。值得一提的是，在撒拉族民间，广泛流传着撒马尔罕地区撒鲁尔部落的尕勒莽和阿合莽兄弟牵一峰白骆驼，率众东迁，来到今天的青海省循化县境内，白骆驼走失化为白石，从而定居下来的传说。过去，撒拉族举行婚礼时，还要表演"骆驼舞"，追述先民从中亚撒马尔罕迁来的经过。这些传说和传统习俗为探讨、追溯撒拉族族源提供了宝贵信息。

五 明清时期

1. 明朝改设西宁卫

明初，明朝统治势力进入青海后，为了抵挡蒙古势力，确保河湟及青海牧区的安定，设立卫、所两级军事机构来兼摄地方行政。洪武六年（1373年），改西宁州设西宁卫。洪武八年（1375年），在元贵德州地方

---

① 芈一之、张科：《撒拉族简史》，青海人民出版社2014年版，第33页。

设立了归德守御千户所，最初隶属于陕西行都司，景泰年间改为河州卫中左千户所，改隶陕西都司，下辖百户8员（后增至10员），分屯今贵德、尖扎及同仁保安一带。洪武十一年（1378年），在今青海乐都碾伯设庄浪分卫，同年改置碾北卫指挥使司，洪武十九年（1386年）废卫建所，成为西宁卫右千户所。宣德五年（1430年），升西宁卫为军民指挥使司，正式成为兼理地方行政与军事的军政合一机构，设有指挥使1员、指挥同知7员、指挥佥事7员，下辖6个千户所，其中右千户所治碾伯，其余左所、中左所、中所、前所及后所均设治于卫城。同时，西宁卫作为兼司地方行政的机构，下辖有编户四里，即巴州、红崖、老鸦和三川，由卫经历司进行管理，对周围藏族各部（明代统称"西宁十三族"）也行使监督权，各部落僧俗头目每月赴卫听受约束。西宁卫统辖范围大致南抵黄河，西至青海湖，北倚祁连，东与庄浪（今甘肃永登）、兰州连界，基本沿袭了元代西宁州的辖区。西宁卫初属陕西都司管辖，洪武十一年（1378年）改隶陕西行都司，明后期又受甘肃总兵官和甘肃巡抚节制。弘治元年（1488年），明朝又增设整饬西宁兵备道，统辖西宁、庄浪、古浪、凉州及镇番五卫所，兵备官（多由陕西按察使司副使兼任）驻扎西宁卫，军政兼摄，进一步强化了对西宁卫军政权力的整合，并在明代中后期河湟地区各项事务管理中发挥了重要作用。明朝视西宁为"西夷重地""河西巨镇"，洪武时长兴侯耿炳文统兵驻守西宁卫。洪武二十年（1387年），耿炳文奉命督率陕西诸卫军士在原西宁州旧城基础上修建新的西宁卫城，新筑卫城较州城小一半，周长9里余，城墙高5丈，厚5丈，壕深1丈8尺，宽2丈5尺，城门及角楼各4座，另有敌楼19座，逻铺34处。[①]

在西宁卫和归德守御千户所管辖之外的青海地方，明朝先后设了许多具有羁縻性质的卫所，如在青海湖以西的撒里畏兀儿地方设了"塞外四卫"，即安定、阿端、曲先和罕东，和甘肃河西地区的沙州、罕东左卫、赤斤卫合称"关西七卫"。其中，安定卫大致在今海西大柴旦一带，曲先卫和阿端卫依次在其西南，罕东卫在安定卫东侧，其辖境向东延伸至青海湖一带。永乐十一年（1413年），在今玉树、治多县一带的上、下陇卜地方设置了陇卜卫，以当地部落头目锁南斡些尔为指挥使。宣德九年（1434年），在长江通天河一带设置了毕力术江卫，以当地部落头目管着儿监藏、

[①] 崔永红、张得祖、杜常顺主编：《青海通史》，青海人民出版社2017年版，第218页。

阿黑巴为指挥佥事，以保障入藏交通的畅通。① 明代，西宁卫不仅统治西宁附近地区，还控制着"塞外四卫"。明朝对西宁卫各土司、王公采取"裂土分爵，俾处为守"的办法，使他们互相钳制，西宁卫和其他各卫土司等曾经率领各族士兵，跟随明军出征。

2. 仰华寺会晤

明隆庆五年（1571年），东蒙古首领俺答汗与明朝达成封贡协议，结束了长期以来蒙古右翼各部与明朝对峙的状态。此后，年事已高的俺答汗在格鲁派僧人的劝说和鄂尔多斯部贵族彻辰（切尽）洪台吉的劝告下，皈依了格鲁派，并开始专注于建立和发展同藏传佛教格鲁派的关系。万历五年（1577年），俺答汗的第四子丙兔在青海湖南岸的察布齐雅勒（今青海共和县恰卜恰）建成佛寺一座，明神宗赐名"仰华寺"。次年，格鲁派领袖索南嘉措和俺答汗都来到青海，在仰华寺晤面，确立了双方的"供施关系"。两位首领还互赠名号，俺答汗赠给索南嘉措"圣识一切瓦齐尔达喇达赖喇嘛"的尊号，达赖喇嘛转世活佛名号即由此而来，索南嘉措被认定为这一系统中的第三世。索南嘉措则赠给俺答汗"转千金法轮咱克喇瓦尔第彻辰汗"的尊号。俺答汗至青海迎佛时，东蒙古右翼许多部落也借互市、熬茶、拜佛等名义来到西海，久驻不归。万历八年（1580年），俺答汗返回时，又将哆啰土蛮部的火落赤和永邵卜部的把尔户留在西海，守护仰华寺。至此，留在青海游牧的蒙古部落由原来的7个增加到了29个。仰华寺会晤在蒙藏关系史上具有深远意义，它标志着右翼蒙古与藏传佛教格鲁派之间形成了联盟关系，之后，格鲁派开始在蒙古地区广泛传播，势力得到进一步发展，而青海地区成为了联络西藏黄教与蒙古的纽带，成为西藏佛教文化向东方蒙古地区弘扬的中介和窗口，同时，右翼蒙古部落在青海湖地区站稳了脚跟，奠定了他们在青海发展的基础，以青海湖为中心的青海草原成为蒙古族活动的又一中心。

3. 湟中三捷

明万历九年（1581年），俺答汗死后，西海蒙古各自为政，频频进犯明朝边地，使明朝的西北边塞重新变得动荡不安起来。万历十九年（1591年），郑洛经略青海后，大大削弱了西海蒙古的势力，西陲暂获安定，但郑洛还师后，西海蒙古的火落赤、把尔户部等又返回西海，屡屡抄掠，西

---

① 张生寅、杜常顺：《青海历史》，民族出版社2014年版，第67页。

宁卫等地又不得安定。万历二十三年（1595年）五月，甘肃巡抚田乐指挥四路明军，潜师围击移居于河西走廊张掖甘浚山，与青海永邵卜部等遥相呼应的松山蒙古部落，全歼该部，首领青把都尔（彻辰洪台吉的从子）只身逃走，史称"甘山大捷"，消除了明军对付西海诸部的后顾之忧。九月，把尔户部以"借市"为由进犯西宁南川。明军由监收通判龙膺策划，兵备副使刘敏宽为主帅，由参将达云率西宁汉、蕃部队设伏于南川捏尔朵峡（今西宁市湟中区上新庄南），待把尔户部进入峡内，伏兵四起，击败蒙古军，歼敌700余人，史称"南川大捷"。十月，南川遭创后的把尔户部不甘心失败，纠集火落赤、真相等部计15000余骑"空穴以出"，从湟源一带进兵西宁南川，以报南川丧师之仇。由于事先得到了西纳族的密报，明军在田乐的指挥和藏族各部的协助下，采取诱敌深入的办法，先诱使蒙古军进入西川康缠沟（今西宁市湟中区康城寨一带），后由主将达云率军对蒙古军形成包围之势，并四面齐攻，激战二日，歼敌800余骑，大败蒙古军，史称"康缠大捷"。甘山、南山、康缠3次大捷，又被合称为"湟中三捷"。"湟中三捷"使西海蒙古遭受重创，是其彻底衰落的重要标志，自此之后，河湟地区所谓的"海寇之患"基本被肃清。

4. 固始汗统一青藏

明崇祯初年，青藏地区的教派斗争使格鲁派在西藏地区面临严重的生存危机。崇祯八年（1635年），格鲁派上层秘密派遣在哲蚌寺学经的青海佑宁寺僧人噶如洛扎瓦纳钦和赛尼喀钦二人去今新疆天山以北，向游牧在那里的漠西蒙古即厄鲁特蒙古求援。厄鲁特蒙古接到请求后，决定派军增援西藏格鲁派，并由和硕特部首领固始汗（又写作顾实汗）和准噶尔部首领巴图尔珲台吉为统帅。为了实地察看形势，固始汗和巴图尔珲台吉化装成商人，带领少数随从经新疆东部、柴达木盆地、通天河入藏，约于崇祯九年（1636年）到达拉萨，与五世达赖阿旺罗桑嘉措和罗桑却吉坚赞大师秘密会面，商讨了有关事宜后返回天山以北驻地。之后，固始汗率和硕特部全部精锐兵马，巴图尔珲台吉率领部分准噶尔部军队，共约1万人，从塔尔巴哈台（今新疆塔城）出发，经过伊犁，穿越塔里木盆地，来到今青海乌兰县的卜浪沟地方，进行休整和围猎备粮。次年元月，固始汗率西蒙古联军在青海湖北岸刚察一带向据有青海地区的喀尔喀蒙古却图汗部队进行突袭，以少胜多，以1万精兵打败了却图汗的3万军队，并将其擒杀，取得了"血山之战"的胜利。此后，固始汗把在新疆的和硕特部众陆续移牧到青海境内，部分土尔扈特、准噶尔、辉特和喀尔喀部的部众也跟随而来，依附于和硕特部，青海草原的控制权正式转入固始汗领导的和硕特蒙古手中。崇祯十一年（1638年），固始汗再度扮成香客入藏朝佛，与格鲁派上层拟定了先消灭白利土司，然后进兵西藏消灭藏巴汗势力的行动计划。次年五月，固始汗挥军南下康区，先后占领甘孜、邓柯、白玉、石渠、德格等地，并于崇祯十三年（1640年）擒获并处死白利土司。崇祯十四年（1641年），固始汗佯装从康区返回青海，在中途趁藏巴汗放松戒备时，突然引兵到达前藏，击溃藏巴汗。次年正月，固始汗攻占后藏的日喀则，俘虏了藏巴汗，将其投入雅鲁藏布江中溺死，至此，西藏的统治权也落入固始汗手中。不久，固始汗的孙子达尔加博硕克图率所部由青海湖北地区南渡黄河，占领和控制了今青海、甘肃交界之河曲地区和四川西北部的广大藏区，这样，整个青藏高原几乎都纳入了和硕特蒙古的统治之下。崇祯十五年（1642年）三月，取得西藏统治权的固始汗在拉萨建立了一个以和硕特汗王为核心、蒙藏统治阶级相结合的地方政权，开始统治整个藏区。在这个政权中，汗王是整个藏区最高的政治统治者，而日常政务由汗王任命的第巴来处理，担任第巴的都是藏族贵族。与此同时，固始汗又令其子达延汗常驻拉萨，并驻军于藏北达木地方，以资震慑。在宗教上，固始汗极力扶持格鲁派，一方面下令将卫藏地区的税收献给五世达赖作为供养，另一方面又于清顺治二年（1645年）赠给罗桑却吉坚赞"班禅博克多"①的称号，由此确立格鲁派第二大活佛转世系统，并献给后藏税收以为供养，使其与达赖分辖前后藏区。从此以后，达赖和班禅据有了一定实权，成为藏区政教合一的领袖。固始汗在西藏建立和硕特汗廷的同时，还将其部众安置在青海，并征用康区的税收以供应青海的蒙古部众。固始汗统一青藏，改变了青藏高原自吐蕃王朝崩溃后长期分裂的局面，实现了又一次的统一，使青藏地区在宗教、政治和行政等方面又一次联结在了一起。

5. 五世达赖进京途经青海

固始汗取得西藏统治权后，和五世达赖、四世班禅一起，于崇德七年（1642年）共同派遣伊拉古克三呼图克图和戴青绰尔济为首的使团到盛京觐见皇太极，受到了高度重视和隆重礼遇。皇太极还致函固始汗，对其在

---

① 班禅为藏语，意为大学者；博克多为蒙古语，意为智勇双全的圣人。

青藏地区的政治活动予以肯定，并向固始汗表达了派使臣随伊拉古克三呼图克图等一起赴藏，延请高僧大德以宏佛教、以护国祚的愿望。为了迎合清朝的这种意向，固始汗极力敦促五世达赖接受皇太极的邀请。但此时正值清军入关，达赖喇嘛朝清一事暂时被搁置。清朝建立后，顺治皇帝又多次邀请五世达赖进京。顺治九年（1652年）十一月，五世达赖率领固始汗、班禅代表和藏官侍从3000余人从西藏拉萨出发，"经今那曲出郭由拉山口进入今青海境内，渡过当曲、通天河后在扎陵湖和鄂陵湖间渡黄河，后经今大河坝、塔尔寺、西宁、兰州、银川、呼和浩特、大同等地至今北京。次年2月返回，返回路线大致同进京路线。这条路线是后来清朝出入西藏官道的基础"[①]。为了表示对达赖一行的尊崇，当达赖一行到达青海境内的时候，顺治皇帝派遣内务大臣霞古达热康前往迎接，并且由国库发给了口粮。当达赖一行行至根协地方快要入京时，顺治皇帝还赏赐达赖乘坐金顶黄轿入都，并以狩猎名义出城到南宛亲自迎接。达赖进京后，顺治皇帝特地在安定门外修西黄寺供其居住。顺治十年（1653年），达赖西返途中，清廷遣使册封其为"西天大善自在佛所领天下释教普通瓦赤喇怛喇达赖喇嘛"，并赐金册、金印，正式确认他在蒙藏地区宗教领袖的地位。此后，历辈达赖需受朝廷册封认定成为定例。在册封达赖喇嘛的同时，清廷派使者前往西藏，册封固始汗为"遵行文义敏慧顾实汗"，赐予金册、金印，正式承认了他在青藏地区的统治地位。清廷对达赖和固始汗的册封，使得清廷对青、康、藏地区享有了主权，达到了通过达赖和固始汗统治藏区的目的。五世达赖进京朝见和接受册封，不仅使格鲁派势力在西藏乃于蒙藏地区处于绝对的统治地位，也是西藏地方归顺中央、成为中央王朝统一管辖下的一个地方的佐证。

6. 清廷经略青海

清雍正二年（1724年），抚远大将军年羹尧平定罗卜藏丹津之乱后，向清廷上奏了《青海善后事宜十三条》及《禁约青海十二事》，除建议对青海蒙古诸台吉分别赏罚外，还对地方行政制度、划界、会盟、贡市、朝觐、卫戍、移民等项拟具若干规定。清廷采纳了年羹尧的建议，以他的上奏内容为基础，陆续出台了一系列对青海历史发展产生重大影响的政策措

[①] 青海省地方志编纂委员会编：《丝绸之路青海道志》，青海民族出版社2018年版，第18页。

施。在青海东部河湟地区，清廷推行府县制度，于雍正三年（1725年）改西宁厅为西宁府，仍隶属于甘肃省，同时，改西宁卫为西宁县，改碾伯所为碾伯县，增设大通卫。行政建制调整后，西宁府下辖两县一卫，进一步理顺了军事、行政管理体制。在西部广大牧业区，清廷设立了一个相当于行省的特殊行政区域，由中央设置西宁办事大臣进行管理，其衙署置于西宁府城，职责主要包括：负责蒙古王公及札萨克的封爵承袭，藏族千百户头人的任免；主持各寺院活佛转世事宜；稽查蒙古各旗及藏族各部落的户口、牲畜、田亩；管理蒙古各旗和藏族各部落茶粮贸易；受理蒙藏两族间各种纠纷和命盗案件；协调省际间的有关事宜；等等。在设立西宁办事大臣，将青海牧业区纳入国家统一行政管理区划的同时，清廷对蒙藏游牧社会的一些管理制度也进行了调整。在蒙藏社会管理方面，清廷对青海蒙古和藏族实行不同的管理政策，进一步强化了对蒙藏基层社会的管理和渗透。对青海蒙古各部实行盟旗制度，将青海蒙古各部编为29旗，另有察罕诺门汗特别旗（也称喇嘛旗）。合各旗称为盟，平时不设盟长，每年农历七月十五日在察罕托洛亥（今青海共和县倒淌河镇境内）会盟一次，并举行祭祀青海湖神仪式，在划界编旗、推行盟旗制度的同时，清廷还对蒙古王公赴京朝贡作了明确规定，各旗王公、台吉等分为3班，3年一次、9年一周期，自备马驼进京朝贡觐见。对藏族部落实行千百户制度，雍正四年（1726年），青海办事大臣达鼐会同西宁总兵官周开捷在藏族地区清查部落户口，划定部落地界，给各部首领分别授以土千户、百户等职，开始在藏族部落全面推行千百户制度。而在推行盟旗、千百户制度的过程中，清廷有意识地将蒙古和藏族分而治之，形成了蒙古各旗大部在黄河以北、藏族部落集中于黄河以南的这样一种"南番北蒙"的民族分布格局。对藏传佛教寺院，清廷按年羹尧的建议，规定青海各地藏传佛教寺院房舍不得超过200间，僧额以200人为限，每年派遣官员稽查二次，首领喇嘛须出具甘结，以示忠诚；取消寺院的治民特权，所属部落民户不再向寺院纳赋服役；制定喇嘛衣单口粮制度，即由国家每年给寺院喇嘛发给衣食之资；取缔明时及清初所授国师、禅师等名号。这些措施对遏止青海藏传佛教寺院势力发展起到了积极作用。在军事防御方面，雍正五年（1727年），清廷在大通城（即今青海门源县城）置大通镇总兵官，标兵设左右二营，共驻兵3380名。雍正八年（1730年），清又筑循化营，驻军853名。稍后又在青海湖南岸、巴尔虎、大通河南北、果洛各要塞驻兵。上述这些清廷在青海地区加强施政和治理的措施，对青海社会的发展和进步起到了全面推动的作用，尤其是对青海地方行政管理体系和制度的调整，是一系列措施中涉及面最广、影响最大的措施之一，对青海的历史发展产生了深远影响。

7. 地方志书的编修

中国古代历来有编纂地方志的传统，但青海地处偏远，明代以前没有志书问世。明嘉靖年间，邑人张莱曾草创《西宁卫志》，清代任西宁道的杨应琚曾称此志文字"恬雅"。明万历二十四年（1596年），西宁兵备副使刘敏宽、西宁卫监收同知龙膺又纂修了《西宁卫志》，开创了青海地区编史修志的先河，但以上二志均已佚失，只有万历年间的《西宁卫志》部分内容在明末清初顾炎武的《天下郡国利病书》中幸被抄录，其"地理志""兵防志""纲领志"3卷得以保留下来。清顺治十四年（1657年），分守西宁道苏铣纂成《西宁志》，又称《西镇志》，是青海现存最早的较为完整的地方志书，保存了明代至清初西宁地区政治、经济、军事、社会等方面的资料。鉴于苏铣纂修的《西宁志》过于简陋，乾隆十一年（1746年）七月，西宁道佥事杨应琚开始着手编纂《西宁府新志》，次年五月完稿。全书共40卷，为纲目式结构，分星野、地理、建置、祠祀、田赋、武备、官师、献征、纲领、艺文等10个专志。专志之下又分105个子目，30万余字。卷首附有西宁府，西宁、碾伯两县，巴燕戎、贵德两厅，大通卫、黄河及五峰山等舆图10帧。杨应琚在序言中说："撰次、校对咸出余一人之手。"《西宁府新志》文字精雅，资料翔实，考证慎严，纲目详备，且多有创新，得到了陇右方志学家张维的高度评价："此志整严有法，而议论驰骤，高瞻远瞩，多经世之言。"① 被誉为明清陇右方志中的佳作。这部志书的刻印，弥补了青海地区文献记载不多、方志过于简略的缺憾，为《大清一统志》的纂修提供了丰富翔实的资料，是现今保存下来的最完备的一部青海古代地方志书。继《西宁府新志》后，清代编修的青海地方志书还有碾伯千总李天祥纂集、成书于康熙五十一年（1712年）的《碾伯所志》，龚景瀚编、成书于乾隆五十七年（1792年）的《循化志》，西宁府知府邓承伟和文人来维礼等编修、成书于光绪四年（1878年）的《西宁府续志》等。这些志书记载了清代青海各地各方面的情况，保存了重要史料，是宝贵的历史文化遗产。

---

① 张维：《陇右方志录》，大北书局1934年版，第18页。

第二节　近现代历史事件

当历史的车轮滚滚驶入近现代时，汉唐帝国的繁华早已被湮没在岁月的深处，处于半封建半殖民地时代的中国屡遭侵略和欺侮，而随着封闭了数百年的国门被列强的炮火轰开，现代工业开始在这片饱经沧桑的大地上萌芽，共产主义的星星火苗逐渐燃成了中华民族的希望之火，地处偏远的青海高原受到帝国主义侵略、现代工业和民族解放等重大历史事件的冲击，也呈现出了一片错综复杂的景象。一方面是古道得以整修和拓宽，部分路段的马差邮路开辟，而飞机、汽车等现代交通工具开始出现在青海境内的古道上；另一方面是随着民族矛盾和国内矛盾加剧，青海河湟地区社会动荡不安，民族矛盾日趋尖锐，出现了回族、撒拉族反清斗争，英国企图分裂西藏，青海解放等若干重大历史事件，在这个特殊的承前启后的历史时期，青海境内的古道依旧发挥了极其重要的历史作用。

一　光绪"河湟事变"

清政府镇压了同治年间西北回族、撒拉族反清斗争后，在青海地区推行"徙戎"政策，强迫一些居住在自然条件好、战略位置重要和城镇附近的回族迁徙到"三边两梢"（山边、河边、沙边和沟梢、渠梢）之地，分散居住，并严行保甲制度，从而加深了青海东部地区的民族隔阂和社会矛盾。光绪十七年至十九年（1891—1893年），河湟地区连遭旱灾，许多回族、撒拉族群众的生活陷入窘境。恰在此时，花寺门宦内部发生了教争。光绪二十年（1894年），循化地区花寺门宦新老两派之间发生教争，械斗不止。光绪二十一年（1895年）二月，循化地区教派之争愈演愈烈，陕甘总督杨昌濬派西宁道陈嘉绩前往循化查办。陈嘉绩关闭循化城门，捕杀老教头目11人，这一行为使撒拉族群众群情激愤，开始将斗争矛头指向官兵。三月初八，反清群众在马古禄班、尤苏夫等人的领导下，围攻循化城。教派之争迅速发展成为撒拉族群众联合反清的政治斗争，由此揭开了"河湟事变"的序幕。循化事起后，杨昌濬急调河州总兵汤彦和、西宁总兵邓增等分别率兵赶往循化弹压。直到闰五月，清军才在猛烈的炮火下攻取白庄和街子，被围攻百日左右的循化厅城得以解围，但回、撒拉族群众的反清斗争烽火迅速蔓延开来。三月初，西宁、河州清军调往循化后，两地回族首领乘机起事，西宁韩文秀、碾伯冶主麻、巴燕戎格马成林、大通刘四伏、门源包良、河州马永琳、狄道马维翰及丹噶尔等地回民纷纷揭竿而起。七月，韩文秀带领西宁三关（东关、北关、南关）的回民同时并起，与城外四周起事的回军相与呼应。八月，起事回军联合进攻西宁城垣。在河湟地区回族、撒拉族纷纷起事的同时，清廷调集各路大军镇压河湟各地反清力量，甘军董福祥、宁夏军牛师韩、陕军叶占魁、湘军魏光焘及洮州藏族杨土司等陆续进入青海东部地区，清廷改令新疆巡抚陶模署理陕甘总督，命董福祥提督甘肃军务，统一指挥各路军队，在清廷强大的军事进攻下，各地反清斗争先后失败。光绪二十二年（1896年）正月，各路清军联合进攻西宁三关，韩文秀、包良被杀。二月，据守多巴的起事首领马大头三三被部下杀死后献首投降。三月，董福祥亲至西宁，率兵攻占巴燕戎格，马成林、冶主麻等起事首领被杀。之后，各路清军陆续攻占南川、北川各堡，解围大通城，至此，河湟地区历时一年多的反清斗争在清军的镇压下最终失败。"河湟事变"是同治年间回族、撒拉族反清斗争的延续，反映了近代青海穆斯林群众聚居地区社会矛盾的特殊性和民族、宗教问题的复杂性，其实质虽然是一场反对清王朝剥削、压迫的阶级斗争，但在一定程度上破坏了河湟地区各民族长期友好相处的局面，挫伤了民族感情。

二 马麒"艳电"

从19世纪中叶开始，英国就开始策动西藏地方亲英势力挑起分裂中国藏区的活动。在1913年的印度西姆拉会议中，英国抛出了划分我国藏族地区为外藏、内藏，并要外藏独立的提议。所谓"外藏"，含西藏、西康以及昆仑山以南、当拉岭以北，包括玉树、果洛在内的广大地区；所谓"内藏"，含昆仑山以北的青海地区、新疆南部、四川北部和云南西北部等广大地区。英帝国主义还煽动藏兵与川边部队冲突，策动藏军向青海玉树地区发动军事进攻，妄图将西藏等地从中国分裂出去，变成自己的殖民地。时任甘边宁海镇守使的马麒对此十分关注，他一面着力经营玉树地区，派兵在玉树驻防，并在湟源、哈拉库图、大河坝、竹节寺、长石头、玉树六站设立分防，建立台站，沟通交通，同时又在海北、海南、玉树、都兰等地加强防守，这些措施对帝国主义染指青海起到了积极的预防作用。同时，他又让周希武、黎丹、李乃棻三人拟稿，援用历史和地理上的正确理据，起草出传诵一时的反对划分内外藏的电文，于1919年9月29日通电全国。在电文中，马麒义正辞严地指出：

……查当拉岭以北、昆仑以南，东西长二千余里，南北千余里，金沙、雅砻、澜沧诸江之上游皆流衍其中，气候较青海北部为暖，玉树二十五族耕牧相杂，物产亦称富饶，实青海菁华所在。自前清收抚青海之初，即将玉树二十五族划归西宁夷情衙门管理，二百年来，此疆尔界，与西藏毫无关系……年来藏人虽攻陷川边十余县，而兵力尚未能越当拉岭以北，今川边划界已为奇耻，乃欲并甘肃素所管辖藏兵力所未及之地，割以奉之，麋地千里，辱国已甚，此麒所谓怵目刿心而不能已于言者一也。……今若将昆仑以南划为内藏，势必撤去玉树之驻兵，取销已设之官员，不独堕国家已成之功，孤番民倚重之心。而自玉树以北……河湟自此无宁日矣……西藏固中国之领土，今日虽不得已而与之划界，然异日国力发达，仍当进兵拉萨，以恢复原有之主权。而进兵拉萨……所恃以出奇制胜者，惟青海之北道耳。且昆仑以南，玉树土司为青海之门户，附西藏之肩背，为西宁赴拉萨必经之要道，将来经营发展，即可倚为制藏之策源地。若割为藏境，则拉萨之藩篱益固，西宁之距拉萨愈远，人攻我易，我攻人难，自顾不暇，焉能制藏？……总而言之，西藏本中国属土，年来与川边构怨，譬犹兄弟阋墙，自应由兄弟解决，万不能任他人从旁干预。吾国苟有一息生气，所有划界会议，应从根本否认。此约一签，终古难复，大好河山，一笔断送，凡属五族，谁不解体？……事关国势存亡，此而不言，将使他族谓中国无人，麒实耻之！麒实愤之！是以披肝露胆，沥血以告。①

这封坚决反对将青海南部地区划为"内藏"的爱国通电，因以29韵序排为"艳"字，故史称"艳电"。这封电报中，马麒慷慨陈词，据理力争，指出玉树二十五族纵横数千里，如果放弃对其主权，较之前清时抛弃黑龙江以北与乌苏里江以东，损失更为巨大；青南是青海的菁华所在，

---

① 青海省志编纂委员会编：《青海历史纪要》，青海人民出版社1987年版，第353—355页。

将其割让出去，辱国已甚；西藏本就是中国属土，虽不得已而划界，将来终要恢复对其主权，那时青南就能成为制藏的战略要地，坚决不能将青南一带划给西藏。他还义愤填膺地指出："吾国苟有一息生气，所有划界会议，应从根本否认。"马麒的"艳电"发表后引起了强烈反响，被认为是各地回电中"最有价值的反声"，新疆、四川、甘肃、云南各省和一些民间团体纷纷响应，北洋政府对西藏问题的谈判未敢再议。后来，马麒建议北洋政府遣使入藏与十三世达赖谈判，争取达赖内向。马麒的"艳电"在客观上起到了阻止北洋政府出卖西藏的作用，对于维护国家尊严和领土完整起到了积极的作用。

三 朱绣入藏谈判

马麒发出"艳电"之后，又上书甘肃都督张广建和北洋政府，建议遣使入藏，进行和平谈判。1919年8月，甘肃都督派出以都督府军事咨议李仲连为首、西宁道参议朱绣和青海宁玛派领袖古浪仓活佛久哲切洋多杰为副的甘肃政务代表团赴藏谈判。朱绣一行于1919年9月22日出发，其入藏行程为两个阶段。第一阶段是从湟源到玉树结古，历经湟源、倒淌河、大河坝、卓果昂，于10月24日到达玉树结古，在结古停留了二十多天，其间分别向达赖喇嘛及驻昌都的噶伦致函，详细陈述来藏情形。11月20日，朱绣等人接到噶伦由昌都发来的欢迎函，但由于英国领事在昌都从中作梗，致使入藏事情又发生变故。为了完成使命，朱绣力排众议，于21日早晨继续西行。对于朱绣等人入藏情形，西藏地方事先并不知晓，朱绣等于沿途探知西藏派兵扼守怒江，以防甘军入藏。为避免误会，朱绣于12月初由古浪仓活佛先行联系，致书详陈情形，达赖喇嘛知朱绣等人并无恶意，才撤怒江之兵，并派西藏地方官在达拉岭迎接，以及安排沿途护送、供给、差役等事宜。12月21日，朱绣等人于光支冒雪起程，晚宿连曲之滨，之后，经俄曲、章冒，于1920年1月16日抵达拉萨大昭寺。朱绣等人入藏历时三个多月，其间经风雪、涉瘴气、冒严寒，虽历经艰辛，但始终未改入藏决心。在拉萨，朱绣等谈判代表与达赖、西藏内务大臣、噶伦等数次会晤，联络感情，敦促达赖坚持爱国立场，劝息兵事。同时，朱绣等人还与西藏上层各界人士广泛接触，以求西藏事态和平解决。在拉萨期间，朱绣还搜集了各种秘密条约，调查川藏前后战争情形，对藏地山川扼要、风土人情，以及历代政策之得失与措置处处留心记述。1920年3月,双方屡经讨论,结果仍旧以1918年暂行停战条件,略加修改。四月上旬朱绣等出藏返回,临行之际,达赖喇嘛设宴饯行,声明亲英并非本意,对朱绣等人入藏表示感激,表达了希望北洋政府派全权代表入藏的心愿,并亲交藏汉合璧正式公文1件,同时班禅也从扎什伦布寺送来藏文公文1件。① 1920年8月,朱绣等回甘,具呈西藏详细报告,并达赖班禅等之正式文件,连同在西藏期间草拟的《经营西藏计划书》一起交甘督张广建,由张广建转呈中央。但恰逢直皖战争之际,北洋政府无暇顾及此事,遂将达赖班禅等文件及朱绣等报告置之高阁。朱绣的建议虽没被采纳,但朱绣入藏谈判仍具有重大意义。朱绣入藏谈判是民国成立以来中央政府首次以政府官员的身份遣员入藏,这次谈判成功加强了中央政府与西藏地方的关系,为之后中央进一步经营西藏以及十三世达赖后来的积极内向奠定了基础。

四 民国时期"河湟事变"

1925年初,冯玉祥任西北边防督办,国民军进入甘肃,第二师师长刘郁芬以代理甘肃军务督办的身份接管了省政权,宁海军被改编为国民军一个混成旅(第九旅)。国民军进入甘肃以来,不断征粮、筹款,加重了各族人民的负担,社会不稳定因素开始滋长,而青海护军使马麒等在国民军的步步进逼下,与其矛盾不断加剧。1928年4月,河州镇守使赵席聘以武力调处河州西乡、南乡新老教之争,处死了西乡农民推选的请愿代表马宝,这一事件成为激发"河湟事变"(又称"河州事变")的直接导火索。时任宁海军代营长的马宝之子马仲英闻知父亲罹难,在马麒的默许下,秘密联络宁海军下级军官数人,逃回河州,以"保卫家乡"为名,组织"黑虎吸冯军",聚众反抗国民军,3次包围河州城。马仲英后来又自称"西北讨逆军总司令",兵败后率众攻陷甘肃卓尼,经拉卜楞寺于当年12月窜入青海,洗劫同仁保安,攻占贵德县城。不久又北渡黄河,向西宁进发。此时国民军已入驻西宁,马仲英率部经湟中康城一带抵湟源城下,城中团勇奋起抵抗,驻守该城且早与马仲英取得联系的马步元部却打开城门。马仲英部入城后烧杀抢掠,时称"小北京"的商业重埠顿时被洗劫一空,死难者多达2400多人,受伤1000多人。湟源屠城血案之后,在国民军孙连

---

① 王力、郭胜利:《从朱绣入藏观北洋初年对西藏之经营》,《中国史研究》2009年第22期。

仲部的追击下，马仲英流窜至河西，沿途又洗劫了永昌、民勤两城，分别屠杀两地居民 2200 多人和 4600 余人。在国民军的追击下，马仲英先后窜扰宁夏、河西之地，最后被马步芳率兵驱逐至新疆。这次"河湟事变"是地方封建势力反抗国民军引发的一连串战乱，历时 6 年，祸及甘、青、宁、新四省，死伤数万人，是中华民国时期甘青地区最大的一次动乱。

五　青海建省

青海建省之议，最早是两广总督岑春煊于清光绪三十三年（1907 年）提出的。马麒出任甘边宁海镇守使兼蒙番宣慰使后，于 1916 年通过甘督张广建，建议北洋政府仿照热河、察哈尔之例，将甘边宁海镇守使辖区划为青海特别行政区，以利进一步开发建设，但未获批准。1928 年 6 月，冯玉祥出任南京国民政府行政院副院长后，为巩固和扩大在西北的地盘，遂以"青海关系国防至为重要"，以及青海、宁夏距甘肃省城过远、不易发展为由，建议将甘肃所辖青海、宁夏分别建为行省。9 月 5 日，国民党中央政治会议第 153 次会议通过将青海、宁夏单独设省的议案。9 月 17 日发布命令，将青海、宁夏分别建为行省。青海省政府委员暂定为 5 人，设民政、财政、教育、建设 4 厅。9 月 21 日，国民政府正式任命孙连仲、林竞、郭立志、马麒、黎丹 5 人为省政府委员，孙连仲为省政府主席，林竞兼任民政厅长，郭立志兼任财政厅长，马麒兼任建设厅长。由于林竞辞职不就，马麒也要求辞职，只保留委员，于是，国民政府又于 9 月 24 日任命九世班禅额尔德尼为委员。10 月 17 日，国民党中央政治会议第 159 次会议又通过决议，规定甘肃省西宁道属之西宁、大通、碾伯（随即改称乐都）、巴戎（后改为化隆）、循化、湟源、贵德 7 县及原青海办事长官所辖蒙古二十九旗、玉树二十五族、环海八族、果洛等地为青海省所属，以西宁为省会。1929 年 1 月，甘肃、青海、宁夏 3 省联合呈报国民政府，自 1 月 1 日起，原由甘肃省划归青海、宁夏两省的各县行政，一律由新成立的两省负责处理。1 月 19 日，孙连仲率 3 万国民军进入青海西宁。1 月 20 日，孙连仲正式就任青海省政府主席。新成立的青海省，后又增置互助、民和、同仁、门源、共和 5 县，并将玉树、都兰两理事分别设为玉树县和都兰县。20 世纪 30 年代后，青海省又新设囊谦、称多、同德、海晏、兴海、湟中等县，还成立了直辖市——西宁市，使省辖县达 19 个，省辖市 1 个，此外，还在广大牧区设置过一批行政督察区和设置局。至此，青海省行政建置已具规模，辖地与今大致相仿。青海建省是青海发展史上的一个醒目的里程牌，对于推进青海地区政治、经济、社会和各项社会事业发展起到了积极作用，影响十分深远。

六　青藏玉树之争

清代以来，青海、西藏两地大致以唐古拉山分水岭为自然界限，本无地界之争，双方关系也比较融洽。1930年6月，在英帝国主义的策动下，藏军第二次进攻康区，先后攻占西康所辖的甘孜、德格等县，青藏边界形势趋于紧张。针对这种情况，12月，青海省政府呈准国民政府在玉树设立青海南部边区警备司令部，下辖步、骑兵各一个旅，以马步芳为司令，马驯、马彪为旅长，分兵防守今海南至玉树一线。次年6月，旅长马彪率少数兵力增防玉树。1932年3月，西藏昌都总管贡布阿丕以苏尔莽黄教尕旦寺与白教德赛寺争夺田地属权问题为借口，调集4000余人，进攻玉树大小苏尔莽地区。藏军入境后，由于当时驻防玉树的青海守兵有限，初战失利，败退结古，藏军很快占领大小苏尔莽及囊谦等地，进而包围结古。同时，占领西康石渠、邓柯等地的藏军向西推进，进入结古东北的歇武和直门达等地，切断了玉树与西宁之间的交通。鉴于玉树形势危急，蒋介石下令马麟、马步芳迅速增兵解围，并拨给青海枪支弹药和无线电通讯设备等。4月30日，马麟派旅长马驯为玉树宣慰使，率骑兵第二团马忠义部从西宁出发前往增援。6月18日，马驯抵达玉树，派人与藏方接洽，遭到拒绝。这时藏兵增至6000人，昼夜攻击结古，形势危急。马步芳又先后派骑兵马禄旅、喇平福团驰援玉树。6月21日夜，双方第一次交战，互有伤亡。7月14日，青海军在马彪的率领下与藏军激战于歇武与通天河一带，将藏军驱逐出境，西宁、玉树间交通恢复。8月2日夜，青海援军与守军配合，一举击溃包围结古的藏军。9月，青海军队将南路藏军逐出大小苏尔莽。10月初，青海军乘胜攻入西康境内百余里，占领了1919年藏军侵占的石渠、邓柯等县城。与此同时，西康方面刘文辉部也配合青海军队的攻势，向藏军发起反击，先后收复了甘孜、瞻化、德格等县，青康两省军队对藏兵大本营昌都形成了包围。西藏地方政府见战事失利，遂以十三世达赖喇嘛名义请求蒋介石传令青、康两省军队停止进攻，谈判议和。10月8日，刘文辉与达赖互派代表，先期签订了《岗拖停战协议》。之后，青海和西藏经过半年的反复磋商，于1933年4月10日签订《青藏和约》。和约规定：尕旦寺堪布的权力照旧，以宗教为范围，丝毫不干涉政治；青藏双方撤兵后，各守疆土，不得侵犯；双方对商人贸易、宗教寺院极力进行保护；条约生效后，青方即完全归还所俘藏军官兵。青藏战争历时一年多，虽对青藏双方人民的生产生活造成很大损失，但也瓦解了英帝国主义的分裂阴谋，有力地打击了西藏地方政府的亲英势力和扩张势力。

七 兴修青藏公路宁玉段

西宁至玉树路段是唐蕃古道在青海境内的核心路段，从唐代以来一直设有驿站，直到1915年，西宁至玉树沿途仍设有驿站，当时路途极为艰难，一般骑马要走35天，牦牛驮行需50多天才能到达。早在1937年，马步芳出于当时政治形势的需要，通过蒙藏委员会向蒋介石建议修筑西宁至玉树结古的公路。同年，马步芳强征民工开始草修西宁至大河坝的便道。抗日战争后期，国民政府为了打通四川通过甘肃的第二条后备交通线，将康青公路和青藏公路的修建提上了议事日程。1942年5月，国民政府决定兴修西宁至玉树段的青藏公路。同年，西北公路局成立康青公路宁玉段勘探队，从9月19日至12月17日对宁玉段的东西线路段进行了踏勘，后经交通部与青海省政府多次洽议，认为西线里程较短，决定采用西线，并在施工计划中将西宁至玉树段分为西共段（西宁至共和）、共大段（共和至大河坝）、大黄段（大河坝至黄河沿）、黄歇段（黄河沿至歇武）、歇玉段（歇武至玉树）5段。其中，除西宁至大河坝已有初步路基，仍须改善外，其余均为新建工程。1943年，青藏公路西宁至玉树段开始大规模修建，直至1944年10月试车后，全段工程乃宣告结束。青藏公路宁玉段的修筑，青海各族人民付出了巨大代价，征调民工24596名，木车4500余辆，城市居民、市镇商号被摊派了大量银款[①]，筑路民工死伤累累。尽管付出了高昂代价，但由于受当时工程技术和财力限制，加上对高原筑路艰巨性认识不足，工程未能按标准完成，公路质量十分低劣。青藏公路宁玉段的修建是民国时期兴修的第一条高原公路，其路线穿插于茫茫草原之中，蜿蜒于皑皑雪峰之下，跨越了黄河长江的发源地带，虽没有达到理想的效果，

---

① 欧华国主编：《中国公路交通史丛书·青海公路交通史》，人民出版社1989年版，第280页。

但在某种程度上积累了高原筑路的经验教训，为以后高原公路的修建提供了有益的借鉴。

八　九世班禅玉树圆寂

九世班禅原名洛桑曲吉尼玛，清光绪九年（1883年）生于后藏达波地区噶厦村，5岁时通过金瓶掣签被认定为八世班禅转世灵童，9岁时在扎什伦布寺坐床。因受西藏贵族中亲英派的排挤，被迫于1923年11月离开西藏，率少数随从经青海赴内地。1931年，九世班禅抵达南京，发表《西藏是中国领土》的演讲，旗帜鲜明地维护祖国统一，国民政府任命他为"护国宣化广慧大师"，次年又任命为"西陲宣化使"。1933年10月，十三世达赖在拉萨罗布林卡突然圆寂，留下藏文遗嘱，请九世班禅大师返藏"维持政教"，西藏僧众电请九世班禅回藏主持政务。九世班禅返藏之旅，不仅标志着宗教领袖身份的回归，也肩负着国家统一、民族团结的使命，当时的国民政府十分重视，于1934年2月任命班禅为国民政府委员，不仅拨有专款经费，还派赵守钰为护送专使，马鹤天为参赞，高长柱为参军，组织班禅行辕，率仪仗队、卫队等，护送九世班禅入藏。1935年5月12日，九世班禅飞抵西宁，15日移驻塔尔寺。西藏的热辰呼图克图等代表6人、后藏民众及寺院代表300余人，先后到塔尔寺欢迎九世班禅回藏。1936年5月18日，九世班禅率全体人员离开塔尔寺经化隆、贵德、同仁，于5月13日到达甘南拉卜楞寺。8月21日继续西上，27日到达河南蒙旗亲王府。9月6日至拉加寺，复经果洛及原西康地区的石渠县境，于12月8日抵达玉树结古寺。1937年8月，九世班禅离开玉树，前往青海与西藏交界处的拉休寺，拟从此地返藏。但九世班禅返藏受到了英国的无端干涉和西藏亲英派的拖延和阻挠，而国民党政府因全面抗战爆发在西藏事务上力不从心，最终屈从于英方压力令班禅暂缓入藏，九世班禅只得在10月离开拉休寺回到玉树结古寺。返回玉树后，九世班禅忧愤成疾，于1937年12月1日抱憾圆寂于结古寺，终年54岁。九世班禅是我国近代史上杰出的爱国领袖人物，他用尽一生之力，传承了班禅世系维护祖国统一、促进民族团结、爱国爱教的优良传统，为广大宗教人士和信教群众做出了表率。

九 青海解放

1949年4月,中共中央军委主席毛泽东和中国人民解放军总司令朱德联名发布了《向全国进军》的命令。彭德怀、贺龙、习仲勋等率领中国人民解放军西北野战军挥戈西进,揭开了解放大西北的序幕。1949年8月26日,人民解放军解放兰州,歼灭青马军主力2.7万余人,彻底摧垮了马步芳军阀政权赖以存在的军事力量,拉开了解放青海的序幕。兰州战役告捷后,人民解放军王震所部第一军从永靖、循化两处渡过黄河,分路向西宁方向进击。王震率兵团机关和二军从临夏西进循化,经化隆直取西宁。马步芳、马继援父子见大势已去,携带历年搜刮的大量财物相继乘飞机逃离青海,青马军队军心大乱,兵败如山倒,已没有力量抵挡人民解放军向青海进军的步伐。9月5日,第一军率先进入西宁市,在无任何抵抗的情况下,于当日中午2时左右进占西宁古城,这一天,西宁宣告正式解放。9月6日,一军副军长王尚荣率领一军二师五团部队进入西宁,西宁各族各界群众云集街头,隆重欢迎人民子弟兵解放青海。西宁解放,宣告了马步芳家族统治的彻底崩溃,西宁各族人民获得解放。西宁解放后,人民解放军即着手建立新的人民政权,9月8日,一军奉中央军委命令,成立了西宁市军事管制委员会,主任冼恒汉,副主任张国声,同日,西宁市人民政府也宣告成立,市长刘枫,副市长钱平。9月9日,中共青海省委机关组建,张仲良任中共青海省委书记。18日,西宁各族各界群众3万多人隆重集会,热烈庆祝西宁解放。9月9日至10日,王震率一兵团总部和二军主力陆续到达西宁。从9月至11月,人民解放军先后解放了湟中、湟源、大通、门源、海晏、互助、贵德、共和、祁连等县,同仁、兴海、同德、都兰、玉树、河南等地的少数民族部落头人、宗教上层人士及旧行政官僚人员,或派代表至西宁致敬,或登记投诚,或通电起义,这些地区得以和平解放。1949年9月至1952年底,青海全省县以上行政区均建立了中共地方组织。中共青海省委的成立和各级地方党组织的建立建设,标志着青海各族人民和各项工作有了坚强的领导核心。1950年1月1日,青海省人民政府正式成立。在历史上没有建立过政权的果洛地区,直到1954年元月1日才成立区人民政府,至此,青海全境获得解放。青海解放,不但推翻了自民初以来便占据青海长达38年之久的马氏家族军阀统治,而且彻底摧毁了千百年来存在于青海高原的封建统治制度。从此,在中国共产党的领导下，青海各族人民开始谱写新的历史篇章。

十 十世班禅致电拥护中央

九世班禅圆寂后，班禅行辕即着手寻访转世灵童，在青海、西康、西藏各地访得灵童多名。经过一系列宗教手续，确认出生于青海循化边都沟的灵童贡布慈丹为九世班禅"转生"，即为十世班禅额尔德尼确吉坚赞。1943年2月，十世班禅移驻塔尔寺。1949年5月，国民政府行政院在广州举行的政务会议决议，明令公布贡布慈丹为九世班禅的转世灵童，并准在塔尔寺先行坐床。7月21日，国民政府特派蒙藏委员会委员长关吉玉为专使，马步芳为副使，主持十世班禅坐床典礼。8月8日，坐床典礼在塔尔寺隆重举行。9月5日西宁解放，十世班禅从香日德派人到西宁，与人民解放军联系。1949年10月1日，就在中华人民共和国开国大典的同一天，年轻的十世班禅从青海香日德寺致电毛泽东主席和朱德总司令，祝贺中华人民共和国成立，并代表全藏人民"致崇高无上之敬意，并矢拥护爱戴之忱"，相信"西藏解放，指日可待"，明确表明拥护中央人民政府，愿为解放西藏、完成祖国统一贡献力量，毛泽东、朱德复电慰勉。

第三章

唐蕃古道青海段的历史人物

青海地区是中国古代文明的发祥地之一，自古以来这里就是多民族聚居的地区，历史上有许多古代民族曾显赫于青海这一历史舞台，今天仍有众多民族聚居于此地。在漫长的历史长河中，各民族相互包容、和谐共生，共同创造了青海悠久的历史和灿烂的文化，同时也在漫长的历史发展过程中出现了诸多在青海历史舞台上叱咤风云的人物。对这些在青海历史舞台上涌现出的不同历史人物的熟悉和了解，不仅有利于对青海历史文化的认识，更有助于优秀传统文化在当下的弘扬和社会主义精神文明的建设。

第一节 古代历史人物

自有历史记载以来，青海高原上就不断涌现出了许多在历史上赫赫有名的人物。这些人物和与之相关的诸多历史事件，不仅促进了青海的社会政治经济发展，而且推动了青海历史的发展和文明的进步。

一 无弋爰剑

无弋爰剑，春秋战国时人，青海古代西羌早期的首领，是最早见于史书的青海羌人中的著名历史人物。"无弋"是羌语"奴隶"之意，"爰剑"是其名，因为他曾为秦国的奴隶，所以称为无弋爰剑。据《后汉书·西羌传》记载，爰剑原为戎人，秦厉共公（前476—前443年）时，被秦人俘虏，充当奴隶。但爰剑是位有志之士，不甘心为奴，被俘之后他想尽办法，寻找一切机会逃离秦国。有一次，终于找到机会得以逃跑。秦王知道后便派兵追捕,爰剑一路向西而逃,秦兵紧追不舍,有一次差点就被再次俘虏,紧急情况下爰剑钻到一个山洞里藏了起来,秦兵就包围了这座山,并放火烧山。秦兵以为熊熊烈火必将爰剑烧死无疑,但据说这时在洞口出现了一个形似老虎的怪物遮住火焰,秦兵以为是有神在保护他,便撤兵而去,爰剑才得以从山洞中逃脱出来。

爰剑出洞后继续逃跑,就在他疲惫不堪之际在山野间遇到了一位被割掉鼻子的女人,大概也是奴隶,两人同病相怜遂结为夫妻。据说这位女子因为鼻子被割自嫌脸面丑陋,就放下头发来遮住面孔。所以后来的羌人也就相沿披散长发,以为习俗。后来,爰剑夫妻辗转来到三河(黄河、湟水、大通河或大夏河)之间,将从秦人中学到的较为先进的农牧业生产技术传授给这里的羌人,使羌人的农牧业生产逐渐获得发展,羌人人口也日益增多。由于爰剑在羌人的发展中起了很大的作用,加上羌人知道无弋爰剑在洞中因神人保护而未被大火烧死的事件,认为他是一个不一般的人,对其非常敬畏。因此他不但受到羌人的尊敬,而且被羌人推为首领。

自无弋爰剑以后,羌人发展很快,其子孙遍及青海、西藏、甘肃、四川等地,后来秦献公向西扩张势力时,羌人受到很大威胁,无弋爰剑之孙印不得不率部远徙。留在青海的是他的长房曾孙忍和舞,忍生9子,发展成为9个部落;舞生17子,发展成为17个部落。到秦汉之时,无弋爰剑在青海的羌族子孙已分为大小150个部落,雄踞青海高原,与中原王朝相抗衡。①

二 赵充国

赵充国,字翁孙,西汉著名军事家。陇西上邽(今甘肃天水市)人,生于汉武帝建元四年(前137年)。历经武帝、昭帝、宣帝三世。他善骑射,通兵法,为人沉勇有大略,通晓羌匈事务,在西汉征伐匈奴的战役中屡建功勋,先后任中郎将、车骑将军长史、后将军,汉宣帝时被封为营平侯。

西汉初,北方匈奴经常侵扰北部边境。生活在青海高原地区的羌人,势如匈奴右臂,不断起事,对西北边境造成很大威胁。元康三年(前63

---

① 赵宗福:《青海历史人物传》,青海人民出版社2002年版,第2页。

年），先零羌与诸羌首领秘密聚会，交换人质，订立盟约，准备起兵反汉。汉廷曾派光禄大夫义渠安国巡视诸羌，但义渠安国到羌地后用诱骗的手段召集并斩杀羌人首领 40 余人，纵兵杀死无辜羌人千余人，激起了羌人更大规模的反抗。针对这种局面，朝廷中一些人力主镇压剿灭，时为后将军的赵充国虽已年逾古稀，但他明晓西北少数民族的情况，向宣帝大胆提议：只杀先零羌，对䍐、开等诸羌应实行安抚政策，对已归顺的羌人应赦其罪，选择懂羌人习俗的优良官吏，亲睦怀柔，这才是"全师、保胜、安边"的良策。但是，赵充国的主张遭到了公卿们的一致反对，宣帝甚至斥责赵充国有畏战情绪，并正式下达了出兵作战的命令，命赵充国率军由东向西进发，与酒泉、敦煌、天水等官兵对䍐、开羌形成两路夹击，不得迟疑。

为了边境地区的安宁和䍐、开羌人的生命财产，赵充国将个人安危置之度外，毅然抗旨上书，条陈战抚利害。他在《陈兵利害疏》中再次申辩道：今置首恶先零于不顾，而去攻打䍐、开羌，等于释有罪、诛无辜；张掖、酒泉二郡兵少，发去攻打䍐、开羌，羌人以逸待劳，汉军必然受挫，实不可取；先击䍐、开，先零必然援助，逼使他们合为一党，壮大联合，诛之将用力数倍，恐怕忧国累民十数年也难克定。[①] 赵充国抗旨再奏，其用兵策略和爱国忠君之情说服和感动了宣帝与群臣。汉廷及时传回了"汉不诛䍐"的旨令，取消了原来的作战计划，使䍐、开诸羌免受了一场大灾难。赵充国兵至䍐地，对䍐、开等羌"令军毋燔聚落，刍牧田中"，使其财产、庄稼受到保护。在他的恩威并施之下，䍐羌首领心悦诚服地自动前来归顺。只三个月，未费一兵一卒，就有 10700 余羌人前来归附，先零羌陷于孤立，很快便被汉军逐出了湟水北岸，湟水流域等地区归入了西汉郡县体系。

赵充国"安抚䍐、开，打击先零"的军事战略取得初步胜利后，为了维持西部边境的安宁和节省军费开支，准备罢兵屯田。他三上《屯田奏》，提出了中国历史上著名的"屯田十二便疏"，其内容大致是：从临羌县（治今青海湟源县城东南）东至浩门（治今甘肃永登县河桥驿），有羌人原种地以及公田、未开耕的田地 2000 顷以上，其间驿站、哨所多被破坏。请罢骑兵，留 10281 步兵分屯各要害处垦田，让这些士兵修水渠，耕田

---

① 王昱：《安边名将赵充国》，《文史知识》2006 年第 2 期。

地，并修复沿途驿站，整修道路交通，架筑桥梁。如此，驻军每月所需粮食可较以前减少，屯田一旦丰收，不仅可以使驻军粮食自给，还可充实国库。总之，赵充国认为，罢兵屯田，"内有亡费之利，外有守御之备"①，是保境安民的良策。赵充国的屯田主张在朝中引起很大反响，开始遭到了许多朝臣的责难。赵充国据理力争，在屯田奏中对湟中屯田的好处做了详细阐述，提出屯田有12便，出兵则失12利，观点明确，论据精当，极有说服力，最终使汉宣帝和大多数朝臣接受了他的主张。汉宣帝下诏罢兵，撤走了骑兵，独留一万步兵屯田。

赵充国受命屯田后，率众拓荒垦田，除耕种了西起临羌、东至浩门的两千余原羌人和汉族农民开耕的荒地外，还在湟水两岸开耕了大量的荒地，并大力兴修水利，修缮驿站，整修道路交通，复修邮亭道桥，极大地改善了河湟地区的交通状况，加强了青海地区与中原的密切联系。在屯田的过程中，来自淮阳、汝南等经济相对发达地区的士兵、弛刑应募人员和官兵私从，还把内地先进的铁铧犁、水磨、碾硙等生产工具和耕作技术传入河湟地区，大大地提高了河湟地区的农业生产技术水平。他们与羌族杂居相处，在很大程度上也促进了民族间经济文化的交流与发展，对河湟地区的经济发展客观上起到了推动作用。

宣帝神爵二年（前60年）五月，赵充国上《请罢屯兵赋》奏道："羌本可五万人军，凡斩首七千六百级，降者才三万一千二百人，溺河湟饥饿死者五六千人。定计遗脱与煎巩、黄羝俱亡者不过四千人，羌靡忘等自诡必得，请罢屯兵。"②而后带兵还朝。赵充国不仅在青海时妥善处理当地民族矛盾，即使是回朝以后，对青海的事情仍然很关心，在护羌校尉的人选上向宣帝提出了自己的意见。后来，他因年老居于家中，每遇边防大事，汉宣帝还是派人向他请教。甘露二年（前52年），在离开青海8年后，赵充国逝世，终年86岁，谥号壮侯。

三　邓训

邓训，汉代护羌校尉。字平叔，南阳新野（今河南省新野县）人。他是东汉开国功臣邓禹第六子。少年时代便有大志，精于技击，不好文学，

---

① 《汉书》卷69《赵充国传》。
② 《汉书》卷69《赵充国传》。

仁义善施。初任郎中。明帝永平六年（63年），拜为护乌桓校尉。汉章帝元和三年（86年），任张掖太守。汉章帝章和二年（88年）冬，由张掖太守转任护羌校尉。

邓训任护羌校尉之前，历任官员对青海地区的羌族进行血腥镇压的政策，激起了羌民的义愤。章和元年（87年）春天，陇西太守张纡继任护羌校尉，他采取欺骗手段毒杀了前来求降的烧当羌首领迷吾及部属800余人，又派兵追杀羌人数千，激怒了羌人。迷吾之子迷唐联合其他部落，以大、小榆谷（青海黄河南岸贵德、尖扎等地）为根据地，进攻汉军，张纡对此束手无策。①

面对"众羌大怒，谋欲报怨"②的危急时刻，朝廷认为张纡处理羌事不当，需要能干之人代替张纡去平息这场大骚乱。于是，公卿大臣们共同荐举邓训代张纡为护羌校尉。

邓训赶到临羌时，迷唐已率一万骑兵来到临羌附近，用武力威胁生活在这里的月氏胡。邓训出面保护了月氏胡，他命令守城军士打开临羌城门，开放自己的府第院门，将月氏胡的妻小全部接入并派兵保护，还医治其"困疾者"。邓训的保护使月氏胡人深受感动，都说："汉家常欲斗我曹，今邓使君待我以恩信，开门内我妻子，乃得父母。"③遂向邓训表示："唯使君所命。"邓训从月氏胡中挑选了勇敢豪健的青年数百人，组成了一支军队，称为"义从胡"，配合汉军保境安边。对羌人，邓训也采取了怀柔政策，他对羌胡诸部赏赐财物，加以劝慰，让他们相互劝说，归顺中央政府。在他的感召下，迷唐叔父号吾率部众归降。接着，邓训派遣汉军、义从胡、羌人四千人迅速出击，在写谷（今湟源县巴燕庄南）大败迷唐，斩首600余人，缴获牲畜一万多头。迷唐部众离散，退居颇岩谷（今贵德境内）。

永元元年（89年）春天，迷唐又想聚集部众夺取临羌以西地方。邓训得知后，先发制人，调集湟中各民族部队六千人，由长史任尚率领。面对黄河的阻挡，邓训从羌人怀抱羊皮袋子渡河得到启示，遂命兵士"缝革

---

① 赵宗福：《青海历史人物传》，青海人民出版社2002年版，第10页。
② 《后汉书》卷16《邓训传》。
③ 《后汉书》卷16《邓训传》。

为船,置于筏上以渡河"①。即先将皮革缝制成船,再固定在木杆扎成的大筏子上面,成为革船。邓训给自己所创造发明的这一渡河工具起名为"革船筏",这就是黄河上游独特的渡河工具——皮筏的鼻祖,距今已有近两千年的历史。汉军凭着革船顺利渡过黄河,以迅雷不及掩耳之势进击迷唐,取得大胜,斩首一千八百余级,俘二千余人,获马牛三万余头。迷唐在种部被歼殆尽的情况下,在大、小榆谷立脚不住,收集残众向西迁徙一千余里,原来附属迷唐的小部落等尽叛迷唐而降,其手下豪帅东号也降了汉军。原先依附于迷唐的许多羌人部落也纷纷归顺,河湟地区的局势很快稳定了下来。

邓训不仅注重战争的平息与发展经济,而且很注重移风易俗,改革落后的陋习旧俗。当时羌族的文明程度还较低,按照他们的习俗,"以战死为吉祥,病终为不祥",每当有人生病严重时,不是设法抢救医治,而是自己用刀刺死。邓训为了用事实教育他们改变这种习俗,每当听说有人病了,就先派人把此人的手脚捆绑起来,不让他接近兵刃,然后用药进行治疗。就这样治好了不少人,羌人从此知道了病是可以治好的,都对邓训充满了感激。正是由于邓训这样以兄弟般的感情对待羌民,所以在羌民中赢得了很高的声誉。②

邓训在任护羌校尉时威德兼行,广施恩信,使边境安宁,百姓安居乐业,治羌功绩卓著,不仅受到了朝臣们的一致肯定,还受到了羌人的信任和爱戴。永元四年(92年)冬天,邓训病逝于护羌校尉任上,年仅53岁。噩耗传出,同僚、汉族人民、羌人、月氏胡等都感到十分悲痛,每天来悼念者数千人。按照羌人的风俗,父母死了以后,不悲泣号哭,都骑马唱歌。但当他们听到邓训的死讯后,莫不痛哭流涕,有的拿刀割自己,有的拿刀刺杀家中的犬马牛羊,并十分悲痛地说:"邓使君已死,我曹亦俱死耳!"③ 他曾任官的地方的百姓听说后,也奔走哭告,追忆恩德。河湟汉羌百姓家家为邓训立祠,每有疾病,就向邓训的神龛祈求和祷告。西宁地区的城隍据说就是历史上这位赫赫有名的护羌校尉邓训。到元兴元年(105年),汉和帝追封邓训"平寿敬侯"。

---

① 《后汉书》卷16《邓训传》。
② 赵宗福:《青海历史人物传》,青海人民出版社2002年版,第12页。
③ 《后汉书》卷16《邓训传》。

四 秃发乌孤

南凉是东晋十六国时期"五凉"之一，是河西鲜卑秃发部酋长联合汉族和其他民族首领，在今青海东部河湟地区与甘肃河西走廊东部地区建立的地方政权。秃发乌孤为河西鲜卑人，是东晋十六国时南凉国的创建者。其父思复鞬任首领时，"部众稍盛"。思复鞬有6个儿子，长子奚于、次子乌孤、三子利鹿孤、四子傉檀、五子俱延、六子文支。奚于早年死于战场，乌孤遂为兄弟中的最长者。东晋孝武帝太元十一年（386年），思复鞬去世，乌孤继位成为部落首领。

秃发乌孤继位后，承先人旧业，率部居住于今庄浪河西和大通河之间，并听从属下建议采取了"养民务农，循结邻好"的政策，礼贤下士，修明政刑，不事争战，为部落发展创造了良好的环境。如此十几年间，秃发部在后凉东南的广武（今甘肃永登东）一带开始强盛起来。东晋太元二十年（395年）秋七月，乌孤率众南下，进入了湟水流域，他率军征讨游牧于青海湖边上的鲜卑乙弗部和湟水以北的折掘部等，很快征服了这些部落，从而在湟水流域站稳了脚跟。十月，乌孤派别将石亦干修筑"湟中廉川堡"（今民和史纳一带），作为秃发氏在湟水流域的政治中心。① 此后，他以廉川堡为根据地，又相继征服了河南部、意云部等河西鲜卑旧部，形成了与先前所臣服的后凉分庭抗礼的局势，一时名震河西。当时，河西的一些汉族豪门世族纷纷投靠乌孤，如广武赵振弃家从乌孤，被封为左司马。晋隆安元年（397年）正月，秃发乌孤在廉川堡"自称大都督、大将军、大单于、西平王"，建年号为"太初"，以弟利鹿孤为骠骑将军，傉檀为车骑将军，大赦境内，正式建立了秃发氏政权。因秃发氏政权立国于湟水流域，地处河西走廊东南，加上傉檀时立国号为凉，故史称"南凉"。

乌孤称西平王后，先后攻取了后凉洪池岭（今甘肃武威南）以南的广武、湟河、浇河、乐都、西平五郡，后凉乐都太守田瑶、湟河太守张祎、浇河太守王稚皆以郡降，建武将军李鸾献兴城（约今民和境）降于乌孤，岭南羌、胡部落纷纷归附，乌孤一举尽得湟水谷地以及周围大片土地，为其王国取得了广阔的根据地，其声势也空前浩大。

太初二年（398年）十二月，乌孤改称"武威王"，以利鹿孤为骠骑

---

① 赵宗福：《青海历史人物传》，青海人民出版社2002年版，第40页。

大将军，傉檀为车骑大将军、广武公。次年正月，乌孤从廉川堡迁都至今乐都县城，招贤纳士，模仿汉制，内设台省，外置郡县，组成了以秃发氏为核心，以河西士人为骨干的南凉统治集团。乌孤任用子弟、族人分镇各地的同时，对汉族和其他民族的人士也颇加重用，史家评价说：秃发乌孤对"夷夏俊杰，随才授任，内居显位，外典郡县，咸得其宜"①。正由于秃发乌孤能广泛笼络人才，不分民族和畛域，量才授职，发挥其长，所以其手下智谋之士、善战之将甚多。同年八月，乌孤酒后坠马，肋骨跌伤，伤重不治。临终时，因其子羌奴年幼，他留下了"方难未静，宜立长君"的遗言，国人拥立其三弟利鹿孤。秃发乌孤在位共3年，谥号武王，庙号烈祖。

秃发乌孤作为南凉政权的创建者，他继任首领后，务农积谷，秣马厉兵，招揽人才，数年间便在湟水流域开拓出了一片疆土，建立起了南凉小王国。建立政权后，他任用以汉族为主的大批关陇人才，设立郡宰、县令等官职，使青海东部地区已经形成的封建制度有所巩固和发展。因此《晋书》称赞"秃发弟兄，擅雄群虏，开疆河外，清氛西土"。

五　秃发利鹿孤

利鹿孤继位南凉王以后，不久便迁都西平。东晋隆安四年（400年）正月，利鹿孤大赦境内，改元建和。他对外继续实行"联弱抗强"的政策，与后凉、北凉等国周旋以求自保。同时，将在战争中掠夺的大批人口迁徙至河湟一带，从事农业生产，"以供军国之用"②，从而促进了青海河湟地区的农业生产。

隆安五年（401年），利鹿孤接受祠部郎中史暠的建议，以西平硕儒田玄冲、秦陇士人赵诞为博士祭酒，开馆延士，举办儒学，使东汉以来中衰200余年的公学制度在河西首先恢复起来，客观上也促进了河湟地区的文化教育事业。

东晋元兴元年（402年）三月，利鹿孤病重，传位于傉檀。利鹿孤死后，葬于西平之东南，谥康王。利鹿孤在位3年，虽然时间不长，但他劝课农桑、开办学校、吸收汉文化等举措，使南凉在东西皆临强敌的形势

---

① 《资治通鉴》卷111。
② 《晋书》卷126《秃发傉檀载记》。

下，保持比较稳定的内部政局，国势也逐渐强盛起来。

六　秃发傉檀

秃发傉檀，十六国时南凉国第三代王，秃发乌孤的弟弟，排行第四，生于晋兴宁三年（365年）。兄弟六人中，以秃发傉檀最为机警有才略，父亲秃发思复鞬很宠爱他，常对诸子说："傉檀明识干艺，非汝曹所及也。"[①]

他继位后，更河西王号为凉王，改元弘昌，并重新将都城迁回到乐都，还扩建了乐都城，修建了两重城墙。元兴三年（404年），迫于后秦的强大，傉檀伪降后秦，向姚兴献马三千匹，羊三万只，被委任为凉州刺史，遂乘机进占河西走廊五郡并迁都于姑臧（今甘肃武威），将统治中心转移到河西走廊。其辖地东起今甘肃景泰、靖远黄河西岸与兰州西郊，西至青海湖滨，南至黄河南岸青海贵德等地，北接内蒙古腾格里沙漠西部，地跨祁连山南北，成为陇西地区实力最强的地方割据政权。秃发傉檀入居姑臧后，急于统一河西，接连发动了对北凉与大夏的战争，均遭失败。加上傉檀强徙百姓入姑臧，引发"边、梁之乱"，南凉内外交困，势力渐衰。傉檀的穷兵黩武，使得甘、青地区生产力遭到严重破坏，农业生产无法进行，"不种多年""连年不收""上下饥弊"，牛马大量死亡，一度被南凉压服的乙弗、折掘等部落反叛，姑臧城内屠各族人成七儿乘机率所属300人反于北城。东晋义熙六年（410年），傉檀被迫放弃姑臧及河西走廊，退保青海东部，重新迁都于乐都。

秃发傉檀退据乐都之后，拒绝接受对外结好周邻、对内休养生息的建议，连续进攻北凉，试图收复河西失地。结果招致北凉军队多次南下，围攻乐都。正当南凉穷途之际，湟河郡守文支以郡叛降北凉，南凉失去了南部黄河流域，困处湟水一隅。而更严重的是湟水流域连年干旱，稼禾歉收。为了解决饥荒，东晋义熙十年（414年），傉檀率军七千骑西袭乙弗，夺取牲畜40万头。但牲畜未及赶回，南凉都城乐都就被西秦乘机攻陷。南凉军队在回师途中得悉都城失陷，士卒星散，秃发傉檀哭着对部众说："今乐都为炽磐所陷，男夫尽杀，妇女赏军，虽经还归，实无所赴。卿等能与吾藉乙弗之资，取契汗以赎妻子者，是所望也。不尔，即归炽磐，便

[①]《晋略·国传》十。

为奴仆矣！岂忍见妻子在他人怀抱中也！"① 即使他想再率军往西，怎奈部众大多逃散，最终被迫投降了西秦，南凉王国灭亡。第二年，傉檀被乞伏炽磐毒杀，终年 51 岁，在位 13 年，谥号景王。其长子虎台及其姐妹也先后被杀，王族其余成员大多逃往北凉，以后又归属北魏，改姓源氏。

秃发氏立国河湟，经营三世，在历史上颇有声势。但傉檀继位后不听部属劝诫，刚愎自用，嗜战好杀，结仇周邻，百姓遭殃，最终导致盛极一时的南凉王国仅立国 18 年就灭亡了，自己也死于非命。《晋书》叹道："傉檀杰士，腾架时英，穷兵黩武，丧国颓声。"②

七 阿豺

阿豺，吐谷浑族著名首领，为吐谷浑国第九代主，史书上又写作"阿柴"。阿豺即位前，吐谷浑屡为西秦所败，他的兄长树洛干病死前舍其子拾虔而立阿豺，是希望他能改变吐谷浑受制于西秦的局面。阿豺受命于危难之际，发愤图强，立志开疆拓土，"自号骠骑将军、沙州刺史"③。

阿豺继位后，借西秦与北凉不断战争之机，夺回先前被西秦占领的沙州、漒川及浇河旧地，并派遣从子吐谷浑敕来泥率兵南下，拓土至龙涸（今四川松潘）、平康（今四川黑水芦花镇东北 60 里）等地，向西北扩充至河西走廊弱水（今张掖北）一带，使吐谷浑"兼并氐、羌地方数千里，号为强国"④。但当时西秦的势力仍然十分强大，东晋恭帝元熙元年（419年），西秦乞伏炽磐遣征西将军乞伏孔子（一作"他子"）在弱水南伐吐谷浑觅地，觅地惨败。为了保存实力，阿豺审时度势，在刘宋永初二年（421 年）派使者向西秦归降，西秦遂封阿豺为"征西大将军、开府仪同三司、安州牧、白兰王"。

阿豺虽然接受了西秦的封职，但是他仍然对西秦这个强敌存有戒心。为了寻求抵抗西秦的后盾力量，他早就有与刘宋取得联系的想法。他曾登上西强山（今西倾山），观垫江（今白龙江）源，问群臣道："此水东流，有何名，由何郡入何水也？"他的长史曾和回答："此水经仇池，过晋寿，

---

① 《十六国春秋》卷 88。
② 《晋书》卷 126《秃发乌孤载记》。
③ 《魏书》卷 101《吐谷浑传》。
④ 《魏书》卷 101《吐谷浑传》。

出宕渠，号垫江。至巴郡入江，度广陵会于海。"阿豺感叹说："水尚知有归，吾虽塞表小国，而独无所归乎？"① 反映出了他把东晋、刘宋作为华夏正宗，尊重中央王朝的正统思想。宋少帝景平元年（423年）二月，他正式派出使者到南朝刘宋献方物通好，宋少帝接待使者后很高兴，诏曰："吐谷浑阿豺介在遐表，慕义可嘉，宜有宠任。今酬其来款，可督塞表诸军事、安西将军、沙州刺史、浇河公。"② 但阿豺"未及拜受"，就因病去世了。

阿豺是个有雄才大略的人，很有见识。他生病时召集诸位兄弟、儿子说："先公车骑，以大业之故，舍其子而受孤，孤敢私于纬代而忘先君之志乎？我死，汝曹当奉慕璝为主。"③ 他以大局为重，舍弃了自己的长子纬代，立颇有才略的同母弟慕璝为主。接着，他又将20个儿子召集到跟前，说："汝等各奉吾一支箭，将玩之地下。"然后又令同母弟慕利延取一支箭折之，慕利延轻而易举地折断了一支箭。他又说："汝取十九支箭折之。"慕利延怎么也折不断，阿豺这才语重心长地告诫大家："汝曹知否？单者易，众者难摧，戮力一心，然后社稷可固。"④ 他临终前告诫子弟们要团结一致，齐心协力，才能保住国家。这就是中国历史上有名的"折箭遗教"。阿豺讲完遗训后就瞑目辞世了。

在吐谷浑的历史上，阿豺在位时间并不长，只有10年，但他是个很有作为的君王，也是古代杰出的青海籍人物之一。吐谷浑王国偏居中国西北一隅，尽管前几代王都仰慕中原文化，有"远朝天子"的心愿，但与中原王朝没多少实质性的接触。阿豺改变了吐谷浑与中原没有直接往来的局面，他积极推动与南朝刘宋王朝的关系，大力吸收汉文化，为吐谷浑王国的兴盛奠定了基础。他所开创的联宋抗秦、结好诸邻策略对吐谷浑政权起了积极的作用，刘宋从此称吐谷浑为"阿豺虏"，吐蕃人则直接称吐谷浑人为阿豺。而阿豺临终时"折箭遗教"的事迹在中国历史上流传很广，从古到今一直被用来教育那些不团结、搞分裂的人士，它已成为中华民族精神财富的重要组成部分。

---

① 《魏书》卷101《吐谷浑传》。
② 《宋书》卷96《鲜卑吐谷浑传》。
③ 《资治通鉴》卷120。
④ 《魏书》卷101《吐谷浑传》。

八　文成公主

文成公主原是唐太宗一个远亲李姓侯王的女儿，自幼被唐太宗和长孙皇后收养宫中，视如己出。贞观十五年（641年）正月十五，唐太宗将文成公主许嫁松赞干布，诏令江夏王李道宗持节护送。文成公主在唐送亲使江夏王太宗族弟李道宗和吐蕃迎亲专使禄东赞的伴随下，前往吐蕃。

文成公主一行从长安出发，一路西行，经甘、青两地入藏，其中一半以上的路程在青海省境内，是最为艰险的路段。文成公主入藏途经日月山至黄河源一带时，受到先她一年嫁到吐谷浑的弘化公主的隆重接待。诸曷钵为表示对大唐帝国的诚意，还特地为文成公主修了个行馆。多年来一直想与唐朝结亲的松赞干布夙愿得以实现，亲自前往柏海（今青海的鄂陵湖和扎陵湖区域）迎亲，并在柏海西边修建行馆恭候。双方见面时，松赞干布拜见李道宗，恭谨地奉行子侄之礼，不断叹服大唐帝国服饰礼仪之美，俯仰之间表现出一种仰慕和自愧之色。李道宗以叔父的身份，在行馆中主持了松赞干布与文成公主的婚礼。这个名叫"周毛松多"的行馆遗址今天仍然存在，它已成了唐蕃亲密友好的历史见证。

隆重的成婚仪式后，松赞干布携公主前往逻些（今拉萨），回到拉萨之后，举行了盛大的婚礼。文成公主抵达拉萨时，人们载歌载舞，欢腾雀跃。吐蕃民众为了欢迎她的到来，还举行了盛大而隆重的赛马会。据说藏族一年一度的盛夏赛马会由此而来。松赞干布对自己能娶文成公主为妻十分高兴，他说："我的父祖辈没有一个人能和上国通婚，我能娶大唐公主为妻，深感荣幸，当为公主筑一城以夸示后代。"据说这个城就建在拉萨墨竹工卡县的嘉玛。

据藏文史书记载，文成公主入藏时除带有诸种府库财帛，金镶书厨，诸种金玉器具，诸种造食器皿、食谱、玉辔与金鞍，诸种花缎、锦、绫、罗与诸色衣料外，还携带有大批佛教经典及医学、工艺等方面的书籍，同时，随行有600名侍者，其中包括不少工艺技术人员。文成公主入藏有力地推动了吐蕃社会的进步发展。在佛教方面，文成公主带去了释迦牟尼12岁等身量佛像一尊，带去佛经360部，还将汉地的14种寺院法规传入吐蕃。文成公主在大昭寺的选址和勘察设计方面起到了关键性的作用，并亲自主持设计建造了小昭寺，把唐代中原地区的建筑风格和技术带到吐蕃，成为有文献记载以来，吐蕃学习内地建筑工艺技术的滥觞。另外，文成公主还亲自教当地百姓以先进的方式种田，并安设水磨。茶叶和瓷器制作技术，以及冶金、农具制造、纺织等技术也在文成公主入藏后传入①。文成公主带去的各种谷物、工艺品、药材、先进技术、书籍等，对吐蕃的农牧业、手工业以及宗教文化等的发展都起到了极大的推动作用，促进了吐蕃的社会进步。吐蕃人民非常爱戴这位汉族公主，著名的布达拉宫至今保存着文成公主与松赞干布结婚的洞房遗址，拉萨的大昭寺里至今还供奉着她的雕像。在青海玉树州结古镇南边约50里的巴塘地区有大日如来及其近侍弟子的雕像，当地群众传说，文成公主曾经过此地，雕刻了此像并教藏民种植青稞，这样的雕塑建筑传说在文成公主入吐蕃的沿途还有许多，这些遗址今天已变成了唐蕃亲密友好的历史见证。

唐高宗永隆元年（680年），文成公主在逻些城（拉萨）病逝，唐朝特派使者前往祭奠。虽然此时唐蕃之间的友好关系已大不如前，但文成公主受到吐蕃官民的敬仰并不因为与唐朝关系的疏远而稍减，她的逝世引起了所有视她为神明的吐蕃人的哀痛。文成公主和亲成为历史上汉藏友好交往的佳话，她本人也成为和亲公主的代名词，在浩浩荡荡的和亲公主队伍中，文成公主常常作为典范被人提及。由文成公主远嫁而定型的唐蕃古道，长路漫漫，行走艰辛，但却是文成公主和亲后的一大盛事。634年松赞干布首次遣使入唐，到846年吐蕃王朝崩溃的213年间，双方往来使者共191次，其中唐入蕃66次，蕃入唐125次，形成了"金玉绮绣，问遗往来，道路相望，欢好不绝"②的亲密关系，为以后汉藏两族兄弟情谊的进一步发展开辟了宽广的"黄金大道"，在祖国内地与西藏高原之间架起了一座友好交流的桥梁，在历史上发挥了极为重要的作用。

九 诺曷钵

诺曷钵，吐谷浑最后一代国主。其父慕容顺系隋光化公主所生，隋炀帝初年被留为质子，直到唐武德二年（619年），伏允引兵攻河西凉王李轨，李渊才送慕容顺回吐谷浑，作为对其出兵的报酬。唐贞观九年（635年），唐军又灭吐谷浑，慕容顺便"举国请降"。唐太宗为了便于统治青海高原，便允许慕容顺继立为吐谷浑主，并封为西平郡王、趌胡吕乌干豆可

---

① 陈庆英、高淑芬主编：《西藏通史》，中州古籍出版社2003年版，第34—35页。
② 《全唐文》卷384《敕与吐蕃赞普书》。

汗。但是慕容顺长期生活在中原，深受汉文化影响，一心向往华风，即位后急于改变，使得部众多有不服。结果继任可汗不过十日，就在内乱中被部下所杀。唐太宗便立时为燕王的诺曷钵为吐谷浑主。

诺曷钵即位时年纪还小，又逢大臣们争权夺利，互不相让，吐谷浑王国一片混乱。贞观九年（635年）十二月，唐太宗派兵部尚书侯君集率大军出兵青海，用武力平息动乱，帮助诺曷钵稳定混乱的形势，凡是有不服者，便予讨伐。吐谷浑国内的局势这才逐渐得以安定下来，诺曷钵才得以稳坐吐谷浑主之座。诺曷钵本来就对唐太宗心存敬仰，如今见唐太宗派侯君集来帮他平定内乱，心中更是感激万分。他知道，自己要想坐稳可汗的宝座，绝对离不开唐的扶持。为了向唐太宗表示归附的诚意和忠心，唐贞观十年（吐谷浑诺曷钵一年，636年）三月，诺曷钵特地向唐朝派出了使者，向唐太宗提出请求，要在吐谷浑王国颁布唐朝的历法，奉行唐朝的年号，还派王族子弟到长安入侍。见诺曷钵真心归顺，唐太宗十分高兴，他随即颁发了《宥吐谷浑制》，对诺曷钵进行了嘉奖。制书云："予燕王诺曷钵，弱不好弄，幼称通理。……请颁正朔，愿入提封，丹诚内发，深可嘉尚。"[①] 于是封诺曷钵为河源郡王、乌地也拔勒豆可汗，派淮阳王李道明前来青海"持节册拜，赐以鼓纛"[②]。同年十二月，诺曷钵亲自到长安觐见唐太宗，并请婚。次年，诺曷钵得到了唐太宗的正式册封，名正言顺地保住了自己的汗位，同时也使吐谷浑王国成为唐王朝名副其实的属国。

贞观十三年（639年）十二月，诺曷钵到长安迎娶公主，唐太宗即以宗室女弘化公主嫁给他。第二年二月，唐派淮阳郡王李道明、右武卫将军慕容宝等送诺曷钵夫妇回国，唐太宗"资送甚厚"。贞观十四年（640年）直到贞观二十三年（649年）的七八年间，由于吐蕃与唐联姻，不再攻击吐谷浑，吐谷浑国比较安定，诺曷钵每年都遣使者至唐，有时还配合唐军出兵讨伐突厥等部。

唐龙朔三年（663年），禄东赞率大军进攻吐谷浑。吐谷浑大臣素和贵叛投吐蕃，尽说吐谷浑虚实。因此，吐蕃军队顺利地攻入吐谷浑境，在黄河边上击溃了诺曷钵的军队。诺曷钵和弘化公主等数千帐退至唐境内的凉州（今河西武威地区），向唐王朝请求"徙居内地"。而吐谷浑土地随

---

① 《唐大诏令集》卷129。
② 《旧唐书》卷198《吐谷浑传》。

着唐高宗"平两国怨""以安集吐谷浑"的消极政策尽为吐蕃所占。唐乾封元年（666年）五月，唐王朝封诺曷钵为青海国王，意在承认其在青海高原的统治地位。咸亨元年（670年），吐蕃连攻唐西域四镇，严重威胁着唐王朝西北边境。唐王朝于是发兵十万出青海而攻吐蕃，准备护送诺曷钵回青海，恢复吐谷浑国。结果大非川一战，唐军全军覆没，诺曷钵借助唐王朝力量复国的希望彻底破灭。之后，唐王朝将诺曷钵迁到灵州（今宁夏灵武），在那里专门设置安乐州，封诺曷钵为安乐州刺史。唐武后垂拱四年（688年），诺曷钵在灵州去世。唐王朝以其子慕容忠嗣继爵位。武后圣历元年（698年），弘化公主（武则天改封为西平公主）与慕容忠去世，由慕容忠的儿子宣赵继位。诺曷钵的子孙虽在长时期内袭为青海国王、吐谷浑可汗，可惜都是有名无实。[①]

十　宋云

北魏时西行求法者，敦煌人，生卒年不详。据《北史·西域传》记载："熙平中，明帝遣滕伏子统宋云、沙门法力等使西域，访求佛经，时有沙门慧生者，亦与俱行，正光中，还。"[②] 可知宋云是北魏明帝时的僧统，即管理僧侣的官员。

518年受胡太后之命，宋云与崇立寺沙门惠生、法力等出访天竺。宋云一行从洛阳出发，经陕西、甘肃入吐谷浑，受后者庇护取道今青海省入西域，经鄯善、左末（今新疆且末）、捍（媲摩）、于阗等地入钵和国（今阿富汗瓦汉山谷），至哒国境。宋云等谒见哒王之后，于神龟二年入乌场国（乌或乌仗那，今巴基斯坦印度河上游及斯瓦特河流域）。此后，宋云、惠生在天竺广礼佛迹，访问乾陀罗（犍陀罗，今印度白沙瓦）等地。正光三年（522年），携大乘经论一百七十部返回洛阳。宋云回国后撰写的行记，因收录在《洛阳伽蓝记》中得以传世，留下了解这一时期我国西北新疆以及阿富汗、巴基斯坦地区政治经济、地理交通、风俗文化的宝贵资料。而这一记载，也让我们看到了吐谷浑王国适应时代需要，及时扮演沟通各方联系的纽带和桥梁之角色，引导、护送西域商使往来南朝与北朝，维护并提高其东西方国际贸易中继站的地位，有力佐证了丝绸之路青

[①] 赵宗福：《青海历史人物传》，青海人民出版社2002年版，第71—72页。
[②] 《北史》卷97《西域传》。

海道一度十分繁盛，发挥主道作用的历史事实。

十一　唃厮啰

唃厮啰，意为"佛子"，既是人名，又是政权名。据《宋史·吐蕃传》记载，唃厮啰本名欺南陵温篯逋（997—1065年），是吐蕃王朝赞普的后人，出生于高昌磨榆国，即今西藏日喀则以南一带）。[①] 唃厮啰12岁那年，河州羌人何郎业贤到西边经商，见到了唃厮啰。他见唃厮啰相貌奇伟，异乎常人，便将其接到河州，安置于多僧城（今临夏境内）。没过多久，青海东部的宗哥城（今青海乐都碾伯）僧人李立遵和邈川（今青海省民和县境）首领温逋奇将唃厮啰劫持到廓州（今青海化隆群科），"立文法"，并尊之为"赞普"。后来，李立遵又独自挟持唃厮啰到宗哥城，自立为论逋（即相），挟"赞普"以号令吐蕃诸部。

李立遵虽为僧人，但却是世俗权势者，喜欢杀伐。为了控制唃厮啰，他将自己的女儿嫁给唃厮啰为妻，后来还向宋朝请求封自己为赞普，以取代唃厮啰。但是此时的唃厮啰已经成长为一个很有头脑的青年人，他不甘心受李立遵摆布。不久，李立遵出兵与宋朝大将曹玮战于秦州三都谷，败得一塌糊涂。但他仍不甘心，又北上袭击西凉，结果又被打败，势力大大削弱。唃厮啰乘此机会果断地离开宗哥去邈川，宣布罢废李立遵的论逋职务，起用温逋奇为论逋。他们为招纳部族，发展力量，数次遣使宋朝，请求内附。宋明道元年（1032年），宋朝封唃厮啰为宁远大将军、爱州团练使，同时称他为"邈川大首领"，并封温逋奇为归化将军。但温逋奇像李立遵一样，一心想废赞普而代之，不久发动政变，将唃厮啰囚禁在枯井中。唃厮啰被看守他的士兵放出，既而利用"赞普"的地位和号召力，集兵杀掉了温逋奇及其同党，迅速平息了这次政变。

宋仁宗景祐元年（1034年），唃厮啰将国都从邈川西迁到了青唐（今西宁），彻底摆脱了任人摆布、受人控制的局面，将河湟地区的吐蕃政权牢牢掌握在自己手中。他采取了一系列措施，以巩固和发展刚刚建立起来的政权。对内，筑造宫室，制定章程，广建佛寺，因俗而治，用盟誓形式保持与吐蕃诸部的联系。对外，和契丹使聘往来，通婚结好；与宋朝朝贡修好，共同防御西夏。建都青唐后，唃厮啰与宋王朝的外交关系更为密

---

① 钱伯泉：《唃厮啰生于高昌磨榆国辩证》，《民族研究》1990年第2期。

切。景祐二年（1035年），西夏主元昊派2.5万军队攻打青唐，唃厮啰派遣将士在牦牛城大败西夏军，生擒主帅苏奴儿。次年十二月，元昊亲率大军西征河湟，围攻牦牛城，接着又攻打青唐、宗哥及星岭诸城，攻陷青唐城。唃厮啰退居邈川，坚壁不出，长达数月。他派人侦察西夏人的虚实，得知西夏军过宗哥河（即今湟水）"插帜志其浅"，便暗地里派人将旗子全部移到深处，结果元昊进攻失利，撤退时"士视帜渡，溺死十八九，所卤获甚众"。元昊惨败而归，从此未能再次进入河湟地区。

宗哥河之役的胜利，大大提高了唃厮啰在河湟吐蕃各部中的威望和影响，熙、河、洮、渭、泯、叠、宕、湟、鄯、廓、积石11州众纷纷集于麾下，唃厮啰政权遂成为号称地方3000余里、人口100多万的河湟吐蕃政权。因此周围诸国都愿与唃厮啰交好。回鹘派人来主动请求联姻，契丹国王派人将公主送来配给唃厮啰之子董毡为妻。连敌对的西夏国王也将公主嫁给董毡，表示友好。在唃厮啰的有效治理下，当时的西宁（即青唐）是一座令人向慕的宝城，城内殿宇嵯峨，金碧辉煌，梵宫林立。[1]

唃厮啰从迁都青唐到他去世，执掌政权长达31年。在他统治的这30多年间，河湟地区一片繁荣。在经济繁荣的同时，河湟地区的人口也得到较大发展，据史籍记载，熙宁年间，宋占有熙河六州地称招附蕃族30余万口。崇宁年间，宋占湟、鄯、廓三州时称招附蕃族70余万。据此推测，唃厮啰时代吐蕃族人口当在百万左右。[2] 西夏崛起，河西走廊交通中断时期，唃厮啰主动开辟了古青海路，在临谷、青唐、邈川等城设立了国际贸易市场，还常派兵保护各国商队直至宋朝边境。这样一来，西方的商人即可经柴达木，绕青海湖到青唐城，然后顺湟水东下，经秦州到达汴京。西域各国商人通过青唐与中原西来的商贾相贸易，青唐城成为东西交通和商贸的枢纽。唃厮啰政权恢复和保护中西商路，促进了中西经济文化交流，对河湟地区的开发和经济发展做出了很大贡献。

北宋治平二年（1065年）冬天，唃厮啰病逝，其三子董毡继位。唃厮啰是藏族历史上著名的人物之一。吐蕃自842年达磨赞普被刺发生内讧，一直到1260年萨迦政权在藏区施政的长达四百余年中，内部纷争四起，动荡难息。而唃厮啰统治河湟期间，不仅对藏族人民经济文化发展和

---

[1] 赵宗福：《青海历史人物传》，青海人民出版社2002年版，第101页。
[2] 王昱：《青海省志·建置沿革志》，青海人民出版社2001年版，第274页。

藏汉两族人民的友好交往做出了贡献，也促进了当时的中外经济文化交流。

十二　胆巴

胆巴，元代著名高僧，生于宋理宗绍定二年（1229年）。胆巴从小聪明伶俐，但幼年丧父，只能依靠叔父生活，年少时就出家为僧了。由于受环境的熏陶，胆巴在9岁时便能流利地背诵一些符咒，12岁时师从著名萨迦法王贡噶坚赞，通达经咒坛法，取名胆巴。法王曾试以梵咒，随诵如流，于是预言"此子宿积聪惠异，日后当与众生作大饶益"。24岁时为家乡的佛教徒讲演"大喜乐本续"，听者悦服。宋理宗宝祐元年（1253年，蒙古蒙哥汗二年），胆巴受师命去天竺（印度），参拜著名高僧古达麻室利，随其学习梵秘要典，尽得其传。[1]

忽必烈至元元年（1264年），大元帝师八思巴返回西藏时与胆巴相识。至元六年（1269年），八思巴再次返回元朝时，携来大批吐蕃僧人，其中就有佛学造诣很深，并受八思巴赏识的胆巴。胆巴来朝廷后，被忽必烈封为"金刚上师"，并奉忽必烈之命居五台山寿宁寺。五台山是内地重要的佛教圣地，历代有许多皇帝在五台山建寺，尊崇佛教。而设立藏传佛教寺院却是从胆巴开始的。胆巴到五台山以后，便"建立道场，行秘密咒法，作诸佛事，祠祭摩诃伽剌，持戒甚严，昼夜不懈。屡彰神异赫然流间，自是德业隆盛，人天敬归"[2]。由于胆巴的经营，寿宁寺日益隆盛，成为全国闻名的巨刹。元英宗硕德八剌朝礼五台山时便驻跸于此。

至元九年（1272年），胆巴被邀请到北京，为一批蒙古王公授戒，成为这些贵族佛教徒的老师。至元十一年（1274年），帝师八思巴告归西土后，将教门之事嘱于胆巴。至元十八年（1281年），释道两教奉命在长春宫考辩道藏诸经的真伪，胆巴奉忽必烈之旨作为佛教徒中的中坚分子参加辩论，结果大获全胜。至元十九年（1282年），胆巴提出西归，忽必烈一再挽留，但他仍坚持西去，胆巴先到云中，又经西夏，再至临洮，一路上讲经传法，最后回到家乡玉树地区，在那里进行了六年的宗教活动，留下了许多流传至今的故事。

---

[1]《元史》卷202《释老传》。
[2] 赵孟頫书《胆巴碑》。

至元二十六年（1289年），胆巴奉诏又到北京，并驻锡圣安寺。可时隔不久，忽必烈又命他去潮州（今广东省潮安）传法，驻锡于开元寺。胆巴在潮州城南净乐寺故址建寺。"殿宇既完，师手塑梵像，齐万僧以庆赞之。"至元二十九年（1292年），忽必烈又将胆巴召回北京。第二年五月，忽必烈患病不愈，胆巴在内殿建观音狮子吼道场，进行祈祷，结果七天后病就好了。忽必烈很感激胆巴为他祈祷治病，赐白金五十锭，并准在五台山专门为胆巴建一座寺院，但还没来得及动工，忽必烈于至元三十一年（1294年）去世。同年四月，元成宗铁穆耳继位，胆巴在上朝庆贺新皇登基之礼完后，就奏请蠲免僧道税粮，得到成宗的许可，可见元成宗对胆巴仍然很崇信。[1]

元贞元年（1295年）四月，胆巴奉命移驻当时京都最大的佛寺——大护国仁王寺。移居时，成宗命令内府将皇帝出行时的仪仗队给胆巴使用，并派百官护送。元成宗大德六年（1302年）二月，成宗北巡，命胆巴伴驾，到柳林（今北京附近）时忽然生病，遂派人召胆巴探视。数日后病愈，成宗下诏令天下僧人普阅藏经，且大赦天下，给胆巴以丰厚的礼品。

大德七年（1303年）五月十八日午时，胆巴在上都圆寂，享年74岁。成宗闻讯后悲悼不已，赐沈檀众香就上都庆安寺建塔安葬其遗骨，舍利则迎回北京，葬于仁王寺庆安塔。至皇庆二年（1313年），仁宗下诏追赠为"大觉普惠广照无上胆巴帝师"。

胆巴是12世纪著名的藏传佛教高僧，在青海历史上具有相当的地位，是在封建"正史"中唯一有传的青海籍僧人。他顺应了历史趋势，为民族团结和国家的统一做出了自己的贡献。然而由于年代久远，其不少功德事已无法详知，尤其是有关胆巴早期的活动，只在赵孟頫《胆巴碑》中有所记述。

十三 宗喀巴

宗喀巴，法名罗桑扎巴，意为"善慧"，藏传佛教格鲁派（黄教）创始人。元顺帝至正十七年（1357年）十月十日出生于宗喀地区的鲁沙尔（今青海省湟中县塔尔寺所在地）。因藏族称青海东部湟水流域为"宗喀"，故成名后被尊称为"宗喀巴"（意为"宗喀地方的人"），青海的僧

---

[1] 赵宗福：《青海历史人物传》，青海人民出版社2002年版，第118—119页。

俗群众称他为杰仁波且（意为"宝贝佛爷"）。

宗喀巴其父鲁本赤，是元末称作"达鲁花赤"的地方官，生母香萨阿切，均为当地藏族。共生6个子女，宗喀巴排行第四。3岁时，在今平安的夏宗寺拜见应元顺帝之请赴京的西藏活佛噶玛巴四世乳必多杰，受近事戒，正式皈依佛教。7岁，在今化隆夏琼寺正式出家，受沙弥戒，取法名罗桑扎巴。他拜该寺的名僧顿珠仁钦为师，苦学显密教法9年，在藏文、密法、显教经论等方面打下坚实的基础。17岁，奉师命往卫藏学法，曾游学前后藏诸寺，遍访各派名僧，学习各派法要和经籍。宗喀巴29岁时，在雅隆地区的南杰拉康寺受比丘戒。34岁时，对佛教密教典、灌顶诸法均有深造。经过长期的修学，宗喀巴终于博通显密，成为一代名僧。他多次参加西藏的各种法会辩场，或讲授经论，或立宗答辩，盛名遐迩。① 在博通佛典、系统学习各派典籍的基础上，宗喀巴全面继承由阿底峡尊者传承的龙树大乘佛教中观学派缘起性空学说，发展噶丹派教义，综合大小乘各派显密教法，提出了自己的佛学见解，陆续写出了《缘起颂》《菩提道次第广论》《密宗道次第广论》《建立次第广释》《中论广释》《菩萨戒品释》《侍师五十颂释》《密宗十四根本戒释》《辨了不了义论》《现观庄严论》等一批佛学论著，这都成为他后来创立格鲁派的理论基础。

宗喀巴成名后，面对律戒涣散、日益式微的藏传佛教，立志起衰救敝、锐意改革。他整饬僧众，严格戒律，严密学佛次第和规则，倡导深研佛理。他的号召和行动，得到了有志复兴佛教的广大僧俗的拥护和支持。永乐七年（1409年），宗喀巴在帕竹政权的支持下，在拉萨召开了有近万名僧人参加的祈愿大法会，标志着藏传佛教的最后一个新教派——格鲁派的正式诞生。法会结束后，宗喀巴派弟子达玛仁钦等在今拉萨东达孜县境内的旺古山建立甘丹寺，作为该派的正式道场。

宗喀巴盛名远播，明永乐六年（1408年）和永乐十一年（1414年），永乐皇帝两次派人携带诏书和礼品，到西藏迎请宗喀巴进京。宗喀巴派弟子释迦益西于永乐十三年代表他进京。永乐皇帝封释迦益西为"西天佛子大国师"，后来又加封为"大慈法王"，从而使格鲁派与明王朝建立起了密切的联系。此后，宗喀巴的弟子扎西贝丹、释迦益西先后在拉萨西郊和北郊修建了哲蚌寺和色拉寺。甘丹寺、哲蚌寺和色拉寺合称为拉

---

① 蒲文成：《青海佛教史》，青海人民出版社2001年版，第153页。

萨三大寺，成为后来格鲁派六大寺的中心寺院。三寺的建立使格鲁派在拉萨地区扎下了牢固的根基，后来格鲁派控制的西藏地方政权建立后，拉萨三大寺对藏族地区的政治和宗教都有重大影响。宗喀巴培养了贾曹杰、札巴坚赞、克珠杰（第一世班禅）、绛央却杰、释迦益西、根敦朱巴（第一世达赖喇嘛）等著名弟子，这些弟子都是佛学的大成就者，在僧俗中很有影响。宗喀巴师徒在藏族各地区建寺收徒，格鲁派的影响迅速遍及西藏、青海、甘肃、四川、云南甚至蒙古地区，在整个藏族社会有很大影响。

明永乐十七年（1419年），宗喀巴大师在拉萨甘丹寺圆寂，享年63岁。圆寂前，他将自己的衣钵传授给贾曹杰。藏族史上将宗喀巴、贾曹杰、克珠杰合称为"师徒三尊"。宗喀巴圆寂后，每逢其忌辰，藏区家家户户及格鲁派寺院均点灯纪念他，形成了藏民族的传统节日——燃灯节。宗喀巴在藏传佛教界影响深远，被誉为一代大师，世界第二佛陀。他生前在降生地所建的纪念塔后来发展成格鲁派六大寺院之一的塔尔寺，其弟子根敦朱巴和克珠杰形成了格鲁派两大转世活佛系列，而他所创立的格鲁派经三、五、七世达赖和四、六世班禅的弘传，在清代发展成为在整个藏区最有影响、占统治地位的佛教教派。

十四　李英

李英，明代著名土司，明洪武十五年（1382年）生于青海民和县。其父李南哥（1337—1430年），于洪武四年（1371年）率众归附明朝，初授忠显校尉、西宁卫千户所镇抚，后累功升至指挥佥事。李南哥有子二人，长子李英，次子李雄。永乐六年（1408年），李南哥年老告退，李英嗣世袭指挥佥事职。

李英从小聪明伶俐，成年时相貌英俊，体态魁梧，膂力超人。永乐七年（1409年）秋，明成祖第一次北征前夕，李英正率领西宁地区的百户头人们到南京贡马。一听到北征消息，便速回西宁，置备粮秣兵器，率家兵加入北征大军之中。次年二月，明军先后战胜蒙古鞑靼部本雅失里、阿鲁台军队，七月班师回朝。此次战事中，李英所率土兵服从命令、善于应敌，他本人显示出冲杀骑射的本领，受朝廷嘉奖。[①]

[①] 赵宗福：《青海历史人物传》，青海人民出版社2002年版，第132页。

永乐十二年（1414年），成祖二次北征，敕命"陕西都指挥阎俊、山西都指挥杨青，及潼关、庄浪、巩昌、西宁、平阳诸卫兵，俱驻宣府中都……"①。李英及时赶到宣府（河北宣化），于三月随明军征蒙古瓦剌部马哈木。双方在三峡口（蒙古温都尔汗西北）、忽兰忽失温（蒙古乌兰巴托南）、土剌河（蒙古图拉河）进行了三次较量，结果均以马哈木的失败而告终。在土剌河之战中，李英战功突出。永乐十九年（1421年），明成祖迁都北京后展开"五出漠北、三犁虏廷"的军事壮举，李英被朝廷调遣，劳师远行，投入北征。他受命朝廷，在安定西疆、从驾北征等一系列重大军事行动中，不遗余力，因其功高封爵。永乐二十二年（1424年）九月，敕升李英为陕西行都司都指挥同知。宣德二年（1427年），封李英为会宁伯，并赐予金书铁券。宣德三年（1428年）八月，明宣宗率军出征兀良哈三卫时，李英等土官再次被征调。此次出战，迫使兀良哈三卫附降。

在明代青海少数民族中，李英是被中央王朝赐予伯爵的第一人。有明一代封爵赐券制度始于太祖朱元璋。他对开国功臣李善长、徐达、邓愈等人赐予铁券。拥有铁券可赦免一次死罪或免罪减禄。李英封得伯爵，其父、祖父、曾祖父也由此得赠或追赠会宁伯，其妻夏氏封会宁伯夫人。李英遂建府于湟水河畔，世称东伯府。李英出生入死，尽忠朝廷，因而受朝廷一次次恩赐。

然而李英晋封会宁伯之后，渐生骄慢之心，进而为霸一方。他招纳捕逃者七百余户，在家乡置庄垦田，以为乡党，又利用权势经常掠夺他人财产。曾镇守西宁的宁夏总兵官史昭得知这些事后，上奏朝廷，说李英父子"有异志"，一时朝中言官多上书弹劾之。李英上书辩解，帝敕慰之。宣德四年（1429年），李南哥以九十多岁高龄，"匍匐万里"，进京贡物，表示赤忠无二。宣宗嘉其诚，优赐银币，令其西还，而只将李家所招纳的逃户籍没入宫。

宣德七年（1432年），西宁卫指挥同知祁震病逝，按例应由其子祁成承袭父职，但李英鼓动其外甥、祁成的庶兄监藏谋夺指挥同知之职，双方争执不休。祁成的从祖父祁太平出于义愤，携领祁成赴北京告御状。李英怕事发累及个人，派人将祁太平等从中途逮回，以大杖责打，企图使其慑

---

① 《明太宗实录》卷96。

服，结果祁太平的义子竟被活活打死。消息传出，朝廷言官交相弹劾李英，历数其种种不法之事。宣宗发怒，下诏将李英逮捕下锦衣卫大狱，论其死罪。从此，威赫一时的李英便在诏狱中度过了难熬的六年。

直到正统二年（1437年）三月，明英宗念其前功，下诏夺去会宁伯爵及其他官职，免其死罪，从狱中释放还家。其从党多被贬调。不久，皇帝念李英曾有功于国家，发给少许俸禄，终养天年。正统七年（1442年）十月二十七日，李英在忧郁中逝世，终年六十岁。后来，夏氏上书诉李英之功，英宗恻然心动，授李英长子李昶为锦衣卫指挥同知，后官至左军都督佥事，以办事肃慎著称。

李英早年勇略双全，转战南北，深入柴达木，大胜雅令阔，多有功勋，被封为会宁伯，光宗耀祖，河湟生辉，实为青海土族中杰出的军事将领。然而封爵之后，骄横不法，招逃户，夺人产，甚至唆使外甥夺他人职，私设公堂，杖杀无辜，实为地方一霸。最后法网难逃，革爵论罪，苟且图圄，能善始而未能善终矣。①

十五 固始汗

固始汗，又译作顾实汗，姓孛儿只斤，本名图鲁拜琥。厄鲁特蒙古和硕特部著名首领。生于明万历九年（1581年），是成吉思汗之弟哈布图哈萨尔的十九代孙。

根据松巴·益西班觉所著的《青海史》记载，万历二十二年（1594年），年仅13岁的图鲁拜琥曾率领蒙古骑兵打败了四万之众的俄伽浩特（指头缠白布、信仰伊斯兰教的部众）的军队，于是"威名大振，所向无敌"②。在其部落中有很高的声望和地位。万历三十四年（1606年），厄鲁特蒙古与地处漠北的喀尔喀蒙古之间发生了一场残酷的战争，就在千万颗人头落地、鲜血染遍沙碛草原的危急时刻，25岁的图鲁拜琥前去喀尔喀部成功地说服调解，以和平方式结束了这场战争。由此，藏传佛教格鲁派高僧东科尔呼图克图和喀尔喀汗王为表示感谢，联合赠给他"大国师"的称号，从此，图鲁拜琥便以"国师汗"之名闻名于世，汉人书写时讹作固始汗或顾实汗。

---

① 参考赵宗福《青海历史人物传》，青海人民出版社2002年版，第136页。
② （清）松巴·益西班觉：《青海史》，杨和瑨译注，印第安纳大学1967年版，第34页。

17世纪30年代初，西蒙古诸部内部以及蒙古与哈萨克诸部之间为争夺牧场经常发生军事冲突，固始汗深感有必要另谋地盘，以避免这种内部的斗争。正在这时，在西藏政教争斗中处境艰难的格鲁派向西蒙古求援，固始汗高兴地接受了邀请，决定将其部民迁徙到青海。

崇祯九年（1636年）秋冬之间，固始汗与巴图尔珲台吉统率厄鲁特联军从塔尔巴哈台出发，经伊犁、塔里木盆地，次年到达青海境内。固始汗以1万兵力与拥有3万兵力的却图汗展开了激烈战斗，在大小和硕（在今海北刚察境内）以少胜多，大破却图汗军，鲜血染红了山岩，史称"血山之战"。后来，却图汗被固始汗的儿子达赖台吉追捕杀死。固始汗取得青海后，陆续将部众移到这里，同时将自己的女儿阿敏达兰嫁给巴图尔珲台吉，并馈赠许多礼物，送其返回新疆。①

崇祯十一年（1638年），固始汗以香客身份前往拉萨，朝拜了五世达赖和四世班禅，送上金银财物，达赖和班禅在大昭寺为固始汗举行了隆重的法会，并且授予"丹津却吉杰保"（藏语，"护教法王"之意）的称号，他们还就消灭白利土司、藏巴汗等做了计划。崇祯十二年（1639年），固始汗出兵康区，于次年将白利土司消灭，占领了西康。崇祯十四年（1641年），固始汗佯装从玛尔康撤兵回青海，有意让藏巴汗放松警惕。同年冬天，固始汗突然挥兵入藏，藏巴汗措手不及，溃不成军。次年春天，藏巴汗被擒获，装入牛皮袋后扔进了雅鲁藏布江。②

固始汗统一青藏高原后，实施一系列统一措施。他令诸子驻牧青海，并把青海辖境内蒙古分为左、右两翼。固始汗本人则亲自坐镇拉萨，并留八个旗的蒙古军驻扎西藏，以保证地方安全。在西藏的高级官员，都要经他任命，同时又让在地方上具有很高声望的索南饶丹担任第巴，主持西藏日常事务。为了提高格鲁派的地位，固始汗下令将前后藏的税收全部献给五世达赖作为格鲁派寺院宗教活动的费用，对格鲁派迅速壮大成为执政教派起了巨大的作用。清顺治二年（1645年），固始汗赠给当时实际为格鲁派集团主谋人的罗桑确吉坚赞"班禅博克多"称号，并请他主持扎什伦布寺，划后藏部分地区归他管辖。于是扎什伦布寺仿照哲蚌寺追认一、二世达赖的先例，向上追认了三世，罗桑确吉坚赞为第四世班禅，在格鲁派中

---

① 赵宗福：《青海历史人物传》，青海人民出版社2002年版，第191页。
② 赵宗福：《青海历史人物传》，青海人民出版社2002年版，第192页。

扶持产生了一个班禅活佛系统。

固始汗是很有政治头脑的人物，他与满清政府早已有联系。满清入主中原后，他极力促使五世达赖与清政府加强联系，以取得中央的支持。在顺治九年（1652年）正月，他"劝达赖喇嘛来朝"①，同年十一月，五世达赖率领班禅和固始汗的代表到达北京，顺治帝予以了隆重的接待。次年返回时，清政府送上金册金印，封达赖为"西天大善自在佛所领天下释教普通瓦赤喇怛喇达赖喇嘛"，正式确认了达赖在蒙藏地区最高宗教领袖的地位。顺治十一年（1654年），固始汗病逝于拉萨，顺治帝下谕理藩院：固始汗"克尽克诚，常来贡献，深为可嘉，予发典以酬其忠"②，并专门遣使致祭。

固始汗既是青海和硕特蒙古的首领，又是统治整个青藏高原的大汗。他在宗喀巴所创的格鲁派即将被其他势力消灭的危难之际，应邀出兵，次第消灭了却图汗、白利土司和藏巴汗。在扶持格鲁派的同时，统一了整个青藏高原，使之从战乱割据走向安定统一，为祖国的大一统，加强蒙藏各族之间的交流团结起了积极的作用。③

十六　罗卜藏丹津

罗卜藏丹津，生于康熙二十九年（1690年），固始汗之孙、达什巴图尔之子，康熙五十五年（1716年）袭和硕亲王爵位，为青海蒙古之长。

康熙五十九年（1720年）九月，罗卜藏丹津随清军护送七世达赖噶桑嘉措进藏坐床。他一心指望受封藏王，恢复先祖霸业。但清廷讨平侵藏的准噶尔势力后，不再采取晋封青海蒙古首领为西藏汗王的政策，而推行噶伦制度，实行中央王朝对西藏的直接统治，从根本上杜绝了青海蒙古企图继续统治西藏的愿望。同时，清廷对协同清军入藏的诸台吉论功行赏时，封青海河南蒙古首领察罕丹津（固始汗曾孙）为亲王，罗卜藏丹津只得到俸银二百两、缎五匹的薄赏。罗卜藏丹津因此心怀不满，认为自己在青海的蒙古诸部中的特权地位受到削弱。

雍正元年（1723年）五月，罗卜藏丹津趁康熙帝去世，清朝撤西北

---

① 《清世祖实录》卷62。
② 《清世祖实录》卷97。
③ 赵宗福：《青海历史人物传》，青海人民出版社2002年版，第194页。

边防和驻西藏官兵之际，密约准噶尔策旺阿拉布坦为后援，胁迫青海蒙古台吉于青海湖畔察罕托罗亥会盟，号召"恢复先人霸业"，自称"达赖浑台吉"，宣布废除清廷给各台吉的封号，发动叛乱。他还煽惑西宁附近各格鲁派寺院的喇嘛、僧众及一部分藏族头目参加"保卫宗教的战争"，指使这时尚为他所属的青海玉树及巴欠钠屑（今西藏黑河专区纳舒克三十九族）等地藏族发动叛乱。察罕丹津和额尔德尼厄尔克托克托鼐郡王等因不追随叛乱，受到进攻和抢劫，分别逃往河州和甘州。

十月，清廷以川陕总督年羹尧为抚远大将军，以四川提督岳钟琪为奋威将军，参赞军务，指挥大军平叛。罗卜藏丹津趁清军尚未集结之机，带领蒙古军攻打西宁周围的南川申中堡、西川镇海堡和北川新城一带，蒙古军中多有被罗卜藏丹津煽动裹胁的藏族兵马，而西宁附近塔尔寺、郭莽寺、郭隆寺（即今佑宁寺）及却藏寺等寺院的僧众也在少数上层喇嘛的蛊惑下，纷纷响应，"披甲持械，率其佃户僧俗人等，攻城打仗，抢掳焚烧，无所不至"①。十一月，清军分军从布隆吉尔（今甘肃安西县境）、西宁、松潘、甘州四路进剿。至十二月，清军先后肃清了进攻西宁周围的叛军及剿降贵德、郭密等处的叛众，并进驻塔尔寺，惩办了煽动塔尔寺僧众叛乱的住持堪布诺门罕。

雍正二年（1724年）初，岳钟琪抵达今青海互助郭隆寺一带，与年羹尧属下前锋统领苏丹、副都统觉罗伊礼布等会剿郭隆寺叛军。郭隆寺僧众号召所属万余人进行"圣战"，但终被清军击溃，死伤6000余名，郭隆寺也被清军全部焚毁。② 二月，清军兵分三路，由岳钟琪、总兵吴正安和黄喜林统领，出日月山，向柴达木进剿，寻歼罗卜藏丹津。沿途先后擒获阿尔布坦温布、巴尔珠尔阿喇布坦等蒙古军头目，收抚其部众。在清军追剿下，已势单力孤的罗卜藏丹津先由额母纳布隆吉逃至乌兰穆和尔，随后又逃至柴达木，化装为妇人，率200余人逃入准噶尔，为策旺阿拉布坦所收容。直到乾隆二十年（1755年），清军彻底平定新疆，罗卜藏丹津被俘获，解往北京。当时蒙古诸部已被征服，所以乾隆帝免其死罪，软禁于北京，后病死。

罗卜藏丹津叛乱的目的是恢复和维持和硕特蒙古在西藏及青海地区的

---

① 《年羹尧奏折专辑》（上），第46页。
② 《清世宗实录》卷15。

割据统治，但这违背了清初政治统一的历史潮流。年羹尧平定罗卜藏丹津叛乱，彻底结束了和硕特蒙古在青藏高原上的政治割据，为清朝在青海地区全面直接施政铺平了道路。之后清廷陆续出台了如改卫所制为府县制、划编青海蒙古为两翼盟二十九旗等一系列对青海地区加强施政和治理的措施，促进了青海的社会发展。

十七　杨应琚

杨应琚，字佩之，号松门，辽海（今辽宁）汉军正白旗人。康熙三十五年（1696年），出生于一个官宦人家。祖父杨宗仁历官至湖广总督，晋太子少傅，为官以洁廉称。父亲杨文乾官至广东巡抚，所为亦多善政。杨应琚受祖父和父亲的荫庇和教育，年轻时即为荫生，雍正七年（1729年），授为户部员外郎，次年即擢任山西河东道。雍正十一年（1733年），杨应琚被调为西宁道按察使司佥事（简称西宁道），十二年调临巩布政使。乾隆元年（1736年）复调任西宁道，乾隆十四年（1749年）十二月迁为甘肃按察使。

杨应琚两任西宁道，前后达十五年之久。在青海期间，他廉洁守志，百事躬亲，兴利除弊，惠工敬教，调整地方军政建制，对河湟地区的社会安定和经济文化发展做出了重要贡献。其突出政绩有：他曾与同僚两次捐出自己的薪俸，替西宁东小峡和西宁西刘家湾百姓修桥；在贵德滴水崖和康家寨黄河渡口设置官船，方便河两岸百姓；用自己的薪俸作为经费，修补西宁城墙；修筑黑古城、巴燕戎、甘都堂、千户庄、亦杂石、扎什巴、乩思观、哈拉库托、康家寨九处城堡，设防增兵，以维护地方安定；在荒年时调官粮赈济碾伯（今乐都）等县贫民；倡导集市，推动西宁商业经济的发展；扩建养济院和修建栖流所，使鳏寡孤独和流落街头的人有所居处；发动募捐举办社仓，以备灾荒；与同僚共同捐俸创建了西宁贡院，维修文庙，并倡导在碾伯、大通、贵德、丹噶尔等地创办儒学、社学、义学多处，并请江浙儒士任教，尤其是于乾隆十一年（1746年）在西宁东关创建了一所回民社学，这在青海民族教育史上是史无前例的壮举；设官开田整治水利，督劝垦殖，积极推广先进的耕作技术；等等。杨应琚在青海任职期间居官端洁，政绩卓著，受到了上司和乾隆皇帝的赞赏。[①]

[①] 赵宗福：《青海历史人物传》，青海人民出版社2002年版，第218—221页。

杨应琚博学多才，勤于著述，写了不少诗词、碑记、考传和杂记，特别是他所编纂的《西宁府新志》，影响很大。鉴于清顺治时苏铣修的《西宁志》过于简陋，杨应琚于乾隆十一年（1746年）七月开始着手编纂《西宁府新志》，次年五月完稿。全书共40卷，分星野、地理、建置、祠祀、田赋、武备、官师、献征、纲领、艺文10个专志。专志之下又分105个子目，30万余字。卷首附有西宁府和西宁、碾伯两县，巴燕、贵德两厅，大通卫、黄河及五峰山等舆图10帧。杨应琚在序言中说："撰次、校对咸出余一人之手。"《西宁府新志》文字精雅，资料翔实，考证慎严，纲目详备，且多有创新，得到了陇右方志学家张维的高度评价："此志整严有法，而议论驰骤，高瞻远瞩，多经世之言。"[①] 被誉为陇右方志中的佳作。这部志书的刻印，弥补了青海地区文献记载不多、方志过于简略的缺憾，为《大清一统志》的纂修提供了丰富翔实的资料，是现今保存下来的较完整的一部青海地方志书。

杨应琚一生虽然在西宁道的时间并不长，但他将青海比作他的"桐乡"（即以青海为家乡，死了也要葬在这里），积极投身于青海的地方建设，兴办民众福利事业，大力倡办文化教育事业，在青海人民心中有很高的声望。乾隆三十一年（1766年），中缅边界发生战争，他被调为云贵总督，次年，因军事失利而被赐死。

十八　三世章嘉

三世章嘉全称章嘉·益西丹贝仲美若必多杰，简称若必多杰，是清代著名的佛经翻译家和学者。康熙五十六年（1717年）正月初十出生于凉州（今武威地区）西莲花寺附近的一个牧民家庭。其家庭原是湟水流域祁土司的属民，是土族。父亲古茹丹增举家迁往凉州放牧，遂落籍于当地藏民部落。若必多杰两岁时由班禅额尔德尼等活佛认定为二世章嘉活佛的转世身，不久即迎入青海佑宁寺供养。[②]

清雍正初年，青海和硕亲王罗卜藏丹津发动反清叛乱，佑宁寺、广惠寺等参与其中，致使僧人被杀戮，寺院被焚毁。年幼的三世章嘉被僧侣事先藏入大通河上游的森林里，形势危急之时，与二世章嘉关系非常密切的

---

① 张维：《陇右方志录》，大北书局1934年版，第18页。
② 赵宗福：《青海历史人物传》，青海人民出版社2002年版，第228页。

雍正皇帝下令保护好章嘉活佛的转世灵童，不得有分毫伤害，并尽快送往北京。

年仅八岁的三世章嘉到京后，驻锡于旃檀寺，雍正皇帝让当时在朝廷的二世土观活佛负责照料生活，并教以佛学和朝见礼仪。雍正二年（1724年）十一月十六日，三世章嘉奉诏移住嵩祝寺，地铺黄毡，赏乘黄车，坐九龙褥，朝廷遣官护送，僧众前拥后呼，非常隆重。不久，雍正皇帝还让皇四子弘历（即乾隆皇帝）与三世章嘉一起读书学习。多年之后，三世章嘉不仅精通汉、蒙、藏三种文字，而且与乾隆皇帝有了较深的同学友谊。雍正九年（1731年），清政府扩建内蒙古善因寺。完工后，雍正皇帝让三世章嘉住持此寺，并为之撰写了碑文。雍正十二年（1734年），三世章嘉刚满十八岁，雍正皇帝便按照前世章嘉活佛之例，正式封之为"灌顶普善广慈大国师"，并赐金印金册，金印重达一百两。从这年起，三世章嘉成了掌教喇嘛。这时，他已学习了历代佛教圣者经典，在佛学上已有相当深的造诣。这年八月，雍正皇帝让三世章嘉与果毅亲王一起去泰宁（今四川甘孜州乾宁县）迎接七世达赖喇嘛。十一月下旬，三世章嘉一行从北京出发，次年正月初一到达泰宁惠远庙，会见达赖。三月，与副都统福寿一起护送达赖进拉萨，四月到达。在这期间，三世章嘉常随达赖习经，情谊深厚。到拉萨后，三世章嘉驻节于宗喀巴大师创建的甘丹寺中，深受西藏僧俗群众崇敬。三世章嘉接着赴后藏扎什伦布寺，晋谒了五世班禅，并从之受沙弥戒和比丘戒。

就在三世章嘉跟随五世班禅习经之时，雍正皇帝在北京驾崩。消息传至西藏，三世章嘉便离藏赴京，朝见了刚登基的乾隆皇帝。乾隆皇帝也很喜欢这位与自己自幼相知、同窗情深的活佛，因而在乾隆元年（1736年）十二月二十一日，下令由三世章嘉掌管京师喇嘛务，赐给"管理京师寺庙喇嘛札萨克达喇嘛"印一颗。之后，屡加封赏，备加尊崇。乾隆八年（1743年），又赐给御用金龙黄伞。乾隆十年（1745年），雍亲王府被改建为雍和宫，成为藏传佛教寺院，在这里三世章嘉向乾隆帝传授了"胜乐"灌顶，乾隆跪受灌顶，并向三世章嘉奉献了一百两重的金质曼遮以及各种供养品。乾隆十六年（1751年），颁发给"振兴黄教大慈大国师"印，并赐镶嵌有珍珠的帽子一顶以及其他物品多件，同时下谕说："尔可依照前世，主持黄教。"乾隆四十年（1775年），三世章嘉生日，乾隆皇帝赐不少佛像、如意绸缎等。乾隆四十六年（1781年），乾隆与三世章嘉一起上五台山，在菩萨顶举行祈愿法会时，乾隆让三世章嘉与他同坐一个座垫，并说："与章嘉呼图克图同坐在朕之座位上，朕便觉安乐。"乾隆五十一年（1786年）钦定驻京喇嘛班次的时候，章嘉活佛为左翼班头，地位最高。

三世章嘉之所以受到乾隆帝以及百姓们崇信，绝不是偶然的。三世章嘉知识渊博，而且精明能干，在清政府处理蒙藏民族关系，推动宗教文化发展等方面，做出了巨大的贡献。他主持翻译大藏经《丹珠尔》，编成了蒙藏文对照的《正字贤者之源》，并刊本流行，后又奉命组织人力将藏文大藏经《甘珠尔》的一部分以及藏、汉文论疏注释翻译为满文，供满族僧人使用。翻译者每译完一卷，即由三世章嘉详加校审，并逐卷进呈乾隆帝审阅。除上述两部大藏经的翻译外，三世章嘉还编纂了许多其他的佛教著作。如编纂《御制满汉蒙古西番合璧大藏全咒》共八十五册，分装九函。纂修《钦定同文韵统》，两册六卷。编纂《喇嘛神像集》，收喇嘛教先圣及诸天等像三百幅，有多种外文译本，又称为《章嘉呼图克图神像集》。编纂《诸佛菩萨圣像》，有稿本至今保存。他还著有《七世达赖喇嘛传》。经他指导校订的佛教典籍为数也不少。

三世章嘉为清皇室兴建佛寺做了大量的工作。乾隆九年（1744年），乾隆皇帝与三世章嘉商量后决定在京城修建一座正规的喇嘛教寺院，这就是雍和宫的改建。三世章嘉主持了这项工程，修建了大经堂、三世佛殿、戒坛、药师殿、法轮殿、天王殿等，还从内蒙古四十九旗、外蒙古七部以及藏汉地区集中了五百名年轻僧人，按藏传佛教的制度设了显宗、密宗、医宗、因明等扎仓，培养僧人。三世章嘉总管一切事务。[①] 之后，三世章嘉又在北京、热河等地为乾隆皇帝主持修建了许多寺院。此外，三世章嘉还为家乡的佛教事业做了大量工作，这是其他人所无法替代的。雍正初年罗卜藏丹津之乱后，湟水流域诸佛寺多被清军烧毁。后来由于三世章嘉在清朝廷中多方活动，这些被毁的寺院相继修复，使青海东部的藏传佛教重新兴盛起来。他还多次奉旨来青海佑宁寺、塔尔寺等寺院代表清政府赐物安抚。

乾隆五十一年（1786年）四月初二，三世章嘉圆寂于北京，享年七十岁。乾隆帝闻报三世章嘉已辞世，非常伤心，他说："章嘉呼图克图掌

---

① 赵宗福：《青海历史人物传》，青海人民出版社2002年版，第231—232页。

印多年，阐扬黄教，安抚众生，留心经律……朕心深为悼惜。著制造金塔一座，从其素愿，永于镇海寺（在五台山）供设。一切事宜，妥为照料。并于前藏施银一千两，后藏施银五百两。"[1]

第二节　现当代历史人物

不同时代造就了不同的英雄。进入近现代和当代以来，青海的经济社会发生了很大的变革，尤其是中华人民共和国成立以来，整个社会发生了翻天覆地的变化。同时，这一时期也涌现出了不同的历史人物和当代英雄与楷模，值得我们去铭记与歌颂。

一　周希武

周希武，字子扬，甘肃天水人，生于光绪十一年（1885年），清末廪生，自幼艰苦励学，家境贫寒，常秉烛读书至天明。他以经世致用自励，敬慕顾炎武忠贞爱国的民族气节和刻苦自励的治学精神，将自己读书之屋取名为"仪顾堂"。

1906年，周希武就读于甘肃书院。1910年，投身甘肃教育界，先后任兰州中学教师及甘肃第四中学校长。1914年，川、甘互争玉树，周希武慷慨上书于甘肃当局，援引图史，痛陈利弊，被聘为勘界大员周务学的随员，随他去玉树勘界，以解决玉树隶属争议。他们"取道海南小路，逾大积石山，绝河源，渡昆仑，涉金沙江，以十一月晦抵结古"[2]，遍历澜沧江源及通天河中下游一带，深入无人区千里，尝尽艰苦。学习测绘学的洮阳人牛载坤，遍历各族，测绘地图，制成我国第一张用新法绘制的玉树地区简图。而周希武则"访问长老，参考图志"，深入考察玉树山川风俗、形势要隘、疾苦利病，并参考诸载籍，写出了4万多字的《玉树调查记》。

《玉树调查记》分上下两卷。卷首除有《玉树二十五族简明图》《玉树在青海位置图》外，还附有当时所拍摄的恰卜恰、果洛女百户、藏族新婚夫妇、藏族汤役、集市、藏族儿童、缠谷寺僧赛神等照片。上卷为部

---

[1]　《清高宗实录》卷1252。
[2]　周希武：《玉树调查记》，青海人民出版社1986年版，第16页。

落、山脉、水道、地形、政治,下卷为宗教、风俗、实业、掌故、考证。卷后有《宁海纪行》。附录一为《番例六十八条》,附录二为《查戡玉树界务报告》。《玉树调查记》是周希武在亲自考察的基础上,参考旧时档案写成的,对玉树的部落、山川地形记载秩然,对玉树二十五族风土方俗记载也颇有特色,内容翔实,详略得当,很为当时人所看重。该书有抄本、1920年商务印书馆馆印本、1986年青海人民出版社铅印本。

周希武写作《玉树调查记》的目的,在于澄清民初川、甘两省互争玉树地区的基本历史事实。当时,川、甘两省各以自己所译的汉文名称,作为玉树归属的理由。而袁世凯政府昏庸无能,昧于一地两名,竟然作出"隆庆归川""玉树归甘"的荒唐决定,并准备承认英国将玉树地区划为"外藏"的无耻要求。周希武在《玉树调查记》中对玉树地区所作的翔实论述,为人们认识玉树提供了珍贵的参考,并用事实有力地驳斥了英国试图分裂中国国土的阴谋。他在书中大声疾呼,强调玉树地区的战略位置,指出:"玉树不保,势将北拢蒙古,祸必中于湟中;东煸果洛,且及于洮岷,吾甘来日,其盱食乎!今国家纵不能急切图藏,岂可令玉树为之资耶?"[①]他在《自序》中提出建立"宁海特别行政区"、积极经营西宁附近、逐渐拓殖建议,说:"倘兵屯既列,亭障相联,道路无虞,来往玉树者渐多,然后以兵保商,以商兴屯,以屯足食,而瘠陲可化为沃壤。玉树之植基既固,即可联络川边,以为制藏之计。"这在当时的历史条件下,有巩固国防的积极意义。

周希武后来曾任甘边宁海镇守使署总务处长、西宁县县长等职。他在青海任职时,着意发展教育,办学校,救荒平粜,建造了西宁丰黎社仓。1928年,周希武奉命与朱绣等人前往兰州迎接国民军入青及接洽有关和平解决时局问题,行至老鸦峡莲花台时,遭歹徒伏击罹难,年仅44岁。

二 马麒

马麒,回族,字阁臣,甘肃河州(今临夏)乩藏人。生于清同治八年(1869年),光绪十二年(1886年)考中武生,随父亲开始军营生活,历任清军哨官、旗官、循化营参将、洮岷协总镇等职。1912年8月,马麒被

[①] 周希武:《玉树调查记》,青海人民出版社1986年版,第17页。

任命为西宁镇总兵,摄兵西宁镇。1915年,青海办事大臣廉兴被撤职查办,青海办事大臣、西宁镇总兵二职随之裁撤,马麒改任甘边宁海镇守使,兼任青海蒙番宣慰使,组建宁海军,自此马麒家族势力独成一支,开始了对青海的统治之路。

马麒取得青海的军政大权后,开始全面实施开发建设青海的计划。他注意搜罗幕僚,延揽贤才,善听谏言,兴办实业,兴办教育,禁种烟片,推行县治,练兵设防,为马家军阀在青海的统治奠定了基础。他在上袁世凯的《奏筹办青海各项折文》曾列举五条:一是"宜择地多设县治,屯垦开矿,练兵设学,兴实业以慰利源,修铁路以便运转";二是"军队宜量予扩充也……今议增兵,暂添马步千名,由麒择地分布";三是"民治宜分员管理,……暂就都兰寺、结古两处设理事一员,与分防军队相依而立";四是"台站宜及时建设也,……拟由西宁至都兰及玉树结古按百余里设站一所,……仿前驿站章程递寄公文,转动兵饷";五是"言文宜互为交换也,……现拟建设蒙番学堂一所,令蒙番头目遣子弟及部民聪颖者与高僧通文理者入校肄习汉文,再选内地聪颖子弟已通汉文者杂入其中学蒙番文字语言,互相灌入……,以练边才"。这个兴办实业、兴办教育、推行县治、练兵设防的计划,具有相当的进步意义。在兴办教育方面,1917年,在原蒙番半日小学的基础上创办宁海蒙番学校,两年后为宁海蒙番师范学校,明确规定该校以培养宁海地区小学师资,开化蒙藏民族,增进宁海文化,启牖新知,培养优秀人才为宗旨。之后,还建立蒙藏小学二十余处,学生达八百余人。1920年,马麒等捐款开办宁海职业学校。1921年设立私立医学训科学校,同时原西宁道属两等学堂改为海东师范(后改为甘肃省立第四师范学校)。1922年,成立宁海回教教育促进会,并在海东诸县各设会立小学一所。1924年,创办私立锐威学校。1925年,建宁海筹边学校。这些学校的兴办,在发展青海教育、培养边地人才方面起到了很好的作用。同时,马麒还严令西宁道属各县禁种鸦片,不几年就将其彻底禁止,成绩颇为显著。[①]

马麒任职青海时,正值帝国主义企图分裂西藏的阴谋活动最为猖狂的时期。在1913年3月的印度西姆拉会议上,英帝国主义抛出划分我国西藏地区为外藏、内藏,并要外藏独立的提议,其中将玉树等地划在外藏范

[①] 赵宗福:《青海历史人物传》,青海人民出版社2002年版,第287页。

围内,并煽动藏兵与川边部队冲突。对此,马麒十分关注,他首先据理力争,将玉树二十五族之地从四川收归甘边管辖,并派其弟马麟为玉树防务支队司令,驻玉树设防。在湟源、哈拉库图、大河坝、竹节寺、长石头、玉树六站设立分防,建立台站,沟通交通。同时在海北、海南、玉树、都兰分设理事,驻兵防守。这些措施对预防帝国主义染指青海有一定作用。1919年,北洋政府通电各省征求关于将玉树划给西藏的意见,马麒于9月29日立即通电全国,予以义正词严的驳斥。电称:

> 玉树二十五族耕牧相杂,物产亦称富饶,实青海菁华所在。自前清收抚青海之初,即将玉树二十五族划归西宁夷情衙门管理,二十年来,此疆尔界,与西藏毫无关系。……年来藏人虽攻陷川边十余县,而兵力尚未能越当拉岭以北,今川边划界已为奇耻,乃欲并甘肃素所管辖藏兵力所未及之地,割以奉之,蹙地千里,辱国已甚,……西藏本中国属土,年来与川边构怨,譬犹兄弟阋墙,自应由兄弟解决,万不能任他人从旁干预。吾国苟有一息生气,所有划界会议,应从根本否认。……事关国势存亡,此而不言,将使他族谓中国无人,麒实耻之!麒实愤之![①]

此电一出,川、康、滇、甘各省均通电响应,迫使北洋政府不敢再议西藏事。之后,马麒又请北洋政府派专使入藏谈判,争取十三世达赖内向,于是推荐朱绣等人入藏,成功说服达赖。马麒这些恢复西藏主权,保卫青海领土的言行在当时受到国内各界的一片赞扬。

但自1918年之后,马麒为了巩固其统治,对甘青藏族部落进行了多次镇压,使一些藏族部落和寺院的僧俗群众生命财产受到严重损害。正当马麒在青海忙于经营自己势力时,冯玉祥部的国民革命军却在1925年秋西进甘肃。之后几年内,连剪陇上六镇军阀,马麒身处危境,朝不保夕,幸得黎丹诸人出谋划策,慎重处事,尚能与国民军表面友好。1926年10月,冯玉祥为了拉拢马麒,任命他为青海护军使,同时裁撤了蒙番宣慰使和甘边宁海镇守使,并将马麒所部改编为暂编第二十六师,任马麒为师长,并抽调其骑七旅参加直奉大战。1928年9月,由于冯玉祥提议,南京

---

① 青海省志编纂委员会:《青海历史纪要》,青海人民出版社1987年版,第353—354页。

国民政府同意青海建省，宣布孙连仲、马麒、九世班禅等为省政府委员，孙连仲任主席。1929年8月，冯玉祥调孙连仲为甘肃省主席，由孙部高树勋暂代青海省主席。不久，高树勋也被调往内地，孙连仲便推荐马麒为青海省代理主席。1930年1月，马麒被蒋介石正式任命为青海省政府主席。①

就在马麒想要大干一场时，他的腿病却日益严重，只得卧床呻吟。次年春天病情好转，夏天到湟中水峡避暑。8月4日，其子马步芳从河西追击马仲英告捷后归来途经水峡，述说追杀情形。马麒以自家人骨肉相残为恨，一气之下便不省人事，于是连夜送往西宁。次日黎明去世，终年62岁。

三 喜饶嘉措

喜饶嘉措，现代著名藏族学者，爱国佛教大师。清光绪十年（1884年）出生于青海循化起台沟（今道帏乡贺庄）。8岁被送到古雷寺出家为僧，取名喜饶嘉措。16岁转入当时藏区著名的黄教寺院拉卜楞寺因明院学习，21岁学完该院全部经论课程，进入最高一级的研究机构戒律部，显示出了过人的才华。1905年，在经师贡唐洛哲格西的鼓励下，喜饶嘉措赴西藏拉萨哲蚌寺投师求法。他在哲蚌寺果芒经院潜心佛学研究，遍习中观、俱舍、戒律，涉及医药、历算、密乘等科，1916年，32岁的他获得了"拉然巴"的最高格西学位。之后应十三世达赖的邀请，在拉萨罗布林卡行宫主持校勘大藏经《甘珠尔》部，任总校勘之职。

从1916年到1931年，整整15年时间，喜饶嘉措投入了全部的精力和心血，重新校勘厘定藏文大藏经《甘珠尔》部，他大胆地对经书中存在的一些错误进行了修正，重新编写了原稿目录，并以总编校的身份写了序言提要。十三世达赖因此封其为"坚华杰贝罗哲"（意为"文殊菩萨喜悦之智慧"）。与此同时，喜饶嘉措还在拉萨三大寺中承担讲学任务，成为藏语系文化界知名学者，其学生遍及拉萨三大寺和西藏地方政府。1937年春，应国立中央、北平、清华、武汉、中山五所大学之聘，喜饶嘉措担任西藏文化讲座讲师，对沟通汉藏文化，争取民族平等，贡献颇多。抗战开始后，喜饶嘉措由南京赴青海各大寺视察，号召佛门僧徒团结起来，保种保

---

① 赵宗福：《青海历史人物传》，青海人民出版社2002年版，第288—289页。

教,抗日救国,在蒙藏群众中影响很大。1943年春,喜饶嘉措奉命入藏,行至西藏黑河后,被当地藏军阻挡,未能成行。1947年任蒙藏事务委员会副会长,对西藏问题一直很关注。

中华人民共和国成立后,喜饶嘉措积极与中国共产党合作,多次带领少数民族慰问团到藏区,传达党的政策,消除群众疑虑,产生了很好的社会影响。喜饶嘉措是拥护祖国统一,坚持祖国领土不可分割的爱国者。他拥护中国共产党和平解放西藏,多次写信和发表广播讲话,呼吁达赖和西藏政府认清形势,接受和平解放,走爱国的光明道路,为和平解放西藏协议的签订做出了积极贡献。1951年年初,喜饶嘉措到北京,毛泽东、周恩来、刘少奇等党和国家领导人接见了他,毛泽东称赞他是藏胞中有学问的人。1953年,喜饶嘉措出任中国佛教协会副会长,1955年当选为中国佛教协会会长。在主持中国佛教协会的十多年时间里,喜饶嘉措始终教导僧众要热爱中国共产党,热爱中国人民,听党和政府的话。1959年西藏叛乱发生后,喜饶嘉措坚持正确的立场,义正词严地驳斥帝国主义和国内外反动势力的种种谬论,为感召藏族僧侣、群众做了大量工作。"文化大革命"时期,喜饶嘉措大师被揪斗,已八十多岁高龄的他禁不起折磨,于1968年含冤去世,终年84岁。

1979年10月,青海省委省政府给喜饶嘉措平反,并隆重地举行了追悼大会。中共中央、国务院、中央统战部、国家民委以及阿沛·阿旺晋美、杨静仁、班禅额尔德尼·确吉坚赞、包尔汉、赵朴初等领导人为他送了花圈。次年,习仲勋、刘澜涛、杨静仁、汪锋、阿沛·阿旺晋美、扎喜旺徐联名在《人民日报》上发表题为《爱国老人喜饶嘉措》的长篇纪念文章,高度评价和赞扬了他的一生。[1]

喜饶嘉措大师在佛学和藏族文化研究方面有着极高的造诣,他在校刻大藏经《甘珠尔》《布敦全集》《第悉桑结嘉措全集》等鸿篇巨制、整理其他藏文佛经中都做出了很大贡献。他长期讲授宗喀巴大师的《菩提道次第广论》,深入探讨《大毗婆沙论》《大智度论》奥旨,撰《济龙活佛传》《驳旧派的反驳》《劫火阵》等,并为黎丹等人校订《汉藏大辞典》。早在1954年,《喜饶嘉措佛学论文集》就曾出版,沉冤昭雪后,1982—1984年出版了藏文版3卷本《喜饶嘉措文集》。1987年10月,"喜饶嘉措大师纪

---

[1] 赵宗福:《青海历史人物传》,青海人民出版社2002年版,第311页。

念馆"在其家乡古雷寺建成。

四 朱海山

朱海山，现代教育家、社会活动家。1894年（清光绪二十年）出生于青海民和县官亭的一个土族农民家庭，祖父曾是青海塔尔寺名僧，对佛教经典颇有研究，也颇有财富。父母亲在家务农，共生三子，朱海山为次子。

9岁时，朱海山即被送到民和朱家寺为僧，不久又转到塔尔寺。祖父管教甚严，他在寺院除了做一些杂活外，便是孜孜不倦地习诵佛经。他秉性灵慧、博闻强记，数年后对佛教理论有比较深的造诣。18岁时就敢于和塔尔寺的活佛、法台等讲经论战，引人注目。

1912年，19岁的他独自一人背着行李徒步去西藏深造，历尽千辛万苦，他遍访拉萨三大寺和日喀则扎什伦布寺的名僧。在拉萨，他拜著名佛教大师喜饶嘉措为师，研究佛经，深得喜饶嘉措的欣赏。1918年，经喜饶嘉措推荐，朱海山追随九世班禅至北京，并被堪布会议厅任命为班禅驻北京办事处科长，成为班禅对外活动的得力助手。从青海走出来的他，深知要改变青海地区文化经济落后的局面，必须先得从教育抓起，便开始不遗余力地投入青海教育事业，事实上，他也为发展文化教育事业做出了重要贡献。

1927年，他积极鼓励西宁筹边学校毕业生到内地求学深造，并以九世班禅的名义，保送了一批青海籍学生进入山西法政专科学校、山西航空学校、北平无线电专科学校、北平师范学校等学校读书。1928年，蒋介石封班禅为"护国广慧宣化大师"，并在南京设立班禅驻京办事处，朱海山担任首任办事处处长，兼任南京国民政府蒙藏委员会委员及藏事处处长等职。这时朱海山的政治地位日益提高，由于工作的需要，他便正式脱下僧衣还俗。当时，国民政府考试院院长戴传贤颇重视边疆事务，同时又信奉佛教，因而拜班禅为师，经常往来于办事处，同时与朱海山也过从甚密。蒙藏委员会委员长马福祥与班禅办事处有直接的工作联系，在戴传贤、马福祥和班禅的支持下，朱海山在此后的十年内施展才能，为青海及西北的文化教育事业做了大量有成效的工作。[①]

[①] 赵宗福：《青海历史人物传》，青海人民出版社2002年版，第329页。

1930年在朱海山的四处奔走和游说呼吁下，中央政治学校附设蒙藏班，解决了赴京青年求学的困难。1932年，蒙藏班分为农牧和教育行政两个组，学制两年，毕业后发给大专文凭。次年6月，又由朱海山提议，在班禅、戴传贤诸人支持下，蒙藏班扩大为蒙藏学校，设有专科及初中、高中班，专门招收青海、绥远、西康等地的学生，之后便成定例。对一些不愿进入蒙藏学校的青海青年，朱海山也设法保送他们到中央军校等其他学校学习。同时对这些学生在生活上都予以了多方面的照顾，以激励他们勤奋学习，毕业后为建设青海做出贡献。由于朱海山的大力支持，当时青海青年到内地求学的风气浓极一时。

在蒙藏学校酝酿成立之际，朱海山曾回青海省亲并访收了海东各县及都兰等地各民族贫苦儿童四十名，送到南京，在班禅办事处附设补习学校进行教育。之后又以发展边疆教育事业为旨意，倡议在西宁、康定、包头、酒泉等地筹设中央政治学校的分校。1934年9月，国民党中央政府通过这项倡议，10月，西宁分校正式成立，从蒙藏学校毕业的青海学生任教职员，既达到了倡办蒙藏学校发展边疆教育的目的，又给蒙藏班学生找到了出路。

1934年，朱海山第二次回家乡，见到官亭地区的三所村塾时开时关，且无固定校址，家乡儿童求学困难，遂决意办一所正规学校。于是在他的倡议下，成立了官亭地区学校修建委员会，许多人捐了款。他以私谊请民和县县长出壮丁一千余人修建学校，历时三个月，建成教室三座，教师宿舍二十多间，成立了官亭小学，招收学生一百二十余名。除开设教育部规定的全部课程外，还加开了蒙藏文和古文选。1936年，他捐银币一千多元，动员官亭附近的各乡集资修建了官亭、中川、美田、镇边、虎狼城、赵木川六处初级小学。不久，又倡议创办了官亭女子小学。1937年，经过他多方活动，将官亭学校改为中央政治学校西宁分校，直属官亭中心小学，六个初级小学隶附于中心小学。从而使学校经费充裕，师资力量雄厚，教育质量日见提高。

由于他的努力奔波，1936年，中英庚款董事会在西宁创办了一所规模较大的中学，定名为湟川中学，后来这所中学便成为西北著名的重点中学。同年，朱海山又捐募创办官亭图书馆。他从南京、上海、北京等地购置了《四部备要》《二十四史》《万有文库》《青年文库》等成套书籍以及其他书报、碑帖、佛教典籍等，充实了图书馆。后来，他又向"新青海社"图书馆赠送了《国学基本丛书》《辞源》《辞海》《青少年文库》《二十四史》以及多种年鉴。这对启迪青海人民的思想，发展文化教育事业起了积极作用。[①]

九世班禅逝世后，朱海山遭到同僚的排挤，加上马步芳对他也早有迫害打击的阴谋，因此朱海山决意再入空门，不问尘事。1938年后，朱海山辞去一切职务，再次削发为僧。为了表示彻底解脱，他还将个人的全部财产悉数散给塔尔寺僧侣。1945年，离开塔尔寺云游青海诸大寺院。次年之后，他隐于湟中县扎麻隆北边的一个小寺中。1947年，朱海山离开青海，经香港转往印度诵经念佛以度晚年。1980年，朱海山圆寂于尼泊尔，终年86岁。由于他曾两度出家当喇嘛教僧人，又被人们称为"朱喇嘛"。

五 曾国佐

曾国佐，字伯勋，抗日将领。清光绪十六年（1890年）生于青海互助县曹家堡村。曾国佐童年时因家境贫寒而给人牧羊。12岁才获求学机会，入西宁蒙藏学校学习。17岁时考入甘肃武备学堂，当时适值辛亥革命前夕，曾国佐接受了许多新思想，为革命事业积极活动于兰州，为人瞩目。辛亥革命后又考入河北保定陆军军官学校第八期。

军官学校毕业后，曾国佐被分派到宁夏镇守使马鸿宾部任军事教练，因其精明能干被马鸿宾任命为炮兵营营长。1926年，冯玉祥五原誓师，马鸿宾部被改编为国民联军第二十二师。继之，冯玉祥令马鸿宾派出骑兵一旅参加直奉战争，马鸿宾以曾国佐为该旅参谋长，后来改任该旅主力团团长。

1930年11月，冯玉祥部队失败，中原大战结束，蒋介石收编部队，曾国佐即率其团投身二十九军宋哲元部，任三十七师一〇九旅二二二团团长，驻防山西一带。1933年，日本侵占东北三省后又向关内入侵，陷山海关，进兵热河，宋哲元二十九军调河北抗日。3月上旬，三十七师开赴长城，曾国佐二二二团防线在兴城及铁门关至翘子岭一带。日军凭借着占领的有利地势和十八门野炮，向曾国佐部猛烈轰击，而曾部与整个二十九军一样，武器装备十分低劣，无法回击，形势危急。曾国佐慨然而誓道："此次战斗，关系国家的存亡，宁为玉碎，不为瓦全。军人守土有责，只

[①] 赵宗福：《青海历史人物传》，青海人民出版社2002年版，第330—331页。

能进，不能退。"全团战士在他的激励下，个个义愤填膺，坚守岗位。待日军扑到阵地前时，曾国佐率大刀队短兵相接，血肉相搏，就这样打退了日军数十次进攻。3月18日，为保证喜峰口右侧安全起见，师长冯治安命令以曾国佐团为主力，连同三十七师、三十八师骑兵连、义勇军组成右侧支队，以一〇九旅副旅长何基沣为支队长。何基沣立即与曾国佐商议，重新布置了防守兵力。由于曾国佐等将士的浴血奋战，终将进犯之敌击溃，获得大胜。曾国佐在战斗中中弹负伤，腿也被摔伤。战后，曾国佐调任一一〇特务团团长，驻防于宛平、卢沟桥一带①。

1937年"卢沟桥事变"爆发时，曾国佐已被提升为一一〇旅副旅长（旅长何基沣）。7月7日，日本在卢沟桥正式向中国军队开火进攻，曾国佐与何基沣商议下令予以还击，曾国佐指示吉星文团金振中营长首先打响了抗日战争第一枪。后一一〇旅扩编为一七九师，曾国佐升任该师副师长（师长何基沣）。1937年11月上旬，日军沿平汉路直取大名，一七九师奉命北上坚守大名。曾国佐便向何基沣建议，日军来势凶猛，要守住大名，必须要城外设第一道防线，于是命令二十五旅扼守城西，师部及二十八旅驻城中。12日，日军开始进攻，天上飞机轰炸，地下坦克掩护前兵冲锋，最后双双展开白刃战。经过一天的激战拼搏，日军退了下去。但在当天夜里，二十五旅悄悄撤走。次日早上，日军直扑城垣，曾国佐当即指挥师直各单位上城拒守，他亲自用机关枪扫射，身上数处受伤流血，但他仍然坚持与将士一同杀敌。就在这时，城北门失陷，日军骑兵冲杀进来，他便指挥部下展开巷战，终因寡不敌众，武器装备也劣不抵优，与何基沣率残部败退到南乐县。何基沣到桂林等地治病养伤，曾国佐率一七九师转战于河北、河南等地。不久，七十七军新建了一个新兵三十七旅，冯治安遂调曾国佐为该旅旅长。之后，曾国佐率部与日军周旋作战于巨野、大别山、偃师、均县、信阳等地。②

1943年之后，曾国佐离开七十七军，再至马鸿宾部，任八十一军少将参谋长，后又任四十一集团军高参等职。1945年，抗日战争胜利之际，曾国佐在宁夏因病去世，终年55岁。

---

① 赵宗福：《青海历史人物传》，青海人民出版社2002年版，第340—341页。
② 赵宗福：《青海历史人物传》，青海人民出版社2002年版，第343页。

六 李德渊

李德渊，原名生贵、德庵，晚号髯陀，清光绪二十三年（1897年）生于西宁市，现代书法家。幼年在私塾学习时，天资聪颖，追求上进，成绩突出。尤其是学写毛笔字，一开始便显现出了不同于他人的天赋，甚得师长的器重。之后，他悉心临摹各家名帖，勤学不已，有了长足的进步。1919年毕业于甘肃第四师范学校（学校在西宁），先后到合水县（今甘肃合水）、循化县的高等小学校、宁蒙番学校等学校任教。从1929年起还先后担任了青海省第一师范学校、昆仑中学、西宁中学、民和师范学校的校长，并开始步入政坛，先后担任过巴燕（今化隆）、民和两县县长，省政府秘书处科长等职务。1945年还被推举为青海籍国民参政员。

李德渊青年时的书法在西北地区就颇有名气。他在早年先后摹过汉《张迁碑》《礼器碑》，晋王右军、王大令，隋唐虞世南、欧阳询、颜真卿、柳公权、孙过庭，元赵孟頫，清张裕钊等诸家碑帖，注意吸收诸家精华，融会贯通，并进一步创新，自成一体。西北书法界称其字为"李德渊体"。其字古朴中见秀媚，骨力中现清丽，具有独特的美。1936年，在南京举办的全国书法比赛中，李德渊的作品获得第四名，使他在全国范围内有了一定的影响。1948年5月，西北书店印行出版他的字帖《书品》，字帖书法结构端严道丽，笔法秀逸飘洒，受到书法界的欢迎，西北地区学书法者竞相临摹学习。[1]

1950年元旦，青海省人民政府成立，李德渊在宽两米、长三米多的两幅红缎喜幛上，用金粉精心书写了一千多字的正楷贺词，挂在省政府礼堂台厅两旁。至今还保留的牌匾有"西宁宾馆""青海省人民政府""西宁市人民政府""青海省委党校""人民礼堂""人民剧院"等。其作品如《西宁麒麟公园碑文》《重建西宁东关大寺碑记》《西宁革命烈士陵园碑文》等，被有关部门作为珍贵文物收藏或保护，其字帖《书品》至今仍然为书法界所珍视，其他如条幅、中堂等也为收藏家们所喜爱。1954年，西宁市政府举行首届人民代表大会，李德渊被选为西宁市副市长，他还先后兼任了青海省政协委员、中国民主同盟青海省委宣传部长等职务。任职期间，他在为西宁市的文教事业和全省统战工作等做了大量有益的工作，受

---

[1] 赵宗福：《青海历史人物传》，青海人民出版社2002年版，第346—347页。

到了社会普遍的好评。①

1958年10月，在极左路线影响下，李德渊无端受到审查，精神上遭到重创，于次年含冤谢世，享年62岁。1979年4月得到平反，恢复名誉，西宁市政府为他举行了追悼会，并予以了颇高的评价。李德渊一生在书法领域做出了很大贡献，更为可贵的是，在其书法艺术的熏陶和影响下，青海书法界后起之秀层出不穷。

七　根敦琼培

根敦琼培，藏族著名学者。青海省黄南州同仁人。1905年出生于同仁县双朋西村，取名阿勒多扎。

根敦琼培天资聪颖，且勤奋好学，4岁时就能读藏文。9岁时就已经掌握了藏语文法，并学会了绘画、作诗和写文章。13岁进雅玛扎西曲寺，正式削发为僧，取经名根敦琼培，开始学习因明学和其他佛教经典。不久又在化隆支扎寺学习。他天赋聪颖，对佛经几乎一读即悟，过目不忘，引起一些有名的大活佛的关注。他们欣赏根敦琼培的才气，对他给予了种种帮助。在短短的两年时间内，他学完了全部初级经典，而且能看懂大小五明经典。之后进入拉卜楞寺，他着重修习释量论、因理论等佛教因明著作。他学习时不拘泥于经典，而是敢于提出疑问，带着问题读经，提高很快。在寺内常常进行的离席对辩活动中，根敦琼培舌战群僧，以雄辩著称。他天才的记忆力和口才使众僧佩服不已。由于根敦琼培的杰出才能，他被认定为宁玛派扎多活佛转生。

但因为对《因理论》一书的几个论理提出异议，他遭到上层喇嘛和一些僧人的刁难打击。1927年，23岁的根敦琼培毅然离开拉卜楞寺，前往西藏求学。

进入哲蚌寺后，他拜喜饶嘉措为师，在郭莽扎仓学习。不久，根敦琼培即以认真研讨学问和刻苦求索的精神引起周围人的关注，后来尤其以长于辩经而受人器重。但是由于性格耿直，对任何问题总是直言不讳，所以他受到很多的嘲弄打击。在哲蚌寺的七年中，根敦琼培并没有像其他僧人一样虔诚地学经。他厌恶那些烦琐的宗教仪式，一有空就画佛像。由于技

---

① 赵宗福：《青海历史人物传》，青海人民出版社2002年版，第346—347页。

巧精熟，声誉日高。①

1934年春天，著名的印度语言学家拉胡勒·桑克洛特亚访问西藏，想在这里寻找到印度已没有了的梵文贝叶经，并打算找到几位能协助他的藏族学者。碰巧，他在喜饶嘉措的住处见到了根敦琼培。两人谈得很投机，不久便成了亲密朋友，在有了相当的英语基础后，根敦琼培与桑克洛特亚一起动身去了印度。到达印度后，根敦琼培以强烈的求知欲遍访各地，并学习新兴科学，结识了一些著名学者。他和苏联藏学家、画家罗列赫共同翻译了《释量疏论》和《青史》这两部重要的藏学著作。根敦琼培漫游印度各地及尼泊尔、不丹、斯里兰卡、锡金诸国，结识了俄国、法国、英国、印度、瑞典等国的许多学者，并读了一些马克思主义著作和科技著作，也进一步搜集了大量有关西藏的资料。他的眼界大为开阔，思想也日益进步。尤其是当看到一些敦煌古藏文文献后，他对西藏古代史有了不同一般的看法，萌发了要写一部较为科学的西藏史的想法，这就是他后来付诸实践的《白史》。

根敦琼培在漫游印度11年后，于1945年返回西藏。回藏以后，国民政府驻藏办事处聘他为专员，每月发给一定的津贴，他便着手撰写《白史》。动笔之前，他去一些地方进行实地考察，对古迹遗址、碑文做了大量考证。准备工作就绪后开始撰写，他从松赞干布时代溯上贯下，抛开神学观念，科学地考证了每一个赞普的具体年代，论述他们的贡献和在吐蕃历史上所起的作用。他把宗教神话和历史事实分得很清楚，依据敦煌出土的古藏文资料及历史典籍、实物等，对重大历史问题做了恰如其分的评论，而不是用宗教神话渗透、混乱历史。这在西藏史学著作中，是第一部用人文观点论述历史、第一部利用敦煌古藏文文献考证历史的专著。这部著作还就西藏自7世纪以来在宗教上与印度的关系、在政治上与唐朝中央政府之间的密切联系做了正确的论述。它的撰写，虽然终未完成，但在西藏学术界具有划时代的意义。②

1946年4月，根敦琼培被反动分子秘密抓捕，遭受长达三年多的摧残迫害后，1950年蒙赦出狱。1951年12月18日，根敦琼培中毒逝世，享年46岁。

---

① 赵宗福：《青海历史人物传》，青海人民出版社2002年版，第360—361页。
② 赵宗福：《青海历史人物传》，青海人民出版社2002年版，第364页。

根敦琼培是近代藏族学术界的一代奇才。他多才多艺，而且各方面都有很高的造诣，在国际藏学界也有相当的声望。他一生著作很多，涉及哲学、史学、绘画等各领域。同时他又是一位爱国主义者、民主主义者和朴素的唯物主义者，面对帝国主义妄图分裂我国的种种行径和封建领主的残酷统治，他手握真理，卓尔不群。

八　慕生忠

慕生忠，1910年生于陕西吴堡慕家塬村。1930年参加革命，1933年加入中国共产党。抗日战争时期，任延安以东地区作战司令员，山陕特委军事部参谋长，洛川地委宣传部长，鄜甘独立营政治委员。解放战争时期，任晋绥军区第四军分区副政治委员，第九军分区司令员。1948年任中共山西河津县委书记。1949年任第一野战军民运部部长，政治部秘书长。中华人民共和国成立后，任西北铁路干线工程局政治部主任，西北军区进藏部队政治委员，中共西藏工委常委兼组织部部长，西藏运输总队政治委员。1955年任兰州军区后勤部政治委员。1955年被授予少将军衔。1961年任西藏工委工交部长。

1951年慕生忠第一次进藏。结果因为路况太差，他们第一天就损失了20多人，骡马损失了几百匹，加上有些骡马啃吃了毒草，中毒死亡近千匹。当年11月底，这支部队终于到达拉萨，但慕生忠却没有多少喜悦，他们损失的不光是近四个月的时间，还有许多人员和三分之二的牲口。进藏后，范明担任中共西藏工委副书记，慕生忠担任工委组织部部长。他们协助中央代表张经武及张国华、谭冠三等，一起领导着和平解放不久的西藏的党政工作。

1953年，为了援救饥饿中的驻藏部队和工作人员，中央政府委托西北局组建了西藏运输总队，征购全国各地的骆驼，向西藏赶运粮食，慕生忠兼任运输总队政治委员。新的进藏路线选定后，运输队不用再走沼泽地，但是，被称为生命禁区的连绵雪原却给习惯于吃蒿草的骆驼带来极大的灾难。雪地无蒿草，自带的草料没几天就吃完了，身躯高大的骆驼不得不弯下脖子去啃地皮上的草根。最后，骆驼越死越多，宝贵的粮食只好被抛弃在路边。

再次进藏的艰难经历终于让慕生忠明白，靠原始的运输方式来保障西藏的供给，绝非长久之计。于是，他的脑海里萌生了一个大胆的想法。

1954年2月，慕生忠从青海来到北京，先找到了交通部公路局，提出了在青藏高原修一条公路的要求。后又去见了彭德怀，得到了彭德怀的支持。经彭德怀的建议，周恩来总理批准了慕生忠的青藏公路修路报告，同意先修格尔木至可可西里段，拨30万元作为修路经费。随后，彭德怀又安排兰州军区为慕生忠拨出了10名工兵、10辆十轮卡车、1200把铁锹、1200把十字镐、150公斤炸药等物资。

1954年5月11日，慕生忠带领19名干部，1200多名民工和战士出发。筑路队伍在格尔木河畔、昆仑山口、楚玛尔河拉开战场，他们边修路边通车，只用了79天就打通了300公里公路，于1954年7月30日把公路修到了可可西里。慕生忠立即召集干部会议，做出了继续向前修路的部署。随即，他又一次赶往北京，再次向彭德怀请示下一步工作。这一次，慕生忠满载而归，国家拨给了200万元经费、100辆大卡车、1000名工兵。8月中旬，筑路大军翻越了风火山，向沱沱河延伸。10月20日，战胜唐古拉，在海拔5300米的冰封雪岭修筑公路30公里。11月11日，公路修到了藏北重镇黑河。12月15日，慕生忠率领2000多名筑路英雄、100辆大卡车，跨越当雄草原，穿过羊八井石峡，直抵青藏公路的终点——拉萨市。慕生忠成为有史以来第一个坐着汽车进拉萨的人。7个月零4天的时间，25座被切断的雪山，1283公里的高原公路，创造了新中国公路建设史上的奇迹。12月25日，康藏、青藏两大公路的通车典礼在拉萨举行。

慕生忠被称为"青藏公路之父"，是格尔木的奠基人。在青藏公路经过的很多地方，当年都是没有名字的，于是，给这些地方起名字便成了慕生忠的"业余爱好"——望柳庄、雪水河、西大滩、不冻泉、五道梁、风火山、开心岭、沱沱河、万丈盐桥……这一个个如今在青藏线上已经耳熟能详的地名，无一不寄托着慕生忠对这片土地的深厚感情。1979年，彭德怀恢复名誉，慕生忠也被解放，此时的他已经是69岁的老人。复出后，他要求给他一个月的假期，去青藏公路看看，1982年5月，慕生忠终于成行。站在昆仑山口，这位白发苍苍的老将军说："我死后，你们把我的骨灰撒在昆仑山上，让青藏公路上隆隆的车声伴随着我长眠。"1993年8月，83岁高龄的慕生忠不顾家人的再三阻拦，在家属的陪伴下，再次千里迢迢回到格尔木探望。这时，格尔木已经通了火车，慕生忠坐着软卧走进这个已发展成为具有现代化工业的青海省第二大城市，看到自己当年的愿望已经实现，慕生忠开心地笑了。1994年10月19日，慕生忠将军逝世，享年84岁。遵照他的遗愿，他的骨灰撒在了昆仑山上、沱沱河畔。①

如今作为格尔木旅游网红打卡地的将军楼，就是以当年慕生忠将军的住所和筑路部队办公楼旧址为核心，以纪念青藏公路、青藏铁路建设，军垦戍边及格尔木发展历史为主题修建的主题公园。公园通过园林设计、雕塑艺术等手法，再现了50多年前慕生忠将军和他所带领的解放军战士不畏艰险、勇往直前，用生命和汗水开拓祖国内地通往西藏"天路"的感人场景，是格尔木从无到有的见证，更是一代代创业者艰苦奋斗的缩影，而"一位将军，一条公路，一个奇迹，一段历史，一座新城，一种精神"正是慕生忠之于这座城市的意义。

九　王昭

王昭，1917年7月19日生于河北省平山县，原青海省省长。1932年加入中国共产党，从事地下工作，自1936年后历任中共平山县委副书记、书记，晋察冀边区北岳区第四分区地委书记，冀晋区党委副书记，晋察冀军区第四纵队政委，六十四军政委，中国人民志愿军第十九兵团政治部主任，公安部政治部主任、副部长等职。

1961年春天，王昭调任中共青海省委第二书记、省长。当时，由于受"左"倾错误的影响，农牧区大搞"大炼钢铁"和"大跃进"，浮夸之风盛行，生产受挫，人畜死亡严重。面对各种形式的压力和阻力，王昭斩钉截铁地说："为了刹住恶风，纠正错误，就是摘了我的'乌纱帽'也心甘情愿！"他顶着压力向中央报告了几起重大典型贪污受贿案，使这些案子迅速得到了查处。在制订当年生产计划的同时，他理直气壮地批判了浮夸风和"共产风"以及高指标和不从青海实际出发，搞以粮为纲，破坏草原建设等极左风潮。在他的积极努力下，省委终于提出了"正确认识青海，积极改造青海！""把架子放下来，把生产搞上去"的口号。经过调查研究后，他提议在1961年和1962年农业区实行"轻税政策"，少征购或者暂不征购粮税，鼓励农民多种多收，有条件还可以垦种荒地，增加收入。这些政策实施后，使农业区农民的生产、生活有所恢复。1962年，农民基本上有饭吃了；1963年，农业生产得到了大幅度发展；1965年，青海实现

---

① 参考《"青藏公路之父"慕生忠将军》《慕生忠将军与青藏公路》（内部资料）。

了粮食自给有余。在牧业区,因地制宜地实行了"以牧为主,多种经营"的方针,有力地纠正了大量开荒造成破坏草原、破坏牧业生产的现象,牧业生产也迅速出现了蓬勃向上的新气象。到 1965 年,全省畜牧业收入达到了历史最高水平。①

在全省农牧业基本得到恢复和初步发展后,王昭进一步思考青海能否建成祖国的粮仓,如何提高畜牧业生产,如何开发利用祁连山、昆仑山、唐古拉山丰富的矿藏资源,如何能尽快修筑起青新铁路和青藏铁路。在给友人的信中,他写道:"青山处处埋忠骨,不变青海誓不休。"为了获取改造建设青海的科学依据,王昭经常深入农牧区调查研究。越荒原,走戈壁,攀雪山,住牧民的帐篷,吃农民的干粮,走遍了省农牧业区六大州和农业区十一个县市。王昭每到一个地方,都和最贫穷的农牧民吃一锅饭,睡一处土炕。他离开时,村民们含泪说:"你住在我们这贫家寒舍,没吃我们一碗白面饭,真过意不去啊!"他回答:"你们能住,我也能住;你们能吃,我也能吃。我们是一家人!"他的一片赤心温暖了许多穷苦人民的心,他用自己扎实的行动为全省干部做出了榜样,在青海人民的心中留下了"王青天"的形象。

经过实地调查后,王昭写出了详细报告,提出了他对青海现状的认识和改变青海面貌的设想。省委讨论后,初步制定了建设新青海的蓝图。1965 年,王昭在第三届全国人民代表大会上汇报了青海农牧恢复、发展的成就和建设新青海的设想,得到了代表们的赞扬。《人民日报》还报道了他深入调查研究的事迹,中央领导同志在会上点名表扬了王昭,称他为领导干部调查研究的模范,号召大家向他学习。

"文化大革命"中,王昭在遭受五年之久的迫害后,于 1970 年 2 月 12 日黎明悲愤离世,终年 53 岁。1977 年 12 月 10 日,王昭同志得到平反。1978 年 1 月 27 日,青海省委在西宁召开了追悼会。次日,王昭骨灰被护送至北京八宝山革命公墓安放。1987 年 12 月,《王昭纪念文集》出版,他一心为民、与民同苦的事迹直到今天依然感动着广大群众,他为官的清廉和正气也鼓舞着当代的奋斗者和前行者。②

---

① 赵宗福:《青海历史人物传》,青海人民出版社 2002 年版,第 389—391 页。
② 赵宗福:《青海历史人物传》,青海人民出版社 2002 年版,第 392 页。

十　十世班禅

十世班禅罗桑确吉坚赞，1938年出生于青海省循化县温都乡，乳名贡布才旦。1941年被班禅堪布会议厅按照宗教仪轨选定为九世班禅的转世灵童。1944年被接至塔尔寺供养。1949年6月经国民党中央政府批准继任第十世班禅额尔德尼。之后，按照宗教惯例，举行了剃度、受戒等仪式，取法名为罗桑确吉坚赞，意为"法幢"，简称确吉坚赞。同年8月10日，国民党政府特派蒙藏事务委员会委员长关吉玉为专使，在塔尔寺主持了十世班禅的坐床典礼，并颁发汉、藏文合璧的"西藏班禅行辕堪布会议厅"印鉴。坐床典礼举行后，确吉坚赞正式继承了历世班禅的合法地位和职权，受到广大僧俗群众的信仰和崇敬。

十世班禅诞生和成长的年代，正是中国人民抗击日本帝国主义侵略、抗战后中国面临两种命运决战的历史时期，国民政府曾极力拉拢、诱骗班禅堪布会议厅的主要成员，企图把班禅和堪布会议厅迁往台湾。此时年仅11岁的十世班禅大师，在父母和长辈们的影响下，树立了明确的主张：我是藏族人，是喝黄河水长大的，我爱故乡，不到外边去，绝不能离开生我养我的土地。中华人民共和国宣告成立后，1949年10月1日，避居在香日德寺的班禅大师当即分别向毛泽东、朱德和彭德怀等国家领导人发出致敬电，表示拥护中国共产党、拥护人民政府。之后，在党中央、西北局和青海省政府的关怀下，班禅和堪布会议厅由香日德寺返回塔尔寺。1951年春，十四世达赖亲政，中央人民政府和西藏地方政府（噶厦）定在北京举行和平解决西藏的谈判。中央特邀班禅进京，共商国是。4月，班禅亲自率领堪布主要官员到北京，积极推动、支持中央人民政府和西藏地方政府关于和平解放西藏事宜的谈判。1951年12月，在中央人民政府的关怀和支持下，十世班禅经过长达4个月的长途跋涉，安全抵达拉萨，拜会达赖，进行了具有历史意义的会见。之后，返回了两代班禅已有二十多年未能返回的驻锡地扎什伦布寺。1954年9月，班禅同达赖喇嘛共赴北京，出席全国人民代表大会第一次会议，当选为全国人民代表大会常务委员会委员，并于当年当选为全国政协副主席。1956年4月，任西藏自治区筹备委员会第一副主任。自1959年起，他先后当选为第二、五、六、七届全国人大常委会副委员长，多次到全国各地和藏族地区视察工作，并率团出访印度、澳大利亚、尼泊尔及南美数国，为维护祖国统一、发展藏族地区和各民族地区的经济文化建设而努力工作。①

　　班禅大师堪称佛教界中爱国爱教的一代风范人物，他的一生是热爱伟大祖国、热爱自己宗教的一生。他坚持不懈地为维护祖国统一而奋斗，为国家富强和民族团结繁荣而辛勤操劳，为弘扬佛法、引导信教群众拥护社会主义而不遗余力。1959年3月，西藏上层反动集团公然撕毁和平解放西藏办法的协议，发动武装叛乱。在事件发生和中央处理这一事件的过程中，班禅始终坚决拥护中央采取的措施，积极支持人民解放军平息叛乱，并遵照周恩来总理的命令，赶赴拉萨担任西藏自治区筹委会代理主任委员的职务，主持自治区筹委会工作，为西藏社会的根本变革和人民的翻身解放做出了重大贡献。班禅一贯反对并驳斥"西藏独立"的谬论。1980年以来，他多次与达赖喇嘛派回国内的代表谈话，并直接打电话给达赖喇嘛，向其晓以爱国大义。1987年以来，西藏少数分裂分子在拉萨制造了几次骚乱事件，对这种分裂祖国的行径，班禅进行了强烈的谴责。班禅积极协助党和政府贯彻宗教信仰自由政策，维护寺庙和僧尼的合法权益，并十分关心藏族传统文化的继承和发展，重视民族教育事业。他曾在自己的主寺扎什伦布寺进行社会主义条件下寺庙管理的试点，总结了一套很有价值的经验。他还在北京倡导和创办了中国"藏语系"高级佛学院，培养了一批在政治上热爱祖国，有较高佛学造诣的宗教人士。

　　班禅热爱自己的家乡，曾经多次回青海视察，对青海的民族、宗教、统战以及经济、文化建设等工作给予了帮助和指导，并不辞劳苦地为数万信教群众摸顶讲经。青海人民也十分尊敬和爱戴班禅大师，以这样一位伟大的爱国主义者和藏传佛教杰出领袖是青海人而自豪。班禅大师于1989年1月28日病逝于西藏，全国人大前委员长万里在悼词中评价十世班禅大师是"伟大的爱国主义者、著名的国务活动家、中国共产党的忠诚朋友、中国藏传佛教的杰出领袖"。后在党中央、青海省、海东地区有关部门的亲切关怀和广大信教群众的共同努力下，十世班禅大师纪念堂于1991年在循化文都寺修建落成，而其故居也已同样成为旅游者参观和佛教信徒们朝拜的圣地。

------

　　① 降边嘉措：《十世班禅》，东方出版社1989年版。

十一　索南达杰

杰桑·索南达杰，1954年生于青海玉树藏族自治州治多县索加乡。1974年毕业于青海民族学院，曾担任索加乡党委书记、治多县委副书记。

1991年，治多县人民政府将他撰写的《关于管理和开发可可西里的报告》的提案上报玉树州人民政府，请示成立可可西里保护机构。1992年7月，索南达杰组织了中国第一支武装反盗猎的队伍——治多县西部工委（别称野牦牛队），并兼任西部工委书记。可可西里有丰富的野生动植物资源，因此被许多盗猎者觊觎，他们与帮派勾结，企图对这些资源尤其是野生动植物资源下手，以获取巨额利益。西部工委成立后，索南达杰曾12次进入可可西里无人区，亲自进行野外生态调查及以藏羚羊为主的环境生态保育工作，共计抓获非法持枪盗猎集团八伙，有效打击了盗猎者嚣张的气焰，成为可可西里野生动物保护第一人。他在可可西里亲自考察过后，组织成立了"可可西里野生动物保护"办公室和"可可西里高山草地保护"办公室，向有关部门申请成立了"西部林业公安分局"和"可可西里国家级自然保护区"。[①] 对保护可可西里地区的矿产（包括金矿与盐矿）做出了贡献。

1994年1月18日，40岁的索南达杰和4名队员在可可西里抓获了20名盗猎分子，缴获了7辆汽车和1800多张藏羚羊皮。在押送歹徒行至太阳湖附近时，遭歹徒袭击，在无人区与18名持枪偷猎者对峙，流尽了最后一滴血后，被可可西里-40℃的风雪塑成了一尊冰雕，成为了所有热爱生命的人们心中的英雄。杰桑·索南达杰的牺牲开启了可可西里和三江源生态环境保护的新纪元。1996年5月，国家环保局、林业部授予索南达杰"环保卫士"的称号。1997年12月，国务院批准并公布可可西里为国家级自然保护区；2016年4月，三江源地区被确定为我国首个国家公园体制改革试点地区；2016年9月，世界自然保护联盟宣布将藏羚羊的受威胁程度由濒危降为易危；2017年7月，可可西里申遗成功，成为中国第51处世界自然遗产。

2005年，中国导演陆川执导的电影《可可西里》，描述了1993年到

---

① 参考内部编印资料《索南达杰事迹》。

1995年中国官方的藏羚羊保护过程，其中主角日泰便是以索南达杰为原型创作的。2010年，上海世界博览会万科馆"尊重·可能"厅中播放的关于环保的影片中，有描述索南达杰在可可西里保卫自然事迹的片段。2018年12月庆祝改革开放40周年，党中央表彰了100名为改革开放做出杰出贡献的个人，索南达杰是青海省唯一入选"100名改革开放杰出贡献人物"的人，2019年又荣获"最美奋斗者"称号。如今，可可西里的藏羚羊从不足两万只恢复到了近10万只，可可西里再无枪声，藏羚羊栖息的家园一派宁静与祥和。

十二 尕布龙

尕布龙，1926年11月出生于青海省海晏县。1950年1月参加革命工作，1952年6月加入中国共产党。1950年1月在西北革命大学学习，1950年7月分配到青海省海晏县工作，先后任民政科副科长、县委统战部副部长；1954年10月任青海省河南县委书记处书记、副书记、副县长；1959年11月任青海省河南县委书记；1960年6月任青海省黄南州委副书记兼河南县委书记，并先后兼任河南县政协主席、县人民武装部政委等职务；1963年当选青海省委候补委员；1965年12月当选青海省贫下中农协会副主席；1967年4月受"文化大革命"冲击被停职，1970年2月分配到青海省黄南州革委会生产部工作；1970年7月任青海省畜牧兽医总站革委会主任；1971年2月任青海省委常委、省畜牧局局长；1977年12月任青海省委常委、省革委会副主任；1979年8月任青海省委常委、副省长；1983年2月任青海省副省长；1988年1月任第七届青海省人民代表大会常务委员会副主任、党组副书记；1993年3月不再担任省人大常委会副主任职务，2001年7月退休。尕布龙同志是第八届全国政协委员，青海省第五届、第七届人大代表。

参加工作四十多年来，在不同的领导岗位上，尕布龙同志总是认真地履行着自己的职责，生怕出什么差错。在他担任省级领导以后，更是严格要求自己。对下级，对基层干部和群众从不摆官架子，对工作兢兢业业，尤其是关系群众利益的事情，他都会亲自过问，负责到底。在担任23年省级领导期间，他至少上千次下到全省各地的农牧区搞调查研究和工作指导，全省几乎每个乡村都留下了他的脚印。他下乡总是轻车简从，从不惊扰基层和群众。每次下乡前，除特殊情况外，他从不向当地党政领导打招呼，更不允许通知基层接待。而到每一个地方，他总是和秘书、司机同居一屋，只要有一间普通房间、三张床就行。吃饭越简单越好，一般只要有面片、有农牧民日常喝的老茯茶就满足了。有时，为了不给基层干部和群众添麻烦，午饭只用开水泡馍馍就可以了。

在担任常务副省长和省人大常务副主任的那些年，每当召开全省人代会时，就是他最忙的时候。作为大会主要组织者之一，他一方面尽职尽责，为大会的顺利进行履行好领导职责；另一方面每天总是在四五点钟起床，亲自到大会食堂和厨房为牧区来的牧民代表烧奶茶。有人议论他有失身份，他却淡然一笑说：农牧民代表们长年累月在基层劳动，很辛苦，好不容易来省上一回，我作为他们的公仆侍候他们一回，也是应该的。在他看来，一个牧羊人和一个省级干部之间并没有多大的区别，所不同的是，一个人手里握的是自己的放羊鞭，而另一个人手里握的是党和人民赋予的权力，权力大小不同，但人是平等的。

凡是了解尕布龙同志的人都知道，为了那些来自农牧区的贫困群众，他的住宅几乎变成了患者的"住院部"和"招待所"。他的家里没有沙发，没有像样的家具，只是在各屋里摆了十几张简易板床，每天都要接待少则七八位，多则几十个来自边远地区的农牧民群众。他们大多是因为贫困而住不起医院或无钱看病的患者，而其中好多人都与他素不相识。但是几十年来，他始终就像对待自己的亲人一样对待他们，为他们管吃管住，甚至负担医药费。据曾给他当过多年司机的杨杰、崔生满等介绍，三十多年来，仅他们从尕省长家护送到医院就诊的贫困农牧民患者就有 7000 多人，其中一部分人在病重期间，尕省长曾亲自在他们病床前守护过。[①]

为了改变南北两山的生态环境，1989 年，省上成立了西宁市南北山绿化指挥部，尕布龙担任顾问。1992 年，66 岁的尕布龙从省人大常务副主任的职位上退了下来，组织上让他担任两山绿化的专职常务副总指挥。曾经有好心人劝他，你工作了几十年，为公家操劳了大半辈子，现在退休了，该好好过几年舒坦日子了。尕布龙却回答：党把我从一个放羊娃培养成领导干部，组织信任我，让我把两山绿化好，我要一心为党的绿化事业再出最后一点力，为子孙后代留下一片青山。他是这么说的，也是这么做的，自此，他把全部的心血都献给了这两座荒山。

---

① 辛茜：《尕布龙的高地》，《人民文学》2016 年第 4 期。

如今，尕布龙十多年的辛劳已结成硕果：西宁南北两山昔日的荒山秃岭已绿树成荫，造林面积近 4 万亩，植树达 3000 多万株，成活率为 80%，建成山地苗圃 500 多亩，旅游景点 12 处。2001 年尕布龙被授予全国母亲河（波司登）奖，他将奖金 2 万元悉数捐出，奖给了绿化南北两山的先进个人和单位。①

2011 年 10 月 8 日，尕布龙同志因病医治无效在西宁逝世，享年 86 岁。2016 年 1 月 31 日，中央宣传部在中央电视台向全社会公开发布"时代楷模"尕布龙的先进事迹。

---

① 辛茜：《尕布龙的高地》，《人民文学》2016 年第 4 期。

第四章

唐蕃古道青海段的物质文化遗产

物质文化遗产作为有形的、可触的、具有深厚文化底蕴和悠久历史传统的文化资源，是各民族智慧和精神的结晶，是凝固和物化了的历史记忆，也是当代展现和承载历史文化风貌的重要载体。青海自古以来就是一个多民族文化交汇的地带，在数千年的历史发展中，这块广袤的土地上留下了丰富灿烂的物质文化遗产。通过梳理唐蕃古道青海段沿线的古遗址与墓葬、古城与驿站、寺观与塔窟以及古桥与古渡等形态多样、内涵丰富的物质文化遗产，我们可以更加深入地了解青海这片土地从古至今的灿烂文化。

第一节 遗址与墓葬

据统计，青海境内发现各个时期、不同文化类型的古遗址、墓葬群有4000多处，出土和征集到的文物20余万件。尤其是黄河流域和湟水河沿岸人烟稠密、城镇较多，史前至明清时期的墓葬遗址数以千万计，囊括了旧石器时代、新石器时代、铜石并用时代和青铜器时代等时期的文化遗存。这些内涵丰富、形态多样的文化遗存作为青海先民社会生产生活的画面，既是青海宝贵的历史文化资源，也成为今天我们了解青海悠久历史的重要窗口。

一 柳湾遗址

柳湾遗址位于海东市乐都区高庙镇东约2公里的柳湾村村北的旱台上，地处丝绸之路青海道湟水流域孔道。柳湾墓地开始发掘于1974年，到 1978 年田野工作基本结束。墓地东起大堂沟西坡沿，西到柳湾沙沟东坡沿，北到柳湾坪顶点，南到大峡支渠，整个台地呈不规则性，地势北高南低。

柳湾墓地延续时间长，从马家窑文化半山类型至辛店文化时期，大约有 1000 多年之久。遗址面积近 50 万平方米，其中墓群面积约 21 万平方米。柳湾墓地共清理出马家窑文化半山类型墓葬 265 座，马厂类型墓葬 1041 座，齐家文化 419 座，辛店文化 5 座。出土文物包括生产工具、生活用具、装饰品等共计 37925 件，仅精美彩陶就近 2 万件。齐家墓葬的随葬陶器除了先前常见的壶、盆、碗以外，新出现了不少造型别致的器物，如薄胎素面、敞口束腰、折腹平底，口沿至腹部有对称的两个大单錾耳的双大耳陶罐，与古希腊、古罗马的安佛拉瓶造型十分相似，显然受到西域文化的重要影响。[①]

柳湾墓地是我国黄河上游迄今已知的规模最大、保存较好且经过科学发掘的一处氏族公共墓地。墓地出土的 2 万多件精美的彩陶，器物造型多样，纹饰繁缛，构图精美，艺术风格独具一格，让人叹为观止。特别是一些珍贵的如裸体人像彩陶壶、彩陶靴、人头像壶等，具有很高的艺术价值。柳湾遗址在国内外有着较高的知名度和广泛的社会影响，被称为"彩陶王国"，迄今已有 70 多个国家和地区的专家学者到这里考察，并给予了极高的评价。2001 年，在这里修建了中国青海柳湾彩陶博物馆，这是我国第一个展示彩陶文物的专题性博物馆，成为了青海著名的历史文化旅游景点之一。

二　马场垣遗址

马场垣遗址位于民和县川口镇边墙村、马场垣乡团结村，西距民和县城约 8 里，北临湟水，兰西高速公路由东向西绕遗址北侧穿过。遗址坐落于湟水南岸二级阶地前缘，与湟水北岸甘肃红古区海石湾及兰青铁路隔河相望，面积 64 万平方米左右，文化堆积层 50—150 厘米。

马场垣遗址中心部位有一个三角形的大坑将遗址分为东、西、北三部分，东部靠村庄，除地面散布有马家窑马厂类型陶片外，并有墓葬。西部

---

① 王国道、马兰:《柳湾墓地的发现和发掘》，载李智信主编《青海文化丛书·考古卷》，青海人民出版社 2019 年版，第 14—22 页。

是马厂类型时期的墓葬地，边缘有少量的辛店文化姬家川类型的墓葬。中部为马家窑文化马厂类型的居住区，北部偏西有一椭圆形约800平方米的孤立的台地，是辛店文化姬家川类型时期的居住地。该遗址是瑞典考古学家安特生于1923年首次发现命名的，并在其《甘肃考古记》一书中向国外介绍了马场垣遗址的重要发现。1947年，我国著名学者、考古学家裴文中先生对此遗址进行了调查。中华人民共和国成立后，中国社会科学院考古所、西北大学历史学研究室、北京大学考古系以及青海省考古队、民和县图书馆、博物馆等单位先后对该遗址进行了调查和文物征集工作，发现马场垣遗址所见陶片除有马家窑文化马厂类型陶片外，还有辛店文化姬家川类型以及少量齐家文化、卡约文化的陶片。因此认为该遗址涵盖的文化有新石器时代的马家窑文化马家窑类型和马厂类型，青铜器时代的齐家文化和辛店文化。

马场垣遗址以其独特的古文化内涵，成为了马家窑文化马厂类型的命名地。该遗址内涵丰富，是一处新石器时代至青铜器时代文化并存的古遗址。加之其延续时间长，文化堆积厚，居于民和地区史前各遗址之首，因而在中国考古学史上占有极为重要的地位。我国著名史学家尹达先生在他的《中国新石器时代》一书中说："中国近代考古学还是由于二十年代初河南仰韶和青海民和等地的考古，而正式步入它的历程。"马场垣遗址中既有古代聚落遗址，又有墓地，对研究黄河上游古代先民的生产生活条件、居住方式、经济结构、社会形态、丧葬习俗、自然环境、地理气候等方面的课题有极为重要的意义，也为研究黄河上游新石器时代和青铜器时代各文化内涵及彼此之间的关系提供了实物资料。2000年4月，该遗址列入国家"十五"规划——全国大遗址保护展示体系建设规划项目。①

三　喇家遗址

喇家遗址位于民和县官亭镇喇家村，黄河谷地北岸二级阶地的前缘。遗址东邻中川乡朱家村和王石沟村，南临黄河，以黄河为界与甘肃省积石山县隔河相望，西临官亭镇鲍家村，北距官亭镇约2公里。1981年遗址被发现，1999年开始发掘，探明遗址分布面积在25万平方米以上。

喇家遗址是齐家文化的一处中心聚落，经测定其年代在距今约4000

---

① 青海省文物局：《民和马场垣遗址》，《青海文化》2006年第2期。

年前后，大致可以分为早晚两期。早期可能在距今4200年，晚期约在距今4000年前。调查发掘表明，喇家遗址的文化遗存还包括少数已经被齐家文化地层所破坏的马家窑文化遗存，以及极少数零星的辛店文化遗存。遗址内还发现了深6—8米、宽10多米的环壕，供人们集中活动的小型广场、结构独具的窑洞式建筑，土台以及祭祀性墓葬等重要遗迹。出土了大量陶、石、玉、骨器等珍贵文物，其中最有价值的是反映社会等级和礼仪制度的"黄河磬王"、玉璧、玉环、玉斧、玉锛等玉器。遗址最重要的发现是史前灾难遗迹，地层关系表明，该灾难地震在先，洪水在后，从而导致了遗址的毁灭。目前清理的多处房址中，充满黄土和颗粒不均的沙砾、红胶泥土等，并发现人骨遗骸，各房址中发现的人骨数量不同，有多有少，他们的年龄性别也完全不同。在4号房址内，发现14具骨骼，以少年儿童为主，18岁以下的未成年人10具，其中年龄最小的仅2岁左右，28—45岁的4具。由于死亡之时突遇无法抗拒的灾难，这些骨骸表现出了一刹那间的状态，他们姿态各异，有的屈肢侧卧，有的匍匐于地，有的上肢牵连，有的跪踞在地。其中母亲怀抱幼儿，跪在地面，相互依偎，在灾难突然降临时表现出的无助以及乞求上苍救助的神态令人动容。

喇家遗址兼有马家窑文化马家窑类型和马厂类型、齐家文化、辛店文化等多种文化类型，内涵十分丰富。它保留下来的齐家文化时期的地震和黄河泛滥以及山洪袭击等多种灾难遗迹，反映了4000年前左右因地震和洪水造成聚落毁灭的灾变过程，为多学科交叉研究黄河上游地区环境考古等提出了新的课题。① 喇家遗址的发掘使齐家文化研究获得了重大突破，遗址发现的壕沟、广场、祭祀性墓葬、玉、生活用具以及因为灾难突然定格的生活场景等，为研究齐家文化时期社会发展水平、生产生活形态、宗教礼仪以及史前文化交流等提供了崭新的资料，对黄河上游地区史前聚落形态类型的研究、窑洞式建筑的发展历史及中国古代建筑的起源与发展具有重要意义。

喇家遗址发现的史前灾难性遗址，在全国罕见，其意义已经超出了考古学的一般范畴，属于中国文化遗产的一部分，具有较高的旅游开发价值。2002年6月，喇家遗址在中国考古学会杭州会议上被评为2001年度全国十大考古新发现之一。2005年，被国家文物局列入全国100处重点遗

---

① 夏正楷、杨晓燕、叶茂林：《青海喇家遗址史前灾难事件》，《科学通报》2003年6月刊。

址保护项目。

四 卡约遗址

1923年首先发现于青海省湟中县卡约村而得名。卡约为藏语，意为山口前的平地。遗址面积较大，除包括整个村庄外，还延伸到村北耕地。遗址可分南、北、西三区，南区基本都压在村庄之下，大部都是农民庄院，南边缘处有少量的墓葬，北区为纯居住区遗址，西区是葬地。南区在庄院墙基下见有较厚的灰层和烧土，很多庄院墙内都夹有杂骨和碎陶片。北区距村庄约40米，地势略高，20世纪70年代前保存完整，并于1958年公布为省级文物保护单位。西区是葬地，瑞典考古学家安特生曾在此发掘墓葬数座。1983年，青海省文物考古队曾在东部农民庄院内，清理残墓葬1座，系长方形立坑偏洞墓，单人二次扰乱葬式，随葬陶器3件及一些装饰品。

卡约文化是青海省古代各种文化遗址中数量最多、分布范围最广的一种土著文化，东起甘青交界处的黄河、湟水两岸，西至青海湖周围，北达祁连山麓，南至阿尼玛卿山以北的广大地区均有分布。湟水中游的西宁盆地，遗址最为密集，显然是其分布的中心带。

五 宗日遗址

宗日遗址是1982年在海南藏族自治州同德等地的文物普查中首次发现的，位于黄河上游海南州同德县团结村内，东距县城40余公里。目前认定的同类遗址有51处，主要分布在黄河两岸以及各支流接近入河口处的岸边，上游起自同德、兴海两县交界处的巴曲入河口，下至贵德县的松巴峡，分布区域主要是青海湖南面的共和盆地的黄河及其支流沿岸。

宗日文化是青海地区新发现的一处新石器时代文化，时代大体与东部的马家窑文化相始终，距今年代约为5600—4000年，延续了大约1600年，后被齐家文化替代。宗日墓地分布在黄河北岸的第二台地上，北靠塔拉湾村，东为班多村，西北为卡里岗村，南隔黄河与兴海县的曲什安乡相望，面积约5万平方米。青海省考古所在1994—1995年间对该遗址进行了比较彻底的发掘。宗日墓地的随葬品繁多复杂，按质地分，主要有陶、石、骨、铜器。据不完全统计，墓葬中共出土文物12691件，其中陶器约

896件，石器约5323件，骨器6465件，铜器7件。墓葬中所出宗日式陶器，夹粗砂者占绝大多数，少量为泥质陶，乳白色或乳黄色。绳纹、附加堆纹较普遍。彩陶占一定比例，为单一紫红色彩，图案主体分两大类，一类是变形鸟纹，另一类是多道连续折线纹，大型器物的图案多绘在颈、肩部，小型敞口器物则多绘在内壁。器类有壶、罐、碗、杯等。[1] 宗日墓地遗址正处在南北朝隋唐时期丝绸之路"吐谷浑道"的南支线上。

六 都兰热水墓葬

位于海西蒙古族藏族自治州都兰县。1970年以来，青海都兰县境内及邻近地方发现数千座古代墓葬，分布较集中的主要有都兰县热水乡、夏日哈乡、沟里乡、香日德地区等。热水墓群约有墓葬165座，正式清理发掘的墓葬40余座。墓群位于热水乡血渭社的冬季草场上，以察汗乌苏河为分布中心。1982年以后（主要是1982年至1985年），青海省文物考古部门对都兰县热水乡血渭墓地、夏日哈乡大什角沟墓地等做了正式发掘。曾在国内引起轰动的都兰热水血渭一号大墓封土堆高约30米，东西长55米，南北宽37米。墓葬南面的地平面上，有陪葬坑和陪葬遗迹。该一号大墓1983年被文化部列为我国六大重要发现之一，1986年被列为全国十大重大考古发现之一，1996年被公布为全国重点文物保护单位。专家认为，从都兰热水墓地的总体布局来看，血渭一号大墓属于吐谷浑降吐蕃后最重要的一个吐谷浑王陵墓的可能性很大，而这个最重要的吐谷浑王大概是坌达延墀松。[2] 这一推测是迄今为止在全面深入研究基础上得出的一个最具说服力、很值得信据的学术观点。

以热水为代表的柴达木盆地墓群出土的中西文物众多，其中公元6世纪末到9世纪前期中原及西域织造的丝绸织品，其数量之多、品种之全、图案之美、织技之精、时间跨度之大，在全国罕见。丝绸织品种类有锦、绫、罗、缂丝、绢、纱等，其中织金锦、缂丝、嵌合组织显花绫、素绫，均为国内首次发现。据不完全统计，丝绸中共有残片350余件，不重复图

---

[1] 陈洪海、王国顺、梅端智、索南：《青海同德县宗日遗址发掘简报》，《考古》1998年第5期。

[2] 仝涛：《青海都兰热水一号大墓的形制、年代及墓主人身份探讨》，《考古学报》2012年第4期。

案的品种达 130 多种。其中中原汉地织造者占品种总数的 85%，西方中亚、西亚所织造者占品种总数的 14%。西方织锦中有独具异域风格的粟特锦和波斯锦，一件织有中古波斯使用的钵罗婆文字的金锦，是目前所发现的世界上仅有的一件确证无疑的 8 世纪波斯文字锦。除丝织品外，还发现有中原汉地文物"开元通宝"铜钱、小宝花铜镜以及大量的漆器如杯、盘、碗等，木器如碗、盒、盘、车、鸟、兽等，金银器如带饰、牌、扣等，装饰品如绿松石等，此外，还出土了一批陶罐和藏文木牍。西方文物发现有粟特金银器、突厥银饰件、玛瑙珠、玻璃珠、红色蚀花珠、铜盘残片和铜香水瓶等。这样多的来自东、西两方的文物集中于都兰县一带，充分说明这一时期丝绸之路"吐谷浑道"很繁荣，都兰县一带确已成为交流东、西方物资的中心和融合东、西方文化的中心。

2018 年 9 月至 2019 年 10 月，中国社会科学院考古研究所和青海省文物考古研究所组成的联合考古队，发掘了 2018 血渭一号墓。该墓葬规模大，墓园结构完整，是迄今青藏高原所发现的高规格陵墓当中，保存最完整、结构最清晰的一座墓葬。发掘出土大量文物，有藏文木简、金银带具、饰品、丝织品、皮革、漆器、绿松石、水晶等。这座墓葬规模大、等级高，反映了墓主人较高的政治地位和经济实力。青海都兰热水墓群 2018 血渭一号墓完整的墓园建筑系热水墓群首次发现，是研究热水墓群高等级墓葬葬制和葬俗的重要材料，是热水墓群研究的新突破和新进展。[①] 都兰热水血渭一号墓发掘出土的印章，属于吐蕃文字，释读为"外甥阿柴王之印"。"阿柴（A-Za）"是吐蕃人对吐谷浑的称呼。吐蕃为了对吐谷浑进行控制，长期保持王室的联姻，从而形成了特殊的"甥舅关系"。这枚印章不仅印证了其他出土文献的记载，而且表明了墓主人的身份与族属。

七 沈那遗址

沈那遗址位于西宁市城北区小桥大街小桥办事处小桥村北，坐落在湟水及其支流北川河交汇的二级台地上。遗址呈长方形，总面积约 10 万平方米。"沈那"是羌语，为依山面水、黑刺林茂密之意。该遗址由裴文中

[①] 李瑞：《四项考古新成果实证古丝绸之路上的融合交流》，《中国文物报》2019 年 11 月 22 日，国家文物局第四期"考古中国"重大项目新进展工作会发布。

先生于1948年发现，起初叫"小桥遗址"，20世纪50年代改为今名。

沈那遗址文化堆积厚，内涵极为丰富，是一处包含少量马家窑文化和卡约文化遗存、以齐家文化为主的原始聚落遗址。遗址中发现了马家窑时期的残破窑两座，从窑的结构看，当时已掌握了高温烧制陶器的技术，这是马家窑文化的陶窑在青海的首次发现。发现的齐家文化陶器制作规范精细，其技术包含了由慢轮发展到快轮加工的过程，是原始制陶中先进的成型技术，表明了制陶业的高度发展。遗址中发现了以坑壁为墙的半地穴式房子，分布在遗址周围。房址形制有圆形、方形两种，房屋地面有硬土和白灰面两种，房内有炕灶、柱洞，像这样规整，且采用白灰面作为房屋建筑是齐家文化典型的房屋建筑风格。房屋建筑周围布满了灰坑窖穴，其平面有圆形、长方形、椭圆形、不规则形四种，形制趋向固定，以口小底大的袋形穴或直壁平底穴为主。灰坑窖穴的密集分布表明了农业生产的发展和私有的出现。[①] 房屋周围集中分布着形制不一的墓葬，有殉人殉物的现象。遗址中发现了大量的羊、牛、犬、猪、鹿及少量的马、鸟类等动物骸骨，尤以羊的居多，表明了以羊为主的家畜饲养业的发展。出土石器中广泛存在着打制的、与加工皮革有关的工具，表明皮革制作业在这个文化中的地位以及经济类型的变化。遗址中还发现了一些铜器，其中一件大型倒钩青铜矛，是迄今已知齐家文化体量最大的一件青铜器，表明了当时的冶炼铸造技术达到了一定的水平。而且更为重要的是，该铜矛与广布欧亚草原东部的塞伊玛—图尔宾诺文化的同类典型器很相似。这件铜矛的发现，表明西宁地区在丝绸之路开辟早期的"铜之路"时期，即已具有十分重要的地位。

沈那遗址较大的面积、有一定规模的人口和分布明确的功能分区，构成了4000年前先民完整的聚落，为研究齐家文化的社会组织提供了难得的实物资料。沈那遗址房屋分布密度很高，说明遗址中部作为祭祀活动区域的可能性很大。遗址表现出来的与甘肃齐家文化不同的经济类型，对研究湟水流域齐家文化的状况具有重要意义。沈那遗址对居住区域的选择体现了"齐家人"乃至中国先民对聚落环境的认识。[②]

[①] 吴平：《沈那遗址的考古发掘》，载青海省政协学习和文史委员会编《青海考古纪实》，1997年内部印刷，第87—95页。

[②] 王昱主编：《青海历史文化与旅游开发》，青海人民出版社2008年版，第173页。

沈那遗址是西宁盆地乃至湟水流域齐家文化的聚落中心，是早期中西交流通道上的重要节点，是中国从石器时代迈向铜器时代的典型遗址，保护、开发、利用的价值巨大。如今西宁市已完成沈那遗址公园的建设工作，2020年年末已对外开放。

八　乌兰泉沟一号墓

位于海西蒙古族藏族自治州乌兰县希里沟镇河东村泉沟周边的山谷地带，属青海省第三次全国文物普查新发现。墓葬形制为带墓道的长方形砖木混合结构多室墓。墓坑填土中埋葬有一殉葬武士，唐代文献中称之为"共命人"。墓室由前室、后室和两个侧室组成。前室为砖室，后室及两侧室为柏木砌成，顶部用柏木封顶，墓顶上堆积大量石块，防盗措施严密。前室和后室均绘壁画，内容有武士牵马迎宾、宴饮舞乐、狩猎放牧、宫室帐居、山水花卉等内容。墓顶绘有各类珍禽异兽、祥龙飞鹤、日月星辰等图像。前后室内中央各立一根八棱彩绘莲花纹立柱。后室内发现大量彩绘漆棺构件，应该为双棺，棺表髹黑漆，再施彩绘，内容有骑马行进人物、兽面、飞鸟、花卉、云团及几何图案等内容。人骨堆积散乱，可见至少2具骨骸，推测应为夫妻合葬墓。随葬品有丝织物残片、金银带饰、铜筷、铜饰件、铁器残块、漆木盘、陶罐残片、玻璃珠、粮食种子和动物骨骼等。在后室西侧木椁外墓底坑壁上，发现一处封藏的暗格，内置一长方形木箱，箱内端放一件珍珠冕旒龙凤狮纹鎏金王冠和一件镶嵌绿松石四曲鎏指金杯，木箱下铺有粮食种子。鎏金王冠前后各饰一对翼龙，两侧各饰一立凤，后侧护颈饰双狮，周身镶嵌绿松石、蓝宝石、玻璃珠等，冠前檐缀以珍珠冕旒。供奉和珍藏的意味突出，可见是墓主人最为珍视的、兼具神圣性的重要物品。鎏指金杯有四曲杯体和方形圈足，装饰富丽，技艺精湛，融合唐朝、中亚和吐蕃之风于一体，以往出土的同类器物中无出其右者。①

考古发掘显示，泉沟一号墓是青藏高原首次发现的吐蕃时期壁画墓。壁画墓在汉文化区非常流行，但在青藏高原极为罕见，尤其是吐蕃统治时期，并不流行这类墓葬装饰形式，显示了该墓葬的与众不同之处。绘画技

---

① 李瑞：《四项考古新成果实证古丝绸之路上的融合交流》，《中国文物报》2019年11月22日，国家文物局第四期"考古中国"重大项目新进展工作会发布。

法具有浓郁的唐风影响，图像内容又兼具青藏高原游牧民族特色，具有很高的史料价值和艺术价值。墓内的彩绘漆棺是迄今青藏高原首次发现的独特葬具装饰形式。根据出土物特征和壁画内容风格，可以推测该墓葬为吐蕃时期，碳14测年显示为公元700年前后。吐谷浑和吐蕃统治时期丰厚的财富积累和文明发展高度，以及唐朝和中亚地区源源不断的文化输入，对于青海地区多民族文化的形成具有重要的影响力。泉沟一号墓葬的发现，对于探讨古代汉藏文化融合进程和青海丝绸之路的文化交流盛况具有重大的学术价值。①

九　聂龙加霍列、章齐达墓群

2012年，青海省考古工作者在玉树地区发现大批封土石丘墓葬，并对破坏严重的聂龙加霍列墓群和章齐达墓群两处墓葬群进行了发掘，这也是首次对玉树地区吐蕃墓葬进行发掘。聂龙加霍列墓群位于治多县治曲乡治加村的聂龙沟内，共发掘墓葬15座。章齐达墓群位于治多县立新乡叶青村，共发掘墓葬2座。出土随葬品主要有银器、铁器、漆器、陶器等。两处墓地中经过发掘的墓葬表现出复杂的建筑式样与结构，如章齐达一号墓，用岩石砌成的网格状石墙将封堆上部划分成7个不同的单元，墓室位于中间的一格位置，由墓道、天井、主室、侧室以及主侧室与天井相通的甬道组成，墓室顶部用石板封砌成圆形穹窿顶。墓葬形制与文献记载的吐蕃"拂庐"形制有相似之处。玉树地区所见吐蕃墓葬丰富了对吐蕃墓葬制度的认识。②

十　凤凰山拱北

凤凰山拱北位于西宁南山。拱北也写作"拱拜"，是埋葬伊斯兰教大阿訇的墓葬。它跟清真寺一样，是教徒集会诵经的场所。

根据文献资料和本民族的口头传说，早在唐代，就有信仰伊斯兰教的阿拉伯人、波斯人以传教、经商等方式来往于青海地区。还有因政治等原

---

① 李瑞：《四项考古新成果实证古丝绸之路上的融合交流》，《中国文物报》2019年11月22日，国家文物局第四期"考古中国"重大项目新进展工作会发布。
② 蔡林海、马春燕：《玉树地区吐蕃墓葬考古的新进展》，《青海日报》2015年4月24日第11版。

因到中原地区的大食军团、外交使团也常出入于这一地区。北宋时期，阿拉伯、波斯和中亚各地的穆斯林商人继续沿着丝绸之路进入新疆，从罗布泊绕道入柴达木盆地，经过青海湖南或北岸到西宁，再循湟水谷地到洮河流域，去往关中平原。因此，当时的青唐城（今西宁市）即聚集有大批西域商人。

13世纪，随着蒙元西征的胜利，中西交通大开，大批中亚各族和阿拉伯人被迁徙到东方。元代把这些人统称回回，列入"色目人"。他们在聚居区建立清真寺，并围寺而居，官方文书称他们为"回回"。他们中的一部分人逐渐移居到青海河湟地区。明清两代数次将江南等地的回回民族迁往今西宁、贵德、乐都等地。在被蒙元迁徙的这些人中，有一个叫哈什目·尔卜敦勒咳麻尼的人，据说他是东来回回"四十贤哲"中的一位，道号固图布·兰巴尼。固图布·兰巴尼是伊拉克巴格达人，据说是伊斯兰教先哲穆罕默德的第25代孙。他13世纪中叶来到中国。南宋咸淳九年（1273年），固图布在云南等地宣扬伊斯兰教苏非派教理。后来，固图布经过川陕来到甘青，在某个年份的正月十五来到今西宁地区。固图布在西宁、湟中一带避世隐居，修炼教法。不久，固图布卒于当地，被葬在凤凰山。后来，西宁王速来蛮在凤凰山修建清真寺，在固图布的墓地修建起拱北，并树碑纪念。这座清真寺拱北就成了青海历史上伊斯兰教的第一个活动场所。

这座拱北的左右侧下方还有4个坟墓，据说就是跟随固图布传教的人的墓葬。元末农民战争中，拱北遭到破坏。明洪武十三年（1380年），西平侯沐英奏准朝廷重建了凤凰山拱北。当时除依旧制恢复了清真寺和拱北的原貌外，还增修了经阁一处，经阁墙壁绘了西域36国志谱。明太祖朱元璋御赐碑两通，细述了拱北的源流。后由于年久失修，拱北颓废。清及民国时期，信徒多次集资整修清真寺和拱北。

1983年，凤凰山拱北恢复开放，西宁地区的信徒集资对拱北做了整修，自此成为了西宁市一个内涵丰富的人文景点。作为青海地区最早的伊斯兰教文物遗迹，凤凰山拱北是中阿人民自古以来友好交往的象征，是我们研究中阿交往史、中国伊斯兰教史、回族史以及西北伊斯兰教教派变迁史等的重要实物资料。

第二节 城址与驿站

古代城池的主要功用是军事防卫,兼顾生产生活、行政管理,同时也有为驿传运输、信息传递等提供便利的功能。唐蕃古道青海段沿线有许多重要的古城遗迹,它们与沿线众多的烽墩、驿站等共同见证了历史上唐蕃古道青海段曾经的繁荣。

一 古城垣古城

古城垣古城位于海东市民和县西沟乡南垣村古城社,东北距民和县川口镇约18公里,在巴州川内东沟、西沟二水交汇处的古城塬上。"城呈长方形,南北长600米,东西宽500米,残高0.8—1.5米,基宽1.5米,夯土筑,夯层厚0.06—0.09米。有内外两重城垣。城址在平整土地时遭到严重破坏,城内暴露遗物较少。"[①]

据《汉书》卷28《地理志》等记载,汉昭帝始元六年(前81年),汉设金城郡,郡治在金城县(今兰州西固),青海还不在其管辖范围之内。汉宣帝神爵初,西汉名将赵充国平定羌乱后,首次在河湟地区设立允吾、破羌、安夷、临羌等县,归金城郡管辖。为便于治理,金城郡郡治由金城县西移到允吾县。然而,金城郡古城及其所辖附郭允吾县古城的具体位置长期以来有争议,诸说中在今民和县西沟乡南垣村古城垣古城的位置很符合《水经注》关于金城郡故城在大通河汇入湟水后的河南岸的记载,古城规模宏大,易守难攻,符合金城郡筑城的需要,为金城郡郡治的可能性最大。金城郡故城是青海最早的郡一级古城,其址正在丝绸之路青海道上,是古青海道上的重要遗迹,汉代驿道的重要枢纽点。

二 西海郡古城

西海郡城的故址位于今海北藏族自治州海晏县境内,东距海晏县城约100米,俗称"三角城"。2014年,经青海省文物考古研究所与陕西龙腾勘探有限公司组成的联合考古调查勘探工作队勘探,西海郡故城整体平面

[①] 李智信:《青海古城考辨》,西北大学出版社1995年版,第21页。

呈方形，东西约635.5米，南北约613—636.5米，面积约30万平方米，墙体宽约9—18米，现高约1—5米。城墙夯筑，大部分已经倒塌，但墙体走向清晰可辨。城墙四面中部各有一门，门址保存较好。在古城西北部、东北部各发现角阙一处，平面均呈曲尺形。古城由外城、内城组成，内城又分为北城、南城两部分，北城南墙中部辟有一门。南城北墙、东墙各辟有一门。根据门址的平面形制及结构，初步判断，东门址为南城的主城门，北门址为南城侧门。勘探发现的建筑基址、夯土基址多分布于内城之中的南城内，在南城内还发现数量众多、与建筑基址和夯土基址相接的道路、踩踏面及多处砖瓦堆积，且发现集中分布的灰坑。初步判断，南城应为西海郡故城的主要建筑区或官署区。[1]

据《汉书》卷99《王莽传》记载，西海郡设于汉平帝元始四年（4年）。新莽始建国元年（9年），王莽称帝后，曾派人在西海郡城中雕制安放了"虎符石匮"。"虎符石匮"由上、下两部分构成，分别由花岗岩整体雕成，然后套合而成。基座上阴刻有三行篆字，从右到左为"西海郡虎符石匮/始建国元年十月癸卯/工河南郭戎造"，共22字。[2] 新莽政权垮台后，西海郡随之废弃，东汉及以后再未恢复。在古城内发现有"五铢""半两""货布""货泉""大泉五十""小泉直一""崇宁重宝""圣宗元宝"等多种货币，以及东汉时的"西海安定元兴元年作当"云纹瓦当和唐代的莲花纹瓦当残片等，说明该城址所经历的时间很长，此城使用的下限晚至唐宋时期。更为少见的是，在城中发现了两种钱范，均为陶质，一是"大泉五十"母范，另一是"小泉直一"母范，后一块钱范上还有阳文汉隶铭文"前钟官工良造第八"字样，证明新莽时期在此城中曾铸造过青铜钱币。

三 乐都大小古城

大小古城位于原乐都县城西约1.5公里处的大、小古城村。现在地面上已无遗迹可寻，但与城有关的地名仍然存在。两个村庄分别被称为大古城村和小古城村。两村周围有"北门壕子""古城角落""北门十字""南

---

[1] 青海省地方志编纂委员会编：《丝绸之路青海道志》，青海民族出版社2018年版，第174页。

[2] 崔永红、张得祖、杜常顺主编：《青海通史》，青海人民出版社1999年版，第49页。

门台""营门"等小地名。

对于这两座古城,著于清初顺治年间的《西宁志》有简单记载,云:"碾伯古城。碾伯西二里,二城连环约三里。"此后,编纂于清康熙年间的《碾伯所志》、乾隆年间的《西宁府新志》也予以收录。古城在民国时期仍保存较好,民国三年(1913年),周希武途经此地时仍看到二城,做了叙述:"出碾伯县南门,折西行,二里至小古城,一旦至大古城,两城如连环,相距三里许,未知建置所始。"但一直不知道是哪座古城。

1983年,在全省文物普查时,乐都县文物普查小组对此城进行了调查,认为大小古城是南凉都城乐都城,大古城可能是内城,小古城可能是外城。内城为宫殿区,外城为平民区。由于古城已被拆毁,城内未经发掘,地面散布遗物极少,从考古学角度暂时无法确定大小、古城的建筑时期和使用沿革状况。从文献记载推测,大古城内原来还有一重城垣,城建于后凉吕光政权时期,为乐都郡城,后来为南凉早期国都。外城筑于南凉秃发傉檀时,和内城同为南凉晚期国都。当时,所谓"国人"(鲜卑族人)居于内城,"晋人"(汉族人)居于外城。小古城年代远晚于大古城,由唃厮啰政权李立遵所建,同大古城一起,并称为宗哥城。①

四 老鸦古城

老鸦城位于高庙镇老鸦村西南,东距老鸦峡约5里,湟水在城南30米外流过。古城现只残存东北角。北段残垣长21米、宽4.5米、高3—5米,东段残垣长39米、宽4.5米、高2—5米。夯土筑,夯土层厚10—20厘米。据调查,此城在20世纪初还保存完好,城周围居住着很多村民,20世纪30年代,由于湟水北浸冲刷,村民北迁。现在村民多居住于城北一带。

据《西宁府新志》《碾伯县志》等记载,此城周长787米(二百四十六丈),高8.0米(二丈五尺),基宽6.4米(二丈)颇。有两座城门。护城壕深7.0米(二丈二尺)、宽6.4米(二丈)。据周希武《宁海纪行》记载,民国三年(1914年)时,城内还有百余户住家,十余名兵士。省内学术界主流观点认为老鸦城就是汉破羌县古城,但也有学者认为破羌县古城不是老鸦城的前身,更不是老鸦城本身。汉破羌县城应在今高庙镇一

---

① 李智信:《青海古城考辨》,西北大学出版社1995年版,第58—59页。

带，但具体地点有待考古发现。

五　香日德古城

位于海西蒙古族藏族自治州都兰县香日德镇南北街道办事处居民小区内。20 世纪 60 年代，此城北城墙残迹尚存，据当地老人口述，古城基本呈正方形，故当地蒙古族牧民称之为"德律半金"，就是"四方城"的意思。古城东西长约 320 米，南北宽约 300 米；墙基约 18 米，残高约 3 米。城外有约 8 米多宽的护城壕沟，注水入内，可以御敌。东城墙正中有一门。香日德古城中靠北城墙处还有内城，内城可能是王室宫阙遗址，东西长约 80 米，南北宽约 70 米，也开东门。城内取土时挖出过陶器和铜器残片、人骨、箭簇、玉器、汉五铢钱、铁器等。

据《洛阳伽蓝记》卷 5《宋云惠生行纪》记载，公元 518 年，宋云、惠生等高僧从洛阳出发赴西域取经，西行 40 天，到达"国之西疆""赤岭"（今青海湖东南日月山），再越"赤岭"西行 23 天，到达吐谷浑国。还说"路中甚寒，多饶风雪，飞沙走砾，举目皆满，唯土谷浑城左右暖于余处"。引文中的"土谷浑"即吐谷浑。学界考证，此香日德古城可能是南北朝时期吐谷浑人在汉代古城址的基础上所建都城。[①]

六　伏俟城

伏俟城位于海南藏族自治州共和县石乃亥乡铁卜加村西南，俗称铁卜加古城。古城坐落在布哈河南岸，南依石乃亥北山，距石乃亥乡政府驻地北 2.5 公里；北临菜济河，东南距青海湖约 7.5 公里，城周围是大草原。古城东西长 200 米，南北宽 200 米。城墙保存完好，残高 6 米，基宽 17 米。只开东门，门宽 10 米，门外有一折角遮墙，类似瓮城。城内自城门向西有一条中轴线，线两边各有长 50 米、宽 30 米的 3 座相连的房屋基址遗迹。最西端有一东西长 70 米、南北宽 80 米的小方院，小院东、南、北三面墙已坍塌，残高 2 米。西墙则与西城墙重合为一。在小院与南部房屋基址之间有一直径约 15 米、高 9 米的夯土台，土台上遗留有建筑痕迹。

[①] 青海省地方志编纂委员会编：《丝绸之路青海道志》，青海民族出版社 2018 年版，第 179 页。

城内地面散布有少量的瓦片和陶片。①

2018年、2020年，考古人员对伏俟城又进行了大规模钻探调查，厘清了内城城内建筑布局，发现并确定了外城北墙和城门，在外城南部发现房址和灰坑，并在外城以外的东、北、西三面发现城址4座，夯土高台5座，人工堆筑高台1座，居住址1处。通过考古钻探和遗物测年，联合考古队确定了青海共和县石乃亥乡铁卜加城就是吐谷浑伏俟城，其时代从南北朝延续至隋和唐初，宋代对其进行了利用和重修，印证和补充了历史文献的记载。在伏俟城内、外城和外围遗迹点采集到大量瓦片和陶片，种类多样，纹饰丰富，有的瓦片上还有文字，陶器上大量装饰绳纹和折线纹，为认识、确定吐谷浑遗物提供了可靠的实物资料。② 城外有外郭围墙，系用砾砂泥土堆积而成，现已坍塌，只略高于地面。外郭围墙当初有可能是为阻挡菜济河与布哈河河水冲击而修的围堰，或者是围拦牲畜用的。围墙的南墙长1400米，北、东、西三边因被水冲毁，长度无法测量。外郭围墙中部稍偏东又筑有一条墙，将外郭分割成东、西两部，西部较东部大一倍，伏俟城居西部中心。

据史书记载，伏俟城筑于吐谷浑可汗夸吕在位时（535—591年）。隋时曾作为西海郡治。此城居于丝绸之路"吐谷浑道"的枢纽地位。

七 桦林嘴北古城

位于海东市民和回族土族自治县古鄯镇桦林嘴村阳山社西。古城坐落在呈东西向长带形的塬上，南北临陡深的沟壑，南面的沟叫马家河，河对岸是古鄯塬；北面的沟叫宝光寺河，河对岸是高山（当地人称童家山）。据笔者两次亲临考察，古城依地形修建，呈不规则长方形，东西700米、南北80—110米，利用陡崖并稍加劈斩以为城垣，故当地俗称"斩城"。20世纪80年代尚存东北和西南部分城墙，夯土筑，残高0.2—5米，夯层8—10厘米。城内散布大量的筒瓦、板瓦、条砖碎砖、泥质灰陶、罐、瓮、盆等残片，曾出土有铜镜、泥制灰陶罐、石柱础及窖藏开元通宝铜钱30余公斤。据《元和郡县志》《甘肃省志》，推测此城为隋、唐时所设置的

---

① 李智信：《青海古城考辨》，西北大学出版社1995年版，第213页。
② 刘卫鹏、王忠信：《吐谷浑"王者之城"——青海伏俟城钻探调查的突破性新发现》，《文博中国》2021年1月18日。

龙支县古城址。①

八　湟源北古城

湟源北古城位于西宁市湟源县城关镇光华村东俗称二架梁的山梁上，西距湟源县城2公里。二架梁是座高出湟水河床约50—80米、北高南低、南端延伸到湟水岸边、北连大山的山梁，古城坐落在山梁北部，东、西、南三面城墙直接沿山梁断崖修筑，城墙与断崖近于垂直。北城墙因接连大山，在城墙外挖掘有宽10米、深3米的壕沟，壕沟两端与东西沙沟相通。城墙夯土筑，基宽16米，残高1—7米。城墙四角各有马面，北城墙长150米，中间有一马面。西城墙长478米，中间偏北有一城门。南城墙分东、西两段，向内错开，墙外留有10余米宽空隙，南城门即开在错开处。东城墙长412米，有距离不等的5个马面。城内现辟为农田，原来布局已不清，但能看出有一条由西向东的大道，南城门向北也有一条大道。推测可能有南北大道与东西大道呈"丁"字形的布局。城内主要建筑集中在北部小院及"丁"字形大道两侧。

古城东墙外由于是山洪冲积面，由第一马面自北向南又修筑有一条长约400米的围墙至湟水岸边，围墙高4米、宽3米，东面开有一门，与古城南门有大道相通。围墙至湟水岸边处有一座方形瞭望台，高11米，底部长、宽均12米。据遗迹观察，围墙可能初为拦洪所筑，后又将其西部利用为居住地。出西门再折向北有大道，大道北面高峻的大山半山腰处又筑有3个瞭望台。②古城内地面遍布砖瓦碎片、泥质灰陶片及石磨盘、柱础等遗物，采集有开元铜钱、长条砖、板瓦、骨器及石马等。此城是青海境内发现的唐代城堡中面积较大、城墙保存较完整、文化堆积较厚的一座古城，一般认为是唐开元五年（717年）陇右节度使郭知运所设白水军的故址（与绥戎城同址）。白水军地处丝绸之路青海道"唐蕃古道"的交通要冲，其军事防卫职能突出，兼有驿站的功用。

九　石堡城

石堡城又叫铁仞城，当地人则叫大、小方台，位于西宁市湟源县日月

---

① 崔永红：《丝绸之路青海道史》，青海人民出版社2021年版，第241页。
② 李智信：《青海古城考辨》，西北大学出版社1995年版，第126页。

乡大茶什浪村西南，药水河东高山上，海拔3300余米。

石堡城并非传统意义上的城池，它没有城墙，而是由与石山连为一体的两个方台构成的。两个方台一南一北，南面的叫大方台，北面的叫小方台。两方台间有一条狭窄的山梁相连，成为唯一相通的小径。大方台的南、西、北三面均是犹如刀削的悬崖峭壁，小方台的东、西面也是陡坡，很难攀登。人到台上去，只有东边一条羊肠小道可通。石堡城就设在这两个方台上，史书说该城"三面险绝，惟一径可上"，峥嵘险峻。小方台面积约40米×40米，地势平坦，地面散布有少量的砖头瓦块，中间偏西有一边长4米、高约2米的天然岩石平台。大方台长约50米、宽15余米，是一长条山脊，两端隆起略呈马鞍形，山脊中部有排成一字形的一排房基，因狭窄不平，房基用石板垫平，房屋皆为正方形，面积约30平方米，共7间，彼此相连无间隙。山脊北端有边长3米、高3米的夯土筑瞭望台。山脊地面散布有大量的砖瓦碎块及较厚的灰烬土，其中采集到过开元通宝铜钱。山下药水河东岸山根下堆积有从山上掉下的大量砖瓦碎片，还有相传称作死人沟、万人坑的小地名。大、小方台视野极为开阔，为军事瞭望哨所理想的制高点。[①]

石堡城于唐开元五年（717年）为吐蕃所置。唐蕃双方以石堡城为中心，在其周围设置了若干个相呼应的防御据点，主要有北京台、位于大小方台南约3公里处的料瓣台、料瓣台南约2公里处的古营盘城以及日月山的隘口等。唐朝两度攻占石堡城后曾先后改设振武军和神武军。石堡城是唐蕃古道上重要的一站，是扼守古道的一处重要关隘。

十 西宁青唐古城

青唐古城又叫南滩古城，位于西宁市城中区昆仑中路北侧南滩体育场南侧。古城夯土筑，现只存留东西长约400米的南墙一段，基宽8米，高7米。其东墙约在今共和路一带，北墙约在今七一路南侧，西墙约在今长江路东侧。这座古城为唃厮啰政权的都城——青唐城，是宋代"青唐道"的中心枢纽。宋、元时期沿用为西宁州城。

关于青唐城的布局，宋代李远的《青唐录》做了比较详细的描绘：城

[①] 青海省地方志编纂委员会编：《丝绸之路青海道志》，青海民族出版社2018年版，第193页。

位于湟水之南，周长20里，旁开8门，中有城墙相隔，将青唐城分为东、西二城，但中间的城墙有门。"隔城"之址约在今湟光花园南街、花园北街一带。唃厮啰国主和契丹、回纥、夏国公主住西城，国内普通百姓以及"于阗、回纥往来贾贩之人数百家"住在东城。青唐城的西面是青唐新城（在今古城台一带），主要是佛祠，"屋至千余楹"。只有国主的宫殿和佛舍上面铺有瓦，其余即使是公主的宫室，也都是土屋。

唃厮啰政权利用青唐城在古丝绸之路青海道上的枢纽地位，积极发展商业贸易。当时，西域各国商旅、贡使多由今新疆东南越阿尔金山，进入今青海省西北，穿过柴达木盆地，沿青海湖南北两岸而行，到达临谷城（今湟中多巴镇），再到青唐城，与中原商人进行贸易。唃厮啰及其继任者大力发展当地的商品经济，为商旅提供吃住，派兵护送，允许商人在其境内修盖货栈，定居贸易。由于措施得力，临谷城、青唐城内西域商贾云集，成为了吐蕃商人与西域商人进行贸易的中心，在中西交通、贸易中具有很重要的位置。[①]

十一 西宁明清古城

西宁卫古城位于西宁市城中区，为明西宁卫城，清因之。现仅存北城墙、东城墙部分残段。据《西宁府新志》记载，洪武十九年（1386年），明朝廷命长信侯耿秉文率陕西诸卫军士在元西宁州城的基础上修筑了此城。城周长九里一百八十步三尺，高五丈（约合16米），基宽五丈（16米），月城高四尺（1.5米），护城壕深一丈五尺（5.8米），宽二丈五尺（8米），并修有4座城门，4座角楼，19座敌楼，34间逻铺，"东门连关厢，商贾市肆皆集焉"[②]。嘉靖二十二年（1542年），进行了修补，并在东稍门外增添了月城。万历三年（1575年），在城墙内外添加了护城砖，成了名副其实的"砖包城"。后来又做过多次补修工作。该城城墙在新中国成立后西宁市城市建设中大部分被拆除。西宁卫城处在中原入西藏、入新疆的交通要道上，地理位置十分重要，被称作"天河锁钥""海藏

[①] 青海省地方志编纂委员会编：《丝绸之路青海道志》，青海民族出版社2018年版，第197—198页。

[②] （清）杨应琚修纂，崔永红校注：《西宁府新志》卷9《建置志（一）》，青海人民出版社2016年版，第152页。

咽喉"。

十二 切吉古城

切吉古城位于海南藏族自治州兴海县河卡乡宁曲村原塘格木农场五大队北。城坐落在切吉河畔，河水发源于鄂拉山曼丈沟，流经古城西侧后，向北流约 10 公里进入切吉滩，与胃育渠汇合，东流注入沙珠玉以东的达连海。城北侧有青海南山，南侧有鄂拉山。城由一座正方形和矩形城相连构成。正方形城边长 200 米，其南墙向西延伸 15 米，再向南折延伸 150 米，再东折 215 米后北折，与正方形城的东墙延长线重合，构成矩形城。在矩形城内，离西墙 35 米处，有一道南北走向的城墙又将城分为两部分。在矩形城东西中轴线东端的东墙外，有一道"L"形遮墙，可能是城门，城墙基宽 1.5—2 米、高 2—4 米，系夯土筑建。

有人认为该城可能是吐谷浑贺真城，也有学者认为切吉城城龄超不过 200 年，应是清光绪十三年（1887 年）在青海金厂沿途为所驻防兵修筑的城。然而 2017 年丝绸之路南亚廊道（青海段）考古调查队考察时，在城内采集到手印砖、兽面瓦当、青辊瓦和鸱吻残件等文物，说明该城始筑时代也可能早至唐宋时期，或许存在在旧址上筑新城的情况。[①]

第三节 寺观与塔窟

在青海历史上，以西宁北禅寺为代表的寺窟，是往来中原与西域的僧人们重要的歇脚点和佛学思想的传播点。在青海古道漫长的历史发展中，来往于各古道的僧侣和贸易往来者更是络绎不绝，沿线寺院数量也随之不断增加，尤其是明清以后青海的各类寺庙数量猛增，成为古道沿线重要的文化遗产和文化景观。

一 北禅寺

北禅寺位于西宁湟水北的土楼山峭崖间，历史上称为土楼山寺、永兴寺、北禅寺，现又称为土楼观。始建于北魏，已有 1500 多年的历史。土

[①] 崔永红：《丝绸之路青海道史》，青海人民出版社 2021 年版，第 263—264 页。

楼观位于西宁市城北区土楼山山腰。该山之上半部分为红土砂岩，因长期的风雨剥蚀，致其形似土楼，故有斯名。

土楼观是依特殊丹霞地貌造型而建造的，当地人称大小不等的洞穴为"九窟十八洞"，栈道回廊将殿宇楼阁与洞穴群相连，使殿中有洞，洞内套洞，洞中藏佛，栈道回廊紧靠悬崖，甚至悬空架设，可称得上是一座名副其实的悬空寺了。北魏地理学家郦道元在《水经注》中说："湟水又东，径土楼南，楼北依山原，峰高三百尺，有若削成，楼下有神祠，雕墙古壁存焉。"该神祠就是当地人为东汉时期的护羌校尉邓训所立的乡贤神祠。[1]古籍阚骃《十三州记》也曾有这样的记载："西平亭北，有土楼，神祠者是也。"东汉后期，佛教传播到河湟地区后，土楼神祠便逐渐成了佛教和道教共同活动的场所。魏晋南北朝时期，佛教盛行于鄯州（今西宁），有信徒作龛于土楼山断岩之间，藻井绘画、雕墙故壁，建筑寺阁栈道，信徒登山朝拜，盛行一时。距今已有1500多年。道教进入土楼山是清代末年的事。魏明帝五年前后，后凉吕光占据武威、河西走廊，丝绸北路不通，一些僧人由兰州到乐都、西宁，经北川、达坂山到张掖，前往印度，丝绸之路青海道的作用日益得到加强，经过丝绸之路青海道去天竺礼佛的僧人也逐渐增多，因此佛教与土楼神祠的联系也更趋紧密。

土楼观有99个洞窟，由上而下，由西向东排四层。前二层依次为玉皇洞、无量洞、七真洞、三官洞、三师洞、八仙洞、菩萨殿、圣母殿、灵官洞、关帝洞、王母娘娘洞、金刚洞等。第三层有17个洞，分西、中、东三组。第四层有11个洞。这些洞凿自不同的时代，留存下来的塑像、彩绘也就有了不同时期的艺术风格。这些壁画主体部分多是藏传佛教中的形象，多是一洞一个形象，有广目天王、多闻天王、飞天大圣、散花天女等，还有一些陪侍的佛像、飞天以及圆形宝盖图案、各式藻井等。还有西、中、东三窟中西窟为长方形，仅存窟顶藻井装饰画，绘有千佛、莲花彩色图案，颇具隋代风格。中窟是正方形，残存有北墙壁画中的一佛、二菩萨、二弟子，以石绿色为主。东窟长方形，壁画基本保存完整，壁及顶部绘有众多佛像，颜色以土红为底色，上敷青、绿、赭、白诸彩，形象丰圆，肢体肥壮，神态温静，服饰保留着西域印度的风俗。眉眼、鼻梁及人体轮廓画白粉，以突出立体感，无论从人物形象、色彩运用还是服饰上

---

[1] 辛存文：《西宁土楼山访古采今录》，青海人民出版社1988年版，第15页。

看，都有新疆拜城克孜尔等石窟西域佛画的影响，又与敦煌莫高窟北凉、西秦时期某些壁画风格相似。因此，当地人称土楼山的"九洞十八窟"为"西平莫高窟"。土楼观东侧有一座高达数十米名叫"露天金刚"的巨大佛像，这是广大信徒在原造型地貌基础上雕凿而成，当地群众叫"闪佛"，远远可清晰地看出它的头、身躯、下肢和面部五官，显得雄浑粗犷，具有唐代艺术风格。约明代以后，又陆续建起魁星楼、灵宫殿、王母大殿、财神殿、城隍殿等建筑，供奉诸位神像。清朝诗人张思宪曾作《北山烟雨》诗："北山隐约书模糊，烟雨朝朝入画图。却忆草堂留我住，爱他水墨米颠呼。""北山烟雨"曾一度被称为西宁八景之一。

20世纪80年代，经西宁市人民政府批准，将土楼神祠改名为土楼观，作为道教活动场所。北禅寺现为青海省内道教活动中心之一，每年有众多的海内外华人前来游览观光，也会不时在这里举行隆重的宗教朝拜活动。如今北禅寺山下已修渠引水，植树造林，土楼观经过修整，现在其内绿树成荫，鸟语花香，庙堂建筑群错落有致，漫步其中，令人心旷神怡。

二 文成公主庙

文成公主庙即大日如来佛堂，文成公主庙是俗称，位于玉树藏族自治州玉树县巴塘乡贝纳沟（又称白都满沟）内。庙堂内正上方的石灰岩质山崖壁上，浮雕有9尊巨型佛像。佛像由两只背向伏卧呈莲花宝座状的雪狮驮着，宝座又由两根粗大的木柱相支撑。正中主佛为大日如来佛像，高约7.3米，结跏趺坐在狮子仰莲座上，头束高发髻，戴三瓣法冠，身着对襟翻领胡服。在主佛像的两侧，各有4尊高约4米的菩萨像，分上下两排站立在小莲花座上。这8尊菩萨，也都头束高桶状发髻，戴三瓣法冠，身着对襟翻领胡服。他们个个手持宝物：有的手拿莲花，有的手持金刚杵，有的手捧海螺，有的手托宝瓶，有的手端如意宝食碗，有的手握七星尚方剑，姿态各异，形象逼真，栩栩如生。整组浮雕佛像依山就势，安排巧妙，布局合理，构图新颖。人物造型大方，体态丰满，容貌秀美，形神兼备，立体感很强。崖壁上还有汉藏经文、题记多处，文字多漫漶不清。尽管后世历次修复对文成公主庙的佛像石刻原貌有不少破坏，但其基本造型仍带有明显的唐代或吐蕃早期风格。相传唐文成公主嫁往吐蕃在贝纳沟停留期间，率领工匠、艺人在沟内悬崖峭壁上雕凿了佛像、大小佛塔和重要经文等数十处，金城公主再次联姻重走文成公主之路入藏路过此地时，主持修建了这座庙宇,并命名为"文成公主庙"。①

据专家考证,很可能文成公主庙内石雕像、庙内外石刻题记是赤德祖赞之子赤松德赞(为金城公主所生)出生的那一年(即742年)凿刻的。如果这一推断成立,则佛像的实际雕凿年代比文成公主入藏时间要晚大约一个世纪。后世在文成公主庙外环垒筑了土坯墙院,小院正面紧靠岩壁处建有三层土筑石砌的藏式平顶建筑,两侧各有平顶式房屋3间。2006年,文成公主庙被国务院公布为国家重点文物保护单位。文成公主庙一年四季香火不断,前来朝拜的藏汉族群众络绎不绝,可见文成公主在广大民众心中地位之崇高。

三 丹斗寺

丹斗寺藏语全称"丹斗谢吉央贡",意为"丹斗晶寺"。位于海东市化隆回族自治县金源藏族乡南18公里处。寺处黄河北岸10多公里的小积石山中,寺周悬崖陡立,石壁高耸,佛殿或建于峭壁之中,或建于悬崖之下,或依天然岩洞而成,别具一格。据史书记载,9世纪中叶,吐蕃赞普达磨禁佛,在西藏曲卧日山修行的玛尔·释迦牟尼、藏饶赛、肴·格迥等人驮载部分律经,逃来青海,定居丹斗,凿洞为室,诵经坐静,招徒弘法,史称"三贤哲"。911年,今循化甲徐村藏族青年穆苏赛拔投拜三位大师,出家为僧,终于成为深明佛教理义的大师,后在丹斗建立道场,讲经弘法,最终使丹斗寺成为"后弘期"佛教的发祥地。《安多政教史》称该寺在清代有寺僧百余人。寺院有阿尼鲁加殿、热杂帕殿、比丘阿吉达修行殿、三世达赖修行殿、"三贤哲"及喇勤修行殿、弥勒殿、阿柔格西修行室、释迦殿、大经堂、才旦夏茸拉章、叶东佛塔及僧舍、大厨房等,共200余间,是一个规模宏大又较为完整的建筑群。1980年丹斗寺重新开放后,国家先后拨款整修经堂、佛殿,塑立佛像,彩绘壁画,添置刺绣佛像、经卷,全寺焕然一新。②

丹斗寺岩窟主要分布在两个地点,一处在丹斗寺峡谷西端的丹斗寺,

---

① 青海省地方志编纂委员会编:《丝绸之路青海道志》,青海民族出版社2018年版,第276页。

② 青海省地方志编纂委员会编:《丝绸之路青海道志》,青海民族出版社2018年版,第282页。

另一处在当地人称"拉色囊"的峡谷下游，二者相距约4公里。"拉色囊"处岩窟分布在河床南岸距河床约50米的悬崖上，东西向排列，共3个窟，基本上处于同一水平面，相互间距23—25米。丹斗岩窟属于天然岩窟，壁面是在岩体上经过大体的泥层磨平处理后，再涂以白色涂料打磨而成的。跟传统洞窟相比，壁表凹凸不平，显得极不规整。受壁面条件的限制，壁画内容较为单一，图像主要以千佛为主，配以说法图和供养人。画面组织较为随意，技法略显粗糙。据专业人员初步研究，丹斗寺岩窟的开凿时代为十六国至唐代之间。[1]

四 白马寺

白马寺又名金刚崖寺或金刚窟寺，因半山崖雕凿有一尊金刚佛像的石像而得名，藏语称"玛藏观"，位于海东市互助土族自治县红崖子沟乡白马寺村东侧的山崖上，隔湟水河与平安镇相望。白马寺始建于公元10世纪末，总面积4516平方米，全寺由居于半山崖的经堂、僧舍、石窟、金刚佛像和大佛塔组成。白马寺又称"觉化寺"，取意于藏传佛教后弘鼻祖喇勤·贡巴饶赛在此地"自觉""化众"，开启后弘法道，直到圆寂。

白马寺的来历传说较多，一说明万历十二年（1584年），第三世达赖喇嘛去佑宁寺等地途经此地，坐骑死去，遂塑白马于寺，故名；一说该寺为安多地区首建的佛寺，类似河南的白马寺，故名。清代后多次被毁。1980年重新开放，陆续修建大经堂、金刚亭、金刚崖、金刚佛像，等等。1984年被列为省级文物保护单位。大经堂为三层砖木结构房屋，一层有白马奔驰壁画，二层有观音菩萨塑像，三层有喇勤·贡巴饶赛塑像。金刚亭位于大经堂左下方，为批檐歇山顶。金刚石雕像5岁身量，为坐状，左手托钵，右手作推移状。通高3.7米，佛座宽2.35米。雕像古朴浑厚、轮廓粗犷。白马寺历史悠久，素享盛名，是丝绸之路上著名的旅游景点之一。[2]

五 达那寺

达那寺位于玉树藏族自治州囊谦县吉曲乡西、尕永乡东和吉尼赛乡南

---

[1] 伯果：《青海化隆旦斗寺岩窟壁画调查》，《考古文物》2014年第2期。
[2] 青海省地方志编纂委员会编：《丝绸之路青海道志》，青海民族出版社2018年版，第279页。

三乡交界处的达那山腰,是玉树地区最早的寺院之一,也是目前藏区仅存的一座藏传佛教叶巴噶举派寺院。为与印度撒格本日地方的达那寺相区别,囊谦达那寺一般又称为"北部达那寺",达那寺最初为苯教寺院,后改宗藏传佛教叶巴噶举派。

据《达那圣地经》记载,达那寺始建于唐垂拱二年(686年)。约在北宋天圣五年(1028年),迦湿弥罗的吽迦罗大师派其婆罗门弟子凯达周游各地传法,凯达在离达那山几里外的宗巴卡修建了16柱经堂1座,并收徒传法。北宋熙宁元年(1068年),凯达第五子达查益西生格在达那山腰修建了100柱9层佛堂1座,称之为"噶吾拉康",为达那寺雏形。当时有僧300人左右,信奉苯教。从达查益西生格起,家族中叔侄传承法位。宋乾道六年(1171年),帕摩竹巴弟子桑结叶巴·伊西则于喀木(今西藏自治区昌都地区及四川甘孜地方)建成叶巴寺,从这里发展出叶巴噶举派。宋淳熙十五年(1188年),伊西则改建达那寺为叶巴噶举派寺院。从达那寺改宗时间算起,这座寺院迄今有800余年的历史。该寺最盛时期,僧侣达2000余人,活佛有30多位。寺院建有帕摩竹巴、直贡觉阿、桑结叶巴·伊西则、萨迦曲柏、玛吉拉卓、宇妥元旦贡保等佛教大师的灵塔。

寺院主要供奉四臂护法神、妙音天女、胜乐金刚等像。属寺曾有西藏自治区的多宗寺,青海杂多县的巴艾寺,囊谦县的叶文寺、嘎扎西寺等。20世纪50年代寺院一度遭到破坏,1982年开放。现存的主要建筑物为叶巴经堂,呈方形,高20余米,占地44平方米;此外,还有帕摩竹巴灵塔殿1座,为二层楼厅式建筑,内供帕摩竹巴灵塔;另有叶巴殿1座,供奉着传为桑结叶巴·伊西则自塑的自身药泥像和该寺前身主供的苯教祖师敦巴辛饶的镀金铜像。主要宗教活动有藏历正月纪念噶举派"玛米塔三师"圆寂的法会,正月的会供轮法会,九月的金刚咒念诵会,十月的修心会,十二月的静猛合修会和跳神会等。堂内靠东墙中间塑有9米高的格萨尔像,南侧供放着格萨尔王妃珠牡的各式腰带等。[1]

六 瞿昙寺

瞿昙寺位于乐都县瞿昙镇政府所在地的一个长方形土城——新城堡

---

[1] 青海省地方志编纂委员会编:《丝绸之路青海道志》,青海民族出版社2018年版,第278—279页。

内，属于藏传佛教格鲁派寺院。该寺创建于洪武二十五年（1392年），明永乐、洪熙、宣德三朝间大规模扩建，清代及民国时期也曾经增建维修。中华人民共和国成立以来，更是进行了数次修缮。

瞿昙寺是一座明代汉式宫廷建筑风格的古寺，整个寺院依山面水，共占地41.36亩，有瓦房、楼房、平房、长廊、囊欠等建筑430余间。寺院坐西向东，总体布局为前、中、后三进院落，从山门起的中轴线上，依次为金刚殿、瞿昙殿、宝光殿、隆国殿等大型佛殿，两旁对称地陪衬着御石碑亭、四座宝塔、小佛堂、护法殿、小钟鼓楼、大钟鼓楼、78间回廊等。其中，瞿昙殿、宝光殿、隆国殿为该寺主体建筑。瞿昙殿俗称前殿，建于洪武二十六年（1393年），位居全寺中心，建在60厘米高的台基上，台前用4级砖做踏道。面阔5间，进深3间，前带廊，单层重檐灰瓦歇山顶，廊前有直棂栏杆，每间为双格子门。殿内正面悬挂有明太祖御赐的"瞿昙寺"匾额。宝光殿俗称中殿，建于永乐十六年（1418年），面阔、进深皆5间，四周俯廊，重檐歇山顶，两山墙向前伸出，明台较台基略低约10厘米，均灰砖墁地。隆国殿俗称大殿、后殿，建于明宣德二年（1427年）。该殿在全寺中位置最高，基高230厘米，四周设有花岗石护栏，殿前有长方形明台，明台两侧有阶梯式踏道。大殿面阔7间，进深5间，带廊，重檐平座式庑顶殿，三组四扇，格子门。[①] 因该寺建筑很有特色，当地居民有"去了瞿昙寺，北京再甭去"的说法。

瞿昙寺的创建者三罗喇嘛，法名桑杰扎西（《明史》写作"桑儿加查实"），生于元末至正年间，卒于明永乐十二年（1414年），今西藏洛扎县卓垅人，为噶玛噶举派僧人。约在明初，三罗喇嘛游历来青海，最初在罕东诸部落讲经传教，颇有声望，并长住青海湖海心山上静修，被人们称为"海喇嘛"。后来到今乐都南山地区的官隆古洞、隆国洞、莲花洞等处修行讲道，并率众在南日竺龙沟（即今瞿昙寺所在的马圈沟口）修建佛堂。由于三罗喇嘛协助明廷招降罕东各部落有功，洪武二十二年（1389年）朱元璋将其请至京城，尊为上师，并由明廷拨款，于洪武二十五年建寺。瞿昙寺建成后，得到了明廷的大力扶植。朱元璋取佛教始祖释迦牟尼的族姓，赐红底金书匾额一方，名"瞿昙寺"。之后，明廷先后又有多位皇帝为瞿昙寺赐匾额、建佛堂、立碑记、封国师、赐印诰，并赐给大量山林、

[①] 张驭寰、杜仙洲：《青海乐都瞿坛寺调查报告》，《文物》1964年第5期。

田地，寺院规模迅速扩大，领有13族百姓，管辖瞿昙寺沟、峰堆沟、马哈拉沟、高店沟、观音堂沟、双塔、虎狼沟7条沟。三罗喇嘛的家族成员定居瞿昙寺一带后，世代承袭都纲、国师等职，成为当地土官，逐步建立了以瞿昙寺为中心的区域性政教合一统治。

清代前期，瞿昙寺仍受到中央王朝的重视，该寺出身于梅氏家族的班觉丹增在康熙年间受封为"灌顶净觉弘济大国师"，其侄阿旺宗哲亦得到同样的封号。雍正元年（1723年），因受罗卜藏丹津反清事件的牵连，寺主阿旺宗哲被囚禁于兰州长达7年，清廷还收回所赐印诰，取消了"佛差"，即将寺院所管辖的信民和田园土地收归县府，将所输粮赋按寺拨发，以为口粮、衣单之资，并对寺僧人数做了限制。瞿昙寺遭此严重打击后，逐步走向衰落。瞿昙寺原属噶举派寺，明末格鲁派崛起后，改宗格鲁派，出现了智合仓、卓仓曼巴仓、卓仓居巴仓三个转世活佛系统。

瞿昙寺内珍藏有许多珍贵的文物，典型的如明代汉藏文对照御制碑、明清匾额、明宣德二年铸造的青铜巨钟、炉、明钹、皇帝万万岁牌、象牙佛珠、檀香木佛珠、石雕米拉日巴像、象背云鼓、明清统治者所赐金印、象牙印、景泰蓝花瓶以及佛殿塑像、陈设品等，具有很高的文物价值和资料价值。其中以永乐、洪熙、宣德年间的五通石碑最为珍贵，是今天研究瞿昙寺沿革、明清时期藏传佛教与中央政府之间关系以及当地政治、经济、文化艺术的不可多得的历史资料。瞿昙寺的建筑很有特色，既有西北地区建筑的内容，又有北京皇家建筑的风格。瞿昙寺厢廊壁画约1400平方米，色泽艳丽，技法纯熟，有敦煌壁画的艺术特色，其内容除反映佛陀本生、业绩等宗教题材外，也有反映历代皇帝扶植瞿昙寺和该寺上层人物进京的内容，具有很高的艺术欣赏价值。①

七　大佛寺

大佛寺位于西宁市西大街和教场街相接处，是西宁地区历史悠久、地位较高的藏传佛教寺院。据清顺治《西宁志》记载，大佛寺肇建于宋淳化元年（990年）（一说建于元代），明洪武二十三年（1390年），西宁卫土官李南哥重建了该寺，后又奏请敕赐寺名曰"宁蕃寺"，属藏传佛教格鲁派寺院。清乾隆二年（1737年），土司李承唐将大佛寺献给三世夏茸尕布

---

① 谢佐：《瞿昙寺》，青海人民出版社1982年版，第2—3页。

（俗称白佛），作为其驻锡寺。1921年，七世夏茸尕布更敦丹增诺尔布整修了大佛寺。竣工后的大佛寺占地30多亩，建筑有前院（山门、经堂、僧舍）、后院（大殿）、花园、马房等。其中大殿系三层的空心楼阁，雕梁画栋，是当时西宁地区最雄伟的建筑之一。1935年，九世班禅返藏途中曾食宿于大佛寺。1951年，八世夏茸尕布将大佛寺的一部分奉献给十世班禅额尔德尼·确吉坚赞，大佛寺随之正式成为班禅堪布会议厅驻青海办事处。同年，中央人民政府特派习仲勋到青海，在大佛寺隆重举行了欢送十世班禅返藏的仪式。1985年和1987年，又分别修建了后院和经堂。经堂曾为十世班禅行宫，坐北朝南，歇山式建筑，高大雄伟，顶饰赤铜宝瓶，殿脊两侧龙尾高高翘起。

大佛寺的创建及发展折射了藏传佛教在青海发展的过程，表现出了西宁的民族宗教特色和多民族杂居、多元文化共存的显著特点。一直以来信教群众到此煨桑、进香者络绎不绝。十世班禅大师圆寂后，更成为人们凭吊参观之地。[1]

八 塔尔寺

塔尔寺是宗喀巴大师的诞生地，是我国藏传佛教格鲁派六大寺院之一，位于湟中县鲁沙尔镇南的莲花山中。始建于明洪武十二年（1379年），之后历代都曾增建扩建，最终形成了一个庞大的寺院建筑群，现有各类建筑9300余间，占地600余亩，主要建筑有大小金瓦殿、大经堂、文殊菩萨殿、弥勒佛殿、大拉让、如来八塔等。

塔尔寺在建筑布局上的最大特点是巧妙地利用山势地形，在莲花山的两个花瓣之间，沿山脚和沟谷自由布局，依山而筑，使整个建筑群和单个建筑有机地结合，形成了殿堂层叠、佛塔林立、僧舍栉比、错落有致、层次分明的建筑格局。这种不讲究空间对称，重视由下而上的空间组合，追求建立纵向延伸的空间序列体系的做法，充分表现了宗教"三界观念"。寺院建筑以藏式建筑为主，兼容汉式建筑风格，既体现出青藏高原平顶、厚墙、深窗、小院的稳重厚实的建筑特征，又多采用汉式宫殿重檐歇山、悬山、攒尖、斗拱等形式，使整组建筑在庄严之中又不乏灵巧活泼之气。由于塔尔寺建筑墙体较厚，多为1米左右，在它的上部多用高原特有植物

---

[1] 蒲文成主编：《青海藏传佛教寺院》，甘肃民族出版社2013年版，第1—2页。

鞭麻染成赭红色切成段码齐成为墙体的一部分，俗称鞭麻墙，既减轻了墙体的负重，又有利于通风换气。塔尔寺殿堂处处雕梁画栋，壁画彩绘无处不在，更有无数的砖雕、木刻作品为其增辉。可以说，凡能镂刻处无不精雕细刻，凡能描绘处无不五彩斑斓，工艺之精美，技艺之精湛，无不匠心独运，令人叹为观止。殿堂之上多以镏金法轮吉祥图、法幢、宝瓶、风铃装饰，金光闪烁又如佛光普照，风铃声声仿佛佛国法音。

大金瓦殿又称大金瓦寺，系四层空心重檐歇山顶藏汉合璧宫殿式建筑风格，建筑面积456平方米。殿内中心为11米高的银质大灵塔。该殿相传初为申祁家、尼纳、龙奔、西纳、雪候巴等塔尔寺六族集资修建。清康熙四十七年（1708年），塔尔寺第十八任法台却藏集资，并募得固始汗之子达什巴图尔和郡王额德三吉昂资助黄金1300两、白银12000两，将原瓦殿改建成铜瓦镏金顶，始有大金瓦殿之称。乾隆五年（1740年），西藏郡王台吉颇罗鼐索南多杰用白银27000两，改装镏金铜瓦屋顶。中华人民共和国成立以来，又曾两次对镏金屋顶进行了修缮。

小金瓦是塔尔寺的护法神殿，建筑面积1127平方米。殿内有佛像、鎏金宝塔、经卷、白马标本等。院内两侧和前方有绘满各式壁画的壁画廊，为两层藏式建筑。小金瓦寺由西纳喇嘛伯觉坚赞和伯觉仁钦叔侄二人捐资建于明崇祯元年（1628年）。清康熙三十一年（1692年），塔尔寺第十七任法台当才·罗桑多杰从哲蚌寺带来护法神画像等，扩建了此殿，并增修了廊房。嘉庆十四年（1809年），该殿屋顶被改建为跟大金瓦殿相媲美的镏金铜瓦殿顶，因而有了小金瓦殿的美称。[①]

大经堂建筑面积1981平方米，可同时容纳3000多人诵经，是塔尔寺面积最大的建筑，是全僧众礼佛、诵经辩论的集会场所，也是塔尔寺显宗学院的经堂。大经堂系土木结构，为藏式双层平顶建筑，与汉式门楼遥相呼应。堂内四壁放着数百册经卷。文殊菩萨殿又称九间殿，为汉式硬山顶建筑，面积592平方米，初建于明万历二十年（1592年），清雍正十二年（1734年）扩建，柱为藏式朱色八棱柱。整座大殿以三间为一单元，由北向南分别为狮子吼佛殿、艾殊殿和宗喀巴殿。弥勒佛殿为重檐歇山顶，是汉藏建筑艺术合璧的典型，初建于明万历五年（1577

---

① 年治海、白更登主编：《青海藏传佛教寺院明鉴》，甘肃民族出版社1993年版，第40—43页。

年），以后历代有修葺，是该寺最早的建筑之一。花寺又称祈寿殿，系一独立的小庭院，建筑面积772平方米，两层重檐歇山顶建筑。柱头梁枋都饰以飞禽、走兽、花卉、文纹，院墙饰琉璃砖雕。这是为祝愿七世达赖喇嘛长寿而建，故有祈寿殿之名，又因院内旃檀花枝叶繁茂，得名花寺。花寺建于清康熙五十六年（1717年），殿内供奉释迦牟尼、十六罗汉和四大金刚等塑像。大拉让，即塔尔寺法台府邸和达赖、班禅行宫，位于大金瓦寺西北山坡上，红色院，由经堂、华门、牌坊3座殿堂组成，为汉藏合璧式建筑。初建于清顺治七年（1650年），由卫拉特蒙古亲王才旺旦津集资修建，初为汉式寝宫。康熙四十二年（1703年），改建为藏式三进四合院建筑。乾隆四十二年（1777年），清廷补修了宫殿、山门、牌坊等，赐名"永慧宫"，后遭焚毁。嘉庆十八年（1813年）重修。

如来八塔位于寺前广场上，东西排列，为8座覆钵式佛塔，根据《佛说八大灵塔名号经》修建。每座底部面积为5.7平方米，周长9.4米，高6.4米。八塔纪念了佛祖释迦牟尼从诞生到涅槃的八件大事，从东到西，依次为：莲聚塔——纪念佛祖诞生；菩提塔——纪念释迦牟尼修行成道、正觉成佛的功德；四谛塔——纪念佛祖讲经弘法，初转四谛法轮的功绩；天降塔——纪念佛祖去三十三天为其母说法，回人间后化度众生；降服外道塔——纪念佛祖降服外道魔怪的事迹；息诤塔——纪念佛祖劝息僧众争端的功德；祝寿塔——纪念佛祖在广严城测算自己的寿命，众弟子祝愿他长寿，佛法永驻；涅槃塔——纪念佛祖圆寂。此外，塔尔寺内较大的建筑还有显宗学院、密宗学院、医学院、时轮学院、引经院、跳欠院、大厨房及一些佛塔。

由于塔尔寺是宗喀巴大师的降生地，因此成为了信徒们向往的圣地，也受到历代中央王朝的高度重视。第三、四、五、七、十三、十四世达赖喇嘛和六、九、十世班禅大师均在这里驻锡过。从康熙以来，朝廷曾向塔尔寺多次赐赠匾额、法器、佛像、经卷等。该寺的阿嘉、赛赤、拉科、色多、香萨、西纳、却西等活佛系统，清时被封为呼图克图或诺门汗。其中，阿嘉、赛赤、拉科为驻京呼图克图，有的还当过北京雍和宫和山西五台山的掌教喇嘛。正是因为这些特殊原因，塔尔寺发展迅速，规模日益扩大，成为藏传佛教格鲁派蜚声国内外的六大寺院之一。寺院设有显宗、密宗、时轮、医明四大学院和巴扎仓，研习佛学和藏族语言、文字、天文、历算、医药、舞蹈、雕塑、绘画、建筑等各方面的知识。塔尔寺于清道光七年（1827年）创建印经院，所印藏文经典及各种著述，畅销藏区各地。寺院于每年农历正月、四月、六月、九月分别举行四次全寺性的大型法会，被称为"四大观经"。届时，各地群众云集，规模盛大非凡。[1]

塔尔寺是一座收藏丰富的藏传佛教博物馆，除了那些形态各异的殿宇建筑因年代久远，极具文物价值外，寺内还收藏有大量明清时期的鎏金铜佛像、铜佛像、金银灯、金书藏经、木刻板藏经、法器、灵首塔、御赐匾额、壁画、堆绣等，都是珍贵的文物。被誉为塔尔寺"艺术三绝"的壁画与堆绣、酥油花，都带给人们美的艺术享受。塔尔寺具有系统而规范的学院教育系统，是藏区颇具规模的传授藏族文化和藏传佛教知识的学校。寺内收藏有卷帙浩繁的蒙藏满文文书档案、金石铭文、匾额楹联以及各类藏传佛教经典、历史、文学、哲学、医药、立法等方面的学术专著，有些甚至从未在社会上公开过，这些都是研究塔尔寺历史文化、藏传佛教历史文化以及青藏高原社会历史变迁的重要资料。塔尔寺的庙会文化也非常出名，每年举行的"四大观经"法会以及农历十月纪念宗喀巴圆寂的"燃灯五供节"和年终的送瘟神活动等，都吸引着成千上万的观众，成为独具特色的旅游文化资源。

九　夏宗寺

夏宗寺亦作"峡峻寺""夏峻寺"等。在今海东市平安区三合镇瓦窑台村所在的阿尼吉利山。据传，早在东晋安帝隆安三年（399年），僧人法显等赴印度求经，曾到此处活动，留有遗迹。宋代，这里建有静房。南宋高宗建炎年间，宋朝在这里觅得唃厮啰的后裔益麻党征，赐名赵怀恩，令其措置湟鄯事，夏宗静房得到扩建。元至正十九年（1359年），西藏噶玛噶举派黑帽系第四世活佛乳必多杰（1340—1383年）应元顺帝之召去北京，路过平安时一度居住在夏宗寺，曾给刚满3岁的宗喀巴授近事戒。[2]

清代，夏宗寺发展成为一座规模较大的寺院，最盛时有僧40余人，殿堂、僧房约400间。整个寺院依山而建，由经堂、噶玛、八卦亭3个建筑群组成。其中经堂位于岩根平地，为三转五大开间宫殿式建筑，为该寺

---

[1] 蒲文成主编：《青海藏传佛教寺院》，甘肃民族出版社2013年版，第11—13页。
[2] 蒲文成主编：《青海藏传佛教寺院》，甘肃民族出版社2013年版，第30页。

主体建筑，是全寺僧人聚会诵经的地方。经堂院依岩建有七层佛宇，是在乳必多杰居住过的石窟基础上扩建而成的，称作"噶玛区"，相传保存有乳必多杰用过的法座以及法器、供物、佛像、经卷等。另有一塔，传以宗喀巴的袈裟、靴子等装藏。经堂后面的山腰上，有一座八卦亭，三面绝壁，耸立霄汉，该亭脊分两层，底四顶四，参差错落，从壁下看去，恰为八角，故名八卦亭。该亭初建于清代乾隆年间，民国初年被毁，1941年重建。此外，还有传说宗喀巴从乳必多杰受近事戒在剃发处长出的古柏及寺院南面石岗上为阿尼吉利山神所建的苯康等。

由于夏宗寺周围林木浓郁，山泉流水，山花烂漫，景色十分秀丽，是藏传佛教僧人静修的出名地方，故夏宗寺藏语又称"夏宗珠代"，意为"夏宗修行处"。历史上，青海地区的一些名僧，如宗喀巴的启蒙师即夏琼寺的创建者曲结·顿珠仁钦（1309—1385年）、塔尔寺的首任法台鄂色嘉措等都曾在此修行过，与今海南州兴海县的智革尔贝宗（赛宗山）、黄南州尖扎县的阿琼南宗和乐都县南山的班摩曲宗（亦称普拉羊宗）同称为"安多四宗"。[1]

十 佑宁寺

佑宁寺属于藏传佛教格鲁派寺院，位于互助县五十镇东北6公里的寺滩村。佑宁寺又叫郭隆寺，"郭隆"是藏语，意思是"寺沟"。佑宁寺建在山沟里，寺和沟互为命名，很有特点。佑宁寺主要建筑有大经堂、嘉色寝室、弥勒殿、土地神殿、度母殿、噶当殿、章嘉佛堂、护法神殿、空行佛殿、小经堂、嘉色囊、土观囊等。各殿堂围绕大经堂依山而建，高低错落有致，组成一个完整的汉蒙藏土合璧式的建筑群。

佑宁寺建于明万历三十二年（1604年）。据说明嘉靖年间，三世达赖索南嘉措由西藏前往蒙古，途经今互助佑宁寺所在地时，忽遇天空雷鸣闪电，顷刻大雨倾盆，瞬间雨霁云散，天上闪出一道七色彩虹。三世达赖认为这是吉祥之兆，于是对前来觐见的人们说，等他返回时，要在这里修寺以谢神恩。然而，三世达赖圆寂于蒙古地区，修寺的夙愿没能实现。万历三十年（1602年），四世达赖云丹嘉措自内蒙古入藏坐床，途经此地。当地的扎的、浪加、阿加、火日、华仁、觉查、塞查等十三部落头人以三世

---

[1] 蒲文成主编：《青海藏传佛教寺院》，甘肃民族出版社2013年版，第31页。

达赖授记为由，请求四世达赖建寺。年底派代表入藏再次请求建寺。次年，四世班禅罗桑确吉坚赞和四世达赖派西藏达波扎仓寺住持第七世嘉色活佛端悦确吉嘉措来安多。万历三十二年（1604 年），嘉色在一世松布丹曲嘉措的协助下破土动工，当年建成嘉色寝宫、经堂及部分僧舍，并建成显宗学院，后由拉卜楞寺寺主嘉木样活佛建成密宗学院，遂成为显密双修的格鲁派大寺。此后，郭隆寺受到漠西蒙古和硕特部首领固始汗等地方势力的支持，规模不断扩大。清顺治四年（1647 年），四世班禅、五世达赖和固始汗联合签发寺产执照。康熙年间，郭隆寺有大小经堂、僧舍、囊欠等 2000 多个院落，僧侣 7000 多人，设有显宗、密宗、时轮、医明四大学院，规模非凡。雍正二年（1724 年），因部分寺僧参与罗卜藏丹津反清事件，寺院被清军烧毁。后因驻京章嘉、土观活佛再三恳求，雍正帝于雍正十年敕令重修，并赐额"佑宁寺"，重修后寺院规模远不及前。同治五年（1866 年），该寺再经兵燹，珍贵藏经被焚，文物损失严重。不久，六世土观罗桑雪珠囊秀奉清廷之命予以重建。以后佑宁寺又不断得到修葺，到 1957 年时，该寺有大小经堂等建筑 1696 间，僧舍 6111 间。"文革"期间，寺院大部分被拆毁，今天看到的佑宁寺建筑多为改革开放后所新建。

佑宁寺寺主为嘉色活佛，常驻西藏，全寺的行政、教务由总法台总理。佑宁寺自明万历年间创建至清末，先后有 30 多位活佛，有的后来分寺另居，有的于清同治以后未再转世。1958 年前，该寺主要有五大囊活佛和九小囊活佛。其中五大囊活佛在清代均受封为呼图克图，其中章嘉和土观是驻京呼图克图，地位尤尊。五大囊活佛系中，二世章嘉罗桑却丹、二世土观罗桑却吉嘉措是清代历史上颇有影响的人物，自他们起，章嘉和土观活佛系始成为驻京呼图克图。三世章嘉若贝多杰、三世土观罗桑却吉尼玛、三世松布益希班觉等是藏传佛教史上著名的学者，著述颇多。特别是三世章嘉的《正字智源》《七世达赖喇嘛传》、蒙译《甘珠尔》，三世土观的《宗教流派镜史》，三世松布的《如意宝树史》等有很大影响。另外，二世却藏罗桑丹贝坚赞曾为七世达赖喇嘛经师，五世王嘉阿旺钦绕嘉措著有《佑宁寺志》。九小囊活佛为李家、杜固、堪布、色尔当、加定、五十、霍尔郡、群察、林家、郭莽堪布。历史上佑宁寺属寺众多，被誉为"湟北诸寺之母"。1949 年前，该寺管辖的寺院共有 49 处。分属土观囊、章嘉囊和却藏囊。①

佑宁寺是青海地区最著名的一处藏传佛教学术基地，出现了众多学术涵养高深的名僧，出版了不少有影响的佛学著作。加上章嘉、土观等活佛的宗教地位，受到国内外学者和宗教界的广泛重视。20世纪80年代以来，十世班禅大师、帕巴拉·格列朗杰活佛等高僧大德来寺视察，不少外宾和港澳台同胞也纷纷来此观光朝拜。佑宁寺是一处风景优美的寺院，寺院依山傍水，背后山势峭拔，危岩间多生苍松翠柏；左边是肥沃的田野，生长着黄绿分明的油菜和小麦；寺门外铺满了光滑圆润的鹅卵石，一股清澈的泉水潺潺流过，环境幽静，现已成为互助县境内最著名的观光朝拜胜地。②

第四节　岩画与碑刻

岩画与碑刻是一种古老的艺术作品。截至2015年，青海地区共发现岩画地点30处，集中分布在海西蒙古族藏族自治州和海南藏族自治州境内，多位于古代丝绸之路青海道附近。这些岩画为史前至明清时期生活在此地的游牧民族所刻，内容以动物为主，也有少量畜牧、狩猎等场面，以及舞蹈、交战、巫术、生殖崇拜及汉藏文字，还有一些神秘莫测的物形和符号等。经过相关学者研究认为，在青海及甘肃发现的岩画和碑刻是由古羌人、匈奴人、吐谷浑人、吐蕃人以及藏族、蒙古族共同创作的，不同民族只是时代先后上有别③。其内容与技法跟西域、北方草原等地的岩画互有影响，这从另一个侧面窥见了中西方文化交流信息。

玉树藏族自治州通天河两岸的大量岩画长期封存于天地间，基本不为人们所知。2013年至2016年，玉树州博物馆等部门组织专业人员在通天河流域先后进行了13次岩画调查工作，在境内"三县一市"（即曲麻莱县、称多县、治多县和玉树市）的勒池、昂拉、章玛、章囊、智隆、娘扎

---

①　蒲文成主编：《青海藏传佛教寺院》，甘肃民族出版社2013年版，第73页。
②　蒲文成主编：《青海藏传佛教寺院》，甘肃民族出版社2013年版，第75页。
③　青海省地方志编纂委员会编：《丝绸之路青海道志》，青海民族出版社2018年版，第135页。

巴玛、塔琼、扎囊依、格玛、邓额隆巴、谐青、宗青、曲孜隆巴、尼希查加、统吉、赛康、木秀、云塔、布朗、麦松、觉色等地发现了 21 个岩画群，30 余处岩画点、410 余组岩画，1700 余个单位图像。2017 年 8 月 1 日，玉树藏族自治州在西宁举行了"玉树岩画国际论坛"，公布了有关资料，引起与会专家、学者的极大兴趣。玉树岩画资源丰富，散见于通天河流域的河道悬崖、崇山峭壁、山间岩石、草原散石上。岩画遗存形式基本为崖壁岩画和大石（或落块）岩画两种。岩画内容精彩纷呈，以牦牛、鹿、豹、狼、虎、飞禽、马、犬、羊、骆驼等动物为主，还有人物形象以及神秘的万字纹（即雍仲符号）等。从岩画主题上，分为狩猎、畜牧、战争、车辆、棋盘、农耕以及信仰符号等。与会专家、学者对玉树岩画时代、特点等发表了初步看法，认为通天河流域岩画呈现出中国北方草原岩画的风格，延续时间较长，第一期岩画的年代约在距今 2600 年左右，带有浓厚的黑海沿斯基泰文化特征，第二期岩画的年代在距今 2300 年左右，第三期岩画的年代可能晚至距今 2000 年左右。[①] 在岩画制作方式上，一般早期以通体凿刻为主，晚期以线刻、凿刻为主。

一　野牛沟岩画

野牛沟位于海西蒙古族藏族自治州格尔木市郭勒木德镇西北约 70 公里处的昆仑山脚下。此沟为当地牧民的夏季草场。岩画所处的四道沟山梁海拔 3900 米左右，相对高度 30 米左右。

野牛沟岩画镌刻在四道沟山梁南坡的花岗细砂岩上，共有 5 组，45 幅画面，约有 250 个个体形象，主要有牦牛、鹰、马、骆驼、豹子、狍子、狼、狗、熊、鹿、羊、人、鸟首人、车、日、巫师等，组合图案有人骑马、人骑马牵骆驼、猎牛图、单辕马车图像等。牛的形象在岩画中占很大的比例。岩画通体为敲凿法制作，带有浓厚的模式化色彩。公元前 3—4 世纪在中亚地区岩画中广泛流行的带有"缒杖"武器的形象，在野牛沟较早期岩画中出现。[②]

[①] 罗云鹏：《青海通天河流域发现 21 个岩画群，最早可追溯至 2600 年前》，中国新闻网，2017 年 8 月 2 日。

[②] 青海省地方志编纂委员会编：《丝绸之路青海道志》，青海民族出版社 2018 年版，第 148 页。

二　卢丝沟岩刻

卢丝沟岩刻位于海西蒙古族藏族自治州都兰县热水乡智尕日一社的卢丝（一作露斯）沟之中，在察汉乌苏河南岸，距沟口6公里。岩刻刻在西侧的南北走向的山崖立面上，内容分三组：第一组有佛立像3尊，为阴线勾勒，画面高5.6米，宽4.5米。立佛穿长至脚部的袒右臂、覆左肩的"右开左合"偏衫。第二组为4尊菩萨像，浅浮雕，画面高1.4米，宽2.6米。坐佛头戴菩萨冠，袒右臂，着偏衫，两手持禅定印，结跏趺坐。底座为五瓣莲花。第三组为双马，画面高1.4米，宽5.6米。马取直立状，无耳，马尾较长，整个体形肥壮，采用浮雕技法雕琢而成。佛像古朴生动，线条流畅，比例匀称。据考古学专家考证，此画成于北朝中期，"应出自吐谷浑人之手"[1]。吐谷浑第十二任王拾寅时，吐谷浑上层已信奉佛教。吐谷浑人在卢丝沟刻石敬佛，大概就在此前后。也有学者认为此岩刻是公元9世纪的作品。

三　卢森岩画

卢森岩画位于海西蒙古族藏族自治州天峻县江河镇赛尔创村卢森山丘东坡上，距江河镇约8公里。岩面东西长10米，南北宽8米，画面最大的为6米×8.5米。刻有大角鹿、牦牛、马、虎、豹、鹰等动物形象，人物形象有奔跑、角斗者，狩猎（包括车猎图）、交媾形象等，此外尚有树和符号等约270个形象。卢森岩画是中国北方地区岩画中面积最大、图案最多的单幅岩画。岩画的打制技法分垂直打击、阴线勾勒和磨刻法三种。垂直打击的形象时代最早，次为阴线刻凿，磨刻法最晚。阴线刻凿的图案是青海岩画的代表性制作，造型准确生动，制作精良，图案丰富，有些图案甚至可能具有一种叙事结构或宏大的场景表现，如成排出现的三幅车猎图案等。卢森岩画的年代早期为青铜器时代，晚期为汉代。公元前3—4世纪在中亚地区岩画中广泛流行的带有"锤杖"武器的形象，出现在此地点中。[2]

---

[1] 许新国：《露斯沟摩崖石刻图像考》，《青海社会科学》1994年第2期。
[2] 青海省地方志编纂委员会编：《丝绸之路青海道志》，青海民族出版社2018年版，第150页。

四　怀头他拉岩画

怀头他拉岩画位于海西蒙古族藏族自治州德令哈市怀头他拉镇西北约40公里处的卡格图村。岩画零星分布于长约5公里、宽约1公里的哈齐布齐沟内30块岩体立、平面上，共有300幅，约100个个体形象。最大的一块即第一组面积2米×1.5米，制作手法早期以敲凿法为主，也有一定数量的晚期磨划法制作的图像。早期内容以动物为主，造型有野牛、羊、马、狗、骆驼等个体，另有射猎、骑马、动物交配等图案；晚期有许多藏传佛教的内容，如吉祥结、藏文、藏式三鱼图、莲花、宇宙树、"卍"字符号以及金刚杵等。

五　切吉岩画

切吉岩画位于海南藏族自治州共和县切吉乡南13公里处的卢阿龙河当山顶之上。岩画施于山顶上零散的细砂岩上，共分两组，6个形象。内容有羚羊、牦牛、鹿等。系采用垂直敲击点刻与磨刻方法制成。

六　和里木岩画

和里木岩画位于海南藏族自治州共和县黑马河乡然去乎东村约1.5公里处。岩画分布在两级台地衔接处的红砂岩断面上，高于河床约20米，海拔3400米。雕有岩画的岩石为39块，岩画内容有牛、马、鹿、狗、豹、狼等，共约50余幅动物图像，采取垂直凿刻法。其时代初步定在唐代。此处岩画系省级文物保护单位。

七　玉树勒巴沟岩画

玉树勒巴沟岩画位于玉树藏族自治州玉树市巴塘乡勒巴沟内。岩画刻在勒巴沟沟崖岩石上，总面积约900平方米。其内容主要为佛教故事及经文，其中一幅一般认为是文成公主礼佛图，高出地面3.5米、宽2.5米。主佛为释迦牟尼立像，立在仰莲座上，背有焰纹背光和头光。右面刻有四个朝佛的形象：第一个作下跪状捧香炉的是侍童；第二个头戴吐蕃塔式缠头，身着对襟小翻领胡服作献礼状的一般认为是藏王松赞干布（也有学者认为应该是吐蕃贵族，不一定是松赞干布）；第三个身穿汉服斗篷、头梳双髻，手持莲花的一般认为是文成公主；第四个是身着胡服的侍童。这幅图中，主佛和所谓松赞干布的造像均为藏式风格，而其他形象均为汉式造像风格。此处岩画为唐代所刻，系省级文物保护单位。

八　玉树贝纳沟摩崖石刻

玉树贝纳沟摩崖石刻位于玉树藏族自治州玉树市巴塘乡勒巴沟内大日如来佛堂背后的山崖上。崖面坐北朝南，摩崖题记从西到东依次为横书梵文、竖书汉文、横书藏文的《摩诃般若波罗蜜多心经》，其东边还有一处古藏文题记，字迹模糊，经初步辨认可能是无量寿经。大日如来佛堂西侧崖壁古藏文题记共分为上下两段：第一段为《大日如来和八大菩萨赞》，题记宽约 6.40 米、高约 2 米，共 18 行；第二段是著名的"狗年题记"原刻，宽约 2.45 米，高约 0.65 米，共 5 行。题记中提到赤德松赞（798—815 年在位）、狗年（806 年）、大译师益西央以及多名工匠的名字。其时代为唐代。

九　曲麻莱县昂拉岩画

曲麻莱县昂拉岩画位于通天河北岸一级支流昂曲河拉龙沟北岸一级阶地后缘的山体基岩上，属于曲麻河乡昂拉村。调查时发现有画面的岩画 45 幅，凿刻的内容有牦牛、鹿、人物、车马等，个体图像共 600 余个，采用技法包括通体敲凿、点线凿刻和磨刻法多种。其中的双车马狩猎图手法为通体凿刻，可能属于较早时期。岩画的左上角为一车马图，系两马所拉车。两马上下背对，系于车辕两侧。车由车舆、车轮、车辕组成。车轮为圆形，无辐。车右前方有二鹿，一鹿头向右，一鹿头向左，鹿右前方有四头牦牛，体型较小，相迎而前。车辆下为一人，双手拉弓，向右作欲射状。人的前方有一牦牛，牛头向右，作奔跑状，牦牛前方又有一幅车马图，是四马拉车图，作向右奔行。车前有一人，站立持弓。人的前方有一体型硕大的牦牛，牛角突出，头向左，与人相迎。这幅岩画通体用点凿法制成，呈剪影效果，不过，弓箭系用线刻补画的。[1]

---

[1]　崔永红：《丝绸之路青海道史》，青海人民出版社 2021 年版，第 199—200 页。

十　曲麻莱县塔琼岩画

曲麻莱县塔琼岩画位于约改镇岗当村塔琼三社，调查时发现有画面的岩画60幅，凿刻的内容有牦牛、鹿、豹、狼、马、犬、盘羊、黄羊、岩羊、骆驼等动物及人物、太阳、车辆等，个体图像共223个，采用技法包括通体敲凿、点线凿刻法。塔琼岩画均为大石，沟底分布较多，山腰基岩处的岩画较少。岩面大多为变质板岩，其中一部分岩石已长满石苔，其上岩画难以辨认。①

十一　称多岩画

称多县地处青海省南部，玉树藏族自治州的东北部。称多岩画分布点多、面广，其中以赛康岩画、木秀岩画、庚卓岩画、拉贡岩画、白龙岩画较为著名。

赛康岩画群因位于前往称多县境内规模最大的格鲁派寺院赛康寺的必经之地库庆沟口而得名。此处也是尕朵乡和扎多镇之间必经乡道，所以赛康岩画是最早被发现、最为知名的一处岩画群。岩画内容主要分为六头大角雄鹿和一头雌鹿，以及少许的野牦牛、犬、岩羊等。

木秀岩画群位于称多县尕朵乡闻名遐迩的木秀古村落所在地木秀沟内，距沟口的木秀古村落大概有三公里远，岩画内容主要为野牦牛和鹿、犬、不明符号等。

庚卓岩画群海拔3700米，北纬30°20′57″，东经96°57′34″，方位西北316°。单体数210个。岩画内容以动物和宗教物质为主，有鹿、牦牛、马、牛车、雪豹、六字真言和疑似雪狮或者犬的动物岩画，还有回旋折绕的蛇形岩画。有祭坛、佛塔、金刚结、祭司以及方向不同的雍仲符号群和罕见的六芒星岩画。值得一提的是，庚卓岩画中还发现了迷宫图，据考证，这迷宫图为克里特迷宫图案。应该是公元前325年亚历山大大帝东征时从地中海传播到这里，这将为我们另外打开一扇通往西方世界的大门，譬如六芒星（两个相互倒置的三角形，即以色列国旗的图案）是否也从西

---

① 尼玛江才编著：《玉树岩画·通天河卷》，青海人民出版社2016年版，第197页。

方传来等等,这将是一个非常有趣的问题。①

拉贡岩画群中泽欣山岩画单体数 10 个,岩画内容分为符号、祭坛、佛塔、不明符号等。泽欣滩岩画单体数 74 个。拉贡大拐弯岩画内容有牦牛、马、武士(山神)、骑士、鹿、不明符号等。

白龙岩画群内容丰富,有日、月、星辰系等天文内容,有鹿、骆驼、龙、鹰、狼、蛇、马和内容最多的牦牛、各种人物、雍仲符号、武士、祭坛、塔、天梯、棋盘等,还有一些神秘待解的符号岩画。其中最大的一个岩石上刻有 50 多个图案,最少的只有 1 个。②

第五节　古桥与渡口

青海境内河流众多,古青海各大道经过的河流主要有黄河、湟水河、大通河、柴达木河、格尔木河、通天河等,古代行人要在各道通行,必须千方百计跨过这些河流,因此古桥与渡口应运而生,承载了古道交通中真正的桥梁功能,发挥了极大的作用。

一　临津渡

临津渡又称官亭渡,是黄河上游的重要渡口,位于黄河上游甘青交界处,河南是甘肃积石山保安族东乡族撒拉族自治县的大河家镇,河北是青海民和回族土族自治县官亭镇。该渡口早在汉代以前即存在,是陇右进入河湟地区的重要津渡。从临津古渡渡河后,可经允吾(在今民和西沟乡境内)经今乐都到今西宁,再分路去河西走廊或柴达木盆地以及吐蕃乃至南亚地区。三国时,魏将夏侯渊遣张颌等"渡河入小湟中"。③ 隋朝时该渡口叫临津关,得名于前凉在此设立过的临津县(治积石山保安族东乡族撒拉族自治县大河家)。隋大业五年(609 年),炀帝"出临津关",④ 经西平—张掖道到河西走廊又返回长安。唐朝时,该渡口仍是重要的渡口,当时来

---

① 明松·索南稳骤:《称多岩画》,上海文化出版社 2020 年版,第 9 页。
② 明松·索南稳骤:《称多岩画》,上海文化出版社 2020 年版,第 21 页。
③ 《三国志》卷 9《魏书·夏侯渊传》。
④ 《隋书》卷 10《炀帝纪》。

往印度的使者，多从此过河。南宋绍兴八年（1138年），金在此设立积石州，元代因之。宝庆三年（1227年），成吉思汗亲自领军渡河攻打积石州。明清时期，该渡口改称河州上渡。明朝曾在此设立长宁驿，从此东行可到河州（治今甘肃临夏），西进可到贵德，北上可到西宁。清朝时，此渡口为一级渡口，置有官船两只，水夫20名。中华人民共和国成立初，用一条长约15米、宽约10米的大船摆渡，可载百人及卡车，现已建成钢筋混凝土大桥一座，但古渡口遗址仍在。

二　河厉桥

吐谷浑于公元5世纪初在黄河上所建之桥。根据郦道元《水经注》卷2引段国《沙洲记》载："吐谷浑于河上作桥，谓之河厉，长百五十步，两岸垒石作基陛，节节相次，大木纵横，更相镇压，两边俱平，相去三丈，并大材以板横次之，施钩栏，甚严饰。"《水经注》认为这座桥在清水川之东。当今学术界主流观点认为清水川约为今兴海县曲什安河（一说在今循化撒拉族自治县东），如此则吐谷浑所建这座河厉桥的位置应当在曲什安河入黄河口不远处，这里恰是黄河上游河面较窄处，且两岸石基坚固，极适宜建桥。当代同德县与兴海县相连的水泥大桥就在此处。河东为同德县班多村。此桥位置正在丝绸之路"吐谷浑道"上，恰是"吐谷浑道"青海境内东段南支线必经之所。

吐谷浑所建河厉桥桥中无墩柱，在两岸陡崖岩石上铺设伸臂木梁，好似飞渡，故有"飞桥"之称。"河厉"二字为鲜卑语，本来就是"飞鹰"的意思。另因桥梁系木材纵横相间迭起，层层向河中挑出，中间相握而成，故也称为"握桥"。这种桥结构科学，施工简便，因而在西北地区广为采用，并延续了上千年的历史。吐谷浑所建河厉桥不止上述清水川东这一座，除特指外，它又是吐谷浑所造同类型所有桥梁的总称。青海境内明清时期所建部分桥梁及在民国时期所建的小峡、扎马隆、大通桥头的桥等，都是这种桥型，有的两边还建有牌楼，桥上覆盖成廊，形态颇为壮观。

三　大母桥

北魏太平真君五年（444年），北魏派晋王伏罗间道袭击吐谷浑，军至大母桥，慕利延逃奔西域。这座大母桥，为吐谷浑所建，时间在这次军事行动之前。当时，慕利延就在浇河郡（治今贵德县河西乡黑古城）至赤水（今兴海县东部）一带活动。北魏间道偷袭，没有走西平（治今乐都区碾伯镇）、临羌（治今湟中县多巴镇）、木乘谷这条平坦而迂回的大道，而是自乐都南渡湟水，过荔谷，沿勒姐岭（今拉脊山）南山至今化隆县扎巴，再顺山岭南路朝柴达木盆地方向追击。

从伏罗间道袭击吐谷浑至大母桥的路线来看，大母桥当在黄河上游，今尕毛羊曲（一作尕马羊曲）一带，此处河面狭窄，地形险要，是较为理想的建桥位置。这里黄河南岸和北岸都有为保护古桥渡而建的古城遗迹。此桥位置正在丝绸之路"吐谷浑道"上，恰是"吐谷浑道"青海境内东段中支线必经之所。这座桥可能是吐谷浑在黄河上建造的第二座桥。

四　洪济桥

唐中宗景龙四年（710 年），吐蕃因金城公主"嫁奁"而得到黄河九曲之地（约今青海海南藏族自治州、黄南藏族自治州大部）后，在黄河上修建了洪济桥。

《元和郡县图志》卷39 记载，"积石军在廓州西百八十里"，"金天军在积石军西南一百四十里洪济桥"，积石军址在今贵德县，据此，洪济桥址当在今龙羊峡一带。在今龙羊峡水电站大坝的位置，黄河南岸和北岸考古部门均发现有唐及以前的古城遗址，叫姊妹城。古城等是保障黄河渡口安全的。还有在岩石上钉的铁桩遗迹等。唐长庆元年（821 年），大理卿刘元鼎入使吐蕃会盟，中途曾经过洪济桥。此桥位置正在丝绸之路"吐谷浑道"上，恰是"吐谷浑道"青海境内东段北支线必经之所。

五　骆驼桥

唐景龙四年（710 年）杨矩为鄯州都督，表请黄河九曲为金城公主汤沐邑，唐与吐蕃以黄河为界，于是吐蕃修建了此桥。唐玄宗开元十六年（728 年），鄯州都督张志亮战于青海西，破（吐蕃）大莫门城，焚毁骆驼桥。较多的研究者根据文献记载结合地面遗迹，认为骆驼桥可能与大母桥同址，先后异名而已，即在今尕毛羊曲一带。也可能与洪济桥同址，在今龙羊峡一带。

六　盐泉桥

盐泉桥约在今海东市循化撒拉族自治县东积石关附近（一说在循化县境古什群附近），为吐蕃所建，也为吐蕃所毁。唐玄宗开元二十六年（738年），鄯州都督杜希望"发鄯州兵夺房河桥，并河筑盐泉城，号镇西军，破吐蕃兵三万"。唐玄宗大中三年（849年），吐蕃鄯州节度使尚婢婢与洛门川（今甘肃武山境）讨击使论恐热大战时将桥焚毁。这座桥建成到被毁前后维持了百余年，曾经为丝绸之路青海道所利用。

七　河源古渡

河源古渡在今果洛藏族自治州玛多县黄河沿至两湖（扎陵湖、鄂陵湖）间。《新唐书》卷40《地理志》记载，"鄯城（县名，在今西宁市）……又经暖泉（今兴海县温泉）、烈谟海（今兴海县与玛多县交界处的苦海，一作豆搢），四百四十里渡黄河"，即指此。唐贞观十四年（640年）江夏王李道宗护送文城公主进藏曾经此。以后唐蕃之间通使、和亲、会盟多由此渡黄河。《西宁府新志》亦有"肖力麻川黄河源"渡口的记载。

八　曲麻莱七渡口

七渡口，一作七叉河，位于玉树藏族自治州曲麻莱县曲麻莱乡勒池牧委会西。七渡口藏语叫"拉普敦"。自古以来是通天河上的重要渡口、要隘。历史上唐蕃古道曾经途经此地。

九　直布达渡

直布达渡位于玉树藏族自治州称多县与玉树县交界处的直布达，在歇武寺直布庄南通天河边。为西宁进入玉树的重要津渡，夏用皮筏，冬有冰桥。除此之外，还有通天河上游入藏大道上的七渡口，包括玉树县下拉秀西子曲河上的陇喜寺渡、扎武通天河边上的蓝达庄渡、玉树固察通天河边上的种毛籍庄渡、扎曲河边上的蒙古尔津诣他渡、子云渡和觉拉寺渡，玉树州囊谦县觉拉扎曲河上的古特知庄渡、囊谦县南巴日曲河边的囊谦南渡和囊谦境鄂穆曲边的挞朵寺渡等。

十 巴哈苦苦赛渡

苦苦赛渡亦作库库赛或柯柯赛渡，在玉树藏族自治州曲麻莱县境内的通天河上游入藏大道上。长江上游一段蒙古语为穆鲁乌苏，故苦苦赛又称穆鲁乌苏，为青海赴西藏重要津渡。《西宁府新志》载："柯柯赛渡口，有草无柴，由秀番子住牧。自此赴藏有三路，惟柯柯赛有渡河皮船。⋯⋯官兵入藏，皆由柯柯赛。"[1] 清康熙五十九年（1720年），抚远大将军允禵移驻穆鲁乌苏，管理进藏军务粮饷。乾隆五十六年（1791年），大将军福康安等率领军队由此渡江赴西藏平定廓尔喀入侵。

---

[1] （清）杨应琚修纂，崔永红校注：《西宁府新志》卷21，青海人民出版社2016年版，第380页。

第五章

唐蕃古道青海段的非物质文化遗产

非物质文化遗产是各种以非物质形态存在的与群众生活密切相关、世代相承的传统文化表现形式，是以人为本的活态文化遗产，它强调的是以人为核心的技艺、经验、精神，其特点是活态流变。主要包括：口头传统和表现形式；表演艺术；社会实践、礼仪、节庆活动；有关自然界和宇宙的知识和实践；传统手工艺；等等。青海自古以来多民族文化多元共融，在数千年的历史发展中，这块广袤的土地承载了丰富灿烂的非物质文化遗产。

第一节 民间文学

唐蕃古道青海段沿线各民族民间文学历史悠久，源远流长。在漫长的发展过程中，汉、藏、回、土、撒拉、蒙古等各族民众创作了丰富多彩的神话、传说、故事、歌谣、寓言、笑话等民间文学作品，其中部分作品已列入国家级非物质文化遗产保护名录。

一 文成公主的传说

唐贞观十年（636年），吐蕃派使者向唐求婚，几番周折后，唐太宗意识到吐蕃国势强盛，且松赞干布求婚有诚意，便答应了求婚。在当时，唐蕃和亲不失为一种缓和双方激烈矛盾冲突的良策。为建立汉藏友好关系，贞观十五年（641年），文成公主不畏艰险、义无反顾地远嫁到吐蕃。此后200多年间，唐蕃总体关系和谐，使臣和商人往来频繁。此次联姻的成功揭开了唐蕃友好的新篇章，促进了唐蕃间的经济文化交流，增进了两族人民亲密友好的合作关系，在汉藏关系史上写下了光辉的一页。自此，民间广泛流传着关于文成公主的一系列传说故事，这位伟大女性的聪慧贤淑、大气温婉被世人传颂。因散落在民间的相关故事传说有很多，下文主要以《文成公主的日月宝镜》为例，颂扬文成公主远嫁吐蕃的壮丽之举。

相传，文成公主的送亲队伍到安多九峰山走了三个多月，这也才是到拉萨的一半路程，什么时候才能到呢？公主为此发愁。此时前来接亲的禄东赞赶到，他向公主请过安后听公主身边的侍女们说，公主刚离开长安时虽然十分留恋，但一想到肩负着和亲安邦的重任，也就毅然踏上了遥遥征途。可是看着眼前日渐荒漠的景象，公主心中不免悲伤，时常东望长安，思念亲人和繁华的中原景象。特别是到了安多九峰山，向西望去白云悠悠、大漠苍凉，天上少飞禽、地下无人迹，公主便不肯前行了。禄东赞听后十分同情，他问公主："公主啊，你为了唐蕃两地世代友好远嫁藏王，你父母赠予你不少礼物吧？"公主回答："送我的东西不少，除了百工六艺、粮食种子，还有一对纯金打造的太阳和月亮，选用了金库中的白金和红金，父王广招天下能工巧匠，积万人心血和智慧打造而成。临行前他一再嘱咐，到了拉萨建一座象征唐蕃兴旺的吉祥塔，把金日月放在塔顶上，让它与日月同辉。"禄东赞听后越发敬重贤明的唐太宗，他好言安慰公主一番便告辞了。回到住地当晚，他吩咐自己的随从造一对石头日月，上面镀一层粉，用湿牛皮紧紧裹起来，然后派人悄悄前去调换了公主的金日月。

过了几天，文成公主又登上九峰山顶，遥望长安，久久不肯下山。禄东赞劝她说："公主啊，何不把你的金日月拿出来让我们借此祭奠天地神明，感谢唐王的恩德，了却你的思念之情。"公主听了十分高兴，命人将装有金日月的箱子搬来，打开一看，裹在金日月上的牛皮紧紧缩成一团，无论如何都剥不开。几个工匠费了好大的工夫，终于将牛皮完整地剥了下来，里面却是一对石头日月，那层牛皮上沾了厚厚的金粉。公主见状百思不得其解，思乡之情顿时烟消云散。禄东赞上前行礼说："哎，做父王的太不疼惜自己的女儿了，女儿远嫁蕃地，怎么能用石头日月啊！"公主听后又羞又气，就把石头日月摔在脚下的安多九峰山上，踏上了向西的路程。

禄东赞护送文成公主穿青海、过黑河，就快到拉萨了。藏王松赞干布派大臣则颠伦布迎接公主。这个则颠伦布早想把自己的女儿嫁给松赞干布，因此心里打着小算盘。他对禄东赞迎来文成公主十分不满，便趁机挑拨离间。见到公主后他说："公主啊，我们尊敬的藏王没有鼻子，你背井离乡，千里迢迢来嫁给他，一点儿也不感到伤心吗？"文成公主听了没说话，心里却痛苦万分。则颠伦布又给松赞干布写了一封信："威震八方的藏王啊，文成公主长得确实很漂亮，孔雀见了都不敢开屏。可是她身上有股臭味，谁闻了都很恶心呀！"松赞干布看后很生气。

不久，文成公主一行到达拉萨。藏王率领王室成员和大臣们将公主接到西宫住宿。当松赞干布和文成公主见面时，一个怕闻到臭味捂着鼻子，一个真以为对方没有鼻子而难过地低下了头。此时禄东赞兴冲冲地来见藏王，行过大礼后，他就滔滔不绝地称赞公主的美丽、聪明和能干，可是藏王越听越不高兴，他打断了禄东赞的话，当众宣布："西藏山南的北规雄山谷风光秀丽，那里有一个很大的石洞，请公主暂住到北规雄，等选好吉日再举行结婚大礼。"接着他又对禄东赞说："这次外出辛苦了，请先静养，读经阅卷，然后背诵给我听！"说完就气冲冲地走了。禄东赞感到此事有蹊跷，仔细想了想，断定藏王听了则颠伦布的谗言。

文成公主居住于北规雄后，带领当地的藏族百姓辛勤劳作，教会了他们种庄稼；她还带着工匠用石头做成了石磨子，让大家把炒熟的燕麦、青稞磨成面粉食用；石磨旁有一块大石头，公主经常跪在上面洗衣服，久而久之，大石头上留下了双膝的印迹。大家都十分喜欢这个美丽热情、善良勤劳的公主，也很感激她，便在一首《唉马林儿》的歌里唱道："这是一个美丽的地方，名字叫作北规雄，文成公主带来的粮食种子真多呀，共有三千六百种。"可是公主有时候不免伤心难过，悄悄流下的泪水滴入山泉，泉水流到山脚下汇成了清澈明净的大湖泊。有时候，她又独自爬上山崖唱歌，动人的歌声传到了很远很远的地方，来的次数多了，她的身影就清楚地印在了石壁上。

过了一段时间，禄东赞打听到藏王生气的原委，对公主受到的不公十分不平；他也打听到公主在北规雄为人们办了不少好事，大家从心眼儿里喜欢这位远道而来的公主，又暗暗为公主高兴。他想：假如现在藏王亲眼去看看北规雄的变化，和公主当面说说话，一切误会就都能解除。于是，他急忙给藏王写了一封信，建议藏王到北规雄去看看公主。藏王收到信后觉得有道理，因为则颠伦布的言行早已引起了他的怀疑。他带领几个近身侍卫来到北规雄，刚走到山口，就听见了公主的歌唱。动人的歌曲优美而富有哲理，吸引来了很多人翘首静听："云雾缭绕在山上，消失在山上；恶语出自坏人嘴上，消失在好人嘴上。"藏王听了非常激动，跑上去紧紧拉住了公主的手。公主看到藏王长着棱角分明的高鼻梁，英俊威武，高兴地说："听说大王没有鼻子，看来是假的。"藏王也高兴地说："听说公主身上有臭味，哼！肯定是则颠伦布捣的鬼！"他立刻将公主接到拉萨，并召见禄东赞，论功行赏，以酒宴款待，对心术不正的则颠伦布进行了惩罚。最后和公主举行了隆重的成亲大典。禄东赞也把真正的金日月奉还给文成公主，讲明了他的良苦用心，并跪伏请罪。公主没有降罪，还着实赞扬了禄东赞一番。藏王根据唐太宗的吩咐建起了吉祥塔，将金日月放在塔的顶端。从那时候起，广大藏族地区建起的吉祥塔上都有金日月，它们与日月同辉，成为藏汉两族人民亲密团结的象征。

文成公主已经成为"和亲公主"的代名词，虽然历史已尘封，但唐蕃古道沿线星罗棋布的古驿站、城池、村舍和古寺仍保留着文成公主的诸多印记，与此同时，丰富多彩的民间文学记录着文成公主为藏汉友好交往做出的重要贡献。

二 阿尼玛卿雪山神话传说

阿尼玛卿又名"玛卿岗日""玛日让江""玛央多杰智"，藏族古代文献中把阿尼玛卿雪山视为大神山，称其为"玛卿蚌喇"，"玛"是古代藏族部落名，"卿"为大，"蚌喇"为大山之意。阿尼玛卿是昆仑山系支脉阿尼玛卿山的主峰，位于果洛藏族自治州玛沁县西北部，是我国对外开放的十大山峰之一。在藏族民众心中，阿尼玛卿雪山是观世音菩萨的道场，是藏地四大神山之首。相传，阿尼玛卿山属马，每逢农历马年，藏区所有的神灵汇集阿尼玛卿山，若此年前来转山朝拜，就等于朝拜了所有的神山，具有不可思议的功德。藏族先贤们曾这样描述阿尼玛卿山的功德：只要我们以至诚之心供养，我们心中所有美好的愿望就都能实现，所有的不顺利都能离我们远去；不论你是求事业、婚姻、家庭、健康等添福报，还是求解脱、成佛，都能如愿。

神话传说中，阿尼玛卿山神头戴红缨帽、身披银甲、腰悬宝剑，乘玉龙白马、佩弓挂箭，右手持矛、左手掌旗。他有360位眷属，其中有9位妃子、9个儿子和9个女儿，还有1500位神将和侍从。他们居住在由金、玉、宝石筑成的三重宫殿中，为他们看家护院的是虎、狼、豺、熊，而野牛、岩羊、麋鹿、狗是他们的家畜。在其四周有不同的神祇所镇守的堡寨，连营数十里，旌旗蔽天、刀剑如林。阿尼玛卿山神白天巡视虚空和人间，行云布雨、施放雷电，或降吉祥，或降灾祸，奖惩人神、监视敌人；黑夜召集神鬼，差遣任务。

阿尼玛卿雪山有一个古老的传说：

我们生活的这个世界是斯巴老神沃德巩甲和他的 8 个儿子创造的，他们 9 人被称为开天辟地的 9 位神灵。斯巴老神 8 个儿子都是山神：雅隆的雅拉香、北方的念青唐古拉、上部的觉娃觉卿、东方的玛卿邦热，还有觉沃月甲、西乌卡日、吉雪旬拉曲保、诺吉康娃桑布，其中玛卿邦热排行老四。

有一天，斯巴老神外出打猎时遇见了从安多来的一众百姓，他们说安多地区连年受灾、鬼魅横行、生灵涂炭，斯巴老神听后甚为担忧。他的儿子们见他整日忧心忡忡的，担心不已，于是劝道："阿爸，鹿群羊群汇聚在草原上，因为草原绿草丰美；安多的百姓受灾受难，因为那里妖魔鬼怪横行，只有斩妖除魔百姓才会安居乐业。我们弟兄八人前去降妖，您老人家不必担心。"还没等儿子们说完，斯巴老神就说道："男子汉老了也像老虎一样，老虎虽然老了，但身上的花纹不变，别看我老了，但我的身体仍然健壮，我要和你们一起去解救受苦受难的同胞。安多康巴卫藏，虽然地区不一样，但都是藏族同胞聚居的地方。我们不但要帮助安多的百姓脱离苦海，还要让各地的百姓都过上安居乐业的日子。孩子们，为了普天下人民的幸福，你们就前去降妖除魔吧。"说完，他为儿子们分了工，有的去藏北，有的去康巴，老四玛卿邦热被安排到安多。他带上阿爸准备的酥油、曲拉、糌粑等食物，身穿藏服、头戴毡帽、脚登蒜巴，骑上了最喜爱的大白马准备上路。临行时，父亲再三叮咛："儿啊，这次出门远行，一定要记住，对头上有辫子的人要有慈父一般的感情，对背上有装饰品的人要有慈母一般的感情，对与你同龄的年轻人要有兄弟一般的感情。只有具备这三样，你才是世界上最幸福的人，只有得到安多人民对你的信任和帮助，你的事才能做成。等到藏历羊马年，我们父子在安多相会！"

玛卿邦热来到安多后，牢记阿爸临行前的嘱托，尊老爱幼、团结百姓，用非凡的智慧和魄力消灭了兴风作浪的妖魔、降伏了作恶多端的猛兽、惩办了残害百姓的坏人，安多的老百姓终于过上了安居乐业的生活。后来这里的百姓一致推举他为安多地方的首领。不知不觉藏历羊马年到了，在风和日丽的一天，由1500名骑着各种猛兽，手持大刀长矛、弓箭盾牌，人身兽头的骑士组成的仪仗队和安多众百姓，相聚来到黄河上游首领的宫殿前，列队迎接斯巴老神。玛卿邦热率领文武大臣对老阿爸行了大礼，随后，父子俩登上了九层宝殿顶端，举目远眺，只见滔滔黄河围绕着宫殿自西向东又折回东北流去，在阳光下闪闪发光，如同大地献给他们的一条哈达。草原上鲜花盛开、绿草如茵，骏马奔腾、牛羊健硕。后来，斯巴老神依次见过了儿子的360名家眷，走出大殿与安多的众百姓相见。百姓们欢腾雀跃，拿出新鲜的糌粑酥油、手抓羊肉、煮蕨麻和青稞酒献给斯巴老神父子俩，伴随着青年们跳起的玛多果卓舞，歌手们唱起了赞美的颂歌。可是忽然间，雷声大作、云雾四起，斯巴老神父子和他们的家眷消失得无影无踪，而白玉琼楼宝殿在云雾中冉冉上长，一座冰雕玉刻的雪山霎时间拔地而起，这就是现在的阿尼玛卿雪山。

2011年，经国务院批准，阿尼玛卿雪山的神话传说被列入第三批国家级非物质文化遗产名录。

三 藏族英雄史诗《格萨尔》

藏族英雄史诗《格萨尔》被誉为"东方的荷马史诗""东方的伊利亚特"，是目前世界上发掘的篇幅最长、流传最广的史诗，也是世界上唯一活在民间的史诗。《格萨尔》在藏族古代神话、传说、诗歌以及谚语等民间文学的丰厚基础上产生、发展和丰满起来，代表着古代藏族文化的最高成就，是藏族民间文化的集大成之作。这部史诗通过对智勇双全、神通广大的格萨尔大王不畏强暴、不怕艰难险阻，以惊人的毅力和神奇的力量征战四方、降伏妖魔、抑强扶弱、造福人民的英雄业绩的描绘，热情讴歌了正义战胜邪恶、光明战胜黑暗的伟大斗争。

《格萨尔》藏文流传有两种本子。一种是"分章本"，把格萨尔王一生事迹写在一部书里，将内容分为若干章。另一种是"分部本"，把格萨尔王的各种事迹分别写成独立的一本，每一本与别的分部本有前后顺序，是完整的《格萨尔》的各个组成部分。分部本又存在两种情况，一种是把原来分章本的某个情节扩充为新的一部，另一种是仍以格萨尔王为中心创作新的一个部本。广泛流传于青海地区的版本把全书分为五章，第一章《天神》：很久以前人间妖魔横行，观世音菩萨同白梵天王商议派天王的一个儿子转世下界降妖，选拔比赛中小儿子顿珠尕尔保胜出，下界投生。第二章《降生》：顿珠尕尔保下界投生在一个小头人家庭，母亲尕擦拉毛，父亲僧唐饶杰，饶杰听信超同的坏话驱逐了妻子，妻子在外生下了顿珠尕尔保，孩子降生后超同就加害于他，将他埋在一个土坑里，可是顿珠尕尔保一降生就有神通，又从土坑里逃了出来。后来顿珠尕尔保和母亲过着艰难的生活。第三章《结亲》：顿珠尕尔保与美丽的珠牡姑娘结为连理，并在神力的帮助下当上了岭国大王，被尊称为"格萨尔王"，后来他又娶了十二个妃子。第四章《降伏妖魔》：北方魔国的魔王抢走了格萨尔王的次妃梅萨绷吉，格萨尔王不顾劝阻深入魔国，打败了魔王的妹妹阿达拉姆，并纳她为妃，又结交了魔王的大臣秦恩，在阿达拉姆、秦恩和梅萨绷吉的帮助下，格萨尔王射杀了魔王，救出了梅萨绷吉，格萨尔王留在了魔国。第五章《降伏霍尔》：可是霍尔国的黄帐王垂涎珠牡的美貌，勾结超同入侵岭国腹地，抢走了珠牡。格萨尔王回国后惩处了超同，只身杀入霍尔国杀死了黄帐王，珠牡获救。这五章是《格萨尔》的主要情节，在其他分部本中，格萨尔王的英雄事迹又被延伸：他施展天威，东讨西伐、征战四方，降伏了姜国的萨丹王、门域的赤王、大食的诺尔王、卡切松耳石的赤丹王、祝古的托桂王等，又从这些国家获得了财宝、武器、粮食、牛羊等，使岭国不断壮大。最后，格萨尔王在完成人间降妖除魔、安定三界的使命后，到地狱救回了母亲和爱妃阿达拉姆，并与母亲和妻子珠牡回到天界。

《格萨尔》对各个时期藏族文化的发展都起到了促进和推动作用，在藏族文化史上没有一部著作像《格萨尔》这样深刻地反映古代藏族社会的发展历史，从这个意义上讲，《格萨尔》在藏族文化史上的地位举足轻重。可以说《格萨尔》是研究古代藏族历史、政治、经济、军事、民族宗教、伦理道德、民风民俗、文学艺术、音乐舞蹈等多元文化的"百科全书"。

2006年，《格萨尔》被列入第一批国家级非物质文化遗产名录，2007年，经国家文化部确定，青海省的才让旺堆和达哇扎巴为该文化遗产项目代表性传承人，并被列入第一批国家级非物质文化遗产项目226名代表性传承人名单。

四　土族民间叙事诗《拉仁布与吉门索》

《拉仁布与吉门索》是长达300多行的长篇叙事诗，广泛流传于互助土族自治县威远、东沟、东山、丹麻等地区。主要叙述一对土族青年男女从相识、相恋到爱情失败的悲剧故事，歌颂了他们坚贞不屈的爱情，被誉为土族的"梁山伯与祝英台"。

美丽的姑娘吉门索爱上了勇敢的青年拉仁布，他们有了爱的誓言："拉仁布呀吉门索，千年松柏栽在心，根深不怕狂风刮，叶实不怕暴雨打。"可是，吉门索的哥嫂嫌贫爱富，对他们的交往百般阻挠，甚至吉门索的哥哥假扮成吉门索，杀害了拉仁布。在焚烧拉仁布尸体时，大火烧了三天三夜尸体都没有烧着，吉门索悲愤欲绝，不顾一切来到大火旁，将自己身上的服饰一件一件地投入火中，并一声一泪地表达自己对拉仁布的爱情。但尸体仍然不着火，这时吉门索悲壮地哭道："拉仁布哥哥你听着，你为什么还不着，你不着啊妹知道，希望妹和你永跟着。五尺的身子舍给你，一块儿烧到天荒和地老，五尺的肉身子投烈火，死也跟着情哥哥。"吉门索跳进去后，熊熊烈火立即燃烧了起来，两人的身子瞬间化为灰烬。狠心的哥哥将他们的骨灰分葬在河的两岸，想让他们死也不能在一起。不久，在河的两岸长出了两棵常青树，它们的枝叶竭力向河对岸伸过去，在河中间紧紧缠绕在一起。财主哥哥又千方百计砍倒了他们的爱情树，将树块扔进炕火里烧。这时，从烟囱里飞出了一对美丽的鹁鸪鸟，啄瞎了哥哥的双眼，翩翩飞翔在他们昔日相爱的草山坡上，千年万载，声声句句叫着哥哥，长年长日唤着哥哥。

2006年，《拉仁布与吉门索》被列入第一批国家级非物质文化遗产名录。2007年，经国家文化部确定，青海省互助土族自治县的何全梅为该文化遗产项目代表性传承人，并被列入第一批国家级非物质文化遗产项目226名代表性传承人名单。

五 藏族婚宴十八说

藏族有"婚宴进行十八昼夜，婚礼祝词有十八道程序"的说法。藏族婚宴十八说就是伴随藏族婚礼习俗产生、发展和成熟的，是藏族婚礼文化不可分割的一部分。它主要流行于互助、乐都、民和、化隆、循化等地的藏族群众中。据敦煌古藏文文献记载，文成公主与松赞干布成婚时的吉祥祝词就与藏族婚宴十八说的某些片段极为相似。藏族婚礼程序繁多、内容丰富，藏族婚宴十八说贯穿整个婚礼过程，没有固定的模式，是在婚礼中即兴表演的，语言优美通俗，极富生活情趣。

第一，祭神：姑娘出嫁的早上，家里人焚香祭祀山神和家神，保佑自家姑娘的崭新人生平安顺遂。第二，梳辫：在家族中选出家庭和睦、为人善良、相貌端庄、口碑较好的中年女子二三人，为出嫁姑娘梳辫，梳辫时姑娘的哥哥或其他长辈讲说梳辫词。第三，梳子说：为出嫁姑娘梳头时，给她梳头的女性长辈们讲说梳子祝词。第四，哭嫁：出嫁早上，姑娘即将出门时，由她或她的姐姐等女性长辈们为其讲说哭嫁词。第五，父母的教诲：新娘临上马或上轿时，父母拉着女儿的手讲说的教诲词。第六，出路歌：新娘启程时，姐姐们等女性长辈们讲说的姑娘出嫁分别词。第七，马说：娘家送亲队伍至新郎家附近时，由婆家接亲队伍讲说的词。因为马是过去结婚时常用的交通工具，所以先要赞颂送亲队伍的马，有时甚至对马鞍等用具都有相应的说词。第八，垫子赞颂词：送亲队伍到婆家后，将提前备好的垫子铺在地上，然后讲说垫子赞颂词。第九，土地颂：送亲队伍下马接过哈达喝迎宾酒时，就要祭当地的山神，以示敬畏、祈愿美好。第十，房屋颂：进入新郎家后，先祭祀新郎家的护法神，再赞颂房屋。第十一，茶说：第一杯香喷喷的奶茶端到手里后，要进行茶说，之后便可开饭。第十二，酒说：吃饭过程中要敬酒，敬酒时便有了酒说。第十三，婚礼宴说：这是婚礼中最主要，也是最精彩的部分，一般由送亲队伍中资格最老的人来说。第十四，系腰带：由新娘的哥哥等人为新郎系一条新腰带，一边系腰带一边讲说系腰带词。第十五，衣服说：给新郎系好腰带后，就将新娘的衣服一件件晾出来，边晾边讲说的词。第十六，祝福说：等前面一系列结婚规程结束后，由一位德高望重的老人祝福新郎新娘。第十七，嘱托说：婚礼快结束时，新娘家的亲朋将新娘嘱托给新郎父母亲及亲朋时讲说的词。第十八，吉祥词：婚礼结束时有一段吉祥词，是对婚礼的总结，也是对未来的祝愿。

藏族婚宴十八说体系庞大，内容丰厚，涉及藏族民众的生活习俗、人情礼俗、宗教信仰、伦理道德、审美情趣等多个方面，承载着厚重的藏民族文化习俗传统，是研究藏族历史、宗教、生产生活方式和风俗习惯的重要参考资料，在藏族历史学、民俗学、民族学、语言文学研究方面具有很高的学术价值。

六　蒙古族英雄史诗《汗青格勒》

史诗《汗青格勒》是青海省蒙古族聚居区、甘肃省肃北蒙古族自治县等地广泛流传的一部英雄史诗，一直以来被认为是青海卫拉特史诗的代表作。《汗青格勒》作为蒙古族的口传文学，其传唱在国内影响最大、演唱质量最高的口头文本当数青海省海西州蒙古族艺人乌泽尔演唱的三个文本。第一个文本《汗青格勒台吉》，由达·哈达宝拉格1978年记录、1980年进行整理，并由贾·伦图转写成托忒蒙古文发表在《汗腾格里》1981年第4期。第二个文本是1983年春由古·才仁巴力记录发表在《花的柴达木》1983年第3期。第三个文本是1984年由郭晋渊记录、2005年纳·才仁巴力誊写。[①]

汗青格勒远行娶亲，途中遇到猎人玛德乌兰，于是二人结伴同行。他们顺利通过了三大难关，终于来到了姑娘娜仁赞丹家。可是，上天的库勒格呼和巴特尔也来姑娘娜仁赞丹家娶亲，这可如何是好呢？娜仁赞丹的父亲巴力玛格日勒汗想出了一个办法，提出用比赛定胜负，获胜者可以娶走自己心爱的姑娘。于是，他们展开了一场激烈的角逐，通过摔跤、射箭、赛马等比赛，终于，汗青格勒战胜了库勒格呼和巴特尔，迎娶了娜仁赞丹姑娘，他们一行人也回到了自己的汗国。可是，蟒古斯（魔王）掠走了汗青格勒的父亲，还抢夺了家中的财产和牲畜，眼前的一幕已然成为一片废墟。看到这般场景，汗青格勒誓要复仇。虽然复仇之路困难重重、坎坷艰辛，但汗青格勒不畏艰难险阻，终于战胜了蟒古斯（魔王），救回了自己的亲人，最终在自己的汗国举行了盛大的婚礼，从此以后过上了幸福的生活。《汗青格勒》是德都蒙古人民智慧的结晶和文明的象征，在蒙古族民间文学中占有重要地位，是德都蒙古乃至整个蒙古族文化宝库的一朵奇葩，被誉为青海蒙古族民间文学三个顶峰之一。[②]

2008年，蒙古族英雄史诗《汗青格勒》被列入第二批国家级非物质文化遗产名录。

七　撒拉族《骆驼泉传说》

撒拉族没有文字，历代典籍中也缺乏对撒拉族早期历史的记载，所以，关于撒拉族来源的资料主要以口头传说的形式传承下来。其中，最具代表性的就是《骆驼泉传说》。

[①] 跃进主编：《青海蒙古族民间口头文学集锦》，内蒙古教育出版社2008年版，第236—268页。

[②] 吉乎林：《德都蒙古非物质文化遗产保护与传承研究——以德都蒙古英雄史诗〈汗青格勒〉为个案》，《西部蒙古论坛》2015年第3期。

很久以前的中亚，在一个叫撒马尔罕的地方，撒拉族先民尕勒莽和阿合莽兄弟二人在当地伊斯兰教信徒中颇具威望，也因为这样，遭到了当地统治者的忌恨和迫害。他们二人不惧权威，带领同族18人，牵了一峰白骆驼，驮上手抄《古兰经》还有当地的水土，一路向东进发。尕拉莽一行翻山越岭，经天山，过嘉峪关，绕河西走廊，渡黄河，跋山涉水辗转来到今夏河县甘家滩，在此处与随后跟来的33人会合，队伍不断壮大。他们继续牵着骆驼来到了循化的夕厂沟。可是天色已晚，因暮色深沉，白骆驼不幸走失。他们点起火把，四处呼喊寻找，一直找到街子东边的沙子坡。等天亮以后，他们发现街子一带有山有水，土地平旷，在沙子坡也有一泓清水，而走失了一夜的白骆驼就静静躺在泉水里。尕拉莽试图用木棍弄醒骆驼，可是正在这时奇迹发生了，白骆驼化成了石头，木棍化成了一棵常青树。众人惊喜万分，便取下驼背上的水和土，此时他们发现白骆驼驮来的水和土正与本地的水和土完全相符。于是，他们认为这是真主的定然，这里就是他们日夜寻找的乐土，所以他们便安心留居此地，骆驼泉也由此得名，街子也成为撒拉族的发祥地。[①]

2014年，撒拉族骆驼泉传说被列入第四批国家级非物质文化遗产名录。

第二节　音乐舞蹈

唐蕃古道青海段沿线各族民众创作出的音乐歌舞形式多样、内容丰富，民间音乐主要有民歌、弹唱、舞蹈音乐、戏曲音乐、曲艺音乐等。民族民间舞蹈主要有：汉族的八大光棍、拉花姐、竹马舞、碗灯、顶灯、太平鼓、牦牛舞、跳神舞；藏族的锅庄、热巴、则柔、拉什则、莫合则、龙鼓舞、寺院羌姆舞；蒙古族的鞑子扳跤、巴格西和三个班德；土族的安昭舞、会手舞；撒拉族的骆驼舞、阿丽玛；回族的宴席舞；等等。

一　河湟"花儿"

河湟"花儿"又叫"少年"，是西北"花儿"的一个重要类型，河湟

[①] 芈一之：《撒拉族史》，四川民族出版社2004年版，第6—8页。

地区汉、藏、回、土、撒拉、蒙古六大民族都传承了"花儿"的传唱传统。赵宗福指出,河湟"花儿"的歌词主要来自汉民族文学,而曲调主要来自藏族、回族等少数民族音乐,所以我们认为其族属是以汉、藏、回族为主的多民族的,而不是简单地属于某一个民族。河湟"花儿"是青海河湟地区各民族共同创造、共同享用、共同传承的民间口头艺术表演形式,其民族属性是多民族的。

河湟"花儿"题材丰富,内容广泛,其中以表达爱情的"花儿"最具特色:有表达爱慕之情,赞美心上人相貌人品的,比如"远看黄河是一条线,近看黄河是海边;远看尕妹是一朵莲,近看尕妹是牡丹"。有表达热恋中的情侣相恋之情、分别之苦、相思之情的,比如:"老爷山上的刺梅花,扎是个扎来就摘两把。只要你尕阿妹说句话,死哩嘛活哩是我不怕。""石崖头上的山丹花,风吹着骨朵儿吊下。阿哥们走脱了话留下,尕妹们心儿里记下。""好不过六月的热暑天,马莲花开在个路边。千思儿万想的不见面,清眼泪淌在个路边。"此类"花儿"表达的情感丰富饱满,把青年男女澎湃的感情抒写得淋漓尽致。此外还有控诉封建礼教对青年男女压迫、摧残的,比如:"王宝钏寒窑里把罪受,秀阁之楼,给平贵打给了绣球。只要你爱我的实心有,手拉上手,你我领上了月亮上浪走。""青石头根里的药水泉,担子担,桦木的勺勺儿舀干;若要我俩的婚姻散,三九天,青冰上开一朵牡丹。"表达了青年男女对恋爱婚姻自由的向往和追求,虽然对现状极为不满,但仍坚守着一颗对爱情赤诚的心。除表达爱情外,河湟"花儿"还有一部分是对社会生活的写照:有对贫苦生活的叹息,如"天不睁眼人吃人,百姓苦,锅盖揭不开了;天不下雨地不生水,问老天,我们把啥良心坏了"。有对旧社会残酷剥削的控诉,如"上山的老虎下山的狼,凶不过马步芳匪帮;今日的款子明日的粮,老百姓活下的孽障"。有歌颂中国共产党给百姓带来的实惠,如"石头扎花扎不下根,沙窝里种荞麦不成;单干几辈子没离开穷,共产党挖掉了穷根"。有讴歌新生活美好景象的,如"土乡的变化特别大,有多大,好像是天上地下;科学发展有卡码,奔小康,建设和谐国家"。也有对社会丑恶现象的痛斥,如"骑马莫骑瘦黄马,过河时它卧下哩;一脚莫踩两只船,船开时两耽下哩"。

河湟"花儿"曲调颇丰,有二百余令,因传唱的地方和民族存在差异,其唱法也不同。或以地名命名,如"西宁令""湟源令";或以民族命名,如"撒拉令""土族令";或以代名词命名,如"尕肉儿令""红花姐令"；或以衬词命名，如"白牡丹令""尕马儿令"；等等。艺术表现方面，河湟"花儿"常用赋、比、兴的艺术表现手法，"花儿"的前后两部分中前半部起兴，后半部叙说主旨，起兴用来比拟的事物通常在日常生活中常见，通过起兴阐释主旨。曲式结构方面，河湟"花儿"由上下两句体构成，曲调中多采用衬词。语言表达方面，河湟"花儿"通常使用河湟方言词汇，有时借用回族、土族、撒拉族等少数民族语言词汇。演唱"花儿"时，歌手们先唱一声诸如"哎哟"之类的呼唤词起调，再正式演唱。河湟"花儿"第一乐句高扬，第三、四小节的衬词假声自由延长，下一乐句旋律下行。演唱结束后，歌手们还要发出"啾""噢沙"之类的呼应词落音。

2009年9月，"花儿"入选联合国教科文组织"人类非物质文化遗产代表作名录"。2006年，国务院颁布的第一批国家级非遗保护名录的全国8个花儿会中，青海互助丹麻的土族花儿会、大通县老爷山花儿会、乐都瞿昙寺花儿会、民和县七里寺花儿会入选。

二　土族婚礼歌

土族的婚礼歌"道拉"是青海民和三川地区土族民众独创的歌曲，"道拉"在土语里是唱婚礼歌的意思。土族婚礼隆重热烈、仪式复杂，每一项仪式都配有相应的"道拉"，所以"道拉"贯穿土族婚礼的整个过程。

"道拉"题材广泛、内容丰富，涵盖土族的神话传说、天文地理、历法知识、伦理道德等，"道拉"根据内容可分为历史传说歌、仪式歌、生活歌、杂歌四大类。历史传说歌是"道拉"中的古歌，主要讲述万物形成、人类起源、儒释道三教的产生等，如《混沌周末歌》《人生包罗天地歌》《三教明主歌》等。其中，《混沌周末歌》是道拉的根本，歌词由"起唱""混沌""人类起源""周末""开天辟地"五部分组成，歌曲借鉴汉族神话传说故事，结合土族古老神话和民间信仰，讲述了天地形成和自然万物的诞生。仪式歌，是伴随各项婚礼仪式演唱的，如《哭嫁歌》，姑娘出嫁时哭唱对父母养育之恩的感激、对兄弟姐妹疼爱之情的留恋、对离家之苦的痛诉。另外，在新郎家宴席上唱的"道拉"也很多，如《五劝人心》《五色莲花》《五座财门》《八洞神仙》《十样景致》《十二吉星》《福禄寿》《米谷酒》等要表达吉祥祝福的意思。生活歌，主要反映土族女性的生活景象，如《阿丽玛》《阿娜的模样》等，歌唱土族妇女外貌、服饰的美好,《包道拉尼亲道嘎》《黑色的雁子》等,叙写土族妇女婚姻生活的不如意,抒发土族妇女凄婉的情怀。杂歌,内容涉及天文历法、五方五行、罗汉神仙、十二属相、各地风物等,如《天地人四带》《五方配色》《八洞神仙》《十二属相》等。土族"道拉"的曲调和唱腔婉转浑厚、古朴悠扬,是传承和弘扬土族传统音乐的重要载体。土族"道拉"蕴含了本民族的衣食住行、哲学思想、民间信仰和伦理道德,是土族民众的"百科全书"。

2006年5月20日,土族婚礼经国务院批准列入第一批国家级非物质文化遗产名录。

三 回族宴席曲

回族宴席曲传承久远,是在婚庆喜典和亲朋聚会时演唱的歌谣,流行于青海化隆、民和、门源、大通、平安、湟中等回族聚居区。回族宴席曲的曲调委婉活泼,曲式复杂多变,有四乐句、五乐句、六乐句等,演唱时可重复后半句或末句。回族宴席曲的内容丰富广泛,根据内容可分为劳动歌、仪式歌、生活歌、儿歌等。劳动歌描述的是日常生活中的劳动场面,如《打柴》《五绣》《脚户哥打尖》《庄稼人》等。仪式歌是在婚礼中演唱的,内容包括给喜家道喜、赞美亲家、答谢媒人等,如《恭喜》《夸亲家》《谢东家》等。生活歌是回族宴席曲中数量最多的,内容涵盖生活中的方方面面,如劝诫儿女孝敬父母、描写旧时军旅出征、痛诉妇女婚姻悲剧和赞美幸福生活,如《五劝人心》《四季行军》《新媳妇诉苦》《和睦歌》等。儿歌涉及游戏儿歌、教诲儿歌,如《数麻雀》《绿鹦歌》等。除以上四类,回族宴席曲中历史传说歌也较为流行,如《孟姜女》《高大人挑兵》等。回族宴席曲的表演形式有独唱、合唱、坐唱和表演唱,表演时不加伴奏,完全通过表演者的声音和表情取胜。特别是婚礼时,歌手们前往男方家唱曲恭喜,或两人合唱,或两人一组、四人对唱,或四人轮唱,其他人伴舞,舞蹈融入了丰富的拳术动作,如"黑鹰展翅""三道步""鹞子翻身"等,动作潇洒利落、豪爽大气。

2008年,青海省门源回族自治县的回族宴席曲被列入第二批国家级非物质文化遗产保护项目名录。

四 玉树"卓舞"

卓舞，又称"过卓""锅庄"。是融舞蹈、音乐、诗词为一体的藏族民间歌舞，是藏族三大民间舞蹈之一，分布于西藏、四川、云南、青海、甘肃等地的藏族聚居区，但因不同地区习俗存在差别，卓舞形成了不同流派，其中以玉树卓舞最具代表性。

玉树卓舞主要流传于青海省西南部的玉树藏族自治州一带，可分为"求卓"和"孟卓"两种。玉树结古寺第一世嘉那活佛多项松却帕文创编了"求卓"，内容以宣扬佛法、歌颂活佛为主，普遍流行于玉树州结古镇、新寨、赛河、巴塘以及仲达等地。"孟卓"是民众集体智慧的结晶，内容多为赞美家乡、祝愿丰收等，表现形式多为唱诵故事、描绘人物等。主要流行于玉树州囊谦县、玉树县、称多县一带。"孟卓"又可分为"亚卓"和"恰卓"两种，"亚卓"主要是男子跳的，"恰卓"是男女合跳的。跳舞时，手臂甩袖的同时配合完成"端脚""跨腿""点步""双跺""跳转"等动作，表现出藏族舞蹈的犷美风格。玉树卓舞融和了藏族民间文学、民间舞蹈、民间音乐，具有显著的仪式感和娱乐性。

玉树卓舞的表演需遵循严格的程序，其演出包括祭奠仙佛神山之类的序舞、表现各种内容的正部、祝福吉祥的尾声三大部分。玉树卓舞以载歌载舞的形式进行表演，表演时常常有几十人甚至上百人参加，场面十分壮观。玉树卓舞的基本舞蹈动作主要是围绕甩袖来进行，舞者袖子很长。男子甩袖幅度大，手臂以撩、甩、晃为主变换，但无论其动作变化如何复杂激烈，舞者的上身始终保持平稳，不随双臂的起落而大动，腿部的动作幅度也很大，配合着手臂的甩袖作"双跺""端脚""跨腿""点步""跳转"等舞蹈动作，以屈伸、刚柔、颤顿相结合，形成了粗犷优美的舞蹈风格。女子的甩袖和脚下动作基本与男子舞蹈相近，只是在力度和幅度上要含蓄、轻柔一些，舞蹈风格柔美流畅，展现出女性柔美秀丽和温柔端庄的特性。玉树卓舞的表演不受时空的影响，既可以在宗教活动、喜庆节日上演出，也可以在田间地头或晚上的篝火晚会上即兴表演，是深受藏族群众喜爱的文艺活动，具有广泛的社会和民众基础。

2006年，锅庄舞（卓舞）列入第一批国家级非物质文化遗产保护项目名录。

五　土族安昭舞

安昭舞广泛流行于互助土族地区，是民众在欢庆时或婚礼过程中礼赞祈祝的圆场群舞。互助土族地区流传着一个安昭舞的动人传说：古时候有个鲁家的土族姑娘，她美丽善良，为民除害。后来这个土族姑娘带领其他姐妹创作了安昭舞，并用翩翩跳跃的安昭舞迷乱了妖魔王蟒的心智，最后借机斩杀了妖魔，从此百姓生活安定、幸福。土族民众用安昭舞礼赞自然恩泽、歌颂英雄业绩、祈愿民族兴旺。

表演安昭舞时，男女老幼均可参与其中，少则数人、多则上百人，大家按照男女相间各为一排的顺序排列，再由能歌善舞的"杜日金"（歌唱能手）领舞，领舞的同时领唱歌词，其他表演者伴着领唱的歌声翩翩起舞，身子起伏转动、左右摆手，旋转时高举双手等，男性动作粗犷豪放，女性动作轻柔飘逸，再以衬词伴唱，顺时针转动整支队伍。大家边唱、边舞、边转，所以也把表演安昭舞称为"转安昭"。

安昭舞曲调固定、风格高亢，曲词活泼、内容丰富。表演时空不同，安昭舞也有不同的表演形式：春节等重大节庆时，表演《占昭什则》，唱词以赞颂丰收、祈求太平为主，节奏欢快、动作洒脱；《强强什则》也大都在逢年过节表演，男女老少欢聚一起载歌载舞，以问答的形式唱述土族历史、神话、传说，祈盼和祝愿的情感浓厚；酒宴时，表演《辛中布什索》，通常在庭院表演，唱词以敬酒、礼赞为主，节奏明快、动作优美；喜庆日子（盖房、满月等），表演《昭音昭》，唱词以表达吉祥、祝祷幸福为主，节奏悠扬、动作轻盈；《安昭索罗罗》和《拉热勒》在各种场合都可表演，唱词以表达喜悦为主，曲调欢畅；《新玛罗》是安昭舞中的传统曲目，唱词多赞颂山川大地的秀美恩泽，节奏热情奔放、动作潇洒舒展。

2011年，土族安昭舞列入第三批国家级非物质文化遗产保护项目名录。

六　藏族扎木聂弹唱

扎木聂是藏族的弹拨乐器，藏语"扎木聂"意思是"悦耳动听的声音"。据藏文史书《红史》记载，早在唐代扎木聂就传入了青藏地区。扎木聂弹唱主要流传于海南藏族自治州的共和县、同德县、贵德县等地，在乐器、唱腔、音乐和内容方面都独具特色。弹唱分为独唱和合唱，弹唱时有唱词和念白，唱词可以是即兴编的，音乐节奏明快、唱词内容丰富，有讲述美丽传说的，有赞美雪域高原的，有憧憬美好生活的，其中讲唱《格萨尔》是扎木聂弹唱中的瑰宝，对研究藏民族历史和艺术具有重要的参考价值。

七　撒拉族"口细"

"口细"又名"口弦"，是撒拉族的传统乐器，也是中国最小的民族乐器。据撒拉族民间传说，先知穆罕默德的外孙哈三和胡才在战场上阵亡后，他们的母亲先知的独生女哈其麦悲痛欲绝，哭哑了嗓子，便用口细倾诉自己痛失爱子的悲伤之情，此后口细便成为"圣行"来遵循，不受任何约束流传至今。

口细外观呈马蹄形，小巧精致，通常为银质或铜质。制作时先用火柴棍粗细的白银丝或红铜丝铸成马蹄形状，马蹄中间镶一块细薄的黄铜片，铜片尖端弯曲上翘，口细的音质受黄铜片材质和硬度的影响，音质柔和优美，制作完成后便可演奏了。演奏方法有两种：一种是把口细横放在双唇间，用舌尖弹拨黄铜片，与此同时可以吹气发音，弹拨时还可以变换口形控制节奏和旋律。另一种是把口细夹在牙齿间，用拇指弹拨其发音。弹奏时需要掌握一定技巧，除了具备基本的音乐常识外，还要掌握弹奏时的口形变化、气流控制和音位高低。演奏曲目除传统的撒拉族音乐《巴西古溜溜》外，还可演奏现代音乐。

撒拉族民间有"撒拉尔赛西巴尕，打制口弦的人；阿娜红花姑，弹拨口弦的人"的说法，可见口细是撒拉族妇女非常钟爱的乐器，她们常在田间劳动、思念亲人、抒发情感时吹奏口细，吹奏出来的旋律如泣如诉，缠绵悱恻，扣人心弦。过去，撒拉族人的婚姻是包办的，男女双方初次见面时，为了吸引对方常吹奏口细；口细还适合夫妇俩在枕边弹奏，所以又称其为"枕头琴"；口细又是青年男女表达爱情的工具。可见，口细及其弹奏技艺是撒拉族民族艺术中的珍宝，体现着撒拉族妇女对美好生活的向往和对艺术的真挚追求。

八　藏族拉伊

"拉伊"，藏语意思是"山歌"，主要是藏族青年男女表达爱意的情歌。

拉伊语言淳朴坦率，感情奔放真挚，内容丰富多彩，曲调委婉抒情，是藏族民歌中的一支奇葩，有着非凡的艺术魅力。

因其内容涉及爱情，所以演唱时要避开家长，只能在山间野外演唱。拉伊种类繁多，内容涉及爱情生活的许多方面，根据内容通常分为问候歌、相见歌、挑战歌、相恋歌、思念歌、离别歌等。拉伊没有固定唱词，几乎都是演唱者的即兴创作。结构上常为三段体，前两段是喻体，通过一些相似、相近或具有共同特征的事物作比起兴，第三段才是演唱者思想情感的真实流露。唱词句数常不固定，一首拉伊多则数十句、少则四五句；唱词字数也不固定，六言、七言、八言都有，一首拉伊中，各句字数通常相等，但也有少数句子是参差错落的杂言拉伊。拉伊主要用藏语演唱，也有藏汉双语混合演唱的。拉伊的唱腔有欢歌、忧歌、奏歌三种。欢歌，是青年男女之间表达爱慕之情、吐露衷肠时所唱的，节奏明快、曲调悠扬；忧歌，是青年男女失恋时或久别时所唱的，节奏舒缓、曲调凄婉；奏歌，是青年们骑马或放牧时所唱的，节奏激昂、曲调奔放。此外，还有自由、婉转的长调山歌式风格和雅致、端庄的抒情歌曲式风格。

青海地区的拉伊歌会规模空前，以贵德六月拉伊会为例，每年农历六月二十二，贵德周边数百里的群众云集西河滩举行拉伊赛歌会。赛歌时，一男一女双双站起，从怀中取出酒瓶，谁若先唱就将酒瓶递给谁，先唱的人饮上一大口酒然后开唱。唱毕，向对方献酒，对唱者接过酒瓶喝一大口酒后，便对唱一支"拉伊"。一对歌者唱毕，另一对歌者接唱。他们在即兴编唱、创作内容、抒情唱腔等方面都要进行评比，当阶段性优胜者脱颖而出时，大家要迅速改变对唱方式，并集中力量与其比赛，新胜出的歌者在战胜一组后再与其他小组赛歌。比赛临近结束时，各位歌者聚集一起组成一个庞大的赛歌群，将赛歌推向高潮。

拉伊的历史悠久，特色鲜明，反映着藏族社会生活的方方面面，是藏民族数千年的文化积淀，寄托着藏族民众对幸福生活和美好爱情的憧憬，对研究藏民族历史、民俗、艺术具有重要的价值。

2008年，治多县的康巴拉伊被列入第二批国家级非物质文化遗产保护项目名录。

九 撒拉族骆驼舞

"骆驼舞"是撒拉族古老而传统的民间叙事性舞蹈，流传于循化撒拉族自治县街子、孟达等撒拉族村庄。撒拉族民间有"遵先祖遗嘱而行"的说法，所以骆驼舞反映的是撒拉族先民从中亚撒马尔罕万里跋涉到青海繁衍生息的民族迁徙历史。表演常在婚嫁喜庆之际，是撒拉族婚礼中的传统表演节目。作为撒拉族最具代表性和典型性的民间叙事性舞蹈，骆驼舞向人们展示着撒拉族古老历史文化和不屈不挠的民族精神。

骆驼舞的叙事性较强，表达的故事情节生动完整。舞蹈共有五个角色，分别为两头骆驼、领着族人迁徙的头人尕勒莽和阿合莽兄弟、当地蒙古族民众。其中，两头骆驼翻穿皮袄或反顶羊皮。兄弟俩身穿长袍，头缠"达斯达尔"（撒拉语，意为白布头巾），尕勒莽手持持杖，怀抱《古兰经》，阿合莽一手牵骆驼，一手提"阿达玛"，两人表演出艰难跋涉的样子。当地蒙古族民众身穿蒙古族服装，表现出迎接来客的舞姿。舞蹈共分为三个部分：第一部分的表演从骆驼起步开始，然后是撒拉族先民与蒙古族民众的对话：

蒙古族民众问："你们是从哪儿来？"
尕勒莽答："我们是从很远的撒马尔罕来的。"
蒙古族民众问："骆驼上驮的是什么？"
尕勒莽答："驮的是家乡的水、土、秤和《古兰经》。"

第二部分主要是尕勒莽朗诵咏唱韵文，用撒拉语叙述先民们万里东迁之路的艰难以及沿途的见闻：

"我们到了金扎、明扎，称土量水，一切刚好压到定数，哎，这里是个好地方呀，可这里仍是撒马尔罕的世界，而我们要到'逊尼'（中国）地方'叶给尼'（撒拉语，定居之意），还得往前走呀！"

"我们到了吐鲁番，这里风大沙大，一望无际的沙漠，看水水不够，称土土不等，冬天沙子埋死哩，夏天日头晒死哩，哎，这里不是我们'叶给尼'的地方，还得往前走。"

"我们到了甘家滩，呵，这里可是养畜过光阴的好地方，称土差不多，量水也相近，可惜在这里拿上金银无处购粮秣，哎，这里不是我们落脚的地方。"

"我们到乌土斯山时，骆驼丢失，点化成土，称土量水，一切都相符，啊！凭真主的恩赐，这里是我们'叶给尼'的地方。"

第三部分是舞蹈的高潮部分，在骆驼起舞的同时，观众们纷纷抢拾骆驼撒在地上的核桃。

骆驼舞的节奏舒缓，舞蹈动作简单，多为模拟生活状貌、路途跋涉、宗教活动等，骆驼身上的铜铃是舞蹈的唯一伴奏，阵阵清脆的铜铃声代表着骆驼跋山涉水的脚步，是舞蹈的点睛之笔。

骆驼舞以其独有的民族风格传沿着撒拉族深邃厚重的民族历史、宗教信仰和民俗文化内涵，是撒拉族民众进行民族历史和民族精神教育的重要工具，具有重大的现实意义。

十 则柔（尚尤则柔）

则柔，是流行于青海玉树、海南、黄南及海东地区的藏族古老民间自娱性歌舞。因各地则柔的鲜明地域性特征，其命名各不相同，如"尚尤则柔""郭米则柔"，其中尚尤则柔主要分布在海南藏族自治州贵德县河西镇的下排村，距今已有400多年的历史，因其种类繁多、内容丰富、表演技能高超，被誉为青海藏族则柔歌舞艺术中的经典之作。则柔一般在喜庆时节表演，如婚嫁、祝寿、添丁、节会时则柔的表演必不可少。

则柔的舞蹈形式有双人舞、四人舞和集体舞，舞蹈内容多为模拟动物鸟兽、再现劳动场景。因动作简单易学，所以男女老幼均可参与其中。则柔的每一首歌就是一段独立的舞蹈，歌曲不固定，歌手可以现编现唱，歌词内容通常根据表演语境表达不同的祝福，如祝愿新婚快乐、健康长寿、幸福成长的，讲说生活状貌、赞美美丽风光、夸耀服饰秀美的。表演时可男子对跳、女子对跳或男女对跳，舞者一般相对站立，先唱一声"阿则"，然后随歌起舞，边唱边跳。基本动作是上身前倾，膝部弯曲，一手高举，一手自然下垂，舞步在两膝规律性的屈伸和舞动长袖中进行。则柔的舞蹈动作轻快、唱词生动，极富浓郁的生活气息。

2008年，青海省贵德县的尚尤则柔被列入第二批国家级非物质文化遗产保护项目名录。

十一 塔尔寺"跳欠"

"跳欠"，藏语称为"孖欠"，意思是古朴的神的舞蹈，当地人称其为

"喇嘛社火""哑社火"。跳欠是一种极富宗教色彩的舞蹈形式，各大藏传佛教寺院的法会上跳欠是不可或缺的。据史料记载，1200年前，吐蕃赞普赤松德赞邀请印度高僧莲花生大师主持桑耶寺落成典礼时，大师在巧妙吸收藏族固有的鼓舞、拟兽舞等土风舞和苯教巫舞的基础上，融合佛教的教义教规，编创了跳欠。塔尔寺跳欠始于清代：康熙五十五年（1716年），七世达赖喇嘛格桑嘉措从里塘移住塔尔寺；康熙五十七年（1718年），七世达赖喇嘛授意时任塔尔寺第二十任法台的嘉堪布阿齐图诺门汗洛桑端珠建立了塔尔寺的"欠巴扎仓"（跳神院），自此，每年塔尔寺都要举行极具规模的跳欠活动。塔尔寺跳欠有固定场地，通常在九间殿大院（俗称社火院）内。跳欠时，击鼓手、打钹手各七名分别排开，为跳欠配乐；院内经堂屋顶上架有两筒大喇叭以便控制节奏；参与跳欠的舞者装扮成骷髅、勇士、牛头马面等各种形象，舞蹈风格古朴、粗犷。

塔尔寺的跳欠主要有两种形式：法王舞和马首金刚舞。法王舞中的"法王"指的是密宗主神大威德金刚，舞蹈表演的场次名称以主要角色的名称命名：第一场"托干"，就是"骷髅舞"。由4位童僧表演，他们头戴骷髅面具、身穿骷髅图案短衣、脚踩藏式花靴、手持短棍，依次入场舞蹈。此舞动作怪异、鼓乐声沉闷，表现出恶魔凶恶恐怖的场景。第二场"巴吾"，就是"天界勇士"。由4—6位成年僧人表演，他们头戴长眉阔耳的勇士面具（两个黄面，两个绿面），身穿蓝袍，手持兵刃法器舞蹈。此舞刚健雄壮、鼓乐声洪亮，展现了天界勇士降妖驱魔的英勇画面。第三场"夏雅"，就是"鹿首舞"。由4—6位僧人表演，其中3人戴鹿首面具，其余的人戴牛首面具。此舞轻盈活泼、鼓乐声明快，展现了生灵们渴望和平安宁生活的场景。第四场"多尔达"，就是"死神"。由4位僧童表演，他们头戴骷髅面具、身穿锦衣、手戴尖形指、脚踩趾布套。表演时先由一名"马吾"将一块方形毯放入场地正中；再由"巴吾"将方形木盘摆放在方形毯上，木盘中有用炒面捏成的妖魔；最后4位"多尔达"围绕木盘起舞。第五场"贝芒"，就是"众人共舞"。由6位头戴笑罗汉面具的童僧簇拥一位头戴罗汉面具的大施主入场；大施主坐在场中左前方安置的椅子上；头戴巨型牛首面具的法王入场，他右手持降魔杵，左手拿一个象征妖魔心肝的头盖骨碗，形象高大威猛；在法王的带领下，扮演毗沙门、怙主、阎王等的演员围绕场地共舞，此时，观众们将哈达纷纷掷入场中，气氛热烈；片刻后，法王进行斩魔仪式，仪式毕，3位头戴鹿首面具的童僧舞蹈；最后演员一一退场，全场舞蹈结束。法王舞在每年正月十四、四月十四、六月初七演出。马首金刚舞又称"坚桑舞"，因舞者所戴面具上有3个马头而得名。此舞与"法王舞"相似，不同的是以"马首金刚"代替法王，以"东赞"（即戴雄狮和水怪面具者）代替"夏雅"，且舞中无斩魔仪式。此舞动作轻、鼓乐声洪亮。马首金刚舞在每年四月十五、六月初八、九月二十三演出。

　　法王舞和马首金刚舞的角色都以愤怒狰狞相出场，表现出用武力消除佛教徒们修行时种种邪思孽缘，降伏邪魔外道，最终达到众生永乐、吉祥圆满境界。塔尔寺却西活佛的《塔尔寺志略》有载："托干"的舞姿以可怕的死尸形象告诉人们生死无常的道理；"夏雅"表示众生住空旷荒野，以喻众法皆空；"多尔达"的舞姿，显示住于三界众生的内心诸苦和堕入遍生诸苦的轮回的次第；法王或马首金刚带领众神合舞，喻示正觉成佛后，当饶益众生，同享安乐；等等。因跳欠是塔尔寺观经法会中最令人期待和受群众欢迎的仪式，所以观众们特意从牧区或外省市赶来，大家从跳欠中感受藏传佛教文化的同时，深刻领会了人生的真谛和佛法的精妙，洗涤心灵、净化灵魂。从这个角度来说，跳欠不仅是僧俗群众的信仰活动和娱乐活动，还对群众具有深刻的思想教育意义。如今，塔尔寺的跳欠远赴深圳、上海等大城市演出，广受欢迎，被誉为"藏传佛教舞蹈艺术的一朵奇葩"。

第三节　工艺美术

　　唐蕃古道青海段沿线各民族民间工艺美术绚丽多彩，有唐卡、堆绣、酥油花、排灯、刺绣、农民画、漆画、壁画、剪纸等诸多种类。其中，塔尔寺酥油花、湟中堆绣、热贡艺术、湟源排灯、土族盘绣、藏文书法先后入选第一批和第二批国家级非物质文化遗产名录。

一　塔尔寺"艺术三绝"

　　酥油花位居塔尔寺"艺术三绝"之首。公元1409年，宗喀巴大师在拉萨发起规模盛大的祈愿法会，法会期间，用酥油塑制的各式花卉、故事形象、佛教人物等艺术品被供奉在佛前，从这一年开始，每年正月十五寺院都展出酥油雕塑供民众观赏，发展至今，已有几百年的历史。酥油花多以佛教故事、历史故事和民间故事为题材，如《佛本生故事》《文成公主进藏》等。制作酥油花时，温度必须控制在零度以下。首先，选择题材进行绘制，再对绘制好的画面进行木龙骨架扎制，形成轮廓。接下来做初胎，将特制陈油和适量草灰混合调制成胶泥，将其填充在扎制成型的轮廓上，捏塑出雏形。下一步是将各色的矿物颜料分种类揉进白酥油，调配出色彩丰富的各色酥油，然后按照所塑形象的需要填充颜色进行捏塑，捏塑手法为立塑、浮塑相结合，充分继承了藏传佛教艺术"精""繁""巧"的特点。最后用彩笔美化形象神态，并用金色和银色料点缀。

塔尔寺壁画的题材涵盖佛经故事、神话传说、民间故事等，画面表现出的故事情节完整、形象生动感人，蕴含深刻的佛教哲理和生活意义。塔尔寺壁画有三种类型：第一种是布面画，就是在处理过的白布上绘画，画好后根据需要做画框，再将镶好的画装在墙壁上，也称为间堂壁画；第二种是壁面画，就是在处理过的白色墙面上直接绘画，画好后再上一层清漆或桐油；第三种是先在墙面上嵌细质木板，通过干燥抛光处理后，再用胶或石膏粉调和成白浆打底绘画。

堆绣是一种融合手工剪贴与绘画的手工艺，题材广泛，有佛经故事、罗汉故事中的人物形象和故事情节，也有神话传说中的人物形象和故事情节，堆绣的特点是多以人物为主，注重人物形态的塑造，讲究各色锦缎绸料的选用配置，分为立体堆绣和平剪堆绣两种类型。立体堆绣由宗教所用长条帏幔刺绣发展至今，形成唐卡单幅画面的格式。先用各色绸缎面料、丝线裁剪成形，再将其缝制在画幅面料上，内垫羊毛或棉花定型，精心缝绣后再配以衬料和四面锦料制成唐卡样式的轴画。平剪堆绣是用多层面料粘贴成重叠的堆贴效果，并应用唐卡形式表现。第一步是复制原图；第二步是分解画面中的各部件；第三步是选用各色面料根据分解造型剪贴；第四步是将剪贴好的分解造型以原图为模板组合装贴、熨平；最后一步是用深蓝色金线的锦缎镶缝四边，加底衬和画轴。

2006年，塔尔寺酥油花被列入第一批国家级非物质文化遗产保护项目名录。

二 热贡艺术

热贡艺术形成于黄南藏族自治州同仁县（藏语称"热贡"）的五屯，

据史料记载,"五屯"主要指居住在黄南热贡隆务河畔的吴屯、年都乎、郭玛日、脱加、尕赛日五个自然村,这五个村从事绘画、彩塑、木刻、堆绣等门类艺术的工匠很多,是热贡艺术的发祥地,故热贡艺术又称"五屯艺术"。它是藏传佛教艺术领域中的一个重要流派。热贡艺术以藏族传统艺术为基础,又吸收了汉族、印度、尼泊尔和邻近其他民族艺术之长,是品类多样的综合性艺术,它既包括彩绘、雕塑、图案、堆绣、酥油花等宗教性装饰文化艺术,也包括石刻、木雕、砖雕等建筑装饰工艺性文化艺术。其中,以唐卡和雕塑艺术尤为精妙。

唐卡就是布面彩绘的卷轴画,因使用材料各异可分为"国唐"和"止唐"两种。"国唐"是绢丝制成的,因材料和工艺的不同分为"绣像""丝面""丝贴""手贴""版印"几种类型。"止唐"是用颜料绘制成的,又因颜料和背景的不同分为"金唐""彩唐""朱红唐""黑唐""版印止唐"几种类型。唐卡的绘制工艺繁复考究,大致分为备料、绘制和装裱三个阶段。唐卡拥有自己独特的艺术风格。构图方面,主要有中心构图和叙事构图两种,中心构图就是突出形象塑造,以主要人物为中心画面,多用于佛神和肖像画。叙事构图指展开故事情节,表现有连贯性的事件,多用于佛经故事和佛本生故事。线条方面,线描功夫的深浅是衡量画师水平高低的重要标准。线描的表现手法千变万化,有的秀丽柔美,有的浑朴有力,有的庄严肃静,有的生动活泼。用色方面,唐卡绘画使用的颜料有金、银、朱砂、石黄、石绿、石青等矿物颜料,也有一些植物汁颜料,调配颜料时需调入动物胶和牛胆汁,以保持色彩艳丽,久而不衰。[①]

雕塑中泥塑是重要品类。旧时佛像多以泥塑为主,因此泥塑艺术在藏传佛教艺术中占有十分重要的地位,凡藏传佛教寺院,无不以泥塑佛像为主体。热贡的泥塑艺术与绘画艺术一样,成熟于17—19世纪。历史上,原吴屯下寺、年都乎寺等均塑有弥勒佛像,高达数米,活灵活现,是热贡泥塑艺术中的优秀之作。近年来,五屯各寺又重新塑立的弥勒佛巨像造型优美生动,神态惟妙惟肖,色彩鲜艳华丽,是巧夺天工的艺术瑰宝。泥塑的制作过程繁复,有选型定稿、泥料加工、龙骨搭架、轮廓塑形、局部调整和金饰彩绘等步骤。选型定稿就是对要塑制的佛像进行平面绘制,按比例放大,制定出工艺施工图。泥料加工时要选用较纯净、黏性好的胶土碾

---

① 马成俊主编:《神秘的热贡艺术》,文化艺术出版社2003年版,第251页。

成精末，用水稀释调和，加入适量的新棉花、毛边纸等，将胶泥反复砸熟，用塑料薄膜覆盖待用。龙骨搭架一般针对 4 尺以上的佛像，在固定位置上用木桩支撑塑像重心或持重部位，再用木棍或钢筋加固四肢，木杆的粗细长短，取决于造型的持重量；轮廓塑形指用加工好的胶泥将造型轮廓塑充实。局部调整就是将佛像的面部、手势、服饰等进行精工细塑，力求栩栩如生。金饰彩绘就是指上色、描金，塑像雕好后必须等其完全干透才能上色、描金，上色的原料有清漆和白漆，先上清漆，再用白漆调和黄色刷于塑像，然后在服饰、璎珞、衣带、项链部分贴上金箔，而袒露在衣外的身体部分须将金箔化入水中用胡麻汁制成糊状，用画笔描上去。在数百年的发展过程中，热贡地区从事雕塑艺术且取得杰出成就、令人称颂的名匠很多，如清代的巴万、华尔丹、旦正，近代的罗藏尼玛、维塘化旦，当代的银杰加、尖木措等。

热贡的雕塑艺术种类繁多，除泥塑外，还有木雕、石刻、砖雕等。木雕主要指门楣、帘、椽、柱头等建筑上的工艺性装饰雕，也有印版经上的佛画及少量木刻佛像。砖雕多见于庙宇寺院建筑的屋脊花边、飞檐吻兽、墙壁浮雕等，花样有龙、狮子、花卉、吉祥八宝、敬长图、鹿鹤同春等。石刻主要有阴刻在石板上的佛像雕刻和墙壁上的猛虎凶狮雕，也有一些碑铭雕琢，如明代为保安四屯屯首王廷仪建亭刻碑即为热贡碑刻作品的代表作。

如今的热贡艺术已从寺院走向民间，热贡艺人们的作品也从寺院走向市场，艺术的实用价值得到了广泛开发。2006 年，青海省同仁县"热贡艺术"被列入第一批国家级非物质文化遗产名录；2008 年，热贡地区被评为我国第三个"国家级文化生态保护实验区"；2009 年，"热贡艺术"入选联合国教科文组织"人类非物质文化遗产代表作名录"。

三　德昂洒智藏文书法

德昂洒智藏文书法主要产生和流传于青海省果洛州达日地区，因起源地是达日县德昂乡而得名，关于德昂洒智藏文书法的由来，有一个美丽的传说。相传，大师完成使命返回西藏，途经果洛德昂地区时，将自己的笔抛向天空，祈愿得到此笔之人便能得到书法真传，后来达日县德昂乡人洒安旦增捡到此笔，开创了德昂洒智藏文书法。自洒安旦增开创洒氏书法至今，历经 200 多年，共有七代传承人，其中第五代传承人夏喇嘛对德昂洒智进行了再创新。

德昂洒智书法对书写工具有严格的要求。竹笔是关键，把用骨髓或酥油浸润的竹子烘烤后削制成型（长13厘米、宽1厘米），笔尖为鸭嘴状，正中有细缝。果洛德昂洒智制笔工艺独特，通过劈、削、刻、发酵、油浸、熏烤等流程，以达到书写流畅、刚柔适度、经久耐用的效果。以往自制的墨多以当地矿物质和植物为原料，经研磨、烧制、调和等工序制成，现在使用的墨多是商店出售的工艺墨，使用时，按一定比例加入牛奶、水、植物汁等进行研磨，以增强墨色鲜亮度，实现防水防腐，增强收缩性，易于长期保存不褪色。纸的原料是采集当地特有植物，通过垛、切、煮、刮等工序，最后定型，纸张较厚、粗糙、脆而硬。此种特制的纸张在书写前还需打磨和柔化，因工序繁杂，现在极少使用。目前只有达日县德昂寺僧人巴智老人掌握传统墨、纸的制作工艺和手法。

德昂洒智在书写时极富表演性，可伏案书写、盘腿席地伏板书写、站姿墙体书写等。书写者右手执笔，书写时拇指与食指捏笔于笔身两侧（距笔尖2—3厘米处），笔身以虎口为支撑，主要依靠腕、指的力量，通过拇指和食指的捻、转、拧、抹、旋完成书写。整个过程宁静安逸、心无杂念、一气呵成，以达到心、念、指、笔的完美和谐统一。为达到书写的高标准，通常一天只能书写2—3张，500—600字。德昂洒智书写体包括乌金体（楷体）、乌梅体（行书），兼有大黑体、小黑体、圆体、兰扎体（古印度梵文体）以及艺术体等，其中楷行之书结体横重竖轻，笔力遒劲雄强，气势庄严雄浑，章法上，字与字、行与行以及单词之间疏密匀称，聚散分明，布局疏朗得体。

2011年6月14日，经国务院批准，德昂洒智藏文书法被列入第二批国家级非物质文化遗产名录，由西藏大学开发的德昂洒智藏文书法字体，被收录在Win7系统中。2014年9月，达日县召开了德昂洒智藏文书法软件发布会，并成功举办了"第一届德昂洒智书法大赛"。

四 湟源排灯

湟源排灯是集灯、影、画三位一体的灯类艺术，独具地方特色。湟源位于日月山脉东麓，"唐蕃古道""丝绸南路"途经湟源，故得名"海藏咽喉"；清嘉庆、道光年间，湟源作为青、藏、甘、新等地各民族贸易往来的重要市场，被称为"环海商都"。清末民初，英、法、美、俄及京津商人云集丹噶尔城，促使此地商贸通达。此时，各商铺纷纷制作商号名号招牌摆于街头以招徕顾客。此后，商家们别出心裁，给这种牌灯加上双面灯框，灯面蒙上绢纱，灯框下饰以彩穗流苏，改制成大型的能横跨街道悬挂的像纱窗一样的排灯。在各商会、当地火神会的赞赏和支持下，湟源逐渐形成了正月十五元宵节集中展挂排灯的民间习俗，此俗传承至今。因排灯由商贸店铺的牌灯演化而来，所以它体现出的是特殊的地域特色和多民族杂居的历史风貌，不仅从侧面反映着湟源的商业发展史，还直观地体现着青海的历史文化与民俗风情。

排灯通常长2米、高0.6米、厚0.4米左右，前后灯面分别由3—6个长2尺、宽1.5尺的方格纱窗组成。排灯由数盏个体灯组成，每盏灯就是一件独立的艺术品。其形式有悬挂式和落地式两种，款式有扇形、天桥形、影壁形、梅花形、立柜形、椭圆形、长方形、吕字形、马鞍形等十余种。排灯制作工序复杂，先制作灯的框架，制成后在上面蒙上绢纱，再根据不同的架形，把传统风格的图案雕刻在木制框架上，悬挂时再进行排列组合，使个体灯组合成完整的灯组，表达统一的主题思想。湟源排灯的题材和内容极其广泛，涉及神话传说、民间故事、历史典故、花卉鸟鱼、自然风物、古典名著中的人物与情节，也有反映湟源地方经济文化发展成果的。排灯的制作过程包含了绘画、皮影人物制作、书法、剪纸、刺绣、雕刻、堆绣等各项技艺，使得其具有较高的艺术价值和收藏价值。近几年，湟源县文化部门对排灯进行了创新，采用了新型材料和声光电技术，让排灯画面中的人物、花鸟、山水等活动起来，使古老的排灯艺术焕发出了新的艺术生命力。

2006年，经国务院批准，湟源排灯被列入第一批国家级非物质文化遗产保护名录。

五　土族盘绣

土族盘绣是一种古老而传统的民族刺绣艺术，流行于青海省互助土族自治县。基于对青海省都兰县的考古发现，吐谷浑墓葬中有类似盘绣的刺绣品，所以有专家认为土族盘绣早在1000多年前就已出现。如今的土族人家都珍藏着祖祖辈辈传承下来的盘绣作品，如腰带、烟袋、围肚、花鞋等。

土族盘绣的技法不同于其他刺绣，在用料、色彩搭配、针法、图案构思等方面都有独特的技法。盘绣用料考究，加工精细，一般采用黑色纯棉布作底料，以利衬托。面料选好后，根据需要剪裁，然后用浆糊裱糊成3—5层，面料的裱糊层用新旧棉布均可，要求布纹较粗，便于穿针引线。绣制过程中采用的是丝线，颜色有红、黄、绿、蓝、桂红、紫、白七种色，色彩搭配通常是七色俱全，配色和谐、鲜艳夺目。盘绣的针法独特，绣制时不用绷架，用一根绣花针、两根色彩相同的丝线，其中的一根线做盘线，另一根做缝线，左手拿布料，右手拿针，做盘线的丝线挂在右胸衣服上，做缝线的丝线穿在针眼上，走针时，把盘线盘在针上，当针上行后，用左手大拇指压住线，用右手针缝压。如此这般上针盘、下针缝，按图案走线，一针二线，使2毫米大小的圈圈均匀排列在布料上。其中，盘线似一般刺绣技法中的豆针绣，缝线似一般刺绣技法中的直针绣。完成整个图案，似一般刺绣技法中的三重或五重豆针密绣。

盘绣虽然费工费料，但成品厚实华丽，经久耐用，是刺绣品中的珍品。图案构思奇特，具有浓郁的土族风格，如太极图、法轮、云纹、八宝、五瓣梅、雀儿头、孔雀戏牡丹、富贵不断头、神仙魁子、狮子滚绣球、鼠拉葡萄、寒雀探梅、石榴花、人物、佛像以及十二生肖等。盘绣对图案纹样有严格要求，其绣品中虽有单一图案的，但多数是将几种图案同时用于一块盘绣品上。如此一来，所完成的绣品内容丰富，结构严谨，色彩鲜明，给人以很强的层次感和色彩感，具有较高的收藏和观赏价值。

盘绣主要用来装饰服装，重点装饰衣领、袖口和下边、前胸、腰、腹、胯、脚等部位。装饰服装的盘绣品有腰带、衣领、围肚、胸饰、烟袋、钱褡子等。如今的土族盘绣，其适用范围已从服饰扩展到房屋、用具的装饰，如门帘、窗帘、盘绣壁挂、沙发背布、大型佛像等。土族盘绣艺术的历史十分古老，它是土族传统文化中不可或缺的重要组成部分，具有鲜明的民族特色和深刻的文化内涵。

2006年，经国务院批准，土族盘绣被列入第一批国家级非物质文化遗产保护名录。

六 湟中农民画

农民画，就是农民创作的绘画艺术。湟中县是青海的"农民画家之乡"，被文化部命名为"中国民间现代绘画之乡"，其画作具有独特的艺术风格和浓郁的地方特色。画作的题材源于乡村生活，主要有乡间田野、农家生活、劳动场景等内容，发展过程中不断由农家炕围画、锅台画、箱柜画等演变和丰富而来。画家创作时，常选取自己熟悉的人或事，表现家乡的现实生活、民族风俗、神话传说、宗教生活，描绘生活中的真、善、美，表达朴素的理想、真挚情感和热烈的愿望。

湟中农民画的创作深受塔尔寺佛教艺术影响，早在清末时期，塔尔寺周边就活跃着大批的民间艺人，他们常被寺院请去雕梁画柱、泥塑彩绘、修复壁画、修葺寺院、在周边的山岩上镂刻石窟岩画等。20世纪70年代初，湟中兴起了民间绘画热潮。湟中县土门关乡青峰村自发创办了农民美术夜校，这是有史以来民间绘画艺人首次自发组织的规范性民间教学活动，为农民画的普及和发展奠定了基础。以此为契机，湟中县陆续举办了农民画创作培训和农民画展览，涌现出了一批优秀的农民画画家，如华生兰、李宝香、孟鳌奎、徐全熙、晋生旺、何启才、孟友邦、党明汉、窦玉贵、白世莲、韩复兰等，这些农民画画家活跃在湟中县的各个村庄，极大地丰富了农村的业余文化生活。湟中农民画从形成、普及、发展到成熟，已有近40年的历史，如今由上百人组成的画家队伍先后创作了2000余幅作品，其中的一些作品还参加了全国性美术展览，颇受美术界好评。

湟中农民画的创作者多为民间油漆画工、工艺美术匠人、精于刺绣剪纸的农家妇女，他们的画风和创作既吸收了漆画、剪纸、皮影、刺绣等民间艺术的技法，同时也融会了寺院中唐卡、壁画、堆绣等佛教艺术的技法，所以风格多样、形式各异，有的以刺绣剪纸的夸张变形见长，有的以漆画的色彩艳丽见长，有的则以藏族唐卡的装饰风格见长，具有鲜明的地域特点和浓郁的民族色彩。如藏族女画家华生兰，从小喜欢民间刺绣、剪纸和皮影艺术，所以她的作品常表现出浓郁的民间刺绣手法，如《鸡花图》，用夸张的造型、对比强烈的色彩、平面散点透视的手法，将100多只鸡描绘得各具形态、栩栩如生。该作品曾去挪威、瑞典等国展出，并被中国美术馆收藏。晋生旺不仅善于绘画，还是纸扎、油漆和玻璃画的行家，他的作品具有鲜明的油漆艺术风格。徐全熙则吸收了佛教寺院壁画的创作手法，运用藏族寺院壁画的用色，用金粉点缀，画面色彩富丽，颇具民族特色。如《骏马驰原》《套牦牛》《千古兴舞》《庆丰年》等作品构图饱满，描绘细腻，色彩匀净，线条流畅，具有藏传佛教唐卡绘画的艺术特色。

湟中农民画既有传统民间绘画题材广泛、雅俗共赏的特点，又有高原文化博大、雄浑、粗犷的特点，在众多农民画创作中，湟中农民画独树一帜，以独特的地域乡土特色和民族特色引起了人们的广泛关注。

七 青稞酒酿造

青稞酒是用青藏高原出产的青稞制作而成，受到青藏高原民众的广泛喜爱。青稞酒的酿造，是青海历史悠久的传统工艺。相传很久以前，山西客商把杏花村的酿酒技术带到青海，当地民众用上好的青稞熬出了比酩馏酒更高一筹的美酒"威远烧酒"，从此，"威远烧酒"便誉满高原，行销西北。但据史书记载，在公元7世纪，文成公主从长安远嫁吐蕃，把汉地先进的酿酒技术传到吐蕃，经过1300多年的传承，青稞酒文化已经享誉海内外，成为酒文化中的一朵奇葩。

青稞酒在继承古老传统生产工艺的基础上，引进近代技术装备，用无污染的天然优质泉水科学配料、精心酿造、久储自然老熟而成，很多本地的酿酒师傅仍然采用自然制取—手工配置—老坛陈酿的古老工艺。先把青稞洗净，然后倒进锅里水煮，等水分吸收完后，用木棍将青稞上下翻动，直到青稞软烂时，去火凉到温热，倒在洁净的布上铺开，再在上面均匀地撒上酒曲，撒好后，再把青稞倒回锅里，盖好保暖的东西。发酵两三天后，把青稞倒入过滤青稞酒的陶制容器里，把锅口和滤嘴封起来，需要取酒时随时加水过滤。随着制酒工艺的不断发展，青稞酒已经有了自己的独特制作体系，很多制酒企业也开始研发和推出了一系列新品，市场上的青稞酒逐渐品种繁多。

2011年，经国务院批准，青稞酒及其酿造技术被列入国家级非物质文化遗产保护名录。

第四节 戏剧与曲艺

唐蕃古道青海段沿线各民族民间传统戏剧有黄南藏戏、马背藏戏、平弦戏、眉户戏、目连戏、皮影戏等，其中，黄南藏戏、马背藏戏、皮影戏等入选青海省第一批、第二批国家级非物质文化遗产名录；目连戏、眉户戏等入选第二批省级非物质文化遗产名录。曲艺种类繁多，有青海平弦、越弦、下弦、西宁贤孝、青海道情、打搅儿、倒江水等，每种曲艺都具有独特的表演内容和艺术手法，地方特色鲜明。其中，平弦、越弦、下弦和西宁贤孝先后入选第一批、第二批国家级非物质文化遗产项目名录及扩展项目名录。

一 河湟皮影戏

皮影戏又称"灯影戏""皮影子"，是用灯光照射兽皮或纸板雕刻成的人物剪影来进行表演的戏剧，通常在庙会、岁时节日时演出，也有在结婚、祝寿时请皮影戏班助兴演出的。它是集民间美术、音乐、戏剧为一体的古老的地方戏剧艺术，具有独立的造型艺术和音乐声腔系统。

皮影制作过程较为繁琐，通常要经过选皮、制皮、落样、镂刻、敷彩、发汗熨平、缀接合成等步骤。随着皮影艺术的发展，皮影制作工艺在继承传统工艺造型的同时，吸收了河湟民间美术的表现手法和装饰特色，形成了古朴、浑厚、绚丽、粗犷的乡土风格。

皮影戏的音乐是戏剧的"板腔体"，主要曲调为阳腔和阴腔。阳腔高亢明快，长于叙事；阴腔悠柔委婉，长于抒情。其他曲调还有"顿时归""滚板"等30余支，另外还有一整套唢呐古曲牌，如"点绛唇""大摆队""东方朔"等。河湟皮影戏的语言带有秦腔痕迹，但随着皮影戏在河湟地区的发展，语言又融入了本地"官话"和方言，因存在方言差异，不同地区的艺人演唱时的语言也有所差异。

演出皮影戏时道具主要有"皮影娃娃"，就是用牛皮雕刻、彩绘制成的皮影人；"亮子"就是白色幕布；灯盏，用来制造光源；伴奏的乐器有四胡、三弦、曲笛、唢呐、长杆喇叭、扬琴、小战鼓、大钩锣、小锣、梆子、盏儿等20多件。表演时，"把式"在操纵皮影的同时演唱全部唱词，生、旦、净、丑、唱、念、做、打均由"把式"一人承担。伴奏则由"上手""中手""下手""梆手"完成，他们还兼任"帮腔"时"喊段儿"。

河湟皮影戏的剧目按形式分为三种：第一种是"大传戏"，又叫连台本戏，这种戏以历史剧为主，有历史演义戏、民间传说戏、武侠公案戏、爱情故事戏、神话寓言戏等，如传统剧目《杨家将》《三国演义》《封神演义》《西游记》《白蛇传》等；第二种是折子戏，这类戏只演一段大戏里相对完整的一小段，如传统剧目《八仙过海》《三打白骨精》《盗宝扇》《双龙会》《法门寺》《忠孝图》等；第三种是单本戏，又叫"窝窝戏"，是以民间故事和神话传说为题材创作的。

2008年，河湟皮影戏列入第二批国家级非物质文化遗产保护项目名录，2011年，入选联合国教科文组织"人类非物质文化遗产代表作名录"。

二 民和麻地沟目连戏

目连戏是我国古老的民间戏剧，被誉为中国戏曲的"活化石"。位于青海省民和县县城西南约20公里处的麻地沟，以汉传佛教寺院能仁寺为中心，传承了目连戏的表演。表演过程中演员赤脚"上刀山"，所以当地百姓又称其为"刀山会"。早在1000多年前，目连戏就传入中国，传承于汉传佛教寺院中。元代时，目连戏正式以戏剧的形式出现；明清时，目连戏兴盛于我国汉族地区，是传统文化中的瑰宝。民和麻地沟目连戏是明初从南京抵青的移民引入的，至今有600多年历史。清时，麻地沟目连戏以"刀山会"的形式演出，在青海周边地区声名远播，曾出现万人争睹的盛况。

麻地沟目连戏的演出以手抄本《目连宝卷》为剧本，该宝卷有10卷，分别是《白云犯戒》《员外上寿》《父子从军》《天仙送子》《员外下世》《刘氏开斋》《青提归阴》《目连出家》《阴曹救母》《刀山地狱》。宝卷中目连名叫罗卜，其母是傅员外夫人刘氏，整个故事围绕罗卜的前世白云和尚、刘氏、罗卜展开，主要内容是宣讲孝道、劝人向善、阐释宗教教义。宝卷故事转化成剧本被搬上舞台表演时，又分为30场次：《开幕演词》《白云犯戒》《员外上寿》《父子从军》《金刚岭遇难》《盛水还家》《三星送子》《金星起名》《城隍奏本》《三曹对案》《员外下世》《超度诵经》《路经铁叉》《刘氏开斋》《达摩托梦》《兄弟回家》《刘氏鸣誓》《刘氏医病》《青提归阴》《人曹审罪》《刘氏逃狱》《兄弟守孝》《白猿垒坟》《青石峡降妖》《灵山拜佛》《阎罗定罪》《十殿寻母》《人曹召将》《上寺降香》《归位上山》。麻地沟目连戏的剧本是国内现存目连戏剧本中独树一帜的，与内地流传的目连救母故事相比，该剧本在人物关系、故事冲突、情节发展、表现形式上都具有独特的艺术表现力。目连戏的伴奏乐器主要有二胡、笛子、唢呐、三弦、锣、镲、钹、鼓、法号等，乐队人数一般在10人左右。该剧从正月十五开始演出，演出持续15天，其中阳戏（阳间戏）表演8天，阴戏（阴间戏）表演7天，是全国目连戏演出中用时最长的。

《目连宝卷》的前九卷在戏台上表演，最后一卷《刀山地狱》以"上刀山"的形式演出，是整个目连戏演出中最惊心动魄的高潮部分。"上刀山"的表演者自愿参与，冬至进寺，沐浴斋戒，每日用牛奶洗脚，食核桃、红枣。目连戏有24种腔调，每个唱腔的曲调都有鲜明的特征，有的唱腔带有青海地方贤孝等曲艺的特征，如观音的部分唱腔；有的唱腔带有明显的藏族和蒙古族等少数民族音乐风格，如刘氏病重时罗卜喜儿的唱腔；有的唱腔运用了梵音衬词，佛教音乐特征明显，如白云和尚的部分唱腔。麻地沟目连戏在声调唱腔、韵律节奏、唱词结构等方面吸取了当地民间音乐艺术的诸多元素，形成了独具特色的曲调风格，在调式、音阶、节奏、旋律等方面保存了诸多古代音乐的本色与特点，其中的佛教音乐、道教音乐、民间音乐以及梵音等多元文化内容对研究我国民族传统音乐具有很高的价值。

2008年，文化部召开的专家论证会上给予麻地沟目连戏极高的评价："我国黄河以北发现目连戏是第一次，手抄本不但保存完好，戏剧演出时间之长、扮演角色之多也是第一次发现，目连戏有着重要的民族民间文化传承价值。"

三 黄南藏戏

黄南藏戏是安多藏戏的一个重要分支，是通过说唱歌舞的形式讲述故事的古老综合性表演艺术，明末清初时期形成于隆务寺。隆务寺一世夏日仓活佛创作的《噶丹道歌》中，训诫诗采用的多种民间说唱诗歌句式，对黄南藏戏的唱腔具有深远影响；二世夏日仓活佛派遣僧侣前往西藏深造，他们学成归来时也带来了藏戏艺术；三世夏日仓活佛时期，藏戏被列为寺院的主要宗教活动之一。经过历代活佛的支持和艺人们的创新，在吸取热贡地区深厚藏文化营养的同时，黄南藏戏诞生了。新中国成立前，藏戏只能在寺内演出，只允许僧人观看，俗人不能观看；1957年宗教改革后，隆务寺大批僧人还俗，不少艺人回乡，使藏戏从寺院走向了民间；20世纪80年代，黄南州文工团对传统藏戏进行了挖掘和整理，至今已组建了20多个民间和寺院藏戏队。

黄南藏戏题材源于藏族民间故事、神话传说和佛经故事，有十多个传统剧目，演出时的主要剧目有：源自梵文的《菩萨本生如意藤》；叙述人神恋爱故事的《诺桑法王》；弘扬佛家俯首认命、忍辱无争思想的《苏吉尼玛》；叙述文成公主入藏经过、盛况，表现民族团结和藏族人民智慧的《文成公主》；叙述美丽善良的朗萨姑娘婚姻悲剧的《朗萨姑娘》；取材于佛经故事，表现智美更登王子无私施舍的《智美更登》；以降魔除害为主旨，表现善与恶、正义与邪魔斗争的《白玛文巴》；反映国王与仙女成婚、仙女遭妖妃陷害、其儿女最终重建家邦的《卓娃桑姆》；源自桑杰坚赞的《米拉日巴传》的《贡保多杰听法》；根据藏族英雄史诗《格萨尔》中的有关故事情节改编而成的《阿拉达姆》；展现唐卡艺人在"文革"时的遭遇、歌颂其热爱民族艺术执着情怀的现代藏戏《金色的黎明》；等等。

在长期的发展过程中，黄南藏戏形成了自己独特的艺术特色。唱念均采用安多方言，道白速度缓慢，多为九字格的韵文体。唱腔吸收了安多地区民间音乐艺术元素，以安多说唱、民歌、僧曲为素材，有悲调、诵经调、喜庆调、道歌调、吉祥调、格萨尔调等诸多唱腔。表演艺术丰富而自成体系。人物台步、上下场动作、武打、其他表演动作都吸收了黄南壁画人物形态，融入了安多民间舞蹈、寺院宗教舞蹈、汉族戏剧等艺术元素，形成了独有的艺术风格。剧目除传统的八大藏戏外，还有自己的一些特有节目，如《藏王的使者》《国王官却帮》《金色的黎明》等。黄南藏戏是基于安多地区藏族民间舞蹈、民歌、说唱艺术，吸收了一些酬神醮鬼的宗教仪式，再经过对民间故事和佛经故事的加工而逐步形成的民间戏剧艺术，宗教色彩浓郁、艺术积淀深厚，蕴含着极其丰厚的藏传佛教、藏族历史文化、社会生活、表演艺术等方面的内容。

2006年，经国务院批准，黄南藏戏被列入第一批国家级非物质文化遗产保护名录。

四 青海马背藏戏

马背藏戏就是在马背上表演的藏戏，产生于17世纪中叶果洛地区的赛马会上，当时为了更好地表现剧情、满足观众的欣赏需求，剧组让马匹参与了戏剧创作。1952年，果洛州甘德县龙恩寺活佛班玛登宝为发展民族艺术，在传承果洛游牧文化精髓的基础上改进了藏戏的传统表演方式和部分内容，创作形成了现在的马背藏戏。如今，每年7—8月份，果洛地区各演出团体和僧俗群众自发组织，为周边的牧民群众无偿表演马背藏戏。目前，果洛州有久治县德合隆藏戏团、门堂乡藏戏团、阿索藏戏团、班玛县智青藏戏团等6个藏戏团进行专业的马背藏戏演出。

马背藏戏是一种有实物的表演，不受时空限制。舞台设在广袤的大草原上，表演团体少则十几套人马，多则上百套人马。表演内容涉及神话传说、民间故事、历史史诗等，剧目有《年宝的传说》《格萨尔赛马称王》《智美更登》《松赞干布与文成公主》和藏族传统八大藏戏中的部分剧目和片断。音乐曲式庞大、结构复杂，说唱形式有连唱、独唱、合唱等，曲调形式丰富多彩，旋律优美动听。演出前，演员们要进行简单的装扮，除剧中部分主角戴面具外，其他演员不画复杂的脸谱，只在脸上涂面粉或红脂；服装则根据角色而定，色彩亮丽、特色鲜明。表演过程中穿插诗歌、格言、谚语、故事、赞词等内容和精湛的马术表演。表现强烈的戏剧冲突或表演唱、念、舞、技时，表演者常在上、下马时不停地轮番演唱表演；在圆场、绕场和过场时，表演者利用场地周围的崇山峻岭、河流草原进行表演，以表示人物在行路或追逐。藏戏的队形以藏族吉祥图案"哇扎""莲花""央庄"等为主。

马背藏戏是将藏族古典文学、音乐、舞蹈、美术、马术表演等融为一体的综合性艺术表演形式，通过说唱、舞蹈和精湛的马术表演，生动地再现剧中的历史场景，故事情节的展现完整、系统，具有极高的艺术观赏性。马背藏戏场面宏大，表演风格强悍干练，它以辽阔的草原和崇山峻岭为表演舞台，在充分展现了藏族民间艺人们高超的骑术和精湛的戏剧表演才能的同时，也形象地再现了史诗和传说中的传奇人物们的英雄气概和激烈的战斗场面，具有浓郁的藏民族生活气息。

2008年，经国务院批准，青海马背藏戏入选第一批国家级非物质文化遗产名录扩展项目名单。

五　青海平弦

平弦主要流行于西宁、湟中、湟源、大通、互助、乐都等地，是一种民间坐唱艺术，因主要伴奏乐器三弦的定弦格式属于民间定弦法中的"平弦"而得名。平弦只唱不说，每个唱段有固定的曲调，曲牌丰富，有"十八杂腔""二十四调"，传统曲目200多种，杂腔曲调有"离情""罗江怨"等20余支，器乐曲牌有"楚王宫""沙落雁"等10余支。通常情况下，一段平弦分别由"前岔""后岔"开头和结尾，中间由"赋子""背宫""情"等曲调连缀而成。因"赋子"是平弦中的主要曲牌，所以平弦又称"赋子"。

平弦的传统曲目多为七字句或十字句韵文，内容广泛，多取材于元明杂剧、历史故事和民间传说。格律严谨、文辞典雅、曲调凄婉优美，表演者大都用青海方言演唱，具有浓郁的地方特色。传统曲目有《伯牙摔琴》《岑母教子》《断桥》《西湖相会》等。平弦的爱好者都被称为"好家"，他们利用闲暇时间欢聚一堂，一边演奏三弦、扬琴、笛子、琵琶、胡琴等乐器，一边演唱，表演者演唱时手拿瓷碟，用竹筷敲击节奏，伴奏者随机伴唱。由于平弦在河湟曲艺中影响较大，所以其在国家成立之初就备受文艺工作者的关注。他们对传统曲目进行了搜集整理，组织了平弦曲艺演唱组，与此同时，平弦音乐和演唱艺术也获得发展和提升。

2008年，青海平弦被列入第二批国家级非物质文化遗产保护项目名录。

六　青海下弦

下弦，是青海地方曲种之一，因演唱者多为盲人，故又称"瞎弦"，下弦的伴奏乐器为三弦，也是一种坐唱艺术，演出时没有独立演唱队伍，多由演唱各种曲艺的艺人兼唱。主要流行于西宁市及市区周边各县。

下弦的曲词为一唱到底，不加道白，词格多种多样。下弦的腔调有"下弦调""仿下弦调""软下弦调""下背工"四种，其中："下弦调"用来演唱长篇曲目，如《林冲买刀》；"软下弦调"唱腔委婉悠柔，词格为七字或十字句，主体唱腔接近于青海越弦"琵琶调"的后半曲，演唱者多为越弦艺人，代表曲目有《鸿雁捎书》《沧州投朋》《三姐上寿》等；"下背工"由"前背工""离情""皂罗""后背工"4支唱腔曲牌组成，这4支曲牌的词格各不相同，必须按词格填词，其中"离情"来自青海平弦，基本保持了平弦的原貌，只是过门略有变化，"前背工""皂罗""后背工"3支曲来自青海越弦，但与原曲又存在一定差异。代表曲目有《岳母刺字》《三顾茅庐》《出曹营》等，也有现实题材的段子。下弦吸收了青海平弦、越弦的唱腔艺术，是在这两种曲种的基础上发展起来的曲艺艺术。演唱内容大多取材于历史故事、民间传说、现实生活，因多为盲人演唱，所以风格悲凉凄婉，催人泪下。

2008年，经国务院批准，青海下弦被列入第二批国家级非物质文化遗产保护项目名录。

七　青海越弦

越弦，又名"月弦""月调""背调""越调""座场眉户"等，传于陕西，因发展过程中吸收了大量民间小调、小曲儿，故在唱腔、道白、语言、风格等方面逐渐脱离母体，从曲目、唱词到音乐都发生了明显变化。题材多以民间故事见长，曲调优美、情感丰富。唱词结构分对称句式、长短句式：对称句式有"二二三"结构的七字句，"三三四"结构的十字句；长短句式的曲牌词格多样，有三句式、四句式、五句式、六句式等。一个越弦段子一般由前岔—前背工—其他主要曲调—后背工—后岔构成。而曲词受到曲调的影响，具有较为严谨的格律，要合辙押韵。曲目有《冯爷站店》《刻财神》《小姑贤》等。

2008 年，经国务院批准，青海越弦被列入第二批国家级非物质文化遗产保护名录。

八　西宁贤孝

西宁贤孝，是青海地方曲种之一，因内容以演唱忠臣良将、孝子贤孙一类劝善题材为主，故称"贤孝"。西宁贤孝主要流行于西宁市区，平安、乐都、民和、互助等县及湾西州和湾北州的个别汉族聚居区也有流布。据《说唱艺术简史》的记载，西宁贤孝形成于 18 世纪。据老一辈曲艺艺人推算，贤孝的形成最迟也可追溯到清同治年间。西宁贤孝在青海的形成至少也有 100 多年的历史。

西宁孝贤为坐唱艺术，伴奏乐器为三弦、板胡、二胡等，演唱没有固定场合，饭店、集市庙会、公园、林间都可以演唱。艺人如一人出行，抱着三弦，自弹自唱；如二人结伴出行，则男拉板胡，女弹三弦，轮流演唱。西宁贤孝用青海方言演唱，曲目丰富，曲调凄婉悲凉，演唱自然淳朴，颇具特色。其唱腔曲调大致分为"大贤孝调""小贤孝调""越牌调""官弦调"和部分"小曲"。曲目主要源于明清两代的宝卷，也有源自明清小说、民间故事的。传统曲目主要有大传和小段两类。大传是长篇作品，唱说间杂，说的部分叫"白板"，可以连唱几天，如《方四娘》《杜十娘》《白兔记》《油郎与花魁》《白鹦哥吊孝》《丑女识宝》等。也有大传分为若干小段演唱的，如《白兔记》可分为《李三娘推磨》《咬脐郎打围》等，演唱抑扬顿挫、扣人心弦。小段的篇幅短小，一般只唱不说，如

《谭香哭瓜》《白猿盗桃》《芦花记》等。贤孝的词格以"二二三"结构的七字句和"三三四"结构的十字句为主，结构对称，也有少部分为长短句相间，演唱时常加各种感叹性衬词，如"啊""哎""呀"等。贤孝的段式以上下句和四句段式为主。西宁贤孝没有专业性表演团队，多流传在民间，盲人学唱的情况居多。旧时，养济院的盲人学徒学成后，怀抱三弦走街串巷、赶庙赴会，以演唱谋生。他们的演唱凄婉、悲怆、哀怨，是盲艺人生活艰辛悲戚的生动写照。

2008 年，经国务院批准，西宁贤孝被列入第一批国家级非物质文化遗产保护扩展项目名单。

第五节 体育、游艺与杂技

唐蕃古道青海段沿线各民族不仅形成了独特的民族文化传统，还创造了不少具有地方特色和民族特色的传统体育、游艺、竞技活动，如赛牦牛、轮子秋、荡秋千、打"蚂蚱"、噔棍儿、拔腰、打缸、射箭等。这些活动中，有些文化事象是多民族共享的，如荡秋千、射箭等；有些文化事象是某个民族特有的，如土族轮子秋，是互助土族特有的传统体育活动。其中，土族轮子秋、玉树赛马会、乐都南山射箭入选第一批、第二批国家级非物质文化遗产保护名录。

一 玉树赛马会

玉树赛马会是青海藏区著名的节日赛会，每年 7 月 25 日至 8 月 1 日在玉树藏族自治州结古草原举行。节会期间，结古草原上的帐篷星罗棋布，藏族民众身穿鲜艳亮丽的民族服饰，草原上一派节日的欢乐气氛。节会项目丰富多彩，如赛马、赛牦牛、马术、射箭、射击、藏式摔跤等传统竞赛项目和民族歌舞表演、藏族服饰展示等民族艺术展演项目。

赛马开始前举行煨桑仪式，骑手们看见桑烟升起便骑马绕桑堆顺时针转三圈，祈求神灵护佑，随后比赛正式开始。赛马项目包括跑马倒立、悬体，骑射，跑马拾哈达，跑马耍枪等传统项目。跑马倒立时，骑手要在驰骋的马背上倒立，以骑手在奔跑马背上倒立的时间长短和倒立的姿势标准程度作为评判好坏的依据。跑马悬体要求骑手在奔跑的骏马上，保证全身仰面悬挂在跑马侧面，这项运动堪称马术绝技。骑射要求参赛选手着吐蕃戎装在奔跑的骏马上射箭，以命中决胜负。跑马拾哈达要求参赛选手在驾驭跑马的过程中，把放在跑道两旁的哈达捡起，谁捡起的哈达多谁就是冠军。旧时，大户人家还在赛道两旁放置若干银元，比赛选手只要捡到银元就归自己所有。跑马耍枪要求选手把火枪举至头顶顺时针旋转，然后从身后把火枪递到左手再举过头顶逆时针旋转，最后射靶。赛马结束后通常举行赛牦牛、拔河、藏式举重等项目。

比赛项目全部结束后，草原上的歌舞表演、藏族服饰展示等民族艺术展演项目正式开始。歌舞表演气氛热烈，有锅庄、热巴和锅哇等舞蹈形式。传统服饰展示通常在赛马会的最后一天，展示人数多达上百，场面华美壮观。赛马会期间还有物资交流会、篝火晚会等活动。

2008年，玉树赛马会被列入第二批国家级非物质文化遗产保护项目名录。

二 传统箭术

河湟地区有"北山跑马，南山射箭"的传统。射箭的传统久已有之，每逢端午节前后举行。流传至今的射箭活动不限于端午节，而成为每逢年节或农闲时，大家欢聚一堂共同度过的一个融竞技、娱乐和商贸活动为一体的综合性文体活动。其中，乐都南山的射箭活动最负盛名。

通常情况下，一个箭队由三四十人组成，每个箭队安排有裁判、"箭头"（射箭组织者）、记分员、安全员和后勤等。比赛前，主赛方的"箭头"选派两名精干的箭手，各带一对箭，到受邀方的村庄拜访"箭头"下请帖。对方接受邀请后，前来拜访的箭手将带来的两对箭留下，并商定比赛的日期和人数。待两名箭手回村后，主赛方就准备烟酒、杀鸡宰羊、拌凉面、做凉粉，准备款待前来比赛的客人。受邀方就连夜召集箭手进行选拔，若人手不足便向邻村求助。确定好参赛选手后，在其中选出开靶者（首位射箭者）、盖靶者（压轴射箭者），再分好小组、选出组长。比赛时，主赛方选好靶场，按照左宾右主的规矩排布桌椅，将河光石摆放在宾主两边，作为记分石（俗称"羊儿"）。靶场上设好箭靶（俗称"月儿"），箭靶中心涂成红坨，靶顶插四到六面彩旗。射手的装扮极为考究，藏族射手头戴礼帽、身穿氆氇褐衫、腰系红绿绫绸，回族射手头戴定帽、身穿白衬衫黑坎肩，手持的箭是木杆铁镞，弓是牛角弓。

比赛晨起，按照先客后主的顺序，参赛选手骑马到场，坐定、献茶、敬烟后，选手根据射技物色自己的对手，确定好的对射人俗称"对摹子"，通常做一次"对摹子"便结为好友。比赛时，先由双方开靶者上场，先宾后主，依次开弓。受邀方的第一射手先开靶，命中后，记分者投出一石，作为一分。随后主赛方射手上场。观众则在一旁呐喊助威，特别是妇女，十分关注自己娘家村的表现，成绩好便喜形于色。比赛结束后，记分者开始"退羊儿"，退的石头数便是中箭数，一边退一边高喊，双方监石人监视，最后宣布比分。下午是第二场比赛，领先方总结经验、巩固战果，落后方吸取教训、奋起直追。最后由各队神箭手"盖靶"。射箭手先后两箭只穿一孔，每中一箭，靶场上便响起欢呼声和喝彩声。盖靶结束后"退羊儿"，宣布总比分。比赛结束后主赛方再次宴请对方箭手，宴席结束后，受邀方起程，而主赛方的妇女们赶来挡住马头，与箭手对唱"花儿"惜别。

这项传统竞技活动开展广泛，涉及河湟地区3个县、15个乡、100多个行政村，射手不限于农民，机关干部也可踊跃参与。2008年，南山箭术被列入第二批国家级非物质文化遗产保护项目名录。

三 轮子秋

轮子秋是土族传统娱乐项目，广泛流行于互助地区，深受民众喜爱。关于轮子秋的起源，土族有一则美丽的传说：土族先民为寻求生活出路，用青龙和野牛耕地，但都以失败告终，所以最后选择了黄牛，"犁了南滩犁北滩，撒下黄金般的青稞种子"。秋天到了，先民们制作好木车运送丰收的粮食。就在最后一次运粮上场后，木车翻了，车轮朝天，这时出现了两个光着身子的小孩，他们一边在朝天的车轮上飞舞，一边欢唱庆祝丰收的曲子《杨格喽》。轮子秋不仅能提高参与者的身体平衡力、增强意志力，还寄托着民众期盼平安健康的美好愿望。

通常情况下，轮子秋的活动开展在农闲季节，特别是春节期间。制作轮子秋时，先把马车的"上脚"——车棚卸下来；再把其余部分的"下脚"——轮和轴整体竖起，并在抵地的车轮上压好碌碡等重物，以保持重心维持平衡；用绳索在竖起的车轮上横绑一架三四米长的梯子，再在梯子两端各绑一个类似秋千的座套；整体结构完成后，再用七彩缎子作为装饰，镶装在轮子秋上，轮子秋就制作完成了。如今，轮子秋的制作得到了改进，通常用钢管做轮盘，再装上滚珠轴承，周围装饰七彩飘带，使用更安全美观。

表演轮子秋时，先选择一块平整宽阔的场地摆放好轮子秋，音乐响起，两位土族阿姑分别推动轮子秋两端的"小秋千"，使其均匀旋转，然后借着惯性分别跳上"小秋千"，此时轮子秋已经飞快地转动起来，两位阿姑在转动的轮子秋上表演惊险的杂技动作，如"仙女散花""金鸡独立""水中捞月"等。其他参加表演的人帮助推动轮子秋，使其维持旋转。轮子秋除了具有表演性和观赏性，还具有极强的竞技性。轮子秋比赛时，评判标准是轮子秋旋转的时间长短、竞技者动作的难易程度，以及竞技者比赛后身体状况的好坏程度。互助地区的男女老少都有转轮子秋的习俗，认为转轮子秋能治百病、吉祥如意。如今，轮子秋被列入全国农民运动会、民族运动会上的表演和比赛项目。

2008 年，互助土族轮子秋被列入第二批国家级非物质文化遗产保护项目名录。

四 那达慕

"那达慕"是蒙语，意为游艺、娱乐。作为蒙古族传统节日盛会，由来已久。起源于蒙古族"祭敖包"，主要包括赛马、摔跤、射箭等民间竞技。早在 13 世纪初，蒙古族首领们每当举行"大忽勒台"，除指定法规、任免官员、奖罚惩处，就已经开始举行"那达慕"了。海西蒙古族的"那达慕"历史也较为悠久，最早的时候每逢农历七八月牧草丰美、牛羊肥壮之时，就以祭海、祭敖包为主举行"那达慕"。后来成立了海西州，当地政府大力发展体育事业，定期不定期举办"那达慕"大会，除保留传统的赛马、摔跤和射箭等活动外，还设立了赛骆驼、拔河、吟唱祝赞词、民歌比赛、展示民间手工艺等内容，竞技制度不断完善，活动规程日益严格，早已成为独具民族风格的民间娱乐盛会。如今的"那达慕"已经成为蒙古族盛大的传统节日，每到牧草丰美、牛羊肥壮之时，草原上的牧民们便身穿节日盛装，骑上骏马从四面八方赶来，少则几百人，多则成千上万人，聚集在美丽的大草原，举行大小"那达慕"盛会，场面热烈、奔放，通常为期两三天，也有长达七天七夜的。①

---

① 跃进编著：《青海海西蒙古族风俗文化》，青海人民出版社 2009 年版，第 140 页。

2008年，海西蒙古族藏族自治州的那达慕被列入青海省第一批国家级非物质文化遗产名录扩展项目名单。

五 回族武术

青海的回族民众自古就有浓厚的尚武习俗。比如门源、化隆、民和等地的回族农民喜爱走马射箭，一生以有一匹好马、一身好的射箭本领为荣。每年的农闲时节，比如三月三、六月六等时节，回族民众便会举行各类比赛，与相邻的汉族、藏族同胞一起比赛骑马、射箭，比赛结束时，大家为获胜者披红挂彩，欢呼雀跃，甚是热闹。

第六章

唐蕃古道青海段的民俗

民俗是指一个国家和民族中广大民众所创造、享用和传承的生活文化，作为一种常见的文化现象，它是千百年来民众所创造的知识和认知系统，是人们在日常生活中靠口耳相传、行为示范和心理影响的方式扩布和传承的一种文化模式。民间习俗的产生由来已久，一直伴随着人类的生活，主要包括人类衣食住行、生产方式、婚丧嫁娶、民间信仰、社会交往、人生礼仪等传统文化内容。根据联合国教科文组织于2008年通过的《文化线路宪章》中对文化线路的解释，传统习惯风俗和仪式性活动是构成文化线路遗产要素的无形要素。唐蕃古道青海段是青海省内关注度和知名度最高的线性文化遗产，作为沟通汉藏、中西交通和文化交流的文化运河，沿着这条古道，青海高原上的古代、近现代世居民族创造了绚丽而独特的民俗文化，这些民俗文化纷繁复杂、内涵深厚，承载着深厚的历史文化底蕴，既是唐蕃古道文化线路的重要构成要素，也是青海历史文化的重要组成部分。

第一节 古代民俗

青海自古以来就是多民族历史和文化交汇的地区，从先秦到明清，汉、羌、鲜卑、吐蕃、蒙古等民族都曾在青海高原繁衍生息，他们或是青海高原土生土长的原住民，后沿着古道往外迁徙，或是从东北、西藏、蒙古高原等地千里迢迢迁徙到青海高原定居并建立地方政权，演绎了一部部波澜壮阔的民族发展史。这些古代民族沿着青海境内的古道迁徙、交往、争战、商贸，在长期的生产和生活实践中创造了颇具民族和地域特色的民俗文化，但由于青海在历史上是"杞宋无征、文献渐灭"地区，中国古代的汉文典籍对青海高原的记载极为稀少，而青海本地的地方志不仅产生晚、数量小、流传少，对各民族的民俗记载也极为简略，难以窥见其文化全貌。本节依据汉文典籍和地方志中关于羌、小月氏、党项、鲜卑、吐蕃、番等民族古代民俗吉光片羽的记载，对青海古代民族的民俗文化进行系统梳理与展现。

一 羌、小月氏和党项的民俗

1. 河湟羌人的民俗

据考古发现和文献记载，先秦时羌人分布在河西走廊之南，洮岷二州之西，分布的中心在青海东部古之所谓"河曲"（黄河九曲）及其以西以北各地。① 可见，青海高原是羌人的原始分布地之一，河湟羌人是青海已知最早的土著居民之一。

河湟羌人的社会政治组织、婚姻习俗、刑罚制度和民族性格，文献上也略有记载。据《后汉书·西羌传》云：

> 其俗氏族无定，或以父名母姓为种号。十二世后，相与婚姻，父没则妻后母，兄亡则纳嫠嫂。故国无鳏寡，种类繁炽。不立君长，无相长一，强则分种为酋豪，弱则为人附落，更相抄暴，以力为雄。杀人偿死，无它禁令。其兵长在山谷，短于平地，不能持久，而果于触突，以战死为吉利，病终为不祥。堪耐寒苦，同之禽兽。虽妇人产子，亦不避风雪。性坚刚勇猛，得西方金行之气焉。②

从这段记载中可以看出，秦汉时河湟羌人正从氏族社会向阶级社会过渡，没有固定的姓氏，其氏族名称大都以祖先的名字命名，如"研种羌""烧当羌""滇零羌"等。同一祖先的后裔经过十二世后便各自为一氏族，可以相与婚姻。他们实行族外婚和一夫多妻制，还存在父兄死后续娶后母和寡嫂的收继婚制。各部落间没有从属关系，常互相袭击，力量强的称酋，力量弱的归附。他们崇尚力量，以战死为荣，以病殁为不祥，性格勇

---

① 马长寿：《氐与羌》，广西师范大学出版社2006年版，第80页。
② 《后汉书》卷87《西羌传》。

猛刚强，耐寒吃苦。

汉代河湟羌人的居住、服饰、饮食，文献记载极为零碎。羌人居塞内者，称守塞羌，兼以农为业，其居住都是土屋。在塞外者，则多居庐帐。《后汉书·邓训传》记邓训"掩击迷唐庐落大豪，多所斩获"，又记"迷唐遂收其余部，远徙庐落，西行千余里"。庐又称"穹庐"，即帐幕，居于同一穹庐内者称为一落，犹如汉人之一户。南北朝时，吐谷浑统治下的羌民的居住仍分土屋和穹庐两种。羌人的土屋建筑较为简单，其特点是织牛羊毛和以泥土覆于屋顶。《魏书》《周书》的《宕昌传》均记载："俗皆土著，居有屋宇。其屋织牦牛及羖羊毛覆之。"

河湟羌人的服饰也有自己的民族特色，早期穿兽皮制成的衣服。诺木洪文化遗址中发现有毛布制作的衣物、牛皮鞋。羌人喜戴饰物，反映先羌文化的卡约文化遗存中，有骨珠、石珠、骨贝、海贝、绿松石、玛瑙珠，还有铜铃、铜乳钉、铜境等，小件可能是项饰，大件可能是服饰。史称羌人"被发左衽"。如东汉初班彪云："今凉州部皆有降羌。羌胡被发左衽，而与汉人杂处。"[1] 被发指的是披发于后，或垂于背，或垂于肩。披发的习俗据说源自无弋爱剑之妻剹女。《后汉书·西羌传》记载：爱剑"与剹女遇于野，遂成夫妇。女耻其状，被发覆面，羌人因以为俗"。说明羌人披发的习俗早在战国时就有。左衽是指衣襟向左开，即右襟特大，掩于左襟之上，在左腋下挽结。

河湟羌人的饮食以酒、乳、牛、羊肉为主，也有农产品。从文献记载看，羌人煮肉的方法较为特殊。据《东观记之》（辑本）卷十记载：窦固"在边数年，羌胡亲爱之。羌胡见客，炙肉未熟，人人长跪前割之，血流指间，进之于固"。从这段记载看，羌人的煮肉方法与今天藏族的开锅肉类似。《晋书·五行志》记载："泰始之后，中国相尚用胡床貊炙，及为羌煮貊炙，贵人富室，必畜其器，吉享嘉会，皆以为先。""貊炙"据《释名》解释，即烤全羊。结合这两段记载看，羌人是将开锅肉和烤全羊两种煮肉方法结合在一起，用来招待尊贵的客人，而魏晋之时，以羌煮貊炙为代表的西羌饮食文化已传播到中原汉人地区，受到贵族和豪富人家的青睐。羌人的饮酒习惯起源很早。晋人王嘉所著《拾遗录》记载：晋武帝初年，有一位八九十岁的羌翁，酷好饮酒，尝酒如命，人称为"渴羌"。又

---

[1] 转引自马长寿《氐与羌》，广西师范大学出版社2006年版，第185页。

记张华酿酒，所用的蘖出自北胡。蘖子即酿酒的一种麦芽。可见羌胡造酒、饮酒之风盛行。

河湟羌人的丧葬习俗早期为土葬，后改为火葬。从青海境内的羌人考古遗存中发现大量土葬墓，卡约文化盛行二次扰乱葬和殉人习俗，说明原始社会时期，西羌实行土葬。先秦时，许多文献记载了羌人的火葬。如《太平御览·四夷部》记庄子语："羌人死，燔而扬其灰。"① 在《荀子·大略篇》中也记载说："氐羌之虏也，不忧其系垒也，而忧其不焚也。"《墨子·节葬篇下》中说，秦之西有羌人种属的仪渠国，"其亲戚死，聚柴薪而焚之，烟上谓之登遐，然后成为孝子"。这些记载说明先秦时，河湟羌人实行火葬，这种习俗一直沿袭到了吐谷浑统治时期。当时，由于佛教的传入，崇尚火化，羌人火葬之俗因之保留下来。据《旧唐书·党项传》的记载，党项羌"死则焚尸，名曰火葬"。

河湟羌人早期信仰巫术，这种信仰表现在社会生活方面，主要是解仇盟诅②和信仰鬼神。两汉时，河湟羌人部落集团之间解仇盟诅的事例很多，他们利用盟诅把各部落团结起来，反抗统治阶级的暴政。东汉初居牧于河西张掖郡南山，后率部落南徙至金城郡临羌县（今青海省湟源县东南）的烧何羌女豪酋比铜钳据说有一百多岁，足智多谋，精于卜算，在部落中有很高的威信，她不仅是部落首领，还很有可能是大巫师，兼有首领和巫师的双重身份。根据北魏时郦道元在《水经注》中对甘肃永靖县西北的小积石山的记载，古代西羌中信仰鬼神之风颇为盛行。"河北有层山，山甚灵秀。……悬岩之中多石室焉。室中有积卷矣，而世士罕有津达者，因谓之积书岩。岩堂之内，每时见神人往还矣，盖鸿衣羽裳之士，炼精饵食之夫耳。俗人不悟其仙者，乃谓之神鬼。彼羌目鬼曰唐述，复因名之为唐述山，指其堂密之居，谓之唐述窟。"③ 羌语称鬼为"唐述"，小积石山在古代被称为"唐述山"，山下向南流入黄河的溪水被称为"唐述水"，可见这两个地名均与西羌有关。羌人信仰鬼神，他们常常将鬼神的观念与疾病、死亡联系起来。据《后汉书·邓训传》中记载："羌胡俗耻病死，每病临困，辄以刀自刺。""戎俗父母死，耻悲泣，皆骑马歌呼。至闻训卒，

---

① 《太平御览》卷794《四夷部》。
② 郑玄《周礼》中说："大事曰盟，小事曰诅。"
③ （北魏）郦道元：《水经注》卷2《河水篇》。

莫不吼号，或以刀自割，又刺杀其犬马牛羊，曰：'邓使君已死，我曹亦俱死耳。'"羌胡以病死为耻，每逢病重即以刀自刺，或逢父、母、主人及亲者之丧时骑马歌呼、引刀自割、刺杀犬马牛羊等习俗带有浓厚的巫术色彩。

2. 小月氏民俗

小月氏，亦称"湟中义从胡"，是古老的印欧民族月氏的一部分，原居河西走廊，西汉初年遭匈奴攻击，月氏大部分西迁伊犁河上游乃至中亚妫水（阿姆河）流域，史称大月氏，小部分迁至祁连山一带，与当地羌人杂居，史称小月氏。小月氏的活动在《史记·大宛列传》和《汉书·西域传》中有零星记载，在《后汉书·西羌传》中专门列有"湟中月氏胡"一小节，简略记载了小月氏的历史。汉代，小月氏主要活动于湟水流域，其社会组织以血缘为纽带，是一个由七大种组成的氏族联盟。《后汉书·西羌传》中说小月氏"被服饮食语言略与羌同，亦以父名母姓为种。其大种有七，胜兵合九千余人，分在湟中及令居"。小月氏的经济生活以游牧为主，据《史记·大宛列传》记载："随畜移徙，与匈奴同俗。"小月氏移居湟水流域后，其风俗习惯受到了羌人的影响，其服饰、饮食、语言与羌人大致相同，还与羌人通婚。《后汉书·西羌传》中记载："依诸羌居止，遂与共婚姻。"

3. 党项民俗

党项源于羌，由汉魏后居于今青海、甘南和四川西北的西羌诸部发展而来，是居住在这些地区的羌人在北周后的泛称。北周以后，党项羌兴起，其分布地极广。《隋书·党项传》记载："东接临洮（治今甘肃岷县）、西平（今青海西宁），西拒叶护，南北数千里，处山谷间。"唐初，因受吐蕃侵逼相继内迁，由河曲、河陇到达今陕甘宁地区，未迁走的党项仍留在原生活地，被吐蕃所统辖，称为"弭药"。

《隋书》《北史》《旧唐书》《新唐书》《新五代史》等史籍中简略记述了党项的社会组织、生产生活习俗、服饰装扮、婚姻习俗等内容。从这些典籍的记载看，党项是以"姓"为部落，一姓之中复分为小部落。隋代，党项部落大者约五千骑，小者千余骑。至唐代，"大者万余骑，小者数千骑"。各个部落间"不相统一"。据《旧唐书·西戎·党项羌传》记载，党项"不婚同姓"，"妻其庶母及伯叔母、嫂、子弟之妇"，说明党项实行族外婚和古代游牧民族盛行的收继婚制。《隋书·西域·党项羌传》

记载:"俗尚武力,无法令,各为生业,有战阵则相屯聚。无徭赋,不相往来。"党项崇尚武力,没有法令、徭役,有战争时则各部落聚集在一起,平时不相往来。《旧唐书·西戎·党项羌传》记载:"不事产业,好为盗窃,互相凌劫。尤重复仇,若仇人未得,必蓬头垢面跣足蔬食,要斩仇人而后复常。"这段记载说明,唐代时,党项仍处于松散的以氏族为基础的部落社会,各部落之间存在互相欺凌抢劫的现象,且有复仇的习俗。但到了唐代中期,内徙党项原氏族、部落内的血缘关系逐渐松弛,以血缘关系为纽带的氏族、部落也逐渐为地域关系所替代。在同一地区,不同族姓的部落开始有了联合的趋势,形成以地域为名的部落集团,同时,部落或部落集团内出现了有势力的"大姓"。

党项主要从事畜牧或游牧,《旧唐书·西戎·党项羌传》中记载:"畜牦牛、马、驴、羊,以供其食。不知稼穑,土无五谷。气候多风寒,五月草始生,八月霜雪降。"党项从事游牧或畜牧与当地的地理环境有关,他们生活的地区气候寒冷,无霜期短,不适于农耕,与此同时,这种经济生产方式还受到了西羌"以产牧为业"的游牧经济影响,是羌人"所居无常,依随水草"的传统生活方式进一步发展的结果。由于实行畜牧或游牧,党项的衣食住行均与牲畜有关,其饮食以牛、羊、猪等肉食为主,"男女并衣裘褐,仍披大毡","求大麦于他界,酝以为酒"等。党项人的居住也颇有特色,《新唐书·西域·党项羌传》中记载:"土著,有栋宇,织牦尾、羊毛覆屋,岁一易。"周伟洲先生认为,关于党项居"栋宇"的记载,"可能仅为隋唐时内地汉人对今四川西北一带党项居住情况的记述。而远在青海河曲一带的党项部落,很可能仍以游牧为主,居住于帐篷中"[①]。

党项没有文字,有祭天习俗,据《旧唐书·西戎·党项羌传》记载:"无文字,但候草木以记岁时。三年一相聚,杀牛羊以祭天。"各部落三年相聚,杀牛羊祭天,说明党项部落间存在议事制度。党项人长寿,"人寿多过百岁","老死者以为尽天年,亲戚不哭;少死者则云夭枉,乃悲哭之。死则焚尸,名为火葬"。党项和羌人一样,实行火葬,但由于族人多长寿,老死者视为喜丧,年少者死亡则视为夭折,有哭丧之俗。党项的音

[①] 周伟洲:《唐代党项》,广西师范大学出版社2006年版,第17页。

乐文化较为发达，史载其"有琵琶、横吹，击缶为节"①，"既醉，连袂歌呼，道其土风以为乐"②。

4. 其他羌人诸部的民俗

除了羌人、党项外，从南北朝至隋唐时期，活跃在青海地区的羌人部落还有白兰、多弥、附国、女国和东女国。

白兰是南北朝时活动在今青海南部地区的羌人部落，曾长期附属于吐谷浑政权，是吐谷浑人战略西撤的安全后院，唐初被吐蕃兼并。白兰被吐谷浑征服后，向东南移动，在唐代时主要活动于今青海玉树、果洛藏族自治州交界的以扎陵湖、鄂陵湖为中心的地区。《周书·异域·白兰传》记载："白兰者，羌之别种也。其地东北接吐谷浑，西北至利模徒，南界那鄂，风俗物产与宕昌略同。保定元年，遣使献犀甲铁铠。"《宋书·吐谷浑传》记载："白兰土出黄金铜铁，其国虽随水草，大抵治慕贺川。"白兰以畜牧为主，其地产黄金铜铁，结合其曾向内地政权进献犀甲铁铠的记载看，其国内应有采掘和冶炼黄金铜铁，以及制造兵器的手工业。多弥是羌人的一支，分布于金沙江上游和通天河下游地区，后被吐蕃征服。《新唐书·西域·多弥传》记载："多弥，亦西羌族，役属吐蕃，号难磨。滨犁牛河，土多黄金。贞观六年，遣使朝贡，赐遣之。"

附国亦是羌人的一支，分布在今四川西北、西藏昌都和青海玉树地区，隋初与中原联系，唐时被吐蕃征服。《隋书·西域·附国传》对其地理环境、物产风貌、社会形态、宗教婚姻、丧葬习俗等有较为翔实的记述：

> 附国者，……俗好复仇，故垒石为碉而居，以避其患。其碉高至十余丈，下至五六丈，每级丈余，以木隔之。基方三四步，碉上方二三步，状似浮图。于下级开小门，从内上通，夜必关闭，以防贼盗。……重罪者死，轻刑罚牛。人皆轻捷，便于击剑。漆皮为牟甲，弓长六尺，以竹为弦。妻其群母及嫂，儿弟死，父兄亦纳其妻。好歌舞，鼓簧，吹长笛。有死者，无服制，置尸高床之上，沐浴衣服，被以牟甲，覆以兽皮。子孙不哭，带甲舞剑而呼云："我父为鬼所取，

---

① 《隋书》卷83《党项传》。
② 《旧五代史》卷138《党项传》。

我欲报冤杀鬼。"自余亲戚哭三声而止。妇人哭,必以两手掩面。死家杀牛,亲属以猪酒相遗,共饮噉而瘗之。死后十年而大葬,其葬必集亲宾,杀马动至数十匹。立其祖父神而视之。其俗以皮为帽,形圆如钵,或带幂䍦。衣多毛毧皮裘,全剥牛脚皮为靴。项系铁锁,手贯铁钏。王与酋帅,金为首饰,胸前悬一金花,径三寸。其土高,气候凉、多风少雨。土宜小麦、青稞。山出金银,多白雉。水有嘉鱼,长四尺而鳞细。[①]

从这段记载可以看到,附国的民居比较独特,是用乱石垒成的石碉房,碉房有高有低,高者高至十余丈,低的也有五六丈,形状有些像"浮屠",即佛塔,具有很强的防御性。附国物产丰富,有小麦、青稞、牛、马、金银、白雉、鱼等,《北史·附国传》中还记述其国有皮舟,用来渡河。附国人实行收继婚,其收继婚范围较广,不仅父兄死妻群母及嫂,儿弟死也可纳其妻。附国人喜欢击剑,其盔甲是用漆皮制成,弓长六尺,以竹为箭。其音乐文化较为兴盛,喜欢歌舞、鼓簧、吹长笛,《北史·附国传》还云其"吹长角"。附国人戴圆形皮帽,穿毛制或皮制衣服,脚穿牛皮靴,脖子上戴铁锁,手穿铁钏,王和部落首领喜欢金饰,胸前挂一直径为三寸的金花。附国的丧葬习俗非常独特,有停丧习俗,将死者放在高床之上,沐浴衣服,用盔甲做被子,上面还盖上兽皮。子孙不哭,穿上盔甲舞剑高喊要杀鬼为死者报仇,亲戚们则哭三声后停止,死者家杀牛,亲属则出猪酒,大家聚在一起饮酒吃肉。实行二次葬,死者死后十年才正式下葬,《北史·附国传》中记述"死后一年,方始大葬",下葬时亲朋云集,动辄杀数十匹马。附国人有祖先崇拜,将祖父当成家神供奉。

女国,又称"苏毗女国",原属古羌人部落,到南北朝以后,在今青海省玉树藏族自治州和西藏自治区北部建立了苏毗王朝。《北史》《隋书》均说女国"世以女为王,王姓苏毗"。唐初被吐蕃征服,称作"孙波",成为吐蕃军队的给养基地。《北史》《隋书》均对其政治制度、社会风貌、服饰、物产、丧葬、宗教信仰有简略记述。如《隋书·西域·女国传》记载:

[①]《隋书》卷83《附国传》。

> 女国，在葱岭之南……国内丈夫唯以征伐为务。山上为城，方五六里，人有万家。王居九层之楼，侍女数百人，五日一听朝。复有小女王，共知国政。其俗贵妇人，轻丈夫，而性不妒忌。男女皆以彩色涂面，一日之中，或数度变改之。人皆披发，以皮为鞋，课税无常。气候多寒，以射猎为业。出鍮石、朱砂、麝香、牦牛、骏马、蜀马。尤多盐，恒将盐向天竺兴贩，其利数倍。亦数与天竺及党项战争。其女王死，国中则厚敛金钱，求死者族中之贤女二人，一为女王，次为小王。贵人死，剥取皮，以金屑和骨肉置于瓶内而埋之。经一年，又以其皮内于铁器埋之。俗事阿修罗神，又有树神，岁初以人祭，或用猕猴。祭毕，入山祝之，有一鸟如雌雉，来集掌上，破其腹而视之，有粟则年丰，沙石则有灾，谓之鸟卜。①

从记载看，女国保留有母系氏族社会遗风，世代以女为王，贵女轻男，男子只负责征伐之事。女国人在山上筑城，女王住在九层高的楼上，五日一听朝，还有小女王与女王共同管理国政。女国男女均有用彩色涂面的习俗，爱美之人一天之内几次改动自己脸上的彩妆。女国人披发，穿皮鞋。女国的经济生产以射猎为主，因国内产盐，还存在向天竺贩卖盐的国际商贸业。女国物产丰富，出黄铜、朱砂、麝香、牦牛、蜀马、盐等。女国虽是女儿国，但民风强悍，多次与天竺和党项交战。女国的丧葬习俗很有特色，身份尊贵的人去世后实行瓶葬和二次葬，即先剥皮，将金屑和骨肉混在一起放到瓶中埋起来，第二年再将人皮放到铁器中埋葬。女国人信仰阿修罗神、树神，有人祭和鸟卜习俗。女国的殡葬习俗和阿修罗信仰可能是受天竺文化影响后产生。

东女国也是羌人的一支，唐代分布于今四川西北、青海东南一带山区。唐武德年间（618—626年）遣使通贡，后历受唐朝册封。天宝元年（742年），东女国首领赵曳夫被封为归昌王，自此开始以男子为王。《旧唐书·南蛮·东女国传》记载：

> 东女国，……俗以女为王。……女王号为"宾就"。有女官，曰"高霸"，平议国事。在外官僚，并男夫为之。其王侍女数百人，五日

---

① 《隋书》卷83《女国传》。

一听政。女王若死，国中多敛金钱，动至数万，更于王族求令女二人而立之。大者为王，其次为小王。若大王死，即小王嗣立，或姑死而妇继，无有篡夺。其所居，皆起重屋，王至九层，国人至六层。其王服青毛绫裙，下领衫，上披青袍，其袖委地。冬则羔裘，饰以纹锦。为小鬟髻，饰以金。耳垂铛，足履靸鞾。俗重妇人而轻丈夫。文字同于天竺。以十一月为正。其俗每至十月，令巫者赍楮诣山中，散糟麦于空，大咒呼鸟。俄而有鸟如鸡，飞入巫者之怀，因剖腹而视之，每有一谷，来岁必登，若有霜雪，必多灾异。其俗信之，名为鸟卜。其居丧，服饰不改，为父母则三年不栉沐。贵人死者，或剥其皮而藏之，内骨于瓶中，糅以金屑而埋之。国王将葬，其大臣亲属殉死者数十人。①

东女国的习俗与女国大致相同，也有不少差异之处。东女国同样保留有母系氏族社会遗风，贵女轻男，子从母姓，国内有大小女王，女王住九层楼，五日一听朝，有瓶葬、鸟卜、人殉习俗。不同之处在于东女国主要从事农业和畜牧生产，其国内有女丞相。据《新唐书·西域·东女国传》载，东女国贵族女子有男侍者，被发青面，主要从事战争和耕种。东女国受天竺文化影响较深，国内文字用天竺文，《新唐书·西域·东女国传》中记述其"风俗大抵与天竺同"。东女国女王的服饰极为华丽，夏天穿青毛绫裙，下领衫，上披青袍，长袖委地，冬天则穿羔裘皮衣，上面饰有纹锦，头发束成小鬟髻，戴金饰和耳铛，脚穿皮鞋。国内有巫师，每年十月用鸟卜预测来年收成。东女国有服丧习俗，为父母居丧三年，不换衣服、不沐浴。

二 鲜卑民俗

1. 吐谷浑民俗

吐谷浑原属辽东慕容鲜卑，于西晋末年西迁至今甘肃、青海间，征服当地羌、氐等族，至吐谷浑孙叶延时，约公元329年建立政权。叶延为纪念率部落西迁的祖父吐谷浑，以其名作国号和部族姓氏。唐龙朔三年（663年），吐谷浑为吐蕃所灭。吐谷浑政权立国达300余年之久，其鼎盛

---

① 《旧唐书》卷197《东女国传》。

时期的疆域东起今甘肃省南部，南抵今青海省南部，西到今新疆维吾尔自治区若羌、且末，北与河西走廊相接。《晋书》《魏书》《宋书》《南齐书》《梁书》《北史》《隋书》《旧唐书》《新唐书》《新五代史》等，均对其风物土产、服饰发式、婚姻习俗等有简略记载。

吐谷浑的服饰既继承了传统的鲜卑风格，也吸收了其他民族的服饰特点，具有独特的风貌。《晋书·四夷传·吐谷浑传》记载："其男子通服长裙，帽或戴幂䍦。妇人以金花为首饰，辫发紫后，缀以珠贝。"《魏书》《北史》内《吐谷浑传》记载："丈夫衣服略同于华夏，多以罗幂为冠，亦以缯为帽；妇人皆贯珠贝，束发，以多为贵。""夸吕椎髻毦珠，以皂为帽，坐金狮子床。号其妻为恪尊，衣织成裙，披锦大袍，辫发于后，首戴金花冠。"《梁书·诸夷传·河南》记载："著小袖袍，小口袴，大头长裙帽。女子披发为辫。"从这些记载看，吐谷浑男子的衣服与北方汉族相似，但也保留有自己的鲜卑民族特征，如小袖袍指鲜卑族的窄袖左衽长裙，小口袴指的是游牧民族穿的便于射猎的无裆小口裤。吐谷浑男子的头饰也较有特色，戴罗幂或缯帽或大头长裙帽，其形制应是一种拖着长裙的大檐帽，主要用来遮挡风沙，缯帽又被称为"帷帽"，其帽檐下有垂下的丝网，也可用于遮蔽风沙。吐谷浑可汗"椎髻毦珠，以皂为帽"，其中，"椎髻毦珠"是指将头发挽于脑后成髻如椎，其上饰以羽毛、珠贝等饰物，"以皂为帽"指黑帽。吐谷浑女子一般是着"裙襦"，戴金花首饰，也有辫发，上面缀有珠贝的。其中，戴金花首饰是东部鲜卑的习俗，吐谷浑的恪尊所戴的金花冠就是继了东部鲜卑的金冠饰，而"辫发紫后，缀以珠贝"的发式与如今甘青一带藏族妇女的发式相似，女子辫发也是北方民族的旧俗，匈奴、鲜卑均有这种习俗。

吐谷浑的婚丧习俗也颇具民族特色。《魏书·吐谷浑传》记载："父兄死，妻后母及嫂等，与突厥俗同。至于婚，贫不能备财者，辄盗女去。死者亦皆埋瘗。其服制，葬讫则除之。"《晋书·四夷传·吐谷浑传》："其婚姻，富家厚出聘财，窃女而去。父卒，妻其群母；兄亡，妻其诸嫂。丧服制，葬讫而除。"从这些记载看，吐谷浑的婚姻分为聘娶、收继、抢婚三类。正常情况下是纳礼聘娶，家境富有的要拿出丰厚的聘礼，而家境贫寒的人家出不起聘礼，则实行抢婚。这些习俗表明吐谷浑社会的贫富分化已十分显著，而贫者窃婚习俗是原始婚姻的遗留。收继婚在匈奴、鲜卑、突厥等北方民族和羌族中都很盛行，吐谷浑的收继婚是其固有的传统习俗。吐谷浑实行土葬，生前衣物葬后焚烧，且其亲属穿丧服，但葬礼完后马上就脱下来，可见服丧期很短，仅限于丧礼期间。

吐谷浑的居住分为土屋和帐篷两种，但由于其逐水草而居的游牧生活习俗，其居住仍以帐篷为主。《晋书·四夷传·吐谷浑传》："然有城郭而不居，随逐水草，庐帐为屋，以肉酪为粮。"《梁书·诸夷传·河南传》："有屋宇，杂以百子帐，即穹庐也。"《南齐书·河南传》："多畜，逐水草，无城郭。后稍为宫室，而人民犹以毡庐百子帐为行屋。"吐谷浑贵族可能住在宫室中，但其部众仍以毛制的帐篷为主要居所，受吐谷浑统治的部分从事农业的羌族可能居住在土屋中。吐谷浑的饮食也符合游牧民族的习性，主要以"肉酪为粮"，即以肉制品和奶制品为日常饮食。

吐谷浑国内有文字，史籍记载"颇识文字""颇识书记""乃用书契"等。吐谷浑国崇尚汉文化，国内汉语十分流行，贵族子弟从小就接受儒学教育，官员们也大都识文断字。如夸吕可汗本人就有较高的汉文化素养，公元545年，北齐阳夏太守傅灵标出使吐谷浑，在夸吕可汗的案前看到了北朝著名才子温子升的文章。从吐谷浑统治者大量吸收汉文化的历史传统看，吐谷浑国内的文字很可能就是汉字。尽管如此，吐谷浑国内通行的语言仍是鲜卑语，且由于吐谷浑长期发展国际商贸，商业发达，其国内的商人们一般懂多国语言。如《梁书·诸夷·滑国传》记载，滑国（嚈哒）与梁朝通使，"其言语等河南人译，然后通"。河南人指吐谷浑人，可见，吐谷浑国中有人会说嚈哒语。

吐谷浑信仰原始宗教，后期也信奉佛教。吐谷浑人信仰巫术，《晋书·吐谷浑传》中记吐谷浑西迁时对史那楼冯说"先公称卜筮之言"，说明其部落中有卜筮习俗。《晋书·四夷·吐谷浑传》中记述吐延被羌酋姜聪刺杀后，其子叶延10岁，"每旦缚草为姜聪之像，哭而射之，中则号泣，不中则瞋目大呼"。这种射草人的行为是一种原始的模仿巫术，应与吐谷浑人的巫术信仰有关。《新唐书·吐谷浑传》中记载宣王以祭山神为名，阴谋劫走吐谷浑王诺曷钵投吐蕃，可见吐谷浑有祭山神习俗。北魏太平真君六年（445年），慕利延西征于阗，而于阗当时是信仰佛教的地区。慕利延统治后期，吐谷浑开始接受佛教影响，据《商僧传》卷十一《释慧览传》记述，慕利延世子琼对从西域返回的高僧慧览倍加优待和敬重，"遣使并资财，令于蜀（成都）立左军寺。览即居之"。《梁书·河南传》记拾寅时，"国内有佛法"；又记天监十三年（513年），"表于益州（成都）立九层佛塔"。到梁大同六年（540 年），吐谷浑夸吕可汗又遣使至梁，"求释迦像并经论十四条。敕付像并《制旨涅槃》《般若》《金光明讲疏》一百三卷"①。这些记载说明，自慕利延后期，吐谷浑统治阶级开始信奉佛教，佛教逐渐在吐谷浑国内流行，而当时吐谷浑信仰的应是汉传佛教。

吐谷浑的音乐歌舞是在继承鲜卑传统的基础上，有所创新和发展。鲜卑音乐有鲜明的游牧文化特点，是在马背上演奏的，因而被称为"马上乐"。据说这种马上乐起源于军乐，以鼓吹器为主要乐器，打击和吹奏为主要演奏方式。吐谷浑以吐谷浑可汗的丰功伟绩为主题，创作了音乐歌舞《吐谷浑》。据《旧唐书·音乐志》记载："北狄乐，其可知者鲜卑、吐谷浑、部落稽三国，皆马上乐。鼓吹本军旅之音，马上奏之，故自汉以来，北狄乐总归鼓吹署……今存者五十三章，其名目可解者六章：慕容可汗、吐谷浑、部落稽、钜鹿公主、白净王太子、企喻也。……吐谷浑又慕容别种，知此歌是燕、魏之际鲜卑歌，歌辞虏音，竟不可晓。"可见，隋唐的鼓吹乐中有吐谷浑一部，由于用鲜卑语演唱，其意已不可晓。在中国历史上颇负盛名的吐谷浑舞马，不仅开启了唐代训练舞马的先河，在中国音乐、杂技史上也占有一定地位。

2. 南凉民俗

秃发鲜卑源出拓跋鲜卑，于曹魏末年从塞北阴山西迁至甘青地区，经过一个多世纪的发展，活动于河西走廊和湟水流域，与汉、羌等族杂处。十六国时期，秃发鲜卑割据青海，称王建国，立国 18 年，后因国主秃发傉檀穷兵黩武而亡。秃发鲜卑活动于甘青地区的 100 多年中，受到了当地汉、羌等民族的影响，其政治、经济、文化和社会习俗除保留有一些鲜卑旧俗外，更多地受到了汉文化的深刻影响。

史料记载，秃发鲜卑早期"被发左衽，无冠冕之仪，迁徙不常，无城邑之制"②。在长期的历史发展中，南凉虽然保存着自己原有的部落形式和游牧习俗，但由于与河西汉族杂处，其文化习俗深受汉文化影响，史载其"崇尚儒术"③。南凉的上层统治者有很高的汉文化修养，如秃发傉檀对汉

---

① 《南史》卷 7《梁本纪中》。
② 《晋书》卷 126《秃发乌孤载记》。
③ 《册府元龟》卷 228《僭伪部·崇儒》。

族文化十分精通，后秦韦宗会晤傉檀后，感叹道："命世大才、经纶名教者，不必华宗夏士……车骑神机秀发，信一代伟人，由余、日䃅岂足为多也！"① 傉檀的儿子明德归汉文化水平也很高，是十六国时期的文学家之一，13岁时曾作过《高昌殿赋》，"援笔即成，影不移漏，檀览而善之，拟之曹子建"②。南凉王族秃发氏热心学习汉文化，其他秃发氏国人及河西鲜卑贵族自然也不同程度地吸取汉文化，仿效汉族习俗。因此，南凉国盛行汉文，流行汉族的风习服饰。虽然文献记载缺乏，但从秃发氏大量吸收汉族传统文化可推断，南凉的语言、文字及风习、服饰已基本汉化。

秃发鲜卑最初信仰原始宗教，如傉檀曾说："仆先世以来，恭事天地名山大川。"③信仰天地山川是鲜卑旧俗。秃发利鹿孤和秃发傉檀时期，秃发鲜卑开始信奉佛教。梁代释慧皎在《高僧传》卷十《释昙霍传》中记述了高僧释昙霍七日不食无饥渴之色，最终劝服南凉王秃发傉檀改信佛教的故事。《法显传》中也有法显与慧景、道整等僧人从长安出发，赴天竺游学，"度陇，至乾归国夏坐。夏坐讫，前行至傉檀国。度养楼山至张掖镇"④的记载。法显不走传统的河西路，而走青海道，其原因可能是据河湟的南凉强盛，他们到南凉弘法或与那里的佛教徒会聚。这些事例说明秃发傉檀时，佛教在南凉国内流行。

3. 乙弗鲜卑民俗

乙弗鲜卑是河西鲜卑的一支。曹魏时被邓艾招降，迁于今青海地区，主要活动于青海湖一带。乙弗鲜卑先后臣服于南凉、西秦和北凉，最后为吐谷浑所并。《北史·吐谷浑传》后附有"乙弗勿敌国"，云："吐谷浑北有乙弗勿敌国，国有屈海，海周迥千余里。众有万落，风俗与吐谷浑同。然不识五谷，唯食鱼及苏子。苏子状若中国枸杞子，或赤或黑。"乙弗鲜卑迁入青海湖地区后，征服了当地的羌人，故部落众多，号称"万落"，主要从事畜牧业。史载秃发傉檀率七千骑攻破乙弗部后，"获牛马羊四十余万"⑤，可见其畜牧经济比较发达，其畜种以牛、马、羊为主。乙弗鲜卑的风俗与吐谷浑基本相同，也以肉酪为食，但由于其生活在青海湖周围，

---

① 《晋书》卷126《秃发乌孤载记》。
② 《太平御览》卷126《十六国春秋·南凉录》。
③ 转引自周伟洲《南凉与西秦》，广西师范大学出版社2006年版，第88页。
④ 杨建新主编：《古西行记》，宁夏人民出版社1987年版，第31—32页。
⑤ 《晋书》卷126《秃发傉檀载记》。

其饮食结构中多了鱼和苏子,这里的鱼指的是青海湖中的湟鱼。苏子,即今"枸子"之讹音。枸子系产于山岩间的一种植物,紫花红果,类为枸杞,唯果形稍圆。它与小檗科之"黄刺"、蒺藜科之"百刺"以及属于胡颓子科的"黑刺"——沙棘,均为当地所产落叶灌木。《北史》泛称其为"苏子",所谓"或赤或黑者",即上述各种植物果实之区别而已。乙弗鲜卑以苏子为食物的独特习俗将人类食用沙棘食品的历史追溯到了1500年前,为研究和开发沙棘食品提供了古老而确凿的依据。

三 吐蕃、唃厮啰民俗

从唐代至宋元,吐蕃和唃厮啰政权先后统治了青海高原。在长达400多年的统治时期中,吐蕃文化和唃厮啰文化一脉相承,不仅成为了青海高原的主体文化,其政治制度、经济生产、社会生活、文化习俗还对青海高原历史文化的形成和发展产生了重要影响,这两个政权的一些文化因素和文化事象一直沿袭至今,为青海高原绚丽多彩的多元文化最终形成奠定了坚实基础。

1. 吐蕃民俗

吐蕃是古代藏族在青藏高原建立的政权。公元7世纪,松赞干布统一西藏全境并建立了吐蕃政权,之后,他励精图治,开拓疆域,先后兼并了大小羊同、苏毗、白兰羌、党项羌、吐谷浑等地方政权,统一了整个青藏高原。从7世纪中叶至9世纪中叶,吐蕃政权在青藏高原统治了200多年。就青海高原而言,吐蕃统治吐谷浑地180多年,占领河湟80多年,在这期间,吐蕃通过强制同化政策,迫使大量羌人部落和吐谷浑人以及大部分汉人基本吐蕃化,青海地区的原土著居民一度销声匿迹,吐蕃文化成为青海高原的主流文化,吐蕃习俗也受到了青海高原其他民族的崇尚。如晚唐诗人司空图的《河湟有感》:"一自萧关起战尘,河湟隔断异乡春。汉儿尽作胡儿语,却向城头骂汉人。"[①] 这首诗形象地反映了唐代吐蕃统治下当地一部分汉人被吐蕃化的情形,反映出当时吐蕃文化在河湟地区强大的影响力。

吐蕃的经济生产方式主要有畜牧业和农业。《旧唐书·吐蕃传》记载:"其地气候大寒,不生秔稻,有青稞麦、豌豆、小麦、乔麦。畜多牦牛猪

① 赵宗福选注:《历代咏青诗选》,青海人民出版社1986年版,第73页。

犬羊马。……其人或随畜牧而不常厥居，然颇有城郭。"① 吐蕃的农作物和畜种与近现代青藏高原的品种基本一致，其中，"乔麦"指"荞麦"，青海地区的藏族人至今仍在种植，主要是晒干后冬天用来喂养牲畜。吐蕃人的居住形式有土屋和帐篷两种。《旧唐书·吐蕃传》云："然颇有城郭……屋皆平头，高者至数十尺。"② 《新唐书·吐蕃传》记载："有城廓庐舍不肯处，联毳帐以居，号大拂庐，容数百人。其卫候严，而牙甚隘。部人处小拂庐。"③ 吐蕃国内有城郭，建有屋顶平坦的土屋，但吐蕃人仍沿袭着其畜牧生活传统，喜欢住在帐篷中，吐蕃贵族住在大牛毛帐篷中，有的能容纳数百人，一般部众住在小帐篷中。

唐代，吐蕃的饮食以肉制品、奶制品和糌粑为主。《通典·边防六·西戎二·吐蕃》条记载："……俗养牛羊取乳酪供食……不食驴马肉，以麦为麨，无器物以手捧酒而饮之，屈木为圆，以皮作底，就中而食。"《旧唐书·吐蕃传》记述"接手饮酒，以毡为盘，捻麨椀，实以羹酪，并而食之"④。从这些记载看，唐代吐蕃人主要吃牛羊肉、奶酪和糌粑，与今天生活在青藏高原的藏族人饮食习惯十分相似。此外，吐蕃还应有武器制造业。《新唐书·吐蕃传》还记载吐蕃"其铠胄精良，衣之周身，窍两目，劲弓利刃不能甚伤"⑤。吐蕃人的铠甲精良完整，只露出两只眼睛，且刀弓不能伤，这应与吐蕃战事多、注重武器制造有关，也说明吐蕃的武器制造业较为发达。

吐蕃的社会习俗也具有游牧民族的特点，重壮轻老，崇尚武力，推崇作战勇敢之人，轻视临阵脱逃之人。《旧唐书·吐蕃传》记载："重壮残老，母拜于子，子倨于父，出入皆少者在前，老者居其后。军令严肃，每战，前队皆死，后队方进。重兵死，恶病终。累代战役，以为甲门。临阵败北者，悬狐尾于其首，表其似狐之怯，稠人广众，必以徇焉，其俗耻之，以为次死。"⑥ 吐蕃这种重壮轻老、重兵死恶病终的社会风习与汉代时的羌人有相似之处，应是沿袭和继承了汉代羌人的价值观，直到今天，这

---

① 《旧唐书》卷196《吐蕃传上》。
② 《旧唐书》卷196《吐蕃传上》。
③ 《新唐书》卷216《吐蕃传上》。
④ 《旧唐书》卷196《吐蕃传上》。
⑤ 《新唐书》卷216《吐蕃传上》。
⑥ 《旧唐书》卷196《吐蕃传上》。

些习俗在藏族社会中仍有残留。吐蕃人的服饰为"衣率毡韦，以赭涂面为好。妇人辫发而萦之。……其官至章饰，最上瑟瑟，金次之，金涂银又次之，银次之，最下至铜止，差大小，缀臂前以辩贵贱"①。说明唐代吐蕃人穿毡衣，喜欢涂面，妇女为辫发，官员的章饰有等级之分，其高低依次为宝石、金、银、铜。吐蕃实行土葬，有独特的丧葬习俗。《旧唐书·吐蕃传》记载："居父母丧，截发，青黛涂面，衣服皆黑，既葬即吉。其赞普死，以人殉葬，衣服珍玩及尝所乘马、弓剑之类，皆悉埋之。仍于墓上起大室，立土堆，插杂木为祠祭之所。"②

吐蕃的宗教信仰较为复杂，早期信仰原始宗教，后受佛教影响，也信仰佛教。《旧唐书·吐蕃传》记载："多事羱羝之神，人信巫觋。""与其臣下一年一小盟，刑羊狗猕猴，先折其足而杀之，继裂其肠而屠之，令巫者告于天地山川、日月星辰之神……"③《新唐书·吐蕃传》载："其俗，重鬼右巫，事羱羝为大神。喜浮屠法，习咒诅，国之政事，必以桑门参决。"④《册府元龟》记载："好咒誓而多疑忌，敬信释氏，诣鬼神。"⑤ 从这些记载看，《旧唐书·吐蕃传》记述的是吐蕃原有的宗教信仰，即苯教，唐代初期，吐蕃人信仰羱羝之神，信奉巫术和鬼神，崇拜天地山川、日月星辰等。唐代中后期，佛教经过一连串的斗争与努力，成为吐蕃的国教，受到吐蕃人的崇敬，佛教徒地位提高，有的还参与国家的管理，如赤德松赞赞普继位后，曾重用僧相。

2. 唃厮啰民俗

唃厮啰政权也叫青唐政权，它是吐蕃王朝灭亡后，由吐蕃王朝赞普后人唃厮啰于11世纪初在河湟地区建立的地方政权，史称其辖地"北占河湟间二千余里"⑥，其统治的中心区域在湟水流域的鄯、湟、廓三州之地，以青唐城（今西宁市）为国都。唃厮啰政权北接西夏，东接北宋，其历代国主都受宋王朝封赐，其政权存在百余年，对青海河湟地区的政治、经

---

① 《新唐书》卷216《吐蕃传上》。
② 《旧唐书》卷196《吐蕃传上》。
③ 《旧唐书》卷196《吐蕃传上》。
④ 《新唐书》卷216《吐蕃传上》。
⑤ 《册府元龟》卷961《外臣部·土风三》。
⑥ （宋）李远：《青唐录》，见杨建新主编《古西行纪》，宁夏人民出版社1987年版，第169页。

济、文化产生了深远的影响。

唃厮啰的文化和风俗习惯仍沿袭了吐蕃传统，并在其基础上有所发展。唃厮啰政权使用正统的藏文，宋代人称为"蕃书""蕃字"。纪年"无正朔"，"道旧事则数十二辰属，曰兔年如此，马年如此"。①唃厮啰的服饰较吐蕃时期更为华贵，《宋史·吐蕃传》描述国主唃厮啰的服饰为"冠紫罗毡冠，服金钱花袍、黄金带、丝履"，而其部众服饰"贵虎豹皮，用缘饰衣服。妇人衣锦，服绯紫青绿"②。从服饰的款式和质地来说，这种服饰与吐蕃时代"衣率毡韦"相比有很大进步，用虎豹皮等贵重皮张缘饰衣服的习俗至今仍在藏族群众中流行。

唃厮啰的饮食结构较为简单。《宋史·吐蕃传》载："人喜啖生物，无蔬茹醯酱，独知用盐为滋味，而嗜酒及茶。"这种饮食习俗与今天青藏高原上的藏族仍有相似之处。唃厮啰的居住形式分为土屋、木屋和帐篷等，河湟流域从事农业的部众主要居住在土屋或木屋中，而日月山以西从事牧业生产的部众则主要居住在帐篷中。唃厮啰政权在青唐城内广建佛寺，且其历代国主在青唐城建有华丽的宫殿。李远《青唐录》中说：青唐"城之西有青唐水注宗河，水西平远，建佛祠，广五六里，缭以冈垣，屋至千余楹。为大像，以黄金涂其身，又为浮屠十三级以护之。阿里骨敛民作是像，民始离。……城中之屋，佛舍居半。唯国主殿以及佛舍以瓦，余虽主之宫室，亦土覆之"，"过仪门北二百余步为大殿，北楹柱绘黄，朝基高八尺，去坐丈余矣，碧硫璃砖环之，羌呼禁围。凡首领升殿白事，立琉璃砖外，犯者杀之。旁设金冶佛像，高数十尺，饰以真珠，覆以羽盖"。从这些记述看，青唐城内房屋有千余间，其中有一半为佛舍，城中还有涂金大佛像，国主大殿和佛舍屋顶用瓦，其余土屋屋顶用土盖成。国主大殿仅地基就高八尺，殿内柱子绘有黄龙，国主宝座外还砌有碧色的琉璃砖。大殿旁边供有高数十尺的金制佛像，佛像上装饰有珍珠，佛像头顶配有用鸟羽制成的华盖。《宋史·吐蕃传》载："居板屋，富姓以毡为幕，多并水为秋千戏。"说明宋代唃厮啰的百姓还有住在木屋中的，富裕人家用毡铺在屋顶上，其国内还流行玩秋千。

唃厮啰统治时期，河湟吐蕃普遍信奉佛教，并保留有吐蕃传统的苯教

---

① 《宋史》卷492《吐蕃传》。
② 《宋史》卷492《吐蕃传》。

信仰。《宋史·吐蕃传》载其"尊释氏。不知医药，疾病召巫觋视之，焚柴声鼓，谓之'逐鬼'。信咒诅，或以决事，讼有疑，使诅之"。唃厮啰国内以佛教为主要信仰，但同时信奉巫师和咒术，用巫师驱鬼治病，遇到难以决断的事或争辩是非时，习惯使用咒语。唃厮啰国内佛教极为兴盛，其执政者大力扶持佛教，佛教僧侣在唃厮啰社会中拥有很高地位，甚至参与政治。李远在《青唐录》中记述："吐蕃重僧，有大事必集僧决之。僧丽法无不免者。"史载董毡、木征"多与僧亲善"[1]，阿里骨更以佞佛而著称。唃厮啰政权与佛教和佛教僧侣有着密切的联系，不仅其首位国主唃厮啰的名称具有"佛子"之意，拥立他的宗哥大首领李立遵原本也是僧人，唃厮啰的众多部落中还有不少僧人充当部落首领，僧人掌握了唃厮啰政权的一部分权力，这也是唃厮啰政权的一个显著特征。可以说，从吐蕃王朝时期开始萌芽的政教合一制度，到唃厮啰时代已有所发展，而由于唃厮啰政权信奉和推崇佛教，河湟地区的佛教在原来的基础上逐渐得到发展，为佛教在藏族其他地区弘传起到了一定的促进作用。

四 汉族、藏族和回族民俗

早在元明时期，青海就已形成了目前仍在基本沿袭的汉、藏、回、土、撒拉、蒙古六大世居民族交错分布的格局。在长期的历史发展和生产生活实践中，青海各世居民族创造了丰富多彩的民俗文化，但由于青海地处偏远，其地方志出现晚，且数量少，各民族民俗基本没有被记录下来。明清时期的各民族民俗，只有西宁地区及其周边的汉族、藏族和回族的习俗在《西宁志》《碾伯县志》《西宁府新志》《循化厅志》《大通县志》等成书于清初的志书中略有提及。

1. 汉族民俗

从西汉时期开始，汉族通过从军、屯垦、移民、经商等途径不断进入青海定居，成为青海地区新的土著。古代青海汉族的社会习俗，史籍均无记载，只有成书于清初的《西宁志》《西宁府新志》中有简略记述。《西宁志》由清分守西宁道、陕西布政司右参议苏铣于顺治十四年仲冬修成，是青海较早的一部地方志书，该志卷一《地理志·风俗》对西宁卫的地理、气候、宗教、生产、饮食等风俗做了简单介绍："外戎内华，山阻地

---

[1] 《续资治通鉴长编》卷226。

险。俗尚佛教，人习射猎。夏秋少暑，冬春多寒。毳皮为衣，酥湩煎茶。彝人以皮马为礼，畜养为业，力农务学，不殊内地。"从这段记载看，西宁卫的百姓信仰佛教，喜欢打猎，穿毛皮衣服，喝酥油奶茶。少数民族则以兽皮和马作为礼品，在从事畜牧业的同时，也从事农业生产。可见，明末清初，西宁卫的汉族百姓浸染了少数民族的生活习性，而当地的少数民族也在学习汉族的农耕技术和汉文化。

《西宁府新志》是由陕西分巡抚治西宁道杨应琚于乾隆十二年（1747年）修成的志书，也是现今保存下来的最完备的一部青海古代地方志书。《西宁府新志》卷八《地理志·风俗》中简要介绍了西宁府、西宁县、碾伯县、大通卫、贵德所等地的社会风俗。而难能可贵的是，该志还梳理了历代汉文典籍中对西宁地区汉族社会习俗吉光片羽的记载。《汉书》载："迫近西戎，修习战备，高上气力，以射猎为先，以兵马为务。酒礼之会，上下通焉，吏民相亲。是以其俗：风雨时节，谷籴常贱。少盗贼，有和气之应。"《汉书·窦融传》中载"民俗质朴"。《晋书》载"风土壮猛，便习兵事"。《隋书》载"勤于耕稼，多畜牧。无复寇盗，并有金方之气"。《图经》①载"猎野务农"。《元一统志》载"土本膏腴，民事耕植"。《明史·地理志》载"民俗质朴，风土壮猛，人性坚刚慷慨。穴居野处，采猎为生，以织毛毲为业。崇尚释教，荷戈执戟，防奸御侮之功居多"。从这些记载看，汉代，由于青海汉族多来源于军屯，他们既是农民，又是士兵，保留有修习战备和作战习惯，崇尚武力，喜欢射猎，且民风质朴，这种风习一直沿袭到了晋代，青海汉族百姓性格仍较彪悍，还保留有练习作战的习惯。隋代，青海汉族百姓从事农业和畜牧业，没有抢掠和偷盗的恶习。宋代，青海汉族从事狩猎和农业。元代，青海汉族主要从事农业。明代，青海汉族风俗质朴，勇猛雄壮，性格坚毅刚强，又秉性慷慨。有部分汉族在野外穴居，以采猎为生，也有以织毛毯为生的。他们崇尚佛教，常备武器，以防御外侮，屡立战功。

碾伯县风俗，成书于清康熙年间的《碾伯所志·习尚》记载："碾伯地接戎、羌，僻在西壤，汉、番杂处。民情坚刚，荷戈执戟，修习戎行。……汉民勤习耕稼，罕知贸迁。草莱未辟，士鲜知文。然民俗质朴，物力滋丰，三代遗风犹见于今。"《西宁府新志·地理志·风俗》载其

---

① 指宋代苏颂等编撰的《本草图经》。

"民勤俭，士谨愿，得淳朴遗意"，赞扬碾伯百姓勤俭淳朴。清初，碾伯地区的汉族性情坚毅刚强，勤俭质朴，仍秉持着从汉代以来修习战事的习惯，他们主要从事农业，商贸不发达。

大通卫风俗，《西宁府新志·地理志·风俗》载："人有汉、土、番、回之殊俗，以耕植孳牧为业。五月冻解，八月田熟。用褐为衣，以土为屋。崇尚黄教，不耻白丁。迩来子弟亦渐知读书，颇新旧染。"① 从这段记载看，清代，大通地区已是汉、土、番、回杂居的多民族地区，他们主要从事农业和畜牧业。穿褐衣，住土屋，信奉藏传佛教格鲁派。

贵德所风俗，《西宁府新志·地理志·风俗》载："粮无二价，家有恒产，力农习俭，犹存古风。惟丧尚佛事，人不读书，文物之化阙焉。"贵德地区从汉代以来就是青海主要的农业区，清代时百姓仍以农业为主，虽较为富裕，但百姓仍很节俭，其丧事中有佛教习俗。在《风俗》篇的文末，杨应琚还简要概括了西宁郡风俗："宁郡逼近青海，屡没羌戎，至今衣被毳毛，饕飧湩酥，崇释尚武，犹有余习。……宁郡士卒，每有调遣，远胜他镇。不携衣衾，不裹粮粟，数月之程，炒面一囊，羊裘一领，如是而已。"

2. 藏族民俗

明初，青海藏族各部先后归顺明朝，时称青海藏族为"西番"。明政府鉴于青海藏族地区是"西控番戎，东蔽河陇，汉唐以来备边要地"，推行军、屯结合的卫所制。洪武十三年（1380年），西宁卫周边十三族归附明朝，由西宁卫管辖。清朝初年，称青海藏族为"番"，又称"唐古特"。清代青海藏族主要分布于今黄南、海南、果洛、玉树、海北等地，今民和、乐都、互助、化隆、循化、湟源、湟中、平安、大通也有部分藏族部落和其他民族交错杂居。

对于明清时期青海藏族的风俗，《西宁卫志·番族》《西宁府新志·番族》中对个别藏族部落习俗有简要记载，且二者记述基本相同，都是对明万历时申中藏族部落的经济生产、服饰、饮食和婚俗做了简要介绍。

申中族，一名申冲。洪武三十年招抚，居牧归德峡，后徙塞内孤山滩古牛心堆西也。……去卫治四十余里，有城郭、庐室。田畜为业，……其俗多毛布，男子衣二截，上修倍下，下多纵缝，各衣兽

---

① （清）杨应琚撰，崔永红校注：《西宁府新志》，青海人民出版社2016年版，第144页。

皮，贵贱有异。女子椎发，披颊而下，贵者首项饰珍珠、珊瑚、琥珀、砗磲、玛瑙、腊珀、海螺之属。饮食恒牛羊、胡饼，重名酪。间猎黄牛、黄鼠、獐、鹿、野牛马、雉、兔食之。岁以麝香、犏牛、犺尾、马尾、土豹、狐皮出市。婚礼以马为聘，贵者十余匹，下亦二三，特不联帐居蕃部姻，恐其叛乱而蔓累之。每岁元旦及至万寿节，十三族受爵大酋咸赴卫城，随班朝贺，次日宴于卫堂，领赉而去。[①]

从这段记载看，明代，居住在今湟中一带的申中族居住在土屋中，主要从事农业和畜牧，偶尔也有射猎补充丰富饮食的习惯。申中族多毛布，男子的衣服分为上下两截，上身修长，下身宽大，还穿各种兽皮衣服，贵贱有别。女子椎发，身份尊贵的女子首饰十分华贵，饰有珍珠、珊瑚、琥珀、砗磲、玛瑙、密蜡、海螺等。申中族的饮食有牛羊肉和饼子，喜欢吃乳制品。他们的婚礼中用马做聘礼，家境富裕的人家用十几匹马，家境较差的人也要用两三匹做聘礼。

《西宁卫志·番族》中记载：居牧于今民和的隆卜族"无城郭，多毳帐，间有庐室。……风俗略与申中通"。居住在今民和古鄯西南的革咂族"无庐室，多馲帐……其俗略与占咂同"。占咂族"西接下隆卜，东邻革咂，居处服食皆同"。居牧于今湟中的隆奔族"有城郭、庐室，塞外者列帐，有房警，徙塞内。俗同申中、西纳也"。居牧于今大通地区的巴沙族"无庐舍，多馲帐，其俗与诸蕃酋无大异"。居牧于今互助红崖沟的卜札尔的族"有城堡，处庐室"。居牧于碾伯（今乐都）北胜蕃沟的麻加族"有城堡，居庐室"。从这些零星的记载看，明代，西宁卫管辖的藏族部落风俗基本相同。大致说来，居住在湟中、乐都、互助一带的藏族部落均建有城堡，住在土屋中，说明其经济生产以农业为主，畜牧为辅，而居住在今天民和、大通一带的藏族部落大都住在帐篷中，说明其生产仍以畜牧为主。此外，《碾伯所志·习尚》说碾伯"西番夷民，多事射猎，畜牧资生"。是说碾伯县的藏族主要从事畜牧业，而且有射猎习俗。

清代任循化厅同知的龚景瀚于乾隆五十七年（1792年）至乾隆六十年（1795年）纂修的《循化厅志·风俗》中对循化地区藏族婚丧和节日

---

① （明）刘敏宽、龙膺纂修，王继光辑注：《西宁卫志》，青海人民出版社1993年版，第63—65页。

习俗有细致的介绍：

>婚礼　男家令媒求女家，女家允之，媒复命。复持男家酒一瓶赴女家，饮女之父母及亲房伯叔兄弟，则婚定矣。不立婚书，女家杀羊待媒酒饭。遂议财礼，俱以牲口或马、或牦牛、或犏牛、或羊，量男家之贫富，或百、或五十只，或数只俱可。择吉日先送其羊。俗无时宪书，于番经选择。若富家婿，亦于是日同往，财礼之外，别备羊只或百或五十送其妻父。其妻父回送马一匹、氆氇拌袄一件、狐皮帽一顶、牛皮靴一双，拴腰小红梭布一匹及花布手巾。穷家则但媒人送财礼而已。
>
>娶皆以八九月，以禾稼收也。至期，男家女眷迎于路，新妇服青氆氇一裹，圆布则桃红或绿色，戴狐皮帽或尖毡帽，穿牛皮靴。其发结小辫几十缕，分三道垂于后至腰，外用褐、内用布，将发平排，以毛线缝之褐上。顶红玛瑙圆而长者，每道二三十枚不等。又顶海巴壳每道一二十枚不等，谓之石墩。白而大者每枚银一两，以多为贵，表其富也。头上戴以大毡套。新妇骑马，惟母不送，女眷及其父亲房兄弟皆送至婿家，不行礼。
>
>账房中以口袋数只，羊毛堆高为关隔，外以白褐单盖之。送亲女眷同婿家女眷坐其左，翁及婿及男家男人、送亲之男眷皆坐于右。新妇见姑及长亲亦起立，但不去头上盖，不见礼，其翁及婿并不见。男家供酒饭三日，送亲之男女仍拥新妇以去，不成亲也。乃送前所留财礼之半，交送亲之人。去一月或两月仍择吉日，女家一二人送新妇来，衣服如前。至婿家乃去毡盖，仍不行礼，是日乃成亲。夫妇不同宿，各伏一方，至人静，婿乃私就妇交，仍归原处。自是遂以为常，盖番俗无被褥也。次日领赴各帐房谢，亦不行礼。嫁女衣服惟布与氆氇，红、绿、青三色，以褡裢盛之，于初次送来。并石墩多少、红玛瑙多少，俱记其数，仍携回。至二次复来，乃送奶牛二只、骡马二匹，面、青稞、酒等物数驮，为其女食用，而衣服石墩等仍留于家。一半年后，夫妇和悦无间言，或生子女，乃全给之。此房之番也。若土户之番，或杂用表礼。[1]

---

[1] （清）龚景瀚编，崔永红校注：《循化厅志》，青海人民出版社2016年版，第249—250页。

第六章　唐蕃古道青海段的民俗　243

这段记载展现了清乾隆年间循化地区牧业区藏族的婚礼过程，其婚礼仪式主要有定婚、议财礼、送财礼、娶亲、送亲等。藏族聘礼用马、牦牛、犏牛、羊等，结婚日期从佛经中选取。藏族新娘结婚时的服饰较为华贵，穿青氆氇长袍，戴狐皮帽或尖毡帽，穿牛皮靴，头发结成几十缕小辫，头顶戴红玛瑙和海贝壳，以多为贵，头上还戴着大毡套。

　　丧礼　父母死，大小男女哭尽哀。请喇嘛七人左右诵经。移尸帐房门内之左，以白褐单盖之，三日或五日，于番经选日时，以皮绳束尸为一团，头屈入胯下，缚牛鞍上。尸出门，以牛乳数碗泼门外，以柏枝熏帐房。驼（驮）至山，浚直坑，其傍开灶门，置尸于内，以火从灶门烧之成灰，盖以土，不起坟。插木竿，挂布旗，上写番经。每逢忌日，家中诵经七日或五日，永不上坟。其孝服，男女各解发辫，妇女不戴石墩、玛瑙，衣服反穿一月，乃如常。①

从记载看，清乾隆年间，循化牧业区的藏族实行火葬，不起坟头，有哭丧习俗，丧礼和死者忌日有请喇嘛念经的习俗，入葬时间也是从佛经中选取。服孝期为一个月，其间男女都把发辫解开，女子不戴首饰，反穿衣服。

循化藏族也过新年、正月十五，但其习俗与汉族截然不同。

　　新年初一日，赴寺中向大喇嘛叩首。回帐房食茶，仍赴寺，绕行寺外十余周。有病者，以身贴地，行达寺一二周。不拜年。有亲或相好者，请至其家，食茶及炒面。忌不与人火，过初五日，乃如常。正月十五日，皆赴大喇嘛处摸顶。人多，喇嘛以木竿系红布而击之，被击者欢喜无量，其未击者哭求击，或俟四五日乃去。……过年取河冰列墙上，块块相接。除夜于房中烧香念经。其父母已故者，叩首哭泣，乃团坐食茶而睡。②

---

①　（清）龚景瀚编，崔永红校注：《循化厅志》，青海人民出版社 2016 年版，第 250—251 页。
②　（清）龚景瀚编，崔永红校注：《循化厅志》，青海人民出版社 2016 年版，第 250—251 页。

循化从事牧业的藏族在过新年时有到寺院向大喇嘛拜年和正月十五时到寺院请喇嘛摸顶的习俗,过新年时,他们还要到寺院外绕行,身上有病的还要叩长头绕行,他们不拜年,只是请亲戚或好友到家中喝茶、吃炒面。过年时要取冰块列在墙上,除夕夜则在家中烧香念经。过年禁忌是不给人借火。

其时,循化地区的寺院有正月、六月诵经和跳欠习俗。

> 大喇嘛台座念经,戴面具、着彩服、蟒袍异色者三十二人,为天王、菩萨、牛头、马面、护法诸像,于寺中坛上跳舞。其始以鼓乐、喇叭、号筒自中迎之,两两继出,其后乃合跳。以炒面合酥油做赤身人形,置三角木盘内,下衬三角绸幅。天王一人,以小木剑而支解之。诵经毕,又以鼓乐鸣炮送之寺外一二里余而还。是日执事者收番汉民人布施。①

这种习俗不仅循化地区有,青海的各个藏传佛教寺院都有正月诵经和跳欠的习惯,一直沿袭至今,且其基本内容和面貌没有太大改变。

3. 回族、撒拉族民俗

青海回族先民自唐宋时期留居湟水谷地,到元末明初时,已经形成了一个民族共同体,青海东部各地区形成了许多回族集居村堡。明初,在今西宁、民和、大通等地还陆续建成了许多规模不等的清真寺。清初,青海回族规模继续扩大,据各种地方志和清官府文书记载,在雍正、乾隆年间,青海回族就已达12万人。《大通县志·种族志》对道光年间大通回族习俗有简略介绍。

> 回民,本回回遗族。……然该民于大通原籍无多。清雍正间,或由河州,或由甘凉,或由西宁府属各邑渐次迁入,日增月盛。其教禁食犬、豕、烟、酒。原以谟罕默德为宗主。谟罕默德系西历纪元六百年中回回国王也。教中又分四大门户,有新教、老教。阿浑、掌教、亦麻木、海里率各名目。每以七日为礼拜,群入清真寺,相聚诵经。民之生性,能耐劳苦,喜作零星贸易,兼充经纪牙侩。邑中金厂,为

---

① (清)龚景瀚编,崔永红校注:《循化厅志》,青海人民出版社2016年版,第251页。

所充斥，煤矿亦占多数。但以溺于宗教，不好儒书，故其蛮野气质不能变化。然近来亦渐开通，诗礼之家，更复不少。①

从记载看，道光年间，大通回族有饮食禁忌，禁食狗、猪肉和烟酒，有新教、老教之分，每七天要做一次礼拜，聚在一起诵经。回族性格吃苦耐劳，喜欢做小生意，大通城的金矿、煤矿多由其经营。

《循化厅志·风俗》对乾隆年间循化撒拉族的婚礼、丧礼和节日习俗也做了较为详细的介绍。由于循化是撒拉族聚居区，志书中虽然写的是"回民"，但其描述的婚俗与《青海风俗简志》中的撒拉族习俗基本一致，志书中所记述的"回民风俗"其实就是撒拉族婚俗：

> 婚礼，亦有媒人至女家，女之父母允之，又请其亲房叔伯俱至，皆允之，乃以面用油和成熟散，以盘盛之，遍食之，谓之油交团，食此则永无异说矣。媒人裹其余复命，以示男家，即如汉俗之婚书也。其财礼亦当日定议，马二匹或马一、骡一，贫者则以四小牛，择日令送。贫者先送一半，临娶又送红梭布一对、绿梭布一对、蓝布裤料一匹、蓝布裙料布一匹、桃红布主腰料一匹。富者被面料二匹、被里料白大布二丈。娶日，婿及男亲皆往迎。至女家门外，环坐野地。其尊长为诵合婚经，婿在野中跪，新妇在家中跪。诵毕，女家送油面疙瘩，又名油香。每人各一器，牛肉各一块，即各先回。女家一女人送新妇来，各骑牲口，其男眷或多或少。女眷同新妇至婿家，婿家闭门索礼，以女鞋一双与之乃开门。婿家以箭杆二枝与新妇兄弟。婿家女眷奉奶茶四杯，同送亲女眷对拜三拜。送亲女眷食少许，乃同新妇进房，在灶门前立。其送亲男眷不入门，环坐野地，婿家以牛肉、糌粑、油面疙瘩、馓子饷之，先回。至晚成亲，不拜天地，不拜祖宗、翁姑。次日夫妇各洗浴，新妇拜见翁姑及各长辈，婿赴女家拜女父母各亲。新妇耳戴大耳环如钩，或重至一两，头上戴银花及银冠子，身穿

---

① 青海省民委少数民族古籍整理规划办公室：《青海地方旧志五种》，青海人民出版社1989年版，第513页。

红绿布服或绸缎,多如汉制。脚穿布鞋,青底红身。①

循化撒拉族的婚礼仪式主要有说媒、允婚、送聘礼、迎亲、诵合婚经、送亲、闭门索礼等,值得注意的是,撒拉族女子的婚事不仅要取得其父母的同意,还得征求亲房叔伯意见,大家同意后才允婚,之后,媒人和女方父母、亲房叔伯要吃油搅团,媒人拿着剩下的油搅团到男方家出示给男方,就像汉族的婚书一样,双方不能反悔。撒拉族聘礼用马、骡、牛,以及新娘所需的各种衣料,富裕人家还送被面料。娶亲日还要请尊长诵合婚经。撒拉族的婚宴也较简单,是在野外举行,男方用牛肉、磲磲、油面疙瘩、馓子招待女方客人。撒拉族新娘服饰也较有特色,耳戴钩形大耳环,头上戴银花及银冠子,身穿红绿布服或绸缎,跟汉族有些相似,脚穿青底红布鞋。

撒拉族的丧礼跟回族基本一致:

父母死,大小男妇哭泣,置尸木床上,东西向,不向南北。即日浴尸,裸其身,对三布单撒红花潮脑,自下而上裹之,束以布条,入木匣。抬至坟,浚一直坑,又斜浚入内,谓之穿堂。开匣解布条,将尸侧身置穿堂内地上,开头上布单,露其面。对土坯塞门外,填土。其土(上)起坟。掌教诵经先散,亲房尊长仍留一人念经。此一人为其家中所请者。每日三次至坟诵经,凡四十日乃止。家中逢七日,请众人诵经,食油香、宰羊。孝服白布,长大如道袍。腰系白布,鞋亦以白布幔之。至四十日满,族戚本日来吊。富者皆以白布散给,又以钱散贫人,送奠仪者皆折半与之钱,以代酒食。②

撒拉族不过春节,跟回族一样,其节日主要有开斋节。开斋之前先要闭斋,闭斋之前有诵经活动:

闭斋一月之先十五日,转巴提拉掌教、副掌教、小掌教等至各家

---

① (清)龚景瀚编,崔永红校注:《循化厅志》,青海人民出版社2016年版,第252—253页。

② (清)龚景瀚编,崔永红校注:《循化厅志》,青海人民出版社2016年版,第253页。

诵经，家中人皆跪伏。掌教令接躲，各人皆以手对捧在面前，随以手擦面一下而毕。请掌教食油香，交布施。

闭斋期间白天禁食，连水也不能喝，"其闭斋之一月，鸡鸣用饭，至日落复饭，日中即水亦不饮"。闭斋满一个月后开斋，"开斋之日则新年第一日也。以见月为度，大略前月大，尽则在初三；小，尽则在初四。……过年之日，先至寺礼拜，总掌教以油香食之。遂至坟上诵经，乃至本庄拜年，互食油香，贫者麦仁饭。次日乃至各庄。开斋之后七十日，谓之小过年，如汉俗之清明。亦至寺礼拜、坟上诵经。富者杀羊或杀牛，散送本庄"①。撒拉族的开斋节跟回族一样，也要先到寺做礼拜，然后到坟上诵经，之后到村里拜年，吃油香，贫苦人家用麦仁饭招待客人。开斋节后还有小过年，即现在的宰牲节，跟汉族的清明一样，要到清真寺做礼拜，到坟上念经，富裕人家杀羊或杀牛，分给村里的人。

第二节　近现代民俗

从元明至近代，数百年来，青海各世居民族和睦相处，广容博纳，在文化上相互交流、相互吸收，经济上互相补充、互通有无，民间习俗上既保持自身的文化传统又相互融合，形成了各民族丰富多彩而又颇具民族和地域特色的民俗文化。可以说，青海传统民俗文化的基本框架是在明清时期，尤其是清代中叶之后就已逐渐定型，并沿袭传承至今。

一　汉族民俗
1. 西宁县

《西宁府续志·地理志·风俗》中对清末西宁汉族的节日、婚俗、丧俗、祭礼等均有简略介绍，尤其是对其节日习俗介绍较为详尽。

元旦：昧爽，列香案牲果，祀天、祀祖。尊卑长幼，序列行礼

---

① （清）龚景瀚编，崔永红校注：《循化厅志》，青海人民出版社2016年版，第253—254页。

毕，出拜师友、亲邻，交相称贺。饮食宴会，必半月而始止。元宵：通衢点列花灯，逐傩祈年，群相驰逐，遍于市廛。二月社日、清明日前后，具牲醴香楮，诣先茔。祭奠毕，壶觞竟日。五月五日：食角黍、枣糕，饮雄黄酒。门插柳、艾，小儿手足腕系五色线以避毒。族党间互相馈遗。中元日：具果品，焚纸钱于先茔。八月望日：以月饼、瓜、果、酒肴相遗，相聚饮。十月朔日：用扁食祀祖。冬至日：设酒烹肉祭祖，尤重拜师友亲邻。腊日：以白、黄二米煮粥，杂肉菜以祀祖先，俗名腊八粥。十二月二十三日：设饴糖、灶饼等，祀于灶下。除夕：贴春联、门神，酒肴宴饮，祀祖守岁。①

从记载看，清末，西宁地区汉族节日众多，有春节、元宵节、清明节、端午节、中元节、中秋节、冬至、腊八、小年、除夕，汉族的传统节日基本齐全。其中，春节习俗最为丰富。西宁汉族的春节从除夕就开始了，他们有贴春联、祭门神、聚饮、祀天、礼祖、拜年、饮宴等习俗。元宵节有点花灯逐傩祈年习俗。社日和清明时有用牲畜、酒和香祭祖的习俗。端午节时要吃粽子、枣糕，喝雄黄酒，门前插柳、艾，儿童手腕和脚腕要系五色线。中元日用果品和纸钱祭祖。中秋节吃月饼、瓜、果，聚会喝酒。冬至用酒肉祭祖，还要拜访师友和亲邻。腊八喝用白米和黄米煮的腊八粥，加上肉菜祭祖。小年时用饴糖、灶饼祭灶。

婚礼：士大夫家隆重婚姻，恪遵古礼。村堡乡民，问名纳采，不用庚贴，惟以亲友为冰人。更有同姓结婚者，近虽稍知变易，而积习究未尽除也。丧礼：士大夫家遵行朱子家礼。虽习俗移人，侈靡是竞，尚有盛作佛事者。然不惑于阴阳家言，致停柩不葬。祭礼：缙绅世族多建家庙、宗祠，行奠献礼。平民只于四时令节拜扫先茔。②

西宁汉族婚丧和祭祀贫富有别，士大夫之家的婚姻、丧礼均遵循古礼，尤其是其丧礼竞相攀比，有侈靡之风，还喜欢在丧礼中做佛事，不用阴阳先生，有停柩不葬习俗。世家大族多建有家庙宗祠。普通百姓的婚事

---

① （清）邓承伟、张价卿等纂：《西宁府续志》，青海人民出版社1985年版，第64—65页。
② （清）邓承伟、张价卿等纂：《西宁府续志》，青海人民出版社1985年版，第65页。

常由亲友做媒人，问名纳采不用庚帖，没有"同姓不婚"禁忌，且有节日时祭拜祖先坟墓的习俗。

西宁汉族的节日和婚丧习俗一直沿袭传承至今，近百年来，其基本面貌仍没有太大变动，直到 21 世纪初，因受现代化冲击和生产生活方式的改变，才有较大变化。

《西宁县风土调查记》撰写于民国 21 年（1932 年），其第三部分"关于宗教风俗"、第四部分"关于人情习惯"对西宁县番、土、回族的宗教信仰、婚丧、服饰、职业、生活嗜好、饮食居处等介绍较为详细，而对汉族习俗是一带而过。

> 汉民特性，坚苦耐劳……其职业，汉、回农业约居十之七，商业约居十之二，工业及杂业约居十之一。农家自纺自织，多衣褐服……至严冬时，惟以畜粪煴热火炕，籍以御寒。嗜好，汉民喜饮酒、吸烟。吸水、旱烟者十居八九。吸大烟者百分之一；酒则有以青稞自煮之酩醯酒……汉、回、番、土均喜牛乳茶，米汤间有之，本地生产小米，妇人产孩后饮米粥，以其乳多也。食用面。……居处，汉、回、番、土均住房屋，其住土窑者，仅最少数而已。①

从这些零星的记载看，民国时期，西宁县的汉族主要从事农业、商业，穿褐衣，冬天用畜粪煴火炕驱寒，喜欢饮酒、抽烟，烟有水烟和旱烟，酒有酩醯酒，他们跟回、藏、土族一样，喜欢喝奶茶，吃面食，住在房屋中。

2. 丹噶尔厅

清末贡生杨治平撰，成书于光绪三十四年（1908 年）的《丹噶尔厅志·风俗》中详尽记述了清末今湟源地区的汉族习俗。该志将汉族习俗分为祠祀类、伦常类、社会类、礼制类、信教类、婚娶类、奢俭类、祈报类、文教类、尚武类、堪舆类、饮食类十二大类，分别做了记述。

从《丹噶尔厅志·风俗》中"祠祀类"的记述看，丹噶尔厅汉族的祭祀习俗十分复杂。

---

① 王昱、李庆涛编：《青海风土概况调查集》，青海人民出版社 1985 年版，第 44—45 页。

玉皇、真武、财神、药王、娘娘、菩萨之类，邑人皆奉香烟惟谨。凡有创建庙宇及重新彩画之事，虽费至三四千金，无不慨施乐捐，踊跃输将……至乡间公建之庙及私家所奉之神，皆以山神、土主、牛王、马祖为宗。其于山峰突起处，名曰峨博，起栅插薪，呼谓茅基，以奉随地山神者，则因蒙、番旧俗，若多创建庙宇，又风鉴家补脉之说居多，敬神之心又其次也。①

清末，丹噶尔厅汉族的祭祀神祇构成极为复杂，既有道教、佛教等制度性宗教神祇，也有民间信仰神祇，还受蒙古族和藏族影响，有祭峨博习俗。

"社会类"介绍了丹噶尔厅汉族的节日习俗：

　　正月元宵有灯山会，城关市面铺户张灯，通衢辉煌前后三夜。时民间演出社伙，如龙、狮、灯、船、罗汉、拉花之类，喧阗城市，游人亦颇杂沓，约三点钟之久，不三更而人散灯息矣。二月中和节前后三夜亦张灯，社伙与元宵同，乡间亦有社伙两次，而不张灯。四月八日，距城西二十余里庙尔沟地方，有娘娘会，延巫祝（俗呼法师）四五人，鸣羊皮鼓歌舞以娱神，了无理趣，而城乡游人集者甚众。六月天贶节，有朝山会，会以真武（俗称无量）为主，钟有金鼓、笛管、筒板、木鱼等乐，和奉成调，编造歌词，逢神合唱，谓之佛号，行类出家道者之所为，而佐以锦盖、幢幡，极华丽以饰美观，遍历城关各庙。是日，城乡士女咸集，游人如云。此外，春秋社会如礼斗解瘟，各会皆延道士（原系俗人，能诵经者），讽经为主。②

在传统节日中，丹噶尔厅的元宵灯山会、四月八娘娘会、六月朝山会内容丰富、特色鲜明，因此，《丹噶尔厅志》对其做了生动描述。从记载看，丹噶尔厅的元宵灯山会主要在城关，由商户举办，其灯就是后被列入国家级非物质文化遗产项目的排灯，除了展出排灯外，民间还演出社火，社火的演出节目跟当代社火基本相似。四月八日的娘娘会在庙儿沟举办，

---

① （清）杨治平编纂：《丹噶尔厅志》，青海人民出版社2016年版，第160—161页。
② （清）杨治平编纂：《丹噶尔厅志》，青海人民出版社2016年版，第161页。

由法师敲羊皮鼓歌舞娱神，其目的可能与保护青苗或祈雨有关。六月六日的朝山会则在城关举办，朝山队伍中有鼓、笛、板、木鱼等乐器，还有华丽的锦盖和幢幡，朝山队伍唱着佛号到城关各庙中祭拜。从这些记载看，清末，湟源的节日习俗非常丰富，而每次节日，城乡百姓都踊跃参与，游人如云，从中可见"小北京"的繁华与热闹盛况。

"礼制类"介绍了丹噶尔厅汉族的社会交往礼节和祭祀习俗：

> 冠礼无行之者，惟丧葬祭祀，有力之家，延请礼宾，杂用文公家礼，三献四拜之数，仿其仪而祭以文，然亦仅存一二于什伯（十百）之中耳。若延僧道以讽经斋醮者，则比户皆是也。有事庆贺，率用羊肉或书绫以致敬，吊祭之品，用馒首、羊肉，或赙以钱。每岁元旦，亲邻间里互相庆贺外，其端午、中秋、长至各节，亦致贺焉。每月朔望，燃灯焚香以敬神。至乡间则不知朔望各节者，最多墓祭，以春社为大宗，用馒首、纸锞，亦有用猪羊者。余则秋社、冬节、除日、岁首，皆小祭也。①

丹噶尔厅汉族的冠礼基本没有人举行，有能力的人家，在丧葬祭祀时使用朱熹《文公家礼》中的丧礼仪式，还专门请人主持丧礼，念祭文，但大多数人家请僧人和道士举行诵经、斋醮仪式。吊丧的人用羊肉或上面写有悼词的绫布（其实就是缎幛）做吊祭品，也有用馒头、羊肉和钱做吊祭品的。每月初一和十五，丹噶尔厅的汉族有在家点灯焚香敬神的习惯。而乡里人家只有墓祭，最隆重的是春社，用馒头、纸锭和猪羊等做祭品。其余时间，在秋社、冬至、除夕、春节时都有小型的墓祭仪式。

"婚娶类"介绍了丹噶尔厅汉族的婚姻习俗：

> 五六十年前，婚礼定聘，恒以大布二匹为率，行纳采礼则不过八进布，而上惟有梭，嗣后踵事而增，索聘无厌，今则聘礼纳采，增至二十、三十，更有用四十余匹者，且杂有锦绣贵重之品，所用钱数亦与布帛相称。中人之资恒破产以娶一妇，其流弊至于生女居奇而久

---

① （清）杨治平编纂：《丹噶尔厅志》，青海人民出版社2016年版，第162页。

怨，生男无力而多旷。①

清末，丹噶尔厅汉族婚礼实行厚聘，其聘礼主要用布和钱，由于聘礼要得高，中等家庭需倾家荡产才能娶一个媳妇，其弊端是生了女儿奇货可居以至于生了怨恨，生了儿子后没有能力娶媳妇打光棍的多。

"饮食类"介绍了丹噶尔厅汉族的饮食习俗：

> 合境人皆喜食羊肉。依蒙、番俗，六七人共煮肉一大块，重十余斤，手裂而啖，同席皆然，不以为嫌。家常所食，亦用以请客，惟需盐、醋、蒜三种，以助滋味。八九月番羊多时，几于比户皆然，谓之"手抓羊肉"云。嗜酒者更多，每因酒席沉醉以陨生者，亦有年终（终年）沉缅不事生业者，有三五日为期相聚轮饮者，亦以见嗜饮者之多也。又有藏番所饮之茶，尝以茶叶熬成，灌入长木桶，和酥油以木杵舂之，经三五次而后成，名曰打茶。邑人多喜饮之，每人至三四十碗，有终日彻宵不休者。②

清末，丹噶尔厅汉族像蒙古族和藏族一样，喜欢吃手抓羊肉和酥油茶，喜欢喝酒，其中不乏嗜酒如命、不务正业之人。

"祈报类"介绍了丹噶尔厅汉族祈求丰收习俗：

> 每年四五月间，四乡农民敛钱演戏以赛龙王，土人谓之青苗戏。城乡男女咸会聚焉，颇极一时游观之盛，此会百余年来未尝有。一岁之间，又或遇旱祷雨，四乡农民，家出一人，聚者数千，以肩舆请其木偶娘娘，遍历城乡庙宇及山岭水池之处，或巫者传神语，谓某日有雨，……或布先天八卦为坛场，书童诵《易经·天地定位》一节，执各色纸旗，互换方位，环坛三匝，每日三次，亦或验或不验。至文武官率绅民斋素，虔诚步祷，得理之正而宇内之所同也。③

---

① （清）杨治平编纂：《丹噶尔厅志》，青海人民出版社2016年版，第163页。
② （清）杨治平编纂：《丹噶尔厅志》，青海人民出版社2016年版，第166页。
③ （清）杨治平编纂：《丹噶尔厅志》，青海人民出版社2016年版，第164页。

丹噶尔气候高寒，降雨量少，有时夏天有一个多月不下雨，庄稼歉收，百姓遭遇旱灾，由此产生了各种祈雨习俗，如青苗戏、肩抬娘娘祷雨、孔庙书童诵《易经》祈雨、文武官员吃斋步行祷雨等习俗。

"信教类"介绍了丹噶尔厅汉族的宗教信仰：

> 若释、道二教，精理奥旨知者固鲜，而坚信者亦不乏。如参元、清茶各会（止念炼气者，谓之参元会。禁酒肉荤菜者，谓之清茶会）。妄冀长生，或死后升天，及灵魂不昧之说。至若人死，则延僧、道讽经以解罪厄。疾病则问卜制祟驱魔。甚则巫觋师祝之辈，或妄传神言以祸福，或传方示药以疗病灾。更有自谓神附其身，因治病而以火枪毙人，以刀刺致命者，人皆自怨其命，而不敢怼于神。①

丹噶尔厅汉族信奉佛教和道教，相信灵魂不灭，葬礼上要请僧人、道士诵经解其罪恶。治病则用巫术，请巫师、师公之类，他们有的传达神言预示祸福，有的以神的名义给药方治病，还有的自称是神灵附体，用火枪、刀等凶器给人治病，以至于闹出人命，但死者家属认为这是命，不敢责怪到神灵身上。

湟源知事夏腾骧写于1926年冬的《湟源县风土调查录》第十六"风俗"中对湟源汉族的婚嫁、丧祭、庆祝、交际、各种仪式、服装、迷信、游乐等做了详略不等的描述。从其记载看，湟源汉族男子十五六岁时完婚，女子十七八岁出嫁，其婚礼仪式有定婚、大酒、小酒、迎亲、拜堂、入洞房、闹洞房、送妆奁、宴请、认门等，其所送聘礼有首饰、市钱、布帛、绸缎等。湟源汉族的丧礼有挂丧牌、诵经、斋醮、哭丧、吊唁、送宾、全三②等仪式，还有安葬后百天内每天到坟前烧牛羊之粪不令其熄灭、三年内每到忌日都要特别祭祀的习俗。湟源汉族男子服装没有特别之处，而女子多穿长袍，衣饰较为讲究，戴金玉首饰，将珊瑚珠串起来或装饰在头发上，或戴在手腕上，其衣服有边饰。其饮食习惯与《丹噶尔厅志》中记载的大致相同。

湟源汉族的交往礼仪较为繁缛：

---

① （清）杨治平编纂：《丹噶尔厅志》，青海人民出版社2016年版，第163页。
② 送殡后三日，全家临墓哭祭，名曰"全三"。

> 凡遇婚嫁、寿辰、建筑、生子等事，亲朋均行庆祝，惟所用礼物则各有不同耳。娶妇用羊肉，或钱或书绫吊以致贺，间有缎幛者。嫁女则以布或钱为最普通。祝寿之礼，普通则以蜡、面、酒、肉之类，如遇花甲、古稀之岁，其人有事迹可述者，则请文人纪其事实，颂其功德，书于缎幛赠送，以为光崇。建筑则与娶妇略同。生子则以小儿产生之十日，或一月，亲友往贺，所用礼物，多小黄米、核桃、红枣及衣饰之类。此外，每岁元旦，亲邻间里互相庆贺，至端午、中秋、冬至各节，亦致贺焉。①

湟源汉族的过年习俗也较丰富：

> 到年节时，男女老幼均换新衣，糊窗子，贴春联。除夕安神、放爆竹、上香设供，一夜不睡，多作玩残之戏。元旦早一二点接神，点旺火，满院灯火连天，如同白日。接神后，先由家长向神龛叩头，后再由晚辈向长辈叩头，合家共食水饺。天明则亲戚朋友互相拜年，以三日为率。正月十余日或一月，酒食游戏，诸事不理，谓之"过年"。②

3. 贵德县

民国时期曾任贵德县县长的姚钧于1930年纂辑的《贵德县志稿·风俗》中对贵德汉族的婚礼、丧礼、祭礼和时令节日有详略不等的介绍。其中，"婚礼"介绍颇为细致：

> 贵邑男女联婚，遵行古礼，已问名先书庚帖，两姓捡验均吉，然后具酒肉绿币，送聘礼金洋二三十或四五十金，色布或二十匹或一二十匹不等。衣服则皮棉夹单十数件，首饰则用银耳坠、手镯、戒指、花钗、钏赞等件，均随家庭贫富，量力备送，谓之纳币，下聘之礼。女家受礼后，行奠雁礼，女家授以婚帖，馈婿以女针黹及靴帽等物，设席宴媒妁。纳采后，男家选吉日送帖于女家。完婚时，男家用男傧

---

① 王昱、李庆涛编：《青海风土概况调查集》，青海人民出版社1985年版，第127—128页。
② 王昱、李庆涛编：《青海风土概况调查集》，青海人民出版社1985年版，第128—129页。

四人、女傧一人，俗称娶亲。女家送亲者亦如之。间用彩舆鼓乐，多用牝马娶亲。新妇至大门外，婿出迎亲，向女行三鞠躬礼后，进门，夫妇拜堂入洞房，行合卺礼。婿即日诣妇家谒见妇父母与其亲旧。是日或次日，妇父母及亲戚备送妆奁箱柜等物至婿家门外，婿家寅宾欢迎至堂室。奠雁后行贺禧礼，送亲女傧开箱，取摆衣服首饰等物，按以婿家大小，奉抬（贻）针黹。随排酒席燕宴。散回后次日，婿家酬待贺客毕，择日夫妇诣妇家拜谒父母，俗称回门。①

从记载看，民国时期，贵德县汉族婚礼仪式基本是按古礼来进行，有问名、纳吉、纳币、纳采、请期、娶亲、贺喜、抬针线、酒宴、回门等仪式，他们的聘礼有银元、布、衣服、首饰等，随家庭贫富而定，多用母马娶亲，其婚礼仪式与过程至今仍在沿袭。

"丧礼"和"祭礼"简略介绍了贵德汉族的丧葬和祭祀习俗：

遵用文公《家礼》，父母初终，披麻卧草。三日小殓，五日大殓。富家不论亲疏送带孝布，近日则无。均用棺不用椁。多用盛作佛事阴阳讽经者，却不惑于邪说有停柩不葬之俗。②

民国时期，贵德汉族的丧礼遵循朱熹《家礼》的仪式，父母去世，子女要披麻卧草，盛行作佛事，请僧人和阴阳诵经。

邑鲜宗祠，春露、秋露、清明、孟冬，均敬备香纸茶饭诣墓祭奠。凡岁时令节及祖考生卒日，必焚香烛楮币于墓前。四时致祭，惟重清明，男妇皆赴茔拜扫。富者祭用豕一或羊不一同。贫者祭皆用菜肉品馒首，祭祀之礼尚无缺焉。③

---

① 青海省民委少数民族古籍整理规划办公室编：《青海地方旧志五种》，青海人民出版社1989年版，第716页。
② 青海省民委少数民族古籍整理规划办公室编：《青海地方旧志五种》，青海人民出版社1989年版，第718页。
③ 青海省民委少数民族古籍整理规划办公室编：《青海地方旧志五种》，青海人民出版社1989年版，第719页。

除了宗祠较少外，其祭祀习惯与丹噶尔厅汉族基本相同。

"时令"介绍了贵德汉族的节日习俗，贵德汉族节日繁多，有元旦（春节）、元宵、二月二、清明节、四月八浴佛会、端午、六月六朝山日沐浴会、七月七乞巧会、中秋节、重阳节、十月一、冬至、腊八、小年等，基本跟西宁和丹噶尔厅汉族节日习俗一致，比较有特色的是二月二、浴佛会和六月六日。

> 二月二日，将元旦所供炉饼，散给老幼食之，名团圆饼，取一年团圆之意。……四月八日，为浴佛会，乡人舁神到城，鼓乐喧天，番女盛服入城游观，相传为盛会。……六月六日，谓朝山日沐浴会，番汉少年多有在黄河药水泉洗身涤面者，俗呼除病却疾，并曝衣服，以防蛀虫。①

此外，贵德县汉族立春前后的民俗活动较为丰富，有迎春、送穷土、打醋罐和送五鬼等习俗。

> 立春前一日，迎春东郊，邑人装古事，吹龠击鼓，观芒神、土牛身色，以占水旱丰欠。乡人会饮春酒。三日，扫除院宇，送土野外，曰送穷土。五日，炽火烧石投醋勺，绕屋遍熏，道吉语，被出不祥，送大门外曰打醋罐，送五鬼。②

贵德县县长张祐周写于1932年的《青海省贵德县风土调查大纲》的"三　关于宗教风俗"中对汉族的婚姻丧葬、服饰用品有简要介绍，其与姚均撰写的《贵德县志稿》时间虽基本一致，但其视角和内容略有不同。关于婚姻丧葬，云：

> 男女联姻仍遵古礼，唯招赘之风甚行。聘礼用银二、三十元，色

---

① 青海省民委少数民族古籍整理规划办公室编：《青海地方旧志五种》，青海人民出版社1989年版，第717—719页。

② 青海省民委少数民族古籍整理规划办公室编：《青海地方旧志五种》，青海人民出版社1989年版，第719页。

布十数匹，妆奁则长短棉衣、夹衣、洋绸及布衣服七、八件，多不过十五六件，首饰数件，均用银，无用金者。亲友往来送礼亦皆崇俭，受礼者宴客以羊肉为主，非至豪富，无以海珍为席者。丧葬尚俭，殓埋从速，无久停柩。

关于服饰用品，云：

居城及附近男女衣尚长袍，乡间多短衣者。女子则尚纯着长衣、顶青手帕，无论城乡，率皆一律。其衣料以布为之，丝缎甚少。唯无缠足陋习，诚自立之天足会也。首饰有耳坠、贯赞，均系银质，重者不过一两。①

二 藏族民俗

对近现代藏族民俗，《西宁府新志·地理志·风俗》《贵德县志稿·风俗》《玉树调查记·风俗》《青海风土调查集》中有详略不等的记载。

1. 巴燕戎格厅

巴燕戎格厅指巴燕戎格抚番厅，治为今青海省化隆回族自治县巴燕镇，隶属西宁府，于清乾隆九年（1744年）设置，民国2年（1913年）巴燕戎格厅被改为巴戎县，隶属甘肃省西宁道。《西宁府续志·地理志·风俗》记载了巴燕戎格厅，也就是今天化隆一带从事牧业的藏族婚丧习俗。

婚礼　番民议婚：先邀媒求亲，女家允之，复命男家持酒一瓶，赴女家饮女子父母亲族，则婚始定。财礼俱送牲畜，量男家之贫富以定多寡。不用时宪书，于番经中选吉日。财礼先送其半，以农事毕为嫁娶之期。女到夫家三日后，送亲之男女仍拥新妇去，不成婚也。婿家送所留一半财礼去，后一二月，女家择吉日，又送新妇来，是日成婚。夫妇不同宿，各处一方，婿私就妇同宿，仍归原处。嫁妆：红绿青布、氆氇并石墩、红玛瑙，俱记数，一半赠女，一半仍携去。迨夫妇和谐或生子女，始将所留石墩等物全给之。帐房番民婚姻之情

---

① 王昱、李庆涛编：《青海风土概况调查集》，青海人民出版社1985年版，第197—198页。

形也。

　　丧礼　番民父母死，男妇大小哭泣尽哀，请喇嘛诵经。移尸帐房门左，盖以褐单。或三日五日，于番经中选日舁尸，以油柴焚之，为火葬；或置尸于野，由鸟鹊食之，为天葬；或沉尸于河，为水葬。其孝服，男女各解发辫，妇女去首饰，衣服反穿一月。①

从记载看，近代化隆一带从事牧业的藏族婚礼风俗与《循化厅志》中记载的清朝初年循化一带藏族的风俗基本相似，包括求亲、订婚、送财礼、选吉日、嫁娶等仪式，其成婚吉日仍是从佛经中选。其时，化隆一带藏族的葬式比较多，有火葬、天葬、水葬三种。

2. 大通县

成书于1919年的《大通县志·种族志》不仅概括介绍了藏传佛教格鲁派的历史发展及活佛转世制度，还较为细致地介绍了大通藏族习俗：

　　番与蕃通，族属吐蕃，国称羌野，……人民性质皆崇纯朴而守信约。男子常服缘领大袖，略同汉制，惟法衣缝成大幅，由左肩披搭，扣入左胁，名曰袈裟。女服身长袖小，周围镶以红色，上束大带。戴帽辫发，脑后绣花辫套，双枝下缀，长与衣齐，或饰以宝石金银不等。另用氆氇上嵌海罗，俗呼"克图儿"，交十字负之于肩，由背而下，垂五六寸红穗，丝棉不一。凡民俱以务农为本，兼奉佛法。近来亦有知汉学而崇儒术者。而又有别派二种：一曰"本卜"，一曰"端工"。本卜，辫发杂以黑索，缠头如斗大，上以绛色绸布裹之。娶妻生子，专习咀咒。端工，男曰"巫"，女曰"觋"。身着青衣，手执羊皮单鼓，击跳旋风，谓之"跳神"，又曰"喜乐"，亦兼驱邪疗病。②

从记载看，民国时期，大通藏族人纯朴守信，男子穿缘领宽袖的衣服，同汉民穿的衣服略有相似，而僧侣穿袈裟。女子衣服身长窄袖，衣边镶有红色，束有长腰带，辫发戴帽，脑后有绣花辫套，两个辫套长长地垂

---

① （清）邓承伟、张价卿等纂：《西宁府续志》，青海人民出版社1985年版，第66—67页。
② 青海省民委少数民族古籍整理规划办公室编：《青海地方旧志五种》，青海人民出版社1989年版，第514页。

下来，其长度和衣服一样，有的也在头发上垂五六寸的用丝棉制成的红穗。大通藏族从事农业，信仰佛教。当地还有苯苯子和端公，苯苯子辫发，头发中夹杂有黑带子，并将辫发缠在头上，他们娶妻生子，专门修习咒术。端公跟现今的法师相似，身穿青衣，手执羊皮鼓，边击鼓边跳旋风舞，称之为"跳绳"。这段记载中的藏族男子、女子服饰和端公跳绳习俗，与今天互助地区土族的服饰和跳"哪哪"类似，大通也是土族传统聚居区之一，《大通志》作者记述时很有可能把土族当成藏族，其描写的这些习俗也有可能是大通土族传统习俗。

3. 贵德县

《贵德县志稿·风俗》中对贵德地区的藏族婚丧习俗有所记述，其中，对藏族婚俗记载较为详细：

> 番族婚礼　番族结婚，亦有聘礼，富者以马牛十余匹或数匹，毡氆斜布十数匹。首饰用银镦数件，戒指、耳环数件，羊、酒等物。贫者量力，不拘多寡。极穷，一马二羊。俗呼财礼。阅番经，择吉日。至期，男家女眷迎于路，新妇服氆氇或红绿洋缎拌袄。头戴狐皮帽或尖顶毡帽，足穿牛皮靴，发结小辫数十缕，盛以绣花辫套，外饰银镦，红白玛瑙，新妇乘马，女家亲眷携妆奁拥至，其母不送。惟招赘之风盛行。有女不嫁，招赘女婿，生男生女，顶立裡祀。又有冠戴空头，自由择婚者颇多，前宰令屡严禁。男家迎接新妇，亦不行拜堂合卺，同入帐房，以口袋盛（羊毛）磊高，覆以白褐为间隔。女眷坐左间，男坐右间。新妇见姑及长辈，但起立不行礼，亦不与翁、婿相见。男家供酒饭三日。送亲之男女仍携新妇去，谓之不成婚，男家取一半妆奁交送亲之人携回。至一二月后，仍择吉娶女。女家只一二人送新妇，并赔送乳牛一只，马一匹，羊二只不等。是日成亲，次日领新妇至各帐房道谢。女家仍将妆奁之半留于家，俟半年后，夫妇如和悦无间言，乃全给之。
>
> 番俗　父母初亡，男女俱哭尽哀，用皮绳捆尸立帐房内，以褐单盖之。孝眷男女各解发辫，反穿衣帽一月，（后）如常日。每请僧念经七日，布施颇丰。贫者不同，以米面舍施乞丐贫人为要事。亲友祭奠皆用茯茶布匹。送殡出门，抬往空山弃尸，任鸦鹊鹰鸟食，尽则

喜。或用火烧成灰烬者，谓之天葬。①

近现代，贵德藏族的婚丧习俗与化隆一带藏族习俗基本一致，只是对婚礼的某些仪式记述详尽程度不同。《贵德县志稿》中对聘礼、新妇服饰叙述更为详细一些，《贵德县志稿》中还记载贵德藏族盛行招赘婚，也有戴天头的习俗。

此外，《青海省贵德县风土调查大纲》中的"关于宗教风俗"对贵德藏族的婚丧习俗也有简略介绍。

> 番民联姻，亦有聘礼，以马、牛为聘，贵者十余匹，下亦二三匹，最下亦一马、双羊。然番有女，往往赘婿于家……番俗又好歌、好酒，凡遇佛会或欢聚时，男女互唱番歌，跳舞，豪饮为欢。又其人死，即负弃山野，令鸟雀食之，又或燃火焚尸，无棺殓埋葬之风。

相对而言，调查大纲中对贵德藏族的服饰描述较为细致。

> 番服尚红色，下多纵缝，亦有着长服者，领大而宽，而原料必其番织毛褐、氆氇，用内地衣料者如斜布等，特极少耳。至冬则完全着羊皮衣，然亦有贵贱之别。贵者加面，贱者不加面。女子概长衣，与男同。男女皆履皮靴。女天足，头梳发辫数十，总装于背后，用布制辫套。番贵族首饰多用珊瑚、琥珀、玛瑙、砗磲、密蜡之属，普通亦用海螺。项下常挂符箧，铸以银，作方形，刻花痕，重者十余两，男女皆然。②

4. 玉树

周希武的《玉树调查记》是他于1914年深入考察玉树山川风俗、形势要津、疾苦利病之后，参考旧时档案，以类排比撰写而成。全书分上下二卷，附《宁海纪行》一卷。1919年由上海商务印书馆印行。《玉树调查

---

① 青海省民委少数民族古籍整理规划办公室编：《青海地方旧志五种》，青海人民出版社1989年版，第717—719页。

② 王昱、李庆涛编：《青海风土概况调查集》，青海人民出版社1985年版，第197—198页。

记》中对玉树藏族的婚俗、丧俗、生产、宗教信仰、饮食、居住、戏剧、节日、游戏等习俗均有记述。

玉树藏族婚俗较为独特,基本都是自主婚姻,存在兄弟同妻,即一妻多夫的现象。

> 其婚姻之组合甚易,男女相悦,即为夫妇,稍一反目,即琵琶别抱……定婚由男女自主,纳币以牛马,不亲迎,遣他人迎之;女家亦有数人送,至男家,亦无交拜仪式。所最异者,夫妇不同室而寝,若同寝,则以为大忌……兄弟往往同妻,女子能调和众男,俾无嫌隙,则乡里谓之宜其室家矣。无夫之女,披发于肩,有夫则辫发以示别。①

玉树藏族一般实行天葬,有钱人家则实行火葬,火葬花费较多,喇嘛实行水火兼葬的葬式,与其他地区有较大差异。

> 亲老病则输财物寺院,请僧斋醮。死则请僧临尸诵经讫,僧取死者脑盖,盛一小箱中,庋之寺;乃裸尸,以绳缚手足,覆以布单,雇人负之山麓,子孙不往送。麓有竖木,系尸颈焉,僧徒乃环而诵经。时则鹘鸟云集,攒食尸肉,并骨咽之,俟食尽,僧徒乃散。鸟或不食,则以为不祥,仍诵经,以刀裂肉喂鸟,必食尽乃止,以为此天葬也。……喇嘛死,则火之,以灰和糌粑及各种药物为丸,投大水,充鱼腹,以为水火兼葬也。僧徒死,或火葬,或天葬,听喇嘛指挥。俗人非富者不火葬,以火葬需费多故也。②

玉树藏族的服饰也颇具特色:

> 男女皆不着裤,但服圆领皮袍,腰束红带,而垂其梢以承物。富者里有亵衣,外有罩袍,如华服而宽大,贫者无之。男子及壮者皆腰刀,刀皆直形,长二尺许,宽寸一二分,柄鞘有饰银及鋈金者,鞘末多嵌色石。刀贵者值数百金,非见官长,不脱刀。又佩小刀一把,食

---

① 周希武编著,吴均校译:《玉树调查记》,青海人民出版社1986年版,第85—86页。
② 周希武编著,吴均校译:《玉树调查记》,青海人民出版社1986年版,第86页。

时用之，又尝佩燧及鼻烟袋。西番妇女不操针黹，男子多腰小包藏针，补绽时，则捻羊毛为线。帽圆顶襞积，而卷其缘，约三寸许，缘以狐皮，寒则下之。帽多红色，故俗谓之红帽国。靴多用革，饰以红，跣足着之。男子许为僧者，幼即髡首；俗人多蓬首，亦有辫者。询之老人，云番故属蒙古时，皆蓬首，自清朝收抚后，始有辫者。妇女有戴蜡珀及珊瑚者，辫则贯以蚌壳及色石。僧侣怀中，均佩雕刻佛像，云可以辟恶。①

玉树藏族男子喜欢佩刀，戴缀有狐皮的圆顶红帽，皮靴也用红色装饰，女子头戴琥珀、珊瑚，辫子上穿有蚌壳和宝石，这些服饰习俗一直沿袭至今。

玉树藏族的饮食跟青海其他牧区基本一致：

食品以糌粑为主，时佐以牛羊。糌粑以酥油及茶下之；烹肉不甚熟，亦无盐梅；亦有不火食之。忌炒食，云炒则腥味招魔。饮茶杂以牛乳，和碱少许。牛乳菁华，谓之酥油，其渣滓谓之曲拉，番多下茶食之。番地碻确而田少，青稞亦不易得，贫民多食牛羊肉及曲拉，时掘脚麻（即蕨麻）食之。亦有种蔓菁而食其根者，叶以饲畜。客来则进木匣一，中区为二，一盛糌粑，一盛曲拉，上覆以酥油，奉茶请客，随意和食。接迎官长，则以圆漆盒盛糌粑，上覆酥油少许。食时各有碗及刀，不相乱也，无箸，以手抟之。碗多用桦木及葡萄根为之，富有者包以银。②

玉树藏族以糌粑、牛羊肉为主食，其他日常食品还有曲拉、酥油奶茶、蕨麻、蔓菁根，忌讳吃炒菜，认为炒菜的腥味会招来妖魔。

玉树藏族的居住分房屋和帐篷两种，也颇具地区特色。

西番有庐居者，有插帐者，室庐多据山麓。……多楼居，有四层者，墙壁皆用天然石板甃砌，凿壁以受天阳。屋宇皆平，无瓦，有漏

---

① 周希武编著，吴均校译：《玉树调查记》，青海人民出版社1986年版，第87页。
② 周希武编著，吴均校译：《玉树调查记》，青海人民出版社1986年版，第87—88页。

以出烟。屋顶四周，皆有短垣，若垛墙然。盖西番无城郭堡寨，有事则据屋而守，颇不易攻。屋上以木为井干，悬五色绢，印番文，名摩尼达雀。屋内无床，席地而卧，以木为栏，有茵无被，寝则解带拥袍而卧。富者多铺藏织绒毯，或以氆氇裹麝毛为垫，贫者但用羊毛毡而已，灶突多在卧室中。插帐多就地势避风，水草丰美处。帐用牛毛所织毯为之，撑以木格，维以皮绳，方形若覆斗然。大者宽广至三丈，帐外四周，堆牛粪或石为短垣，以闲牛羊马匹。中帐为灶，出灰处为主人卧所，添薪处为厮养卧所。帐脚排列牛羊浑脱（即皮袋），中储食物。门右堆粪为小圈，以藏牛犊、羊羔，帐外有犬三四，以警不虞。①

从记载看，玉树藏族的土屋大都依山而建，为石砌碉楼，有四层多高的，有较强的防御性，房顶上挂经幡。屋内没有床，席地而卧，铺有藏织绒毯、氆氇或羊毛毡，睡觉时盖皮袍当被子。他们的厨房和卧室是一起的。玉树藏族的帐房是方形的牛毛帐篷，帐篷外用牛粪或石块堆一短墙，帐篷内分割有起卧、灶、储物等多种功能区，帐篷外还有牛圈。

玉树藏族有藏戏，从记载看，记述的其实就是寺院法会时演的羌姆。

番社演剧，有扮龙、虎、狮、象者；有被古甲胄，挟弓、矢、刀、剑者；有着黄马褂、蓝顶花翎，如满清大员者。或曰，此年羹尧也，盖清初年大将军之威，颇震于西番云。其乐器有鼓、有锣、有钹（如平檐帽，对敲，其声勃勃然）。有喇叭，长者至二丈，二人舁之乃举。社剧皆寺僧为之。亦有驱除疠鬼之剧，束草和面为人，投之水中，埋死马头尾，鸣枪诵经以禳之。②

此外，《玉树调查集》还记载了玉树藏族儿童的游戏：

番童戏博，有弹骨、掷骨、踢毽、射覆等类，又有象棋，阳刻汉文，阴刻番文。

---

① 周希武编著，吴均校译：《玉树调查记》，青海人民出版社1986年版，第88页。
② 周希武编著，吴均校译：《玉树调查记》，青海人民出版社1986年版，第89页。

近代，玉树藏族信仰藏传佛教，其主要教派有红教、黄教、白教，僧人占其人口比例很高。据《玉树调查记》"宗教"记述：

> 二十五族男女三万余口，壮丁不过万余，而僧徒至九千余人，居三分之二。盖番俗家有二男，则一男为僧；或一男一女，则男子为僧，女子继产。……各族率有寺院数处，多者至十余处；寺僧多者累百，少者数十。

玉树地区还多塔和嘛呢石（即下文中摩尼石），百姓有刻嘛呢石和转嘛呢的习俗。

> 番俗，每庄必有塔，塔旁堆白石片为墙，石片上刻番文六字箴言（唵嘛呢叭咪吽），饰以五采，谓之摩尼石。番民富者，以出资镌摩尼为功德，有出至数千金者（番民业镌摩尼者，日得值藏洋半块或一圆）；贫者以转摩尼为功德，男女老幼，每值朔望令节，相率绕行摩尼，多多益善，亦有且拜且转者；老者多手摩尼窠落，且行且摇且诵；关津路口，亦必有塔或摩尼石，行役之人过者，去从塔石阴，来从塔石阳，不偏行一周，亦以为转摩尼也。……年老者转摩尼谓可修死路；有疾病者转摩尼谓可祓不祥；乃至凶恶负罪之人，亦以转摩尼为消罪盖愆之术。[①]

《青海风土概况调查集》中的《玉树县风土概况调查大纲》中对20世纪二三十年代的玉树藏族民俗有简略记述。

> 边番婚姻，迥异内地。除千百长尚有正式结婚外，其余多系自由野婚，且不论尊卑。间有二男一妻……丧葬，人死之后，弃尸于高岗峻岭，听其鸟飞餐，名曰"天葬"。衣服纯系大领。装饰贵重者，妇女以腊珀常系发际，至珊瑚佩带颈项，男女同有。而服装、用器，富者多以羔裘、氆氇；贫者均以羊皮、细褐为大宗。……番民饮食多以川茶、乳酥、炒面、曲拉、蕨麻、牛羊肉等。居处，务农者居土房，

[①] 周希武编著，吴均校译：《玉树调查记》，青海人民出版社1986年版，第82—83页。

畜牧者居牛毛帐房。①

5. 同仁县、共和县

撰写于1930年的《同仁县风土概况调查大纲》中对同仁藏族婚丧、服饰有记述。

> 番民聘娶少，而招赘多，男女年貌不甚相当，强半男大于女，成婚时，预备酒肉，款待亲朋，极其简单，……番民丧礼，无论男女老幼，殁后二日，抬往旷野地方，置尸于土台上，堆磊木柴，亲朋各执油瓶、柏香齐集一处，柏香加于柴中，清油浇于尸上，以火燃之。俟骨肉焚化而散。服饰，男女多穿皮衣，惟盛夏穿布衣。女人头发擦酥油，梳碎辫，系一布带，长与衣齐，宽四寸，带上拴银碗七个，两鬓挂大耳环一双，珊瑚两串。②

同样撰写于1930年的《共和县风土调查记》中对共和藏族婚丧、服饰、饮食和居住均有记述。

> 婚姻丧葬　婚姻完全自由，男女当未婚之前纯系自由恋爱，经双方同意后，始各通知其父母，定婚期、送彩礼，以便成亲。惟最奇异者，例如某家女子年已及笄而良偶尚无时，其父母必使之向天拜头，……。至丧葬之制，分天葬、水葬、土葬、金葬之别。天葬即将死人送至荒野，任老鹰食去。而老鹰不食时，必请喇嘛念经，将死尸用刀砍碎，仍弃原处，任豺狼分食，是为金葬。水葬即将死人投于水中，使其水冲鱼食。火葬将死人用火烧燃成灰时，将灰置于土中，筑成四方小墩，永远纪念，此类葬法若非佛僧、千百户、王公，则不能用之。最近中原人民日多，而番民亦有效土葬者。以上葬法由和尚、喇嘛决定，并请和尚、喇嘛诵经，若至葬期，必脱去衣服，赤体而葬，绝不似中原之穿好衣服、戴好帽也。
> 服饰用品　蒙、番均着长袖、大领之皮袄，偏袒露背，头戴尖顶

---

① 王昱、李庆涛编：《青海风土概况调查集》，青海人民出版社1985年版，第208—209页。
② 王昱、李庆涛编：《青海风土概况调查集》，青海人民出版社1985年版，第175—176页。

帽，腰束大带，足蹬皮靴，腰带大刀、小刀。而男子大小均不蓄胡，及至二十岁以后，腰间必带拔胡小撮，将胡根本铲除。其女子所著衣服与男子大致相同，惟不穿裤子，不带大刀，头发披散，三五根一纽装于红黄布袋内，名曰"辫套"。……身着衣服，以红、黄、紫、赤为上色，蓝、黑、青、白等为下品……房屋多系帐房，土房最少，高楼大厦又属罕见。食品，以羊牛肉、炒面、酥油、曲拉、奶茶、麦面等为主要。①

从以上记载看，民国时期，同仁藏族和共和藏族婚丧习俗和服饰均有较大差异。相对而言，共和县藏族婚姻完全自由，且有戴天头习俗，其葬式也较丰富，其中，金葬则指的是天葬中老鹰未食尽尸体，须请喇嘛诵经，并将尸体砍碎由豺狼分食，而土葬是受汉族影响后产生的习俗，火葬是僧侣和贵族所用的葬式。而同仁藏族盛行招赘婚，实行火葬，女子服饰也较有地区特色。

三 回族、撒拉族民俗

相关的方志资料中，对近现代青海回族、撒拉族民俗记载较少，只有《西宁府续志》和《青海风土概况调查集》中有零星介绍。《西宁府续志·风俗》中简略记述了巴燕戎格厅的回族婚丧习俗。而循化厅的回族习俗与巴燕戎格厅相同。

回民婚礼，亦邀媒至女家求亲，女之父母房亲俱允之，乃以炒面入油搅和为团，盛盘遍食，谓之油搅团。食此永无异说。媒人裹余复命，重视之如婚书。财礼议定，牛马布梭，量贫富以定多寡。娶之日，婿及亲眷往迎，环坐野地，尊长诵合婚经。婿在外、女在家各跪。诵毕，女家送男家油香（即油煎饼），并牛羊肉一块先回。女家送新妇，至晚成婚。不拜天地、祖宗及翁姑。次日沐浴，新妇行拜见礼。婿赴女家，拜岳父母，服饰如汉民制。惟女耳环重大数两余。……回民父母死后，男女大小哭泣尽哀。置尸木床，裸体浴尸，以白布单三撒红花潮脑，自下而上裹之，束以布条，入木匣。抬至葬

---

① 王昱、李庆涛编：《青海风土概况调查集》，青海人民出版社1985年版，第183—184页。

处，掘一直坑，又斜穿隧道，谓之穿堂。开匣解布条，将尸侧身置穿堂内。开头露面，以土坯塞门，拥土起坟。掌教诵经先散，留亲房尊长一人诵经。此后每日三次，仍请亲房尊长至坟诵经，四十九日乃止。①

从这段记载看，目前青海回族婚丧习俗基本仍保持着清末时期的原貌，尤其是葬俗，几乎没有改变。

撰写于1930年的《西宁县风土调查记》中对西宁地区回族的婚丧、服饰有简略记述。

回族习惯，结婚时，先由媒人介绍，允亲后，即送茶一、二包为定。聘礼用布匹、胭粉、纸花、首饰等。亲迎时，由新郎家请阿訇念经，经念毕，男家请男四人、女二人，用轿车、或轿、或马迎新妇至家，与新郎始合卺焉。其宴会与汉民略同。丧礼，人殁后，无论贫富，将尸体依照旧规用清水洗净，然后用白丝布或白大布缠裹，做成衣装服之，抬到礼拜寺，请阿訇及亲友对灵向西诵经，片时后，立刻送到坟茔埋之。墓穴，汉民将棺直下，回民则于穴底旁开穴，尸下入旁穴，葬毕，不焚纸钱，至百日或周年再念经焉。……回民服饰，男与汉民同，惟平常戴帽无顶。妇女无论冬夏，戴一古风帽式之暖帽，名曰"盖头"，又戴一面罩，名曰"脸罩"，虽步行，亦如此。②

从记载看，民国时期，化隆一带的回族与西宁回族的婚丧仪式大致相同，只是记述详略不同，而该调查记中记述的西宁回族服饰其实就是青海东部地区回族最常见的装扮，直到今天，青海回族老年妇女仍戴盖头，只是戴脸罩习俗已基本绝迹。《循化县风土概况调查大纲》中对回族（含撒拉族）的风俗记述较为简单，且与续志中记载的巴燕戎格厅回族婚丧习俗基本一致。

---

① （清）邓承伟、张价卿等纂：《西宁府续志》，青海人民出版社1985年版，第67—68页。
② 王昱、李庆涛编：《青海风土概况调查集》，青海人民出版社1985年版，第43页。

四 土族民俗

土族是元末明初形成的民族共同体,其族源主要有吐谷浑说和蒙古说两种,而一直到中华人民共和国成立后,根据土族人民的意愿,经过民族识别,才有了土族的统一称呼。青海土族主要分布在互助土族自治县、民和回族土族自治县和大通土族自治县,西宁市、乐都市和黄南藏族自治州同仁县也有分布。由于汉文史籍和青海方志资料中对土族记载极少,史学界一般将明初史籍中出现的"土达""土民""土人"等记载视为土族开始形成的重要标志。土族活动少见于史籍记载,而清末和民国时期的方志资料中,其民俗也大多是番、土并提,甚至将其纳入番族风俗之中。如《西宁县风土调查记》《青海省大通县风土调查录》就将土族风俗与藏族风俗混为一谈。

1. 西宁县

据《西宁县风土调查记》记述:

> 土、番民结婚时,先由媒人介绍、允亲后,即送酒瓶为定。聘礼用钱、布及头上脑匝、螺绚脑匝、长簪、手巾、铜髻子。亲迎时,请本卜子及念经人按经卷择日接娶,男家请男、妇二人迎之;新妇骑快马,女家亦用男、妇二人相送。是日,女家亲戚随后俱往,席地而坐,每人备给羊肉一份,以大瓶、木碗传酒,男女大小唱番曲。新妇甫至门时,用红毡一条以四人各牵一角,将新妇抬入厨房,同时,将迎送男妇泼水、撒面,几成白人。女家亲戚散后,新郎、新妇始入洞房,男女互唱番曲,然后上床。好事者,多以绳将新郎、新妇束之如一人状,男女家俱以为得意。其丧礼,如人殁后,将尸束为坐像,坐木龛盛之,请活佛及僧人念经毕,阖家举哀,送之空地,用火焚化。三日后,拣骨盛木匣中,择清洁地埋之,清明日始卜葬焉。春、秋二季焚纸钱祭奠。①

从内容看,调查记中记载的婚丧习俗主要是土族习俗,用酒瓶定亲、泼水迎亲的习俗至今仍在互助、民和一带的土族农村盛行。其时,西宁地

---

① 王昱、李庆涛编:《青海风土概况调查集》,青海人民出版社1985年版,第43页。

区的土族实行火葬。

2. 大通县

成书于光绪年间的《采录大通县乘帙稿》对大通土族的语言、服饰略有提及。

> 土人无土司，有土民。俗尚亦朴实，说土话，俱通汉语。男服大领长袖，亦有汉服者。妇女戴帽，辫发用红棉绳贯青铜钱垂脑后，耳坠大环，或银、铜不一，无多首饰。足穿腰袜，衣服无论粗细布绸，杂五彩束以大带。务农为本，男妇并耕，崇信佛教，子弟多送与僧为徒。①

由大通县知事聂守仁于1926年编纂的《甘肃大通县风土调查录》中对大通土族服饰亦有简单记述。

> 土人男子服装亦与汉、回相同，惟妇女束发作两三长辫，垂之身后，与长袍等；服大袖五色长袍，戴毡制大帽，两耳大银环各一，有镶珠石者；项垂长带，上缀铜佛、银花、骨刻各式花牌，有重至三四斤者。②

《青海省大通县风土调查概况》中对大通土族的婚丧、服饰略有记述。

> 可是番人、土人不是这样的，他们完婚的时候，婆家请许多亲戚朋友骑上快马，迎接新娘，两方相逢，这边新娘便纵马夺抢婆家帽子，以作饮宴的礼，并且饮宴时，新郎、新娘会同亲朋，在院中跳舞、唱歌，以表示他们完婚时的快乐，这都是仿照蒙人的礼节。……土人一死之后，将尸体背到山窑里，用干柴焚化尸体，叫做"火葬"……土人女子爱穿大袖衣服，袖口上镶红、黄、兰、白等杂色布条。③

---

① 王昱主编：《青海方志资料类编》（下），青海人民出版社1988年版，第1324页。
② 王昱、李庆涛编：《青海风土概况调查集》，青海人民出版社1985年版，第63页。
③ 王昱、李庆涛编：《青海风土概况调查集》，青海人民出版社1985年版，第83页。

从记载看，民国时期，大通地区土族妇女戴帽辫发，穿五彩宽袖长袍，耳朵上戴大耳环，她们的装饰既与藏族妇女的服饰有相似之处，也有自己的民族特色。大通土族实行火葬。

此外，《民和县风土调查记》中特别记述了三川土族妇女的服饰。

> 惟三川土人之服，无论贫富老少，上则短衣，下则纬裙，有红、棕、青三色，以别老少。首饰之耳环特大，直径约二寸许，重三钱余。①

从记载看，三川土族妇女的服饰与西宁、大通土族妇女有地区差异，上身穿短衣，下身穿裙子。

五　蒙古族民俗

青海蒙古族是元朝建立前后陆续进入青海地区的，主要分布于今海西蒙古族藏族自治州的乌兰县、都兰县、德令哈市、格尔木市，黄南藏族自治州河南蒙古族自治县，海北藏族自治州海晏县、刚察县、祁连县，海南藏族自治州共和县，西宁市及东部农业区等。汉文史籍中对青海蒙古族民俗记载极为少见，目前我们所见的资料中只有《甘肃新通志》《青海风土概况调查集》中的《都兰县风土概况调查记》有所记载。

由升允等于宣统年间所修的《甘肃新通志》记述：

> 蒙俗　人性好勇，地广而瘠，不甚适于农业。诸部落向以游牧为本计。娶先私会，以病为辱，病则烧石自熨。有征会，刻木为信。随畜荐居，以毡为庐。以马头为绝品，贵者食之。上下山谷，疾如风雨。其近边者，少半濡染华风，筑土室而居之，且耕且牧。其畜牧以马、牛、羊为主，骆驼、驴、骡次之，兼畜猪与犬。伺夜者曰守犬，驰猎者曰猎犬。其人均奉喇嘛教。②

都兰县县长梁炳麟撰写的《都兰县风土概况调查记》对都兰蒙古族、藏族的婚丧、服饰、饮食等习俗有简略记述。

---

① 王昱、李庆涛编：《青海风土概况调查集》，青海人民出版社 1985 年版，第 100 页。
② 王昱主编：《青海方志资料类编》（下），青海人民出版社 1988 年版，第 1320 页。

蒙、藏婚姻制度大致相同，虽有父母之命、媒妁之言，必须得当事人之同意而后可，颇似近时自由恋爱之习尚。双方同意后，男方即请媒人持酒一瓶、哈达一方，赴女家求婚，女家若收下，婚姻即可以成，若不收，即示拒婚。聘礼纳后，双方即议彩礼，或用牛、马、羊只，或用布帛、氆氇以及首饰一切物品。彩礼既定，即由坐家僧或佛爷择日以娶。届期，新人盛装骑马，送客簇拥，以经选择吉日，男女均停止工作。是日，男家邻人着新衣以贺，男子则骑马，妇女则专事招待，并于宴会席上唱曲，以助兴趣。新娘至家，依次拜见翁、姑及佛像，新郎携新妇入帐房，饮食。婚礼告成，其父母即持哈达并礼物往见其该管之王公、千百户，告以儿已成家娶妻之事，请求关照一切。此后分居、或合居，亦不一定。此都兰蒙、藏结婚之概况也。

蒙、藏丧葬仪式大致相同，凡人死后，即请喇嘛或佛爷选择吉日，将死尸折成三折，用驼或牛驮送山野，任禽兽啄食净尽，则为升天吉祥，否则谓其生前罪孽过大，禽兽不食其肉。又人死后，一面择日将尸送至野外野葬，一面请佛爷或喇嘛念经，其念经日期视产业之多寡以为定，然至少要念三天，至多不以【超过】四十九天，念经完毕，或施予死者家产之一半，或施牛、马、羊、驼，或施酥油、炒面不定，唯视其贫富如何耳。至于服孝，……蒙人父、母、兄、弟丧，均为一月。其服孝期内，父、母、兄、弟丧，均反穿大衣七天。父母丧，反戴帽子一月；兄弟丧，则反将帽子一边向里折戴一月。此蒙人服丧之情形也。至喇嘛死后，则用火葬，将灰筑于塔中。

蒙、藏服饰大同小异，如服大领之衣、牛皮之靴，袖长及地，妇女不穿裤子，腰前系一小银练，满系锁钥、牙签、挖耳、摄子、火镰、小刀，以及男子随身所带藏佛、番刀、鼻烟瓶等物均同。至帽子则不同，蒙人帽多系圆顶毡帽，镶以金黄色边；藏人则系上尖下大之羔皮帽。现蒙、藏人亦多常戴礼帽。而妇女服饰尤为奇异，蒙妇将发辫分辫为二，置于胸前，上缀以珍珠、珊瑚或银质圆牌六枚至八枚不等，头戴上尖下大之红绿色或圆顶毡帽，手带银镯及银戒指，耳带金银缀制之耳环；藏妇发辫亦分为二，惟置于脑后，上缀以珍珠、珊瑚或银碗八个或十二个不等，左手带银钏，右手带砗磲圈，耳带金银，镶绿松石，后有小钩穿于耳。至于未嫁女子，则脑后另分一辫，辫上带宝石、珍珠、珊瑚，除不带宝剑外，则与男子无异。此蒙、藏服饰用品之概况也。①

蒙古族妇女承担了家务和生产劳动，十分辛劳。"蒙、藏家务全由妇人主持，每日操作甚为辛苦，甚至耕作、修葺、织纺以及差遣徭役，亦以妇人任之，而男子除当喇嘛及缝衣外，无所事事。"都兰的蒙古族和藏族男子均有吸鼻烟的嗜好，他们的鼻烟瓶十分华丽：

> 而以鼻烟瓶尤为宝贵，瓶以古磷或珍为之，外饰以文彩雕琢，并以毡氆为囊，行坐不离身。……蒙、藏饮食以糌粑、牛羊肉、奶子、奶渣等物为主，惟糌粑及牛羊肉等食物性燥而滑腻，一日无茶则病，……煮茶之法，将茶熬成极红色，蒙人则调以奶子及盐，藏人则多饮清茶，间亦有调奶子者，盐则不多用。……惟蒙、藏居处不同，蒙族住蒙古包，藏人则住黑帐房，蒙古包系以木制圆形之架，外覆以毡，有门户、有天窗，夏冷而冬温，风雨不透，故较帐房为安适。蒙古包普通每顶值洋七十余元，黑帐房系黑羊毛所制，每架不过数十元，无门窗，风雨亦不能隔，……内中布置约略相同，男左女右，中置锅头，惟蒙古人正中供佛像，而藏人则于右上方供佛像。客至，则均坐于左边。此蒙、藏人饮食居处之概况。②

从上述记载看，民国时期，都兰蒙古族和藏族的婚姻制度、丧葬仪式大致相同，而其服饰略有差异，蒙古族男子戴镶有金黄色边的圆顶毡帽，藏族男子戴上尖下大的羔皮帽，蒙古族妇女的发辫放在胸前，头戴上尖下大之红绿色或圆顶毡帽，藏族妇女发辫放在脑后。蒙古族女子和藏族女子所戴的头饰基本相同，不同在于蒙古族女子发辫上除珍珠、珊瑚外，还缀有六至八枚银质圆牌，藏族女子则缀的是八至十二个银碗。蒙古族妇女戴银镯、银戒指和金银耳环，藏族妇女戴银钏、砗磲圈和镶有绿松石的金银耳环。就饮食居住习惯而言，蒙古族喜欢喝奶茶，而藏族喝清茶。蒙古族住蒙古包，藏族住黑帐房，里面的布置也有细微区别。

---

① 王昱、李庆涛编：《青海风土概况调查集》，青海人民出版社1985年版，第217—218页。
② 王昱、李庆涛编：《青海风土概况调查集》，青海人民出版社1985年版，第219—220页。

第七章

唐蕃古道青海段的民族历史变迁

地处黄河源头的青海具有悠久的历史和丰富的古代文化遗产，它是我国古代灿烂文明的一个重要组成部分。青海自古以来又是多民族交往交流交融的大舞台，从远古开始，这里就不断上演着一幕幕民族变迁的精彩华章。

第一节 古代民族

考古发现充分证明，从旧石器时代至新石器时代，再到青铜器时代，青海广袤的大地上就繁衍生息着我们的先民，他们正是这片大地上最古老的居民，他们还创造了灿烂的文化。

一 早期羌人的迁徙与定居

青海大地最早的主人是羌人，这一观点早已被大量的考古发掘、史料记载所证明。羌人以游牧为主，逐水草而居。他们的习俗，没有固定的姓氏，一般用父名母姓作为部落的称号。父兄死后，以后母、寡嫂为妻。彼时，羌人还无君臣之分，各部落之间也没有从属关系，崇尚武力，强者分出部分族人成为酋豪，弱者被迫为附落。杀人偿命，无他禁令。可见此时的羌人正处于原始部落社会。大约在夏商时期，出现过羌人东迁的历史，传说中的大禹治水，导川凿山，是沿着黄河自西向东进行的，《史记·夏本纪》记载："浮于积石，至于龙门、西河，会于渭汭。"一般认为这里的"积石"指当今积石山，据《集解》引孔安国云："积石山在金城西南，河所经也。"颜师古说:"积石山在金城河关县西南羌中。"① 其地就在今甘肃、青海接壤处。禹导河积石,治服了洪水,羌人得以有安身之地,故《禹贡》云:"三危既宅,三苗丕叙。"禹带领以羌人为主体的治水大军挺进中原,历经千辛万苦,终于完成治水大业,一部分羌人因随禹治水有功而留居内地,在今陕西、河南、山东等地安家落户。在商代,羌人继续大量迁入内地。上古典籍《竹书纪年》记载了商王朝的建立者成汤在位时,有"氐羌来宾"之事。《诗经·商颂》曰:"昔有成汤,自彼氐羌,莫敢不来享,莫敢不来王。"意思是说,从前有威武的成汤王,从那极远的氐羌,没有敢不来进贡的,没有敢不来朝王的。然而,羌人的人多势众从另一个方面构成了对殷商王朝的威胁,从而引发了商朝军队对羌人的战争,关于这一点可以在甲骨文中有关"师伐羌""众人伐羌"的记载中得以证明。在连绵不断的战争中,大批羌人被掠掳到中原,成为商王朝奴隶的主要来源。羌人从事繁重的农牧业生产劳动,甚至成为祭坛上的牺牲品,甲骨卜辞中记有人殉的辞条很多。②

在周代,羌人与周人的关系极为密切。传说中周的始祖后稷(弃)是羌人侄女姜嫄所生,所以姜嫄被周人奉为始祖母,后稷别号姬氏,是为周人祖先,后来周武王在讨伐商纣王时就有大量的羌人参战,在取得政权后,除了大封同姓外,异姓受封国的要数姜姓最多。所谓"姜"出于羌,姜姓是夏、商、周三代中著名的大姓,是羌人族群中接受中原文化最多、农业发展水平最高,特别是在周朝与周王室关系最为密切的一支,后来这些羌人部族逐渐融入了中原华夏族群中。与此同时,大量留居青海及河湟故地的西部羌人,与西周中央王朝也有各种关系。《穆天子传》载:周穆王西巡,在昆仑之丘举行了祭祀黄帝的盛大典礼,40年后西王母入朝进行了回访,"穆王五十七年,西王母来见,宾于昭宫"。这些记载尽管充满了神话传说的色彩,但也从另一个方面反映了西部羌人与周王朝的密切关系。

春秋时期,秦人向西征战,兼并了西北大量的羌人,而河湟羌人,由于地处边远,秦国势力一时还达不到,故而其原有的种族和文化得以保存。战国初,分布在河湟流域的一部分羌人还处于原始社会末期,他们较

---

① 《汉书》卷28《地理志》注引。
② 崔永红、张得祖、杜常顺主编:《青海通史》,青海人民出版社2017年版,第20页。

之先期进入中原地区的羌人及姜氏之戎等，发展水平缓慢，而秦国日益强大，从而从公元前 7 世纪初以后，西部羌人再也不能像过去那样向东方中原地区频繁地迁徙了，因此河湟地区的羌人不得不改变自己原始的生产方式，向农耕兼畜牧的生产方式过渡。随着秦国势力不断向西延伸，迫于愈加严重的军事压力，羌人开始了更大规模、更远距离的迁徙。时间大约在秦献公（前 384—前 362 年在位）时期。远迁到今青海西南、西藏东北的高原腹地的一支，是著名河湟羌人部落长无弋爰剑的孙子印。无弋爰剑是第一个被记载于汉文史籍里的有关青海羌人的历史人物，大约生活在秦厉公（前 476—前 443 年）年代，据《后汉书·西羌传》载："羌无弋爰剑者，秦厉公时为秦所拘执，以为奴隶。"后来设法逃脱，辗转来到三河——黄河、湟水、洮河之间，将从秦人那里学到的先进的农牧业生产技术传授给羌人。由此羌人的农牧业生产技术获得了较大发展，人口也日益增多。爰剑因而受到羌人的尊敬，并被推举为羌人首领。

爰剑曾孙忍为羌人部落首领时，正值秦献公争霸，如上所述，忍的叔父印为避秦军，率部西迁并与当地土著共处融合发展，与三河羌人隔绝，不复往来。爰剑以后，羌人人口发展极快，但各个部落间消长不一，而以钟部为最强大。当忍的儿子研继任首领时，秦孝公雄强，威服羌戎。

二　秦汉时期羌人的迁徙繁衍

秦汉之际，羌人广泛分布在祁连山以南、昆仑山、喀喇昆仑山北麓的广大地区，其中在当时历史舞台上最为活跃、在中华民族关系史上产生过重要影响的，是祁连山以南即青海地区的羌人。秦始皇统一六国的过程中无暇顾及羌人，因此羌人势力日增，但秦在统一六国后即开始大规模攻击羌人，特别是秦筑长城至临洮一带后，河湟羌人的活动受到限制，再也不能继续向东发展了，基本上是以河湟地区为其主要活动中心。

两汉时期，羌人经过先秦较长一段时期的迁徙分化，其中不少融入其他族群中，至两汉时期一部分羌人仍然保留有自己的特点。从秦至两汉的不断发展，汉民族基本形成。这一时期羌人主要分布在三个区域：首先是青海东部地区，包括与甘肃毗邻地区；其次是塔里木盆地以及南至葱岭的西域诸国；再次是陇南及川西北地区。其中青海地区的羌人种落繁杂，多达数十个，人口众多，在两汉史上影响较大，《后汉书·西羌传》中记载的主要有先零羌。先零羌之名初见于《汉书·赵充国传》，是河湟诸羌中最大的一个部落联盟。二是烧当羌。烧当原是一个人名，是研的第13世孙，其所统辖的部落联盟便以烧当羌命名。三是罕开羌。罕开羌原系两个部落，以居地相近，故合称为罕开羌。四是卑湳羌。原居大小榆谷（今贵德、贵南、同德、尖扎一带），后徙于金城郡安夷县（今青海平安区）。五是勒姐羌。汉安夷县有勒姐岭、勒姐河。《后汉书集解注》称："勒姐羌居勒姐溪，因以为种名。"此外，还有当煎羌、牢姐羌、夕姐羌、烧何羌、封养羌、钟羌等数十个羌人部落联盟。

西汉末年，羌人大量内迁。至东汉初，羌人已分布在今甘肃、陕西、宁夏各地。对于这些地区的羌人，朝廷采用了属国制度进行管理，即把羌人各部落相对集中起来，不打破其原有内部组织架构，而是派遣属国都尉进行管理。以羌人为主的属国，在东汉时期有金城属国、安定三水属国、张掖属国等。对于游离于中央政府郡县管辖之外的羌人部落联盟，西汉王朝则利用羌人部落纷立、互不统属的特点，采取各个击破的策略加以征服。例如，在令居（今甘肃永登县西北）设立护羌校尉进行管理。东汉中央政权沿袭了此制度，护羌校尉是和郡一级平行的军政职官，负责巡视羌地，解决羌人生产生活困难，处理羌人与郡县吏民之间的矛盾纠纷，并及时掌握上奏还没有归顺汉王朝的羌胡部落的动态，保障河西走廊丝绸之路的畅通。

在两汉时期活跃于河湟地区的少数民族，除了羌人外，还有月氏胡。汉高祖六年（前201年），生活在河西走廊地区的大月氏遭匈奴攻击后一部分西迁葱岭，余部南迁河湟地区与羌人杂居，又称"小月氏"。据《后汉书·西羌传》载："湟中月氏胡其先大月氏之别也，旧在张掖、酒泉地，月氏王为匈奴冒顿所杀，余种分散，西逾葱岭。其羸弱者南入山阻，依诸羌居止，遂与共婚姻……被服饮食语言略与羌同，亦以父名母姓为种，其大种有七，胜兵合九千余人，分在湟中及令居。又数百户在张掖，号曰'义从胡'。"汉武帝开拓湟中地，月氏人归顺汉朝统治，并与迁入湟中的汉人错居，与羌汉人友好相处，互相交流融合，史称"湟中月氏胡"或"羌胡"等。

汉武帝在位期间，汉朝国力大增，武帝推行"征伐四夷、开地广境、北却匈奴、西逐诸羌"的方略，骠骑大将军霍去病击败匈奴，接着在河西走廊设置河西四郡。与此同时，驻军河湟地区，并于汉元狩二年（前121年）修筑军事要塞西平亭，这是中原王朝在西宁古城修建的最早的建筑物。河湟地区自古战略地位十分显要，向东是通往陇右的门户，如果要治理羌地甚至整个西域地区，就必须首先经营河湟地区。同样要想治理河西走廊，也必须先要治理河湟地区。① 正是基于这一战略考量，汉朝统治者一方面加强在河湟地区的军事力量，另一方面决定从内地迁徙部分汉人来这里从事农业垦种，进行最初的移民实边，因为毕竟河湟地区地广人稀。自此开始，汉民族等便源源不断地向青海移民，而当地的原住民则逐渐成为少数族群。

第二节　汉族

纵观历史，汉民族是民族大迁徙过程中移民青海最多的民族成分。学界一般认为，汉族的最终形成是在汉代，汉民族大规模迁入青海的时间大致也是在两汉和魏晋时期。②

汉族西迁青海的原因很多，归纳起来主要有：一是来自中原王朝的政治经营目的，即拓展疆土、巩固新的地方政权；二是军事戍边，即用武力拓展西部边疆，以抵御西部少数民族；三是经贸往来，即因贸易需要而迁入青海，例如著名的茶马互市促使大量商贾进入青海；四是为躲避战争和其他天灾人祸而迁入青海。就时间上而言，从两汉时期开启了中国封建社会时期人口大迁徙的先河，经过两千余年迁徙史，直到现当代，内地汉族大量地源源不断地涌向青海，梳理其迁徙脉络，汉族由祖国内地向青海迁徙大致分为四个阶段。

一　两汉魏晋时期

由于西汉中央王朝开疆拓土，开拓西域少数民族地区，大批汉族移入青海。汉武帝元狩二年（前121年），汉王朝为切断北方匈奴与西羌的联盟，派骠骑将军霍去病开通河西走廊，在今甘肃永登县境内修建军事要塞"令居塞"，在今西宁修建要塞"西平亭"，从此汉朝军队开始进入青海境内。此后于元鼎六年（前111年）平定羌叛以后，设护羌校尉，抚治当地

---

① 米海萍：《民族迁徙》，青海人民出版社2005年版，第24页。
② 青海省志编纂委员会编：《青海历史纪要》，青海人民出版社1987年版，第12页。

羌人。"始置护羌校尉持节统领"①，管理今甘肃省和青海省东部地区诸羌事务。从此，青海地区正式纳入中原封建王朝郡县体系。西宁一带古称"湟中"，与河西走廊同属黄河以西，简称河西地区。随着汉朝中央经营河西的需要，设郡县、移民、屯田戍边、修筑边塞，中原汉族成批迁徙青海。

纵观中国历史，民族大规模迁徙史基本规律，其原因无非有被迫迁移和主动迁移两大类，两汉时期汉族移居河西，主要缘于在中央政府主导下有计划的开拓经营。首先，是修筑边塞。元鼎以后，"始筑令居以西，初置酒泉郡，以通西北"②。即东起令居，西至酒泉筑长城，其后又修筑酒泉、敦煌西至盐泽的边塞。同时，汉朝大军从令居西渡大通河，在湟水一带修筑亭障烽燧。设防守边，阻隔羌胡，西通西域。因此，河西地区成为汉王朝经营西陲的战略要地，为守边关，大量汉族人力从内地迁徙而来。其次，设郡置县，移民实边。随着移民的不断涌入，需要实施有效管理，于是汉中央政府开始大规模设置地方治理政府。在河西走廊先设酒泉、张掖，又设敦煌、武威等四郡，共辖34县。在河西地区，设西河郡，后并入金城郡。到汉宣帝神爵年间已辖13县。③ 其中，允吾、破羌、安夷、临羌四县在今青海省境内，而河关、浩门等县则地跨今甘青两省。自此，汉朝中央政府以其雄厚的人力和物力对河西进行了大规模的开发经营。再次，是移民，据两汉史料记载，汉武帝元狩二年（前121年），汉中央政府募民徙朔方十万口，元狩五年（前116年）徙天下奸滑吏民于边，元狩六年（前115年）徙民实之（指河西走廊）。④ 又据《史记·大宛列传》载，"骠骑将军击破匈奴右地……遂空其地……后稍发徙民充实之"。元鼎六年（前111年）将军李息、郎中令徐自为击平羌人反汉，"羌乃去湟中，依西海盐池左右。汉遂因山为塞，河西地空，稍徙人以实之"⑤。移民的数量非常可观，据《汉书·地理志》载，河西四郡有71000余户，280000余口；金城郡38470户，149648口。由此可见，移入河湟的中原农民当数以万计。大量劳动力的迁入，极大地推动了当地经济社会的快速发展。

---

① 《汉书》卷69《赵充国传》。
② 《史记》卷123《大宛列传》。
③ 《汉书》卷28《地理志》。
④ 《史记》卷12《孝武帝本纪》。
⑤ 《后汉书》卷117《西羌传》。

第四，是屯田。随着移民实边的施行，大批中原移民和戍边军队相继迁入，为了使这些新的居民安居乐业、减轻军粮长途转运之累，汉王朝开始推行屯田。例如，汉宣帝神爵元年（前61年），派后将军赵充国统兵深入河湟地区，在取得军事胜利后，赵充国"奏请罢骑兵，留步卒万人屯田湟中，自浩门（今青海省民和县享堂地方）至临羌东，拟垦田二千顷以上"，"留驰刑应募及淮阳、汝南步兵与吏士私从者，合凡万二百八十一人"，治理湟峡，大获其利，开创了青海大规模集中经营农业之先河。这些屯兵于次年"夏五月奏罢"，"初置金城属国，以处降羌"①，一部分留在了青海。还有世家望族徙居边郡的，如赵充国一家，先居上邽（今甘肃省天水市西南），后来迁居到金城郡令居县，从此赵氏家族繁衍于河湟地区。赵充国子赵印任中郎将，印子丰任监辽营谒者。丰长子孟元，孟元幼子赵宽由令居又徙家破羌（今乐都区境内），任护羌校尉假司马。后任三老，从事文教事业，等等。②又如三国末年西平鞠氏曾经三次据西平举兵反魏，可见鞠氏家族是地方实力派集团，据《通志·氏族略》载，西平鞠氏源于汉尚书令鞠谭，本是关中望族，因避难迁徙湟中，改姓曲氏因居西平。

东汉时期汉族继续大批向青海迁移。王莽时，在今青海海晏县设西海郡，将内地"犯者徙西海，徙以千万数"③，汉族人口急剧增加，出现羌汉杂处格局。东汉时期，汉军进入湟水流域继续屯田的人数较之过去更多了。建武十一年（35年），陇西太守马援奏请破羌以西"设置长吏，缮修载廓，建筑坞候，开凿水渠，劝民耕牧"。其后，金城长史上官鸿奏准"在归义、建威（今青海贵德、尖扎境内）两处屯田二十七部"；护羌校尉侯霸也奏准"在东、西邯（今青海化隆甘都滩、群科滩）屯田五部，又在留、逄（今青海贵德黄河北）增加屯田二部，计其屯田三十四部"④。伴随着汉族人口的增多和农业生产的不断发展，中原内地先进生产技术也源源不断地传入青海并广为传播。例如，东汉末年，凉州刺史张既将水磨技术传入西北，并在青海东部农业区推广使用。

魏晋南北朝是中国历史上一个大动荡、民族大迁徙和大融合的历史时

---

① 《汉书》卷69《赵充国传》。
② 见1942年乐都白崖子出土之"汉三老赵掾之碑"。
③ 赵生琛等编：《青海古代文化》，青海人民出版社1986年版，第87—89页。
④ 青海省志编纂委员会编：《青海历史纪要》，青海人民出版社1987年版，第23页。

期，同时也是一个在中国历史上有独特建树的时代，即通过民族大迁徙、大融合和各少数民族进入中原，中华民族的向心力与一体化意识得到加强，加快了中华民族多元一体的历史进程。从汉末三国开始，民族迁徙主要表现为大量向中原和甘青内徙。其中迁徙规模较大、地区较广的是地处辽东半岛的鲜卑民族。主动加入这场历史洪流中的是乙弗部、秃发部及慕容部等。东晋孝武帝太元元年（376年）位于今陕西省关中地区的氐族贵族苻氏所建立的前秦政权派兵进入河西走廊，消灭了前凉。其后十余年中，青海东部在名义上暂归前秦统治，但实际上却为当地羌人部落所占据。东晋太元七年（382年），前秦派大将吕光出征河西地区，由于前秦国力衰落，吕光拥兵自重，留居姑臧（今甘肃武威市），次年建立了封建割据政权——后凉，自封为三河王，东晋太元十八年（392年），后凉吕光率军渡过湟水，进攻南羌彭奚念部获胜，其势力进入青海东部地区。东晋太元十九年（394年），吕光强迫西海郡百姓迁往今甘青东部交界地区，以充实其统治中心地带的劳动力。后凉大肆劫掠人口的做法，引起了各地人民的不断反抗，加上当时新兴的鲜卑贵族所建立起来的另一个封建割据政权——南凉已占据今青海乐都区附近，后凉于是被困于今河西走廊中部，已无力再进入青海。

东晋隆安元年（397年），鲜卑秃发乌孤称西平王，南凉由此肇始，两年后定都于今乐都。秃发乌孤任用以汉族为主的大批关陇地主为其辅佐，设立郡宰、县令等一系列行政官职，吸收了汉族统治阶级的经验，使青海东部地区已经形成的封建制度有所巩固，尤其是重视文化和教育事业，以儒家思想为核心的汉文化在这里得到发展。

二 隋唐时期

经过魏晋至北朝三个多世纪的民族大迁徙大融合，迁往黄河流域的众多兄弟民族，已经逐步汉化，从而使汉族共同体加入大量新的成分，从而发展壮大。在青海大地上，青南有党项羌、苏毗等活动；河湟和河曲、环湖牧区，自十六国以来有大量鲜卑人，包括吐谷浑部、乞伏部、秃发部以及氐人、卢水胡人等在这里活动，汉族多居住于青海东部地区。[1] 经过隋朝的移民和经营，河湟地区汉族人口又增加。据《隋书·地理志》载，隋

---

[1] 芈一之：《青海汉族的来源、变化和发展》（中），《青海民族研究》1996年第2期。

炀帝大业二年（606年）户口情况：浇河郡辖河津、达化二县，有户2240；西平郡辖湟水、化隆二县，有户3118，龙支县属于枹罕郡，应占该郡四县数的四分之一，约为3289户。以上三项共8647户，按每户5人计，应为43235人。较之隋朝以前汉族人口增加了许多。这些户口还不包括大业五年（609年）在环海（青海湖）设立西海、河源二郡及所辖四县和移民该地的数字。①

隋开皇十六年（596年），隋文帝以宗室女光化公主嫁给吐谷浑可汗世伏，成为历史上中央王朝实施与青海地方割据政权和亲政策的开始，公主下嫁，除了携带丰厚妆奁器物外，还有大量一同前来的随从。其后陆续不断有中原公主下嫁吐谷浑，带来了大量汉族人口。此外，隋中央政府在青海设郡置镇，继续移民屯田戍边。大业五年（609年），隋炀帝亲率大军征伐吐谷浑，在取得军事胜利后在当地设置郡县，例如：在伏俟城设置西海郡，辖宣德、威定二县；在赤水城设置河源郡，辖远化、赤水二县。为了守护当地郡县，"发天下轻罪者定居之"②。隋朝迁徙轻罪犯到西海戍边的同时，一些饱学的正直之士因忤杨广之意也被贬往青海，加速了汉文化在青海的传播。

唐朝时期汉族成批进入，经营青海东部。唐初在湟水流域改西平郡为鄯州，贞观时设鄯州都督府，领湟水、龙支、鄯城三县。在黄河南岸设廓州宁塞郡，领广威、达化、米川三县。唐朝初期经济逐渐恢复发展，到贞观十三年（639年）时，河湟汉族户口恢复到大业二年（606年）的数目。根据《元和郡县志》载，贞观十三年时鄯州有1875户，9582口；廓州有2020户，9732口。随着贞观和开元数十年的和平和发展，至天宝元年（742年）的户口，已成倍超过隋代的数目了。③鄯州三县有5389户，27019口，户均5.01口。廓州三县有4261户，24400口，户均5.74口。这些户口不包括少数民族和军事系统人员。同隋朝一样，唐朝也奉行与吐谷浑的和亲政策，随同带去大量汉族人口。此外，唐朝与吐蕃长期对峙，唐军大量迁入青海，带来了大量汉族人口。唐朝中央于开元年间在青海乐都设立陇右节度使，下辖十二个州，更是加速了汉族迁徙青海的步伐。

---

① 《隋书》卷29《地理志》。
② 《隋书》卷83《吐谷浑传》。
③ 《新唐书》卷40《地理志四》。

三 宋元时期

宋朝对青海的经营主要是在青海东部河湟地区，基本行政建制为三州一军，三州即西宁州、湟州（乐州）和廓州，一军即积石军，西宁州即原鄯州，崇宁三年（1104年）更名，"西宁"一名由此而来。西宁州又设陇右都护府。湟州在宣和元年（1119年）改称为"乐州"，治在今青海民和县境。廓州即原宁塞城，今化隆县群科境内。州下各设一县，同时又各辖有大量的城、寨、堡等。积石军，即原溪哥城，大观二年（1108年）建为军。另据《宋史·地理志》载，政和六年（1116年），北宋还在今甘肃永登县境内置有震武军。北宋经营青海的同时，又面临金、西夏对河湟地区的争夺。此外，还与青唐唃厮啰政权有着千丝万缕的联系。靖康元年（1126年），金兵大举攻宋，北宋政权已无力顾及河湟地区。于是陕西经制使钱盖提议放弃河湟各州，并寻找唃厮啰后裔，采取"使抚有旧部，以为藩臣"的策略。宋室南迁后，钱盖之议即被采纳，唃厮啰族孙、小陇拶弟益麻党征便被封为陇右郡王，赐名赵怀恩，受诏"措置湟鄯事"[①]，成为南宋在河湟地区的代理人。

宋代青海地区的经济文化有了进一步的发展。宋代今青海日月山以西的广袤区域由于自然环境恶劣，地广人稀。这里除散居着吐蕃牧民外，还有"黄头回纥""草头鞑靼"，"其人善水草以牧放，射猎为生，多不粒食"[②]。彼时农业主要还是仅限于河湟谷地，由于这里海拔相对较低、气候湿润、土地比较肥沃，除了汉族居民从事农耕生产外，当地吐蕃人也都以农耕为生。北宋元符之后，河湟地区遭到战争破坏，为了恢复生产，北宋政权兴修水利，大量招募弓箭手，这些弓箭手战时为军，平时务农。此外，北宋还在青海东部三州招民佃种，"耕垦出课"。宋朝政府一系列的兴农措施对恢复和发展青海东部河湟地区的农业经济起到了推动作用。在大力发展农业经济的同时，宋朝政府高度重视丝绸之路青唐道商业贸易，通过这条商道进行茶马贸易。其中，贡赐贸易是宋朝与青海地方经济贸易关系的重要环节，当地大小首领不断把以马匹为主的各种畜产品以"贡品"形式输入内地，而宋朝政府除按值给价外，还额外给予丰厚的回赐，伴随

---

① 《宋会要辑稿·蕃夷六》，中华书局1957年影印本。
② （宋）李远：《青唐录》，青海人民出版社1989年版，第3页。

着日益密切的商贸活动,大批汉族商贾来青海交易,增加了一些汉族人口。此外,宋朝中央还组织了小规模的移民和开垦土地、兴修水利等活动,也在一定程度上促进了当地汉族人口繁衍。

1227年,成吉思汗进军临洮、河州及西宁等地,于是青海东部纳入蒙古汗国版图中,蒙古派驸马章吉镇守。窝阔台汗在位时(1229—1241年),其子阔端负责经营藏区,包括青海在内的整个藏区成为阔端的辖区。1281年,甘肃等处行中书省成立,西宁州归甘肃行省管辖①。此地的汉人已经所剩不多,记录在册的还不足一万户。这些人口后来又被迁回了内地。直到明朝建立以后,为了填充西部防务,才又开始不断地从内地往青海地区移民。

四 明清时期

明初江淮汉族军民大量迁入青海,主要目的是防守边卫、发展生产,总计达数万之多。例如,洪武四年(1371年)初置河州卫,拨官军二百备御贵德。洪武十年明朝开国名将邓愈留马军五百守贵德。到永乐四年(1406年)调千户所一所,贵德居留,下开十屯。这十屯是今贵德的王、刘、周三屯,今尖扎的康、杨、李三屯和今同仁的季、吴、脱、李四屯。十屯兵丁,自内地拨往,共1100余名,即1100余户。再如,洪武十三年(1380年),贵德土城修筑工竣,于河州拨民48户到贵德开垦守城,自耕自食,不纳丁粮。② 由此汉族人口不断增长。

明代中叶以后河湟汉文化圈逐渐兴盛。从明初到嘉靖中,170余年,汉文化圈在经过唐末以来几百年的沉寂后再度兴盛起来。当时河湟的居民群体,有汉族和藏、土、回、撒拉、蒙古等民族,其地区文化特点是多种文化相互交汇、相互影响、多彩多姿,汉文化从建筑、民居庭院布局、服饰、饮食、礼仪习尚、民间娱乐、民俗禁忌等诸多方面体现出来其自身独特性和综合性。

清代,青海汉族继续繁衍发展和兴盛。清朝兵制,有满洲八旗和绿营汉兵,西宁镇有绿营官兵设防。前明卫所军户,理所当然地失去军籍了,变成民户。其原耕屯田变为科田,按亩交粮。众多汉族男女为了生存,便

---

① 《元史》卷190,中华书局1976年版。
② 芈一之:《青海汉族的来源、变化和发展》(下),《青海民族研究》1996年第3期。

向易于垦田谋生的山谷地带迁徙，汉族的生存地域较前更为广阔。例如，化隆汉民多是雍正、乾隆及以后从西宁、乐都、民和迁去的。再以黄河南岸为例，明初从河州拨民48户到贵德守城，乾隆十一年（1746年）时已发展到9835丁。据《清实录》记载，罗卜藏丹津事件平定后，依年羹尧奏，"西宁边墙内，俱属可耕之田……请将直隶、山西、河南、山东、陕西五省军罪人犯，尽行发往大通等处，令其开垦"。到乾隆十一年察审人丁时，青海农牧区人口71万余，其中汉族22万多，占31%，在各民族占比中居于多数。①

据《西宁府新志》记载，乾隆以后汉族继续迁入并不断繁衍发展，乾隆十一年（1746年）河湟等地共有耕地335万亩，水渠近200条，水浇地约83万亩。到咸丰、同治时，汉族人口已发展到46万人以上，约占总人口的40%。

明末清初，青海商贾以山陕贩运茶叶、百货的行商为多。雍正时茶马互市终止，山陕商人逐渐在西宁和各县域设店经商。在著名的商贸重镇丹噶尔城，汉族商人异常活跃并定居于此。据《丹噶尔厅志》载，邑人"祥加考究，半系山陕川湖，或本省东南各府，因工商业到丹，立家传子孙，遂成土著"。西宁"合盛裕""晋益老"是山陕商人在明末已开业的老字号。乾隆之后，西宁、湟源、大通、民和都先后修建了山陕会馆。山陕商帮在青海的发展，带动了本地汉族商人和商业的兴起。此外，工艺匠师也逐渐进入青海，例如，从陕西聘任工匠修建大型建筑物，从山西杏花村聘任酿造师酿造白酒等，一方面繁荣当地经济，另一方面也增加当地汉族人口。在经济发展、人丁兴旺的同时，汉族文化也得到了空前繁荣，早在雍正三年（1725年）随着地方改制，西宁府儒学设立，置教授和训导。碾伯等县设县儒学。此后，大通、贵德、循化相继开设儒学教育。其后于雍正末年罗卜藏丹津事件平息后，在西宁创建贡院，免除了学子过去须赴临洮府参加科举考试的劳顿之苦。乾隆年间又创办了培育较高级人才的书院，如大通三川书院（1738年）、乐都凤山书院（1761年）、西宁湟中书院（1785年）、贵德河阳书院（1820年）以及大通大雅书院（1829年）。光绪年间又创办了丹邑海峰书院、大通泰兴书院、循化龙支书院等。光绪三年（1877年）西宁府五峰书院创立。儒学书院的兴起，培养了一大批

---

① 芈一之：《青海汉族的来源、变化和发展》（下），《青海民族研究》1996年第3期。

学子。据不完全统计，西宁具有进士14人，举人28人。各县厅共有举人88人，贡生255人，河湟籍人弃地为官的也不在少数。诗、文、地志、著述、书法、绘画作品逐渐增多，呈现出文化繁荣景象。①

从民国开始，青海汉族人口一直在增长，据史料记载，1933年，全青海省人口为101.4万人，汉族人口占全省人口二分之一。② 中华人民共和国成立后，人口增长加快，除了自然增长外，又从全国各地调来大批汉族干部、职工、家属支援青海建设，至1964年全国第二次人口普查时，全省总人口达到2145604人，其中汉族人口占全省总人口的62.2%。改革开放后，由于继续实行严格的计划生育政策，汉族人口增长相对减缓，经1990年人口普查，全省总人口4456946人，其中汉族人口2580419人，占全省总人口的57.9%。③ 据第七次全国人口普查数据，截至2020年年底，全省常住人口592.4万人，其中汉族人口为293.04万人，占全省人口的50.53%。④

第三节　藏　族

藏族是青海世居少数民族，目前主要分布于玉树、果洛、海南、黄南、海北藏族自治州和海西蒙古族藏族自治州，此外还散居于西宁所属县区以及海东市所属乐都、化隆、循化、互助和民和等地。截至2015年年底，青海藏族总人口148.25万人，占全省总人口的25.23%。

如前所述，青海是中华民族古代文明的发祥地，也是青海藏族古代文明的发祥地，从远古时代起，青海藏族的祖先便生息、繁衍在这块土地上。青海藏族是我国藏族的重要组成部分，其族源与整个藏族的族源密切相关，同时又有其特殊的地域、历史等特点。关于藏族族源有诸多观点。比如，鲜卑说、西羌说、土著说、印度说，此外还有三苗说、马来说、缅甸说和大食说（伊朗说）等。本书采信土著说，即藏族最早的先民是土著

---

① 芈一之：《青海汉族的来源、变化和发展》（下），《青海民族研究》1996年第3期。
② 黎小苏：《青海各民族状况》，原载《新亚细亚》1933年第6卷第2期。
③ 见《青海日报》1990年11月8日。
④ 见青海新闻网，2021年6月15日。

人，后又融入了其他民族包括羌人、汉人、蒙古人等，最后形成了现代藏族。青海藏族的先民最初也是当地羌人，后来融入了匈奴、月氏、鲜卑、粟特、吐蕃、回鹘、蒙古等，在长期交往交流过程中逐渐融合而成。

一　吐蕃的由来

如前所述，本书采信藏族土著说，新石器晚期，农业人群已经在西藏境内低海拔河谷地带活动。青铜时代，农牧人群向高海拔地区扩散。后来羌人迁入西藏，与旧石器时代就生活在那里的土著居民融合。除了考古挖掘证实这种观点外，大量的史书也有记录，《新唐书·吐蕃传》认为"吐蕃本西羌属"，进而提出吐蕃源自一支"发羌"，这种观点在中国史学界一直比较权威。例如，到了近现代，顾颉刚先生在《从古籍中探索我国的西部民族——西羌》一文中称，"至隋唐时期，羌人在西陲建立了一个大国，那就是吐蕃"[1]。他又援引近人姚薇元《藏族考源》之说："要言之，今藏族即古之羌人，部落繁多。约当东晋时，其中一部分'发'羌者统一诸部建立大国。诸羌因皆号发族，而对异族则称'大发'（TueBod）。《唐书》之'吐蕃'，蒙古语之'吐伯特'，阿拉伯语之'Tubot'，英语之'Tibet'，皆'大发'（古读'杜拨'）一名之译音或转呼也。"[2] 再如，黄奋生先生《藏族史略》在"羌人部落源流表"中将"无弋爱剑—印—发羌、唐旄—吐蕃"一系列作为羌人部落源流之一。[3] 此外，范文澜先生在《中国通史》中认为："《新唐书·吐蕃传》以为蕃、发声近，发羌是吐蕃的祖先。"并认为："羌族一部分自青海进入西藏，一部分迁徙到蜀边境内外，也陆续进入西藏，广阔遥远的中国西部，从此逐渐得到开发，羌族对中国历史的贡献是巨大的。"[4]

二　吐蕃与青海藏族的关系

吐蕃曾经是青藏高原特定时期特定地域名称，提起吐蕃就必然要叙述吐蕃王朝。公元 7 世纪初，崛起于青藏高原的吐蕃王朝是藏族历史上第一

---

[1] 顾颉刚：《从古籍中探索我国的西部民族——西羌》，《社会科学战线》1980 年第 1 期。
[2] 姚薇元：《藏族考源》，《边政论丛》1944 年第 3 卷第 1 期。
[3] 黄奋生：《藏族史略》，民族出版社 1985 年版，第 38 页。
[4] 范文澜主编：《中国通史》（第四册），人民出版社 1965 年版，第 4—5 页。

个强大的地方政权，松赞干布是该政权的始创者，从松赞干布开始向青藏高原东部扩张，陆续征服了今青海玉树一带的苏毗国、今果洛一带的党项国等地方政权和部落联盟以及吐谷浑国，安史之乱后占领了整个河湟地区，逐渐统一了青藏高原，这一带的各民族都演变为吐蕃人。这些征战虽然在性质上为吐蕃武力扩张，但其结果在藏族历史上具有重要意义，它对于之后甘青藏区的最终形成、巩固和发展产生了极为深远的历史影响。吐蕃在其统治区域大力发展农牧业生产，促进商贸交易，特别是唐蕃古道的开通，为中原汉族地区的大量生产生活物资进入青藏高原，高原的农畜产品进入中原地区发挥了巨大作用。吐蕃人从宗教信仰、语言文字、生活习俗等各个方面对青海藏族产生影响，从此青海藏族逐渐形成并正式登上青海多民族大舞台。

三 宋代唃厮啰政权与青海藏族的发展

吐蕃王朝灭亡后，唃厮啰建立了青唐政权。《宋史·吐蕃传》载："唃厮啰者，绪出赞普之后。"[1] 藏文史籍《王统世系明鉴》也认为唃厮啰为吐蕃王室后裔。[2] 青唐是在河、洮、湟地区建立的一个以藏族为主体的地方封建政权，宋朝曾晋封唃厮啰为"保顺军节度使，兼邈川大首领"。在唃厮啰统治时期，青海东部地区的经济、文化有了进一步发展。当时的青唐城（即今西宁市）是唃厮啰政权的首府，也是中原通往西域的枢纽。青唐城以西有大道通往西域，西域高昌回鹘商人均经此到达青唐城，与中原西来的商贾进行交易。唃厮啰并以其控制地区所产名马、谷物、毛毡、麝香等通过"茶马互市"，与中原地区交易。唃厮啰部一方面保持着吐蕃的文化传统，同时又接受了中原地区的汉族文化。唃厮啰地方政权一直延续了一百多年，至公元 12 世纪前半期才结束。

四 元朝时期的青海藏族

元朝将整个青藏高原纳入其版图后，在青海藏族地区行政管理体制上，"元代湟水流域和西宁州一带隶属于甘肃行省，巩昌元帅府所辖 24 城

---

[1] 《宋史》卷 492《吐蕃传》。
[2] （元）萨迦·索南坚赞：《王统世系明鉴》，陈庆英、仁庆扎西译注，辽宁民族出版社 1985 年版，第 201 页。

隶属于陕西行省,行省管理农业区;黄河南岸的积石州、贵德州一带牧区由设在河州的吐蕃等处宣慰使司管辖,上隶于宣政院"[1]。元朝在继承唐宋时期在边疆民族地区实行"因俗而治"的羁縻制时,在青海藏族地区广泛推行了土官土司制度,在设置的统治机构中任用藏族僧俗首领为长官,代表元朝中央行使对当地的统治权,土官则享有世袭其职、世有其地、世领其民的权利,但是土官必须向封建国家承担规定的政治、经济义务,战时还要率所部土兵奉调出征。在青海藏族地区社会经济方面,由于元朝对青海藏族地区经济给予大力扶持和多方面优待,因此青海藏族农牧业经济得到迅速发展,元代成为青海藏族经济发展史上的一个重要时期。在交通与商业方面,元朝统治者非常重视驿站的设置。元朝在青海藏区设立驿站,改善驿道交通,不仅保证了元朝政令畅达,也大大促进了青海藏区与外界联系和商业贸易的发展。在宗教传播发展方面,在元帝师八思巴的大力支持下,青海藏族地区特别是青南玉树地区萨迦派得到迅猛发展,许多原有的萨迦派寺院得到扩建,而一些原本不属于萨迦派的寺院也被改宗为萨迦派寺院。例如,至元元年(1264年),八思巴从大都返回萨迦途中,经过今玉树称多县的噶哇隆巴地方,曾在此举行了有僧俗万余人参加的盛大法会,在当地产生了极大影响,因而该地改名为"称多"(意为万人集会之地)。称多县尕藏寺也是这一时期兴建的。八思巴还将歇武多干寺改为萨迦派寺院,又派弟子到该寺主持寺务,并成为该寺第一世活佛。总之,八思巴在宣政院管辖的青南尤其是在玉树地区以其帝师身份的影响力,大力弘扬萨迦派教法,修建寺院,促使青海藏传佛教萨迦派得到前所未有的发展。今黄南州同仁市隆务寺、海东市循化县的文都寺以及湟中区的西纳寺也是元代修建的著名萨迦派寺院。与此同时,卫藏和其他藏区的噶当派、噶举派等藏传佛教高僧也纷纷到青海弘法传教。总之,正是由于元朝的大力支持和倡导,藏传佛教在青海藏区得到广泛传播和发展,并成为蒙、藏两个民族相互联系的文化纽带。

五 明清时期的青海藏族

明朝在青海推行卫所制度,但同时也继承元朝"因俗而治"的传统,采取"因俗尚,用僧徒化导"。明朝将甘青藏族称为"西番",在治理方

---

[1] 高士荣:《西北土司制度研究》,民族出版社1999年版,第114页。

略上一方面基本沿袭了元代的制度，另一方面通过"卫所制"将所授官职纳入行政系统的体制之内，因而不断强化了中央集权统治。

整个有明一代，青海藏族部落分布众多复杂，从明朝所谓"西番诸卫"辖区看，当时黄河以南由河州卫管辖，黄河以北主要由西宁卫管辖，根据《明史》和《明实录》等的记载，河州卫属68族，西宁卫属178族。[①] 又据《西宁府新志》卷十九载，明万历中西宁有二十五族。[②] 另据《秦边纪略》载，明朝将西宁卫附近藏族称为"熟番"，将远离西宁卫的藏族称为"生番"，包括今玉树、果洛等地藏族皆划为后者。[③] 在藏传佛教治理方面，明朝在藏族地区采取"多封众建、尚用僧徒"[④]的怀柔政策，封授了一批从法王到禅师的僧官，并颁发印信诰敕，从而达到使其"率修善道，阴助王化""尊朝廷之法，抚安一方"[⑤]的治理目的，同时也说明当地原有的政教合一制度得到了明朝的认可并被纳入中央集权治理之中。特别值得一提的是，明代青海藏族中产生了一位了不起的宗教改革家即宗喀巴大师，他创立了格鲁派，俗称黄教，在全国藏族地区形成了很大影响，并最终成为藏传佛教诸派中的主流派。在经济社会发展方面，明建朝之初即对茶政、马政予以高度重视，建立了一套严密的官营茶马贸易体制，由此沟通和密切了藏汉民族间的经济联系，更重要的是明朝在政治上赢得了藏族的归心，正如明臣梁材所言："国家设立三茶马司，以茶易马，虽所以供边军征战之用，实所以系人归向之心。"[⑥]

清朝在选择性地继承元、明两代治藏策略的基础上，总结历史经验，在政治方面，中央层面成立了理藩院，专门处理全国藏族地区政治、军事、宗教等项事务，这是继元朝设立宣政院之后由中央政府设立的又一专事藏务的机构。清廷平定罗卜藏丹津叛乱后，设置了青海办事大臣，又称西宁办事大臣，管辖青海蒙藏部落，这一机构的成立一方面充分说明青海藏族地区在大清一盘棋战略中的重要地位，同时也表明清廷治藏、治青方

[①] 《明太宗实录》卷19，永乐九年十月。

[②] （清）杨应琚纂：《西宁府新志》卷19《武备·番族》，青海人民出版社1988年版，第471—481页。

[③] （清）梁份：《秦边纪略》卷1，青海人民出版社1987年版，第51页。

[④] 顾祖成：《明清治藏史要》，西藏人民出版社1999年版，第40页。陈楠：《明代大慈法王研究》，中央民族大学出版社2005年版，第97—98页。

[⑤] 《明史》卷331《西域传三》。

[⑥] （明）梁材：《议茶马事宜疏》，《明经世文编》卷106，中华书局1962年版。

略日臻完整，甚至达到了一个新的高度。其中藏族部落有玉树四十族、环海八族及黄河南各部等，同时建立了千百户制度。青海办事大臣的设置，是清朝对青海蒙藏地区施政的一次重大创新。同时经过有清一代的施政，青海藏区政教合一制度也日益完备、巩固。在宗教事务管理方面，清廷优崇格鲁派，整顿各教派寺院，充分发挥格鲁派及其领袖的作用和影响力，特别是册封了青海格鲁派驻京七大呼图克图（甘肃拉卜楞寺嘉木样活佛因不属于青海藏族地区活佛，故未列入青海驻京呼图克图），借此治理青海蒙藏部落。清朝政府治理青海藏族地区的另一重要措施是改卫所制设府县，推行千百户制度。清雍正三年（1725年），按《青海善后事宜十三条》《禁约青海十二事》相关规定，清廷将藏族部落从和硕特蒙古统治下剥离开来，并清查户口，划定界线，因俗设官，确立千百户制度，封授千户、百户职衔，由西宁办事大臣委派。后来清廷为了分而治之，将人口较多、所属牧场较大的部落拆解分散，以至于藏族千百户部落人口规模越调整越小，据不完全统计，当时共计有总千户1人、千户22人、百户114人、百长81人、干保或什长46人。①清朝政府在青海藏族地区实行的千百户制度是一种建立在领户基础上的封土制，由此建立起来的封建领主统治秩序，受到清朝法律的保护。②清朝政府在实行千百户制度的同时，在农业区还实施了土司制度，据史料记载，西宁府在清代共有土司24家，其中藏族土司6家。③在经济方面，清廷采取一系列鼓励农民垦荒的政策，同时大兴水利，推动了青海农耕藏区的经济发展。在牧业上也采取了一些措施，在一定程度上促进了畜牧业的发展。在商业贸易方面，清代青海藏族与内地和周边其他民族的交往日益密切。清初青海藏区与内地的商贸活动仍然主要是以清朝官方茶马贸易的形式进行的。平定罗卜藏丹津事件后，军马需求减少，同时青海藏族各部也以易马为累，于是茶马贸易逐渐衰落。清代青海藏区的建筑艺术取得较高成就，主要体现在藏传佛教寺院建筑文化领域。在绘画和雕塑领域也取得了辉煌成就，例如热贡艺术驰名整个藏区。此外，清代青海藏族文化界还出现了大量的历史和科技类

---

① 黎宗华、李延恺：《安多藏族史略》，青海民族出版社1997年版，第153页。
② 周新会：《青海藏族牧业区封建领主经济研究》，陕西人民教育出版社1993年版，第71—75页。
③ 先巴：《青海藏族简史》，青海人民出版社2014年版，第282页。

论著。

清末民初的青海藏族主要分布在今黄南、果洛、玉树、海南、海北、海西六州,西宁和海东地区也有部分零散杂居藏族部落。除甘肃西宁府(道)所辖的七县外,均沿行明清以来的部落制度。1929年1月青海建省后,渐次推行县制,同时保留部落制和寺院的某些特权。由于藏族分布遍及青海各地,东部农业区藏族和牧业区藏族社会发展存在差异,其千百户制度也有所不同。首先,东部农业区已基本纳入内地封建体制之内,藏族千百户统治受到这一体制的有力制约。同时,乡约制度也已不同程度地推行到这一地区的藏族部落中,因此千百户的统治权威已逐渐在削弱。其次,东部河湟地区的藏族已经基本进入农耕定居或半定居的生活状态,传统的部落体制开始解体,部落的地缘组织特征更趋明显。从20世纪30年代初至40年代末马步芳家族统治青海藏区。1949年青海解放,同其他民族一样,青海藏族进入社会主义新时代。

第四节 回族与撒拉族

回族和撒拉族是世居青海的少数民族,均是几乎全民信仰伊斯兰教的民族。回族是自唐、宋尤其元代以后,由在中国经商或者被征调从军等形式东来的波斯人、阿拉伯人及中亚和西亚其他民族自愿留在中国,并吸收了所在地的汉族、维吾尔族以及蒙古族等逐渐形成的民族。其居住特点为"大分散、小聚居",可谓遍布全国各地。截至2018年,青海回族大约有89.16万人。[①] 撒拉族原是居住在中亚撒马尔罕一带突厥乌古斯部的一支,元朝初年在首领尕勒莽兄弟的带领下,经过新疆、河西走廊辗转迁徙至今青海,主要居住在循化县,截至2018年12月,青海省撒拉族人口共约有11.64万。[②]

一 回族

青海省是我国回族主要分布的省份,省内主要聚居于河湟地区,其发

---

① 此数据来源于青海省统计局《2019年青海统计年鉴》。
② 此数据来源于青海省统计局《2019年青海统计年鉴》。

端于唐宋之际，发展形成于元朝时期。从青海回族主要居住地看，西宁回族的先民主要来源于阿拉伯、波斯和国内陕西、甘肃及江淮等地。化隆、循化、贵德的回族先民则大多是明清以后陆续从甘肃河州等地移民来的，而门源、大通以及祁连的回族先民多是从新疆移来。当然，民和、乐都、湟中等地的回族一部分是因逃荒而流落到西宁的。

1. 唐宋时期

唐代阿拉伯人来华最初主要是遣唐使团和唐朝廷为平定"安史之乱"而借用的大食（当时大食帝国即阿拉伯帝国阿巴斯王朝，亦称黑衣大食）军队，后一部分军人留居长安并繁衍后代。[①] 此外，应邀同大食军士同来的西域回鹘士兵也因各种原因留居陕甘地区，成为回回先民。其次，因经商和传教需要而留居中土的。阿拉伯帝国派遣商团到唐经营贸易活动，其中一些人及其后裔也有来青定居者。同时唐宋中央王朝也鼓励民众自行到中国从商，一些阿拉伯商人通过河西走廊，翻越祁连山来到湟水沿岸一带，以经商或务农为业而安居当地，成为青海回族先民。到了宋代，阿拉伯和中亚、西亚的穆斯林商人与大宋、辽有着繁忙的商业往来。大食、波斯、喀喇汗王朝[②]的使者、商人来往于东南海路和河西走廊陆路，至西夏占据河西走廊后，隔绝了宋朝与西方的陆上交通。于是宋朝又打通了从秦州到河州、经青海而达西域的丝绸之路南道。这样大规模的商贸活动必然带来大量的移民，从而壮大了青海回族的队伍。

2. 元明时期

13世纪成吉思汗统一蒙古各部后便开始对外征战，经过数次西征，中亚和西亚广大地区的信仰伊斯兰教的民族和国家被征服，随之而来的是大批阿拉伯人、波斯人和突厥人等都被蒙古军队征调到中国。因而，形成了大规模的穆斯林移民浪潮。东来的穆斯林中又有军士、工匠、妇孺百姓、科技人才和上层人士及部属，元朝官方史书称其为"回回"，这些人也陆续进入甘青地区。特别是蒙古贵族签发征用原阿拉伯帝国大量兵士组成"西域亲军"，东归以实施其灭西夏、金、辽的军事计划的历史背景下，曾有部分西域人整体进入河湟流域定居下来，繁衍形成各达数万人众的聚居

---

① 吕振羽：《简明中国通史》，人民出版社1955年版，第366页。

② 喀喇汗王朝又称"黑汗"，是中国古代西北地区回纥人和葛逻禄人等族群在今中亚和新疆中西部建立的封建政权。

地。蒙古灭亡了南宋王朝后，把大批回回军士以及贡使、商贾等安置于甘、宁、青境内，从事戍边屯田，并选派回回人兀伯都剌、麦术丁、合散和哈珊等先后为丞相，经营这一地区。元亡明立后，明朝中央为防西北边陲蒙古残部，急需良马以充军，遂在西宁等六州设茶马司，用官茶以易吐蕃之马，并遣使至西域令贡良马，至明英宗时，西域贡使和商贾不仅遍布河西走廊，而且西宁、河州、兰州和巩昌等地也有不少客居的回回人，这些地区的清真寺基本上也是元、明时期修建的。明代是伊斯兰教在中国传播发展较快的历史时期，明朝统治者对穆斯林采取宽容优待的政策。据王岱舆《正教真诠》卷首"群书集考"载："洪武元年（1368年）敕建礼拜寺于金陵，御书百字赞褒美清真寺，以示优异。"其以帝王身份公开推崇伊斯兰教，由此几乎框定了明代280年对伊斯兰教的基本国策。使伊斯兰教在整个明代平稳发展，百字赞至今在许多清真寺和回族中广为流传。与此同时，回族聚居地区都建立了清真寺，包括青海西宁、大通、民和等地都修建了清真寺。明朝初期，明王朝在地广人稀的西北地区实行中央集权统治的同时推行土司制度，即所谓"土流参治"，对归顺的当地少数民族土官"授以世职"，以土治土，随之形成了许多土司家族，其中冶土司是明代河湟地区唯一的回族土司，直到民国废除土司制度时，末代土司冶金敖伴随着清王朝的灭亡正式退出历史舞台。此外，明代青海回族经济也有了新的发展。明朝初期实行屯田政策，在青海境内主要实施军屯的卫所为西宁卫和归德（即今贵德）千户所。军屯除军士屯田外，军士的家属也往往入屯垦种，这无疑加快了军户向民户的转化过程，据史料记载，明宣德三年（1428年），西宁卫因军士各有差遣，不暇屯种，为不影响屯田生产，"征进屯军家居自愿力田者七百七十余人，乞令如旧耕种，依例收其籽粒"[①]。

3. 清朝至民国时期

同明朝一样，清王朝也将"移民实边"作为一项基本政策，数度移民青海。清雍正三年（1725年），建大通卫（包括大通、门源、祁连）所属大通、白塔、永安三处城堡，就从山西、陕西、甘肃、北京等地迁来大批回民以实边，特别是雍正时从甘肃河西等地迁来的更多，故大通、门源一带至今还有凉州庄、甘州庄、河州庄等地名。清朝时期，朝廷历次镇压回

[①] 《明宣宗实录》卷42，据广方言馆本补用嘉业堂本校。

民事变,也引起了大量人口流动,据《秦边纪略》载:"顺治戊子,回回叛乱,逃亡于此。"即指清初甘州米剌印、丁国栋领导的回族反清事件失败后,曾有一部分回族越过祁连山来到大通、门源和湟中多巴一带。乾隆四十六年(1781年),苏四十三事件被清廷平息后,有少数撒拉族人和东乡人迁入民和满坪、转导、官亭、古鄯、西沟、联合等山区,后多融入回族。①

此外,在青海还生活着托茂人和卡力岗藏回等所谓中国边缘穆斯林族群。在今青海省海晏县、祁连县生活着被称为托茂人的穆斯林,他们信仰伊斯兰教,但操蒙古语,兼通汉语,在宗教生活和日常生活中使用一些阿拉伯语和波斯语词汇,服饰和一些生活习俗与蒙古族基本一样。关于托茂人的由来有4种观点,但基本上可以概括为两类观点,即:第一种观点认为他们是信仰了伊斯兰教的蒙古人;第二种观点认为他们是回族,在清代反清起义失败后,流落至海晏投奔当地蒙古王爷,并在长期发展中,服饰和生活习俗受到了蒙古族的影响,只是仍保留了自己原来的信仰,对此《甘州府志》中有所记载,"我朝顺治八年(1651年),叛回米剌印、丁国栋余党数百人善鸟枪者逃出,降于番夷滚卜台吉。滚卜率诸回驻牧于巴丝墩以为羽翼,将前明所筑西水关尽为毁坏无遗矣。今由雍正初年驱逐番部开地"。这段文字恰好印证了第二种观点。

卡力岗操藏语回族主要居住在化隆县卡力岗地区阿什努、德恒隆两个乡,约有一万余人,关于这一边缘穆斯林族群的由来,普遍认为其先祖原属于土著藏族,后因故改信伊斯兰教。据记载,雍正十二年(1734年),中国伊斯兰教虎夫耶门宦最大派系华寺门宦教主马来迟,往来于河州与西宁之间的循化、化隆等地传教。乾隆二十一年(1756年),马来迟由循化至化隆境内黄河渡口施展法力,使当地藏族僧俗折服并改信伊斯兰教,成为其追随者。②

4. 回族经济变迁发展史

青海回族有自己独立的经济活动起始于元代,当时,青海回族先民开始在青海河湟谷地进行以屯田和牧养为主的农业生产活动。屯田无疑是元

---

① 喇秉礼、马小琴:《青海回族简史》,青海人民出版社2014年版,第22—23页。
② 马通:《中国伊斯兰教派与门宦制度史略》,宁夏人民出版社1983年版,第226—227页;化隆回族自治县地方志编纂委员会编:《化隆县志》,陕西人民出版社1994年版,第658页。

代青海回族农业生产的主要形式。元代无论是军屯还是民屯，都是"画地使耕，无力者则以牛具为器"①。从《元史》的许多零星记载中依旧能看出青海回族先民在河湟地区的屯田颇具规模，且有专任官员负责屯田。随着农区经济的不断发展，到了明代，农牧业渐渐成为青海回族社会经济的坚实基础和主体。明朝初期中央政府实行休养生息的基本国策，采取了一系列措施来推动农业生产的发展，对已经归附的少数民族的农牧业生产活动也给予了许多优惠政策。明朝初期也实行屯田策略，屯田同样分为军屯和民屯。在青海境内实行军屯的卫所为西宁卫和归德（即今贵德）千户府。河湟地区的军民屯田开始于明洪武十年（1377年），明代青海地区无论是军屯还是民屯都取得了很大成效，这些成效的取得，固然以汉族的出力最多，但从史料看回族军民也做出了重大贡献②。此外，河湟地区的回族还发展了园艺业。青海回族还十分精于商业活动，明朝中叶之后，有河湟回族参与的民间茶马贸易日益兴盛，成为各民族贸易往来的主流。清初河湟地区贸易在明后期发展的基础上得到了迅速发展，由最初的民间贸易为主向国际贸易发展转变，先后在湟水谷地崛起了西宁、多巴、白塔儿（大通县城关镇）、丹噶尔等中外贸易的商业城镇。例如，清乾隆年间，"恰克图贩卖大黄者独有一家，系西宁回民，俄罗斯最为信服"③。在清代前期随着回族人口增加、聚居地区扩展，回族居住农区和藏族、蒙古族居住的牧区之间贸易往来越加频繁，河湟地区逐渐形成了以西宁为核心向四周呈辐射状的交通驿站网，从而加强了藏区与内地的联络，同时也开辟了一些新的商道，河湟地区回族利用便利的水道，交通运输量大幅度提升，促进了商贸事业的发展。

二 撒拉族

撒拉族也是青海世居少数民族之一，主要聚居于青海循化撒拉族自治县，在青海境内共有11.55万人。④ 撒拉族语言属于阿尔泰语系突厥语族西匈奴语支乌古斯语组，由于长期与周围汉、藏、回等民族交往相处，故

---

① 《元史》卷17《世祖本纪十四》。
② 穆赤·云登嘉措主编：《青海少数民族》，青海人民出版社1995年版，第178—185页。
③ 冯家昇、程溯洛、穆广文等编著：《维吾尔族史料简编》（下），民族出版社1981年版，第265页。
④ 此数据来源于青海省统计局《2019年青海省统计年鉴》。

从汉语、藏语中吸收了许多借词来丰富自己民族的语言,在宗教活动中有时也夹杂一些波斯语和阿拉伯语,通用汉字作为书面交际工具。

1. 撒拉族族源

由于撒拉族缺乏用本民族文字记载的历史,汉文史籍中也未能载明,故关于该民族族源多来自民间传说。汉文史籍仅《元史》记载了有关撒拉族的简单内容,并未涉及撒拉族族源,20 世纪 40 年代至 60 年代的研究者以及《撒拉族简史》①等都基本引用民间传说,即从前中亚撒马尔罕地方有尕勒莽、阿合莽两兄弟,在伊斯兰教门中很有名望,他们由于反对压迫,遭到国王的嫉恨和迫害,于是二人牵了一峰白骆驼,驮着《古兰经》②,带领 18 名同族东行,一直行至循化并定居于此。诚然民间传说故事往往是研究民族渊源的重要资料,它从侧面反映了撒拉族先民来自中亚这一历史事实。据史书记载,公元 13 世纪蒙古军队征服了中亚地区后,即签发当地信仰伊斯兰教的民族,组成"西域亲军",调发至东方来,用以对西夏和南宋作战。被签发的还有工匠、被俘掠的妇孺,也有知识界人士。"盖今在此种东方地域之中,已有回教人民不少移殖,或为河中与呼罗珊之俘虏,挈至其地为匠人与牧人者,或因金发而迁徙者。"③结合史料记载,基本上可以厘清撒拉族东迁原因及路线,即撒拉尔人东迁,是这一大潮流中被蒙古帝国大汗下令签发东来的信仰伊斯兰教各族中的一支,是西域亲军中的一支由 170 户组成的军人,这支军队的名称叫"撒尔特",被调往河西走廊驻屯。此后又沿河西走廊东行,至宁夏绕天水西行至循化驻屯,经过长期的历史发展,与藏族、回族等邻近民族互相融合逐渐形成了新的民族共同体。

2. 元明时期对撒拉族地区的施政

元明时期,中央政府为保证撒拉族地区社会稳定、强化撒拉族对中央王朝的认同,采取了一系列措施来实现对这一区域的社会控制。这些措施包括授以达鲁花赤官衔、实施土司制度以及茶马互市等。元朝时,今循化县地方归积石州管辖,设"达鲁花赤一员,元帅一员,同知一员,知事一

---

① 《撒拉族简史》编写组编:《撒拉族简史》,青海人民出版社 1982 年版。

② 这部《古兰经》手抄本多年来一直保存在循化县街子镇尕最及其后裔家中。新中国成立后一度保存在民族文化馆,现在由循化县人民政府保存。

③ [法] 勒尼·格鲁塞:《草原帝国》,魏英邦译,青海人民出版社 1991 年版,第 282—283 页。

员，脱脱禾孙一员"①，达鲁花赤系掌印官，有实际权力，这位达鲁花赤由撒拉人的首领担任并世袭。

明朝洪武三年（1370年），撒拉族归顺明朝。由于撒拉族居住地方是远离中央统治中心的边地，且为多民族杂居地区，明中央对西北地区施行特殊政策，所以撒拉族首领仍然拥有较高地位，是明朝拉拢和依靠的主要力量。明代将元行中书省改称"承宣布政使司"并"颁天下州县及羁縻诸司"。撤销甘肃行省，并入陕西行省，青海东部各地归其管辖。洪武七年（1374年）明中央将陕西行省都指挥使司设在河州，管辖沿边诸卫所，并兼领朵甘卫和乌斯藏等卫。隶属于河州卫的积石州千户所约于明洪武四年组建，今循化县地方归该千户所管辖。从此循化地方形成了撒拉族世袭的土司统治时代。

3. 清代至民国时期

清初对循化县所在地的河湟地区采取羁縻政策，"画土分疆，多沿明制"②。清雍正朝始，因政治形势发生变化，开始在今循化地区查田定赋、封土千户，并设循化营及循化厅，强化其统治。一是查田定赋是与河州所属各个原先"纳马之族"的安插降番同时进行的。清朝官员未曾亲自到撒拉族地方查田，而是"饬令"本族头目自查造册，撒拉人从此开始缴纳赋粮，每年745斗有余，相比全省全国，向官府缴纳的粮赋是比较轻的。二是封授土千户，清雍正七年（1729年）封授韩大用为"保安堡撒喇土千户"，管辖下六工中五工和上六工中查汗都斯工；封授韩炳为保安堡撒喇土千户，管辖下六工中五工和上六工中清水工。③ 至此，撒拉族由两个土千户分别管辖，之所以授两个土千户，既有当地撒拉族内部因素，也是清政府对少数民族分而治之策略的产物。三是设立循化营，建城驻兵。清雍正七年（1729年）平定保安堡兵变后，为了进一步加强对循化地区的管控，于次年六月经清廷批准，将原保安堡升格为"循化营"。与此同时又修筑了循化城和衙署兵房，从而不断巩固军政统治。乾隆二十七年（1762年），清政府又设立县一级的地方政权机构即循化厅，隶属于兰州府。④ 总

---

① 《元史》卷87《百官志三》。
② 《清史稿》卷54《地理志一》。
③ （清）龚景瀚：《循化志》卷1《建置沿革》，青海人民出版社1981年版。
④ （清）龚景瀚：《循化志》卷5《官师》，青海人民出版社1981年版，第189页。

之，循化营和循化厅的相继设立，在青海撒拉族历史上是很有影响的历史事件，这一施政措施推动了当地经济社会的发展，同时也密切了与内地的经济、政治和文化的交往。

清同治、光绪年间撒拉族发生了武装反清斗争，撒拉族人民的反抗斗争沉重打击了其内部的封建制度，土司制度和世袭哈尔制度被废除，① 随着乡约制的推行，清廷在当地的直接统治逐步加强。民国时期河州马家军阀势力日益壮大，并在撒拉族聚居地区确立了统治地位，马麒、马步芳父子势力渗入循化撒拉八工，至1949年全国解放，撒拉族人民迈向新的发展阶段。

4. 循化撒拉族经济发展变迁

撒拉族先民作为西突厥人在历史上以从事畜牧业为主，元代迁徙到循化当地后以从事农业为主，兼营牧业，同时也从事商贸活动。明代茶马互市大兴，洪武三年（1370年）明军征服陇右等地，撒拉族归附明朝，次年即设置茶马司，开始茶马互市。"四年……设茶马司于秦、洮、河、雅诸州……西方诸部落，无不以马售者。"② 洪武七年（1374年），并洮州茶马司于河州，扩大河州茶马司的业务范围。河州茶马司所辖市易之处有二，其中之一在积石关，该处是循化、贵德一带少数民族各部交马易茶之处，有官军戍守。③ 茶马互市对撒拉族社会经济的影响包括促进了民间贸易、畜牧业和农业生产的发展。④ 清代雍乾时期是循化撒拉族历史上经济发展的重要阶段，人口也在逐年增长，据史载，明嘉靖年间（16世纪中叶）人口约一万人。⑤ 清雍正五年（1727年），西宁镇依上年查田定赋时当地撒拉族头目韩大用、韩炳自报数字为1600余户，约一万余人。⑥ 乾隆年间因反清失败，人口锐减，但仍有"六千余户"⑦，合三万余人。清末民

---

① 在撒拉族社会里，有一种特殊的基层组织，称"阿格乃"和"孔木散"。阿格乃系男系近亲血缘组织，由三五户至十余户组成。孔木散由数个阿格乃组成，原先也属血缘组织，以后逐渐发展成为地缘组织，所有撒拉族人都属于一定的阿格乃和孔木散。每一个孔木散内有一位"哈尔"，意为长老或者长者，在土司制度下演变成世袭的基层头人，也称"哈尔户长"。
② 《明史》卷80《食货志四·茶法》。
③ （清）龚景翰：《循化志》卷2《关津》，青海人民出版社1981年版，第74页。
④ 芈一之、张科：《撒拉族简史》，青海人民出版社2014年版，第82—88页。
⑤ （明）张雨：《边政考》卷9《甘肃·河州番》。
⑥ （清）龚景翰：《循化志》卷4《族寨工屯》，青海人民出版社1981年版，第159页。
⑦ （清）方略馆编：《清代方略全书》（30），北京图书馆出版社2006年版，第353页。

初，中国封建制度走向彻底衰落，同全国各地一样，循化撒拉族经济社会发展也较为缓慢，特别是马家军阀统治时期对撒拉族的经济掠夺，致使当地经济枯竭、社会停滞不前。新中国成立后，循化县撒拉族人民走向新生，经济社会大踏步向前发展。

第五节 土族

土族是青海世居少数民族之一，主要分布于青海省互助土族自治县、民和回族土族自治县以及大通回族土族自治县。此外还散居于青海省海西州、海南州等地，甘肃省天祝藏族自治县也有少量土族居住。2019年据青海省统计年鉴统计，至2018年12月，青海土族总人口为21.41万人。土族使用土族语，属于阿尔泰语系蒙古语族，1979年曾创制了以拉丁字母为形式的土族文字，但实际通用汉字。

一 土族族源

关于土族族源在学术界尚无定论，一般有两种观点，一是蒙古人或蒙古人为主说，二是吐谷浑说。但同样都认为明代汉文记载中的"土达""土人"（或称"达民""土民"等）与今天的土族是一脉相承的。持第一种观点的学者们认为由于许多汉文记载明确表达，明代史籍中所谓"土达""土人"，均系元代蒙古遗裔及明初由塞外归附的蒙古人，加之有语言、民族自称、汉藏文记载和其他民族学资料佐证，故认为蒙古人为主说更具说服力，即土族是蒙元时期以屯戍、受封、避难等各种形式迁居青海河湟地区的蒙古人为主，同时又吸收了吐谷浑、汉、藏诸民族成分及其文化因素，于明代形成的一个新的民族共同体。[1] 本书采信第二种观点，即土族源自东胡鲜卑族慕容部分支吐谷浑，在长期历史演变过程中，融合了蒙古、藏、汉等民族成分并最终形成了一个独特的民族共同体，当然就语言特征而言，的确土族与蒙古族在历史上有密切关系。[2]

---

[1] 郝时远、任一飞主编：《中国少数民族现状与发展调查研究丛书·互助县土族卷》，民族出版社2006年版，第17页。
[2] 穆赤·云登嘉措主编：《青海少数民族》，青海人民出版社1995年版，第250页。

二 汉代至魏晋时期

东汉桓帝时期，即公元 147—167 年间，东胡鲜卑首领檀石槐在蒙古大草原建立了强大的檀石槐联盟，在此基础上建立了鲜卑汗国，分辖地为东、西、中三部，其中有慕容部。鲜卑汗国存在了 85 年后解体，鲜卑各部再度重新组合，形成新的部群，同时又大举南下西迁，足迹南至淮河、长江流域，西达青藏高原、中亚盆地及帕米尔高原，也有的仍留居故地。大约一个世纪之后，诸部在各地纷纷建立国家，其时间或长或短，先后延续了三个多世纪，然后逐渐融合到当地民族中。

慕容部是以鲜卑汗国时期大人慕容的名字命名的。魏明帝景初二年（238 年），慕容部首领莫护拔随司马懿讨伐公孙渊有功，拜率义王，迁今辽宁锦州附近。莫护拔死，子涉归统率部众。涉归有庶出长子吐谷浑，涉归死后由其嫡子慕容廆继位，在西晋太康四年至五年（283—284 年），吐谷浑与慕容廆两部因发生草场纠纷，吐谷浑率部向西游牧于今内蒙古阴山一带。[①] 约十余年后，趁西晋"八王之乱"，经今陕西陇山迁徙至甘肃临夏西北驻牧。东晋建武元年（317 年）吐谷浑死，子吐延继位，继续征服氐羌，被羌族首领羌聪刺杀，由子叶延继位。据史料记载，叶延"颇视书传"[②]，"好问天地造化，帝王年历"[③]，深受汉族传统文化熏陶，"以王父字为氏，为尊祖公"，就以吐谷浑为姓氏、族名和国号。至此，吐谷浑国正式建立。[④] 其国境东起甘肃洮河流域，西到青海都兰、巴隆地区，南至四川阿坝、松潘地界，北达青海湖周围。东晋义熙十年至刘宋景平元年（414—423 年）间，吐谷浑第九代名王阿豺率众"兼并羌、氐，地方数千里，号为强国"[⑤]，声名远播我国西北地区，他族遂以阿豺代称吐谷浑，因而在唐以后的藏文文献称吐谷浑为"阿豺"或"阿夏"，并沿用至五代之际。[⑥] 吐谷浑在 5 世纪末至 6 世纪初，国力鼎盛，疆域"东至垒（叠）川，

---

① 《晋书》卷 97 《吐谷浑传》；周伟洲：《吐谷浑资料辑录》卷 61，青海人民出版社 1972 年版，第 1 页。
② 《宋书》卷 96 《鲜卑吐谷浑传》。
③ 《晋书》卷 97 《吐谷浑传》。
④ 吕建福：《土族史》，中国社会科学出版社 2002 年版，第 41 页。
⑤ 《魏书》卷 101 《吐谷浑传》。
⑥ 李文实：《霍尔与土族》，《青海民族学院学报》1982 年第 4 期。

西邻于阗，北接高昌，东北通秦岭，万千余里"①。

三 唐宋时期

隋朝统一后，对不断攻略其西部边陲的吐谷浑进行军事反击，吐谷浑势力遭打击，加之内部矛盾重重，国力开始衰退。大业五年（609年）隋炀帝亲征吐谷浑，使其势力严重受损。至唐朝贞观九年（635年），唐军攻破吐谷浑国。次年，立诺曷钵为国主，吐谷浑从而成为唐帝国属国。从唐显庆元年（656年）开始，吐蕃连续攻打吐谷浑，至唐龙朔三年（663年）攻破吐谷浑。至此，立国300余年的吐谷浑国覆灭。由于民族共同体的稳定性等原因，亡国后的吐谷浑人仍然以其族号活动在西北、雁北等地，史书中以"吐浑""退浑""浑"等名号记载之。② 吐蕃对吐谷浑人采取的统治方式是基本上保留其原来的政权形式，使其成为被役属的"小邦之国"，按时收取贡赋，征集兵马粮草，驱使其为吐蕃征战。此外，对吐谷浑上层还以通婚、重用等手段进行笼络和控制。由于吐蕃统治吐谷浑人长达180年之久，故吐谷浑人吐蕃化程度很深，甚至许多吐谷浑人融入吐蕃人之中。但也有部分吐谷浑人顽强保留着本民族特点而未被同化，如甘肃省甘南藏族自治州卓尼县勺哇土族就是吐蕃赤松德赞时被征服而未被同化的吐谷浑后裔。③

唐朝对其境内的吐谷浑人采取妥善安置和羁縻的措施。吐谷浑王诺曷钵国破后率残部数千帐逃奔至今甘肃武威，唐安置其王室。唐高宗咸亨三年（672年），又安置诺曷钵等王室于今西宁居住，徙其众数千帐于浩门水（大通河）以南。后因驻地狭窄且紧邻吐蕃，其王室及一些部众又被迁移到灵州（今宁夏灵武）一带居住，"置安乐州，以诺曷钵为刺史"④。后因部众增多，又设长乐州于其邻近地区，对王族首领封以"青海国王"之号，世代承袭，直到唐德宗时期慕容复死后才停袭。同时还让其王族与唐宗室、外戚及官员通婚等，加快了这些上层贵族的汉化进程。

唐朝中央对迁往陕西西北部地区的吐谷浑设置了宁朔州和浑州两个羁

---

① 《梁书》卷54《河南传》。
② 穆赤·云登嘉措主编：《青海少数民族》，青海人民出版社1995年版，第251页。
③ 穆赤·云登嘉措主编：《青海少数民族》，青海人民出版社1995年版，第252页。
④ 《唐会要》卷73，中华书局2008年版。

縻州进行管辖。甘青交界地区是吐谷浑频繁活动地区,"安史之乱"前,吐蕃统治下的一部分吐谷浑人东投唐朝,平定"安史之乱"后东迁朔方和河东之地的吐谷浑首领被唐朝封为都督、都使等职,令其统辖部众。① 至五代时期,吐谷浑人主要活动在甘青交界地区,还有部分人分布在新疆南部和青海西部一带。北宋时期吐谷浑人又主要集中活动于青海湖以北、大通河以南的广大地区,② 至唃厮啰政权兴起于青海东部,其境内的吐谷浑人又成为其属民,包括在被称为"霍尔"的民族之中,原称"阿豺"或"阿夏"之名不再使用。久而久之,受其影响,吐谷浑人中也有自称"霍尔"者,宋灭唃厮啰政权后,当地霍尔人(吐谷浑人)归宋统治。③

四　元明清及民国时期和中华人民共和国成立初期

元朝时,河湟霍尔居住于甘肃、陕西两个行省,开始了蒙古驻军与霍尔人的融合,据《佑宁寺志》记载④,蒙古成吉思汗率兵进入青海东部地区后,其部将格日利特及其部属在今互助一带留居下来,与当地霍尔人通婚并逐渐融为一体。佑宁寺的前身郭隆寺落成时曾以格日利特为守护神,与汉文记载可互为印证。元朝灭亡后,居住在甘青地区的蒙古人除有一部分返回北方草原外,大部分归附明朝,被汉族和其他民族称为"土达""达民""土民",成为土族的重要族源之一。

综上所述,蒙古族迁入青海后,与当地被藏族称为"霍尔"的吐谷浑后裔融合,并吸收其他民族成分,从而形成一个新的民族共同体,其中吐谷浑人在土族形成过程中处于主体地位。土族族称来源于吐谷浑之"吐","浑"在蒙古语中是"人"的意思,吐浑即土人,自元开始,"吐谷浑一词消失,代之而起的是'土人'"⑤。

明朝建立后,土人首领率部降明,被封为土司,明王朝以土司统治土人地区。到了清代,土人土司归顺清王朝,仍袭原职,清朝为加强控制,对土司实权进行限制,不断削弱其实力。清末民初,土人汉化程度加快,尤其住在汉族较为集中的西宁市周围及乐都等地的许多土人融入汉族之

---

① 《旧唐书》卷198《吐谷浑传》。
② 《续资治通鉴长编》卷四三,中华书局1980年版。
③ 穆赤·云登嘉措主编:《青海少数民族》,青海人民出版社1995年版,第254—255页。
④ 尕藏、蒲文成等译注:《佑宁寺志(三种)》,青海人民出版社1990年版。
⑤ 《土族简史》编写组:《土族简史》,青海人民出版社1982年版。

中。1929年青海建省前，土司制度被明令取消，所有土人归地方政府管辖。中华人民共和国成立后，国家经过少数民族社会历史调查和民族识别工作，并尊重土人意愿，定名为土族。

五 土族经济变迁

土族的先民吐谷浑由部落联盟过渡到封建社会，实行封建经济制度，但其治下各地经济社会发展不平衡，在其中心地区即青海湖周边及东部地区实行封建社会收取赋税的经济制度。吐谷浑国亡，处于吐蕃统治下的吐谷浑各部以"小邦之国"的形式存在，属民仍承担着上交赋税的重担，"小邦"首领则将其中之一部分上缴吐蕃王朝。而住在唐朝境内的吐谷浑人中的少数上层拥有朝廷封赐之牧场牲畜和耕地的大部分，农牧民等只有少量的生产资料。元代至清前期，土司占有草场、牲畜等生产资料的大部分，征收属民赋税，其中少部分用于朝贡。元设行省，明立卫所，清行府县厅，一些土人地区为官府直辖区，少数土人上层拥有大量的土地、草场、牲畜等，而下层百姓只占有生产资料的少部分，但只向官府缴纳赋税，支差应役。在土司管理的地区，随着土人由牧转农，土司也转为田地的主要拥有者。清朝中期以后，土司势衰，官府直接管辖地区不断扩大，土人中的官府所属百姓也随之渐增，且大都成为自耕农，占有少量耕地，少数地主向农民出租土地，收取地租。农民则除交租外，还要向官府上粮纳草，支应差役。那些尚未完全摆脱土司统治又属官府百姓的土人，受到双重剥削。随着藏传佛教势力在土人地区的发展，一些土人为了生存成为寺院属民，还有一些土人除了受官府、土司、地主剥削外，还要承担各种宗教活动带来的经济和差役负担。① 民国时期，土司制度被取消后，地主和寺院上层依然是生产资料的主要占有者。中华人民共和国成立后，剥削制度被推翻，广大土族人民走上了社会主义建设的康庄大道。

第六节 蒙古族

蒙古族是青海世居少数民族之一，主要居住在海西蒙古族藏族自治

---

① 穆赤·云登嘉措主编：《青海少数民族》，青海人民出版社1995年版，第270页。

州、黄南藏族自治州河南蒙古族自治县，海北藏族自治州海晏、门源、刚察、祁连县，此外海南藏族自治州、西宁市大通县、海东市乐都区等地也有少量蒙古族散居，至2018年年末，全省境内共有蒙古族人口10.86万人。① 青海蒙古族语言属阿尔泰语系蒙古语族，书面使用蒙古文，信仰藏传佛教。

一 元朝时期

蒙古人进入青海的时间约在公元13世纪初叶，一般有两种观点，第一种观点认为是1206年，依据是《蒙古源流》，该书卷六中记载"岁次丙寅（1206年）"蒙古军"会于柴达木疆域"，但学者们经过研究认为此说可靠性不大。② 第二种观点源于《元史·太祖本纪》等重要史籍。史载，"太祖二十二年丁亥春，帝留兵攻夏王朝，自率师渡河攻积石州。二月，破临洮府，三月，破洮、河、西宁二州"③。太祖二十二年，即1227年，这年蒙古人第一次进入青海。1236年，元太宗窝阔台将原西夏的河西地区赐于其三子阔端作为封地，阔端率军驻于西凉府即凉州（今甘肃武威市）后驻宫于永昌，故后史亦称永昌王，并负责规复陇右和经营吐蕃地区。1239年，阔端派部将达尔汗台吉多达那波和那门二人领军经青海进入西藏藏北，途经多堆（今海南州和果洛州相邻地带）、多迈（旧译脱思麻，今青海湖西南和黄河源一带）和索曲卡。1244年，西藏萨迦派首领萨迦班智达应阔端之邀途经青海赴凉州与阔端举行会盟，1246年抵凉州，1247年与阔端会晤，萨迦班智达代表吐蕃各地方教派和割据势力与阔端达成协议，归顺蒙古大汗。1253年，蒙哥继大汗位，命其弟忽必烈率军从临洮经甘南远征大理。是年设置"吐蕃等处宣慰使司"于河州，管辖包括青海在内的安多藏区，次年秋，忽必烈大军中达吾尔部在卓格浪地区（今甘肃省玛曲县、四川省若尔盖县和青海省河南县一带）设立驿站和马场，其中一部分留居下来并成为今黄南州河南县蒙古人中最早驻牧该地的部落。根据《元史·地理志》和《元史·百官志》载，元代西宁州一带和柴达木西北部属设治于甘州的甘肃行中书省统辖。元朝曾在西宁州设置了一个负责本

---

① 数据来源于青海省统计局《2019年青海统计年鉴》。
② 韩儒林主编：《元朝史》（上、下），人民出版社2008年版。
③ 《元史》卷1《太祖本纪》，据中华本校勘记，应为"三州"——引者。

州税收财政事务的机构即"西宁州等处拘榷课程所"。元代还设置了贵德州，负责黄河以南地区的治理。① 该州隶属于吐蕃等处招讨使司，而该招讨使司为宣慰使司都元帅府下属机构。1269年，忽必烈第七子奥鲁赤受封西平王，镇守吐蕃等地，其后裔分为西平王和镇西武靖王两个支系，是镇守此地最有权势的宗王，与可汗家族世代联姻的弘吉剌部的章吉在元世祖至元二十四年（1287年）受封为宁濮郡王，自此又镇守西宁州地。② 章吉故后，其弟脱脱木儿继尚忙古台长公主，并于大德十年（1306年）受封为濮阳王。此外，元时还曾封忽答里迷失、速来蛮及出伯为西宁王，三人均曾出镇过西宁州地。元代青海柴达木盆地仍是宋代"黄头回纥"、元时称"撒里畏兀儿"人的牧地，元末曾封宗室卜烟帖木儿为宁王（亦称安定王）镇守当地。

元朝建立后，在前朝的基础上，广泛推行土官制，即在少数民族地区设立的统治机构中任用少数民族上层人物为官，称为土官，并使其成为代言人，享受世袭特权。例如，元朝时青海撒拉族首领神宝（韩宝）是"撒拉尔世袭达鲁花赤"③，再如必里万户府首领阿卜束是"世袭万户"④。此外，元代政教合一的统治也成为封建王朝统治体制在青海境内的重要环节。元中央宣政院及其在青海藏区所建立的各级统治机构委官任职的原则也明确宣称"僧俗并用"。故而，寺僧治民的政教合一统治与封建中央王朝在青海地方的统治并行。例如，元初湟水流域已建有西纳寺、玉树称多地方修建的噶藏寺等先后建立政教合一的统治制度。⑤

二 明朝时期

明朝取代元朝后，明军于1370年进入甘青地区，新旧代替，变化极大，元镇西武靖王卜纳剌率部降明并入朝京师，封武靖卫同知，留居南京。奥鲁赤之子铁木耳不花的后裔豫王死战不降，被明军统领邓愈驱逐到黄河以西（今海南州境内），后又转入通天河一带游牧。湟水流域的蒙古贵族朵儿只班于1371年退居今青海省海西州乌兰县希里沟，后又退到居

---

① 《元史》卷63《地理六·河源附录》。
② 《元史》卷60《地理三》。
③ （清）龚景翰：《循化志》卷5，青海人民出版社1991年版。
④ 《明太祖实录》卷84，据方言馆本补用嘉业堂本校。
⑤ 崔永红等主编：《青海通史》，青海人民出版社2017年版，第216页。

延海，被明军将领冯胜击溃。1374年6月，元宁王卜烟帖木儿降明，次年，被封安定王，仍驻守原地。此外，明朝于其地设置罕东、安定、阿端、曲先四卫，以安置蒙古部众。卫的指挥使、同知、佥事等职，均由蒙古贵族担任，蒙古部众定期与明设在西宁的茶马司进行茶马互市。至1506年，原游牧于内蒙古地区的永谢布部和鄂尔多斯的太师亦不剌及阿尔秃厮在内争中被达延汗击败，遂率1万余众逃出河套于1513年进入柴达木盆地。1533年土默特部首领吉囊曾率5万人由野马川入西海，袭击亦不剌，后者从此一蹶不振。有明一代特别需要重点叙述的是俺答汗入青一事。俺答汗系上述达延汗之孙、吉囊之弟，曾统一东蒙古各部，1559年，俺答汗率部众移牧青海湖地区，驱逐当地游牧的卜儿孩部，留其子丙兔驻守。1570年明朝与俺答汗议和，明朝封其为"顺义王"，双方互通贡市。1573年在青海湖南岸察卜齐雅勒修建寺院，并派人到西藏迎请哲蚌寺法台索南嘉措来青，寺院竣工后明廷赐额"仰华寺"。1578年在仰华寺举行有10余万人参加的盛大法会，会上俺答汗赠索南嘉措"圣识一切瓦齐尔达剌达赖喇嘛"之尊号，索南嘉措赠俺答汗为"法王梵天"。自此俺答汗率众信奉黄教（格鲁派），土默特部108名青年受戒为僧。从此黄教传播于蒙古部落中，蒙藏关系也空前密切起来。1580年俺答汗返回内蒙古。俺答汗先后留29支部落于青海，计有数万之众，包括其侄孙火落赤和侄永邵卜等部，并由永邵卜主持仰华寺。俺答汗去世后青海蒙古诸部与明朝对抗，1588年9月，永邵卜之婿瓦拉塔波囊率众攻西宁南川。次年6月，火落赤率众攻洮州。明军多次损兵折将，震动朝廷，于是明军于1591年进军西海，收抚藏族8万余人并组织起来进攻火落赤等部。是年9月，明军焚毁仰华寺。1595年秋，永邵卜女婿瓦拉塔波囊率众进攻西宁，被明军大败于南川和康缠沟，史称"湟中大捷"。从此，西海蒙古衰败不振，永邵卜和火落赤部均撤出青海地界。明末清初在西宁周边游牧的蒙古部落是卜儿孩的余部；还有在日月山一带驻牧的是卜儿孩之孙麦力干等。

三 清朝时期

蒙古族大举进入青海是在清朝时期，明崇祯年间漠北喀尔喀蒙古首领却图汗进入青海，却图汗信奉藏传佛教噶玛噶举派，[①] 进入青海后便开始

---

① 王森：《西藏佛教发展史略》，中国社会科学出版社1987年版，第256页。

打击和迫害格鲁派。与此同时，同样也信奉噶玛噶举派的西藏地方政权实际掌权人藏巴汗也反对格鲁派。此外，康区白利土司亦排斥格鲁派。于是此三人结成联盟。面对危情，格鲁派以五世达赖的襄佐（管家）索南饶丹、四世班禅罗桑确吉坚赞和格鲁派施主第巴吉雪巴·措杰多杰等共同策划，派遣两名青海郭隆寺的格鲁派僧人远赴天山北路，请求游牧于那里的厄鲁特蒙古出兵青海，援救格鲁派。

自公元16世纪后半叶开始，厄鲁特部就长期处于战乱纷争状态，其中和硕特部首领固始汗在此背景下，急于另找出路，于是选中了青海地区。固始汗原名图鲁拜琥，青年时因调解喀尔喀与厄鲁特两部间纠纷，被赠予"国师"称号，自此便以"国师汗"闻名，这一名称又演变为固始汗或顾实汗。固始汗于明崇祯八年（1636年）秋冬间，在准噶尔部首领巴图尔珲台吉的配合下经塔里木盆地进入青海西部。次年初，固始汗在青海湖以西乌兰和硕地方以1万军队击败了却图汗3万人马并擒杀了却图汗。青海草原自此被固始汗部所占，不久巴图尔珲台吉率所部返回新疆原牧地。与和硕特部同来青海的还有部分土尔扈特和辉特部分，后来准噶尔和喀尔喀部众也来青海游牧。固始汗灭了却图汗后前往西藏谒见五世达赖，五世达赖授予固始汗"持教法王"称号，从此二人结成了政教同盟。随后固始汗返回青海于1639年5月进军康区，次年冬消灭白利土司顿月多吉，1641年率大军入藏，次年正月消灭藏巴汗，格鲁派在固始汗的支持下取得了完胜。不久，固始汗的另一孙子达尔嘉博硕克图率所部由青海湖北地区南渡黄河，占领了今青海、甘肃交界之河曲地区和四川西北部的广大藏区，如此，和硕特蒙古统治了几乎整个青藏高原。固始汗将青海分封给其十子，分左右两翼，后来，除长子达延一系主持拉萨汗廷及第八子衮布察珲无子嗣外，其余八人均有后代留居青海，[①] 故统领青海部众的便称作"青海和硕特八台吉"。八台吉中又有一位任总领，称为"洪（浑）台吉"，凡遇有内外大事时，洪台吉便主持会盟大会，统一行动，会盟地点在察汗托落亥[②]。1644年清军入关，定都北京，1652年五世达赖到北京朝

---

① （清）智贡巴·贡却乎丹巴饶杰：《安多政教史》，吴均等译，青海人民出版社2017年版，第47页。

② 察汗托落亥，蒙古语，意为白色山峰，地当日月山与青海湖之间，为东西交通要冲，清初为青海蒙古诸部循例会盟之地。

觐，清廷封固始汗为"遵行文义敏慧顾实汗"，承认其"庶邦君长"地位，和硕特蒙古成为清朝外藩。1654年，顾实汗在拉萨病故，其汗位由其长子达延鄂齐尔汗子孙承袭。

1697年，准噶尔部噶尔丹汗兵败，清廷派员招抚青海诸台吉，次年清廷封固始汗幼子达什巴图尔为和硕亲王，统领青海和硕特蒙古诸部，其余分别封以贝勒、贝子、公等爵位，青海蒙古成为清朝内藩。达什巴图尔去世后，其子罗卜藏丹津于1717年冬承袭亲王爵位。1723年7月，罗卜藏丹津发动反清叛乱，当年冬，清军收复西宁周围地区，次年罗卜藏丹津兵败退至青海湖以西，直至从噶斯口逃往准噶尔。1755年，清军平定伊犁，俘获罗卜藏丹津押解北京软禁至死。

罗卜藏丹津叛乱平定以后，清廷加强对青海蒙古的控制，采纳年羹尧奏请的《青海善后事宜十三条》和《禁约青海十二事》。1725年，仿内蒙古札萨克办法，施行盟旗制度，将青海蒙古各部编为29旗，另设有察罕诺门汗特别旗（也称喇嘛旗）1旗。以札萨克领之，分管各属，定有分界。旗既是清朝封建国家体制内蒙古地区的军事行政单位，又是清廷赐给蒙古封建领主的世袭领地，也是生产和经济单位，喇嘛旗同时又具有宗教领地的性质。每旗旗长（札萨克）由其部落首领担任，并设协理台吉1员，下设协领、参领各1员。按户口多寡，150户编一佐领，每佐领俱设佐领、骁骑校各1员，领催4名。一旗有十佐领以上者，添设副协领1员、佐领2员。合各旗称为盟，平时不设盟长，只有在会盟时才推选老成恭顺者充当盟长。各旗会盟必须在西宁办事大臣主持监督下进行，除举行祭祀青海湖神仪式外，还集中处理一年内蒙古各旗内部重大事项。道光三年（1823年）又规定青海环湖藏族部落也参加祭海会盟，蒙藏共同祭海有利于青海地区的社会稳定。祭海活动一直延续到中华人民共和国成立。

四 民国时期及中华人民共和国成立初期

中华民国建立后，袁世凯政府制定《蒙古待遇条件》和《加进实赞共和制蒙古各札萨克王公封爵》，青海蒙古王公人人晋爵一级，封建领主制度得以延续。1923年在海西设都兰理事，1929年设县，兼管八旗。河南四旗中拉加旗于1935年划归同德县，另三旗由河南亲王管辖。1933年在西宁成立两翼办事机构。1938年青海推行保甲制度时，除河南四旗没有实行外，其余各旗由闲散台吉担任保长、乡长，或由旗长兼任乡长，由此盟旗制与保甲制二者并存。中华人民共和国成立后，先后在青海蒙古族聚居的地方成立了海西蒙古族藏族哈萨克族自治州，在河南成立了河南蒙古族自治县，在海晏北山和祁连县默勒地区成立了北山蒙古族自治区和默勒蒙古族自治区，从此青海蒙古族真正开始享受民族平等和管理内部事务的权利。

五 蒙古族经济生活演变

第一，经济制度的演变。封建生产关系包括王府占有、部落占有和寺院占有。王府占有大面积草场并拥有支配权，而部落占有其实就是牧主头人占有各种生产资料。此外，各个寺院在其周围都占有一定面积的草山。以河南县为例，解放前对该县的调查显示，王公、头人和宗教上层只占人口的4%，却占有全部草场面积的42%，占人口总数96%的贫苦牧民只占有全部草场面积的50%多。新中国成立后，为了发展畜牧业经济，逐步改善广大牧民群众生活，党和人民政府根据民族特点和地区的复杂情况，坚决执行中央制定的"不分不斗，不划阶级""牧工牧主两利"和"大力扶助贫苦牧民发展生产"的政策，于1954年开始，对牧主经济通过民族内部协商，和平地进行民主改革。改革中对牧主的剥削只采取限制的政策，对民族宗教上层人士则执行"团结、教育、改造"的方针。这些措施在当时条件下，对于增进民族团结、发展生产、改善蒙古族群众生活起到了极大的促进作用，当时采取的主要办法：一是扶贫济困，发展贫牧经济；二是实行免税轻税政策；三是增加牧工工资；四是包干放牧；五是将草场全部收归国有或划归集体所有。同时全部废除了宗教寺院的封建特权，取消了寺院对牧民群众摊派无偿劳役的特权和种种剥削项目，这一改革是民主改革中最显著的一项成效。

第二，经济结构的演变。青海蒙古族绝大多数从事畜牧业生产，主要牲畜有马、牛、羊、骆驼四种，骆驼的牧养仅限于海西一地，主要用于役使和用来取毛拔绒。青海著名的马种大部分都产在蒙古族聚居地区，诸如"大通马"产于祁连和门源一带，"河曲马"产于河南蒙旗。蒙古人到青海后除大部分人从事牧业生产外，也有少量从事农业的人，青海海东地区的蒙古人完全以农业生产为主，牧业区的蒙古人把农业当作一种副业，主要是为了提供炒面和部分面粉。至于手工业，青海蒙古族地区，一般没有专门的手工业作坊，没有专门以此为谋生手段的匠作人员，而大多数生产生活用具由每家每户自己制作或外购或以物易物。此外，狩猎是当地蒙古族的一项重要副业，也是保护草场、保护牲畜的必要手段。总之，随着历史发展和社会进步，青海蒙古族不断繁荣发展，并与其他民族和睦生活在青海大地上。

第八章

唐蕃古道青海段的民族文化交流

任何一种文化都不是一个封闭的体系，都在与其他文化的交往中不断发生变化。由于各种文化间始终保持一种联系，从周邻民族文化中汲取养料是每一民族文化发展的重要环节，从而增强了彼此间的文化共性。唐蕃古道青海段沿线地区在各个历史时期有着不同的民族主体，形成多民族杂居共处的社会格局，各民族文化在发展过程中有矛盾、冲突，但以相互交流、相互兼容、相互涵化、相互影响、相互依存为主流。各民族文化一方面保持了各自的传承和特点，另一方面又结成了多元多边的文化互动关系，在文化上相互影响、相互渗透和相互吸收，通过这种互动关系从其他民族文化中汲取各种养分、丰富自身文化的内涵，从而在文化上达到了一种"你中有我，我中有你"的相互交融的状态，共同构筑起青海多民族文化融合共进的辉煌历史，成为中华民族多元文化中不可分割的重要组成部分，凸显着文化多元性、多样性、包容互补性的人文内涵与精神魅力。如果说中华民族文化本身就是多民族文化、多形态文化的融合而呈现为"和而不同"、多元一体、"海纳百川，有容乃大"的格局，是文化样态的共性，那么唐蕃古道青海段沿线历史文化发展的多元化、多样性，则是文化样态的个性，是中华民族文化多元化的有机组成部分。

第一节 史前民族文化交流

在考古学研究中，从马家窑文化、齐家文化至卡约文化，青海地区一直就是一个以彩陶为显著特色，以农业兼畜牧业型经济为主的文化形态区，在经济、文化和民族传统等各方面既具有自身鲜明的地域特色，又始终与周边地区保持着相当密切的联系，且这种联系愈到后来就愈加密切。当中原地区由夏经商历周进入文明时代以后，青海地区的古代羌人，也在新石器时代基础之上迈入青铜时代，在与周边文化互动交流的同时创造了更具地方特色的青铜时代文化，成为中华文明的重要组成部分。

一 旧石器时代

青海旧石器时代晚期的文化遗物，在青藏高原腹地的沱沱河沿岸、霍霍西里，昆仑山口的三岔口和龙羊峡地区的黄河阶地之上皆有发现，均为打制石器。这些石器打制方法原始，有的附有石锈，发现者认为是旧石器晚期的文化遗物。由于这些石器均为地面采集，没有伴生的地层依据，部分学者尚有存疑。值得一提的是，1984年6月，中国科学院古脊椎动物和古人类研究所在柴达木盆地小柴旦东南岸的湖相堆积地层中采集到打制石器百余件，器形有石核、石片、刮削器、砍砸器、尖状器、雕刻器等，并在古湖滨沙砾层中找到了与石器共存的原生层位，据碳14测定和地层对比，其年代距今大约3万年。从石器以刮削器为主的组合和制作技术上看，具有旧石器时代晚期华北两大系统中周口店第一地点——峙峪系的特点，说明与华北地区的古人类在文化上有着密切的联系。

1980年夏，青海省文物考古队与中国科学院古脊椎动物和古人类研究所在海南藏族自治州贵南县拉乙亥乡的黄河阶地上发现了6个文化内涵相似的古老遗址（编号为8021—8026）。同年秋，即对其中的8021地点进行发掘，揭露面积236平方米，出土文物1489件，除各种打制石器外，还有骨锥、骨针、石珠、研磨器和储石等。拉乙亥8021地点出土的石器全为打制，没有发现新石器时代的磨光石器和陶片，其打制方法与华北地区旧石器时代晚期的文化遗物有很多相似之处，表明它们之间具有文化发展上的渊源关系和文化传统上的继承性。

2002年以来，为配合青藏铁路建设，青海省文物考古研究所在青藏铁路沿线昆仑山垭口处调查发现的纳赤台细石器地点及三岔口东细石器地点，进一步补充了中石器的考古资料。其中，纳赤台细石器以细石叶和刮削器为主，加工方法以击棒法与压剥法较为流行，这些特点与拉乙亥、达玉台及西藏曲扎、双湖的细石器较为相似，估计与其年代相距不远。三岔口东细石器种类有石核、石片、刮削器、细石叶、尖状器五类，从打制石器的形制上分析，可能受到华北地区打制石器的影响。同时，石叶的加工技术主要是间接打片法和压剥法两种，其中有 3 件石叶呈内弯形，说明采用软锤加工技术，与西藏藏南地区仲巴县城北的石器点的内弯形有共同之处。这些发现充分说明，青藏铁路沿格尔木河至昆仑河一线是内地通往西藏的交通要道，由格尔木河西上至昆仑山垭口即进入青藏高原腹地，这里是一条重要的早期人类文明的传播路线。[1]

上述旧石器时代和中石器时代遗迹发现的重要意义不仅在于填补了青海早期人类活动历史的空白，而且有力证明了在那个久远的年代，青海的远古先民就与周边地区的先民有着密切的文化交流，青海地区是中原文化向青藏高原腹地传播的重要通道。

二 新石器时代

青海地区的新石器时代文化主要是马家窑文化、宗日文化。马家窑文化是广泛分布于甘、宁、青地区的一种旧石器时代晚期文化，年代为公元前 4000 年到公元前 2000 年左右，其社会发展进程已处于原始社会晚期母系氏族社会向父系氏族社会的转变时期，基本上以农业为主，兼营家畜饲养业和狩猎业。马家窑文化的制陶业十分发达，其文化遗存中的彩陶以其数量众多、纹饰繁富、构图美妙、风格独特著称，在我国新石器时代彩陶中占有重要位置。宗日文化是在马家窑文化强烈影响下产生的一个地方变种，分布于青海湖南侧共和盆地的黄河及其支流沿岸，时代与东部的马家窑文化相始终，大约延续了 1500 年，后被齐家文化代替。宗日文化的陶器为夹粗砂乳白色陶，施紫红彩，图案以变形鸟纹、多道连续折线纹为主，有折尖长三角纹、网格纹、竖线纹，含有一定的马家窑文化因素，可能早期受过马家窑文化的较大影响。

将青海地区马家窑文化、宗日文化与周边地区新石器时代文化相联系，可以很清晰地看到，这些古代文化之间并不是孤立封闭的，相互之间的经济文化交流与互动是十分密切的。

首先，以马家窑文化为例。马家窑文化不仅与东部陕甘地区的新石器时代较早遗存有着一脉相承的关系，而且与南部岷江流域、西部西藏地区的新石器时代晚期遗址之间有着千丝万缕的联系。马家窑文化的制陶技

---

[1] 任晓燕主编：《再现文明——青海省基本建设考古重要发现》（前言），文物出版社 2013 年版。

法，与陕甘地区新石器时代较早遗存有着传承关系，如流行泥条盘筑法，马家窑类型的一些陶器脱胎于仰韶文化庙底沟类型，有些同半坡晚期类型和西王类型相似。青藏高原东部边缘岷江流域新石器时代晚期遗址中出土的彩陶，其纹饰、风格及制作方法皆源自黄河上游马家窑文化，说明该地区不仅是黄河上游氐羌民族经藏彝走廊南下至川西、藏东、滇西北的必经之地，也与黄河上游地区的马家窑文化有着密切的交流。西藏昌都的卡若文化与黄河中上游地区的原始文化有着密切的联系，其细石器和磨制石器同样见于黄河上游的新石器时代文化遗址中，早期的圆形和方形半地穴房屋、处理过的红烧土墙壁和居住面则属于甘肃、青海等地马家窑文化传统和居住形式。遗址中发现的粟米，属于黄河流域的传统农作物，耐干旱，南方较少种植，很可能就是从马家窑文化传播而来。而遗址出土的马家窑类型彩陶说明，卡若遗址彩陶与河湟地区的马家窑彩陶有一定的亲缘关系，是在后者的影响下发展起来的。卡若文化早期的高领罐和敞口盆，与青海共和盆地马家窑文化宗日类型早期的宗日式陶器形态较为接近，都有假圈足，且都常见折线纹、网格纹、附加堆纹等，其他如有孔刀（有的凹背）和长体锛、凿等磨制石器也近似。有学者通过分析青藏高原陶器分布、特点及制作技法，认为青藏高原原始制陶业首先起源于青海河湟地区，这一地区的制陶技法与风格承袭了陕甘地区新石器时代制陶工艺的一般特点，经过河湟地区原始先民3000多年的沿袭与发展，陶器制作工艺达到了较高水准，尤其是彩陶工艺在我国原始手工业与艺术领域享有崇高地位。河湟地区的陶器制作技术可能经过藏彝走廊传入西藏地区，这和原始农业技术、作物传播方式大体一致，反映了西藏与青海河湟地区在农业、畜牧业和手工业方面的相互影响。[1] 也有研究者认为，西部新石器文化的史前彩陶器形多为深腹盆类，泥质红陶，多以黑彩绘成，类似彩陶在青海东部乃至腹心地带发现，这表明由中原到西北的彩陶文化通道在公元前4000年以前便开始形成。[2]

此外，马家窑文化时期，随着原始农业的发展、社会分工的细化、贫富差异的初步出现，以及人类迁移活动的加剧而带来的生活半径的不断扩

---

[1] 李健胜：《从考古资料看青藏高原史前制陶业的发展历程》，《重庆文理学院学报》（社会科学版）2016年第4期。

[2] 王仁湘：《庙底沟文化彩陶向西南的传播》，《四川文物》2011年第1期。

大，原始商业活动也因此得到初步发展。青海东部地区的马家窑文化类型墓葬中，多次出土了海贝、蚌壳、叶腊石、绿松石等产于中原及沿海地区的物品。例如：青海乐都柳湾马家窑文化墓葬中就曾出土海贝和叶腊石，而叶腊石多产于福建寿山和浙江青田等地，海贝产自南海，均非青藏高原地区所产之物。半山类型26座墓葬中曾出土产于湖北、陕西一带的绿松石40件。①

其次，以宗日文化为例。宗日文化有一个有趣的现象，出土的陶器分为两种：一种是典型的做工精湛、绘图精美的马家窑文化陶器（包括马家窑、半山、马厂类型陶器），橙红色泥质彩陶为主，彩以黑彩为主，仅含极少数泥质素面陶和夹砂陶；另一种是做工粗糙、绘画简单的乳白色夹砂粗陶，其中彩陶以紫红彩为特征，主要纹饰为多道横行连续折线纹和变形鸟纹，称为宗日式陶器。②有学者研究发现，全新世中期在青藏高原东北部存在马家窑文化区、宗日文化区和青海湖细石器文化区三大文化共存的地域格局，在对33个遗址搜集的128枚史前文化陶片中所含微量元素钍（Th）进行分析后，发现宗日文化中的马家窑陶器、细石器文化陶器与河湟谷地陶器来源地较为一致，表明宗日文化马家窑陶器是从东部河湟谷地贸易交换而来，贸易路线主要沿湟水谷地与黄河谷地展开，贸易与交换主要发生在两种文化交接地带，并存在具有"边贸口岸"功能的贸易交换集中地。从贸易、交换的内容来看，马家窑文化向宗日文化输出陶器、粟黍等植物性粮食等产品，推测宗日文化向马家窑文化输出皮毛等牲畜产品。马家窑文化向宗日文化输出的技术包括粟黍种植、制陶，可能还有石器的磨制和房屋的建造等，宗日文化向马家窑文化输出的技术包括细石器制作等，不少马家窑遗址中发现了一定数量的细石器，显然是受高原土著细石器文化影响。③

三 青铜器时代

青海省境内的青铜时代文化有齐家文化、辛店文化、卡约文化和诺木

---

① 青海省文物管理处考古队、中国社会科学院考古研究所编：《青海柳湾》，文物出版社1984年版，第49页。
② 陈洪海、格桑本、李国林：《试论宗日遗址的文化性质》，《考古》1998年第5期。
③ 侯光良、鄂崇毅、杨阳、王青波：《共存与交流——青藏高原东北部史前陶器来源地分析》，《地理环境学报》2016年第6期。

洪文化。这些青铜时代文化在形成与发展中与周围的文化存在着广泛的互动交流，不仅丰富了自身的文化内涵，而且为后来的文化发展奠定了基础。

齐家文化跨越铜石并用时代和青铜时代早期，因客省庄二期文化的西进而诞生于陇东南，进而扩展至甘肃大部以及青海、宁夏地区，晚期一度远距离东渐至关中和商洛地区。时间约为公元前2400年至公元前1500年，可分为早、中、晚三期。齐家文化在青海境内主要分布在东部农业区，海南藏族自治州、海北藏族自治州及黄河沿岸也有零星发现。考古学家韩建业先生指出，齐家文化与关中甚至山西、河南等中原地区文化一直存在密切交流，又间接受到来自中亚等地西方文化越来越显著的影响，并将新鲜血液带到中原，促成二里头"王国"文明的诞生，在中国的"青铜时代革命"中发挥了重要的桥梁纽带作用。①

齐家文化的早期，当时源自西方的小麦已经见于黄河流域大部分地区，源于中亚南部的尖顶冠形符号见于青海东北部，同时期半山类型锯齿纹彩陶的盛行也与来自中亚南部的影响有关，说明公元前3世纪后期甘青等地已与中亚尤其是中亚南部存在文化交流。齐家文化中期和客省庄二期文化后期仍有不少相似的方面，璧、琮、多孔刀和石帚等遗址同时期玉、石器依然接近，可见此时的齐家文化继续与陕西、内蒙古中南部等地存在密切交流。尤其在伊金霍洛旗朱开沟和神木神屹垯梁等朱开沟文化早期遗存中，不时发现男直肢、女屈肢的葬式以及典型的双（三）大耳罐等，明确体现来自齐家文化的影响。② 晚期齐家文化向中原腹地的强烈渗透，带来的当然不只是陶束颈圆腹罐这一种因素，二里头文化的环首刀、"戚"等青铜器，虽然不排除从北方草原南向渗入的可能性，但更可能是与花边罐一道由齐家文化引入。齐家文化晚期铜器的显著增加，当与欧亚草原地带的青铜文化的先后影响相关。具体来说，在秦魏家、大何庄、总寨、齐家坪、沈那、新庄坪、杏林、尕马台、商罐地等遗址发现有较多青铜或红铜的环首或平首刀、单耳或双耳空手斧等工具，在青海沈那等地还发现带倒钩的大矛，这些都与塞伊玛—图尔宾诺遗存、安德罗诺沃文化系统的同

---

① 韩建业：《齐家文化的发展演变：文化互动与欧亚背景》，《文物》2019年第7期。
② 田广金、韩建业：《朱开沟文化研究》，载北京大学考古文博学院编《考古学研究（五）》，科学出版社2003年版。

类器近似，贵南尕马台等所见青铜镜上的三角纹，也常见于安德罗诺沃文化，可见，此时的齐家文化与中亚北部草原地区文化有着比较密切的联系。

此外，齐家文化的制陶业比马家窑文化又有新进步，与周边文化也有着比较密切的交流。柳湾墓地齐家墓葬出土的随葬陶器，除了先前常见的壶、盆、碗以外，新出现了不少造型别致的器物，如薄胎素面、敞口束腰、折腹平底，口沿至腹部有对称的两个大单錾耳的双大耳陶罐，与古希腊、古罗马的安佛拉瓶造型十分相似，显然受到西域文化的重要影响。齐家文化晚期西与四坝文化为邻，二者陶器尤其是青铜器存在不少共性，齐家文化陶器上一种特殊的"蛇纹"装饰，可能是对四坝文化垂带纹等彩陶装饰的模仿，有理由推测四坝文化是齐家文化中西方式青铜器的中间传播环节之一。无论如何，由于和西方文化交流的加深，齐家文化发生了较大变革，生产力水平提升，畜牧业成分显著增加，为其东向远距离拓展准备了条件。[1]

卡约文化虽是青海地区特有的一种古代文化，具有浓郁的地域特点，但在发展过程中继承西北青铜文化传统的同时，不间断地受到中原青铜文化、甘新青铜文化、北方系青铜文化等多种文化直接或间接的影响，吸收并融合多种文化的因素，其金属制品特别是青铜器表现出多种文化的因素。[2]

卡约文化遗址中出土的铜鬲、铜戈、铜矛等青铜器，与中原青铜文化的影响不无关系。例如：西宁鲍家寨发现的铜鬲，是卡约文化中发现的唯一一件青铜容器，与商代二里岗上层郑州白家庄的同类器的纹饰、造型非常接近。上孙家寨出土的铜戈为直内戈，戈身呈三角形，无胡，援有脊，无阑，有两穿，内呈长方形，且有一穿孔。这种戈最早见于安阳殷墟三家庄一号墓，与河南殷商，陕西城固、洋县发现的商代同类器物非常接近。贵南关塘墓群、大通黄家寨墓地、湟源大华中庄和花鼻梁墓地发现的铜矛叶呈柳叶形，中间起脊，骸短于叶，骸口为圆形，矛身两侧多无穿孔。这种形制与西周时期铜矛类似，表明二者之间有着密切的文化联系。

---

[1] 韩建业：《齐家文化的发展演变：文化互动与欧亚背景》，《文物》2019年第7期。
[2] 乔虹：《卡约文化金属制品及其文化意蕴》，《青海师范大学学报》（哲学社会科学版）2013年第4期。

卡约文化遗址中出土的刀、斧、镜、耳环等青铜器，与齐家文化、四坝文化、天山北路墓地表现出比较明显的相似性。从早期的湟中潘家梁到晚期的湟源大华中庄墓地，皆发现有环首刀，虽然数量不多，但一直贯穿于整个发展阶段，可能受到欧亚草原的影响。互助高寨东村遗址、大通良教、同仁扎毛宗安寺发现有管銎式戈、凿，而管銎式青铜器是欧亚草原青铜文化的代表器物，受其影响，四坝文化、天山北路墓地中都发现了管銎式斧或矛，所以管銎式青铜器可能经四坝文化传入卡约文化中，也可能是欧亚草原青铜文化直接传入北方长城一带，形成北方系管銎式青铜器后，经晋北、陕北渐次到达卡约文化。卡约文化将中原文化因素与管銎式相结合，融入本地特色，形成具有地域特点的管銎式斧、戈、凿，表现出多种文化不间断地相互交流与融合。① 此外，动物纹是北方系青铜文化的一个显著特点，西北地区各支青铜文化的动物纹并不是特别丰富，卡约文化的动物纹到中晚期才开始出现，可能也是受到北方系青铜文化的影响。

值得注意的是，青海青铜器时代文化中大多有海贝出土，引起了学者们的注意。贵南尕马台齐家文化墓葬中约有三分之一的墓出土过海贝，数量少则几枚、十几枚，多的达几十枚，甚至百余枚，同时伴有石贝、骨贝出土。卡约文化遗址中除了出土大量海贝、骨贝、石贝外，还出现了青铜贝和金贝。青海地区出土产于我国南方沿海地区的海贝，这引起了学术界的高度关注，经有关学者研究，海贝的出土根据年代远近形成由少到多的趋势，出土海贝上的人工穿孔也呈现由小到大的变化过程，辛店、卡约墓葬中石贝、骨贝的数量逐步增加，到后期还出现了青铜贝，说明贝作为实物货币经历了使用频率由低到高的不同发展阶段。和青海地区的情形大致相同，西藏地区新石器时代文化遗址中也出土有来自南方的海贝，如在昌都卡若遗址中，考古工作者就曾发现了用于佩戴的穿孔贝。考古工作者认为：穿孔贝属于宝贝，此类贝主要产于南海，但在仰韶文化、龙山文化以及黄河上游诸石器时代文化中，经常可以发现以宝贝作为装饰品的情况，这似乎是我国原始文化的共同特征之一，所以国外有的学者是以宝贝的传播作为一种文化因素的传播加以考虑的。卡若遗址远离南海，竟然也发现了这种贝，这除了证明它的居民与我国其他类型的新石器时代文化的居民

---

① 乔虹：《卡约文化金属制品及其文化意蕴》，《青海师范大学学报》（哲学社会科学版）2013年第4期。

有着共同的意识以外，也反映出了当时部落之间的交换，不论是直接或间接的，已经到达了很远的范围。①

曾在青藏高原东北部创造过辉煌灿烂的青铜文化的齐家文化部族也是一个用玉民族。近年来，考古工作者发现齐家文化遗址出土的玉器大多由昆仑玉制成，其中，青海喇家遗址所出土的 7 件玉器皆为软玉，"经初步鉴定，认为属于广义的昆仑山玉，玉料很可能来源于昆仑山东麓的格尔木，也就是广义的和田玉"②。齐家文化一般被认为是沟通中原及东部地区玉文化与西部玉料产地的一个中介，加之齐家文化与四川三星堆文化之间具有很密切的文化联系③，有学者推测，除学者们所说的"玉石之路"的主要路线外，可能有一条从昆仑山南麓经柴达木盆地到达河湟地区，再向东部地区延伸，或经藏彝走廊，向西南地区运送玉料的运玉路线。玉石之路不仅是先秦时期西域与中原贸易交往的重要通道，也是青藏高原地区与中原及西南地区之间的重要商业通道。④

总之，先秦时期青藏高原地区就已经有一定的商品活动，其交易既有物物交换，也有以海贝、金属、玉为一定货币媒介的交换。随着社会经济的不断发展和人们活动半径的逐渐扩大，其商品交往的内容和形式也发生着比较大的变化，其在社会经济生活中的地位越来越重要。另外值得注意的一点是，在当时的商品交换中，既有内地乃至沿海地区的商品流入青藏高原地区，也有青藏高原的诸如玉器、畜产品等流行中原等地，其影响是双向而非单向进行的。

第二节　古代民族文化交流

唐蕃古道青海段所在的青海地区，自古就是一个多民族聚居、多文化并存的地方。先秦时，今青海地区主要是羌人文化，羌人与其他古代民族一起创造了优秀的远古文明。自汉代开始，随着中原王朝统治势力的进

---

① 中国社会科学院考古研究所编：《昌都卡若》，文物出版社 1985 年版，第 154 页。
② 叶茂林、何克洲：《青海民和县喇家遗址出土齐家文化玉器》，《考古》2002 年第 12 期。
③ 彭燕凝：《齐家文化玉器与三星堆文化的关系》，《深圳大学学报》（人文社会科学版）2008 年第 4 期。
④ 臧振：《"玉石之路"初探》，《人文杂志》1994 年第 2 期。

入，汉族文化随之进入今青海东部地区，开始和羌人文化并存和交流。西晋后，随着吐谷浑部族的西迁和发展，鲜卑文化进入今青海地区，与羌人文化、汉族文化等并存和交流。唐代，吐蕃文化进入青海，与汉族等文化发生密切关系。元代后，蒙古族文化、伊斯兰文化等相继进入青海，又与其他文化并存和交流。各民族文化在历史发展过程中既有矛盾、冲突，又有相互交流、相互兼容、相互涵化、相互影响和相互依存，在矛盾中共存，在和谐中发展，结成了谁也离不开谁的亲密关系，共同开发了青海大地，共同创造了灿烂的高原文化，呈现出各种文化多元交汇、互补共融的特点，成为中华民族多元文化中不可分割的重要内容之一，为维护祖国的统一、中华民族的兴旺发达做出了应有的贡献。

一 秦汉时期

秦汉时期，生活在青海地区的主要是许多大大小小、互不统属的羌人部落。无论是古代传说、文献记载还是考古发现，都表明这一时期青海地区的羌人与周边地区保持着十分密切的文化交流互动。

在古代传说资料中，就有不少关于羌人的史迹。如发源于青藏高原的昆仑神话中，关于西王母的传说，即是母权氏族社会西部羌人先民的生活与斗争、愿望与追求的艺术反映。据传西王母原居湟水源头、仙海（即鲜海，今青海湖）之滨，《山海经》记载她"其状如人，豹尾虎齿而善啸，蓬发戴胜"，与"虎豹为群，於（乌）鹊与处"，"是司天之厉及五残"，被认为是世俗兼领神权的羌人部族大首领。此外，《竹书纪年》记载："（帝舜有虞氏）九年，西王母来朝。西王母之来朝，献白环玉玦。"[1]《穆天子传》还记载了周穆王西巡途中在西王母邦会见西王母的情形："乃执白圭玄璧，以见西王母，好献锦组百纯，□组三百纯。西王母再拜受之。"次日，"天子觞西王母于瑶池之上"[2]，饮宴对歌，甚为亲密。《竹书纪年》亦载："穆王十七年，西征昆仑丘，见西王母。其年，西王母来朝。"[3]上述古籍所言的西王母，实际上就是青海地区羌人氏族部落酋长的代表。这

---

[1]《今本竹书纪年》卷上，中国社会科学网学术经典库，http://db.cssn.cn/sjxz/xsjdk/zgjd/。

[2] 杨建新主编：《古西行记选注》，宁夏人民出版社1987年版，第17页。

[3]《今本竹书纪年》卷下，中国社会科学网学术经典库，http://db.cssn.cn/sjxz/xsjdk/zgjd/。

些记载虽然充满着神话传说的色彩,不能全作信史,但也从一方面反映了西部羌人与中原地区的密切关系。

春秋战国时期,随着秦国不断向西开疆拓土,秦与羌人间的经济文化联系日益增多。战国初期,河湟地区是羌人集中分布的中心地带,但此时的羌人仍处于原始社会末期,经济上"少五谷,多禽兽,以射猎为事"①。秦厉共公时(前476—前443年),戎人无弋爰剑被秦国抓去做了奴隶,学到了中原先进的农牧生产知识,后来逃至河湟地区,指导当地羌人使用先进的放牧耕作方法,受到羌人拥戴,成为有历史记载的第一位羌人部落首领。到无弋爰剑曾孙忍的时候,秦献公(前384—前362年)再次向西扩展势力,秦军来到渭水源头,使羌人受到极大威胁。许多弱小的羌人部落迫于秦国的压力,纷纷离开青海地区迁往西藏、西域和西南各地。无弋爰剑的孙子卬率部出赐支河西数千里,与诸羌隔绝不相往来,后称之为"发羌""唐旄",成为藏族先民的一个组成部分。还有一部分羌人长途跋涉到新疆天山南路,形成婼羌。此外,还有大量羌人陆续向南迁徙,有的到了白龙江流域,名为武都羌;有的到了涪江、岷江流域,名为广汉羌;有的到了雅砻江流域,名为越嶲羌。这些羌人与当地原有的居民共同生活,成为西南藏彝语族各支的先民。爰剑的曾孙忍和舞仍留居湟中,忍生九子为九种,舞生十七子为十七种,人口逐渐兴旺。爰剑后五世至研时,为羌中豪强,曾随秦国太子驷赴洛阳朝觐周显王。

羌人在向周边各地迁徙的过程中,与这些地区各民族的交流互动更为频繁。如公元前3—4世纪在中亚地区岩画中广泛流行的带有"镫杖"武器的形象,多出现在青海较早期岩画如舍布齐、野牛沟、卢森等地点中②,表明两地的先民们互相之间有沟通与交流。通过丝绸之路青海道陆续迁往西域地区的羌人,分散居住在西域甚至西域以西的许多地方,如婼羌和西夜、蒲犁、依耐、无雷、白马等羌人部落居住在今天新疆维吾尔自治区南部的广大地区,阿钩羌居住在今天的阿富汗、印度之间,波路羌的居住地则远在今天中亚的锡尔河流域。在此后很长的一段时间内,西域地区的羌人和青海地区的羌人保持着非常紧密的联系,今天,新疆维吾尔自治区仍

---

① 《后汉书》卷87《西羌传》。
② 王敬斋主编:《岩石上的历史画卷——青海海西岩画》,中国民族摄影艺术出版社2012年版,第141—142页。

有很多带羌字的地名，如叶尔羌、婼羌、阿特羌、阿羌等，与这一时期的迁徙与交流是分不开的。

西汉初，匈奴"破东胡，走月氏，威震百蛮，臣服诸羌"①。河湟羌人为匈奴所挟，时常侵扰西汉边地。汉武帝时，确立了"征伐四夷，开地广境，北却匈奴，西逐诸羌"②的战略，中原王朝的统治势力自此延及河湟。西汉中期以后，中央王朝在设置护羌校尉管理羌人事务、设置属国安置归附羌人的同时，在河湟地区设置郡县进行管理，使青海东部逐渐纳入中央政权郡县体制之内，加速了青海地区的开发进程和社会变革，促进了各民族之间的文化交流与融合。从汉宣帝时起开始在河湟地区推行的移民屯田政策，使中原地区先进的农耕技术陆续传入青海，促进了青海地区农业和水利灌溉的发展，逐步改变了当地的人口结构和经济结构，促进了当地农业经济和商业贸易的进步。但中原王朝的移民屯田的政策在一定程度上又侵害了羌人的生存利益，因此，两汉时期羌人的反抗斗争持续不断，汉王朝对羌人的征伐活动也未曾停止。东汉时期，西羌和东羌为反抗严酷的民族压迫政策，先后发动了5次大规模的起义，尽管每次起义都遭到了汉王朝的残酷镇压，但也沉重地打击了汉王朝的统治。此外，由于汉朝势力的持续西进，河湟羌人又主动和被动地不断向内地迁徙。据史料记载，汉景帝时，居住在湟水流域的研种羌豪留何率领部民迁徙到陇西郡一带；宣帝时，赵充国招徕先零、煎巩等羌降汉，迁徙他们至破羌、允街等县，并置金城属国以处之。新朝和东汉时期，大批羌人被陆续迁往内地。内迁的羌人与汉人杂居，受到汉族先进文化影响，大部分与汉族融合。

秦汉时期青海地区多民族文化间的交流融合，也在这一时期的墓葬中得到了充分体现。在湟水流域和黄河沿岸部分地区（如民和官亭地区）原郡县治所及军事交通要冲之地，考古工作者均发现了规模较大的古墓群，从墓葬整体面貌而言，西汉时期的一些墓葬中还存在一些类似卡约文化的夹砂陶器，流行二次扰乱葬和杀殉动物随葬，具有浓厚的卡约文化土著色彩，东汉和魏晋时期的墓葬中，卡约文化传统日见衰落，匈奴、波斯文化因素则多有发现。同时，汉墓中普遍出土汉代各时期的五铢钱、王莽钱、铜镜、车马饰器、带钩、摇钱树等器物，具有典型的中原地区的风格，反

---

① 《后汉书》卷87《西羌传》。
② 《后汉书》卷87《西羌传》。

映内地农耕文化的因素开始占据主导。这类汉墓中最为典型的是西宁市大通县上孙家寨墓地，该墓地发掘清理了汉晋时期墓葬182座，延续时间从西汉昭宣时期到西晋初年，前后约350年，随葬器物有5870件，文化面貌呈现出多元特征，既有汉文化的因素，又依时代早晚而在不同程度上保留着固有的土著文化传统。首先，汉墓出土文物中，有着与中原汉墓大体一致的葬式、葬俗及随葬品，随葬陶器种类基本与中原相似。在主要随葬品中，汉式陶器占99%左右，其陶系、制法、总体器形同于中原汉墓所出。墓葬中还出土了东汉后期的一件铁铧，表明当时牛耕已被推广至河湟地区。182座汉晋墓中有钱币的墓计92座，出土钱币共3343枚，皆铜质，以五铢钱为主，新莽钱次之。[①] 其次，墓中出土"汉匈奴归义亲汉长"官印和具有斯基泰风格的网状铜带扣，以及波斯风格的银壶，表明这些"汉"墓的墓主人有些是汉化的羌人，有些是汉化的匈奴人。其中"汉匈奴归义亲汉长"铜印，其主人推测是归顺汉王朝的"南匈奴'卢水胡'南迁部族"的首领。[②] 随葬物品中的一件单耳环银壶，器表镀金，器腹有环状纹饰，图案是捶揲的忍冬花瓣和葡萄形，具有鲜明的古波斯风格，是青海与西域间开展经济文化交流的物证。

二　魏晋南北朝时期

汉魏以来，北方周边各族纷纷内迁，导致魏晋南北朝时期民族大融合高潮的兴起。原先游牧于北方地区的许多鲜卑部落如秃发部、吐谷浑部、乞伏部、乙弗部、折掘部等，于魏晋之时相继迁入青海地区，成为这一地区的居民之一，其中秃发部、吐谷浑部还分别建立了南凉、吐谷浑政权。在全国政权纷立、更迭频繁的大背景下，青海地区各民族间政治军事纷争不断，迁徙与交往也十分频繁，文化间的交流更为活跃和复杂。而且，纵观南凉和吐谷浑文化发展的历程，我们发现，全面学习和借鉴汉族先进的文化，是二者文化发展中的一条清晰的主线。特别是吐谷浑，在其政权建立、发展和繁荣的过程中，积极主动学习和借鉴汉族先进政治文化，对汉族先进政治文化的学习显得更为积极主动。总之，鲜卑诸部在这一时期唐

---

① 青海省文物考古研究所：《上孙家寨汉晋墓》，文物出版社1993年版，第168页。
② 任晓燕：《大通上孙家寨汉墓群反映的几个问题》，载青海省文化厅、青海省文物考古研究所编《青海考古五十年文集》，青海人民出版社1999年版，第9页。

蕃古道青海段沿线民族文化交流中，是积极的参与者和有力的贡献者。

秃发鲜卑是拓跋鲜卑的一支，东汉末年在首领秃发匹孤率领下西度阴山，首先来到今甘肃河西的北面居牧，曹魏时再迁至河西、陇右一带，与当地羌、汉各族错居杂处。东晋太元年间，秃发部征服了活动于青海湖及湟水流域的乙弗和折掘二部，并在廉川堡筑城作为首都，其政治中心开始移到青海东部地区。秃发鲜卑迁居河西至建立政权的130多年间，虽然保存着自己原有的部落形式和习俗，但由于与河西汉族杂处，不断吸收汉族文化。南凉政权建立后，仿照汉魏以来的官职设置统治机构，在中央置有军事之官和行政之官，官职主要有王、大将军、将军、公、仆射、尚书、郎中、大司农、博士祭酒、内史、太史令、中书令、太尉、校尉、卫尉、都尉、参军、护军、侍郎、从事、侯等。同时，还设置了一套地方行政制度，设郡县、立郡长，还设有州牧等地方官职，明显受到汉文化的影响。南凉统治者吸取历代汉族统治者统治河西地区广大汉、羌等族的经验，大量吸收河陇等地的汉族豪强和俊杰之士参与政权，委任为各级官吏，建立了秃发贵族与当地汉族豪门世族相结合的地方封建政权。此外，南凉统治者还十分崇尚儒术，其自身的汉文化水平普遍较高，甚至有人能用汉文著文章、诗词、歌赋，颇有才华。秃发傉檀之子秃发明德归，即是十六国时期的文学家之一，他13岁时作过《高昌殿赋》，"援笔即成，文不移漏。傉檀览而异之，拟之曹子建"[1]。另一子破羌（源贺）后为北魏制定律令，还依古今兵法，作《十二阵图》。秃发傉檀时期的太史令景保"明于天文"，被喻为"耆龟"，封爵安亭侯。秃发傉檀本人也能文善武，博通经文，时人比之为由余、日䃅。[2]

吐谷浑人原是辽东鲜卑慕容部的一支，西晋永嘉末年在首领吐谷浑的率领下，迁至今甘青川交界一带，征服了当地羌人。吐谷浑之孙叶延在位时，以"吐谷浑"作为族称和国名，正式建立了政权。此后，吐谷浑人先后兼并乞伏鲜卑、秃发鲜卑以及铁弗匈奴等，形成了稳定的民族共同体。吐谷浑在发展壮大的过程中，与周边汉、羌等民族发生密切联系，不断借鉴吸收汉、羌文化的成分，文化特征上也呈现出鲜卑文化与汉、羌文化相融合的特点。

---

[1] （清）汤球：《十六国春秋辑补·南凉录》。
[2] 《晋书》卷126《秃发傉檀载记》。

由于立国于群羌之中，吐谷浑在羌区发展壮大的过程，既是与羌人冲突斗争的过程，也是以吐谷浑为中心与诸羌部落相互结合的过程。吐谷浑进入羌区之初，遇到了羌人的激烈反抗，以至于吐谷浑首领吐延被羌酋姜聪刺死。直到叶延时，由于调整了统治策略，基本缓解了与当地羌人的尖锐矛盾，逐步建立了以吐谷浑为中心的与诸羌豪酋的联合政权。羌人首领参与吐谷浑汗国政权，经常出任大臣、将军，贵族、平民也相互通婚，后来史书上也常羌浑连称。

　　此外，由于吐谷浑在内徙过程中较早接触汉族文化，因此其很早就受到汉族尊崇儒学观念的影响。吐谷浑立国初期，就设有博士之位，司马、博士皆用儒生。在吐谷浑政权发展壮大的过程中，其上层统治者不断借鉴和吸收汉族先进的治国思想，形成了自己一系列独特的治国思想，对于吐谷浑政权的持续发展和强盛起到了积极的作用。例如，吐延在位时，在国家治理上推行一味武力镇压的政策，激起了当地羌人的激烈反抗。叶延继位后，开始借鉴汉族政治文化中的有关治国思想，调整其统治政策。他以"《礼》云公孙之子得以王父字为氏，吾祖始自昌黎光宅于此，今以吐谷浑为氏，尊祖之义也"为由，确定吐谷浑为国家名称和王族姓氏，将鲜卑族"以大人健者名字为姓氏"的习惯上升到儒家"礼"的高度，标志着吐谷浑统治者开始采用汉族儒家思想来治理国家。又如在吐谷浑政权中长期任长史一职的钟恶地，虽为羌人，但通达史典，谙晓经国安邦之策，有着很高的汉文化素养。他针对辟奚、视连父子二人在位时偏执仁孝、不知政事的状况，曾劝谏视连道："夫人君者，以德御世，以威齐众，养以五味，娱以声色。此四者，圣帝明王之所先也，而公皆略之。昔昭公俭啬而丧，偃王仁义而亡，然则仁义所以存身，亦所以亡己。经国者，德礼也；济世者，刑法也。二者或差，则纲维失绪。明公奕叶重光，恩结西夏，虽仁孝发于天然，犹宜宪章周孔，不可独追徐偃之仁，使刑德委而不建。"[①] 根据儒家所提倡的礼法合一的政治理念，对于帝王如何把握仁义的尺度、如何正确处理德礼与刑法之间的关系提出了自己独特的看法。对于钟恶地的劝谏，视连虽以"纲维刑礼，付之将来"加以婉绝，但其子视罴继位后，接受了钟恶地提出的一系列治国思想，彻底改变了其祖、父两代"以仁宰世，不任威刑"的做法，威德并树。而视罴之后的吐谷浑各代统治者，也

----

① 《晋书》卷97《吐谷浑传》。

大都继承了这一思想传统。

在当时南北朝对峙、强国林立的情况下，为了求得生存和发展，吐谷浑力求与北朝相安，与南朝通好，既与北魏和以后的北朝各政权建立良好的关系，又与南朝的宋、齐、梁各政权一直保持着和平友好的朝贡关系，频繁通使往来，吸收先进文化，发展社会经济，促进了民族间的相互了解和融合。例如：吐谷浑自慕璝擒送赫连定、接受北魏封号后，便经常遣使向北魏进贡，而以大国和华夏正统自居的北魏，对吐谷浑及国王亦"加宠王官，乃越常分，容饰车旗，班同上国"[①]。此后双方之间不时有战争发生，但不论双方处于战争时期还是处于和平时期，都从不同的方面加强了两者的关系。据现有资料统计，吐谷浑向北魏遣使共达61次之多。[②] 北魏分裂成东、西魏后，吐谷浑继续采取了"远交近攻"的策略，对与之毗邻的西魏及北周，经常攻略其边境，在遭到西魏、北周的讨伐时又遣使通贡。在西魏、北周存在的47年中，吐谷浑的遣使就有9次。对于西魏、北周强敌东魏及北齐，吐谷浑与之建立良好关系，多次遣使朝贡，并相互通婚。

在与北朝诸政权保持贡赐关系的同时，吐谷浑还与南朝的宋、齐、梁诸政权始终保持着和平友好的朝贡关系。慕璝在位时（426—436年），吐谷浑就与南朝的刘宋政权保持着密切的贡赐关系。慕璝以后的几代吐谷浑国君，基本上维持着同时与南、北方政权保持贡赐关系的局面。刘宋政权曾封吐谷浑主阿豺为安西将军、沙州刺史、浇河公，封慕璝为征西大将军，西秦、河二州刺史，领护羌校尉，晋爵陇西王，封慕利延为河南王。后来，齐、梁政权也与吐谷浑保持着友好关系，尤其吐谷浑多次遣使至梁，"其使或岁再三至，或再岁一至"，还向梁朝"献赤舞龙驹及方物"[③]。梁武帝信佛，吐谷浑王伏连筹特意在益州建造了一座九层佛寺。从423年至461年不到40年的时间中，吐谷浑共向刘宋遣使20次，而吐谷浑遣使南齐见于史籍记载的有1次，遣使南梁见于史籍记载的有9次。[④]

南北朝时期，南北对峙，战乱不止，东西方之间的经济文化交流受到

---

① 《魏书》卷101《吐谷浑传》。
② 崔永红、张得祖、杜常顺主编：《青海通史》，青海人民出版社2017年版，第105页。
③ 《梁书》卷54《河南王传》。
④ 周伟洲：《吐谷浑史》，广西师范大学出版社2006年版，第60页。

极大影响。吐谷浑人不失时机地抓住青海地处东西方交通要道的有利位置，充分利用其所拥有的交通条件、牲畜运力，主动承担起向导、翻译和护卫工作，开拓了著名的吐谷浑道，使吐谷浑成为了当时东西方贸易中一个重要的中转站和集散地，对南北朝时期的东西方经济文化交流作出了积极贡献。在吐谷浑国内，人们乐于从事商业活动，常常由数十人或上百人结成一伙，和官方的贡使团结伴同行，沿途进行交易。与吐谷浑相邻的益州（今四川地区），和吐谷浑的商业往来非常频繁，当地的老百姓为了获得比较可观的贸易利润，纷纷长途跋涉来到吐谷浑境内做生意。西域地区的许多商人，甚至远在中亚、西亚的滑国、波斯、安息等国家和地区的商人，不辞艰辛，取道吐谷浑道来到东西方商贸集散中心吐谷浑，要么定居于吐谷浑，在当地开展贸易活动，要么在吐谷浑人的帮助下，经吐谷浑道南下，来到南朝的政治经济中心建康，进行贸易活动，要么跟随吐谷浑使团或商团来到柔然、西魏和北齐，从事商业贸易。通过吐谷浑输往西方的商品有丝绸、纸张、瓷器、药材、珠宝、茶叶等，其中数量最多的是各种精美的丝绸。运到内地的商品主要有玉石、玛瑙、珊瑚、水晶、玻璃、金银器、香料、良马以及一些异禽怪兽。往来奔波于吐谷浑道的人络绎不绝，他们中除了有各个国家的使者、商人，还有许多远赴西方求法的知名高僧。北魏神龟元年（518 年），执掌朝政的胡太后派僧人惠生前往西域求经，敦煌人宋云随同前往，他们当时走的就是吐谷浑道。北周武成元年（559 年），印度乾陀罗僧人阇那崛多也是由于阗经吐谷浑道前往长安的。1956 年在青海西宁出土了 76 枚波斯银币，据专家们鉴定，这些银币是波斯萨珊王朝卑路斯王时代（457—483 年）的银币。当时，这种银币在中亚和西亚流行很广，是一种国际货币。此外，20 世纪 70 年代，青海大通上孙家寨乙区第 3 号墓出土了一件由古代西亚的安息人制造的单耳银壶。波斯银币和安息单耳银壶的先后出土，充分说明吐谷浑道在当时的东西方商贸往来中占有重要的一席之地。

与此同时，频繁的使团和商贸往来，使吐谷浑人能够比较多地接触到东西方的各种文化，对他们生活和习俗产生了一定影响。例如服饰方面，男子"衣服略同于华夏，多以罗幂为冠，亦以缯为帽"，妇女"皆贯珠贝，束发，以多为贵"①。居住方面，早期的吐谷浑以庐帐为屋，至拾寅时

---

① 《魏书》卷 101《吐谷浑传》。

(452—481年在位）开始了城居生活。吐谷浑王慕利延在位早期，对佛教并不信奉，但在他晚年的时候，对佛教的态度有了很大的改变。他的儿子琼对佛教十分虔诚，著名高僧慧览在游历西域返回内地途经吐谷浑时，琼对他的高深修行非常敬佩，不仅十分优待他，而且还派人在成都修建了一座左军寺，让慧览居住在寺里。拾寅时，吐谷浑"国中有佛法"，并在南朝梁天监十三年（514年）在成都立九层佛寺。①夸吕于南朝梁大同六年（540年）遣使至梁，"求释迦像并经论十四条。敕付像并制旨《涅槃》《般若》《金光明讲疏》一百三卷"②。由于统治阶级的虔诚信奉和大力提倡，佛教很快就在吐谷浑国内流行起来。此外，随着商业的兴盛，在吐谷浑境内的一些交通要道，出现了一些比较大的商业集镇，一些吐谷浑人开始改变了逐水草而居的游牧生活习惯，居住在这些集镇中，经营商业活动。到后来，随着在城镇居住风气的盛行，许多王公贵族也居住在城里。

作为北方游牧民族，吐谷浑在迁入青藏高原地区时，不仅将北方许多先进的畜牧生产技术传到了这里，而且充分发挥自己的聪明才智，对这里原有的牧业生产方式进行了改进。他们利用并建造城郭、居室、畜圈等，将原先传统的自然游牧方式改变为相对定居半定居的畜牧方式。设置围栏，合理利用牧草资源，提高牧业生产水平。其中最值得称道的是，吐谷浑人不仅善于培育良马，还擅长驯马。他们以中亚良马为母本，以青海湖环湖地区的浩门马为父本进行杂交，从而培育出骏异的青海骢，名噪一时，以至于史书中常有吐谷浑"多善马""出良马"的记载。此外，他们把骏马训练得能在音乐声中翩翩起舞，称之为"舞马"，将其作为珍贵的方物进贡给当时南北朝各政权，成为南北朝统治者宫廷娱乐的重要内容。

在南北朝民族大迁徙大融合的环境下，青海地区的地方民族音乐也呈现多元化特点。当时，民族音乐大体分为狄乐、羌乐、凉州乐三个系统。其中，狄乐是鲜卑人的一种马上吹奏乐，配有鲜卑语的歌词，共分53章，并有"吐谷浑"一章，是吐谷浑的音乐。羌乐是指古老的羌人音乐，有羌笛、觱篥等乐器。其中羌笛为一种短笛，横吹；觱篥形似牛角，竖吹，声音宏大。凉州乐是龟兹乐传入河西后，与当地汉族音乐及小月氏、匈奴、羌、氐、鲜卑等族的音乐糅合所形成的一种新乐种，不仅在西北地区民间

---

① 《梁书》卷54《诸夷·河南传》。
② 《南史》卷6《梁本纪中》。

广为流传，而且成为以后历朝宫廷音乐的重要内容，对后世有非常深远的影响。此外，得益于频繁的中西文化交流，胡乐器如琵琶，中原乐器如箫、笙、阮咸、筝等传入青海地区。西平高僧魏瞻（道照），不仅"少善尺牍，兼博经史"，而且还是当时有名的琴家，他整理和研究当时乐器和演奏技巧，著有《琴图》《琴声律》，① 其中有一些片段保留在明代的《太音大全集》中。

三 隋唐时期

隋唐时期，活动于唐蕃古道青海段沿线的民族主要有吐谷浑、吐蕃、汉、党项、白兰、苏毗、多弥等。虽然吐蕃攻灭吐谷浑后，唐蕃两大政治势力在青海地区展开了长达百年之久的激烈角逐，但各民族间的经济文化交流并未因此而停滞，特别是这一时期唐与吐谷浑、吐蕃间的和亲，进一步增进了相互之间的经济文化交流，推动了青海地区各民族经济社会的发展。

在政治交流方面，吐谷浑依旧占据着比较重要的位置。隋代时，势力比较强大的吐谷浑与隋朝时战时和。隋开皇十一年（591年），吐谷浑可汗夸吕死，子世伏立，上表称藩，归属于隋。开皇十六年（596年），隋文帝以宗室女光化公主嫁于世伏。次年，吐谷浑国内大乱，国人杀世伏，立其弟伏允为可汗，伏允上表请依吐谷浑"兄死妻嫂"的风俗，尚光化公主。自此以后，双方保持着友好关系。隋大业五年（609年），隋炀帝亲率大军击败吐谷浑后，在吐谷浑故地及归附的西域设置西海、河源、鄯善、且末四郡，同时，"发天下轻罪徙居"四郡，大开屯田，驻兵戍守。隋炀帝西巡固然以征服和掠夺吐谷浑为目的，但统一了今青海及西域部分地区，扫清了中西交通的障碍，客观上有利于加强中西方文化交流及国内各民族的交往融合，有一定积极意义。唐朝建立后，吐谷浑一方面派遣使者向唐朝进贡，从武德二年（619年）到贞观八年（634年）间，先后遣使朝贡14次；另一方面又趁唐朝巩固政权之机，频繁侵扰唐朝的西部边境。唐贞观九年（635年），唐朝征服吐谷浑国，立吐谷浑国王慕容顺的儿子诺曷钵为河源郡王，统领吐谷浑各部。贞观十年（636年）、贞观十三年（639年），诺曷钵亲赴长安请婚，唐太宗最终同意将宗室女弘化公

---

① （元）脱脱等撰：《宋史》卷202《艺文志》，中华书局1985年版，第5056页。

主嫁给诺曷钵。贞观十四年（640年）二月，左骁卫将军、淮阳王李道明及右武卫将军慕容宝护送弘化公主至吐谷浑与诺曷钵成婚。弘化公主嫁入吐谷浑，是唐朝将公主嫁于外藩的开端，使唐与吐谷浑的关系更加亲密。唐贞观二十三年（649年）唐太宗驾崩后，在其陵墓前所立的14位民族领袖人物石造像陪臣中，即有诺曷钵。

吐谷浑与隋、唐两个中原王朝交流互动的同时，与6世纪中叶以来在青藏高原逐渐崛起的吐蕃政权也有着密切的政治联系与交往。据藏文史籍的追述，吐蕃早在松赞干布的曾祖仲年德如和祖父达日年色时代，就已经和吐谷浑有联系。据说，达日年色先天失明，后从吐谷浑请医生治疗，得以重见光明。另据中外学者对近世在新疆发现的有关吐蕃文书的研究，唐贞观九年（635年），吐谷浑王室就与吐蕃王室联姻，双方结成了舅甥关系。说明吐谷浑在成为唐朝属国之前，与吐蕃之间的政治关系也是非常密切的。吐蕃攻灭吐谷浑后，仍保留了吐谷浑王位，与吐蕃王室保持着联姻关系，也吸收一些吐谷浑贵族在吐蕃政权中担任高级职务。据《敦煌本吐蕃历史文书》记载，武则天永昌元年（689年），吐蕃王室女"赞蒙墀邦嫁吐谷浑王为妻"[①]。景龙四年（710年），吐蕃迎亲使团经过吐谷浑邦国时，赞蒙墀邦及其子莫何吐谷浑可汗、吐谷浑大尚论等宫廷位阶高之人，会见了金城公主，双方致礼，并举行盛宴，奉献了各种礼品。[②]

唐与吐蕃的政治交往则是这一时期各民族政治文化交往的主要内容。唐蕃正式建立联系是在贞观八年（634年），这一年，松赞干布首次遣使入唐通好，唐朝则于贞观十年（636年）派使者冯德遐回访吐蕃。此后，吐蕃多次向唐"奉表求婚"，但都被唐太宗婉言相拒。松赞干布因求婚不成，认为是吐谷浑从中作梗，便发兵击败吐谷浑，并乘胜攻破党项、白兰诸羌，屯兵于松州西境，声称"若大国不嫁公主于我，即当入寇"[③]。唐太宗派遣侯君集率兵反击，出松州夜袭吐蕃军营，松赞干布引兵而退，遣使谢罪，并再次请婚，得到太宗许可。贞观十五年（641年），唐太宗以宗室女文成公主许嫁松赞干布，并命礼部尚书、江夏郡王李道宗持节护送文成公主到吐蕃完婚，松赞干布也率军队和臣僚亲迎于河源一带的柏海。文

---

① 王尧辑：《敦煌本吐蕃历史文书》，民族出版社1980年版，第106页。
② 参见周伟洲编《吐谷浑资料辑录》，青海人民出版社1992年版，第449页。
③ 《旧唐书》卷196《吐蕃传上》。

成公主远嫁吐蕃,开创了唐蕃关系史上的新局面,唐蕃双方以甥舅相称,在政治、经济、文化各方面展开了频繁的交流和沟通。贞观二十三年(649年),唐以松赞干布为驸马都尉,封西海郡王。终松赞干布之世,唐蕃之间使节往来不断,始终保持着友好交往的关系。

唐高宗继位后,吐蕃向青海地区的扩张势头明显增长。龙朔三年(663年),吐谷浑亲吐蕃的大臣素和贵叛投吐蕃,吐蕃因此尽知吐谷浑虚实,开始大举进攻吐谷浑,在黄河岸边击败吐谷浑军队,诺曷钵和弘化公主一起率数千帐避走凉州,吐蕃占领吐谷浑全境。为了安抚失去故土的诺曷钵,唐朝于乾封元年(666年)册封诺曷钵为"青海国王"。咸亨元年(670年),唐以右威卫大将军薛仁贵为逻娑道行军大总管,右卫员外大将军阿史那道真、右卫将军郭待封为副,率兵十万讨伐吐蕃,在大非川全军覆灭,宣告了吐谷浑复国希望的破灭。吐蕃占领吐谷浑后,与唐朝之间不再有缓冲地带,唐蕃之间便在青海地区展开了旷日持久的军事和政治角逐。长安四年(704年),都松芒波结去世,幼主赤德祖赞继位,其祖母没庐氏赤玛伦听政,请求与唐和亲,唐蕃关系开始缓和。神龙二年(706年),唐与吐蕃会盟并达成划界协议,史称"神龙会盟"。次年,唐中宗以雍王李守礼之女为养女,封金城公主,许嫁赤德祖赞。景龙四年(710年),唐中宗命左骁卫大将军杨矩为送亲专使,护送金城公主至吐蕃完婚。金城公主与赤德祖赞的联姻,是继文成公主与松赞干布和亲之后汉藏两族关系史上的又一重大事件,进一步加强了汉藏民族间的经济文化交流。

开元二年(714年)以后,双方虽然使臣往还不断,但在甘青地区相互攻击,战事不断。开元十八年(730年),唐玄宗派皇甫惟明及张元方等人蕃,以探视金城公主为名,表达和平意愿,吐蕃积极响应,派重臣名悉腊随唐使入朝谈判。双方达成协议,在赤岭各树分界之碑。但双方赤岭分界立碑不久,吐蕃出兵攻破西域的小勃律国(今克什米尔吉尔吉特),极大损害了唐朝的利益,唐朝开始在青海一带对吐蕃发动进攻,揭开了开元末到天宝年间双方大规模争战的序幕。天宝十四年(755年),随着"安史之乱"的爆发和唐军东撤,吐蕃大举东进,先后攻占唐陇右、河西诸州。长庆元年(821年),唐蕃双方再次在长安西郊会盟,唐承认吐蕃占有河陇,吐蕃承诺不再进犯唐境。次年,唐朝和盟专使大理卿刘元鼎率领使团入蕃,与钵阐布云丹等在逻些东郊会盟,史称"长庆会盟",亦称"甥舅会盟"。长庆会盟基本结束了唐蕃间一百多年来征战不休的局面,符合唐蕃各族人民的共同利益和美好愿望。

隋唐时期，活动于青藏高原地区的苏毗、党项、白兰、附国等，也积极参与到当时的政治交往活动中。苏毗，又号孙波、萨毗，主要活动于今西藏北部羌塘一带，东与多弥羌、东南与吐蕃、西与印度恒河上游的三波呵国、北与于阗（在今新疆）相接，其地形东西长，南北狭。约在公元6世纪中叶以前，苏毗和西域各国及印度开展商业贸易，用金沙换取各种日用品，经济文化发展较快，逐步统一了藏北高原，隔雅鲁藏布江与吐蕃对峙。苏毗强盛时，是西藏高原各族的名义共主，连吐蕃赞普达布聂西的妹妹也充作苏毗女王的侍婢。[1] 苏毗与中原政权的政治交往相对比较少。隋开皇六年，苏毗"遣使朝贡"[2]。唐天宝年间，"王没陵赞欲举国内附，为吐蕃所杀，子悉诺率首领奔陇右，节度使哥舒翰护送阙下，玄宗厚礼之"[3]。另据《资治通鉴》记载，天宝十四年正月，"苏毗王子悉诺逻去吐蕃来降"，"四月，癸巳，以苏毗王子悉诺逻为怀义王，赐姓名李忠信"[4]。党项羌是汉魏以后居于今青海、甘肃西南、四川西北的西羌诸部发展而来的，是这些地区羌人在北周时的泛称。[5] 隋代时，党项羌的分布地域虽然很广，但由于党项各部"不能相统"，势力较弱，故自隋以来，部分部落降隋，而大部分部落则为吐谷浑所役属。唐前期，吐蕃逐步征服青藏高原诸部族，大部分党项部落纷纷内附唐朝，被迁徙到甘肃、宁夏、陕北一带。而留居原地的党项部落为吐蕃所役属，吐蕃称之为"弥药"。党项羌登上青藏高原历史舞台后，与周边政权发生了许多政治联系和交往。自北周末党项诸部兴起后，与北边的吐谷浑关系最为密切，其大部分部落为吐谷浑所役属。隋时，吐谷浑与党项往往联合一致，共同寇扰隋边。在政治上长期役属于吐谷浑的同时，党项与中原政权间的政治交往也在不断加强。隋开皇四年（584年），有党项羌千余家归化。开皇五年（585年），拓跋宁丛等各率众内附，朝贡不绝。[6] 唐武德年间（618—626年），吐谷浑与党项一起经常寇扰唐朝的松、岷、洮、叠等州，见于史书记载的就有

---

[1] 冉光荣、李绍明、周锡银：《羌族史》，四川民族出版社1984年版，第159页。
[2] 《隋书》卷83《女国传》。
[3] 《新唐书》卷221《苏毗传》。
[4] 《资治通鉴》卷217。
[5] 周伟洲：《唐代党项》，三秦出版社1988年版，第1—2页。
[6] 《旧唐书》卷198《党项羌传》。

7次。① 贞观初年，唐太宗开始加紧"招抚"党项，取得了明显的成效。党项羌大首领细封步赖、拓跋赤辞等先后内附，人数多达30万。唐朝在其地设置了60个羁縻州，实行羁縻统治。吐蕃兴起后，频频出击党项诸羌，大量的党项羌羁縻州废弃，诸多党项羌人不断内迁，散居于陇右道及关内道北部诸州。唐在党项地区所建的羁縻州县，有些内迁，有些重建，皆寄居于这些州内。"安史之乱"后，吐蕃逐步占有陇右，因此，迁入陇右的党项又向东迁徙，进入庆、灵、夏、盐诸州。后来，拓跋氏统一了党项诸部，并于宋代建立了强大的西夏政权。

在经济交往方面，频繁的贡赐往来和互通有无的贸易活动，在增进唐蕃古道青海段沿线各民族间的了解的同时，也带来了经济的繁荣，促进了交通的发展。

当然，这一时期吐谷浑与其他民族间频繁的经贸往来活动，不仅推动了本国经济的繁荣与唐蕃古道的发展，而且也促进了中西贸易的发展，在古道沿线各民族的经济交往中扮演了重要的角色，发挥着十分重要的桥梁纽带作用。吐谷浑以畜牧业为主，盛产马、牦牛、藏系绵羊、山羊、骆驼，尤其是当地良种马与中亚的汗血马（波斯马）交配出的青海骢享有盛名。同时，吐谷浑兼营农业，种植大麦、青稞、粟、豆类、蔓薯等，曾引进汉地牛耕铁犁、浇水灌溉、耙耱耕地等先进技术，使农业得到发展。吐谷浑有皮毛加工、毛麻纺织、金玉木器制作、冶铁锻造、酿酒、制盐等民间手工业，随着与其他民族的交流，制造技术不断改进，不少达到很高水平。在商贸活动方面，这一时期的吐谷浑仍然比较活跃。除了积极发展和隋朝的友好关系，开展频繁的贡赐贸易外，还和隋朝商议后决定，在双方交界的承风戍（在今青海贵德县尕让乡千户庄一带）建立固定的交易市场，开展经常性的贸易交往活动。在开皇十年（590年）以后的十多年中，由于隋朝和吐谷浑和平相处，双方之间的互市贸易进行得非常顺利。唐初，吐谷浑请求唐朝允许在承风戍进行互市。当时，唐朝通过互市贸易从吐谷浑得到了大量的牛、马，解决了耕牛缺乏的困难，推动了农业生产的发展。唐与吐谷浑联姻后，双方的关系更加亲密，互市贸易也更为频繁。受互市贸易发展的带动，当时的鄯州城（在今青海乐都县碾伯镇）也集聚了许多前来做生意的外地商人，商业比较兴盛。

---

① 周伟洲：《吐谷浑史》，宁夏人民出版社1985年版，第83页。

自唐初贞观年间唐蕃建立了政治联系，唐蕃之间的经济贸易往来也逐渐开展起来，特别是文成公主入蕃和亲以来，唐蕃驿站的开辟和唐蕃古道的发展，为唐蕃双方的经贸交往创造了条件。唐朝的战马、耕牛多从吐蕃等外域购入，而唐朝的茶、绢等物不断流向吐蕃，从而满足了双方人民的生产生活需要。开元初年，由于唐朝牧放的官马数量急剧减少，唐玄宗让很有才干的太仆卿王毛仲主持马政，用茶叶、丝绢等在赤岭（今青海日月山）和吐蕃交换马匹，使官马数量又有了很大增加。开元十九年（731年），吐蕃请求在赤岭交换马匹，在甘松岭开展互市。宰相裴光庭认为，甘松是屏护中国的要地，不如在赤岭互市。唐玄宗采纳了裴光庭的建议，答应吐蕃在赤岭开展互市。另据《唐国史补》等史籍记载，当时内地出产的各种茶叶，吐蕃应有尽有。同时，唐朝的缯彩丝绸，吐蕃广泛采用，其数量之大、花样之多不亚于茶叶。由于互市和使臣往还，汉地的蔬菜等农产品，酿酒、制纸、冶金、农具制造、建筑、制陶、制墨、缫丝纺织、碾硙等手工业技术以及手工产品大量输入吐蕃，而吐蕃的番锦等独具特色的纺织品也畅销四邻各地。当时，使臣往来的礼品，也是经济交流的重要内容，使臣出使，几乎都有礼物携带，从金银珠宝到甲胄兵器，从锦缯彩帛到古玩珍物，凡域内佳作珍品、方物特产，均在馈赠敬献之列。

20世纪80年代以来，以热水墓地为代表的柴达木盆地墓群出土了大量中西文物，其中公元6世纪末到9世纪前期中原及西域织造的丝绸织品，其数量之多、品种之全、图案之美、织技之精、时间跨度之大，在全国罕见。丝绸织品种类有锦、绫、罗、缂丝、绢、纱等，其中织金锦、缂丝、嵌合组织显花绫、素绫，均为国内首次发现。据不完全统计，丝绸中共有残片350余件，不重复图案的品种达130多种。其中中原汉地织造者占品种总数的85%，西方中亚、西亚所织造者占品种总数的14%。西方织锦中有独具异域风格的粟特锦和波斯锦，一件织有中古波斯使用的钵罗婆文字锦，是目前世界上仅有的一件确证无疑的8世纪波斯文字锦。除丝织品外，还发现有中原汉地文物"开元通宝"铜钱，小宝花铜镜，大量的漆器如杯、盘、碗等，木器如碗、盒、盘、车、鸟、兽等，金银器如带饰、牌、扣等，装饰品如绿松石等，此外，还出土了一批陶罐和藏文木牍。西方文物发现有粟特金银器、突厥银饰件、玛瑙珠、玻璃珠、红色蚀花珠、铜盘残片和铜香水瓶等。这样多的来自东、西两方的文物集中于都兰县一带，充分说明这一时期唐蕃古道青海段沿线的经贸活动十分活跃，柴达木盆地的都兰一带已成为东西方物资交流和东西方文化汇集的中心。

伴随着唐蕃古道上政治交往的密切和经济贸易的繁荣，以唐蕃古道为桥梁的唐蕃文化交流也日益频繁，而且这种文化交流涉及语言、文字、历算、医学、音乐、艺术、风俗、宗教等各个方面，对唐蕃双方文化发展产生了深远影响。

语言文字交流方面。吐蕃与唐王朝建立政治联系后，松赞干布即派遣吐蕃子弟入唐学习汉语汉文，学习汉地的文献典籍和治学方法。当时唐朝的国学又称国子监，是最高学府，松赞干布"遣豪酋子弟，请入国学以习《诗》《书》。又请中国识文之人典其表疏"①。《册府元龟》记载，吐蕃遣使入唐迎请公主，一般都兼学汉语。当时有不少吐蕃人在唐朝"或执戟丹墀，册名戎秩，或曳裾库序，高步黉门，服胡毡裘，语兼中夏，明习汉法，睹衣冠之仪，目观朝章，知经国之要，窥成败于图史，察安危于古今，识边塞之盈虚，知山川之险易"②。例如：仲琮少年入国学，颇晓文字；迎接金城公主的吐蕃重臣名悉腊"颇晓书记"，他在长安多次觐见唐朝皇帝，与汉族大臣名士一起联句赋诗，史载其汉文诗句高雅，七律之作极佳，充分显示了他精深的汉文造诣。为了便于学习汉语，吐蕃编写了《蕃汉字书》，先用藏文字母拼切汉字，而后加藏文解释，是现存最早的藏汉字典和会话课本。后来汉族僧人守温依照以藏文字母拼切汉字的方法，从汉字中找出 30 个字作为字母，进行汉字声韵的研究，推动了汉藏文对译研究的发展。吐蕃不仅将汉文诗书文典携至吐蕃，而且将其译成藏文，古藏文文书中，有藏文译本《尚书》《春秋后语》《孔子项托相问书》等。

历算与医学交流方面。公元 7 世纪初，内地的天文知识开始传至吐蕃。文成公主入蕃，将内地的天文星算经典《博唐八十数理》《五行珍宝包罗》《密意根本精》《珍宝堆》《主干综述》等带入吐蕃之后，又派四名青年入唐学习星算学，将《九部续》与《密图十五卷》译成藏文。到金城公主入蕃时，又把内地的《算学七续圣典》和《八支》为主的关于五曜、八卦、九宫、七曜及 28 个恒星的许多天文方法解译成藏文。赤松德赞时，被誉为汉族班智达的达钦乞里（或名了佐）与摩诃衍那、摩诃饶乍蒂瓦、

---

① 《旧唐书》卷 196《吐蕃上》。
② 《通典》卷 200《边防十六·北狄七》。

比琪赞巴西拉和吐蕃的康巴·查吾、穷布·唐波、朗措东雅、藏玉解、摩勒坎、嘉玉桑等人共同将五行推算法和三百六十分支翻译成藏文。还撰写了区分四季的《珍宝明灯》《冬夏至图表》《五行珍宝密精明灯》等，其中后两部著作迄今仍保留在西藏。之后，以五行计算的算学、十二生肖纪年法、八卦九宫黄历推算、二十四节气等，在西藏地区流传最广、影响最深。此外，文成公主入蕃时，带有随行药书和各种医药典籍，这批医药典籍后来由汉族医生、和尚马哈德瓦和达马郭噶等译成藏文，并整理成《医学大全》。松赞干布更邀请汉族医生韩文海做吐蕃的宫廷御医，给赞普治病。金城公主带入吐蕃的汉医典籍，由汉族大乘和尚摩诃衍那根据汉医的内容，会同藏族翻译家毗卢扎那编译成《月王药诊》，简明扼要地论述了生理、病理及各种疾病的诊断和治疗，是现存最早的藏医学文献。吐蕃的医药学，在吸收、融合汉医的阴阳五行、营卫气血、五脏六腑等学说和望、闻、问、切及寸、关、尺等诊病方法的基础上，逐步建立了具有本民族特色的藏医体系。公元8世纪中叶，赤松德赞从各地请来九位名医，编译、撰写医学论著。其中就有汉医塔希·东松噶瓦、马哈巴拉、香蒂巴达三人，他们收徒传艺，为培养吐蕃医学人才作出了重大贡献。东松噶瓦之徒老玉脱·云丹贡布不仅走遍了吐蕃各地，还到汉地五台山和康定等地调查，学习汉地的医术，经二十年之久，于公元784年撰成了名垂千古的医学巨著《四部医典》，使吐蕃的医学达到了新的高度。赤松德赞不仅重视人医，也很重视兽医，从唐朝请了多名有名的兽医在吐蕃行医讲学，著书立说，编写了《论马宝珠》《医马论》等。

音乐与艺术交流方面。唐代，唐蕃双方都为对方使臣提供参加各种文化活动的方便，使双方的文化艺术交流十分频繁。唐公主入蕃，带去许多音乐歌舞人员、乐曲、乐器等，许多乐舞在吐蕃保留和发展。如文成公主带往吐蕃的鼓、琴、喇叭等乐器，至今仍保存在大昭寺里。金城公主入蕃，唐中宗还赐给龟兹乐。到公元822年刘元鼎入蕃会盟时，吐蕃赞普设宴热情款待唐朝使者，席间还为他们演奏了《秦王破阵曲》《凉州》《胡渭》等乐舞，并表演了百技（杂技），以唐之乐舞娱乐唐朝的客人。吐蕃地区的杂技百戏，同样在很大程度上受到中原杂技艺术的影响。金城公主远嫁吐蕃时"杂技诸工悉从"。据藏文史籍《拔协》记载，在桑耶寺落成典礼上，有猿猴爬高杆、叠罗汉、舞狮斗象、攀登、爬越、倒立、悬垂、平衡、硬气功等杂技百戏表演活动，这些场景还被绘在桑耶寺乌策大殿壁画中，说明汉地杂技艺术对吐蕃杂技产生了一定影响。打马球是吐蕃人喜爱的一种马上运动，唐初由吐蕃传入长安，形成"马球热"。唐中宗景龙三年（709年），吐蕃派尚赞咄、名悉腊等来长安迎接金城公主时，请他们观看马球。唐玄宗时，打马球风气更盛，此后的穆宗、敬宗、宣宗、僖宗等及许多文臣武将都喜爱打马球这项体育活动。唐以后各代马球仍在内地流行，至今马球还是一项民族体育运动。

宗教文化交流方面。唐代，中原地区是佛教传入吐蕃的重要渠道，唐蕃间密切的宗教文化交流在唐蕃古道青海段沿线留下许多遗迹。唐贞观十五年（641年），文成公主入蕃联姻，带去著名的释迦牟尼12岁等身像（通称觉卧佛）和大量佛教经卷。文成公主虔信佛教，入蕃后与同样崇佛的尺尊公主对松赞干布产生了影响。在松赞干布的大力支持下，吐蕃社会开始有了供佛的佛堂，还从唐朝、天竺、尼波罗等国请来画师、工匠，绘制佛画、佛像，请高僧设坛作法，并翻译佛经。据《大唐西域求法高僧传》记载，玄照、慧轮等八位汉僧经吐蕃去天竺求法时，有的还得到文成公主的资助。金城公主入蕃后，在赞普赤德祖赞的支持下修建过佛堂，还在吐蕃开创了两种佛事活动：一是"谒佛之供"，将汉地的觉卧佛像迎供于大昭寺，为拉萨大昭寺朝佛活动之始；二是"七期祭祀"，在吐蕃推行追荐亡臣的佛事活动。赤德祖赞还派吐蕃僧人桑希等四人赴长安取经，带回唐朝皇帝所赐佛经1000部，有些是用金汁书写在青纸上的写经，极为珍贵。建中二年（781年），唐德宗应吐蕃之请，派遣汉僧良秀、文素等轮流去吐蕃讲经传法。赤松德赞时，入蕃的汉僧很多，大多精通汉藏双语，其中禅宗僧人摩诃衍那等人曾在吐蕃传播禅宗法义，一度形成势力，致有顿渐之争。位于今甘肃省永靖县的炳灵寺石窟，为唐蕃古道的必经之地，现存窟龛中有三分之二以上开凿于唐代，有不少政治人物曾拜访过炳灵寺，他们中有高宗时期的刑部侍郎张楚金、玄宗时期的御史大夫崔琳等，不仅在炳灵寺开窟造像，还在炳灵寺石窟崖壁上刻文，留下了唐蕃间文化交往的宝贵资料。其中张楚金撰《灵岩寺记》描述了炳灵寺形胜及佛教盛况，魏季随撰《灵岩寺记》摩崖碑描述了唐朝使团出使吐蕃的前因及所见炳灵寺的盛况。

四　宋元时期

宋元时期，生活于青海地区的藏、汉、蒙古等民族，由于政权更迭与政治交往活动频繁，相互间的文化交往十分活跃，特别是唃厮啰政权在当时的民族文化交往中充当了十分重要的角色。

在政治交往方面，进入 10 世纪以来，青海地区先后经历了唃厮啰、北宋、西夏和金的交替统治，相互之间的政治交往错综复杂。北宋初，经历了长期战乱的河湟地区出现了几个比较大的吐蕃部落集团，如邈川的温逋奇、宗哥的李立遵、河州的牦昌厮均等。与此同时，先后消灭凉州六谷部潘罗支政权及甘州回鹘政权控制河西走廊的西夏，将下一步扩张的目标指向河湟地区。河湟地区的各吐蕃部落集团受到西夏的威胁后，在政治、军事上寻求联合，最终形成了以唃厮啰为首的地方政权。北宋为了牵制西夏南下，加强了与唃厮啰政权之间的联系，对唃厮啰本人及诸部首领的封赐常年不断，双方的关系进一步密切。在董毡、阿里骨在位时，唃厮啰政权基本上延续联宋抗夏的对外政策，与北宋保持着友好的政治关系。在联宋抗夏的同时，唃厮啰政权还与辽朝建立了联姻关系，双方间的联系始终没有中断。北宋元符二年（1099 年），宋军在唃厮啰政权内外交困、分崩离析之际进入湟水流域，连下邈川、宗哥、青唐诸城，唃厮啰政权至此宣告解体。靖康元年（1126 年），金兵大举攻宋，宋廷无力顾及青海河湟地区，遂放弃河湟各州，封唃厮啰后裔益麻党征为陇右郡王，赐名赵怀恩，诏其"措置湟鄯事"。南宋绍兴元年（1131 年），金兵攻占乐州、西宁州、廓州及积石军。绍兴四年（1134 年），赵怀恩率众至阆州（今四川阆中）投附南宋。当时，西夏对金朝轻易取得河湟地区极不甘心，于绍兴六年（1136 年）突然出兵攻占乐州、西宁州，并于次年遣使至金，以兑现联合攻宋的许诺为由，请求金朝将积石、乐、廓三州割让给西夏。金朝为笼络西夏，防止其与南宋联手，同意将上述三州赐予西夏，青海东部地区进入夏、金两国分治的时期。13 世纪初，金、夏之间的盟友关系破裂后，双方在青海东部地区经常兵戎相见、相互攻伐。南宋嘉定十六年（1223 年），夏主遵顼派亲军万人攻破金积石州，今青海东部地区尽归西夏管辖。宝庆三年（1227 年）春，在蒙古军大举进攻西夏的同时，成吉思汗亲率一支蒙古军攻取了西夏所属的积石州和金朝所属的临洮府，不久，蒙古军又先后攻取了金朝所属的洮州、河州及西夏所属的西宁州。至此，金和西夏的势力完全退出了青海东部地区，这一地区被纳入蒙古汗国的版图之内。窝阔台汗在位时（1229—1245 年），其子永昌王阔端坐镇凉州（今武威），经营吐蕃各地。阔端曾派部将进攻乌斯藏，途经多堆（今青海海南州和果洛州相邻地带)、多迈(即脱思麻,今青南川北一带),蒙古统治势力逐渐深入今青海全境。元朝借鉴此前各朝在少数民族地区"因俗而治"、推行羁縻统治的做法,采取"因其俗而柔其人"的策略,广泛推行土官制度,加强了中央政府对民族地区的统治。

在经济交流方面,这一时期最引人注目的则是青唐道的兴盛与茶马互市贸易的大规模开展。宋代,我国中原地区与西域地区仍然通过古老的丝绸之路保持着频繁的经济文化交往。但西夏政权崛起后,对过往境内的西域商人、贡使课以重税,甚至进行"钞略""劫掠",迫使西域商人和贡使避开西夏控制区,改走早在吐谷浑时代就兴盛过的"青海道"。唃厮啰政权积极利用这一历史机遇,为道路畅通和贸易交流创造条件。唃厮啰政权的辖境内,官方不仅设置了许多驿站来接待过往的贡使和商队,而且还要求国民对过境商人友好相待,为他们提供价格合理的食宿。为了保护携带大批货物的贡使团和商队安全出入境,官方还专门派兵护送,使西域各国的贡使能够安全抵达北宋京城。对于留在其境内做生意的外国商人,不仅允许他们自由从事交易活动,而且在修建屋宇货栈、收取税费等方面给予支持和照顾。在青唐城内有不少定居贸易的西域商人。据史书记载,当时往来青唐城做生意的不仅有来自中原地区的商人,而且有来自于阗、回鹘、高昌甚至古波斯和西亚、阿拉伯半岛等地区的商人。许多商人在这里逗留一年或数年后才离开,有的干脆在城中修建房屋,定居经商。这些商人中,资本多达二三十万贯的并不少见。在青唐城的市场中,既有来自中原地区的各种生活用品和生产工具,也有来自西域和西亚地区的各种珍奇商品,还有产自本地的马、牛、羊等畜产品和鞍具、刀剑、甲胄等手工业品,可谓商品云集,琳琅满目。唃厮啰政权重视中西商贸的种种举措,吸引了大批贡使和商人改行青唐道,来到青唐城开展贸易活动,从而加强了唃厮啰政权同西域、内地的政治、经济、文化交流,使唃厮啰政权辖地成为当时连接中西的桥梁和东西方商贸的中转站,促进了其辖区内的商品流通和经济繁荣。同时,青唐道的开辟与发展,也是唐蕃古道在新形势下的一种拓展,进一步加强了西部少数民族之间的政治、经济、文化交往,增进了友谊和团结。

自唐代以来借助唐蕃古道开展的茶马互市贸易也在宋代得到极大发展,成为中原地区和西北少数民族地区进行经济交流的一种重要形式。茶叶自唐代传入吐蕃后,其助消化、解油腻的特殊功能为以肉食乳饮为主的吐蕃人民所青睐，不论男女老幼、富贵贫贱，逐渐饮茶成风、嗜茶成性，到宋代已是"不可一日无茶"，成为饮食中的必需品。宋朝立国中原，为了防御西夏、辽的进犯，需要大量的战马充实国防，所以特别重视马政，而战马来源主要是从西北地区购买。双方需求的不断增大，原来的贡赐关系远远不能满足，从而为汉藏茶马贸易的发展创造了条件。宋初，市茶与市马是由两个机构掌管。市马最初由设在秦、渭、阶、文等州的招马处经办，负责招收吐蕃、回纥等西北少数民族的马匹，送至京师估马给价，后来在边地就地置场买马，熙宁年间取熙河六州地后，置熙、河、岷、通远军、永宁寨买马场，控制了河湟吐蕃对宋的马市。茶叶，在宋初实行禁榷法，即商人经营茶叶买卖，要到京师榷货务交茶钱，然后持榷货务所发的"券"到指定的务、场提取，不得私自购买。由于政府控制过严，不能满足西北沿边少数民族的需求，商贾乘机收茶运到边地转卖，私茶泛滥，官茶专营受到严重冲击。熙宁（1068—1077年）以来，由于宋、夏间战事不断，战场上消耗的马匹也越来越多。为解决战马的补充问题，宋朝开始尝试把掌管市马与易茶的两个机构合二为一，设立专门的茶马司进行管理。茶马司统一管理茶马贸易后，改变了以往市马与市茶由两个机构管辖的状况，进一步促进了内地与吐蕃诸部间的茶马贸易。据《宋会要·食货》统计，宋神宗熙宁（1068—1077年）、元丰（1078—1085年）时期，在秦州、泾州、熙州、原州、阶州、通远军等地共设置50多个卖茶场，将从四川地区运来的茶叶按官价出售，筹集买马经费。后又在秦州、熙州、通远军、岷州、河州、德顺军、湟州等地设置了买马场，进行茶马贸易。由于北宋政府积极招徕各族商人前来经营贸易，不仅西域和河湟地区的各族商人纷纷前往这里贸易，而且中原地区的不少商人也来到这里。一时间，榷场中各地商人云集，各种商品琳琅满目，互市贸易十分活跃。据元丰二年（1079年）负责管理熙河路边防财用事务的官员李宪说，当时前来河州、熙州榷场贸易的吐蕃商人很多，其中大多数是青海河湟地区的吐蕃商人。他们交易的商品除了有马匹、粮食、麝香、水银、朱砂、牛黄、珍珠、珊瑚、生金、木香、驰褐、三雅褐、花芯布、兜罗锦、绒毛、羚羊角、竹牛角、红绿皮等土特产外，还有银枪、铁甲等手工艺品和兵器。北宋支付给他们的主要是茶叶、丝绸和钱币等。由于互市贸易的兴盛，北宋每年可以在熙河地区购买到22万石军粮、10万石马料、80万束草，购买到的军马年年不下15000匹。茶马市易除官办的榷场外，民间私市也很盛行。当时一些蕃贾与牙侩私市，其货物从不为官府控制的山间小路出入，以避关卡抽税、盘剥。元丰二年（1079年），经制熙河路边防财用的李宪申奏朝廷，要求下令禁止私市，如有私市，许人纠告，偿赔所告之数，使茶马互市受到一定限制。但无论官办榷场的举办还是民间私市的盛行，在很大程度上解决了宋朝战马和运输及耕作牲畜的需要，也适应了吐蕃人民饮茶的需要，同时还促进了其他土特产品的交换，弥补了青藏地区和内地经济上存在的不足，对促进双方经济社会发展的积极作用值得肯定。

元代，统治者奉行鼓励通商的政策，东西南北物资交流畅通无阻，商业贸易繁荣。内地经青海西宁去西藏的驿路较为畅通，汉区的茶叶、盐、布、绢、姜、纸、粮食、各种器具和衣物，藏区的马匹、红花、虫草和其他药材、土产都在沿线得以交易。藏族的造塔、塑像、用具工艺等传入内地，而内地的印刷、造船、建筑等技术也于此时传入藏区。元朝官府常常在包括青海、甘肃甘南在内的西北各地组织"和市"，在一定程度上促进了这些地区商业贸易的发展。当时回族经商相当活跃，青海东部也有许多色目人，其中不乏善经商者，尤以回回商人为突出。当时的西宁州城，集聚了一大批各民族手工业工匠和商人，他们或在西宁建立硝毛皮的作坊，制作皮毛、鞍具，或往来西宁与内地之间贩卖各种商品。《马可·波罗游记》中就有西宁许多少数民族善于经商并以此谋生的记载。此外，元代甘青地区的商业交往中开始广泛使用货币。1955年，柴达木盆地格尔木农场第一作业站平土造田时，发现元代纸币一包，计400余张，纸币外部用毛毡包裹，保存很好。都兰县诺木洪出土蒙古族武将干尸的墓葬中，也出土了元代纸币。这批纸币系用桑皮纸印制而成，面值有"壹贯""贰贯""伍佰文"三种，元代中统（1260—1264年）、至元（1264—1294年）、至正（1341—1368年）时期的均有。这些珍贵文物的出土，从一个侧面反映出当时青海地区商业贸易较兴盛、内地货币在青海广为流通的事实。

文化交流方面，这一时期的宗教文化交流活动最引人注目，成为各民族间开展文化交流的重要渠道，在唐蕃古道青海段沿线留下了大量宗教遗迹。9世纪初，吐蕃赞普朗达玛在吐蕃本土禁佛后，当时在今西藏曲水县雅鲁藏布江南岸曲卧日山静修的玛尔·释迦牟尼、藏饶赛、肴·格迥三人（后称"三贤哲"或"三智士"），携带部分律经辗转逃至今青海尖扎、化隆县一带的黄河谷地从事宗教活动，后来收徒贡巴饶赛（952—1035年）。

贡巴饶赛受戒时按照佛教规定，受比丘大戒，需要有 10 名出家 10 年以上受有比丘戒的僧人在场，最少也得 5 名。但当时在当地除了藏饶赛等来自卫藏的"三贤哲"外，在藏族僧人中找不出合格的戒师。于是找来河湟地区的两个叫果旺和基班的汉族和尚做尊证师，凑足人数，给贡巴饶赛授了比丘戒。贡巴饶赛学成后在今化隆丹斗地方建寺修塔，招徒弘法，声名大著。后来前藏桑耶地方的领主意希坚赞（吐蕃王子云丹后裔）选派卫藏弟子来安多向贡巴饶赛学习佛法并接受律戒传承。这些弟子后来返回西藏，复燃佛教之火，佛教从而在藏区复兴，称为后弘期。因此，贡巴饶赛被称为西藏佛教后弘鼻祖，在佛教史上有很高地位。今尖扎县的阿琼南宗寺和智合寺、化隆县的丹斗寺、互助县的白马寺、平安县的东寺和西寺、乐都县的红岩洞窟以及西宁北禅寺的部分洞窟，都是这一时期佛教文化发展的遗存。

公元 11 世纪初，在唃厮啰政权建立前后，藏传佛教在部落林立的河湟藏族社会中已广为流布，并在政治活动中有相当大的影响力。各部落首领往往以佛教号召部众，招附民众。据史籍记载，当时唃厮啰政权的都城青唐城，"城中之屋，佛舍居半"，"城之西有青唐水注于宗河，水西平远，建佛祠，广五六里，缭以冈垣，屋至千余楹，为大象，以黄金涂其身，又为浮屠三十级以护之"。佛寺建筑占有重要的地位，显示出浓厚的民族文化特色。此外，藏传佛教宁玛、噶当、萨迦、噶举、觉囊等派系的创始人及其传法弟子前来安多、玉树地区传教，青海随之出现一大批藏传佛教佛寺。特别是玉树地区因毗邻西藏、川康，这里的传教建寺活动尤为突出，并以噶举派各支系为主。例如：噶玛噶举派创始人都松钦巴·却吉扎巴（1110—1193 年）曾来今玉树县结古镇一带活动，于西航村所在的禅古山腰建成禅古寺；都松钦巴的传法弟子巴洒当丁于今结古镇东 5 公里处的扎曲河对岸建楞主寺（元初移建，此即现在的当卡寺）；直贡噶举派创始人仁钦贝（1143—1217 年）于 12 世纪 60 年代在今玉树县巴塘乡建成卓玛邦杂寺；仁钦贝的弟子康觉多杰宁保在今玉树县仲达乡境内建成让娘寺、嘎拉寺等；藏巴甲热·益希多杰（1161—1211 年）的弟子于 12 世纪末在玉树上拉秀地区建成周巴寺、安云寺和察柔寺等；巴绒噶举派创始人达玛旺秋的弟子直希热巴在囊谦千户直哇阿洛的支持下，倡建了今香达乡的杂毛寺、着晓乡的毕日拉庆寺（后改宗萨迦派），其弟子勒巴尕布建根蚌寺，巴若多杰建让直寺，释迦多杰建邦囊寺；帕摩竹巴弟子桑结叶巴·伊西则于北宋乾道七年（1171年）在喀木建成叶巴寺，淳熙十五年（1188年）改建今囊谦县吉尼赛乡的一座苯教寺院为达那寺。伴随着藏传佛教的弘传，青海地区的藏传佛教寺院建筑不仅在数量上激增，而且在建筑风格上既有藏传佛教和藏区的浓厚特色，又吸收了内地和尼泊尔等地的技艺和风格，独具一格。

此外，西夏与青海藏区的宗教联系亦十分密切。据蒲文成《青海佛教史》记载，出生于青海玉树囊谦地区的直希热巴（1128—1201年），是巴绒噶举派创始人达玛旺秋的著名弟子，是青海巴绒噶举派的主要传播者。约在南宋高宗绍兴三十一年（1161年），直希热巴应西夏王之请去西夏传教。他在西夏长期传播佛教，主持修建了曲希藏洒寺，曾为西夏王灌顶上师，地位崇高。返回故乡时，带回西夏弟子勒巴尕布（1138—1206年），常住囊谦王府，并在囊谦王的支持下，兴建了著名的根蚌寺。上述史实说明，吐蕃王朝崩溃后藏族地区一度处于分裂割据状态，但从西藏到青海，再到宁夏、陕北的西夏王朝，乃至中原王朝，宗教文化联系却一直延续不断。

元代，出于对广大藏族地区进行政治统治的需要，对藏传佛教采取推崇扶持的政策，因此，这一时期唐蕃古道青海段沿线的藏传佛教尤其是萨迦派得到迅速发展。出生于今湟中西纳川西纳家族的西纳格西，曾长期学经于后藏的萨迦寺，后与部分亲属北上投奔成吉思汗，与蒙古王室建立了密切关系。后来，西纳家族的僧人西纳堪布喜饶益希曾受命护送年幼的八思巴回藏受比丘戒，并在促成八思巴与忽必烈会晤的过程中发挥了重要作用，受到二人的器重和赏赐，忽必烈委任他为宣政院院使，并命他管领河湟地区的大片土地。公元1265年，八思巴从大都返藏，途经今玉树称多县，在歇武将嘉喇嘛扎西热登所建的宁玛派寺院多干寺改为萨迦派寺院，后派弟子兴却仁增求仲主持寺务。八思巴在今称文乡的嘎哇隆巴聚众万余人讲经，今称多（聚万人之意）之名即源于此。八思巴在这里收徒阿尼胆巴·衮噶扎巴和阿尼仲巴等。此外，这一时期有相当数量的蒙古宗王及官、军、民匠等进入青海地区，藏传佛教便成为他们与其他民族沟通的重要方式，共同的信仰既巩固了蒙藏之间的政治联盟，也进一步融洽了蒙藏等民族间的相互关系。

这一时期伊斯兰教的传入，为唐蕃古道青海段沿线的民族文化交流增添了新的元素。13世纪，蒙古族西征，先后征服了中亚穆斯林各国，从中亚、波斯、阿拉伯各国签发被征服国的青壮年组成"回回军"进入中土。西域青壮年还包括工匠和其他平民，也有归降蒙古的贵族、官员及其族人、部属、学者以及来中国各地经商而留居的商人，他们被统编为"探马赤军"，安置在甘肃（包括今青海地区）、宁夏、河南、山东、云南、河北一带屯聚养牧。至元十年（1273年），元世祖下令探马赤军随地入社，即编为民户，进行农垦，并同当地汉、藏、蒙古、维吾尔族通婚，于是在长期相处的过程及社会经济关系中形成了西北、西南及中原各地的回族。元代诗人马祖常游青海河湟时，见到了留居当地的穆斯林，他在《河湟书事》诗中写道："波斯老贾度流沙，夜听驼铃识路赊。采玉河边青石子，收来东国易桑麻。"足以证明当时青海道上行旅和落户者多有穆斯林。元初，马可·波罗路过西宁时，见到过一些伊斯兰教徒。这些伊斯兰教徒应是唐宋时期落籍青海的大食、波斯等国的穆斯林民户及其后裔。元全顺三年（1332年），信奉伊斯兰教的蒙古贵族速来蛮被朝廷封为西宁王。那时有"元时回回遍天下，及是居甘肃者尚多"的说法，属于甘肃辖境的青海东部地区应该分布着为数众多的回族。今西宁市南禅寺后的拱北碑文写道，"天方圣裔固图布·览尼巴尔卜都来海麻尼"，是成吉思汗征服撒马尔罕后，从伊拉克来到中国云南，以后又传教于青海西宁的。这个"圣裔"在速来蛮任西宁王期间"复命归真"，速来蛮为其修拱北，葬于此寺大殿后，并立碑纪念。[1]

五 明清时期

明清时期，是青海多民族文化交流进入稳定发展的时期，也是青海近代民族聚居基本格局形成的时期。这一时期的政治交流更加稳定成熟，经济交流更加全面深入，文化交流更加深度互融，宗教交流稳步推进，进一步推动了青海多元民族文化格局的形成。

政治交流方面，伴随着唐蕃古道青海段沿线地区全面纳入中央王朝的政治治理体系，在碰撞交流的过程中形成了许多独具地方特色的政治治理制度。明朝控制青海地区后，并没有在这一地区设置专司地方行政事务的机构，而是设立了卫、所两级军事机构来兼摄地方行政，以确保对这一地区的控制，除东部河湟地区的西宁卫和归德守御千户所外，还先后在青海

---

[1] 详见《南禅寺天方圣裔复命归真碑文》，此碑现仍立于西宁凤凰山拱北之内。

其他地区设立了许多具有羁縻性质的卫所。对少数民族首领采取招抚政策，只要其"率土归附"，便都"授以世职"，因此封授了大量的土司，在数量上远远超过了元代。此外，明王朝出于"招徕番僧，借以教化愚俗，弭边患"[①]的政治需要，在宗教方面仍然沿袭了元朝推崇和扶持藏传佛教的政策，一方面通过尊崇藏传佛教，以此笼络羁縻众多藏族部落，固其内向之心；另一方面则借助藏传佛教以教化边民，促其"向善慕义"，从而达到安边保塞的目的。但明朝并不像元朝那样倚重某一宗某一派，而是行"众建多封"之策，在藏区扶持起一大批与明朝有紧密依附关系的藏传佛教寺院，既向藏人昭示明朝优崇佛教的政策，又利用这些寺院在边地进行宣抚和化导。有明一代，明廷在河湟地区"大建梵宇，特赐专敕"，以致这一地区"番僧寺族，星罗棋布"。其中最著名、最有影响的是乐都瞿昙寺。这些寺院不仅仅是讲经传法的宗教道场，而且也成为带有宗法性的政治实体，其影响也从意识形态领域扩展到政治领域，成为地方社会一支不容忽视的政治力量，在地方社会政治发展中扮演着十分重要的角色。

明清之际，青藏地区藏传佛教内部的教派斗争日趋激烈。格鲁、噶玛噶举等派不断援引外部政治势力介入内部教争，深刻影响了青藏地区政治局势的发展。明崇祯五年（1632年），在喀尔喀内争中被击败的却图汗率部进入青海，征服了在内讧中损耗了实力的西海蒙古各部，成为青海草原的新主人。信奉噶玛噶举派的却图汗与西藏藏巴汗丹迥旺波、康区白利土司顿月多吉结成反对格鲁派的同盟，试图彻底摧毁格鲁派。格鲁派上层为了化险为夷，请求游牧于天山北路的厄鲁特蒙古出兵相助。崇祯九年（1636年），和硕特部首领固始汗率厄鲁特蒙古联军进兵青海，于次年春在青海湖以西击败并杀死了却图汗，占领了青海大片地区。此后，固始汗由青海率兵南下康区，于崇祯十二年（1640年）年底擒杀白利土司，随后于次年挥兵西进西藏，击败并杀死了藏巴汗，在拉萨建立了一个以和硕特汗王为核心，蒙藏统治阶级相结合的和硕特地方政权，实现了青藏地区的局部统一。

明清鼎革后，五世达赖于顺治九年（1652年）进京朝觐，受到顺治皇帝的盛大接待，顺治十年（1653年），五世达赖西返途中，清朝册封其为"西天大善自在佛所领天下释教普通瓦赤喇怛喇达赖喇嘛"，并赐金册、

---

① 《明史》卷331《西域三》。

金印，正式确认他在蒙藏地区的宗教领袖地位。在册封五世达赖的同时，清廷派使者前往西藏，册封固始汗为"遵行文义敏慧顾实汗"，赐予金册、金印，正式承认了他在青藏地区的统治地位。康熙三十六年（1697年），以达什巴图尔为首的青海和硕特部诸台吉，听从达赖喇嘛意见归附清朝，清廷册封达什巴图尔为"和硕亲王"，其余台吉分别授予郡王、贝勒、贝子及公等封爵。至此，青海和硕特部正式接受清朝封爵，由外藩蒙古变为内藩蒙古，成为清朝的藩属。雍正初，罗卜藏丹津叛乱事件被平定后，清廷以抚远大将军年羹尧所奏《青海善后事宜十三条》及《禁约青海十二事》为基础，陆续出台了一系列对青海历史发展产生重大影响的政策措施：一是调整地方行政建制，在东部地区废卫所改设府县，西宁府下辖二县一卫，理顺了军事、政治管理体制，有利于地方经济社会的发展。在青海牧区设立了"钦差办理青海蒙古番子事务大臣"，管蒙古29旗、玉树40旗、三果洛等蒙古族藏族地方的一切政教事务，事实上是相当于行省的特别行政区。二是在蒙古族中设旗，将蒙古族分编为29个札萨克旗，另有1个特别旗。划定各旗地界，规定不许越界，不许互相往来，不得互相统属。通过这种多封众建方式，进一步削弱了蒙古势力。三是在藏族中实行千百户制度，将其首领封为千户长，每100户设一名百户长，不足百户者设百长。同时还采取了清查户口、登记土地（叫番田）、规定纳税标准、颁布有关法律（《番例六十八条》）的措施，使国家力量进一步深入牧区和藏族社会。这一系列措施使青海地区开始形成了东部农业区由西宁府及所属厅、县管理，西部牧业区则归西宁办事大臣统辖的局面，对此后青海历史的发展产生了深远影响。到道光、咸丰时，青海地区盟旗制度发生了较大的变化，会盟的范围逐步扩大，道光三年（1823年），规定环湖藏族也参加祭海会盟，盟进一步成为常设的一级管理机构。

　　由于明清两代中央政府均实行尊崇、扶持藏传佛教以巩固其统治的政策，藏传佛教在青海地方社会中的政治影响力不断扩大，虽然受农牧区经济基础迥异、政治制度不同的影响，一直未能出现统辖青海全区的政教合一制统治，但在许多局部区域逐步形成了政教合一统治。根据《明清民国时期甘青藏传佛教寺院与地方社会》一书的研究，明清民国时期青海地区的政教合一制度大致可以分为两种类型，即以家族为核心的政教合一制和以转世活佛为核心的政教合一制。前者盛行于明代，清代民国时期仍有延存；后者则流行于清代，而延存于民国时期。① 与西藏地区的政教合一制度相比，甘青藏区由于自元代以来一直没有一个大规模的地方政权存在，而是由中央政权任命或授权的一个个管辖范围相对有限的土司或寺院来进行统治，所以这一地区的政教合一制度都是小规模、小范围的。同时，各地的政教合一制又不完全一致，呈现出多样性和复杂性的特点。②

在经济交流方面，多种形式贸易的不断发展仍是青海各民族与内地经济交流中重要的一环。通过各种形式的贸易交流，内地的金银、彩币、绸缎、布匹、绮衣、茶叶、水果、炉具、纸张、灯笼、瓷器、农具等源源不断地流入青海地区，促进了当地农耕、纺织、印刷等技术的发展。青海牧业区的氆氇、良马、牦牛、羊毛、青稞、藏香、佛经、铜佛、唐卡等源源不断地输入内地，促进了内地的毛纺、工艺、饲养业的发展。这些产品和商品交流本身就是一种不同文化间的交流，而络绎于途的使团商人就成了不同文化的使者，不仅增进了唐蕃古道青海段沿线各民族相互间的交流，也增进了青海各民族与内地之间的经济联系与交流，为我国多民族统一国家的形成增添了经济凝聚力。

明朝建立初期，为了巩固对西北少数民族地区的统治，积极鼓励这一地区的少数民族首领赴京进献方物，"自通名号于天子"，以表示对明王朝的顺从和"向化"。同时，为了推行"因俗而治"的政策，对这些地区的上层僧人授予大国师、国师、禅师、都纲、喇嘛等僧职，允许他们赴京朝贡。青海地区的许多少数民族首领、土官，为了表示"向化"之心，纷纷赴京朝贡。据崔永红先生统计，从洪武六年（1373年）到正德九年（1514年）的141年间，今青海境内的少数民族首领、上层僧人和土官进京贡献方物的次数总计达200次以上，平均每年1.4次以上。③ 明朝政府为了表示"恩典"和笼络人心，除了对进贡的方物论值给价外，还要给予丰厚的赏赐。而且，贡使们在返回途中可以做生意，获得很多利润。

明末清初，青海地区以和硕特部首领固始汗为首的蒙藏上层很早就与兴起于东北的清朝政权建立了贡赐关系。清朝入主中原后，固始汗向清朝

---

① 白文固、杜常顺、丁柏峰、白雪梅：《明清民国时期甘青藏传佛教寺院与地方社会》，青海人民出版社2009年版，第127页。
② 王献军：《试论甘青川滇藏区政教合一制的特点》，《西藏民族学院学报》2004年第2期。
③ 崔永红：《青海经济史（古代卷）》，青海人民出版社1998年版，第215页。

的进贡更加频繁，而且在固始汗向清朝进贡时厄鲁特蒙古的许多台吉也附名一同进贡，入贡使团的规模也非常庞大，经常有贡马、骆驼数百匹或上千匹。清朝政府给贡使非常优厚的待遇，除按贡马的等级以高于市价发给银钞，或折合实物付给贡马价外，还按贡使官衔大小、地位高低颁赐各种赏品。此外，贡使们还可以携带大量的货物到内地进行交易。通过这种频繁的贡赐贸易，青海地区输出了大量的畜产品，从内地换回了许多生产生活必需品，丰富了各族人民的生活，提高了青海地区的生产技术水平。固始汗去世以后，青海地区的蒙藏部落与清朝之间的贡赐贸易往来并没有中断。到雍正元年（1723年）的26年当中，青海蒙古王公台吉均以获得清朝的赏赐、俸银为荣，朝贡不绝。雍正二年（1724年）后，清朝政府对青海蒙藏首领的进贡活动进行了整顿和规范，规定朝贡交易要按期定地举行，在王公台吉中指定人数，让他们自备驼马，由边外赴京请安进贡。各王公、贝勒分为三班，三年一次，九年一周，赴京进贡。此时，例行的朝贡虽然也有赏赐，但贡赐贸易不论在规模上还是从数量上都大不如前，加之国内统一市场的形成和青海境内其他各种贸易的发展，贡赐的经济意义已经十分微小了。

　　此外，依托边口互市的民族贸易活动也在明清时期得到长足发展，在各民族经济交往中扮演着十分重要的角色。明正德四年（1509年）以后，大批入居青海的东蒙古部落需要卖出马、牛、羊和皮、毛等土特产，从内地买进棉花、绸缎、茶叶、粮食等生活用品，便以骚扰明朝的边境为手段，不断向明朝施加压力。明朝政府为了保持边境地区的安宁，不得不做出让步，在扁都口洪水堡、庄浪岔口堡设立互市点，在每年的九月进行互市。最初，互市主要以明朝和蒙古部落之间进行的官市为主，后来，由于政府积极招徕各地的商贩前来与蒙古人开展贸易，逐渐产生了民市。每年互市一开始，先进行官市，官市完毕后才进行民市，民市交易的范围、商品种类、交易数量远远大于官市。清代，青海蒙古与河湟地区的边口互市贸易继续得到延续与发展。顺治年间，互市的地点大致定在镇海堡、北川口、洪水口等地。后来，因互市贸易发展迅速，互市地点增多。清朝平定罗卜藏丹津叛乱后，对互市贸易进行严格控制，选定那拉萨拉（今日月山）为河湟地区商人和青海蒙古各部贸易的地点，互市的时间定在每年的二、五、八、十一四个月。雍正三年（1743年），清朝政府将原先设在那拉萨拉的互市地点向东迁到了丹噶尔寺，同时取消了对互市的时间限制，允许不定期地进行贸易。丹噶尔被定为互市点后，由于地处农牧交接带，地理位置优越，各省商人云集，运往各地的货物堆积如山。乾隆六年（1741年），经清朝政府同意，新疆地区的准噶尔部组织了三百人的庞大商队到丹噶尔贸易，历时四个月，贸易额高达白银十万零五千四百余两。乾隆八年（1743年），准噶尔部再次组织了312人的庞大商队，携带羊、马、驼及皮货、葡萄、羚羊角等到丹噶尔贸易，历时四个月，仅皮货一项，贸易银额就达七万八千余两。①史称此时丹噶尔商业特盛，青海、西藏番货云集，内地各省客商辐辏，每年进口货价至百二十万之多。"蒙古、西番、藏番、玉树各番之货皆聚于丹邑，毫无他泄。近来藏、番之货，西泄于英吉利、印度之商；玉树远番之货，南泄于打箭炉、松、茂之川商；蒙古近番之货，北则甘、凉、瓜、沙，南则洮、岷、河州，无所不之。"②充分说明当时丹噶尔贸易市场已具备了相当可观的商品货物集散能力，是青藏高原与内地经济联系、物资交流的重要枢纽，在唐蕃古道青海段各民族经济联系中发挥了重大作用。

明清以来，随着民间贸易的发展，青海的商人队伍不断发展壮大，商帮、行会、商会等商业组织逐渐出现，并开始走上了青海商贸发展的前台，为各民族间的经贸交往作出了积极贡献。早在明代宣德年间，明朝政府为了解决官茶运输问题，允许内地商人往西宁等地运粮或运茶换取盐引，此后又长期召商中茶，一些山陕商人陆续来到青海，从事茶叶贩运和其他商贸活动，成为山陕商人进入青海的先声。许多山陕商人陆续从陕西、山西辗转贩运大量手工业品到青海，同时将本地的土特产品运往内地。由于山陕商人实力雄厚，他们当中又不乏资金雄厚的巨商大贾，本地商人无力与他们抗衡，因此他们很快在青海地区站稳了脚跟。清初，山陕商帮在青海的商贸活动已经相当活跃。曾总理青海番夷事务的清朝官员马尔泰，在给朝廷的一份奏折中称："查得哆坝距西宁五十多里，逼近内地，从前番夷贸易，山陕商人往来络绎俱集于此。"③说明这时的山陕商帮不仅

---

① 中国第一历史档案馆档案：《乾隆八至十五年准噶尔部在肃州等地的贸易》，《历史档案》1984年第2—3期。

② （清）杨治平编纂，何平顺、周家庆、陈国璧标注：《丹噶尔厅志》卷5，见青海省民委少数民族古籍整理规划办公室编《青海地方旧志五种》，青海人民出版社1989年版，第284页。

③ 中国第一历史档案馆编：《雍正朝汉文朱批奏折汇编》（第25册），江苏古籍出版社1989年版，第855页。

人数很多，而且商贸经营活动已经初具规模。雍正十三年（1735年），官府垄断的茶马贸易停办后，民间贸易兴起，以山陕商人为主的内地商人大量涌入青海。光绪以来，青海皮毛、药材出口量大增，山陕商帮靠经营这些货物积累起了大量资本，羽翼逐渐丰满，经商人数和贸易总额在青海都首屈一指，最终奠定了他们在青海商业中的主宰地位。在西宁的商业市场中，无论是绸缎布匹业、百货业、食品业、烟草业、皮货业、国药新药业，还是书籍业、照相业、染坊业、典当业、过载业等，均有山陕商人经营或在一定程度上形成垄断。即使在手工业和服务行业中，也有他们的身影。西宁城内，山陕商号密集，西宁最大的四家商号——泰源涌、世诚和、德合生、德兴旺，也是由山陕商人经营的，一些大商号还在外县设立了许多分店。

在民间贸易发展的过程中，青海本地各民族也积极参与经贸活动。据史料记载，从正德年间开始，明朝断绝与青海蒙古亦卜剌、卜儿孩等部的通贡和互市，并严防蒙古族潜入西宁等地，但牧区的民族民间贸易非常兴隆，亦卜剌等部的商贸活动一直延伸到哈密、吐鲁番甚至远及撒马尔罕地区。万历年间，俺答汗部则通过唐蕃古道将商贸活动延伸到西藏地区。明末清初，蒙古人进藏熬茶之风兴起，一直延续至清末。在今新疆一带的准噶尔部，常派人带着牲畜沿途贸易，换成金钱后进藏熬茶布施，多取道青海，被称为入藏熬茶或进藏熬茶贸易。清王朝对准噶尔进藏熬茶十分重视，允许的贸易地点一般为得卜特尔（一作得布特尔，在今格尔木市郭勒木德乡一带）和东科尔（丹噶尔）二地。居住在青海境内的蒙古人赴西藏熬茶的现象也很普遍。进藏熬茶贸易推动了蒙藏之间的交流，也促进了丝绸之路青海道交通的发展。

在文化交流方面，在多民族聚居格局形成的过程中，由于民族杂居，各民族间的交流、涵化与融合十分频繁，各民族文化中都可以看到其他民族的文化现象，遗留下来的各民族文化遗物共性特征明显，使用的物品逐渐趋向一致。[①] 各民族在相同的自然环境和共同的生活区域中，形成了很多相同的生产、生活习俗，在物质文化方面拥有很多相同的物品，如农业区的汉、回、土、撒拉等民族中盛行的剪纸、刺绣品有着相同风格。

---

① 阿朝东：《从历史文物看青海地区多元文化的形成及发展》，《青海民族研究》2005年第3期。

各民族间的频繁交往,导致这一时期民族间的同化融合现象十分普遍。例如:明代以来,随着东蒙古各部与和硕特等部相继迁入青海,在与汉、藏等民族相互交往的过程中,民族间的融合时有发生。特别是蒙古族接受藏传佛教后,一些蒙古部众逐渐接受了藏族的语言与文化,逐渐融合到藏族中。玉树二十五族中的蒙古尔津族、雍希叶布族(又作"永夏""永沙普""永沙豹"等,后又从中分出竹节族与白力登马族)二族的部落名称,就来源于蒙古的"蒙古勒津"(土默特)、"永谢布"二部落,说明这些藏族中融合了一定数量的蒙古族人口①。今贵德县的"贺尔加"(汉化霍尔人)、化隆县的"加合"(霍尔化汉人)和"苏会加"(汉化蒙古人)、共和县的"索尔加"(汉化蒙古人)、湟中县的"索尔加"(汉化蒙古人)等地名②,说明蒙古族与汉族之间的相互融合也比较普遍。清代以来,藏族中也不断有趋向汉化者。"其族属僻居山边者,仍其榛之旧。至与汉民杂住之处,庐室衣服,无或异也,婚丧吊庆,相与往来,惟女子装饰为别耳。"③这些明显具有汉化趋向的藏族,在当地被称为"家西番"。

唐蕃古道青海段沿线一些民族的形成,也与民族间的互动交流有着密切关系。东蒙古迁居青海后,使撒里畏兀儿从海西安定四卫的故地迁移到肃州、甘州南山即祁连山北麓一带,加速了裕固族的形成。13世纪在蒙古军队西征后的民族大迁徙浪潮中迁到青海循化地区的撒拉族祖先,不断吸收了周围的回、藏、汉等民族成分,互相融合,大约到明代中期(公元16世纪中叶)逐渐形成了一个稳定的民族共同体。土族在形成过程中,还吸收了汉、藏、回等其他民族成分。据《秦边纪略》卷1《河州卫》记载,分布在河州、西宁、庄浪一带的"土人","久与汉人联姻,与汉人言,则操汉人音,又能通羌夷语"。青海民和官亭一带土族秦氏家谱、张氏家谱中,称其祖先为山西平阳府人。佑宁寺的松布活佛,原为西藏十八大姓之一,迁至互助后逐渐由藏族演变成了土族。传说民和三川地区鲍家村、喇家村的土族原是由青海黄南同仁迁来的藏族,互助东沟大庄的麻羌人系从甘州麻羌部落迁来之藏族。

---

① 参阅周希武编著,吴均校译《玉树调查记》,青海人民出版社1986年版,第28、106页。
② 席元麟:《从青海民族语地名透视民族关系》,《青海民族研究》1999年第1期。
③ (清)升允等修,安维峻等纂:《甘肃新通志》卷42。

在各民族交往交流交融的过程中，宗教也发挥了文化交流桥梁的重要作用。在这方面，藏传佛教的传播与藏、蒙、土等民族的文化发展交织在一起，在青海各民族交流融合中发挥的作用十分典型和突出，对青海地区的文化发展产生了广泛而深刻的影响。明万历年间，第三世达赖喇嘛两次来青海活动，使格鲁派迅速传播到蒙古族、土族中。此后，许多格鲁派僧人纷至沓来，经青海地区到蒙古地区传教，使格鲁派在藏、蒙、土等民族中广泛传播，成为青藏高原及其周邻地区各民族文化的重要组成部分，使各民族间的关系在共同信仰的基础上得到进一步密切。清代，清廷奉行"兴黄教所以安蒙古"的政策，在大力扶持藏传佛教格鲁派的同时，重视发挥格鲁派寺院的作用，特别是有意扩大各转世活佛系统在各民族中的宗教影响，在密切民族关系中发挥了越来越重要的作用。藏传佛教壁画、唐卡、堆绣等艺术品及宗教用品遍及藏、土和蒙古族地区的寺院及信教群众家庭。遍布青海各地的藏传佛教寺院，不仅是僧尼诵经修持和信徒们顶礼膜拜的场所，也是研习和传播历史、语言、文学、天文、历算、医学、建筑、绘画、雕塑等社会科学和自然科学知识的地方，既是该地区的宗教活动中心，也是该地区的文化教育中心。同时，由于藏传佛教在藏、蒙、土等民族中有广泛的信仰群体，逐渐培植了广泛而深厚的社会信仰基础，成为地方社会居主导地位的社会意识形态之一，其教义教规、情感体验、修持实践、伦理规范等，几乎内化为这些民族的心理结构、思维定式、价值取向和行为方式，成为这些民族传统文化的核心思想和精神支柱。

在政治、经济交流的带动下，唐蕃古道青海段沿线各民族间的文化艺术交流也十分引人注目。如在文学艺术交流方面，青海藏区的《文成公主》《诺桑王子》《朗萨姑娘》《卓娃桑姆》《智美更登》《白马文巴》《苏吉尼玛》《顿月顿珠》"八大藏戏"，是这个时期藏汉文化交流的成果，大大丰富了中华民族的文化艺术宝库。"花儿"是盛行于河湟地区的一种民间歌谣，是这一地区各民族共同创造和培育出的民间艺术之花。"花儿"产生于元末明初，在明代中期就已传唱较广，明人高洪在《古鄯行吟》中就有"青柳垂丝夹野塘，农夫村女锄田忙。轻鞭一挥芳径去，漫闻花儿断续长"的记载。清代，"花儿"已经成为汉、藏、回、蒙古、撒拉等民族喜爱的坐唱曲艺形式，曲调丰富，作品浩繁，文学艺术价值极高，至今在西北甘、青、宁、新地区多个民族中广为传唱，完全跨越了族际界限而为各民族所共享。"花儿"研究的早期拓荒者之一张亚雄先生，曾经概括"花儿"的基本特征是汉语、回调、番（藏）风①。其中"汉语"就是用汉语演唱，即无论是讲汉语的汉族，还是讲各自民族语言的其他民族，在演唱花儿时，都是使用汉语。清代，青海各民族中还以说唱形式流传着大量的史诗、叙事诗、抒情诗、神话、传说及寓言、故事等，其中最具影响力的便是藏族长篇史诗《格萨尔》，不仅为藏族民间家喻户晓，而且影响及于蒙古族和土族民间。清中期以后，平弦、贤孝、道情、打搅儿等说唱艺术形式陆续由内地传入或产生，后来又有了倒浆水等。

在建筑艺术方面，内地的夔金与减柱技术、宫殿式大金顶建筑、斗拱回廊设计、四合院式的建筑布局和绘画油彩风格等大量融入藏区寺庙的建筑中，形成了藏式传统建筑与内地汉式建筑浑然一体的独特建筑艺术风格，使藏汉建筑艺术融合达到了一个新的高度。著名的塔尔寺、瞿昙寺等，都是楼塔相益、殿阁错落、廊画一体、飞檐斗拱、金碧辉煌、庄严神圣的建筑佳品。特别是青海的瞿昙寺是一座典型的明代宫殿式建筑，今有"小故宫"之誉，浓缩了汉族宫殿式建筑的风格。藏区的绘画雕塑艺术也吸收了内地的一些技法特点，有了新的发展。位于海东市平安区的洪水泉清真寺，建于明代，融汉、藏、回建筑文化于一体。位于西宁东关的清真大寺，在清代经过几次修缮，形成了具有阿拉伯、汉、藏等多重风格的伊斯兰建筑。

在天文学、历算学方面，藏历吸收了内地汉学的理论成果，有了新的进步。清乾隆十四年（1749年），碾伯县马扬寺（马营寺）高僧索巴嘉参撰写的《马扬寺汉历心要》，是藏族时宪历（农历）的代表作。道光七年（1827年），拉加寺僧侣学者商卓特·绛巴桑热撰写的《商卓特桑热历》，是藏族时轮历的代表作。云丹贡布撰写的藏医学巨著《四部医典》被译为汉文刊行。在汉族的体育活动中，赛马、秋千、登高、射箭及一些棋类活动，踢毽子、滑冰、打毛蛋、打浇洗、跳绳、扳羊头、拉拔牛、拔腰、抗劲杠、蹬棍等一部分体育项目，往往与民俗喜庆、宗教活动等紧密相关，具有健身、教育、欢愉的特点，是汉族吸收其他民族文化的结果。

---

① 张亚雄：《花坛往事及花儿探源》，《雪莲》1980年第3、4期。

第三节　近代民族文化交流

清末及民国时期，伴随着中国社会缓慢向现代社会转型，近代化的浪潮逐渐波及青海地区，如何应对近代化和进一步建构各民族之间的关系成为这一时期民族文化发展的重要内容，而由沿海而内陆的近代化浪潮，又进一步助推了早已踽踽前行的内地化脚步。在近代化与内地化的双重变奏下，行政管理区划调整及政治治理体系重构，传统经济结构的持续与现代经济因素的导入，社会文化诸项事业的进步与发展，西方宗教与文化的传入与传播，都对近代青海地区的民族文化交流产生了影响。由于无法从时间角度切分民族文化交流的进程，本节仅从政治、经济、文化等维度对近代民族文化交流进行简要概述。

一　政治互动

近代初期，青海在行政区划上仍未形成一个完整的单元，而是分属于甘肃省、四川省和青海办事大臣。即今东部河湟地区属甘肃省，今果洛地区属四川省，其余广大牧区统隶于青海办事大臣。[1] 在这种旧有的行政区划框架下，东部河湟地区实行与内地相同的省、道、县三级统辖的治理体制，并在土族、撒拉族中保留着土司制度，青南及西部广大牧业区贯彻"齐其政而不易其俗"的原则，依据蒙藏社会的实际分别实行盟旗制度和千百户制度，并局部保留有政教合一制度，呈现出多种政治治理体系交叉并存的状态。咸丰之后，回族、撒拉族内部教争在清廷"帮扶旧教，灭除新教"政策的助推下，发展成为咸同之际、光绪乙未年两次轰轰烈烈的反清斗争，对旧有的治理体系产生了巨大冲击。撒拉族中的土司制度和尕最制度被废除，新兴的回族军事政治力量借助清廷的扶持逐渐成长起来。

辛亥革命后，北洋政府对青海行政管理体系做了一系列调整。1912年，北洋政府将青海办事大臣改为青海办事长官，任命原西宁府知府廉兴为青海办事长官，马麒任西宁镇总兵。次年又增设了蒙番宣慰使一职，由西宁镇总兵马麒兼任。1915年，北洋政府撤销了青海办事长官一职，同时

---

[1] 崔永红、张得祖、杜常顺主编：《青海通史》，青海人民出版社2017年版，第343页。

改西宁镇总兵为甘边宁海镇守使,并明令公布"以青海属甘,以长官事属镇守使"①,马麒以青海蒙番宣慰使兼甘边宁海镇守使,使青海军政大权开始归于统一,青海省的雏形已经出现。1926年以来,随着国民军势力的西进,早在清末就已提出的青海建省之议,最终得到落实。1928年9月5日,国民党中央政治会议第153次会议作出决议,将青海建为行省。1929年1月20日,孙连仲正式就任青海省政府主席。

在对青海地区的行政区划进行调整的同时,随着帝国主义对西部边疆地区侵略活动的加剧,国内政界在边疆危机的推动下,对邻近边疆的青海地区给予了前所未有的关注,并把强化这一地区的行政建置视为确保边疆稳定的重要政治基础。1915年,甘、川之间的玉树界争事件以玉树二十五族仍归甘肃管辖的结果最终平息后,马麒开始逐步加强了对牧区的行政管理。1917年3月,经北洋政府批准,设立玉树理事,办理当地民刑各事。同年秋,在都兰寺设置都兰理事,管辖今广大海西地区。理事是相当于县一级的政权组织,行政长官称理事。玉树、都兰理事的设置,是青海牧区设置行政机构之始。青海建省后,在青海牧区设立县制的条件基本具备。除于1929年8月、1930年11月将玉树理事、都兰理事改为玉树县、都兰县外,青海省政府陆续在牧区设立了江源、河源、柴达木、和兴、和顺、兴海、祁连、通新、河曲、优秀、海晏、西乐、白玉、星川、哈姜、南屏、香日德17个设治局,其中许多设治局后来改制为县。1935年以来,在省以下、县以上设置行政督察区或专员公署的过程中,又先后在果洛、玉树、海西等地设立了若干行政督察区。行政管理体系的调整与县制的大规模推行,不仅促使青海地区在政治上与内地均质化,同时也使各民族间的政治互动与交流更加频繁和深入。

随着时代的发展,青海地区土司制度营造的"独立王国"已不再适应中央集权的强化和近代化的历史发展进程,特别是在新的县制不断推行的背景下,土司所享有的特权不利于统一政令的推行,越来越显得格格不入和不合时宜。1930年,青海省政府通令各县土民粮草由各县政府直接征收。次年8月,国民政府通过"明令撤销土司一案",延续数百年的土司制度被正式废除。土司制度的废除,既是这一制度变迁的历史必然所致,也是青海建省后行政改革的一个必然结果。

---

① 陈秉渊:《马步芳家族统治青海四十年》,青海人民出版社1986年版,第21页。

近代以来，民族主义思潮的传播和民主革命的风起云涌，对青海各民族的政治观念与政治行为产生了一定的影响和冲击。1911年10月，武昌起义爆发后，在陕西革命党人的策动下，在宁夏、甘肃等地革命形势的直接鼓舞下，西宁地区爆发了元山儿起义，以"响应民军起义、推翻满清、杀尽洋人"为号召。起义虽遭清军镇压而失败，但在唤起民众觉醒、传播民主革命思想方面发挥了一定作用。1912年2月，清帝宣告退位，中华民国宣告成立，袁世凯出任中华民国临时大总统。甘肃政界联合致电袁世凯，表示拥护共和。当时在山西五台山礼佛的章嘉活佛，以新政建立，特派大喇嘛却吉为专使，代表章嘉和青海蒙古各盟旗王公及各大寺院，就近前往北京祝贺袁世凯就任临时大总统，表示拥护民国政体，为青海地区承认共和之始。同年10月，青海办事长官廉兴主持每年秋季举办的祭祀青海湖活动大典，向蒙古王公宣布共和及优待条件。1913年8月，马麒鉴于青海地区蒙古各盟旗及各寺院活佛纷纷进京拥护共和，各党派也在西宁活动频繁，即以新任西宁镇总兵的身份，陪同青海办事长官廉兴主持每年秋季举办的祭祀青海湖活动大典，再次宣谕共和的宗旨，在祭海仪式上将原供的"大清皇帝"牌位换为"中华民国万岁"的牌位。会盟后，组织蒙藏王公千百户派代表前往兰州，向护理甘肃都督张炳华表示承认共和。以蒙藏王公千百户为首的上层精英对共和的拥护，间接地影响着青海地区的政治形势，也为"五族共和"等理念的传播奠定了一定基础。

1926年，国民军初入甘肃时，带有一些革命的朝气，所到之处大力宣传反帝反封建的道理，整顿吏治，刷新政治，救灾恤孤，破除迷信陋习，宣传新思想，宣传民众革命，为社会各界带来了新气象。国民军文职人员、原西北边防督办公署边事处处长林竞出任西宁道尹后，在公署开办演讲会，主讲"三民主义"和"国民军史"，积极为国民军进入西宁制造舆论。特别是国民军来青后，积极宣传禁烟、妇女放足、男子剪辫子等，还带来了一些革命歌曲，在社会上流行了一段时间，对青海地区的政治生活产生了一定的影响。

全面抗战爆发后，青海省政府配合国民政府积极宣传抗日精神，国内著名文艺工作者纷纷来宁，或传播新文学，或宣传抗日，西宁各界群众深受感染，文艺气氛日渐浓厚，保家卫国的热情也空前高涨。在很短的时间内，青海省人民抗敌后援会、国民精神总动员会青海分会、西宁教育学生会以及妇女会、工会、商会等各界抗日团体相继成立，开展了多种形式的宣传工作和捐钱捐物活动。1939年，藏传佛教大师、爱国人士喜饶嘉措偕学者杨质夫等奉蒙藏委员会委派，前往蒙藏地区及各大寺院进行抗日救国宣传，同时利用青海湖祭海，对参与祭海的蒙藏王公千百户宣传抗日。各民族积极参与抗日救亡活动，无疑增强了中华民族意识，是一次增强民族凝聚力的政治互动。

二 经济交流

近代以来，青海地区传统经济缓慢发展的同时，与内地间的经济交流不断得到加强，一些源自西方的现代生产技术的不断传入，使青海各民族的经济生活发生了潜移默化的变化，成为近代青海地区经济交流过程中不容忽视的重要因素。

在农牧业生产方面，近代农业科学技术开始输入青海，对促进农牧业生产发展产生了积极作用。1918年，在大通成立了青海第一个农事试验场——大通农事试验场。1929年，在西宁成立了青海省立第一、第二农事试验场。至1931年，湟源、化隆、乐都、循化、门源和玉树等县也相继成立了农事试验场，从事谷类、蔬菜、瓜果等的试验种植，成为青海最早的一批农业技术试验机构。1933年以来，青海防疫处、青海兽疫防治处等兽疫防治机构相继成立，开始应用近代兽疫防治技术开展兽疫防治工作。1937年，西北防疫处驻青海办事处在门源、湟源、共和、贵德四县设立兽疫防治所，对家畜进行门诊，并深入了解疫病发病规律。1943年，青海兽疫防治大队首次成功制造出了抗牛瘟血清疫苗，同时在西宁、湟源血清制造厂制造牛瘟疫苗。此外，马匹改良技术也有进步，贵南军马场、贵德军马场先后引进美国、日本良种马进行品种选育、改良。

在工业生产领域，一些近代工业生产技术和设备也被陆续引进和应用。1933年，国民军设立的修械所，最先采用机床设备，用柴油发动机做动力进行生产。从1939年起，青海省政府为谋求各种军用、民用物资的自给，开始筹办火柴、三酸、玻璃、修配、洗毛、制磷等厂，并于1941年正式成立统辖上述各厂的海阳化学厂。这些工厂较多使用了一些机械设备代替以往的手工劳动，生产的产品虽以供给军用为主，但也部分供给民用。1941年，青海第一座电厂——西宁电厂建成，结束了青海无电的历史。总之，近代工业生产的蹒跚起步，虽无法为青海经济发展注入强大动能，但它的出现和发展，毕竟为青海经济发展带来了一丝活力与希望。

在交通运输领域，汽车等现代交通运输工具的出现和公路建设的发展，为经济交流更广、更深范围展开创造了条件，注入了动力。1925年，青海有了第一辆汽车。青海建省后，汽车数量不断增加，公路建设得到较快发展。20世纪30年代中期，青海掀起了以修建地方道路为主的第一次修筑公路高潮，甘青公路、宁张公路、宁临公路等多条地方公路得以新修或改建。1938年，兰州至西宁间汽车客运正式开通。进入40年代后，国际国内形势的变化，使得打通青海与康、藏、新之间的公路交通迫在眉睫，在国民政府的支持下，出现了以修建青藏公路西宁至玉树段、青新公路东段（倒淌河至茫崖）等国道为代表的第二次修筑公路高潮。此外，惠宁桥、广济桥、通济桥等一批桥梁相继建成。1931年，青海省政府在西宁东郊建成乐家湾飞机场。1942年，根据国民政府指令，修建了玉树巴塘机场、兴海大河坝机场、都兰尚格和海南飞机场，但均未能使用。到1948年，全省公路里程达到3143公里，桥梁71座，民用汽车达到216辆，在一定程度上改善了交通条件。[1]

在商贸流通领域，青海与外省、外国间其他商品的交易也很兴盛。清末以来，由内地输入青海的商品除茶叶、布匹、丝绸等旧有品种外，还有中原地区、江南地区、沿海地区所产的工业品。民国初年，西宁市场上的外地商品主要有湖北的宽面土府布和梭布、湖南茯茶、四川丝绸、宁夏大米等。民国七、八年以后，随着外地商人的增多，天津、北平、上海、江苏、浙江等地商品的运入量逐步增加，商品种类日益多样。据西宁县商会统计，1929—1934年间，每年输入西宁的商品价值约为620万银元，西宁输出商品的价值约1550万银元。1935—1940年间，青海省输入商品约值620万元，输出商品约值1400万元。一般输入的工业制成品、百货主要来源于邻省和内地，例如：茶叶、布匹、绸缎、纸张等主要由天津、西安、兰州、成都等地输入；藏香、藏红花等主要由西藏输入；米、豆等主要由甘肃、宁夏、新疆输入。从青海茶卡等盐池输出的盐主要销往甘肃、陕西、河南等地，皮张主要在上海、天津、武汉、成都等地销售，输出的药材则销售至全国各地。商品运输形式主要有驮运和皮筏运，也有畜力大车运，民国后期汽车运输渐居主体地位。大量物资流动和交易，既丰富和改善了民众的生活，也使经济发展保持了一定的活力。

---

[1] 崔永红、张得祖、杜常顺主编：《青海通史》，青海人民出版社2017年版，第600页。

此外，这一时期对外贸易产生并得到一定发展，羊毛的外销、洋行的设立和洋货的大量输入，是当时青海经济更广范围参与世界贸易体系的重要表现。从19世纪80年代开始，今青海境内的一些商人就将青海羊毛用骆驼或皮筏沿黄河东运，经河套、张家口到达天津后售给英、俄、德等国商人在天津开设的洋行。随着青海羊毛在国际市场上行情的看好，外国商人纷纷涌向青海，收购羊毛。最先在西宁开设洋行、抢滩羊毛市场的，是天津的英商新泰兴洋行。民国初年，除西宁外，湟源、循化、贵德、门源、上五庄、鲁沙尔、隆务、永安、白塔等地也有了洋行，最多时全省达到近30家洋行。洋行以收购羊毛为主，同时收购羔皮、胎皮、大黄等土特产品。至1927年，行销国外市场的青海羊毛数量大增，年出口量达700万斤，西宁和湟源成为羊毛的主要集散地。1938年5月，国民政府贸易调整委员会奉命办理对苏联贸易，将青海羊毛输出改为西运。青海羊毛由青海经甘肃、新疆销往苏联。洋货何时进入青海市场，其具体年代已不可考。光绪二十三年（1897年），曾有英国传教士克省吾携大批洋布到今同仁县保安一带贩卖。光绪末年成书的《丹噶尔厅志》卷五"商务出产类"一项记载，19世纪末20世纪初，丹噶尔市场上有大量的洋货出售，其中有洋布、洋缎、洋铁盆、洋火（火柴）、洋颜色（料）、洋纱、洋伞、洋巾花边、洋胰（肥皂）、洋药水、洋刀剪、洋磁漆盘，等等。其中，洋布每年输入约5000匹，价值达白银3万两，大部分转而售往牧区。大批洋货的输入，表明青海地方已不可避免地被纳入了世界贸易市场体系当中。

三 文化发展

清末及民国时期，随着近代化进程的持续推进，青海文化领域也出现了诸多新变化，一些前所未有的文化形式开始出现，某些古已有之的文化形式在内容上也发生了较大的变化，各族人民的精神面貌也发生了前所未有的改变，大大促进了社会文化事业的发展。

在教育发展方面，近代教育的推行为青海的近代化事业做出了贡献。清末光绪年间，在要求新政的呼声下，光绪皇帝下诏废科举、兴学堂，全国各地开始废除封建儒学，兴办新式学堂。青海东部各县也先后将条件较好的书院、社学等改建为初等小学堂或高等小学堂，西宁府五峰书院改为西宁府中学堂。这些新式学堂积极引入西方文化，开始传播自然科学知识，有助于培育新型的知识人才，解放了人们的思想。民国初期，南京临时政府通令全国各地的学堂一律改称学校，禁用旧教材，允许私人办学，小学可男女同校，允许设立女子中学。青海的地方实力派人物马麒，注意发展新式教育，尤其对发展回族近代教育事业格外关注。据对方志资料不完全统计，1928 年，西宁行政区属七县共有初、高等小学校 278 所，比 18 年前设在这一地区的 28 所（此数可能有遗漏）初、高小学堂增长了 9 倍。1928 年七县小学在校学生有 9887 人，比 18 年前增长了 10 倍以上。①青海建省后，青海近代教育发展步伐开始加快，多类型办学格局逐渐形成。地方政府和教育管理部门将普及初等教育放在重要位置，规定各县必须设立两所以上完全小学，每村必须设一所初级小学，并通令蒙藏地区各寺院也要力争兴办小学，使初等教育发展速度加快。抗日战争时期，由于内地特别是沦陷区的许多知识分子流入西北，还有一些学校迁建这里，为包括青海在内的西北地区文化教育事业发展提供了某些便利条件。这一时期，普通初等教育进一步得到巩固并有所发展，普通中等教育办学规模加大，师范教育得到进一步发展，职业教育也有初步开拓。到 1947 年时，全省共设中心国民学校 198 处，国民学校 765 处，学生总人数达 80984 人，教职员总数 1584 人。②

在普通教育发展过程中，青海的民族教育也得到了快速发展，形成了民族教育与普通教育两大系统并列共存的局面。民国建立后，大力提倡"五族共和"，民族教育曾一度受到社会各界的关注。教育部设蒙藏教育司，并颁布了《蒙藏学堂章程》，青海也相继出现了宁海回教教育促进会和蒙藏文化促进会，积极开展办学活动，形成青海民族教育的两个系统。宁海回教教育促进会初设于 1922 年，其最初的宗旨是"促进回教青年学子教育，并阐发回教真谛"，所办学校从形式到内容都是半宗教、半世俗性质。青海建省后，宁海回教教育促进会改称为青海回教教育促进会。1930 年，促进会修改章程，规定其宗旨为"阐扬回教真理，促进回民教育，灌输三民主义及学识技能，令其从事各种职业，达到自立生活为目的"。到 1936 年，青海回教教育促进会总计成立了 15 个分会，各分会均创办了一批小学校，总会在西宁筹办了一所中学。青海蒙藏教育始于 1910

---

① 崔永红、张得祖、杜常顺主编：《青海通史》，青海人民出版社 2017 年版，第 653 页。
② 陈秉渊：《马步芳家族统治青海四十年》，青海人民出版社 2015 年版，第 242 页；青海省档案馆藏：《青海省教育资料及省县市图书馆一览表》第 15 卷第 43 号。

年青海办事大臣创办的蒙古半日学堂，招收对象主要是蒙旗王公子弟。1912年，该校改为宁海蒙番学校，普遍招收蒙藏学生。1924年升格为宁海蒙番师范学校，1927年又扩建为青海筹边学校。青海建省后改组为省立第一中学，附设蒙藏班。1933年7月，青海蒙藏文化促进会成立后，积极开展办学活动，自1935年到1937年在化隆、湟中、互助、乐都、大通、门源等县设立蒙藏小学15所。1933年，以省立第一中学附设蒙藏班为基础成立了青海蒙藏师范学校，规定对学生不收学费，膳宿费由国家备办。1943年，青海蒙藏文化促进会移往玉树，所属各小学交归各县办理。当然，由于受现实条件的限制，这一时期青海民族教育的发展仍然无法彻底摆脱宗教教育的桎梏。有研究者就指出，宁海回教教育促进会以普通教育学校为体，以宗教教育手段为用，兴办新式学校，创造性地把两个独立的互不相容的教育系统糅合在了一起，新兴的教育模式虽然有浓厚的"阐教"目的，学校新式课程内容却充满着近代新学意味，既是因地制宜发展教育的创举，也是促使少数民族主动进入普通学校学习的诱因前提，为后来青海教育的兴盛做了良好的铺垫，演绎出了青海教育独有的轨迹。①

进入近代以来，青海传统体育中融入了体操、田径、军操、舞剑、球类、武术等新式体育项目。其主要的传播途径有三：一是清末废科举、兴办新式学堂后，在学校开设了体操课；二是"五四"后青海一些有志青年去外地求学，在学习中掌握了一些近代体育项目，带回青海；三是冯玉祥所部国民军进驻青海时，带来一些体育项目，主要是一些器械体操，如木马、山羊、跳箱、单杠、双杠等，在当时推广开来。当然，近代体育项目主要是在军队和学校中推广的，以体操、篮球、武术为著。1921年10月10日，举办了西宁县国民体育运动会，有团体体操表演、田径、球类等，这是青海地区历史上的第一次运动会，标志着近代体育项目传入青海并开始普及，也标志着青海地区从此产生了竞技体育运动。1930年8月，在西宁大教场举办"青海省垣中小学联合运动大会"，竞赛项目有田径、球类、手巾操等。1933年8月15日，举办了"青海省国民体育运动大会"，会期7天，竞赛项目有田径、球类、武术、马术、哑铃操等。

在文化发展领域，一些近代意义上的公共文化设施如图书馆、电影

---

① 赵春娥：《青海社会变迁与教育"内地化"进程初探》，《中南民族大学学报》（人文社会科学版）2012年第2期。

院、公园等，开始在青海出现。1926年，贵德县奉甘肃省教育厅之命，成立了"贵德县通俗图书馆"，藏书150余种，成为青海地区历史上第一所近代公共图书馆。随后，湟源、西宁、大通、互助等县先后建立了图书馆。1934年8月，到青海视察的国民政府考试院院长戴传贤有感于文化事业落后的现状，首倡建立省图书馆并捐赠各类图书3224种9878册，省政府择址建成青海省图书馆，于1935年4月15日正式开馆。至20世纪30年代末，青海各级各类图书馆达到15个。① 就在公共图书馆出现的同时，电影作为新鲜事物也传入青海。1925年，西宁东关"怡和洋行"为经商上的应酬，置备无声电影放映机一部，以手摇发电机供电，曾在甘边宁海镇守使衙门和西宁东关山陕公所放映无声电影，是为电影传入青海之先声。1930年，有外地商人携带影片来西宁经营电影生意，在山陕会馆公开放映《日本火山爆发》和卓别林主演的无声滑稽片，为商业性放映活动在青海的初次尝试。抗战期间，电影作为宣传抗战的重要手段得到一定程度的推广。1940年，国民党教育部电影巡回施教队、国民党中央党部新闻处电影放映队先后在青海西宁、河南蒙旗、海南藏族地区巡回放映抗战影片。中国电影制片厂导演郑君里等先后于1939年、1940年两次来青拍摄反映全国各族人民团结抗日的纪录片《民族万岁》。1943年，马步芳派人在西宁筹设湟光电影院，址设山陕会馆，配有无声、有声电影放映机各一部，进行商业放映。1946年，湟光电影院交由湟中实业公司经营，迁至东关湟中大厦新址，面积800平方米，设有包厢4间，座席500个，是解放前青海唯一的一座规模较大的电影院。早在清光绪年间，就建有香水园，1931年更名为青海省第一森林公园。1935年，在今西宁市五一俱乐部建成湟水公园，后该园并入昆仑中学。1937年以后，各县亦纷纷兴建了公园。1943年，在西宁建成麒麟公园（在今儿童公园）。这些公共文化设施的出现，既丰富了各族群众的文化生活，也在一定程度上促进了各民族间的文化交流和发展。

在近代化大潮的影响下，青海地区的文学与艺术也接受了近代化洗礼，出现了许多新的文学艺术形式。"五四"新文化运动以后，青海文坛渐趋活跃，除传统的格律诗创作进一步发展外，新兴的白话小说创作、新体诗、散文写作逐渐兴起，出现了一些新文学创作者和作品。民和米拉湾

---

① 崔永红、张得祖、杜常顺主编：《青海通史》，青海人民出版社2017年版，第678页。

人李洽于1932年在南京出版《抗战中迈进的青海》和新体诗集《动乱的街头》，国立西宁师范学校王巍山于1947年出版了散文诗《生命树》，藏族学者更敦洛桑著有《华章集》《传记金花》等作品。20世纪30年代中期，青海还出现了多种文艺刊物，如《到民间来》《曙光》《轮影》《冰丝诗刊》等。在艺术发展方面，1925年以后，被称为"文明戏"的话剧、舞蹈和歌咏等艺术形式开始登上舞台。国民军入青后，内地的戏剧班子尾随而来，在西宁登台献艺的有秦腔、眉户戏、京剧、河北梆子、蒲剧等剧种。1927年，在西宁道尹林竞的倡议下，西宁部分学校青年教师发起组织了"平民新剧社"，于次年开始演出话剧，在社会上引起强烈反响。青海建省后，省立第一女子师范学校的师生首次演出舞蹈节目，现代舞蹈开始登上青海艺术的殿堂。抗日战争时期，来青海进行抗日宣传、文艺活动、学术交流、社会考察的知名人士增多，在他们的带动和影响下，青海的文学、戏剧、歌舞、音乐等进入了一个大发展时期。如著名文学家老舍先生曾在西宁第一中学礼堂为教师和学生做了一次题为"什么叫新文学？"的学术报告，他知识渊博，讲话通俗易懂，幽默风趣，运用诙谐的语言，使听众的情绪始终活跃热烈。老舍先生还举办了"怎样写作？"的文学座谈会，向文艺爱好者授业解惑。老舍先生的到来不仅引起了省内社会各界的关注，也刮起了一股热爱文艺之风，一些学校里学生自办的文艺小报接踵而出，唯一的地方报纸也开辟了文艺副刊。又如音乐家王洛宾曾在西宁多所学校任音乐教师，除从青海民歌中汲取素材创作了《在那遥远的地方》《半个月亮爬上来》等歌曲外，还组织中学学生成立了"青海抗战剧团"，公演抗日剧目，产生了比较大的影响。

第九章

唐蕃古道青海段的宗教传播与交流

青海是一个多宗教信仰的地区，佛教、伊斯兰教、道教、基督教等民族、世界性宗教，在青海都有传播。其中佛教包括藏语系佛教和汉语系佛教，基督教包括基督新教和天主教。宗教是一种文化，宗教传播的过程，同时也是文化交流的过程。青海作为唐蕃古道和丝绸之路青海道上文化往来的重要区域，曾是各种文明、宗教汇聚的历史舞台，既是民族宗教文化交流的中心，也是宗教文化传播的地区。通过这两条著名的交通要道，通过商贸交易、政治来往、战争冲突、宗教传播、人口迁徙等手段，佛教、道教、伊斯兰教、基督教或以青海地区为目的，或以青海为孔道，最终在这里生根发芽，形成了藏语系佛教、伊斯兰教及其他宗教并行的几个文化圈，影响着各民族文化，成为了青海文化的重要内容之一。在青海几大宗教的传播与交流中，和平交往与交流是主要形式，这使几大宗教在青海地区的传播具有和风细雨的、潜移默化的特色，最终在青海形成了和谐相处、融合共存的局面。

第一节　佛教

青海是佛教的重要传播地区。据相关资料记载，早在东汉末年，青海东部湟水地区就有僧人活动，并建有佛塔。魏晋南北朝时期，一些僧人或通过古道西行求法，或在青海地区传播佛教，信徒们在唐蕃古道、丝路沿线还开凿了一些摩崖石刻，佛教在青海地区有了一定发展。唐代是青海佛教发展的一个重要时期。文成公主和金城公主入藏时，佛教跟着也传入青海地区。以后，随着吐蕃本土佛教和苯教的斗争，印度佛教自西藏传入青海地区，延续了吐蕃佛教。宋代，佛教又从青海传入西藏，成了西藏佛教后弘期的发祥地之一，是佛教在青海发展的一个鼎盛阶段。元明清以来，佛教在青海地区得到空前发展，寺院塔庙广泛建立，僧团组织空前扩大，佛教对青海地区经济社会的影响也无与伦比。

一 藏传佛教

藏传佛教又称"西藏佛教""藏语系佛教"，还称"喇嘛教"，其主要在中国西藏地区形成，并通过藏语言文字接受和传播。藏传佛教是印度佛教与西藏苯教长期相互影响、相互斗争的产物，是在佛教教义的基础上，吸收了苯教的一些神祇和仪式后形成的佛教重要流派。

1. 佛教在吐蕃的早期传播和发展

佛教传入西藏地区，是吐蕃王朝与周边国家和地区文化交流的结果。7世纪，松赞干布统一了西藏高原，建立了以拉萨为中心的吐蕃王朝。松赞干布对中原和周边其他国家采取了建交通好的开放政策，为中原和各国文化，尤其是佛教文化的传播创造了条件。松赞干布先后迎娶了尼泊尔尺尊公主、唐朝文成公主为妻，从尼泊尔和唐朝两个渠道引入佛教，佛教开始在西藏地区传播。

在佛教初入吐蕃时，传统的苯教在吐蕃社会中占有相当地位，在会盟、祭祀等政治活动，征调、作战等军事活动，婚丧、诊疗等生活活动，耕种、放牧等生产活动中，苯教都要参与其中，由苯教所谓"神的意志"解决问题。由于在多个方面受到苯教的掣肘，起初佛教没有形成僧伽组织，学习、传播也没有形成体系，在吐蕃民间自发地、缓慢地发展着。710年，赤德祖赞从唐朝迎娶金城公主，对佛教在吐蕃的发展起到了推动作用。金城公主到吐蕃后，把文成公主带到吐蕃的觉沃佛像自小昭寺搬迁到大昭寺，并安排了汉族僧人管理一些宗教仪式、供奉佛像等。这一时期，西域于阗、中亚及新疆一些地区的僧侣也因政局不稳，向吐蕃地区迁移。吐蕃收留了这部分僧人，引起了信奉苯教的贵族的不满。739年，吐蕃发生了一次大的天花瘟疫，对吐蕃社会造成了严重的损坏。吐蕃贵族借机发难，以此次天花是吐蕃境内的鬼神因外来僧人产生的愤怒为由，驱逐了这批僧人。

赤松德赞年幼时，吐蕃境内的佛苯之争日益高涨，当时，信奉苯教的吐蕃贵族为了彻底铲除佛教势力，开展了吐蕃历史上第一次禁佛运动，他们下令在吐蕃全境禁止信奉佛教，驱逐外来僧人，改大昭寺为屠宰场，把文成公主带到吐蕃的觉沃佛像埋到地下，后又启出送往芒域，拆毁寺庙，吐蕃地区的佛教受到了打击。及至赤松德赞年长，虽然明面上采用佛苯并立的方针，但找准机会，即通过不同方式支持佛教的发展。他先是剪除了一些信奉苯教的吐蕃贵族，又数次派人到汉地、印度、尼泊尔迎请僧人到吐蕃传教。最终从印度请来寂护和莲花生，建成吐蕃第一座正式寺院——桑耶寺，并剃度了吐蕃历史上第一批僧人——"七觉士"，后继续遣人到印度迎请印度僧人，先后迎来无垢友、法称、阿难陀等人。同时先后派遣遍照护及以南喀宁布等人，去印度留学，准备翻译佛经、传授印度教法。这些举动遭到了信奉苯教的吐蕃贵族及王后蔡绑萨等人的坚决反对。赤松德赞虽然极力支持佛教的发展，但在苯教信徒反对激烈时，也采取灵活的迂回战术，让佛教转入低调或暗中活动，以消弭苯教徒的怒火。后来，赤松德赞在顿喀地方安排了一场由佛教徒和苯教徒辩论的活动，当辩论结束时，赤松德赞直接宣布苯教徒败绩，接着开始排斥苯教，迫使部分苯教徒改奉佛教，受到打击的部分苯教徒迁移到西藏地区的西部和北部等偏远地方。

在佛教和苯教斗争的同时，在吐蕃的印度佛教和内地佛教之间也充满了斗争。自松赞干布时起，内地僧人在吐蕃的活动一直没有间断。金城公主嫁入吐蕃推动了内地佛教在吐蕃的发展。特别是赤松德赞时期，曾数次遣使入唐求法，内地佛教在吐蕃的影响越来越大。当时传入吐蕃的内地佛教以禅宗为主，其中以高僧摩诃衍那影响最大。其信徒众多，包括王室的一些成员和贵族，甚至一些印度佛教的信徒也转投摩诃衍那门下。这引起了内地佛教与印度佛教的斗争，即顿渐之争。内地佛教一派主张顿悟说，被称为顿门巴。认为成佛不是依靠长期的修行，而是靠突然地得到内在的"顿悟"；而且人应该排除各种思考，不许做恶念，也不许做善念，应该保持完全宁静的状态。而印度佛教一派反对这种思想，否定突然顿悟，被称为渐门巴。他们认为只有经过长期渐进的修持，才能一步一步取得成就。随着内地佛教与印度佛教的斗争愈演愈烈，赤松德赞亲自主持，召集以摩诃衍那为首的内地佛教僧人和以莲花戒为首的印度佛教僧人在桑耶寺进行辩论。并按照印度习惯，约定失败者要向对方献上花环，并离开吐蕃。这场辩论持续了两三年之久，最终内地佛教失败，返回内地。印度佛教在吐蕃取得优势地位，影响了后期藏传佛教宁玛派、噶举派的教义和修行方法。这场顿渐之争的实质是两种外来佛教宗派之间的理论斗争，是内地佛教禅宗思想和印度佛教中观思想的碰撞和交流。

赤松德赞时期，印度佛教相继战胜了苯教和汉地佛教，在吐蕃取得了暂时性的胜利。赤松德赞决定以印度小乘佛教中的"说一切有部"的戒律为标准的戒律，禁止翻译其他宗派的戒律。同时明令宣布龙树的"中观论"是佛教的准则，在吐蕃不许学其他宗派的内容，这样，基本上平息了印度佛教内部的宗派斗争。赤松德赞还在拉萨建立寺院，剃度僧人，印度佛教开始在吐蕃站稳了脚跟。

2. 后弘期佛教的发祥地

赤松德赞之后，吐蕃的牟尼、塞纳累、热巴巾三位赞普为利用佛教解决吐蕃社会的内部矛盾，都热衷于发展佛教，佛教在吐蕃得到空前发展。牟尼赞普时期，曾下令属下臣民给赤松德赞时期修建的寺院布施，并用王朝的收入供给僧人们生活开支，为西藏佛教依靠政府资助的先声，这个措施影响深远。塞纳累赞普也积极扶持佛教的发展，修建了甲的噶琼寺，明令规定优待僧侣，不能奴役僧人，对僧人免征重税，不能减少对佛教的供养，还在王宫里设置供奉"三宝"的道场。塞纳累还让自己的大儿子出家为僧，规定以后赞普子孙从年幼到执政者，都要从印度僧人中委派"善知识"为师。塞纳累设置了钵阐步一职，由僧人担任，参与吐蕃的政治活动。吐蕃的崇佛活动在热巴巾时期达到了巅峰。热巴巾时期，吐蕃进行了一场文字规范化运动，由一批著名的佛教学者推行，主要内容是对拼写规则进行了统一规定，制定了标准译名，要求译名统一，编成了丹噶、钦浦、庞塘三个译经书目。藏文文字规范化运动是印度佛教在吐蕃高度发展的重要标志和条件，由于这次运动推行得比较彻底，直接推动了吐蕃社会的发展。热巴巾还采取了支持翻译佛经、礼拜僧侣、用玉石修建佛寺、推行"七户养僧"制、提高钵阐布的地位等兴佛措施，引起了平民和奴隶的愤怒，也惹来了贵族将领、地方势力的不满。他们积极策划消灭佛教势力，先是进谗言让热巴巾把自己为僧的儿子臧玛流放到偏远的地方，又处死了与王妃通奸的钵阐布贝吉云丹。以后又趁热巴巾喝醉酒之际，缢杀了热巴巾。

热巴巾死后，达磨即位，开始了吐蕃历史上第二次禁佛运动。这次禁佛活动比第一次更为彻底。达磨停建、关闭了佛寺，破坏寺庙设施，铲除佛教壁画，在上面替换上僧人饮酒作乐的画，许多佛像被钉上钉子，扔到河里。文成公主带来的觉沃佛像又被埋到地下。焚毁了大量的佛经，只有少部分被僧人埋到岩洞里。镇压佛教僧人，大批僧人逃离吐蕃本土，留存在本地的僧人，要么还俗，要么改皈苯教。如果确实不能放弃自己的信仰，就被迫带上猎狗，拿上弓箭去打猎。或者拿着苯教的法器，去参加苯教的崇拜仪式，做一些佛教徒不能做的事。由于这次禁佛对佛教的打击十分沉重，西藏宗教史籍把达磨以后的百年时间称为"灭法期"。842年，一些被迫打猎的僧人到了拉隆地方，被在当地静修的卫道士贝吉多杰听说了灭法的事情，就去拉萨暗杀了正在大昭寺前面观看碑文的达磨，并成功逃往青海地区。

达磨禁佛之后，寺院被关闭，佛教僧侣组织解体，学经活动停止，经典的翻译也停止了，佛教在吐蕃本土不能生存，开始转向外围地方活动。当时有三名佛教僧人藏饶赛、肴·格迥、玛尔·释迦牟尼，在曲卧日地方"坐静"。他们听说了达磨灭佛的事情之后，把佛经特别是关于戒律部分的经典收拾起来，驮在一批牲口上，昼伏夜出，向西部阿里地区逃亡。由于当时阿里地区也在禁佛，他们无法立足，便向北逃至新疆。一段时间之后，由于语言不通，于是又东走至青海地区，待在多康的玛隆地方。此处离吐蕃本土甚远，他们就在此地从事宗教活动。西藏佛教徒认为，佛教能够在10世纪后半期得到恢复和发展，主要就是依靠了这三位僧侣的传戒授徒。

藏饶赛等三人在多康的丹斗地方居住下来之后，有一个青海宗喀德康地方（今青海省循化县黄河北岸）的藏族人穆苏赛拔，跟随这三人出了家。穆苏赛拔出家时的受戒师除藏饶赛等三人外，还延请了两位汉族僧人。佛教规定，受比丘戒必须有十名出家十年以上的僧人在场，但因情况特殊，这次只凑了五个人。穆苏赛拔就是西藏佛教"后弘期"的著名人物喇勤·贡巴饶赛。喇勤意为大师，贡巴饶赛的意思是明白佛教的教理教义，这是以后的佛教徒对穆苏赛拔的尊称。

唐代佛教在青海地区的传播有多条路径。除了汉代以来，内地佛教逐渐传入青海之外，随着文成公主、金城公主进藏并在青海地区举行了佛事活动，内地佛教也跟着传入青海。文成公主在途经今玉树藏族自治州玉树县巴塘乡西北约4公里的贝纳沟南段，在此处休整一个月。公主命随行比丘译师智敏，工匠仁泽、杰桑、华旦等人在当地丹玛岩崖上雕刻了9尊佛像，中间为大日如来，左右各侍立4尊菩萨，分上下两层，右上为普贤、金刚手，下为文殊、除盖障；左上为弥勒、虚空藏，下为地藏、观世音。这些佛像至今犹存。大日如来像高约 5 米，身着汉式圆满报身佛服饰，双手结禅定印，吉祥地端坐于莲花狮座上，身后以菩提树、宝伞、幡幢陪衬，庄严肃穆、美观大方。八大菩萨像略小，足蹬莲花，手各持不同法器，结不同手印，侍立于主佛两侧。佛像两侧崖上雕刻有许多古藏文、汉字。另有许多佛像、佛塔、经文、六字真言等。文成公主还在今巴塘乡境内修建了格则塔，以后信徒在该塔附近建成了寺院。金城公主进藏时，途经玉树巴塘，看到文成公主原刻佛像被风雨侵蚀，遂让随从于佛像上盖一殿堂。唐开元十八年（730 年），又派人雕刻佛像，修缮殿堂，并在殿门旁立碑说"为祝愿万民众生及赤德祖赞父子福安昌盛，依原刻佛像精雕，修改此殿"。此即玉树巴塘现存的大日如来佛堂，又叫文成公主庙，是青海最早的佛殿，也是汉藏两族人民友谊的象征。此外，印度佛教也自西藏地区传入青海，最早由吐蕃军队进入青海时带来。高宗龙朔三年（663 年），吐蕃大论禄东赞领兵击溃吐谷浑，青海全境为吐蕃所有。之后天宝年间，唐朝陷入安史之乱，西部边备空虚，吐蕃趁机进一步东渐，夺取唐河西、陇右地区。随着吐蕃势力的扩展和佛教在西藏的发展，青海地区出现了一些小型的寺院。如玉树安冲地区的拉康寺，据说最早由莲花生大师修建的格沙拉唐佛堂、钨金佛塔发展而来。隆务寺也是由吐蕃时期藏军在五屯一带戍边时修建的玛贡娘哇寺院发展而来。敦煌文书中记载，9 世纪早期，贵德地区建有赤噶寺，融合了汉地的禅宗和吐蕃的密宗，使之成为了佛教中心。吐蕃常在此举行印沙佛会。[①] 可见，在达磨灭佛前，青海地区的佛教已经有一定的发展基础了。

及至藏饶赛等三位佛教信徒来青海，并剃度了喇勤·贡巴饶赛之后，佛教在青海得到了长足的发展。吐蕃本土灭佛之后，佛教徒四散奔离，来青海地区的，不仅仅是藏饶赛等人。据说还有释迦胜光称、融墩狮子幢、弄妙吉祥、宝金刚、吉祥订、囊具喜菩提等很多吐蕃的佛教信徒来到青海，[②] 从事着佛教的传教活动。拉隆·贝吉多杰刺杀了达磨之后，也辗转来到青海活动。藏饶赛等三人来到青海之后，先居住在今坎布拉地区的阿琼南宗，一度活动于该县加让乡的洛多杰扎岩等地，后又活动于今化隆县

---

① 谭禅雪：《印沙·脱佛·脱塔》，《敦煌研究》1989 年第 1 期。
② 蒲文成：《青海佛教史》，青海人民出版社 2001 年版，第 25 页。

金源乡的丹斗地方，又一度活跃于今乐都县中坝乡的央宗坪和今平安、互助等地的湟水谷地。由于对佛教发展的巨大贡献，藏饶赛等三人被后世尊称为"三贤哲"或"三智士"。喇勤·贡巴饶赛后来定居于今化隆县丹斗寺，弘扬佛法，声名远播。桑耶地区的领主益西坚赞父子因宠信佛教，派卢梅等卫藏十弟子来青海受戒。大约972年，卢梅等及其再传弟子弘法西藏，使佛教在吐蕃地区再次复兴，史称"下路弘法"。学术界一般认为，经过下路弘传之后的吐蕃佛教真正具有了藏区文化的特点，成了真正意义上的西藏佛教。青海因此被称为西藏佛教下路弘传的所在地，喇勤·贡巴饶赛是下路弘传的鼻祖。

3. 宋元明清时期藏传佛教各教派的传播与发展

11世纪，吐蕃赞普后裔唃厮啰在河湟地区建立了青唐吐蕃政权。在唃厮啰建政前后，佛教在河湟地区已经有相当的影响。各个吐蕃部落时常以佛教号召部众，招附民众。当时僧人的社会地位很高，已经掌握了各部落的部分权力，能干预部落的军政事务，参加争夺部落首领的斗争。与吐蕃时期僧人多是吐蕃贵族，僧人多在社会上层活动的情况不同，唃厮啰时期僧人的力量已经在普通民众中扎根。唃厮啰建立政权之后，佛教进一步得到提倡和重视，萌芽于吐蕃时期的政教合一制度有了新的发展。唃厮啰笃信佛教，唃厮啰即藏语"佛子"之意，他的军政议事殿堂供奉"金冶佛像，高数十尺，饰以真珠，覆以羽盖"，论布在佛像前处理公务，这都是政教合一的做法。当时作为唃厮啰政权首府的青唐城，是甘青藏区的政治、经济、文化、宗教中心。李远在《青唐录》卷三十五描述了当时青唐城佛教鼎盛的情形，他说："城之西有青唐水注宗哥，水西平原，建佛祠，广五六里，缭饶以冈垣，屋至千余楹。为大像，以黄金涂其身，又为浮屠三十级以护之。……吐蕃重僧，有大事必集僧决。僧丽（罹）法无不免者。城中之屋，佛舍居半。惟国主殿及佛舍以瓦，余虽主之宫室，亦土覆之。"① 除青唐城之外的其他青海地方，佛塔遍及各地。《资治通鉴续事长编》卷四〇二条记载，就连青海湖的海心山上，也有"习禅者赢粮居之"。扎藏寺寺志中也记载，宋代在今扎藏寺南莫尔吉河对岸的哈毛尔达瓦山上，有蒙古族僧人修建的塔雁静房。平安县寺台乡也有一座静房，后来逐

---

① （宋）李远撰，马忠校注：《青唐录》，见青海省民委少数民族古籍整理规划办公室编《青海地方旧志五种》，青海人民出版社1989年版，第10页。

渐演变成今天的夏宗寺了。这一时期，西藏佛教各教派相继形成，各派系的创始人及其弟子到处传法建寺，青海藏区出现了一批寺院，著名的如今玉树禅古寺、当卡寺、龙喜寺、卓玛邦杂寺、囊谦咱那寺、根蚌寺、达那寺、称多康觉寺、群则寺等。青海早期的寺院大多是宁玛派寺院，后来随着其他教派的兴起，宁玛派寺院的数量逐渐趋少。南宋以来，噶举派兴起，其一支塔波噶举以后又衍生出四大八小支派，其中四大支派中的噶玛噶举、巴绒噶举、帕竹噶举，八小支派中的直贡噶举、周巴噶举、叶而巴噶举等先后传入青海。噶玛噶举内部又分为红帽、黑帽二系，在青海玉树地区传播过程中，又派生出乃多、苏莽两个噶玛噶举派的支系。此外，香巴噶举也曾传入青海地区。

元代，西藏佛教中的萨迦派在青海得到传播。萨迦派初创于北宋时期，神宗熙宁六年（1073年），昆·贡觉杰布在后藏萨迦地方建成萨迦寺，由此发展出萨迦派。1247年，萨迦班智达贡噶坚赞应请在凉州与阔端会面，西藏归顺元朝管辖。后来，八思巴洛追坚赞被忽必烈尊为帝师，领总制院事，统领天下释教，取得西藏地区政治、宗教的领袖地位，为西藏佛教的发展和传播提供了便利。在此期间，元朝为加强西藏地方行政建设及管理，于萨迦地方设置西藏地方三路十三万户长官"本钦"，统称萨迦本钦。首任本钦由八思巴提名举荐，经元世祖忽必烈批准后任命，以后成为定制。自宋末元初开始，萨迦派即开始在青海地区传播，这多与元朝的支持有关。萨迦班智达贡噶坚赞曾在今青海贵德地区修建了珍珠寺。1265年，八思巴返回西藏，途经今玉树地区。1268年，八思巴从萨迦到大都，也经过了今青海玉树地区。他还将一些其他教派的寺院改为萨迦派，并由其弟子阿宁丹巴等创建了今称多县的尕藏寺、邦夏寺、东程寺，今玉树县的昂普寺、隆庆寺等。八思巴还亲临根蚌寺、宗达寺等著名寺院讲经传法，赐赠佛像法器，颁发保护寺院的法旨，大力支持各派寺院发展。萨迦派还在今青海湟中西纳川建成西纳寺，在今尖扎县建成古哇寺，在今同仁县建成隆务寺。此外，西藏佛教中的其他教派也在青海得到广泛的传播。例如：噶当派在今青海同仁县建成夏卜浪寺，在今化隆查甫乡建成夏琼寺；宁玛派在今共和县建成当家寺；噶举派在今玉树县仲达乡建成嘎拉寺、让娘寺，在安冲乡建成邦郭寺；等等。这一时期，得益于元朝的支持，西藏佛教不仅使自身得到空前发展，而且与中央政府加强了联系，在藏区推动了政教合一制度的发展。

明代，西藏佛教在青海继续传播发展，特别是格鲁派创立以后，迅速赢得了各族群众对宗教的热爱，使格鲁派迅速传播到广大藏区。格鲁派创始人宗喀巴为宗喀地区（今青海湟中）人，3岁时受近事五戒，7岁时跟随噶当派高僧顿珠仁钦在化隆夏琼寺出家，学习佛法。明洪武五年（1372年），宗喀巴远赴西藏求学深造。他广参各教派名师，学习显密诸论，反复研习佛教理论及各教派的教理教义，洞达佛教哲学。当显宗学识达到一定造诣后，又到处拜密宗大师学习密乘本论和释论，成为密法高深的大学者，经过不断苦修，完成了生起次第和圆满次第。宗喀巴不持门户之见，博采众家之长，他继承阿底峡和仲敦巴的噶当派教法，创立了一套善规派的佛学体系。明永乐七年（1409年），宗喀巴在拉萨发起了祈愿大法会，并修建了格鲁派的第一座寺院——甘丹寺，自任赤巴。这两件事标志着格鲁派的创立。明永乐十三年、永乐十九年，宗喀巴两次派弟子释迦益西经过今青海地区去北京，跟明朝建立了联系，得到了明朝的支持。释迦益西一路上广泛传播格鲁派教义，并在今青海民和修建了弘化寺。宗喀巴早在创立教派初期，就已经注意把自己的影响传播到青海藏区。《安多政教史》记载，15世纪初，宗喀巴弟子东宗喜绕坚赞建成了青海边都寺。[①] 边都寺即今循化县文都寺，最初为萨迦派寺院。明建文四年（1402年），成为了格鲁派的正规寺院，比格鲁派的创立还要早7年。宗喀巴大师的弟子绛喇嘛却吉加保长期传教于甘青地区，先后建成卡地喀寺等5座寺院。明嘉靖年间，格鲁派的发展充满了危机。尤其在后藏，出现了一批反对格鲁派的贵族势力。黄教想要求得继续发展，必须寻找新的盟友和靠山。元朝灭亡以后，退到塞北的蒙古族分裂成若干部落。后来，土默特部的汗王俺答汗的势力强大起来，于嘉靖三十八年（1559年）率部驻牧于青海。明万历四年（1576年），俺答汗派人到西藏邀请三世达赖喇嘛索南嘉措。索南嘉措接受了邀请，北上青海。据《三世达赖喇嘛传》，索南嘉措到青海之后，先渡通天河，到今称多县境，为千余人剃度，或授比丘戒，然后北上到今果洛玛多县，翻过阿尼玛卿山，到今海南州境内兴海县、共和县境。索南嘉措与俺答汗在青海湖南湖滨措卡地方见面。在措卡恰卜恰修建的仰华寺的开光仪式上，索南嘉措为俺答汗宣讲黄教教义，从而使黄教在蒙古族中

[①]（清）智观巴·贡却乎丹巴饶吉：《安多政教史》，吴均等译，青海人民出版社2017年版，第567页。

第九章　唐蕃古道青海段的宗教传播与交流　373

获得良好印象，为以后在蒙古族地区广泛传播打下了坚实的基础。随着格鲁派在青海地区的发展，西藏佛教寺院在青海的规模和数量都有了一定的提升，青海著名的藏传佛教寺院大多是这一时期修建的，留存至今的有60多座。① 格鲁派创立时期在青海修建的寺院主要分布在玉树地区和青海东部湟水流域，这与地理、交通环境密切相关。玉树地区毗连康藏，为一些寺院的改宗创造了条件，而湟水流域是西藏高僧取道青海通往内地的必经之地，加上气候适宜，从而使格鲁派优先从这里传播开来。

　　清代，格鲁派继续发展。17世纪初，西藏格鲁派和噶玛噶举派之间矛盾重重。后藏的藏巴汗联合入居青海的蒙古喀尔喀部却图汗和康区的白利土司，欲彻底消灭格鲁派。他们打击格鲁派和其他教派，关闭了康区的寺院，杀害和监禁了许多格鲁派僧人。形势危急，四世班禅、五世达赖急忙向驻牧于天山南北的厄鲁特蒙古和硕特首领固始汗求援。崇祯十三年（1639年），固始汗率部南下，统一了卫藏，向四世班禅、五世达赖贡献了卫藏地方税收权，作为格鲁派活动的政教费用，并自立为汗王，总揽西藏行政大权，成为了格鲁派发展的强大靠山。与此同时，格鲁派还派使团去盛京，与皇太极建立了政治上的联系。1644年，清军入关后，格鲁派与满清王朝关系更加密切。顺治九年（1652年），五世达赖进京觐见顺治皇帝，受封为"西天大善自在佛所领天下释教普通瓦赤喇怛达赖喇嘛"，被尊为西藏佛教领袖，清朝的这一封号，以中央王朝的名义确定了达赖喇嘛在宗教上的地位。自此，格鲁派一跃居于西藏佛教的统治地位，青藏地区的格鲁派随之进一步传播，迅速发展壮大，新建、改建了一大批格鲁派寺院。顺治十一年（1654年），固始汗去世后，西藏蒙藏贵族之间的关系逐渐发生了变化。当时，格鲁派已经在西藏拥有了扎实的发展基础，但不掌握卫藏的政治大权。西藏的政治大权掌握在固始汗及其子孙手中，由他们任命高级官吏，发布行政命令。固始汗的子孙们享受世袭的封建特权，但大多昏庸无能，为格鲁派不喜。1682年，五世达赖病故后，第巴桑结嘉措秘不发丧，他一面继续用达赖的名义掌管黄教事务，并向清廷要求封自己为王，以取得与和硕特汗王分庭抗礼的地位；另一面积极与新疆的蒙古准噶尔部取得联系，作为政治上的策应，想通过准噶尔部的力量，把和硕特蒙古的势力排挤出西藏。到拉藏汗时期，由于在处理政务中和第巴桑结嘉

---

① 青海省地方志编纂委员会编：《青海省志·宗教志》，西安出版社2000年版，第49页。

措的矛盾日趋尖锐,最终发展到刀兵相见。在青海的和硕亲王达什巴图尔死后,其子罗卜藏丹津承袭和硕亲王的爵位,在青海和硕特诸部中权势显赫。但罗卜藏丹津仍不满足,费尽心思,希望清廷如册封固始汗一样,册封自己,以恢复和硕特蒙古在西藏的统治。但清政府在政治、经济上采取了一系列措施,收缩其权力,引起了罗卜藏丹津的不满,最终起兵反清,后被清朝镇压。青海湟水流域的许多寺院从修建到发展,都受到蒙古各部首领的支持。罗卜藏丹津反清中,很多寺院参与了反叛,因此,反叛被镇压后,参与反叛的寺院遭到了清政府的清洗。之后格鲁派在青海的发展受到了清朝政府的严格管理。清末,青海地区藏传佛教寺院的教派、类型、布局等已经基本定型。

4. 民国以来藏传佛教在青海的发展

民国时期,青海藏传佛教上层和各大寺院普遍拥护共和,寺院得以保存,原有封号继续使用。全省藏传佛教各个教派都有所发展,其中格鲁派在河湟流域、海北、海南等地占有较大优势,噶举派、萨迦派、宁玛派在玉树、果洛地区规模较大。20 世纪 20 年代以来,马步芳家族掌握青海军政大权,挑拨各民族关系,制造各种矛盾,曾数次用兵果洛、玉树、黄南、海南等地,残酷镇压藏族人民的反抗,不少寺院遭到破坏,但没有改变清朝以来形成的基本格局。这一时期,不但一些大的寺院修建了不少属寺,还出现了藏传佛教向边远牧区发展的倾向,从而使藏传佛教遍布青海全境。

50 年代以来,由于各种原因,青海地区藏传佛教寺院也曾遭受到数次大的破坏,或关闭,或拆毁,宗教生活也一度受到限制。直到 70 年代末以后,各个寺院相继开放,基本上保持了原先的教派信仰和寺院分布。一些信众丛集的地方,还修建了宗教活动点,从属于相关的寺院管理,保障了信教群众的宗教生活。对于历史上著名的一些寺院,国家还以重点文物单位的名义,进行了保护。

二 汉传佛教

佛教起源于公元前 6 世纪的古印度,由释迦牟尼创立,是产生较早的世界性宗教。释迦牟尼去世百年后,印度佛教分化出了上座部和大众部,其中上座部又被称为部派佛教,谓之小乘。公元前后,出现大乘佛教,由龙树、提婆师徒创立中观派,叫空宗;以后由无著、世亲兄弟创立瑜伽行派，叫有宗。公元 7 世纪，密教兴起。大抵从公元前 3 世纪开始，印度佛教开始向外传播，与多种文化和宗教交流，形成了各具特色的佛教流派。印度佛教最先传入缅甸、泰国、柬埔寨、老挝、斯里兰卡及我国云南等地，以上座部佛教为主，被称为南传佛教，其经典属于巴利文系统。公元前后，印度佛教又传入中国汉地，后次第传入朝鲜、日本、越南等地，以大乘佛教为主，称为北传佛教，其经典属于汉文系统，故又被称为汉传佛教或汉语系佛教。

  汉传佛教在河湟地区的传播久远。西汉末年，有印度僧人经克什米尔进入新疆地区，在鄯善、于阗、高昌等地传教。同时有僧人沿着丝绸之路青海道，到河西走廊中原地区传教。最晚在东汉末年，即有汉僧从内地来河湟地区定居活动，今湟源县扎藏寺所在的巴燕乡莫尔吉沟口一带，就有当时汉僧修建的僧舍。① 魏晋南北朝时期，佛教从西域和内地同时传入青海地区，得到了发展。晋武帝时期，西域僧人入青在月氏人中传播佛教，剃度月氏人法护出家为僧。《西宁府新志》记载："湟中本小月氏之地，且屡没羌戎，无怪乎释氏多而道士少，而番僧尤众。"② 后来，法护随其师至西域诸国，学会"三十六"国语言，在敦煌翻译出《光赞般若经》《法华经》《维摩诘经》等约 150 部，共 300 卷。入青后来到青海河湟地区传播佛教，成为对中国大乘佛教和青海佛教的发展有重要影响的著名僧人。③ 北魏时期，"佛教盛行于鄯州"，"曾作佛龛于土楼山断岩之间，藻井绘画"，④ 表明当时河湟地区的佛教发展跟随了中国北朝佛教发展的步伐，开始开凿石窟寺、雕刻摩崖石刻了。之后历代都有在土楼山凿洞塑佛彩绘的举动，直至清代。说明直至清代，河湟地区汉传佛教的传播从未断绝。东晋安帝隆安三年（399 年），法显与慧景、道整、慧应等 11 位僧人，从长安出发，经过今青海乐都、西宁，自西平张掖道入河西走廊，后来到北印度一带。他们在西平时，受到南凉秃发利鹿孤、秃发傉檀的礼遇，迎入寺院讲经说法，受到信众的尊崇。他们临走时，有当地僧人随行。⑤ 法显等人不走传统丝路，而改走丝路青海道，其"原因可能是因据河湟的南凉强

---

① 蒲文成：《青海佛教史》，青海人民出版社 2001 年版，第 345 页。
② （清）杨应琚修纂，崔永红校注：《西宁府新志》，青海人民出版社 2016 年版，第 248 页。
③ 青海省地方志编纂委员会：《青海省志·宗教志》，西安出版社 2000 年版，第 343 页。
④ 青海省地方志编纂委员会：《青海省志·宗教志》，西安出版社 2000 年版，第 343 页。
⑤ 青海省地方志编纂委员会：《青海省志·宗教志》，西安出版社 2000 年版，第 343 页。

盛，他们到南凉弘法或与那里的佛教徒会聚。此时亦说明南凉境内佛教的流行"①。据说法显曾在今平安的夏宗寺活动，留有遗迹。② 秃发傉檀主政时期，专程从西秦迎请僧人昙霍，因深感昙霍本领神异，遂厚加敬仰，"因此改信，节杀信慈。国人既蒙其佑，咸称曰大师，出入街巷，百姓并为之礼"③。除法显外，东晋以来有记载的取道青海去印度取经学法的内地汉僧较多。著名的如北魏泰常五年（420年），法勇与僧猛、昙朗等25人西行求法，经过吐谷浑地，曾在此地讲经说法。后取道青海湖西，过流沙往印度求经。北魏神龟元年（518年），孝明帝派遣僧人宋云率沙门法力等往西域拜佛求经。同时，魏太后派洛阳崇礼寺僧人惠生等往西域取经。两队起初沿不同的路线行进：宋云等人沿西倾山（今青海河南县与黄河之间）进入今青海地区，经过同仁、尖扎，至赤岭（今日月山一带）；而惠生则自长安出发，经秦州（今天水）、金城、乐都、西平，到赤岭。两队合二为一，共同西行。他们沿青海湖西行至伏俟城。恰逢天寒地冻，遂在伏俟城过冬，给吐谷浑人讲经说法，等天暖之后，沿羌中道从今新疆进入西域，过帕米尔高原，至印度。他们返回时，仍然沿着古老的丝路青海道，终至洛阳。据有关资料统计，从晋武帝到北魏神龟年间的250年中，"曾有众多名僧在青海各民族中传教，有近20批内地汉僧前往西域和印度取经"④。此外，还有西域、中亚一带的僧人通过丝绸之路青海道、唐蕃古道到中原传教。如犍陀罗僧人智藏和同伴智贤等十多人，经于阗、吐谷浑国、鄯州到长安。在途经河湟地区时，他们也曾讲经说法，并建寺佛塔。⑤如此频繁的交往，使得佛教不仅在青海东部地区有广泛的传播，在青海中西部羌地、吐谷浑地、党项等地都有一定的传播。如吐谷浑，其四邻的北朝、南朝、柔然、于阗、龟兹等，都信奉佛教。因此，随着双方之间的交往，诸地的佛教逐渐传入吐谷浑。慕利延统治后期，吐谷浑统治高层信奉佛教。据《高僧传》记载，北魏太平真君七年（446年），慕利延对路过吐谷浑境的酒泉汉僧慧览极为优待，"遣使并资财，令于蜀立左军寺。览

---

① 周伟洲：《南凉与西秦》，广西师范大学出版社2006年版，第89页。
② 蒲文成：《青海佛教史》，青海人民出版社2001年版，第345页。
③ （梁）惠皎：《高僧传》卷10《释昙霍传》。
④ 青海省地方志编纂委员会编：《青海省志·宗教志》，西安出版社2000年版，第344页。
⑤ 蒲文成：《河湟佛道文化》，青海人民出版社2010年版，第31页。

即居之"①。慕利延死后，吐谷浑的佛教继续发展。《梁书》说拾寅时，吐谷浑"国内有佛法"②。又说，天监十三年（514年），吐谷浑在益州修建了九层高的佛寺。夸吕时，也曾到萧梁求得释迦牟尼佛像并《制旨涅槃》《般若》《金光明讲疏》等经卷一百三十卷。贞观十四年（640年），唐朝把弘化公主嫁给吐谷浑诺曷钵，陪嫁品中也有大量佛像、佛经。他们二人在长安完婚后，返回吐谷浑地，在伏俟城修建了供奉"三宝"的佛寺，并选王室俊秀弟子剃度为僧。文成公主进藏时，诺曷钵、弘化公主夫妇为其在吐谷浑境内修建了公主佛堂。公主入藏之后，这个佛堂依然发挥了礼佛的效用。吐谷浑时期的佛教除了从西域传入外，还有从汉地传来。据史籍记载，唐前期青海河湟地区最少有五座佛教寺院。③

隋唐时期，青海周边地区的佛教活动较为繁盛，河西走廊和陇右地区作为佛教输入中原的必经之路，中原王朝在这一地区大规模开窟造像，青海地区留下了不少遗迹，表明当时汉传佛教在青海传播较为广泛，地域上也已经从东部农业区逐渐扩充到中西部牧业区。民国30年（1941年），长念上师在《西北佛教周报》上撰文称赞西北，认为它是伟大的佛教摇篮，在隋唐"曾放过灿烂的光芒，在中国佛教历史上，它是占着重要的地位"。青海河湟地区也属于西北，佛教在这个阶段也必定得到了长足的发展。④ 开皇十六年（596年），隋文帝将光化公主嫁给吐谷浑世伏，其陪嫁品就有佛像、佛经，并遣僧尼随行，世伏为公主修建了佛堂。大业五年（609年），隋炀帝西巡西平，也留下了道、佛两教的遗迹。唐代在宗教上实行儒释道并重的原则，下令在全国"交兵之处"广建佛刹，把佛教当作治理人民和稳定统治的手段。因当时陇右地区是交兵的重要地区，故修建了不少佛寺。新发现的化隆丹斗寺的唐代题记证实，至迟在673年，唐代已在该地修建有寺院。⑤ 武则天时，曾下令把佛教排在诸教之首，宣谕各地修建寺院，当时在鄯州修建了大云寺。唐代时，还在今民和县地域内修建的慈利寺不远处的小山上修建了药神寺，供奉西北药王孙思邈。唐时，

---

① （梁）慧皎撰，汤用彤校注：《高僧传》，中华书局1981年版，第418页。
② 《梁书》卷54《河南传》。
③ 李映辉：《唐代佛教地理研究》，湖南大学出版社2004年版，第89页。
④ 蒲文成：《河湟佛道文化》，青海人民出版社2000年版，第32页。
⑤ 伯果等：《青海化隆旦斗岩窟壁画初步调查》，《考古与文物》2014年第2期。

河湟流域内佛寺众多。① 唐天宝、开元年间，著名边塞诗人王昌龄、高适等都曾在陇右节度使首府担任过官职，闲暇时，曾在当地访寺问道。天宝十二载（753 年），哥舒翰收复河西九曲之地后，高适随哥舒翰在今贵德地方西游佛寺，写下了《同吕判官从哥舒翰大夫破洪济城登积石军多福七级浮图》，有"塞口连浊河，辕门对山寺""七级凌太清，千岩列苍翠"的诗句，对当时贵德地方佛教的发展作了描摹。② 此外，西宁北山寺土楼观东侧有一座高达数十米名叫"露天金刚"的巨大佛像，这是广大信徒在原造型地貌基础上雕凿而成，当地群众叫"闪佛"，远远可清晰地看出它的头、身躯、下肢和面部五官，显得雄浑粗犷，具有唐代艺术风格。这说明在唐代时，开凿石窟、雕刻佛像仍然是中国北方佛教修行、传播的重要途径之一。

宋代唃厮啰政权时期，河湟流域佛教极盛。李远的《青唐录》有过详细的描述。因为唃厮啰政权的性质，当时所建多为藏传佛教寺院，但可以想见，必定有一些汉传佛教寺院和汉僧在活动。明清以来，汉传佛教在青海地区的发展呈现出新的特点：一是内地僧人持续不断地来青海地区弘扬佛法；二是部分汉传佛教寺院无正规的僧团组织，由于汉族群众泛神崇拜较深，信仰驳杂，纯佛教的社团组织较少，寺院容易改宗其他教派或宗教。明朝来青海的汉僧主要有旭止，他在西宁地区修建了葆宁寺和土楼山殿宇，立佛像，购佛经，讲经授徒，剃度了一大批僧人。清代来青海的汉僧主要有佛敏等，佛敏在西宁创建了印心寺，传经授徒，并著有《心经直解》《塔志》等。③ 此外，明清两代在青海地区修建的汉传佛教寺院还有西宁洪通寺、乐都西来寺、西宁莫家寺、西宁雷鸣寺、崇兴寺、普济寺、九华寺、甘露庵、广济寺、铁佛寺、正觉寺、塔院、广嗣宫等，数量较多。历史上在青海弘传的汉传佛教有禅宗、密宗等，其中禅宗是最大的宗派，印心寺是该宗最大的寺院，曾在西宁、互助、贵德等地成立过佛教会。

20 世纪 20 年代以来，内地佛教中的天台宗、净土宗、法相宗、贤首宗等宗派的一些僧人都曾来青海传教，著名的有印光、心道、天真、源

---

① 青海省地方志编纂委员会编：《青海省志·宗教志》，西安出版社 2000 年版，第 345—346 页。
② 蒲文成：《河湟佛道文化》，青海人民出版社 2000 年版，第 32 页。
③ 青海省地方志编纂委员会编：《青海省志·宗教志》，西安出版社 2000 年版，第 346 页。

森、尘空、广增、广闻等。他们改建佛教社团,讲经传法,在西宁、湟中、湟源、大通等地形成了一定的影响,多有皈依者,甚至不少文人学士也皈依佛门。并成立一批佛教居士林,如西宁西山堡佛教居士林、湟源县佛教会、青海省佛教会、西北佛教居士林、通海镇佛教居士林、后子河镇佛教居士林等,但由于没有建立起宗派体系的寺院,因此教派的发展后续乏力,很多都没有延续下来。只有天台宗心道法师创建的法幢宗,直到今天仍是西宁地区汉传佛教信徒的重要活动场所。汉传佛教在青海的发展虽然久远,但规模和影响远不及藏传佛教。据有关资料,截至1995年,全省汉传佛教寺院19座,信徒约15万人。

汉传佛教在青海的传播、发展中,与藏传佛教多有互动。后梁乾化元年(911年),藏饶赛等"三贤哲"为喇勤·贡巴饶赛授比丘戒时,因无法凑够佛教规定的尊证师之数,只得从西宁地方请来汉僧果旺、基班二人,凑够五人,勉强完成了受戒活动。还有,青海地区的大多数摩崖石刻,其内容到雕刻工艺,都掺杂有汉传佛教、藏传佛教的内容。典型如西宁北山土楼观。土楼观洞窟是依特殊丹霞地貌造型而建造的,当地人称"九窟十八洞"。土楼观有99个洞窟,各洞大小不一,深浅有别,形状各异,错落有致。这些洞凿自不同的时代,留存下来的塑像、彩绘也就有了不同时期的艺术风格。尤其是神祠东部洞群中藏传佛教壁画艺术的内容最为珍贵。这些壁画主体部分多是藏传佛教中的形象,有广目天王、多闻天王、飞天大圣、散花天女等。此外还有一些陪侍的佛像、飞天以及圆形宝盖图案、各式藻井等。整个壁画人物形象生动,图案设计精巧,着色细致匀称,以一色为主,多色配合,富丽堂皇,洋洋大观。另外还有3个洞窟壁画和藻井也很有特色。这3个洞窟按其分布方位,可称作西、中、东三窟。西窟长方形,仅存窟顶藻井装饰画,绘有千佛、莲花彩色图案,由四个同心圆的若干莲瓣组成,每一莲瓣中有一座佛,姿态为莲花座式,手结禅定印,袒右式袈裟,以淡赭色为底色,坐佛的光头和背光部分间差使用青绿色涂绘,使整个藻井富有装饰性,颇具隋代风格。中窟是正方形,残存有北墙壁画中的一佛、二菩萨、二弟子,以石绿色为主。东窟长方形,壁画基本保存完整,壁及顶部绘有众多佛像,有坐佛、千佛、三世佛、比丘、弟子等,有的在说法,有的在坐禅,袒胸通肩袈裟,站立者下身着羊肠大裙,画面空间处插饰花草,以取得构图上的丰富和变化的效果,颜色以土红为底色,上敷青、绿、赭、白诸彩,色调热烈而厚重。形象丰圆,肢体肥壮，神态温静，服饰保留着西域印度的风俗。眉眼、鼻梁及人体轮廓画白粉，以突出立体感，无论从人物形象、色彩运用还是服饰上看，都有新疆拜城克孜尔等石窟西域佛画的影响，又与敦煌莫高窟北凉、西秦时期某些壁画风格相似。因此，土楼山的"九洞十八窟"又被称为"西平莫高窟"。此外，汉传佛教和藏传佛教在教义教规上也互有影响。

第二节 道教

道教是源于中国古代文化的土生土长的宗教，它是在承袭古代自然崇拜、鬼神崇拜、神仙方术、谶纬之学、黄老之学、阴阳五行学说等的基础上逐渐形成的。其信仰内容包括鬼神祭祀、占卜、谶纬、符箓、禁咒、内丹等，是一个体系庞杂的信仰系统。一般认为，道教初传于东汉中期，五斗米道和太平道的创立为其形成的标志。

一 道教在青海的传播

道教在青海的传说比较早。中国古代的一些典籍认为，昆仑山是道教仙境，是西王母的居住之所。昆仑山最早在《山海经》《禹贡》中就被提到，但当时对昆仑的地望有多种说法，如汉武帝认为是于阗南山，前凉则认为是酒泉南山。佛教流行中国后，又有将昆仑山混同为阿耨达山者，岑仲勉先生认为昆仑山在帕米尔高原等。[1] 昆仑山是中国名山，它西起帕米尔高原，横贯新疆、西藏，向东延伸到青海境内。全长约2500公里，其西段为塔里木盆地和藏北高原的界山，西北—东南走向。东段分三支，北支祁漫塔格山，中支阿尔格山、博塔雷克塔格山、布尔汗布达山、阿尼玛卿山，南支可可西里山、巴颜喀拉山。但一般把昆仑山在青海境内的部分山体，即昆仑山的东段叫东昆仑山，具体来说，就是祁漫塔格山、阿尔格山、博塔雷克塔格山、布尔汗布达山。东昆仑山在青海境内延伸了850公里，南北宽60—120公里。[2] 这就是现代地理学意义上的昆仑山了。文献资料中最早记载西王母的，是成书于战国秦汉时期的《山海经》。在《山

---

[1] 阿波：《昆仑考》，《文史杂志》2008年第5期。
[2] 严正德、王毅武主编：《青海百科大辞典》，中国财政经济出版社1994年版，第7页。

海经》的神话叙事中，西王母既是具有人兽特征的图腾神，又是具有人神特点的部落神。

先秦时期的西王母大致是神话叙事，且与西部古羌族群有着密切的关系。大抵到西汉时期，西王母的崇拜便开始了。当时在京城长安和各郡国，已建立祭祀西王母的祠庙。秦汉时期宗教思想的特点是方仙道盛行，在长生成仙思想极为盛行的汉代，秦始皇、汉武帝追求长生成仙，梦想获得蓬莱、方丈、瀛洲三仙山的不死之药。西王母长寿神仙的形象已经确立。西汉扬雄《甘泉赋》有"想西王母欣然而上寿兮，屏玉女而却虙妃"的句子。①刘安《淮南子》记载，"羿请不死之药于西王母，嫦娥窃以奔月"②。东汉道经《太平经》卷三十八《师策文》记录了一首汉代歌谣："乐莫乐乎长安市，使人寿若西王母，比若四时周反始，九十字策传方士。"说明从这时开始，民间已经认为西王母有为人注寿的功能了。东汉后期，早期道教已将昆仑山的山主西王母列为尊奉的神仙了。东汉道经《老子中经》记载了五十五位神仙，其中东王父排列在神仙第三、西王母排列在神仙第四，仅次于第一神仙的上上太一、第二神仙的无极太上元君。事实上，道教传入青海地区没有昆仑神话、西王母传说这么久远。据《水经注》《唐人小说》《太平广记》和甘青地区一些地方志书记载，魏晋时期，今唐述山有"鹤衣羽裳之士""怀道宗玄之士""皮冠净发之徒"在唐述窟、时亮窟中诵经修道③。唐述山，今名小积石山，唐述窟、时亮窟即今炳灵上寺、炳灵下寺，④开凿在小积石山上。这说明魏晋时期道教已经在河湟地区存在着，但与民间的联系似乎并不紧密。道教真正在今青海地区发展，应该是魏晋之后的事情。

道教在青海的传播，自民和县境内分湟水、黄河流域两岸向上发展，湟水流域到今海北州境内，黄河流域到今海南州的贵德、共和县境内。因此，道教在今海东地区所辖的六个县、西宁地区都或多或少留下一些足迹，有些一显即止，有些留传至今。⑤道教传入青海之后，发展一度缓慢。

---

① （梁）萧统：《昭明文选》卷7《甘泉赋》。
② （汉）刘安：《淮南子》卷6《览冥训》。
③ 青海省地方志编纂委员会编：《青海省志·宗教志》，西安出版社2000年版，第321页。
④ 刘满：《西北黄河古渡考（二）》，《敦煌学辑刊》2005年第4期。
⑤ 张星：《道教在青海的传播与发展》，青海省道教协会（内部宣传册），2004年，第10页。

魏晋时期，青海东部地区的民众信奉的大多是佛教，进入青海的游方道士，只把青海当作静修成仙的地方，没有出现学识渊博的著名道士，也没有出现过规模较大的宫观。

隋唐时期，由于中央王朝的推崇，青海地区的道教有一定的发展。大业五年（609年）四月，隋炀帝统兵来青海巡狩，除带有文武百官外，还有不少道士相随。五月，"入长宁谷，度星岭，大宴群臣于金山"①。长宁谷即今大通县长宁镇一带，星岭为大通县景阳岭西北，金山指金娥山，也叫娘娘山。相传，炀帝所带嫔妃中，有个叫金娥的，在此出家入道，病逝后建庙祭祀，故得名金娥山、娘娘山。今大通地区的许多名山如圣姥山等，都与炀帝西来有关。② 唐代时河湟地区属于陇右道，治所为鄯州（今海东市乐都区）。受到唐代推崇道教的信仰氛围影响，鄯州道教曾一度盛兴，并以道教圣地武当山命名乐都北山，依山修建有真武庙、无量殿、磨针宫、三清殿、黑虎宫、吕祖宫、百子宫、雷祖殿等道教寺庙宫观。此外，在今乐都区碾伯镇一带修建了关帝庙、玉皇阁、八卦绰楔亭等道教建筑和道教活动场所。③ 唐玄宗时，鸿胪寺丞张鹫奉旨使河源，在积石山下遇到被称为"仙女"的道姑，返回长安后，将自己的际遇见闻写成纪实文学《游仙窟》。唐玄宗还曾令史崇玄等人撰成《开元道藏》，记载神仙居住的洞天福地有十大洞天、三十六小洞天、七十二福地。其中在十大洞天中第四大洞天为西玄山（又称西无山），即今西宁市湟中区的南佛山④。对于唐代道教在河湟地区的发展状况，《甘宁青史略》说："至唐而老子之教盛行甘肃，道观多建于唐时。"⑤

北宋年间，对河湟地区用兵，将内地文化引入河湟地区，一些仿照内地规模的道教宫观陆续在青海东部地区建成。如今民和县巴州乡城隍庙始建于南宋绍兴十八年（1148年），由四川丰都的全真道龙门派丹阳马真人创建。元代青海地区道教的传播和发展比较缓慢，但道士的活动并未间断。据说，今互助县土族对于道教的信仰与成吉思汗对道人丘处机的赏识，并在北方地区弘扬道教有关。⑥ 当时，青海东部地区已有全真道出家

---

① 青海省地方志编纂委员会编：《青海历史纪要》，青海人民出版社1987年版，第60页。
② 青海省地方志编纂委员会编：《青海省志·宗教志》，西安出版社2000年版，第336页。
③ 蒲文成：《河湟佛道文化》，青海人民出版社2010年版，第76页。
④ 青海省地方志编纂委员会编：《青海省志·宗教志》，西安出版社2000年版，第322页。
⑤ 慕寿祺辑注：《甘宁青史略》，天津古籍出版社1988年版，第347页。
⑥ 马婧杰：《试析道教对青海地方文化的影响——以民和、乐都两县为例》，硕士学位论文，中央民族大学，2007年。

道士，在北禅寺、南禅寺等处，以炼养精修为主，也吸收道徒。①

明清时期青海道教的发展较快，修建了不少宫观。明洪武年间，瞿昙寺侧修建了福神庙（也称圣母宫）。明宣德元年（1426年），土司会宁伯李英奏请获准在今西宁市建成真武庙，后明宣宗御赐"广福"观名，任命道士孙思忠等五人管理观内事务。据《建广福观碑记》云："自建庙以来，雨旸时顺，岁谷累登，边人安居，寇盗屏迹。"② 今大通县元朔山上的太元宫、紫峰观等道教宫观，皆建成于明代。李英还在今大通县景阳镇土关村修建会宁寺，此寺虽属于家寺，但具有道观性质。土司李宁也在今民和县上川口建道观一座，专门供奉九天圣母神祇，受到民众膜拜。大通老爷山也建起了规模宏伟的真武观，兴起了颇有影响的朝山会民俗活动。万历年间，在今乐都区岗沟镇姜湾村建成石沟寺，在今乐都区县城建成关帝庙牌坊。崇祯十五年（1642年），在今互助县西北部五峰山建成五峰寺。明末，在今乐都县引胜乡的武当山建有关羽殿。明、清两代至民国年间，平安驿一带建有关帝庙（今平安渠管所）、雷神庙、龙王庙、百子宫等，各乡汉族聚居村庄亦建有山神庙、火神庙、药王庙等。汉族信教群众受民族杂居和藏传佛教的影响，吸收佛教内容，具有道释兼备的特征。这一时期，一些道士也自外地来到青海，弘扬道教。明朝末年，明代皇室成员朱清真出家修道，后至西宁并募集建成塔院，在专心修道的同时致力于弘扬教义。朱清真去世后，西宁道教信众先后多次对塔院进行修缮扩建，并更名为朱仙塔院，一时成为西宁地区道教宗教活动的主要场所。清康熙五年（1666年），道士张清春到西宁传道弘教，住在朱仙塔院。张真人道法精妙，医术绝世，信徒从者甚众。乾隆年间，又有苏仙等多名道人先后来西宁传道，西宁道按察使司佥事杨应琚又曾筹款在互助五峰山修建房屋三楹。乾隆四十二年（1777年），西宁驻军参将长白新公倡议修建了今湟源北极山庙，山庙以无量殿为主体，北为奎星阁，东有三义殿，南修灵官殿，西南是文昌宫。其间，在各方努力下还先后建成文昌、真武、三清、三圣、土地、玉皇、关帝、财神、龙王、火祖、东岳等庙宇十余处，以及雹神祠、玉皇庙坊、魁星阁、文昌阁等道教宫观。每年农历六月初六，北

---

① 青海省地方志编纂委员会编：《青海省志·宗教志》，西安出版社2000年版，第324页。
② （清）杨应琚修纂，崔永红校注：《西宁府新志》卷35《艺文志》，青海人民出版社2016年版，第700页。

极山庙朝山节士女往游,信众云集,行香还愿,规模空前。另据《西宁府续志》记载,清时河湟流域内有不少祠堂、阁庙等汉族多神信仰场域,其中部分信仰空间属于道教范畴,如西宁的关帝庙、城隍庙、雷祖庙、马神庙、马祖庙、马王庙、火神庙、三师殿、三官庙、北斗宫、百子宫、报恩堂、真武庙、药王庙、三皇药王庙、文昌阁、文昌祠、文昌庙、东岳庙、都龙王庙、庆祝宫、灵显青海神庙、龙王庙、雹神祠、南塔院(堵波院)、万寿阁、财神楼、奎星阁、廒神庙、广嗣宫、三皇殿、玉皇阁、北山根灵官殿、八蜡祠等。明清时期,青海地区既有正一派道士,又有全真派道士,相对而言,正一派道士的人数远远多于全真派道士。

民国时期,社会激变风起云涌,宗教信仰受到一定程度的破坏和影响。面对社会动荡,道教积极适应形势发展,建立了一些以维护道教为宗旨的群众组织。民国27年(1938年),青海地区道士道姑聚在西宁朱仙塔院成立了青海道教会,成为当时西北地区道教活动的领导中心。之后,湟源、大通、民和、乐都、互助等县也相继建立道教分会。各地道教分会的建立,对有效凝聚道教界力量,扩大信众人数,维护道教自身利益发挥了积极作用,1949年以前河湟流域的道士及信众约两万余人,主要分布在西宁、湟中、湟源、民和、乐都、大通、贵德、互助等市县的汉族聚居区。

二 道教与其他宗教间的互动与影响

青海地区多种文化同住共存,互相采借,求同存异,生动体现了多民族文化"和而不同"的相处原则。"和而不同"中的"不同"指各民族对于自己族属及其重要文化特征稳定的认同以及这种认同受到充分的尊重。"和"体现的则是文化宽容与文化共享的情怀,它包括不同的信仰体系和文化传统在同一社会空间和平共处、各族人民具有多重的认同、有理性解决矛盾的机制等。[①] 河湟流域道教文化根植于多元文化空间中,通过涵化路径,或多或少地融入其他文化体系内,在当地各个社会民俗活动中扮演着重要角色,丰富满足着当地民众精神层面的需求。

1. 信仰神祇的共享

青海道教与佛教、儒家在多元民族文化长期共存的特殊空间内互相影

---

① 班班多杰:《和而不同:青海多民族文化和睦相处经验考察》,《中国社会科学》2007年第6期。

响，不同信仰中所崇拜神祇存在互相吸收的现象。比如关羽、文昌、二郎神等作为道教神仙体系中地位崇高、信众广泛的神祇，在多宗教长期交往中，融入藏传佛教神系中，受到藏传佛教信众普遍膜拜。贵德文昌宫主殿内供奉文昌神，为县域周边汉族、藏族、土族等共同信奉。《贵德县志》载：文昌庙"依山傍水，河流萦绕。汉番信仰，士民供奉。每逢朔望，香烟甚盛，有事祈祷，灵应显著，久为汉番信仰祈福消灾之所"[①]。每年农历二月初三，化隆卡夏德寺举办文昌神诞辰血祭仪式，周围汉藏群众也踊跃参与。藏传佛教高僧对跨宗教神祇信仰也非常认同，章嘉·若必多吉、达擦丹白贡布、土观·洛桑曲吉尼玛，曾撰写关帝祈文，将关帝信仰纳入藏传佛教体系。塔尔寺、金塔寺、三世光明寺等还将关帝奉为寺院护法神，镇守寺院，驱除邪魔。

2. 信仰空间的共享

青海道教与儒释文化之间呈现信仰场所共享的特点。如南佛山素有"道藏第四太元极真洞天"之称，道教界把它称作西元山。南朔山道观始建于明万历十七年（1589年），由徐、张二道（徐为师、张为徒）募建庙宇。后二道羽化，门徒尊为开山祖师，在绿杨洞建张真人殿、在飞升洞建苏真人殿祀奉。这就是最初的西元观。之后，附近村镇民众集资陆续建成菩萨殿、无量殿、灵官殿、凌霄殿、三清殿、三官殿、魁星阁、雷公祠、鳌鱼阁等。清顺治初，塔尔寺阿嘉活佛朝山进香，将张道像改塑为佛像，自此佛道合一，又被叫作南佛山。以后每年四月初八，塔尔寺都派僧人进山诵经，已成惯例。再如土楼观，初为汉护羌校尉邓训所立的乡贤神祠。[②]东汉后期，佛教传播到河湟地区后，土楼神祠便逐渐成了佛教活动的场所。魏晋南北朝时期，青海丝路的作用日益得到加强，经过青海丝路去天竺礼佛的僧人也逐渐增多，因此佛教与土楼神祠的联系也更趋紧密。北宋时期，已有道士在土楼山活动，一些洞窟和殿宇便不可避免地染上了道教的色彩，而土楼山也成了佛道混一的地方。永乐十四年（1416年），青海高僧桑尔加多奉诏进京，成祖敕赐土楼神祠为"永兴寺"。据说当时的永兴寺规模庞大，除了本地僧人，还有不少来自印度的僧人。他们不但从事正常的宗教活动，还与地方官员结交往来，留下了许多歌咏北山的诗文作

---

① 王昱主编：《青海方志资料类编》，青海人民出版社1988年版，第1098页。
② 辛存文：《西宁土楼山访古采今录》，青海人民出版社1988年版，第15页。

品。明代在土楼山下的平地上还曾修建了一座藏传佛教寺院，叫铁佛寺。该寺在当时很有势力，其僧人一度占据了"九洞十八窟"中东边的部分洞窟作为修身养性之所，在洞窟之间也修筑了藏式的佛塔。雍正初年，因铁佛寺参与了罗卜藏丹津叛乱，为陕甘总督、抚远大将军年羹尧焚毁，只留下了寺台子、大寺沟等不少反映当时历史状况的地名。同治年间，土楼山在河湟地区回族反清斗争中被焚毁殆尽，只有宁寿塔孤独地矗立在土楼山山顶。清末民初，西宁当地僧俗群对土楼神祠进行了多次整修和重建，形成了两个初具规模的建筑群。一个是洞窟附近的建筑群，由山腰牌坊、山门、魁星阁、吕祖殿、三教殿、无量殿、福宁楼、三宝殿等组成，与众多的洞窟交相辉映，景色壮观。另一个是土楼山山麓的建筑群，由山门、牌坊、灵官殿、山神庙、土地庙等组成。看来，这时的土楼山已经由道教占据了主要地位。20 世纪 80 年代，经西宁市人民政府批准，将土楼神祠改名为土楼观，作为道教活动场所。

3. 信仰习俗的共享

青海多元宗教共存互融的现实人文环境，致使不同宗教信仰、民族的社会民俗中除了大量传统信仰的文化符号外，还受道教信仰的影响，主要表现在节庆、丧葬等方面。青海汉族每年农历腊月二十三焚香点灯叩首祭拜举行恭送灶王仪式，并有"腊月二十三，打发灶爷快上天"的俗语。除夕还有请各路地方神灵、财神爷、祖先等的仪式。青海道教信仰除了在汉族丧葬礼仪中扮演非常重要的角色外，也存在于藏、土等少数民族丧葬仪礼中。如青海东部地区受汉文化影响比较大的藏族百姓，除少数群体继承天葬、火葬、水葬外，相当部分会选择土葬，并会请正一派道士挑选阴宅。在一些丧葬仪式中，既有请正一派道士，为亡者以道教的仪式进行祭奠活动，也有请藏传佛教僧人，按藏传佛教的仪式进行念经和超度活动。

第三节　伊斯兰教

"伊斯兰"是阿拉伯语音译，原意为"顺从""和平"，指顺从和信仰宇宙独一的最高主宰安拉及其意志，以求得两世的和平与安宁。信奉伊斯兰教的人统称为"穆斯林"，意为"顺从者"。伊斯兰教的宗教信仰体系，全部包含在《古兰经》和"圣训"里，广义上讲伊斯兰是一种文化、一种制度、一种生活方式。伊斯兰教的兴起发展，在世界上产生了一种新的文明。伊斯兰教的兴起及其对外传播，是人类文明史上一件重大的事情，它对整个人类文明历史的进程产生了重大的影响。伊斯兰教的兴起使阿拉伯民族由蒙昧走向了文明，并使阿拉伯半岛、阿拉伯民族得到了统一，随着伍麦叶王朝、阿拔斯王朝的建立，伊斯兰教迅速向外传播，促进了世界文明的进步、发展，并成为了影响世界的三大宗教之一。

一 伊斯兰教传入青海

632年，穆罕默德逝世，伊斯兰教进入"四大哈里发时期"，阿拉伯人迅速建立了地跨亚、非、欧三洲的哈里发国家，开始向阿拉伯半岛以外地区广泛传播，史称"伊斯兰教的开拓时期"。651年，穆斯林灭了波斯，打通了阿拉伯伊斯兰势力向中亚及丝绸之路的各个绿洲城市延伸的通道。自661年起，伊斯兰教进入阿拉伯帝国时期，掀起了对外扩张的第二次高潮。伍麦叶王朝（661—750年）时期，阿拉伯军队越过乌浒水（今阿姆河）进入中亚，征服了安国（今布哈拉）、康国（今撒马尔罕）、花剌子模、信德等地区，深入药杀河（今锡尔河）流域。其中安国为唐安西都护府安息州，康国为唐安西都护府康居都督府，可见，通过扩张，阿拉伯帝国已经开始与唐朝接触。至此，阿拉伯人完全征服了河外地区（今阿姆河和锡尔河之间），势力直逼帕米尔高原，今阿富汗、印度西北部、外高加索等地区都被阿拉伯人控制。随着阿拉伯帝国对中亚征服的成功，大批佛教徒、袄教徒及当地居民纷纷皈依伊斯兰教，布哈拉和撒马尔罕逐渐发展成为中亚的伊斯兰教文化中心。750年，阿拔斯王朝推翻伍麦叶王朝并取而代之，伊斯兰教达到了繁荣鼎盛时期。751年，阿拉伯帝国与唐朝在怛罗斯一战中大败高仙芝率领的唐军，开始在中亚占据了绝对优势，中亚地区逐渐伊斯兰化。9世纪后，阿拔斯王朝衰落，但这些地区的伊斯兰教却保留下来，说明伊斯兰教在中亚地区的传播是成功的。波斯及中亚地区是丝绸之路的必经之地，中亚地区的部分民族在当时属唐朝管理，这些地区的伊斯兰化为伊斯兰教传入中国内地奠定了基础。

唐代阿拉伯、波斯的穆斯林商人多沿丝绸之路来长安、洛阳等地经商。阿拉伯的外交使团也自丝路往返于大食和唐朝之间。安史之乱后，参与平叛的大食、波斯军队也来到长安。他们主要活动于以长安为中心的西北地区。① 自此，逐渐有了以经商坐留年久不归的"番客"及战乱结束后在唐朝安家落户的大食军士。② 7世纪中后期，阿拉伯帝国内以什叶派教徒为主反抗伍麦叶王朝的斗争被镇压后，"曾有一批什叶派穆斯林，因逃避王朝的迫害，逃到了中国的北方，做了中外贸易的牙客"③。唐代有阿拉伯人来到中国内地，青海地区部分回族记忆中也有自唐代迁来的说法，如今西宁地区回族中的哈、丁、穆、白等姓的先祖，据说就是唐朝时移居来此地的波斯人。波斯传教士、商人经祁连山来青海活动并定居下来，在西宁等地繁衍生息，成为青海境内回族的先民。化隆县石大仓乡的文家山、铁力盖、官藏等地的马姓回族群众也自称是西域人，唐时定居在这里。甘都镇唐寺岗村的回族自称其祖先是一位传教士，行九，出来时只身一人，为当地藏族头人牧羊为生，并在藏族中开展传教活动，后娶藏族女子为妻，从此定居下来。群科镇也有西域传教士、商人在唐时来此经常活动，并有一部分定居下来的传说。

民国时期，一些学者在梳理青海穆斯林的来源时，也曾撰文指出青海的回族多来自唐代。如韩宝善在《青海一瞥》中说："中国回教，自唐代盛行于陕甘新疆诸省，在昔甘肃回教徒以导河、西宁为最众。"④ 丘向鲁在《青海各民族移入的溯源及其分布之现状》中说："据说回族之来青海，始自唐朝。当时由他们的教主带了许多传教士，从新疆一路沿祁连山以至青海传教，在西宁、湟源都有他们的足迹。"⑤ 孙翰文在《青海民族概况》中也认为青海穆斯林自唐时迁入，"大部散居于黄河、大通、湟水流域各地"⑥。对此，《甘宁青史略》卷首之三载：伊斯兰教于"唐天宝后，由西域流入甘肃，其教徒多西域人。时称西域为回回，因以名教"。而天宝后正是阿拉伯伍麦叶王朝和阿拔斯王朝交替及阿拔斯王朝东向扩展，其东部疆域同唐朝西北边境接壤的全盛时期，因此，阿拉伯帝国与唐朝的联系较

---

① 《旧唐书·大食传》记载了大食、波斯军队参与救平安史之乱并收复长安、洛阳以及大食使团来唐朝的情况。
② 杨怀中：《唐代的番客》，载甘肃省民族研究所编《伊斯兰教在中国》，宁夏人民出版社1982年版。
③ 马士年：《伊斯兰教在陕西的传播发展与演变》，载宁夏哲学社会科学研究所编《清代中国伊斯兰教论集》，宁夏人民出版社1981年版。
④ 《新亚西亚》1931年第3卷第6期。
⑤ 《新亚细亚》1933年第5卷第3期。
⑥ 《西北论衡》1937年第5卷第4、5期。

之前更加广泛和密切，当时中国北方地区已经有穆斯林的存在。即便在中国中南部的蜀中地区，也有了西域"胡商"的足迹。另外，甘肃临夏回族中流传着唐代曾有伊斯兰教十大"上人"到临夏居留直至终老的传说，这可与临夏地区"先有哈家坟，后有枹罕城"的古谣相印证。关于伊斯兰教传入的标志，杨怀中认为"是礼拜寺的修建，是宗教职业者的到来，是穆斯林商人的到来"[①]。但事实上，唐代在青海地区的阿拉伯人、波斯人一般不主动向异地的异民族和异教徒传教，加之他们来中国一般不是群体形式，因而不会在到来伊始就修建礼拜寺，只是在他们的居住地或单独进行礼拜，或在"番坊"以不同规模集体进行礼拜。王仲荦在《隋唐五代史》中也说："唐王朝虽和大食帝国有了频繁的接触，但是唐代，没有传入伊斯兰教的明确记载。唐代在青海的穆斯林只能算是伊斯兰教的早期带入者。"[②]

二　宋元明时期伊斯兰教的发展

宋元明以来，随着穆斯林队伍在青海的不断壮大，伊斯兰教在青海的传播也逐步进入正轨，伊斯兰教开始在青海地区发展开来。

1. 宋代伊斯兰教在青海的早期传播

宋时仍"有大量的阿拉伯、波斯以及中亚其他地区的穆斯林继续从陆上沿丝绸之路进入新疆，到罗布泊附近，因为这时河西走廊为西夏所据，他们要去宋朝辖地进行外交、贸易活动，无法通过，就东南入柴达木盆地，经青海湖北岸，过西宁，循湟水谷地到洮河流域，走临洮，再由陇南进入关中平原，东去洛阳、开封"[③]。同一时期，已皈依伊斯兰教的突厥人和回纥人在葱岭以西到咸海附近等广大地域建立起喀喇汗王朝，并将疆域由中亚扩展到葱岭、喀什噶尔、叶尔羌、英吉沙尔乃至于阗一带。伊斯兰教因此在南疆得以传播，且发展很快。当时进入南疆一带的阿拉伯使者、商人等，同当地的穆斯林一起东经青海、陇南、关中到开封进行贸易。宋《游师雄墓志铭》记载，游师雄知秦州时，各国使者、商人等因"西鄙自

---

① 杨怀中：《唐代的番客》，载甘肃省民族研究所编《伊斯兰教在中国》，宁夏人民出版社1982年版。
② 王仲荦：《隋唐五代史》，上海人民出版社2003年版，第999页。
③ 马士年：《伊斯兰教在陕西的传播发展与演变》，载宁夏哲学社会科学研究所编《清代中国伊斯兰教论集》，宁夏人民出版社1981年版。

破洮州之后，如于阗、大食、拂林、遂黎等国贡奉般次，道常不绝。……异国之使，接踵于中都（按指开封）焉"。可见，来自西域的穆斯林使者和商人等，在由南疆经青海到关中、开封的路上络绎不绝。宋咸平五年（1002年）以前，往来中西的使者、商人多走灵州路。西夏崛起以后，宋和吐蕃的势力先后自甘州、凉州、沙州、瓜州、兰州、凫谷、定西等丝绸之路河西道退出。至1036年，整个河西走廊均被西夏人控制。西夏人对过境商贾十分苛刻，沿途"夏国将吏率十中取一，择其上品，商人苦之。后以物美恶杂贮毛连中，然所征亦不赀"[①]。更有甚者，西夏人还经常掠夺商队人畜，使过境商人生命财产没有保障。因此，来往于宋朝与西域各地的商队，被迫绕道青唐。当时，这条路线是沿着祁连山南麓穿越柴达木盆地，到今新疆的若羌，以若羌为基地补充给养后，根据需要可分南北二路进行：南路到于阗，出葱岭；北路到高昌，沿今天山南北奔赴目的地。青唐往东，即走丝路青海道（即唐蕃古道东段线路）。特别是在北宋收复湟州、洮州以后，丝路青海道更被视若通衢，往返于这一路的穆斯林使者、商队等就更为繁多。自然，他们也难免因宋与吐蕃、西夏等国之间的冲突或者加剧，或者缓解，不得不在沿途各地滞留，而当时处于宋、吐蕃、西夏及金等势力交接要冲的鄯州（今青海西宁），滞留的情况可能更多。无疑，这对伊斯兰教在青海的传播有很大的推动作用。《宋史》记载："神宗尝问其使去国岁月，所经何国及有无钞略。对曰：'去国四年，道途居其半，历黄头回纥、青唐，唯惧契丹钞略耳。'"[②] 大食、波斯商人也因惧"契丹钞略"，多往来于西宁、洮州这一线。明代田汝成的《西湖游览志》记载："穆斯林之来中国，留居贡道不归者，早在唐、宋已为数甚多。"

过境贸易为唃厮啰带来了巨大的收益，因此，唃厮啰政权对过境的商旅采取了与西夏截然不同的做法。他们提供吃住方便，商人只付相应的费用或货物即可。对于那些朝贡宋朝由此过境的各国使者以及他们携带的大批货物，则派人护送出境。此外，唃厮啰还允许商人在青唐城盖屋与货栈，定居贸易。由于唃厮啰采取了一系列有利于商贸发展的措施，西域各国的商旅多云集于此，交换各种商品。故《宋史》记载："唃厮啰居鄯州，

---

① （清）吴广成：《西夏书事》卷15。
② 《宋史》卷490《于阗传》。

西有临谷城通青海，高昌诸国商人皆趋鄯州贸卖，以故富强。"① 当时，这条线路上的临谷城（今湟中多巴）、青唐城（今西宁）已经成为中亚、西域各地商人进行贸易的重要集散地，直至南宋绍兴三年（1096年），大食进奉使节仍选择这条线路，经西宁往熙州（临洮）。清人冯一鹏的《塞外杂识》记载说："西宁之西五十里曰多坝，有大市焉，细而珍珠玛瑙，粗而毡毯藏香，中外商贾咸集。一种缠头回子者，万里西来，独富厚于诸国，又能精鉴宝物，年年交易，以千百万计。"这里特别提到万里西来的"缠头回子"，显然是指循青海路贡道而来的中亚等地穆斯林商人。其年年交易"以千百万计"，正说明多巴、西宁作为继宋代以来的中外贸易市场的繁荣。丝路青海道的复兴与多巴、西宁成为这一孔道上的商贸重镇，使不少穆斯林商人留住下来。11世纪，黠戛斯被回纥破灭后，其中一支迁居河西走廊，一部分留居当地，另一部分为唃厮啰青唐政权所统属，足有数万之众。另据李远《青唐录》记载，当时青唐城的东城居住着"陷羌及陷人之子孙，夏国降于阗、回纥往来贾贩之人数百家"②。

此外，当时青唐城周围的一些市镇都有不同数量的穆斯林居住。《西宁东关清真大寺志》说，由于宋代东来的穆斯林"为数甚多"，"在河湟地区的鄯州（今民和县、乐都县一带）、廓州（今化隆县）、临谷城（今湟中区多巴镇）、牦牛城（今大通县）、宗哥城（今平安县）、青唐城（今西宁市）都居留过境的穆斯林商人"。③ 可见，比起唐朝，宋代留居青海地区的穆斯林数量大大增加了，且已经出现了小聚居的端倪。穆斯林留住人口增加，而且是选择聚居形式，就有可能选择建造简单的礼拜寺过宗教生活，可以想见，宋代时，伊斯兰教在青海有了初步的传播和发展。

2. 元代青海穆斯林队伍的壮大

元代入居青海的穆斯林人数远远超过了唐宋时期。除了唐宋时期留居青海的穆斯林及其后裔外，13世纪，随着蒙元西征的胜利，带回来大批以当地部族编成的"西域亲军"（主要是被签发的葱岭以西阿拉伯、波斯和中亚信仰伊斯兰教的各族人），元朝把他们编成"探马赤军"，参与了统一

---

① 《宋史》卷492《吐蕃传》。
② （宋）李远撰，马忠辑：《青唐录》，见青海省民委少数民族古籍整理规划办公室编《青海地方旧志五种》，青海人民出版社1989年版，第10页。
③ 西宁东关清真大寺志编纂委员会：《西宁东关清真大寺志》，甘肃文化出版社2004年版，第57页。

中国的战争。至元十年（1273年），元代令探马赤军"随地入社，与编民等"，或50户，或100户为一社，由兵变民，在西北屯田。另外，随着中西交通大开，一些信仰伊斯兰教的商人、工匠、学者、贵族等也随军来到中国，有部分留居青海。《甘宁青史略》载："世祖二十八年，是岁以甘肃旷土赐回回昔赛赤、哈散等，俾耕种之。"① 《元史》亦载：至元二十五年，命回回人"忽撒马丁为管领甘肃陕西等处屯田等户达鲁花赤，督斡端、可失合儿工匠千五十户屯田"②。于是，形成了"元时回回遍天下，及是居甘肃者尚多"③ 的格局。当时，从六盘山到黄河的宁夏和甘肃的河西、五条河等地，是一个主要的农垦地区。现今青海回族主要居住的省内东部农业区在历史上正是属于甘肃的一部分，五条河垦区则全部包括了今日青海回族居住的大通河、湟水流域和古代被称作析支的循化、化隆到贵德的湟河谷地。④

元朝末年，元朝封西域回回薛都尔丁为甘肃行省佥事。及明代元，薛都尔丁于洪武四年归附朱明王朝，明朝仍授原职，并命其率部众入驻米拉沟（在今青海民和），起初以其来自西域，故称为缠回，明清两代数百年间作为西北地区十八家土司之一，世袭罔替，今天民和米拉沟、巴州一带冶姓回族基本上就是薛都尔丁及其部众繁衍发展而来的，冶土司祖先弟兄中有叫米来者住西沟，后称西沟为米来沟，米拉沟即由此变音得名。

此外，元代穆斯林大量聚集在青海，也有传教师的吸引。《西宁凤凰山拱北简介》记载：凤凰山拱北墓主固图布·览尼巴尔卜都来海麻尼是"穆圣嫡孙胡赛尼的后裔"。被赛典赤·赡思丁邀请与西域诸国四十余位贤者同来中国。至元十一年（1274年），离京随赛典赤·赡思丁赴滇。后辞职归国，途经西北，被蒙元驻西宁王速来蛮恳请留驻西宁，"共谋治青大业，宣扬伊斯兰教门"。在西宁传教三年期间，成绩斐然，口碑相传，"使蒙军驻西宁元帅率十五万将士归信伊斯兰教"。后其在西宁逝世，速来蛮特在西宁南山为其建拱北。一般来说，固图布·览尼巴尔卜都来海麻尼以"圣裔"之尊贵身份来华而后去云南，继来西宁，从众较多。"复命归真"

---

① 《甘宁青史略》卷13。
② 《元史》卷15《世祖本纪》。
③ 《明史》卷332《西域四》。
④ 孔祥录、喇秉德：《伊斯兰教在青海的传播和发展》，《青海社会科学》1986年第3期。

后，修建拱北，其跟从徒众及其他信从之人由尊奉其人，到崇拜拱北，遂相聚相守而终老当地，这在伊斯兰教中是定例。

还有，西夏亡国后，有一支信奉伊斯兰教的西夏人辗转至甘青地区，后面融入回族、撒拉族、保安族中。

最后，还有相当数量的中亚穆斯林入居青海。如公元14世纪中后期，撒鲁尔人在其首领尕勒莽兄弟的带领下，从中亚撒马尔罕地方，分别沿天山南北两路东来，他们中的大部分经长途辗转来到现在的循化街子一带定居下来，成为今天撒拉族的先民。中亚突厥人的一支撒尔塔人，随军迁居今黄南州同仁县一带定居至今，他们是今天保安族的先民。随蒙元军队来到中国的还有中亚阿尔浑人、哈拉鲁人，他们先后融入撒尔塔人或在青海的早期穆斯林中。撒拉族先民、保安族先民的移居，是伊斯兰教在青海传播发展过程中的一件大事。

除了上述，元代其他民族皈依伊斯兰教的人数也比较多，有大量的蒙古族人，如元代宗室安西王阿难答、西平王奥鲁赤、西宁王速来蛮等人及其大部分部众都皈依了伊斯兰教。

"元时进入青海的蒙古族驻军和居民，随其首领改信伊斯兰教，史称'夷回'、'蒙古回回'、'回鞑'等。""今循化县孟达地区、化隆县外五工地区的撒拉族，其主体部分就是信仰伊斯兰教的蒙古人。……尖扎康杨地区的回族，便是信仰伊斯兰教的蒙古人转化为回族的。""元朝宁夏、甘肃南部和青海东南部被称为唐兀地，有一部分藏族改信伊斯兰教，地方史志称为'番回'。今化隆群科等地尚有一部分说藏语、着藏服、保留一些藏族习俗。元末明初大批信仰或改信伊斯兰教的蒙古部落和维吾尔人先后移牧青海。"[①] 还有一批汉族和土族先后信奉伊斯兰教，成了虔诚的穆斯林。元代青海的穆斯林主要在西宁及其周边聚集，除了城镇，已经逐渐深入今青海东部农耕区各县。元代还看不到有关清真寺修建的状况，但我们认为，随着穆斯林队伍的不断壮大，在穆斯林聚居区，应该有清真寺的建筑了。

3. 明代青海伊斯兰教的发展

有明一代，青海穆斯林人口持续增加。明王朝建立伊始，就采纳征西将军邓愈、长兴侯耿炳文的奏议，数次移民青海，将人烟稠密的"江右"

---

① 青海省地方志编纂委员会编：《青海省志·宗教志》，西安出版社2000年版，第198页。

(今长江东南一带)、"淮泗"(今安徽北部地区)一带居民大量移居西宁卫及所属之今乐都、贵德、同德等地,由是史称"卫所军民皆事垦辟矣"。这些移民中大多是汉族。但宋元以来,"回回皆以中原为家,江南尤多"①,因而移民中也包括江南地区的回回人。西宁市《城东区志》记载,在明洪武初的大移民中,有南京及江浙地区的色目人后裔移民至青海东部,定居于西宁,"城东地区者较多"②。《湟中县志》记载:"回民迁入湟中县地,大约开始于明朝初期,民间有明洪武年间南京竹丝(主司)巷回民因元宵节获罪受株连,迁移至湟中的传说。"③《平安县志》记载,元明时期有部分蒙古人和西域色目人来境内定居,他们中就有穆斯林。这些穆斯林善于经商,又擅长工艺技巧。但穆斯林的大批迁来却是明至清中期之间的事情。今巴藏沟上马家、下马家,沙沟回族乡新庄尔及洪水泉的穆斯林口碑相传,其祖先系明洪武年间自南京竹丝巷充军来青。④ 民和峡门镇石家庄石姓自称祖籍南京竹丝巷,洪武年间来到西域。⑤

此外,还有从青海以外其他地方迁来的。如西宁市《城西区志》记载:"明洪武四年(1371年),有三户沈姓回族定居于沈家寨。披荆斩棘,修渠引水,垦荒种地,结舍为邻,筑堡为寨,以沈姓为寨名。"⑥《大通县志》记载:明初有"数百回民避乱从河西一带流徙大通,在今城关、新城一带筑堡盖房,今大通极乐乡深沟村的'刀子匠',良教乡上治泉的'口袋匠',桥尔沟的'砂罐匠',都是明代迁来的回族后裔,其技艺至今享有盛名"⑦。洪武十三年,邓愈督修贵德城完工后,"因此地土著多系羌戎",便移河州回民四十八户于此,给其田亩,免其赋税,这部分回族的移居使伊斯兰教在贵德地区得以传播。⑧《乐都县志》记载:"明清以来,因随军、随仕、经商、逃荒、避难等从陕甘宁及省内其他地区陆续迁来乐都的穆斯林,其中绝大多数为回族,也有少数撒拉族与东乡族人,他们长期与

---

① (宋)周密:《癸辛杂识》(续集)《回回砂绩条》。
② 西宁市城东区区志编纂委员会编:《城东区志》,青海人民出版社2000年版,第487页。
③ 湟中县地方志编纂委员会编:《湟中县志》,青海人民出版社1990年版,第358页。
④ 平安县地方志编纂委员会编:《平安县志》,陕西人民出版社1996年版,第606页。
⑤ 李兴华:《西宁伊斯兰教研究》,《回族研究》2008年第4期。
⑥ 西宁市城西区区志编纂委员会编:《城西区志》,陕西人民出版社1993年版,第321页。
⑦ 大通县地方志编纂委员会编:《大通县志》,陕西人民出版社1993年版,第614页。
⑧ 《青海省志·民族志·回族志》油印本。

回族杂居相处，部分人则融入回族。"①《民和县志》记载："今之川口镇、古鄯镇的赵姓回族穆斯林自称明初来自洪洞大槐树。马营镇转导乡的汪姓回族穆斯林自称系明洪武十五年自河州唐汪川迁来。……塘尔垣乡赵马家村赵姓与川口镇李姓，自称原籍陕西，明初迁来。甘沟乡、中川乡一带马姓，自称原籍宁夏固原，明迁来。"②《化隆县志》提到了明初南京珠市巷穆斯林先是到了青海别处，"后辗转一二百年才进入化隆定居"。还提到明万历年间一部分陕西籍穆斯林逃荒来到化隆。今巴燕镇、石大仓乡的一部分穆斯林就认为自己的祖先属于这支。明末由西安迁入黑城乡城车村的绽姓穆斯林，称来时一行46人，到这里发现地广人稀，且有一座被废弃的古老城堡可以建屋搭棚，便定居下来，繁衍至今。③

还有在青海境内相互迁移的。如《尖扎县志》列举了这么几种情况：一是明洪武十三年（1380年）以河州拨民48户来贵德开垦守城，自耕自食，不纳丁粮。这48户到清乾隆十一年（1746年）已发展至9835口。二是大致在同一时期，河州世袭百户王、周、刘三人被派各携眷口赴贵德守御城池。这三姓到清乾隆十一年（1746年）发展至462口。三是今东乡康、杨、李三屯百姓的祖先被编入民籍完粮。这三姓到清乾隆十一年（1746年）发展至1296口。四是明永乐四年（1406年）指挥使刘钊奏请迁移一部分"撒拉回"至贵德境内居住。五是大致同一时期，一部分回族穆斯林迁至尖扎黄河岸垦荒种地戍边。④《化隆县志》说化隆的撒拉族都是从循化街子迁来的，居甘都镇阿河滩村的撒拉族最先迁入化隆，迄今约有600年的历史。这里临河，宜于开发，被撒拉族始祖韩宝看中。于是他让牙拉曲、妥明曲、也明曲、些汗都4人各带妻子儿女，渡黄河来阿河滩垦荒造田，安家落户。当时在乙麻目（今黄河大桥处）设有百户的济渡官船，为了支持这4家人安心定居下来，百户把官船的所有权给了乙麻目和阿河滩人，济渡的收入分归两家，南岸收入归乙麻目，北岸收入归阿河滩。这个定例一直沿袭到解放后。4个人便成为这里人的始祖，分别形成了4个阿格乃和孔木散。明万历年间，又有一些循化清水乡和查汗都司乡

---

① 乐都县地方志编纂委员会编：《乐都县志》，陕西人民出版社1992年版，第497页。
② 民和县地方志编纂委员会编：《民和县志》，陕西人民出版社1993年版，第571页。
③ 化隆县地方志编纂委员会编：《化隆县志》，陕西人民出版社1994年版，第657页。
④ 尖扎县地方志编纂委员会编：《尖扎县志》，甘肃人民出版社2003年版，第604页。

的撒拉人迁居化隆东北初麻乡初麻村。而明末清初，又有一些循化境内的撒拉人迁居至阿河滩阿路庄、苏明加庄一带。①

明代也有其他民族改信伊斯兰教的情况。明初青海西北部和西部设置的罕东、安定、曲先、阿端四卫的蒙古族，大部为穆斯林。后因四卫破废，一部分渐次移牧于青海湖周围及其以东地区，并逐步转化为农耕、经商，游牧于安定卫、阿端卫、哈密卫一带，善于征战、养马、经商，被其他蒙古部称为"红帽儿""红毛儿"。另一部分则几经辗转，被明廷安置于西宁、湟中、湟源等地，有牧有农亦有商，并逐渐融入回族。另明正德年间率部入青的北元大汗也先之孙、东蒙右翼3万户太师、瓦剌部亦卜剌系穆斯林；其亲族小王子部太师卜儿孩之部众（被称为哈剌灰即瓦剌回回）多为穆斯林；同一时期进驻青海的东蒙古俺答汗部也有一定数量的穆斯林；明末进入青海的西蒙古卫拉特部首领固始汗部众中也有信仰伊斯兰教的蒙古人和维吾尔人（史称白帽回）。固始汗的十子中有四子（一说六子）为回妃所生，具有穆斯林血统。其长子达延鄂齐尔汗被固始汗封为托茂公，而托茂公则被认为是穆斯林。还有部分藏族成员和汉族成员改信了伊斯兰教。前者被称为"卧回"，后者被称为"加回"。②今尖扎县城南黄河岸边昂拉乡和城西加让河北的加让的一部分操藏语的穆斯林，据说就是改信了伊斯兰教的藏族人。

明代穆斯林队伍的发展中最值得注意的就是元末明初，青海回族、撒拉族、保安族已经基本具备了自己的文化特征，形成了独立的民族。而且明代时，青海回族、撒拉族的分布格局已经基本成型了。这些独立民族的形成得益于伊斯兰教的传播流行，而新民族形成进一步推动了伊斯兰教的传播和发展。明代是青海伊斯兰教发展旺盛的时期，伊斯兰教已由外来宗教转化为本土宗教，③各穆斯林中出现了一批宗教学者，闻名遐迩。这一阶段修建的清真寺较多，清真寺的修建是伊斯兰教传播、发展的重要标志。康敷镕在《青海志》中记载："青海回家甚盛，且有势力，其礼拜寺到处设立，按其规模，八十家以上者为上寺，五十家以上者为中寺，五十

---

① 化隆县地方志编纂委员会编：《化隆县志》，陕西人民出版社1994年版，第668页。
② "卧回"即原为藏族，后改信伊斯兰教的群体。"加回"即原为汉族，后改信伊斯兰教的群体。
③ 青海省地方志编纂委员会编：《青海省志·宗教志》，西安出版社2000年版，第200页。

家以下者为下寺，各县共计二百六十余处。"① 这一阶段修建的清真寺主要有：西宁东关清真大寺、上五庄邦巴清真大寺、鲁沙尔大清真寺、洪水泉清真寺、洪水泉井尔沟清真寺、平安石灰窑处处沟清真寺、民和核桃庄五方清真寺、民和核桃庄三方清真寺、民和核桃庄堡子上清真寺、民和核桃庄堡子清真寺、民和前河台其清真寺、民和满坪下清真寺、官亭上别洛清真寺、民和西沟马家河清真寺、化隆黑城城车清真寺、化隆德恒隆黄吾具清真寺、巴燕北街清真寺、群科乙沙清真寺、群科格尔么清真寺、群科乙沙清真寺、群科格尔么清真寺、沙连堡沙一清真寺、沙连堡下塔加清真寺、阿什奴阿二清真寺、谢家滩窑隆清真寺、谢家滩阴坡清真寺、化隆初麻清真寺、甘都阿河滩清真寺、甘都镇阿路庄清真寺、甘都镇拉目清真寺、甘都镇朱乎隆清真寺、甘都下四合省清真寺、甘都镇上四合省清真寺、甘都唐寺刚清真寺、康杨镇康家清真寺、康杨镇杨家清真寺、直岗拉卡下李家清真寺等。

三　清代民国时期伊斯兰教的发展

清代随着青海穆斯林队伍的持续壮大，伊斯兰教得到较大发展。明末到清康熙时期，新疆伊斯兰教白山派首领阿帕克和卓到青海传播苏非主义，受此影响，雍正、乾隆年间，青海开始出现教派组织。清代后期，青海伊斯兰教内部争斗激烈，进而发展成大规模的反清斗争，遭到清政府的残酷镇压。加上保安族迁居河州，影响了伊斯兰教的继续发展。民国时期，由于马步芳家族的支持，青海的伊斯兰教得到恢复和发展。

1. 清代前期青海伊斯兰教的发展

清乾隆四十六年（1781年）前，伊斯兰教在青海处于稳定发展阶段。除了穆斯林人口的自然增长外，有一些外地穆斯林移居青海，继续向青海地区聚集，从而使青海的穆斯林聚集程度达到了顶峰。清初，甘州（甘肃张掖）米喇印、丁国栋领导的回民反清斗争失败后，有一部分队伍逃至今门源、祁连一带落户。他们中的一部分曾依附于蒙古人托茂公，与蒙古族互为姻亲，最终形成既受到蒙古族某些习俗的影响，又保留伊斯兰教信仰的青海托茂人。雍正三年（1724年），罗卜藏丹津事件平息后，清政府修筑大通、白塔、永安三处城垒，从甘肃、陕西、山西、北京等地迁来大批

---

① （清）康敷镕：《青海志》，（台湾）成文出版社印行，1968年，第107页。

回民以实边，壮大了青海回族，而且使伊斯兰教在北从大通河流域，东经湟水谷地，南至黄河积石山流段的整个河湟地区有了进一步的发展。此外，还有回族在自青海以外迁来，或者在青海地区内部迁移，继续优化回族的分布格局。《湟中县志》记载："清朝时期西宁城东、南、北三关为回民聚居区，城郊也有 48 个村庄居住回族，从事农业生产。"① 《青海省垣回民概况》说："青海省垣的回民，在清初计有三千多户，混居城垣内外，与汉族同处，感情极为融洽，而回教占全城人四分之三，可谓回民最盛的时代。"② 喇秉德在《回族喇姓宗源考说》一文中认为："笔者这一支喇姓至迟在清咸丰年即已居住西宁，祖上曾与姻亲'德盛魁'马氏共置有坟园在南滩东部'古城'（即宋代青唐故城东垣）内，有围墙、石柱等，亲族皆为西宁回族名门。"《民和县志》记载，川口镇吉家堡村的白姓，自称其先祖为甘肃永登人，清嘉庆年间经商来到民和，遂携家定居，距今 200 余年。核桃庄乡的贾姓系清道咸年间来自今平安县。塘尔垣乡龚家庄一带马姓系清道咸年间来自今大通，现已有 200 户，近千人。另马营镇、川口镇有一部分杨姓，系清道咸年间来自甘肃秦川，其先祖为汉人，随女方信仰伊斯兰教而成为了回民。此外，在清前期、中期，也有部分东乡族人、撒拉族人散居于今民和的塔城乡、马营镇、联合乡、米拉沟等地，这些人以后均融入回族。③《化隆县志》总结了清代化隆回族的来源：一是康熙年间，由民和和乐都迁来，散居于石大仓乡的铁力盖地，与当地原西域后裔马姓联姻，长期定居下来。其后又有一部分民和米拉沟冶姓以亲戚关系迁至此。二是乾隆初从河州和民和迁来的大批穆斯林饥民。西宁道佥事杨应琚以工代赈，修筑了扎巴、巴燕、甘都三座土城，并在巴燕城郊的加合尔、金家庄、韩家窑等地设置了回族聚居点。④ 据传今巴燕北街刘姓穆斯林的先祖原为南京籍，在修筑巴燕城时承修了东、西二座城楼，受到当局嘉奖，西宁府发给他黄纸牌照，并将秤行经纪权交给他，世代承袭，直到民国中期始毕。

清代梁份的《秦边纪略》记载了青海各地穆斯林的经济状况："西宁

---

① 湟中县地方志编纂委员会编：《湟中县志》，青海人民出版社 1990 年版，第 358 页。
② 文远：《青海省垣回民概况》，载李兴华、冯今源编《中国伊斯兰教史参考资料选编》（下），宁夏人民出版社 1985 年版，第 1437 页。
③ 民和县地方志编纂委员会编：《民和县志》，陕西人民出版社 1993 年版，第 571—573 页。
④ 化隆县地方志编纂委员会编：《化隆县志》，陕西人民出版社 1994 年版，第 657—658 页。

西北连金山及回回诸国，西连哈密诸国，无所不通。今西宁边外，凡西域诸国，骆驼、马骡，往来不绝于道。校勘曰：西宁城内外皆辐辏，而城东为最。黑番强半食力为人役，回回皆拥资为商贾，以及马贩、屠宰之类。"多巴"居然大市，土屋比连。其廛居逐末，则黑番也；出而贸易，则西宁习番语之人也；驮载往来，则极西之回与夷也；居货为贾，则大通河、西海之部落也；司事持平，则宰僧也；至于那颜，独无之"。又曰"多巴，在西宁西五十里，今互市地也。黑番、回回筑土屋成衢，为逆旅主人。凡九曲、青海、大通河之夷，为居垄断。远而西域回夷为行贾者皆于是在。世以西宁市口在镇海北川，恶知所谓多巴耶"，"北川营亦总堡名……顺治戊子（1648年），回回叛乱，逃亡于此，汉人及回，筑高堡、庄田、水磨、斗车，种麦、豆、青稞。凡牛、种皆系麦力干所给，而岁纳添巴，若种屯田法也。其地横亘数十里，村堡相望，中有白塔，因谓之白塔儿。……北川有守备。南至西宁八十里"。又曰"其地之汉人，则西宁之亡命；回回，则顺治八年之叛党。各仍其俗，共居于此"。①

清代随着信仰伊斯兰教的民族的人口不断增加，伊斯兰教的影响也无形中日益扩大，对宗教生活也更加重视，因而去麦加朝觐的人次越来越多。由于朝觐的时机和所经过的途次等的不同，朝觐者接受了阿拉伯国家流行的不同学理、教派，特别是他们中专门的学经者，在接受各种不同的教理传授归来后，讲经传道，标新立异，于是形成了不同教派和门宦。首先，伊斯兰教在发展中，各种社会力量参与争夺教权，进而产生了不同的教派，其中主要的教派有逊尼派、什叶派、哈瓦利吉派、苏非派、瓦哈比派等，大教派中又有小的支派。清代以来，这些教派先后传入我国西北地区，使西北地区伊斯兰教发生分裂，也出现了大小教派。尤其是苏非派和瓦哈比派兴起后，它们内部分化的支派及其教义影响了青海的伊斯兰教教徒，最终萌生了创建相关教派的想法。其次，自元代以来，青海一直是我国伊斯兰教的主要传播地区之一，经明、清两代的繁衍，青海穆斯林人数增加较多，为创立派别提供了条件。清中叶陕甘回民反清斗争失败后，伊斯兰教经堂教育的中心由陕西转到河湟地区，一时之间，多方学子负笈而来，使河湟地区的经堂教育空前发达，讲经论道之风盛行。经堂教育使当地穆斯林有了更多的学习宗教知识的机会而信仰更加虔诚，同时培养了一

---

① 《秦边纪略》卷1《西宁卫》。

批批才华出众的宗教职业者，他们潜心于宗教知识的学习和研究。加之伊斯兰教传入长期处在汉文化的影响之中，受到中国传统思想的强烈影响，一些伊斯兰教学者纷纷提出，需要进行新的改良，这就为教派、门宦的产生提供了条件。最后，清朝比较排斥伊斯兰教，清政府认为穆斯林在中土"率皆鄙薄之徒"，"此种回教，原一无所取"。乾隆以后，随着青海、甘肃及西北其他地区回民起义的不断发生，清廷对穆斯林实行高压政策，穆斯林居住地区经济萧条，民不聊生，人口大减。在这种情况下，穆斯林社会迫切需要有能够凝聚内部力量的组织，以反抗清廷的民族压迫和宗教歧视。这种斗争的现实需要，是教派、门宦产生的政治原因。最终，在苏非主义的直接影响下，青海伊斯兰教派和门宦应运而生。伊斯兰教在青海内传播的教派有格底目、伊赫瓦尼、西道堂、赛莱费耶，门宦有虎夫耶、哲合林耶、嘎底林耶、库布林耶。部分大门宦又有若干支派，如虎夫耶衍生出华寺门宦、穆夫提门宦、鲜门门宦、大通新辈门宦、文泉堂、崖头门宦、高赵家门宦、撒拉教、北庄门宦、胡门门宦、明德门宦；嘎底林耶衍生出大拱北门宦、后子河门宦、韭菜坪门宦等。这些大小门宦可以根据与青海关系的密切程度分为三类。第一类是由青海地区本地人创传且信众也主要在西宁地区的门宦，可以简称其为青海色类门宦，鲜门门宦、大通新辈门宦、后子河门宦三支门宦即属这类门宦。第二类是其起源与青海相关或在青海伊斯兰教历史有重要影响的门宦，可以简称其为西宁地区影响较大类门宦，穆夫提门宦、华寺门宦、哲合林耶即属这类门宦。第三类为在青海地区仅有一些数量信众分布的门宦，可以称之为在青海有所传播类门宦，崖头门宦、北庄门宦、胡门门宦、大拱北门宦、韭菜坪门宦等即属此类。实际上，门宦也是一种教派，它的具体含义是指受国外苏非主义思想影响在中国形成的一系列伊斯兰教派别。青海的回、撒拉等族穆斯林几乎都分属于不同的教派。随着门宦的形成或传入，拱北也随之产生。青海的拱北约分三类：一类是阿拉伯或其他地方传教士的拱北，如凤凰山拱北；一类是与门宦有关人士的拱北，如鲜门拱北；另一类则是穆斯林认为这里有"克拉买提"（奇迹）发生从而成为类似"圣地"的拱北，如塔哇拱北。教派、门宦的传入或者形成，及拱北的产生，使伊斯兰教深入穆斯林民众中，有力地推动了青海伊斯兰教的传播和发展。

2. 清代后期青海伊斯兰教的衰落

早在清代前期，统治阶级的民族压迫，尤其是对信仰伊斯兰教的回族、撒拉族的高压政策，激起回族、撒拉族人民多次掀起反清斗争。清顺治五年（1648年），回族穆斯林米喇印、丁国栋、蒋国泰等在甘州（今张掖）举旗反清。不久，米喇印等即派人与西宁穆斯林联系，号召响应起事。不久，贵德康家寨回族穆斯林马胡牙即领导贵德、西宁等地穆斯林举旗反清，遭到土司李天俞、祁国屏等的镇压，马胡牙、黑尔定等18位首领及80多名群众同遭杀害。顺治六年（1649年），西宁回族穆斯林张见渔（龙）发动群众，以西宁北川后子河为基地抗清，很快就被清军镇压了下去。顺治十年（1653年），西宁北川孙家寨群众在回族祁傲牙固子率领下据寨起事，被镇压。清乾隆四十六年（1781年），由撒拉族穆斯林苏四十三等领导的、以撒拉族穆斯林为主体的穆斯林反清斗争在甘肃循化厅爆发，西宁、化隆等地的撒拉族、回族穆斯林亦有不少参加。清咸丰十年（1860年）十月，马文义趁西宁裁兵、清军防务力量薄弱之机，策动循化、巴燕戎格（今化隆）等地撒拉族、回族穆斯林起事。同治二年（1863年）冬，马归源在西宁暗中策应。同治十一年（1872年），陕西穆斯林起义军首领崔伟、禹得彦、白彦虎等亦退至西宁的大小南川。后清军攻入西宁，白彦虎率众两千余从今门源、祁连出扁都口进入河西走廊，后退入新疆。而马归源兄弟则被俘遭杀。光绪二十一年（1895年），河湟地区撒拉族、回族群众在韩文秀的组织下又举旗反清。第二年正月，韩文秀被清军捕杀。起事余部及逃难穆斯林七八万人则在刘四伏、马吉带领下，从多巴以北的水峡退入柴达木，多数沿途冻饿而死，剩下的2万余人则战死于祁连山区的双城子。每次起事后，清廷都要对穆斯林实行残酷镇压，致使穆斯林人口大减。《青海省垣回民概况》说"青海省垣的回民，在清初计有三千多户，……占全城四分之三，可谓回民最盛时代。但至清末，政府对回民多加屠杀，致该地至十室九空，数里绝烟之境。……在刀余之下得为复生者，仅二百余户矣"①。当时美国学者丙哈特在西宁附近宣传基督教，亲眼看到清政府屠杀青海回族的情形，他在《与西藏人民同居记》一书中，记述了清政府屠杀青海回民的情况，其中有一段说："战争现告了终，多巴打仗的回人大都被杀，有二万余人逃往土耳其斯坦，中途因冷饥而死者甚众。卫将军班师返西宁，留邓将军镇守多巴。邓将军之官职尚比卫将

---

① 文远：《青海省垣回民概况》，载李兴华、冯今源编《中国伊斯兰教史参考资料选编》（下），宁夏人民出版社1985年版，第1437、1438页。

军高，但卫将军不承认邓将军之和平办法，伊复向邓将军要一千回人之头颅。此事虽失当，但只再搜捕回人一千名，押送至西宁，以饱卫将军杀人之欲。多巴所留之回民，皆军队抢掠一空，并将回人皆送至多巴之谷中居住，不准任意他住。以吾侪之观察，中国司令之不守信用与其残忍之行为，实足为将来变乱之导火线。……丹噶尔现无回人，因当地之人民得官厅之命，将数百之回人屠杀净尽。多巴之城墙与风景完全损坏，绿瓦与绿砖均由西宁府台运去，或以之为中国人民建筑庙宇，亦可未知。东关（西宁东关——引者）少数回回乞丐外，再不见回人踪迹，并不准伊等在西宁附近居住。"①

3. 民国时期青海伊斯兰教的复兴

民国时期，主政青海的马步芳家族对伊斯兰教给予一定程度的关注，支持修建清真寺，推行伊赫瓦尼教派，给各地清真寺派驻阿訇，支持成立青海回教促进会等，使青海伊斯兰教得以恢复、振兴和发展。当时一些穆斯林商人、学者先后定居于青海地区，一些非穆斯林群众也改信了伊斯兰教。清光绪十八年（1892年），甘肃东乡人马果园宣传"凭经立教"的伊赫瓦尼主张。1918 年后，马果园得到马麒、马麟兄弟的支持，遂以西宁东关大寺为伊赫瓦尼倡兴发展的中心基地，开始努力将伊赫瓦尼的主张布散于西北乃至全国各地。1922 年 5 月"宁海回教促进会"成立，作为伊赫瓦尼倡兴发展的中心组织，马麒担任会长，马俊（西宁东关清真大寺教长）、马果园为副会长，正式拉开了伊赫瓦尼倡兴发展阶段的序幕。此后便通过两种主要方式传播伊赫瓦尼：一是通过马果园亲自在大寺讲瓦尔兹，宣传伊赫瓦尼主张等，吸引西宁地区的知名阿訇和伊斯兰教人士支持或改信伊斯兰教；二是通过大力提倡经堂教育，培养出一批懂得伊赫瓦尼经学的阿訇，再以宁海回教促进会的名义将他们派往各地清真寺，在那里推行伊赫瓦尼主张。这样的努力颇有成效。《西宁东关清真大寺志》记载："西宁地区的一些知名阿訇，如尤奴斯、尕卜、北沿、尕果干、马祥臣等，经常慕名求教，不仅大力支持马万福的传教活动，而且积极宣扬伊赫瓦尼主张。与此同时，马万福还争取了不少西宁地区的伊斯兰教上层人士，如古铭瑞哈志、依卜哈志、艾斯麻乃哈志、毛头哈志、沙里海阿洪、韩家阿

---

① 文远：《青海省垣回民概况》，载李兴华、冯今源编《中国伊斯兰教史参考资料选编》（下），宁夏人民出版社 1985 年版，第 1437、1438 页。

訇等，他们都纷纷改信伊赫瓦尼。"① 此外，在 1919 年至 1933 年间，马果园还受马麒的派遣先后在湟中、化隆等地的清真大寺内开学讲经，使这些清真寺也成为了伊赫瓦尼的重要传教基地。在短短的十多年中，马果园就有了一大批忠诚的弟子。其中有后来被称为伊赫瓦尼新十大阿訇的马禄（字祥臣）、马顺天、马得宝、马云、孖张八、海必阿洪、大八哥、马哈比布（撒拉族）、韩尤奴斯（撒拉族）、马遇真；有后来在甘、青两省各地开学的马果园的四个儿子（马遇真、马遇道、马遇明、马遇德）和马世荣、马德庆、马永庆、马受庆；有后来在同心知名的虎篙山，吴忠知名的郭四高，上海知名的马广庆，湖南知名的李仁山，云南知名的马阿訇，汉中知名的袁阿訇，新疆知名的丘兰田，甘肃知名的古亥比哈志、马顺天哈志等。此外，著名阿訇王静斋、马良骏、肖德珍也在 20 世纪 30 年代著书立说，言传身教，支持马果园，倡兴遵经革俗。伊赫瓦尼的发展，促进了青海伊斯兰教的发展。

四 新中国成立以来伊斯兰教的新生

新中国成立以后，青海穆斯林和其他宗教信徒在政治上翻了身，成了国家的主人。经济生活上有了保障，能够安居乐业；中国共产党和各级政府严格贯彻执行宗教信仰自由政策，穆斯林的宗教信仰、生活习俗受到尊重；清真寺、道堂、拱北等宗教活动场所得到保护，宗教人员得到妥善安置，广大穆斯林群众切实过上了正常的宗教生活，真正享受到了宗教信仰自由的权利，青海伊斯兰教得到新的发展。

第四节 基督教

基督教是崇奉耶稣为救世主的世界性宗教，它包括天主教、基督新教和东正教。基督教传入中国的历史久远，它在中国的教派主要是天主教和基督新教。唐太宗贞观九年（635 年），基督教聂斯托利派传入中国，当时被称为景教。唐太宗准许其在中国传播，并资助在长安建造了大秦寺，

---

① 西宁东关清真大寺志编纂委员会编：《西宁东关清真大寺志》，甘肃文化出版社 2004 年版，第 211 页。

作为宗教活动的场所。自贞观九年至唐武宗会昌二年（842年）间，景教发展极为顺利。会昌五年（845年），因遭受"会昌灭佛"的波及，景教在中国的发展一度中断。13世纪，蒙古人建立了元朝，基督教再次传入中国。元代把基督教徒称为"也里可温"（即有福缘的人、长老）。基督教在元朝很有势力，仅大都一地，就有信徒3万余众，并建立了中国第一座教堂，在蒙古贵族中发展了很多信徒。元朝覆灭后，基督教的传播断绝。明万历十年（1582年），天主教耶稣会教徒利玛窦来中国传教，他以介绍西方科学知识为传教手段，赢得明廷的信任。万历三十七年（1609年），利玛窦在中国创立了天主教会的第一个信徒团体——天主母会。明末清初，天主教获准在中国13个省自由传教，信徒多达数万。清雍正二年（1724年），清廷禁止天主教的传播。鸦片战争之后，清政府被迫与西方列强签订了一系列不平等条约，都规定了外国传教士享有随意在中国开设教堂、传教、承租田地建造自便等权利。自此，天主教、基督新教在中国得到广泛的传播。新中国成立之后，经过反帝爱国运动和"三自"运动，天主教、基督新教走上了中国特色的办教道路。①

一 天主教

《马可·波罗游记》记载，马可·波罗曾来到一城，该城名西宁，所辖城乡甚多，居民有偶像崇拜者（指佛教徒）、回教徒，也有一些基督教徒。从以上记载可以推证，最晚在13世纪以前，基督教已传入青海。②

清顺治十八年（1661年），奥地利籍耶稣会士白乃心、比利时籍耶稣会士吴尔铎于1661年6月从北京启程，一个月后到达西安，大约又花了一个月时间到达西宁。两位神父在西宁逗留了半个月，并"多次测量了西宁的纬度和高度，还对那里的城墙进行考察"③。1706年，耶稣会神父多曼格在西宁为七或八个成年人做了洗礼。1708—1709年，耶稣会神父林德美与雷孝思奉康熙之命，为完成《皇舆全览图》青海部分，数次来到青海，他们在西宁西40里处的一个（名为）多巴之地遇到三或四个（信）

---

① 青海省地方志编纂委员会编：《青海省志·宗教志》，西安出版社2000年版，第377—379页。
② 房建昌：《基督教在青海传播小史》，《青海师范大学学报》1989年第3期。
③ 伍昆明：《早期传教士进藏活动史》，中国藏学出版社1992年版。

天主教的亚美尼亚人。① 说明这个时候，西宁已经有天主教的传播了。

康熙五十二年（1713年），意大利方济各会士叶功贤自凉州到西宁，在西宁买下了一座小教堂，安排一个亚美尼亚人管理。在西宁，叶功贤神父的传教活动持续到康熙五十五年（1716年）。叶功贤神父留下了两份传教地图及四卷注释报告，其中对甘肃（包括青海地区）传教情况做了详细的介绍。在介绍到青海时，提到川口及会长马多默；西宁有两个教堂，一所为男教徒朝拜，另一所为女教徒设立，都是官方允许的，会长是休塞及邓巴尔鲁默；镇海堡毗邻多巴，有一个很大的教堂，中国信徒的会长也是与之接壤的西藏区的会长，他叫郭安德鲁，一个有文化的商人；多巴，有亚美尼亚人的布道堂和小教堂。叶神父的地图注释中特别提到，他曾于青海湖旁的蒙古部落中传教，并称"有十字架高耸在四户蒙古包中间，意味着那是一个基督教村落"。又称"我曾来到这里，长城外10里的地方，在帐篷里向鞑靼人传教"。又称"我曾来到这里，那些蒙古包是用灰毡子做成的圆形建筑。今天仍有两个基督徒在那里"。这就是说叶神父不仅在甘肃地区的汉族人中传教，也曾对进入青海地区的和硕特蒙古部落传教，而且已有了几名皈依者。注释说镇海堡教会会长郭安德鲁还兼任与之接壤的西藏区教会会长这个西藏区，当是指甘肃青海之安多藏族，则似乎在当时的安多藏族中，也有一部分人皈依了天主教。如果再加上多巴的亚美尼亚基督徒，则可知康熙后期青海境内的天主教徒包括汉、蒙、藏及亚美尼亚多个民族。② 可见，天主教在青海的传教活动是选择了唐蕃古道沿线的市镇进行的。康熙后期是甘肃天主教发展的最好时期，以兰州为总铎区的甘肃天主教已遍布全省，其中兰州、凉州、西宁、金川堡、永宁堡及镇海堡等地的天主教更是具有一定规模。

到康熙五十五年，天主教在青海已经有了一定的发展，有专门的负责人，有礼拜的教堂，还付洗了一批信徒，信徒不但有男性，还有女性。而且信徒的民族成分众多。雍正元年（1723年），葡萄牙耶稣会士穆敬远来西宁传教。穆敬远曾任康熙帝的翻译，多与皇室成员交往，尤其与世宗之

---

① 房建昌：《从罗卜藏丹津的生年看传教士叶崇贤对青海史地描述的价值》，《青海师范大学学报》1987年第4期。

② 汤开建、刘清华：《明清之际甘青地区天主教传教活动钩沉》，《兰州大学学报》2007年第5期。

弟贝子允禵关系甚密。允禵受命出驻西宁，穆敬远随行。同年，清宗室多罗贝勒苏努之子勒什亨、乌尔陈也到西宁。在穆敬远神父引导下，二人"遂领洗焉。勒什亨圣名类思，乌尔陈圣名若瑟"①。穆敬远在西宁后从事传教，并在青海地区劝化了几家教外人，造了几处圣堂。雍正三年，允禵被押解回北京，穆敬远亦随之回京。穆敬远这次传教活动为天主教在青海地区的传播起了十分重要的作用。雍正十一年（1733年）教案第三次引发了全国性的禁教风暴，甘肃巡抚黄廷桂对甘肃各地的天主教进行了全面的清查，在西宁地区查出杨春禄及已故之宋文志。罗姆在《出使中国：和德里游记》中记述了意大利人、方济各会士和德里于1328—1330年从汗八里（今北京）取道中亚回到意大利时，走的青海、拉萨，再从西部西藏西行的路线。②

1844年8月，法国辣匝禄会神父古伯察和秦神父从黑水（位于今辽宁西北角）出发，经内蒙古、宁夏、甘肃庄浪或平番，入青海大通，后穿过西藏拉萨，于1846年回到澳门。清光绪五年（1879年），天主教罗马教廷将中国划分为五大传教区，青海属于甘肃甘北教区。美国蒙藏学家柔克义于1888—1889年间至安多藏区游历，他在《喇嘛之地》记载："从老鸭堡他们走了五天到西宁，在第二天经过碾伯县。从西宁去了丹噶尔，住了六天。在塔尔寺，他们遇到了三十二岁的察哈尔喇嘛桑达拉，他是桑达钦巴的叔伯兄弟，曾在拉萨一大寺学经十年，通藏、土、西番、蒙、汉诸语，他们请桑达拉用经书体将《圣经》等宗教书译出来，据说他为此沉迷于基督教教义，置佛经于一旁，渐渐地，他开始画十字，在心中皈依了基督教。他们希望桑达拉能用自己的语言便利向当时人传教，古伯察一人在塔尔寺还举行了天主教晨祷仪式。他们认为宗喀巴改革过的喇嘛教格鲁派与基督教有极大的相似之处，这可能是从服饰等判定的。"而后他们去了青海湖，1845年11月15日离开青海平原进入柴达木，经巴颜喀拉从那曲去了拉萨。③

清宣统二年（1910年），比利时康国泰神父到西宁传教，在南大街建

---

① 萧若瑟：《天主教传行中国考》，载樊国梁、黄伯禄、萧静山编《中国天主教史籍汇编》，（台湾）辅仁大学出版社2003年版。
② 房建昌：《基督教在青海传播小史》，《青海师范大学学报》1989年第3期。
③ 房建昌：《基督教在青海传播小史》，《青海师范大学学报》1989年第3期。

立教堂。据都柏林和纽约出版的《信仰传播年鉴》记载：1912年，两名玛丽纯洁心灵会的传教士来西宁传教，并建立了立足之地，但后来又试图建立教会居室，遭到了地方当局的否决。上述两名传教士中，有一个是斯克莱姆，即许让神父，他"到西宁地区传教，在塔尔寺学了半年藏语，后入碾伯传教点，又继续学了四年藏语，后负责了西宁府三十多个分散的天主教传教点"①。民国2年（1913年），康国泰从甘肃带来3名天主教教徒，作为他的助手，在湟中、湟源、互助、大通等地传教，先后在西川的毛尔刺沟、扎麻隆、黑咀子、彭家寨，北川的后子河，南川的鲁沙尔、星家庄，乐都的东关、娄巴沟、丁家庄、高庙，互助的威远堡、老虎沟、白崖、羊圈堡、新元堡、总寨、桦林沟，大通的东大街、新添堡、陶家寨，湟源县城东街等地先后设立天主教堂。同年，德籍神父克来思在乐都一代传教，在县城东关设立碾伯天主堂，又在李家庄、汤官营、洛巴沟设立分堂。

1922年，波兰籍神父齐国宾，德籍神父薛爱德、孟明道等人先后来互助传教，在沙塘川甘家堡设天主堂，后在威远堡设天主堂，又在老虎沟、白崖、羊圈堡、新苑堡、总寨、桦林沟设立7个分堂。1929年，德籍主教夏思德到西宁主持教务，设立青海教区。此后陆续来青海的传教士有德籍吕左光、德公望，匈牙利籍戴国富等人，其间也有中国信徒升为神父的。1931年，德籍神父屈亨利在大通城关地区设立天主堂，后在新添堡、陶家寨设立分堂。1932年，在湟中加牙建立天主堂。1938年之后，夏思德又在西宁下朝阳、贵德建立了天主堂。20世纪30年代，青海有大小天主堂24座，信徒2453人。

天主教在青海的传教方式，主要是在传教地开办医院、诊所以及教会学校，通过诊疗疾病、教授近代知识等办法，接触民众，宣传教义，并吸收他们入教。此外，教堂的神职人员还采取低息贷款、借粮、救济等手段吸引群众入教。

二 基督新教

基督新教最早进入青海的确切时间是1879年，内地会传教士义世敦从秦州出发，途经巩昌（今陇西）、狄道（今临洮）、河州，6月22日进

---

① 房建昌：《基督教在青海传播小史》，《青海师范大学学报》1989年第3期。

入青海循化境内，向穆斯林布道，但遭到婉拒。后经过巴戎（今化隆），6月27日抵达西宁。在西宁停留6天后启程返回，他经由碾伯（今乐都）、兰州、狄道、巩昌，于7月26日回到秦州。义世敦在青海曾多次向回、撒拉、汉等民族传教。① 1884年，英籍内地会传教士巴格道与中国基督徒仆人孔娃从秦州出发，途经兰州、苦水、享堂，到达青海境内的碾伯、西宁、鲁沙尔，并在此售出一批蒙、藏文《圣经》节本（其中《旧约》6本，《新约》3本，《福音书》80本）。其日记载："许多喇嘛购买，一些无法承受这个价格，4位噶伦中的2位购买。"此后继续向西到达丹噶尔的东科尔寺，与寺庙的喇嘛、世俗官员有过交谈，并向他们售经。然后他返回西宁，途经巴戎、循化、河州、巩昌，于10月14日返回秦州。巴格道在青海之行中，对藏民、喇嘛、喇嘛寺比较关注，并思考由青入藏传教的可能性，认为青海藏区有传教的便利。司德教主编的《中华归主》提到有一个小的独立的传教团以巴燕戎格为据点，向外扩张，目的是向当地藏人传教。② 同年，中国内地会传教士劳受福来到青海，设立了青海基督教史上的第一个传教站——西宁传教站。早期的内地会认为西宁对藏区政治、经济有重要影响，一度把西宁传教站的传教对象定为藏族，并想将之发展为入藏的基地。1885年，宝耀庭夫妇来华，先到陕西北部，然后转到兰州、西宁。在西宁期间，每天学习藏文，并积极地向藏族传教，吸引了一批藏族民众，但没有招徕到信徒。《中华归主》记载，当时的西宁道有七个行政区划，即：西宁、大通、碾伯、循化、贵德、巴戎、湟源。除了巴戎情况不明外，仅西宁有内地会传教士，调查时已有三批有组织的会众。三个福音传道中心，一个修女，雇用了两个中国传教人员，受圣餐者七十八人，共有一百零八名基督徒，有一位教会教师，三十名教会小学生，其中初小二十名，高小十名。大通有两个福音传道中心。③ 1892年贺尔来到西宁传教，同年，加拿大籍传教士瑞吉纳特来到青海湟中鲁沙尔，通过与喇嘛们私人交谈、治疗疾病的方式，积极进行传教工作。瑞吉纳特决定以鲁沙尔为传教基地，认为这里是个交通中枢，生活便利，也可方便地联系内地、蒙古、拉萨，这里还有蒙古族、藏族、汉族，还有穆斯林，是个学

---

① 刘继华：《19世纪后期青海基督教传播史考述》，《北方民族大学学报》2012年第5期。
② 房建昌：《基督教在青海传播小史》，《青海师范大学学报》1989年第3期。
③ 房建昌：《基督教在青海传播小史》，《青海师范大学学报》1989年第3期。

习语言的得天独厚的地方。

1894年胡立礼夫妇来到西宁，与贺尔一起传教布道。同年秋天，瑞吉纳特带着夫人、福吉森来到中国，他们经过上海、武汉、樊城、西安、兰州、西宁，最后到鲁沙尔。后来，瑞吉纳特夫妇又搬迁到丹噶尔传教。1897年，瑞吉纳特夫妇动身去西藏传教。1897年黎莱烁、禧德生夫妇、席儒珍、克省悟等到保安建立传教站。保安传教站由禧德生夫妇、马克贝特小姐负责，以藏民为传教对象。在向藏民传教的同时，宣道会传教士想与藏族处好关系，但事与愿违，1899年在隆务寺夏日仓活佛的动员下，麻家部落和狼家部落对传教士发动攻击，结果传教士死里逃生，传教站被迫放弃，宣道会以洮州（今甘肃临潭）为基地，中经拉卜楞，向青海藏区发展的企图受挫。1898年中国内地会派遣乐以成来西宁传教布道。1904年，胡立礼夫妇在西宁建立了福音堂，这是基督新教在青海的第一座教堂。为了向藏族传道，教堂内还备有藏文圣经，有接待藏族信众的宿舍。内地会的海春申神父将齐家场传道点（城中区公安分局旧址）作为专门向穆斯林教长及回族群众布道的处所。胡立礼在西宁传教三十余年，成为清末民初青海基督教传播的中流砥柱，对基督教在近代青海的传播发挥了重要作用。内地会西宁传教站在1903年前只有1人受洗，但1904年后经过胡立礼潜心传教后，局面很快改观，至1910年有41人受洗。令传教士兴奋的是，1910年有1名穆斯林改宗，"一些穆斯林对福音感兴趣，认识到基督教的优越性，但目前（改宗的）代价似乎太大"。许多穆斯林访问西宁传教站，有些年份甚至占到访客的一半，穆斯林成为西宁传教士的主要传教对象。①

1915年之后，胡立礼、白约翰夫妻，加拿大籍牧师白嘉礼，美籍牧师柏立美，白秀丽、霍尔顿夫妻，德籍牧师西德斯等，到湟源、湟中、大通、乐都、民和、化隆、贵德、同仁等地传教，并在湟源南城壕、乐都城东街、大通后子河、门源浩门镇、化隆马坊街、贵德居家沟、循化西大街、民和川口西大街等处设立福音堂，主要通过开设诊所、学校等方式传教。胡立礼夫妇在青海地区所做的有关传教的一系列行动，为之后基督新教在青海地区的传播做了大量的铺垫工作，也使得内地会在青海地区的基

---

① 刘继华：《基督教内地会对近代甘宁青穆斯林的传教活动述论》，《青海民族研究》2017年第1期。

督新教的不同教会组织中成为中坚力量。1918 年，内地会在西宁的发展工作由英国籍的牧师连福川主持，与此同时，青海东部地区人口稠密区屡有基督新教福音堂设立。随着基督新教在青海地区的传播程度的加深，除内地会之外的基督新教教会组织也进入青海地区设立福音堂。连福川牧师向"不列颠及外国圣经协会"提交了一个报告，里面提到对西宁地区的穆斯林及藏人的传教活动，报告这样写道："我们卖了约六百部藏文福音书，这太值得上帝赞许了。因为在以前的那些年月，藏人是不会收福音书这样的礼物的，现在，他们愿意出十个钱，而且态度积极。这些人发生了极大的变化。""我们也在这一年卖了一些蒙文和卡尔梅克文的《圣经》，总共约四十部。这一带的蒙族并不很多，但不时会碰到，大约在二月的酥油花会节，他们会来朝拜著名的藏人圣地塔尔寺，这样，我们就相遇了，这是我们难得的一次好机会。""在出售穆斯林文的福音书上，我们也干得很出色，他们中的许多人也在寺求神的光明。在西宁周围，有成千上万的穆罕默德信徒，他们不仅买自己语言的《圣经》文本，也买汉文本的，实际上，他们的学者均能读汉文，通过这种方式，神的旨音就传播开来了。如果不是阿訇的势力大，我相信这里会有更多的穆斯林改宗基督教。我自己深信，他们中有许多人在心中已依附了基督。"① 为了方便传教，连福川在青海开了一所"福音客栈"，用以传播基督教。客栈有藏、蒙、土族人居住。通过这些房客，他们将《圣经》分发到房客旅行所在的各集市。他们认为此举比他们所到任何之处都成功。1929 年，"安息日会"等基督新教分属教会开始在青海东部地区传教。1936 年，基督新教在青海仅有三个传教点，西宁地区有胡尔塞夫妻及金，贵德有白嘉礼夫妇，湟源有柏立美夫妇、伍德夫妇、魏德受。1937 年，来青海的传教士还有肯氏、内地会的奈特和克隆希尔姆。1938 年以后，基督新教在青海的发展缓慢，开始停滞不前。

---

① 房建昌：《基督教在青海传播小史》，《青海师范大学学报》1989 年第 3 期。

第十章

唐蕃古道青海段的文化内涵与联合申遗

唐蕃古道作为跨越多省区的一处大型线性文化遗产，覆盖区域广泛，文化内涵十分丰富。推动唐蕃古道联合申遗是沿线省区各族人民的共同愿望，加快古道沿线文化遗产的调查与研究，也是文化部门和学术研究单位共同的责任。从文化线路的角度充分挖掘唐蕃古道沿线丰富的文化内涵，分析提炼唐蕃古道所具有的动态性特征和整体文化价值，是当前亟须开展的一项重要工作。

第一节 唐蕃古道青海段的文化内涵

唐蕃古道青海段横贯青海全境，在其形成、发展的上千年历史进程中所孕育、承载的文化及内涵十分丰富而深厚，有悠久的历史文化、多元的民族文化、浓郁的宗教文化、多样的非物质文化、深厚的商贸文化、恢宏的战争文化，类型多样、内涵丰富、品质独特、多元互补、相依相存、和谐共生，既具有鲜明的地域性、紧密的互补性、独特的多样性，也铸就了各种文化之间相互尊重、承认差别、和睦相处、广容博纳与兼容并蓄的文化氛围。

一 悠久的历史文化

唐蕃古道青海段所在的青海地区有约3.7万年的人类活动史和3000年的文明史。在漫长的历史发展过程中，古道沿线的先民们创造和孕育出丰厚璀璨的历史文化，经过历史岁月的冲刷和积淀，凝聚为宝贵的历史文化资源。

新中国成立以来，文物考古工作者在青海境内发现的考古学文化，主要有旧石器时代晚期的冷湖1号遗址、小柴旦湖遗址，新石器时代的拉乙亥遗址及马家窑文化、宗日文化，青铜器时代的齐家文化、卡约文化、辛店文化和诺木洪文化。其中马家窑文化以制陶业发达而著称，出土的彩陶不仅数量众多，而且纹饰繁富、色彩绚丽、制作精美，显示了青海古代先民高超的艺术水平和非凡的聪明才智，是我国艺术宝库中的一朵奇葩。齐家文化和卡约文化出土的许多青铜器，也达到了较高的冶铸技术和制作工艺。在青海众多的考古学文化遗址中，最具代表性的是乐都柳湾遗址和民和喇家遗址。其中柳湾遗址是黄河上游迄今已知规模最大、保存较完整的一处氏族公共墓地，先后出土精美彩陶2万余件，被誉为"彩陶王国"。该遗址陶器中还发现了大量彩绘符号，其中一些符号被专家视为我国最原始的文字。喇家遗址则是一处典型的史前灾难性遗址，全国罕见。据学者研究，卡约文化、辛店文化和诺木洪文化的主人是很早以来就生活在西北地区的古羌人，马家窑文化、齐家文化也与羌人有着密切的关系。而且不少学者认为，黄帝、炎帝部落兴起于西羌，羌人不仅对炎黄文化的早期形成有着重大影响，而且对华夏民族的形成有重大贡献。

另据文献记载，战国时期及以后，甘青地区的羌人多次向南、向东南、向东、向西南迁徙，成为彝、白、哈尼、纳西、傈僳、拉祜等众多现代民族的先民。西汉中期，中原王朝在青海东部河湟地区设置郡县、开荒屯田、移民驻守，进行大规模的经营和开发，从而使这一地区逐步进入封建社会。西晋以来，鲜卑吐谷浑部、秃发部、乙弗部等陆续迁入青海，先后建立南凉、吐谷浑、乙弗无敌国等地方政权，鲜卑文化兴盛一时。其中草原王国吐谷浑立国长达三百年之久，积极沟通东西方经贸文化交流，在东西方文化交流史上写下了浓墨重彩的一笔。唐代初期，兴起于西藏的吐蕃政权逐渐强大起来，先后兼并白兰、党项、吐谷浑等，并与唐朝在今青海境内对峙争战。唐后期，吐蕃占领整个青海地区，在青海历史上产生了重要影响。唐末，吐蕃政权崩溃后，今青海地区一度陷入战乱之中。宋代，河湟地区出现了一些较大的吐蕃部落联盟，并最终形成了以唃厮啰为首的青唐吐蕃政权，辖治河湟地区百余年。青海南部地区较长时期保留了氏族部落制，由氏族社会迈入封建社会的转变过程迟至元代才开始逐步实现。自元代起，青藏高原结束了分裂割据的局面，具有重大的历史意义。

明清时期，中央王朝在今青海地区的封建统治更加得到巩固，中央政府除在东部农业区实行类同内地的政治制度外，对青海民族地区还实行"因俗而治"的政策，设立羁縻笼络性质的行政军事机构，招抚、分封蒙藏首领和宗教上层，推行盟旗制度和千百户制度，许多政治措施带有浓厚的地区和民族特点。由于青海地处边远，交通相对封闭，现代文明对这一地区的冲击在清末和民国时才开始出现。1929 年青海建省，翻开了省一级行政区域的崭新历史。

中华人民共和国成立以来，青海发展进入一个新的历史纪元。特别是改革开放以来，青海各族干部群众在开发、建设青海的历程中，先后孕育形成了"热爱祖国、无私奉献、自力更生、艰苦奋斗、大力协同、勇攀高峰"的"两弹一星"精神，"艰苦创业、无私奉献、勇于创新、团结奋斗、科学务实"的柴达木精神，"特别能吃苦、特别能忍耐、特别能战斗、特别能团结、特别能奉献"的"五个特别"青藏高原精神等众多的优秀精神。在深入践行科学发展观的进程中，在众多优秀精神基础上构筑了以"自信开放创新"的青海意识，"人一之，我十之"的实干精神，"大爱同心、坚韧不拔、挑战极限、感恩奋进"的玉树抗震救灾精神为主要内涵的"新青海精神"，成为青海"三区"建设的强大精神力量。与此同时，挖掘传统文化，弘扬中华根母文化——昆仑文化，加强对格萨尔、热贡艺术、藏戏和花儿等一大批非物质文化遗产项目的抢救，促进了青海各民族文化自觉、自信和自强，提升了青海文化在国内外的影响力。

青海悠久的历史文化，为唐蕃古道青海段申遗积淀了深厚的文化根脉与滋养，留下了异常丰富的历史文化宝藏。截至 2019 年年底，青海省共有全国重点文物保护单位 51 处，省级重点文物保护单位 466 处。[①]

二 多元的民族文化

历史上，唐蕃古道青海段所经地区一直是多民族聚居的地区，先后有羌、戎、匈奴、小月氏、粟特、鲜卑、吐蕃、蒙古等 20 多个民族繁衍生息于此，丰富多彩的民族文化是唐蕃古道青海段丰富文化内涵的重要组成部分，也是其申遗的鲜明特色和优势所在。

先秦时期，生活在唐蕃古道青海段沿线地区的羌、戎等民族相互学

---

① 吴梦婷：《省级重点文物保护单位达 466 处》，《西海都市报》2019 年 12 月 20 日。

习、和睦相处，戎人出身的无弋爰剑自秦国逃亡至今河湟地区后，将内地先进的农业生产技术传授给当地羌人，并被河湟羌人拥戴为部落首领，成为我国古代各民族融合交往、和睦共进的典范。西汉时，汉族开始成批进入河湟地区，形成了与羌人错杂而居的局面。一批又一批的汉人定居之后，建设新家园，不断成为青海地区新的土著。魏晋南北朝时期，陆续迁入青海地区的秃发、吐谷浑、乞伏等鲜卑诸部与当地汉、羌等民族杂居共处，在政治、经济和文化方面相互学习借鉴。此外，汉唐时期，一批粟特人在青海生活过，有其所建的萨毗城等遗迹。在长达三个半世纪的民族交流交往交融大潮中，曾在青海地区活动的诸多民族，或逐步发展演变为其他新的民族，或移居他地，或在与汉族杂居中主动或被动地接受汉族文化的影响而被同化，逐步纳入了汉族文化圈中。吐蕃占领青海地区后，不仅采取了军队驻屯和移民政策，使大量吐蕃人留居青海地区，而且对境内的诸羌、吐谷浑及汉族采取了奴役和同化政策，使大量的羌人、吐谷浑人和汉人融入吐蕃民族之中，逐步融合发展成为今天的藏族。蒙元时期，大量的中亚、西亚穆斯林迁入中国，其中很多是由成吉思汗西征时被迫东迁而来，也有东来经商、仕宦、传教等人士。到元朝末年，回回人已具备了一个民族的雏形，后来称为回族，在青海东部地区有广泛的分布。蒙古军西征时，原居西突厥乌古斯部撒鲁尔部落中170户人口东迁，被安置在元积石州境今循化县境驻扎，后经长期发展逐步成为今天的撒拉族，现主要居住于青海循化地区。元代，原居青海的霍尔人和留居于此的蒙古人通过长期交往，逐步发展成为西宁州土人，约在元末明初形成了一个单一的民族，新中国成立后定名为土族，主要居住于互助、民和、大通等地区。明代中期以后，大批东蒙古部落陆续向青海湖地区迁徙，史称"西海蒙古"，至万历时人数已达10万之众，撒里畏兀儿族和藏族部落四散逃徙或成其役属。明末，厄鲁特蒙古四部之一的和硕特部从伊犁地区移牧青海，占据了以青海湖为中心的草原，继而进据卫藏成为整个青藏高原的统治者。青海牧地成为和硕特首领固始汗子孙的世袭领地，今青海地区的蒙古族及其先辈大部分为和硕特蒙古，成为青海的主要世居民族之一。

经过长期的民族迁徙和交融活动，曾经活跃于唐蕃古道青海段沿线的众多民族，有的延续发展下来，有的逐渐消亡，有的融合于其他民族中，也有新的民族产生，从而逐步形成了以汉、藏、回、土、撒拉、蒙古和哈萨克七个世居民族为主的多民族聚居的基本格局。各族人民在长期的经济、文化交流中形成了独具风格的民族文化，具体表现在生产方式、风俗习惯、民俗心理、文化艺术等方面。如从生活习俗上看，藏族大多居于高原牧区，严酷的环境使他们养成了彪悍、粗犷的民族性格。他们逐水草而居，穿羊皮袄，穿时裸露左臂，白天束带为衣，夜间解带为被。主食为肉类和奶制品，嗜茶。其住处多为黑色的牛羊毛藏式帐篷，果洛、玉树河谷地带的人或住木石结构的碉楼，其底层用来圈养牲畜，而河湟地区的藏家人也住类似汉族的四合院庄廓，家中一般都置有佛龛。蒙古族作为游牧民族，住处为圆形的蒙古包，生活习性与藏族基本一致。土族多居于河湟地区，多住四合院式的庄廓，其服饰较华丽，且各地互不相同，青年妇女的服饰尤其如此，头饰也有八九种之多，富有民族特色。回族擅长经商，信奉伊斯兰教，重视宗教节日，其风味小吃清爽可口，八宝盖碗茶尤其出名。撒拉族主要聚居在循化地区，其生活习惯和回族大体相似，但服饰保持着自己的特色。如青年男子头戴白帽，穿黑色坎肩，系红腰带，显得潇洒俊美。从民间文化看，藏族英雄史诗《格萨尔》是公认的藏族说唱文学巨著，据统计，仅在玉树地区流传的就有近60部之多，流传在民间的神话故事和寓言更是难以计数。藏族又是一个能歌善舞的民族，其民歌主要有鲁、伊拉两种，舞蹈形式多样，有锅庄、叶、果谐、堆谐、热马、羌姆等，舞姿奔放热烈，富有朝气。藏戏表演形式古朴单纯，富有鲜明的民族和宗教特点。蒙古族也喜爱歌舞，歌舞内容多与马有关。土族的民间文化艺术丰富多彩，其民间文学体裁多样，内容优美，其中"花儿"尤其脍炙人口。民间说唱史诗《拉仁布与吉门索》情节哀怨动人，堪与"梁祝"媲美。土族的婚礼自始至终都在歌舞中进行，娶亲过程很有戏剧性，充满着生活情趣。土族刺绣艺术图案美丽、形象逼真、花纹均匀细致、色彩鲜艳，闻名遐迩。撒拉族的民间艺术内容也很丰富，其歌曲有撒拉曲、宴席曲、花儿等。演唱节奏明快，独具风情。舞蹈主要是骆驼舞，内容为追述其先祖东迁的经过，表演充满诗情画意。从医学、建筑等方面来看，藏医药已有千余年的历史，在选药、治疗方法上有着浓厚的民众特色。土族在建筑雕刻上汲取藏汉艺术之精华，形成了自己的风格。其作品图案形象、色彩斑斓、构思精巧、布局独具匠心，充分显示出土族人民高超的建筑才能和工艺水平。

总之，古道沿线民族构成的多样化，带来了不同的文化背景和思想行为观点，各民族的文化传统、风俗习惯和宗教信仰既自成体系又相互渗透。各民族或从事农耕，或从事游牧，或擅长手工业，或擅长商业。虽然有时相互之间发生争斗或矛盾，但更长时期内主要是和谐共处、互相学习、互通有无、互相依存，不仅在经济生产上分工合作、相互学习、互通有无，而且在语言文字、价值取向、审美观念、文学艺术、宗教文化等方面形成文化共享的格局，形成了我中有你、你中有我的亲密关系，呈现出各种文化多元交汇、互补共融的特点，成为中华民族多元文化中不可分割的重要内容之一。

三　浓郁的宗教文化

唐蕃古道青海段沿线也是多宗教共存的地区，佛教、伊斯兰教、道教、天主教、基督教五大宗教均有传播，此外还有萨满教、苯教和民间信仰。其中藏传佛教和伊斯兰教信教群众较多，寺观教堂遍布古道沿线各地，各民族社会发展、变迁进程中无不呈现出浓郁的宗教色彩与特点。

佛教在唐蕃古道青海段沿线传播的历史比较早。约在东汉末年，青海东部湟水河谷地区已有佛教僧人活动，并建有佛塔。唐代，随着文成公主、金城公主进藏和吐蕃势力东渐，佛教由内地和吐蕃两个渠道不断传入青海。吐蕃王朝灭亡后，青海地区的佛教得以保留发展并成为西藏藏传佛教后弘期"下路弘传"的发源地。元明清以来，历代中央王朝以支持藏传佛教为治藏方略，藏传佛教在青海得到极大发展，渗透于社会生活的各个方面，先后出现了隆务寺、瞿昙寺、佑宁寺、塔尔寺等一大批藏传佛教寺院。民国时期，藏传佛教向边远地区发展，成为全省信众最多的宗教。在漫长的发展过程中，藏传佛教与藏、土、蒙古等民族联系十分密切，不仅是这些民族重要的精神支柱和依托，而且成为这些民族传统文化的内核内容，各文化内容形式无不带有明显的宗教性。古道沿线数量众多的藏传佛教寺院，不仅是僧尼聚居修行的重要道场和普通信众行愿祈福的宗教圣地，也是地方社会诸多政治、经济、文化活动的参与者乃至主导者，对地方社会政治、经济、文化等领域的发展有着广泛而深刻的影响。如格鲁派六大寺院之一的塔尔寺，所藏的经典古籍有 5 万卷之巨，主要经典有德格版、拉萨版、纳塘版及手抄本的大藏经《甘珠尔》《丹珠尔》，各类宗教、历史、戏剧、音韵、诗歌、格言、传说、天文地理、工巧、历算、医药等方面的书籍，历代帝王和中央王朝的册封诏令和匾碑、印信、书札、各类档案等，是西北地区一座久负盛名的宗教文化中心。

道教作为汉民族文化组成部分，在唐蕃古道青海段沿线的传播也有着比较悠久的历史。魏晋时，当时被称为唐述山（今民和境内的积石山）山腰的唐述窟和时亮窟内有"鹤衣羽裳之士"诵经修道，并收藏有大批古籍经书。唐代，一些文官武将将道教传入今乐都地区，并以道教名山武当山命名乐都北山。明代，随着大批汉族迁入，道教在沿线地区得到更为广泛的传播。在地方统治者的大力扶持下，西宁、民和等地兴建了多处道观，西宁境内的土楼山、湟中境内的南朔山、大通境内的元朔山和金娥山、乐都境内的武当山、互助境内的五峰山、湟源境内的北极山等，成为道教活动的场所。不少信奉道教的海内外人士，不远万里来到青海寻根问祖，敬拜昆仑山。道教文化不仅在古道沿线的汉族中影响较深，而且在多民族交往交流交融过程中对当地一些少数民族的文化思想、民间信仰、风俗习惯、道德伦理等均产生了重要影响，如民和、互助、同仁、尖扎、贵德等地一些土族、藏族村落中多建有二郎庙、龙王庙、娘娘庙等，或供奉二郎神、文昌君、关帝、三霄娘娘等神像。

　　伊斯兰教是世界性宗教之一，在唐蕃古道青海段沿线也有着比较广泛的传播和影响。早在唐宋时期，随着一些回族先民留居河湟地区，伊斯兰教零散地初传青海。元明时期，回回人、撒拉人等大量徙居青海，他们信奉的伊斯兰教也随之在青海东部农业区广泛传播，并逐渐由外来宗教转化为本土宗教。清乾隆以后，由于青海回族、撒拉族的反清斗争，伊斯兰教一度受到清廷的歧视和压制。民国以后，宗教环境相对宽松，特别是掌握青海军政大权的马氏家族信仰伊斯兰教，对伊斯兰教给予了一定程度的关注，支持修建清真寺，推行伊赫瓦尼教派，使青海伊斯兰教得以恢复和发展。经过几百年的传播、发展，伊斯兰教中的格底目、伊赫瓦尼、苏非派三大教派和四大门宦在古道沿线地区均有传布，其中伊赫瓦尼派有着广泛的影响和优势。同时，在古道沿线各地形成了以清真寺为中心的民族聚居社区，如西宁东关、大通城、多巴、丹噶尔城、巴燕戎格厅城等。而建于明代的西宁东关清真大寺、循化街子清真大寺等都是著名的伊斯兰教寺院。如西宁东关清真大寺，收藏有朱元璋的《百字赞》、张广建的《教阐天方》等，循化街子清真大寺还收有撒拉族的祖先从中亚的撒马尔罕东迁时带来的手抄本《古兰经》，十分珍贵。

　　天主教传入青海，始于雍正初年，但直到清朝末年，天主教传教活动才有一些起色，其传教方式主要是在传教地开办医院、诊所，通过看病接触民众，宣传教义并吸收他们入教。根据民国时期的统计，在青海西宁、湟源、大通、互助、乐都、化隆、贵德、门源等地共有天主教堂20处，信徒达3203人。基督新教迟至清末才传入青海。光绪四年（1878年），基督新教在甘宁青地区设立皋兰、宁夏、西宁3个布道区。光绪十七年（1891年），英国籍牧师胡立礼夫妇来西宁传教。1915年后，来青的基督新教牧师先后在西宁后子河、化隆马坊街、湟源南城壕、贵德居家沟、循化西大街、大通中山大街、乐都城东街、民和川口西大街、门源浩门等处设立福音堂。到1934年，全省基督新教徒只有200余人。天主教和基督新教虽在青海地区有一定传播，但其规模和影响较弱，主要在汉族中传播，信徒人数较少。

总之，经过唐代以来千余年的传播发展，藏传佛教、伊斯兰教等宗教已渗透到唐蕃古道青海段沿线各族信教群众社会生活的各个方面，成为信教群众日常生活中不可缺少的内容，而且至今仍对古道沿线各族信教群众的社会生活产生着深刻影响。

四　多样的非物质文化

非物质文化遗产是指各种以非物质形态存在的与群众生活密切相关、世代相承的传统文化表现形式。在唐蕃古道青海段几千年的历史演进过程中，沿线各民族发展和创造了异常丰富的非物质文化遗产，具有类型多样、形式古朴、特色鲜明、绚丽多彩的特点，充分反映了古道沿线各族人民对真、善、美的追求，昭示着高原民族的生命力、创造力和凝聚力，折射出青海各民族的精神内质。

在口头传统和民族语言方面，生活在古道沿线的汉、藏、回、土、撒拉、蒙古等民族创造了大量的神话、传说、歌谣、故事、寓言、笑话、谜语等口头文学，其中具有代表性的有汉族昆仑神话、藏族阿尼玛卿雪山神话传说，藏族《格萨尔》、蒙古族《汗青格勒》、土族《格萨尔》等英雄史诗；河湟地区各民族盛兴的"花儿"，汉族"社火小调"，土族"道拉"，回族"宴席曲"，以及安多藏族民歌"勒""年谐"等民间歌谣；还有情节生动的民间叙事诗、民间故事，风趣幽默的民间笑话，言简意赅的谚语等。在传统表演艺术方面，青海是民间歌舞的海洋，生活在这里的各族人民能歌善舞。据20世纪80年代文化部门调查统计，全省民间舞蹈有1400多种，民歌近万首。民族舞蹈多姿多彩，如汉族的社火舞、太平鼓、竹马舞、跳神舞等，藏族的锅庄、热巴、则柔、寺院羌姆舞等，回族的宴席舞，土族的安昭舞、会手舞等，撒拉族的骆驼舞、阿丽玛等。地方戏剧和曲艺艺术品种繁多，如流传于黄南、果洛、海南等地的藏戏，流传于河湟地区的汉族平弦戏、西宁贤孝、青海道情、眉户戏、目莲戏、皮影戏等，各民族民间传统表演艺术形式古朴、丰富多彩。在民俗礼仪方面，青海各民族古老独特的风俗活动反映在生产生活的各个方面，如在居住民俗、饮食民俗、服饰民俗、生产民俗、婚丧民俗等方面，各个民族都有着自己独到的特色，承载着深厚的历史文化底蕴，是其民族文化集中、活态的展现。在传统手工艺技能方面，包括民间美术和工艺两大部分，民间美术有唐卡、农民画、漆画、壁画、剪纸等，工艺有雕塑、堆绣、酥油花、排灯、刺绣、砖雕、木雕、玉雕、民族服饰、藏毯、牛羊头工艺饰品制作等，许多民间传统手工艺技能成为非物质文化遗产工程重点保护的项目，越来越受到人们的广泛重视。

截至2019年6月，青海全省有人类非物质文化遗产代表作名录6项（热贡艺术、花儿、黄南藏戏、格萨尔、河湟皮影戏、藏医药浴法），国家级非遗名录73项（民间文学8项、传统音乐14项、传统舞蹈9项、传统戏剧3项、传统美术7项、传统技艺8项、民俗13项、曲艺4项、传统体育和游艺3项、传统医药4项），省级非遗名录253项，市州级非遗名录761项，县级非遗名录1859项，形成了以国家级项目为龙头，省级项目为骨干，州县级项目为基础的四级非遗名录体系。非遗代表传承人层出不穷，有世界民间"一级文化勋章"获得者1人，国家级代表性传承人88名，省级317名，州、市级965名，县级1891名。有热贡文化、格萨尔文化（果洛）、藏族文化（玉树）等3个国家级文化生态保护实验区和土族（互助）、德都蒙古（海西）、循化撒拉族等3个省级文化生态保护实验区。[①]

五 深厚的商贸文化

唐蕃古道青海段作为东西方交通线上的一个重要枢纽地区，既促进过青海地区的商品交换与流通，也承载过东西方商品的交换，兴起过众多著名的贸易城镇，在沿线地区商贸文化发展的过程中发挥了十分重要的作

---

① 芦舜：《青海非物质文化遗产保护走在全国前列》，《西海都市报》2019年7月15日。

用，积淀了深厚的商贸文化。

先秦时期，羌人就借助唐蕃古道青海段把产于当地的玉料、铜器等输往中原，开启了西北地区特产运往中原的先河。自此以后，吐谷浑、吐蕃、唃厮啰等皆用地方特产与中原地区开展商贸活动。吐谷浑时期，不仅重视国内商业的发展，而且利用自身优越的地理位置，积极参与丝路贸易，为东西方商贸活动提供各种便利，使吐谷浑国的商贸活动呈现出一派繁忙景象，通过吐谷浑输往西方的商品有丝绸、纸张、瓷器、药材、珠宝、茶叶等，其中数量最多的是各种精美的丝绸，而运到内地的商品主要有玉石、玛瑙、珊瑚、水晶、玻璃、金银器、珍贵的香料、良马以及一些异禽怪兽。古道沿线的吐谷浑城、树墩城、贺真城、伏俟城等，成为当时重要的商贸城镇。

唐代以来，借助唐蕃古道的正式开通和发展，青藏地区与中原地区的商贸往来更加频繁和兴盛，内地的丝绸、茶叶等经唐蕃古道运往西藏及尼泊尔等南亚地区，使唐蕃古道成为中原地区和南亚地区经贸往来的重要通道。北宋时期，在唃厮啰政权的大力经营下，青海境内丝路贸易再度兴盛起来，唐蕃古道青海段部分路段也在丝路贸易活动中发挥了十分重要的作用。古道沿线的青唐城、宗哥城、邈川城等逐渐成为当时十分繁华的商业城镇，其中青唐城是规模和名气比较大的一个。据史书记载，当时往来青唐城做生意的有于阗、回鹘、高昌等国的商人，有来自西亚、阿拉伯半岛的西方商人，也有从中原地区赶来贸易的内地商人。在繁忙的市场中，既有来自中原地区的各种生活用品和生产工具，也有来自西域和西亚地区的各种珍奇商品，还有产自本地的马、牛、羊等畜产品和鞍具、刀剑、甲胄等手工业品，可谓商品云集，琳琅满目。

明清以来，茶马贸易逐渐成为唐蕃古道青海段商贸文化中最重要的内容之一。洪武三十年（1397年），明廷"改设秦州茶马司于西宁"，西宁遂成为汉藏茶马贸易的中心，河湟藏族部落、海西蒙古部落贡马皆须至西宁交易，唐蕃古道青海段因茶马贸易的繁盛迎来了新的发展机遇。此外，这一时期青藏地区蒙藏政教上层广泛参与的贡赐贸易也十分兴盛，所利用的道路也主要是唐蕃古道这一交通线路。随着唐蕃古道青海段沿线各种商贸活动的发展、兴盛，沿线各地也涌现出了丹噶尔、镇海、多巴、白塔儿、西宁、塔尔寺、结古寺、拉加寺等众多贸易城镇。其中丹噶尔自古为内地通往西部牧区和西藏的交通要隘，是唐蕃古道的要塞，是西北汉、藏、蒙、回等民族间进行商贸交易的重地,民族贸易历史悠久而又影响深远,素有"海藏咽喉""茶马商都""小北京"等美誉。而玉树结古镇也是一个借助唐蕃古道兴起的民族贸易城镇,直到近代,这座草原古城仍是青、藏、川之间民族贸易的汇集之地。

第二节　文化线路视角下的唐蕃古道青海段

作为一种区别于其他世界文化遗产的新类型,文化线路是一个具有多功能、多层次的时空复合性的遗产概念,集中反映了文化的动态传播过程,使交融的文化影响得以流动,是当前世界文化遗产保护理论研究中的热点。唐蕃古道是唐与吐蕃间经济、政治、文化交流的通道,对历史上的汉藏关系发展乃至中国西北地区的民族及文化交流融合进程有着巨大的影响。唐蕃古道是我国一项重要的大型线性文化遗产,在此,基于文化线路相关理论,初步分析唐蕃古道青海段的整体文化特征与价值特性。

一　文化线路的概念及认定要素

文化线路是 20 世纪 90 年代以来世界文化遗产体系中出现的新概念、新理论,与世界文化遗产保护的整体化、动态化趋势密不可分。自从 1993 年圣地亚哥·德·孔波斯特拉朝圣之路西班牙段被列为世界遗产以来,文化线路作为遗产类型的理念开始形成。此后,经过以国际古迹遗址理事会文化线路科学委员会(CIIC)为代表的机构和专家们的努力实践与探索,文化线路从最初的交通线路进而演化成为文化交流融合的通道,最终演变成一个具有多功能、多层次的时空复合性的遗产概念,是出现时间晚、内容复杂、规模巨大的一种文化遗产类型。2008 年 10 月,在加拿大魁北克举行的国际古迹遗址理事会(ICOMOS)第 16 届年会上通过的《国际古迹遗址理事会(ICOMOS)文化线路宪章》中,对文化线路给出了较为明确的定义,即:

> 无论是陆地上、海上或其他形式的交流线路,只要是有明确界限,有自己独特的动态和历史功能,服务的目标特殊、确定,并且满足以下条件的线路可称为文化线路:

A）必须来自并反映人类的互动，和跨越较长历史时期的民族、国家、地区或大陆间的多维、持续、互惠的货物、思想、知识和价值的交流；

B）必须在时空上促进涉及的所有文化间的交流互惠，并反映在其物质和非物质遗产中；

C）必须将相关联的历史关系与文化遗产有机融入一个动态系统中。①

作为世界文化遗产的一种新类型，文化线路的涵盖范围、内容远远超过了以往的文化遗产项目，体现出了人类对文化遗产突出价值取向的变化，由对美学价值的关注转为重视遗产的历史价值、文化价值，甚至情感价值，其内容的丰富性决定了价值构成的多元性，使它承载了其他遗产类型无法相比的历史、文化、社会、艺术等方面的价值，进而成为最充分展示人类文明进程和文化传播的窗口。②

此外，《国际古迹遗址理事会（ICOMOS）文化线路宪章》还提出了文化线路认定的5项要素，即"关联背景""内容""跨文化的整体意义""动态性"和"背景环境"，对文化线路的"特定指标""文化线路的类型"等做出了基本阐述。

二 唐蕃古道青海段的动态性特征

除了与文化遗产要素共同展现历史道路的实际证据，文化线路还包含一个动态要素，发挥着导线或渠道的作用，使相互的文化影响得以传递。"文化线路"的马德里共识就特别强调"文化线路"无形的精神属性和连通古今的可传承性，认为"文化线路"是动态生成与富于生机的。有国内学者认为，文化的重要流动体现了文化线路的动态性，其动态性和历史文脉已经生成或仍在继续生成相关的文化要素，既包括物质或非物质要素，也包括构成文化线路非物质遗产的精神和传统，把文化线路理解为不同民族文化交流的一系列动态要素，就能把文化遗产放在准确的空间和历史范

---

① 国际古迹遗址理事会文化线路科学委员会（CIIC）制定：《国际古迹遗址理事会（ICOMOS）文化线路宪章》，丁援译，《中国名城》2009年第5期。

② 王丽萍：《文化线路：理论演进、内容体系与研究意义》，《人文地理》2011年第5期。

畴来保护，也为文化线路的整体保护提供了可持续保护方法。① 此外，文化交换与流动使作为整体的"文化线路"成为融会有形遗产与无形遗产的"非物质形式的熔炉"，为民众的精神世界提供历史的注解和诠释。"文化线路"的无形意义在于精神观念之路、文化传播之路、制度风俗之路，文化层面的深度意义使线路更具渗透性、辐射性和长久性，诉诸器物层面和制度层面的线路由此获得深刻的文化内涵。

1. 有形文化遗产方面的文化流动性

有学者指出，文化线路中有形遗产的脆弱性，一方面使物质遗存多已破坏，或毁之无存；另一方面文化线路中宗教、手工艺、民俗、文化的传承扮演着重要角色。唐蕃古道青海段作为唐蕃古道这一文化交流通道的重要组成部分，不仅大量考古发现和文献记载记录了物质文化间的流动与交易，而且沿线地区众多的物质文化遗产也见证了文化的交流与传承。

青海贵南县境内的拉乙亥遗址，是一处旧石器时代晚期的文化遗址，出土的文化遗物中包括石制品1480件、骨制品7件、装饰品2件。石器器形有石锤、砍砸器、刮削器、斧形器、尖状器、研磨器、磨棒、磨石、石核、石片、细石器等，全部打制而成，与中国华北地区旧石器时代晚期文化遗物有许多共同处，其细石核、圆头刮削器、细石叶等与山西峙峪遗址同类器物相近，打制方法近似河套技术。这种文化发展上的渊源关系和文化传统上的继承性，是旧石器时代青海与内地之间文化流动性的典型例证。

新石器时代，青海境内的文化遗存主要是马家窑文化，截至1990年调查登记的遗址就有917处，已发掘的遗址也比较多。从目前的发掘与研究情况看，这个时期青海地区借助唐蕃古道青海段进行的跨区域文化交流已经十分明显和突出。一方面，马家窑文化以绚丽的彩陶为显著特征，与黄河流域中游的仰韶文化有着密切的文化渊源关系，可以说仰韶文化是马家窑文化的源头之一。另一方面，马家窑文化通过青藏高原东北部的交通线路对高原腹地产生了重要影响，与这些地区的古代文化之间有着十分频繁密切的文化交流互动。西藏昌都卡若遗址是一处新石器时代晚期文化遗址，遗址中出土的玉器、贝饰和粟等物品并非当地出产或最早种植，显然是通过甘青地区传播到西藏地区的，而唐蕃古道青海段无疑充当了两者之

---

① 王丽萍：《文化线路：理论演进、内容体系与研究意义》，《人文地理》2011年第5期。

间最主要的传播通道。例如：遗址中发现的粟，属于黄河流域的传统农作物，耐干旱，在南方较少种植，很有可能是从甘青地区马家窑文化传播而来的。遗址中出土的玉斧、玉装饰品等玉质制品，玉材多为硬玉类，颜色有碧绿、浅绿、白色等，都不是本地产品，很有可能是从远处交换来的。遗址中出土的一些贝饰，经鉴定所用材料均为宝贝，主要产于我国南海，在黄河流域原始文化中也常常见到用于制作装饰品，因此，这些宝贝极有可能是通过唐蕃古道青海段这一重要通道，以文化交流或物品交换形式传播至此。

唐代以来，得益于唐蕃古道的进一步发展，青藏高原与内地之间的文化交流更加频繁密切。吐蕃地区的牲畜、方物器玩、日用实物，中原地区的丝绸、茶叶、书籍等物品，以各种方式通过唐蕃古道的道路网络源源不断地输送到对方，促进了双方的经济社会发展。唐朝以丝绸为代表的纺织品，在吐蕃成为人们非常看重的消费品，在吐蕃境内出现了专门经营丝绸的吐蕃商人，出现了贩运丝绸等纺织品的商道。吐蕃逻些城出现了专门经营丝绸的市场，甚至有克什米尔商人在这里从事转口贸易。[1] 吐蕃与内地的丝绸贸易，以唐蕃官方往来所依托的唐蕃古道为主。茶叶也是唐蕃古道贸易中的主要物品，据《唐国史补》记载："常鲁公使西蕃，烹茶帐中，赞普问曰：'此为何物？'鲁公曰：'涤烦疗渴，所谓茶也。'赞普曰：'我此亦有。'遂命出之，以指曰：'此寿州者，此舒州者，此顾渚者，此蕲门者，此昌明者，此㳽湖者。'"[2] 赞普虽不识茶，却收集了许多名茶，这些茶叶部分也是通过唐蕃古道运送到吐蕃的。目前西藏地方普遍种植的芜菁，据藏文文献《西藏王统记》记载，最早是由文成公主传入的。

清代，地处农牧区接合部的丹噶尔城，由于"路通西藏、逼近青海"的优越条件，成为汉、土、蒙古、回民及远近番人交易之所，青海、西藏番货云集，内地各省商客辐辏，民族贸易十分兴盛。据《丹噶尔厅志》记载，由西藏运抵丹噶尔的藏货，"每年由西藏商上差噶尔琫运至丹邑，共约千余包。其中氆氇居十之五，藏香居其二，藏经居其一，其余为枣、

---

[1] （元）萨迦·索南坚赞：《王统世系明鉴》，陈庆英、仁庆扎西译注，辽宁人民出版社1985年版，第203页。

[2] （唐）李肇：《唐国史补》卷下，浙江古籍出版社1986年版，第363页。

杏、花茜、红花及各种药材居其二"①。而由玉树土司地方驮运至丹噶尔的玉树番货，主要有牛皮、羔皮、野牲皮、毛褐、厥麻、茜草等。民国时期，丹噶尔商界出现大批进藏经商的"藏客"，藏客进藏时，采办的主要商品是丹地陈醋、威远烧酒、陕西红枣、柿饼及景德镇龙碗等，返回时运回氆氇、藏香、经卷、金线、水獭皮、藏红花等民族用品。

2. 无形文化遗产方面的文化流动性

活跃的文化流动不仅以物质或有形的遗产得以体现，还有构成文化线路非物质遗产的精神和传统。那些在创造有形文化遗产背后潜在的思想观念、宗教信仰、审美意趣以及生产技艺、工艺技能等，则可能通过人们世代相传。

早在石器时代，青藏高原与中原地区之间的石器、陶器加工技艺，便借助古代交通线路有着密切的联系与交流。据学者研究，青藏高原北部地区（包括青海地区）细石器的工艺技术和器形与华北非几何形细石器传统是一脉相承的。青海拉乙亥和达玉台两处细石器遗址在传播学上有着重大意义，它将高原腹地申扎、双湖的细石器与华北细石器联系在一起，从时、空两个方面清楚地表明二者之间的传播关系。② 20 世纪 50 年代，在西藏定日县苏热，申扎县多格则、珠洛勒，阿里日土县扎布，普兰县霍尔区等地发现了一批包括刮削器、尖状器在内的旧石器时代的文化遗物。这些石器质料多为角岩，石片厚大，不与细石器共存，虽表现出鲜明的地方特点，但也与甘肃、宁夏、内蒙古、河南、江苏、广西等地的旧石器有着相同的工艺传统，应属于同一个文化体系。在西藏昌都卡若文化遗址的打制石器中，盘状敲砸器见于甘肃四坝滩、永靖大河庄和酒泉下河青马厂类型遗址，切割器见于兰州附近的罗汉堂、齐家坪等马家窑文化遗址。而且早期的圆形和方形半地穴房屋、处理过的红烧土墙壁和居住面则属于甘肃、青海等地马家窑文化传统和居住形式。与此同时，西藏高原分布广泛的古代岩画，在内容和形式上都与中国北方草原地带岩画最为接近，尤其与新疆、青海等地岩画在艺术风格、题材上颇具共性。有研究者指出，"西藏、

---

① 杨治平编纂，何平顺、周家庆、陈国璧标注：《丹噶尔厅志》卷五"商务出产类"，见青海省民委少数民族古籍整理规划办公室编《青海地方旧志五种》，青海人民出版社 1989 年版，第 279 页。

② 汤惠生：《青藏高原古代文明》，三秦出版社 2003 年版，第 12—13 页。

青海岩画中所具有的某些北方岩画因素，正是通过高原东北通道及青海地区与北方游牧文化发生交流的结果"①。这种文化上的联系与交流，自然是通过唐蕃古道等交通线路来进行的，作为古道的一部分，唐蕃古道青海段发挥了重要作用。

隋唐以来，随着唐蕃古道逐步发展和定型，唐蕃之间经由唐蕃古道开展的无形文化遗产方面的交流与互动就更加频繁与密集。吐蕃的手工艺很大一部分是唐蕃联姻及文成公主入蕃后，在汉族工匠的直接帮助下建立起来的，如酿酒、造纸、冶金、农具制造、建筑、制陶、缫丝、安装碾硙等手工业，是以松赞干布时唐朝派去吐蕃的工匠为主，培养了一批吐蕃工匠，并由广大藏族人民继承发展起来的。文成公主和她的侍女曾帮助吐蕃妇女改进纺织技术，特别是在染色和图案设计方面提供了改进意见。在历法方面，吐蕃用十二地支纪年，后来配以五行，再区别阴阳，如阳水龙年、阴木兔年，基本上学习借鉴了汉族地区以天干和地支配合的纪年方法。在内地文化传入吐蕃的同时，吐蕃的马球活动传入唐朝宫廷并十分盛行。唐朝宫廷妇女在面部化妆时表示日月形象的"膏意"、耳上的饰物"耳坠"，以及西北一带汉人居住的平顶房、青布制作的"拂庐"（大帐房）等，都是受吐蕃文化熏染的结果。

此外，唐蕃间借助古道进行的宗教传播与交流，使唐蕃之间的文化交流更加紧密。吐蕃最早的佛像，传说是文成公主"以车载运至吐蕃"②的释迦牟尼佛像。建中二年（781年）三月，"初吐蕃遣使求沙门之善讲者，至时遣良琇、文素，一人行，二岁一更之"③。后来，赤松德赞"于五天竺国请婆罗门僧等三十人，于大唐国请汉僧大禅师摩诃衍那等三人，同会净域，互说真宗"④。838年，达磨执行禁佛政策，佛教受到摧残。9世纪中期至10世纪后半期，在青海高僧贡巴饶赛等人的努力下，佛教自青海东部地区传播至西藏地区，史称"下路弘传"。

---

① 西藏自治区交通厅、西藏社会科学院：《西藏古近代交通史》，人民交通出版社2001年版，第38—39页。

② （元）萨迦·索南坚赞：《王统世系明鉴》，陈庆英、仁庆扎西译注，辽宁人民出版社1985年版。

③ （宋）王钦若、杨亿、孙奭等编：《册府元龟》卷980，中华书局1985年影印本。

④ （唐）王锡：《顿悟大乘正理决》，参见张曼涛主编《汉藏佛教关系研究》（《现代佛教学术丛刊》79），（台湾）大乘文化出版社1979年版，第333—334页。

3. 在空间和时间维度方面的动态性

唐代以后，随着政治局势和经济贸易活动的不断变化，唐蕃古道青海段在空间维度上也不断发生着变化。元代，青藏高原全部纳入中央王朝的建制，元朝在设置机构、清查户口、征收赋税，十分重视驿站的建设，在平西王府附近至萨迦间设置大驿站27个，其中在朵思麻地区设置大站7个。同时，根据需要开辟了经柴达木进藏的驿道，走向比唐蕃驿道西移，成为元代入藏的一条重要驿道。明代，为使入藏驿道畅通，积极支持地方僧俗首领恢复驿站，西宁经河源的入藏驿道逐渐恢复。同时，元代经柴达木的驿道也仍在继续使用。清代，经青海地区入藏的道路，既有对前代驿道的沿袭，又有新的开拓。顺治九年（1652年），五世达赖去北京朝觐及返回时的道路，大致是由拉萨经热振、当雄、那曲，出郭由拉山口进入青海西南，后渡当曲，在七渡口渡过通天河，于扎陵湖、鄂陵湖之间渡过黄河，经托索湖南、温泉到大河坝，经切吉、青海湖南山、江西沟、倒淌河、日月山至西宁，在原有唐蕃道的基础上有所变化。直至清末，官方人员入藏，多走青海道，为清代的官道和主道。今天，唐蕃古道青海段完好的线路形式多已不存，然而沿线现存汉、回、蒙古、藏等多民族的生活与文化迥然有异，衣食住行、生老病死、农耕游牧、土风俚俗、民间艺术各具特色。至今，在古道经过的许多地方，仍然矗立着唐以来所建筑的城镇、村舍和古寺，遗留着人们世代创造的灿烂的文化遗存，传颂着数不清的反映汉藏人民友好往来的动人佳话。即使清晰的线路形式模糊了，然而当我们溯及精神文化层面的结构性关联，"文化线路"的存在价值于无形中复生。

此外，唐蕃古道青海段虽然是唐代内地与青藏高原地区间政治、经济、文化交往的重要通道，但从更长的时间维度来看，唐蕃古道青海段是一条从史前时期已初具雏形，秦汉时得以开拓发展，魏晋南北朝和隋唐时空前兴盛，宋元时复兴，明清时仍在局部使用，至今仍在延续发展、发挥着重要作用的交通线路。唐蕃古道青海段并非一日间突然形成，而是在唐代以前已经基本成型。从地理因素看，青藏地区由于地处高原，境内地势高峻，河流众多，交通运输受其制约，具有鲜明的高原特点，路线走向既须沿着水草丰茂的地区通过，以解决路途的水草与给养补给需求，也有较为固定的隘口、古渡，扼天险而控制交通，所以这一地区的交通道路一经开通，道路走向就具有一定的稳定性和连续性，一般不会发生太大的变化。早在旧石器时代晚期和新石器时代，青海地区与周边甘肃、西藏地区考古文化之间紧密联系，说明内地经今青海省进入今西藏地区的交通道路就早已存在。秦汉时期，羌人活动范围的不断扩大，进一步促进了青海地区道路的开辟，也大大带动了青海与周边地区间的相互联系。魏晋南北朝时期，在吐谷浑这一区域游牧政权的积极经营下，河南道在东西方文化交流中发挥了十分重要的中介作用，也极大推动了青海地区交通网络的发展。唐代，文成公主入蕃古道名声远扬，也使古已有之的这一路段的路线进一步定型。唐代以后，唐蕃古道青海段并未被废弃，而是在之后的历史时期仍不断延伸，带来沿线的经济文化繁荣。中华人民共和国成立后，陆续修建的以青藏公路、青藏铁路为代表的交通网络，既是在以往道路基础上建成的，也是以道路为依托的文化传播与交流在时间上的延续与发展。时至今日，古道沿途的山川河流、佛殿庙宇、古城集市，无不留下几千年来内地与青藏地区乃至南亚经济文化交流中的人物、故事、诗歌和传说，成为流动的、动态的文化系统。纵观唐蕃古道青海段开发以来的各时期、各阶段，文化的动态发展已成为一种永恒，是唐蕃古道青海段最为鲜明的共时性特征。

三 唐蕃古道青海段的整体文化价值

《国际古迹遗址理事会（ICOMOS）文化线路宪章》指出，"在尊重每个独立要素固有价值的同时，文化线路指出并强调要将每个独立存在的文化遗产作为一个整体组成部分来评估其价值。这能够帮助反映当代人关于文化遗产价值作为一种持续性社会和经济发展资源的观念"[1]。唐蕃古道作为一项重要的大型线性文化遗产，在漫漫的历史长河中，既见证了汉藏两个民族的友好往来，是汉藏民族文化交融相汇的桥梁和纽带，也拓展了中国与南亚之间的民族文化交流，是一条独具特色的民族文化走廊。从整体文化价值而言，唐蕃古道青海段作为唐蕃古道最主要的组成部分，也体现和传承了如下文化价值。

首先，唐蕃古道青海段作为纽带连接了不同民族、国家、区域。作为唐蕃古道关键经往地带，唐蕃古道青海段连接了西部跨域交通发展。唐蕃

---

[1] 国际古迹遗址理事会文化线路科学委员会制定：《国际古迹遗址理事会（ICOMOS）文化线路宪章》，丁援译，《中国名城》2009 年第 5 期。

古道青海段既是唐蕃古道的必经之地，也是丝绸之路这一国际交流大通道上的重要节点，承担着不可替代的交通枢纽功能，沟通了古道沿线以部落结盟为主体结构的半定居游牧群体与中原农耕群体，为我国古代的通使、进贡、经商起到重要作用。唐蕃古道既是融会中原地区文明、青藏高原文明与南亚文明的大通道，又是汉藏两族人民友好联系的"黄金桥"，也是对外文化交流的干线之一。

其次，唐蕃古道青海段承担了传播技术、文化、思想等功能。唐蕃古道青海段连接贯通陕、甘、川、青、藏等省区，不仅是各地经济交往的通道，也是各民族文化交流和感情沟通的纽带，它的影响及作用无疑是宽领域、深层次的，除了众所周知的连通道路、人员往来、促进贸易、发展经济、传播文化等外，另有不可忽视的是，它还起到了我国各民族间交流思想、交接情感、交融血脉的特殊重要作用。

再次，唐蕃古道青海段作为各民族交往之路，助推了民族间的深度融合。唐蕃古道青海段穿越的青海高原，自古以来就是各民族活跃的舞台。自战国至清代，青海地区先后有20余个民族曾生活于这块土地上。在漫长的历史发展进程中，各民族在这块神奇的高原上生息、繁衍、迁徙、融合、发展，创造了独具特色的民族文化，而共同根植于青海高原独特人文环境和土壤的各种文化，既有各自独特的个性，也有许许多多的共性，容易相互交流和交融。在多元文化的相互冲撞和交融中，一方面每个民族都是在继承本民族历史文化传统的基础上，保持着本民族固有的特性，保持着自己独立的文化品格；另一方面又在与其他民族文化交流的过程中，不断地吸收其他民族的优秀文化，以丰富和发展自己的民族文化，形成了各个民族之间、各种民族文化之间的相互尊重、和睦相处、广容博纳与兼容并蓄的历史文化氛围，凸显出多元文化地域特色的人文内涵和精神魅力，从而维护和推进了各种文化之间的友好共存、和谐发展的历史文化主流进程。

最后，唐蕃古道青海段包含着丰富的文化多样性。《国际古迹遗址理事会（ICOMOS）文化线路宪章》指出，虽然从历史上来看文化线路形成于过去年代的和平交往或者敌对冲突，但是在今天，它们拥有的共同特质已超越其原有的功能，而为一种和平文化的生长提供了独特的环境——这是一种基于共同的历史联系，也基于对涉及的不同人群的宽容、尊重和文化多样性的理解。由于青海特殊的地理环境、区位条件、历史发展背景等，唐蕃古道青海段沿线的民族文化显示出多元化、多样性一体的地域特色，并成为中华多元文化的有机组成部分，主要表现在农牧文化共存、多种宗教文化共生、多种制度文化共举、民族风俗文化迥异等几个方面。此外，与国内已经列入《世界遗产名录》中的一些文化线路类型的文化遗产相比，唐蕃古道青海段呈现出沿途区域自然地理状况复杂多样、历史信息丰富、整体意义突出、沿线遗址遗迹密布、使用功能明确、文化多元丰富的特点，从文化遗产的角度反映了青海悠久的文明历史和丰富多彩的文化多样性，展示了中国多民族文化的交融与发展。

第三节 唐蕃古道联合申遗的思考

唐蕃古道是我国一项重要的大型线性文化遗产，拥有丰富的文化遗产资源和突出的跨文化价值，具备申请世界文化遗产的条件。但推动唐蕃古道联合申遗是一项十分艰巨的任务，目前还面临许多困难和挑战，需要沿线各省区各族人民群众同心协力、共同应对。

一 唐蕃古道联合申遗的重要意义

积极推动唐蕃古道沿线各省区联合申请世界文化遗产，不仅将为世界文化遗产宝库提供更多中国智慧，而且对于加强唐蕃古道这一著名文化遗产的保护、传承，推动社会各界深入认识唐蕃古道的历史文化价值，增强西部各民族的文化自信，提升西部各省区的文化软实力，助力西部省区的"一带一路"建设具有重要意义。

1. 有利于为世界文化遗产保护提供更多中国智慧

世界文化遗产是一项由联合国发起、联合国教育科学文化组织负责执行的国际公约建制，以保存对全世界人类都具有杰出普遍性价值的自然或文化处所为目的，是文化保护与传承的最高等级。中国自1985年12月12日加入《保护世界文化与自然遗产公约》后，于1986年即启动了世界遗产申报工作，1987年12月，长城、莫高窟、明清皇宫、秦始皇陵及兵马俑坑、周口店北京猿人遗址等被列入《世界遗产名录》，成为我国第一批世界文化遗产，实现了我国世界文化遗产地零的突破。经过30年的不懈努力，我国的世界文化遗产地不断增加。截至2018年7月，我国已有53

项世界文化和自然遗产列入《世界遗产名录》，其中世界文化遗产 36 项、世界文化与自然双重遗产 4 项、世界自然遗产 13 项，在世界遗产名录国家中排名第二位（意大利 54 项位列第一）。

当前，在世界文化遗产保护事业受到全世界人民广泛关注的同时，如何更好认识和保护世界文化遗产也成为世界关注的热点。为了实现世界遗产保护由"点"状向区域化"面"状保护的根本转变，以特定历史活动、文化事件为线索把众多遗产单体串联成具有重要历史意义的廊道遗产区加以整体保护，20 世纪 80 年代源自美国的遗产廊道理念作为文化遗产保护的新思维与新战略，正日益受到国际遗产保护界的关注和重视。遗产廊道理念为大尺度、跨时空、综合性的线形文化遗产区提供了跨区域合作整体保护的新思路，对拓展和创新我国遗产保护的传统理念与方法具有极其重要的推动作用。21 世纪初，我国遗产保护界开始引入遗产廊道思想，在理论研究和实践运用方面做出了有益的探索，但国内对遗产廊道的研究与我国众多大型线性文化遗产亟须加强保护的现实极不相称。唐蕃古道在长期的历史进程中积淀了丰厚的文化内涵，是中华民族历史文化遗产的重要组成，是我国一项重要的大型线性文化遗产，具有突出的普遍价值，具备申请世界文化遗产的条件。积极推动唐蕃古道沿线各省区建立合作机制，推动唐蕃古道联合申请世界文化遗产，可以从理论和实践层面进一步深化、细化遗产廊道的本土化研究，以期充分发挥遗产廊道思想指导我国大量线性文化遗产整体保护的实践，必将为世界文化遗产保护理论与实践贡献更多中国智慧，为在世界遗产保护舞台上讲好中国故事、发出中国声音谱写更加绚丽的篇章，为扩大世界遗产影响力、发挥公益性教育功能和增强世界遗产地可持续发展能力做出特殊贡献。

2. 有利于加强唐蕃古道文化遗产的保护与传承

改革开放以来，唐蕃古道经社会各界四十余年的研究宣传，已成为西部历史文化的重要品牌。然而，在当前全球化、城镇化和现代化加速发展的背景下，这条古道上大量珍贵的文化遗产遗迹正在迅速衰竭，古道正遭遇着重重危机：公路、铁路、航空等新型交通运输方式的普及致使唐蕃古道传统功能和原始风貌逐渐丧失，古道线路网络渐被遗弃；气象变更、自然灾害导致古道上的遗产本体饱受水患、风化等因素的侵蚀，其历史原貌和文化特征留存较少；古道沿线快速的城市化发展带来沿线居民思想观念、传统文化、生活方式、生产方式的急剧变化，致使唐蕃古道历史文化内涵受到强烈冲击，文化价值大幅下降，大量民间文化遗产由于缺乏调查和保护而逐渐消失，难以传承。此外，唐蕃古道线路漫长而分散，跨越陕、甘、青、藏四省（区），由于缺乏统筹协调的整体保护机制，古道在各省区之间被人为割裂，造成古道遗产内在的历史和文化联系性断裂，破坏了其文化的整体性。而古道线路上任何单体文化遗产的身份和地位，都难以代表整体线路对文化多样性的展示和其整体文化价值，保护任一知名遗产点也无法覆盖或替代对古道的保护，须视其为一项完整遗产进行整体保护。探索有效展示与保护古道遗产的模式与方法，更好保护传承唐蕃古道文化的整体性与多样性，是古道沿线各省区亟须推进的战略性文化工程，更是关乎中华民族共同文化财富和历史文明传承的重大历史责任。

面对唐蕃古道令人担忧的保护现状和亟待进行整体保护的需要，必须推动沿线各省区达成共识、形成合力，积极协调推进联合申遗工作，通过引入国际先进理念使文化遗产地保护和管理与国际接轨，进一步优化对这一大型线性文化遗产的保护传承，通过申遗促保护、促传承，为我国跨区域线性文化遗产的保护传承提供重要范例。

3. 有利于提升沿线各省区的文化软实力

唐蕃古道联合申遗，将有利于提升沿线各省区的文化软实力，这主要体现在以下两个方面。

一是申遗有助于将唐蕃古道打造成为全国具有竞争力的文化遗产廊道区，从而在更高层面整体提升西部各省区的文化软实力。唐蕃古道历经1000多年的发展，沿线分布着异常丰富的历史文化遗产资源，目前古道所经的陕西、甘肃、青海、西藏四省区，成功列入世界文化遗产名录的仅有西藏布达拉宫（大昭寺、罗布林卡）、甘肃敦煌莫高窟、陕西秦始皇陵及兵马俑、"丝绸之路：长安—天山廊道的路网"，虽对提升各省区文化软实力有一定的带动作用，但各遗产地大多处于点状保护和分别开发的状况，缺乏一个能把古道沿线众多遗产单体串联成具有重要历史意义的廊道遗产区，进而将沿线重要遗产地和各类历史文化遗产串联起来。唐蕃古道联合申遗，既能把沿线众多遗产单体串联成一个具有深厚文化背景的文化遗产廊道区，又能在已有的几个世界文化遗产地间形成呼应之势，进一步提升各省区文化遗产地的文化知名度，继而在更宽广的文化视野下、更高层次的文化品牌平台上，大幅度提升沿线各省区的文化软实力。

二是申遗有助于增强沿线各省区人民的文化自信和文化认同。文化遗产是创造力与想象力的结晶，更是民族和社会向心力的源泉之一。对文化遗产精神价值的深度开掘，有助于唤醒共同文化记忆，增强身份认同，提升中华民族的凝聚力和中华文明的感召力。从更高维度看，对世界文化遗产的珍视，是一份深沉的文化觉醒与文化自信。一个对遗产心存敬畏、对文化充满自信、在传承中不竭创新的民族或地区，必将为推动文明交流互鉴、人类社会永续发展作出更大贡献。历史上，唐蕃古道不仅是一条承载民族文化交流、科技文化传播的文化运河，更是一条促进民族团结进步、加快开放发展的繁荣之路。推动唐蕃古道联合申遗，必将唤醒沿线各省区各族人民的共同文化记忆，增强文化认同和文化自信，为各省区经济社会发展提供坚实的精神文化保障。

4. 有利于推动沿线各省区文旅产业发展

从国内来看，自从 1987 年我国首批文化遗产入选《世界遗产名录》以来，世界遗产数量的不断增加，为促进我国文化和旅游形象不断推新、产品不断丰富、文化和旅游产业发展走向均衡、国际影响力不断增强等提供了重要动力。绝大多数世界遗产地也成为各地扩大开放、加强地方品牌建设、推动文化和旅游业发展并带动当地经济社会全面发展的重要资源，不断造就了一批新的旅游目的地。可以说，中国文化和旅游业的发展见证和分享了世界遗产不断增加的每一次喜悦和红利，而文化和旅游业的发展也为扩大世界遗产影响力、发挥公益性教育功能和增强世界遗产地可持续发展能力等作出了突出贡献。从国外来看，无论是发达国家中的法国、西班牙和意大利，还是发展中国家中的埃及，多姿多彩的世界遗产都是吸引游客的重要旅游资源。世界遗产地的旅游业已经成为经济欠发达地区发展经济的重要组成部分之一。通过世界遗产地旅游业的发展，可以促进和带动相关产业的发展，促进区域经济协调发展。遗产旅游在旅游业中发挥着越来越重要的基础性作用，特别是随着旅游资源开发从自然景观的原始展示向文化资源的深度发掘转变，各种文化遗产的艺术特色和文化内涵的深层开发已经成为旅游业生命力的源泉及其可持续发展的基础。申遗成功不仅将使原来的旅游热点更热，也会使原来的非热点成为游客关注的中心。

唐蕃古道作为跨越多省区的一处大型线性文化遗产，沿线众多知名的文化遗址，像一颗颗璀璨的明珠镶嵌在西部大地上，向人们展示着西部地区悠久的历史文化和灿烂的文明。积极推动唐蕃古道联合申遗，对于促进各省区文化旅游业发展乃至带动整个经济发展都有不可替代的积极作用。首先，申遗过程和申遗成功都是展示形象和宣传促销的良机，有利于提高沿线各省区文化旅游的品牌档次，丰富西部旅游内涵，扩展旅游外延，做大做强旅游产业。其次，世界遗产景区是国内外大型旅行社的重要客源市场，申遗成功后，有利于吸引国内发达地区和国外游客以团队形式来文化遗产地旅游，改变客源结构单一的局面，开拓更为广阔的旅游客源市场。再次，通过联合申遗，必将促使国家及沿线各省区投入更多的资金充分保护、利用好这些文化遗产和文化资源，推动沿线各省区引入国际先进理念，使文化遗产地保护和管理与国际接轨，发展更加科学化、和谐化、持续化。

5. 有利于沿线省区深度融入"一带一路"大战略

历史上，唐蕃古道作为中国对外交流的重要通道之一，曾在增进中国与印度、尼泊尔等国的经济文化交流中发挥了积极作用，是古代中国和印度、尼泊尔等国家联系的桥梁，被誉为连通我国西南友好邻邦的"黄金路""丝绸南路"。唐蕃古道联合申遗，可以借助这一文化交流合作项目，继续发挥这一文化大通道的作用，增强西部各省区对外开放的水平，促进中国与印度、尼泊尔之间的文化交流，加强我国与南亚国家的友好关系。此外，唐蕃古道联合申遗与"一带一路"的国家战略相吻合，对于推动西部省区"一带一路"建设具有重要的价值和意义。

二 唐蕃古道联合申遗面临的挑战

目前，国家有关部门和唐蕃古道沿线省区围绕联合申遗开展了一些前期宣传和调查研究工作，产生了积极反响，但推进联合申遗任重道远，仍面临许多困难和严峻挑战。

1. 社会关注度有待提高

唐蕃古道被誉为中国古代三大通道之一、中国七大奇迹之一，是西部地区关注度和知名度较高的大型线性文化遗产之一。我国著名景观设计学学者俞孔坚、奚雪松、李迪华等通过将文献研究与专家问卷德尔斐法相结合，判别出了19个线性文化遗产提名，唐蕃古道位列丝绸之路、大运河、长城、茶马古道、古蜀道之后，排名第六，表明其在专家层面获得很高认同。但唐蕃古道的社会关注度与其文化遗产地位不相匹配，除与唐蕃古道有关联的省区外，国内其他省份和国外对唐蕃古道的了解和关注相对较少，亟待进一步加强。

2. 基础性调查研究十分薄弱

改革开放以来，部分研究机构和学者虽对唐蕃古道的线路等开展过相关研究，但对古道文化内涵及整体文化价值的研究基本处于空白。近几年，随着线性文化遗产成为世界遗产申报热点，唐蕃古道又重新引起了有关部门和学者们的关注，但目前相关的基础性调查研究仍十分薄弱，亟待加强。譬如：古道的系统性考古调查刚刚起步，其路线网络甚至史书记载的有些线路和驿站还没有落地；古道沿线大量非物质文化遗产的梳理与挖掘基本处于空白，至今仍未摸清古道沿线的文化遗产家底；对古道沿线遗迹及族群间的文化联系研究较少，古道的整体文化内涵与文化交流史价值远没有拓展出来。

3. 协调与合作亟须加强

唐蕃古道绵延三千多公里，其路线及影响不仅覆盖国内多个省区，还波及南亚尼泊尔、印度等国家。加强沿线各省区间的协调与合作，特别是加强中国与南亚国家的沟通协作，是推动唐蕃古道申遗成功的关键所在。目前，中国与尼泊尔、印度间的协调与合作没有取得实质性进展，国家文物局主导下的丝绸之路南亚廊道申遗前期准备工作虽已展开，但尚处于各省区分头推进阶段，由于缺乏统筹协调机制，古道在不同行政区域间被人为割裂，造成古道内在的历史和文化联系性断裂，破坏了其文化价值的整体性。因此，进一步加强协调与合作，实现资源共享，是申遗过程中亟须解决的迫切问题。

4. 保护与管理现状堪忧

文化线路申遗强调其整体文化价值，对保护和管理有更高的要求。唐蕃古道线路分布于多个省区，其保存、保护和开发现状堪忧。例如：沿线各省区尚未制定古道的保护规划和申遗整体规划；古道途经地区多是经济欠发达地区，许多地方是人迹罕至之地，不仅交通、住宿等相关配套设施建设有待进一步完善，而且许多遗迹遗产没有得到有效保护，一些遗迹甚至在城镇化建设中遭到破坏；沿线各省区对文化线路概念、意义和作用以及申遗的标准和要求认识不深，申报策略与技术体系不完善、不成熟。

三 推进唐蕃古道联合申遗的对策思考

目前，推进唐蕃古道沿线各省区联合申遗正当其时，应按照文化线路类文化遗产的评选标准、认定要素和《实施"世界遗产公约"操作指南》的规定，积极做好前期基础性工作。

1. 组织科学系统的前期调查

"真实性"与"完整性"是申报世界文化遗产的重要标准。唐蕃古道申遗要达到这两个标准，就必须从系统科学的调查研究工作做起。一是开展自然与地理环境的综合调查。根据《国际古迹遗址理事会（ICOMOS）文化线路宪章》关于文化线路认定要素中"关联背景"和"背景环境"要素的要求，组织地理环境研究方面的专家学者，采用多学科的技术手段，对沿线的自然地理、历史地理、环境变迁等进行科学的调查研究，梳理文化线路与周围环境的互动关系，展示多元的自然与地理环境背景。二是开展有针对性的考古调查。在以往考古普查工作的基础上，对见证了古道沿线族群交流与对话过程、对复原文化线路有重要节点意义的驿站、要塞、桥梁、墓葬等遗迹，进行全方位、多学科、多层次的考古调查与发掘，既为申遗选点做准备，也为申遗提供坚实的物质元素支持与证明。三是开展非物质文化遗存的调查。通过不同渠道立项唐蕃古道非物质文化遗产调查研究项目，鼓励社会各界对古道沿线的表演艺术、社会风俗、礼仪、节庆、传统的手工艺技能、传统美术书法等非物质文化遗产进行系统调查与梳理，摸清古道沿线丰厚的文化遗产家底，为唐蕃古道文化线路整体文化价值的挖掘与论述提供基础资料。

2. 开展有针对性的基础研究

目前，关于唐蕃古道的基础研究，应根据《国际古迹遗址理事会（ICOMOS）文化线路宪章》提出的文化线路认定要素，重点从以下几个维度展开：一是唐蕃古道"跨文化的整体意义"的挖掘与阐释。运用多学科的研究理论与方法，对唐蕃古道在人类迁徙和与之相伴的民族、国家、地区间商品、思想、知识和价值观等多维度的持续交流进行发掘、整理与研究，阐释其"跨文化的整体意义"，充分展示其在人类文明进程和文化传播窗口中的特殊意义。二是唐蕃古道"动态性"特性的梳理与展示。文化线路是一系列人们之间文化交流的动态要素的集合，要通过多学科综合性的研究与探讨，将唐蕃古道的文化流动以多种形式展示出来，将相关的历史联系和文化遗产整合为统一的动态系统，有利于文化线路的综合和可持续的保护。目前，应重点对汉藏与中西之间的文化交流史进行深入系统的研究，建构起唐蕃古道的文化交流史，以及中国西北的宗教传播史和民族迁徙史的基本框架。三是唐蕃古道相关文学作品和民俗文化的研究与讨论。在唐蕃古道千余年的发展过程中，在沿线产生了大量的诗歌传统、民间传说和信仰习俗并流传至今，在对其进行深入研究的基础上，揭示古道沿线民族、国家、地区间思想、知识和价值观等的持续交流，相关文化相互滋养的历史进程。

3. 加强遗产的保护管理力度

随着世界遗产委员会对申报遗产项目的保护管理水平的日益强调与关注，申报项目的保护管理状态对申遗能否成功的影响越来越大。针对唐蕃古道沿线文化线路遗产保护现状，应从以下方面不断提升保护管理水平：一是及时制定科学合理的保护规划。应在国家和地方相关文物保护管理制度的框架内，按照《世界文化和自然遗产公约》的相关要求，制定详细的保护规划、制度措施等，为加强古道沿线各类文化的保护管理和可持续发展提供制度保障。二是不断充实保护管理力量。在依托现有省、州、县文物保护管理机构和人员的基础上，不断增加机构编制，强化人员配置。同时，打破部门行业观念，充分动员和利用文化部门及相关部门的文化保护与研究力量，积极参与到文化遗产保护管理中来。三是有效提升相关人员的业务素质与能力。加强对各级文化遗产管理人员的培训，不断深化对文化遗产、文化线路等相关概念理论的认识，正确理解和科学把握文化线路申遗的相关原则与要素，有效提升业务素质与能力。

4. 提升社会关注度和认知度

针对唐蕃古道社会关注度和知名度不高的现状，需要不断加强宣传推广，广泛吸引社会各界的参与，不断提升关注度和认知度。一是加大对唐蕃古道这一线性文化遗产资源的宣传。通过出版、新闻、媒体、网络等多种途径，多角度宣传推广唐蕃古道。通过制作唐蕃古道宣传片、纪录片、专题片，推广以唐蕃古道为题材的戏剧、歌舞、影视剧和小说等文艺精品，用民众喜闻乐见的方式宣传唐蕃古道。加大唐蕃古道文物展示力度，在唐蕃古道沿线地区展出，向各民族民众宣传唐蕃古道历史文化。建立唐蕃古道学术资源网络，在全方位展示与唐蕃古道相关的物质与非物质元素的同时，及时发布各方面调查研究成果。二是加强各部门间的交流协作。进一步加强沿线各省区文化和旅游局、社科院、高校之间的交流与协作，充分发挥各部门的专业优势，形成宣传推广的共识与合力，共同推进唐蕃古道的文化宣传工作。三是积极引导公众参与。在申遗过程中更加重视和积极引导社会公众参与，使社会公众成为文化线路遗产价值传播、延续的媒介，使古道的遗产价值获得更广泛的理解和认知。同时，通过社会公众的积极参与，使其成为古道遗产保护的重要参与力量。

参考文献

一 史志资料

（上古）元阳真人：《山海经》，云南科技出版社1994年版。

（汉）班固撰：《汉书》，中华书局1962年版。

（汉）司马迁：《史记》，中华书局1982年版。

（北齐）魏收撰：《魏书》，中华书局1974年版。

（梁）沈约撰：《宋书》，中华书局1974年版。

（梁）萧子显撰：《南齐书》，中华书局1972年版。

（后晋）刘昫等撰：《旧唐书》，中华书局1975年版。

（唐）杜佑撰：《通典》，中华书局1988年版。

（唐）房玄龄等撰：《晋书》，中华书局1974年版。

（唐）李百药撰：《北齐书》，中华书局1972年版。

（唐）李延寿撰：《北史》，中华书局1974年版。

（唐）李延寿撰：《南史》，中华书局1975年版。

（唐）李肇撰：《唐国史补》，上海古籍出版社1979年版。

（唐）令狐德棻等撰：《周书》，中华书局1971年版。

（唐）魏征等撰：《隋书》，中华书局1973年版。

（唐）姚思廉撰：《梁书》，中华书局1973年版。

（宋）范晔撰：《后汉书》，中华书局1962年版。

（宋）欧阳修、宋祁撰：《新唐书》，中华书局1975年版。

（宋）司马光等撰：《资治通鉴》，中华书局1956年版。

（宋）王钦若、杨亿、孙奭等编：《册府元龟》，中华书局1985年影印本。

（元）萨迦·索南坚赞：《王统世系明鉴》，陈庆英、仁庆扎西译注，辽宁人民出版社1985年版。

（元）脱脱等撰：《金史》，中华书局1975年版。

（元）脱脱等撰：《宋史》，中华书局1977年版。

（明）刘敏宽、龙膺纂修，王继光辑注：《西宁卫志》，青海人民出版社1993年版。

（明）宋濂等撰：《元史》，中华书局1976年版。

《明实录》，台湾商务印书馆1962年影印本。

（清）邓承伟修，张价卿、来维礼等纂，基生兰续纂，王昱校注：《西宁府续志》，青海人民出版社2016年版。

（清）龚景瀚编，崔永红校注：《循化厅志》，青海人民出版社2016年版。

（清）梁份著，赵盛世、王子贞、陈希夷校注：《秦边纪略》，青海人民出版社1987年版。

洛桑却吉尼玛：《章嘉国师若必多吉传》，陈庆英、马连龙译，民族出版社1988年版。

（清）杨应琚修纂，崔永红校注：《西宁府新志》，青海人民出版社2016年版。

（清）张廷玉等撰：《明史》，中华书局1974年版。

（清）智贡巴·贡却乎丹巴饶杰：《安多政教史》，吴均等译，青海人民出版社2017年版。

冯家昇、程溯洛、穆广文等编著：《维吾尔族史料简编》（下），民族出版社1981年版。

尕藏、蒲文成等译注：《佑宁寺志（三种）》，青海人民出版社1990年版。

化隆回族自治县地方志编纂委员会编：《化隆县志》，陕西人民出版社1994年版。

青海公路交通史志编审委员会办公室编：《青海省志·交通志（1991—2005）》，青海人民出版社2016年版。

青海省地方志编纂委员会编：《青海省志·公路交通志》，黄山书社1996年版。

青海省地方志编纂委员会编：《青海省志·民族志》，民族出版社2008年版。

青海省地方志编纂委员会编：《青海省志·唐蕃古道志》，黄山书社1996年版。

青海省地方志编纂委员会编：《青海省志·文物志》，青海人民出版社2001年版。

青海省地方志编纂委员会编：《丝绸之路青海道志》，青海民族出版社 2018 年版。

青海省民委少数民族古籍整理规划办公室编：《青海地方旧志五种》，青海人民出版社 1989 年版。

王尧辑：《敦煌本吐蕃历史文书》，民族出版社 1980 年版。

王昱、李庆涛编：《青海风土概况调查集》，青海人民出版社 1985 年版。

王昱：《青海省志·建置沿革志》，青海人民出版社 2001 年版。

王昱主编：《青海方志资料类编》（上、下），青海人民出版社 1987 年、1988 年版。

杨建新主编：《古西行记选注》，宁夏人民出版社 1987 年版。

张维：《陇右方志录》，大北书局 1934 年版。

赵尔巽等撰：《清史稿》，中华书局 1976 年版。

中国第一历史档案馆编：《雍正朝汉文朱批奏折汇编》，江苏古籍出版社 1989 年版。

周伟洲编：《吐谷浑资料辑录》，青海人民出版社 1992 年版。

周希武编著，吴均校释：《玉树调查记》，青海人民出版社 1986 年版。

［意］马可·波罗著，［法］沙海昂注：《马可·波罗行纪》，冯承钧译，中华书局 2004 年版。

二 著作

白文固、杜常顺、丁柏峰、白雪梅：《明清民国时期甘青藏传佛教寺院与地方社会》，青海人民出版社 2009 年版。

毕艳君、崔永红：《古道驿传》，青海人民出版社 2007 年版。

陈秉渊：《马步芳家族统治青海四十年》，青海人民出版社 1986 年版。

陈良伟：《丝绸之路河南道》，中国社会科学出版社 2002 年版。

陈庆英、高淑芬主编：《西藏通史》，中州古籍出版社 2003 年版。

陈玮主编：《中国改革开放全景录·青海卷》，青海人民出版社 2018 年版。

陈小平：《唐蕃古道》，三秦出版社 1989 年版。

崔永红、张得祖、杜常顺主编：《青海通史》，青海人民出版社 1999 年版。

崔永红主编：《青海史话》，青海人民出版社 2005 年版。

崔永红主编：《文成公主与唐蕃古道》，青海人民出版社 2017 年版。

崔永红：《青海经济史（古代卷）》，青海人民出版社 1998 年版。

［法］勒尼·格鲁塞：《草原帝国》，魏英邦译，青海人民出版社1991年版。

范文澜：《中国通史》（第四册），人民出版社1965年版。

高士荣：《西北土司制度研究》，民族出版社1999年版。

格桑本、陈洪海主编：《宗日遗址文物精粹论述选集》，四川科学技术出版社1999年版。

韩儒林主编：《元朝史》（上、下），人民出版社2008年版。

郝时远、任一飞主编：《中国少数民族现状与发展调查研究丛书·互助县土族卷》，民族出版社2006年版。

黄奋生编著：《藏族史略》，民族出版社1985年版。

喇秉德、马小琴：《青海回族简史》，青海人民出版社2014年版。

黎宗华、李延恺：《安多藏族史略》，青海民族出版社1997年版。

李健胜主编：《丝绸之路青海道丛书》，青海人民出版社2017年版。

李智信主编：《青海文化丛书·考古卷》，青海人民出版社2019年版。

李智信：《青海古城考辨》，西北大学出版社1995年版。

卢耀光：《唐蕃古道考察记》，陕西旅游出版社1989年版。

吕建福：《土族史》，中国社会科学出版社2002年版。

马长寿：《氐与羌》，广西师范大学出版社2006年版。

马成俊主编：《神秘的热贡艺术》，文化艺术出版社2003年版。

马通：《中国伊斯兰教派与门宦制度史略》，宁夏人民出版社1983年版。

米海萍等：《青藏地区民族民间文学研究》，中国社会科学出版社2014年版。

米海萍：《民族迁徙》，青海人民出版社2005年版。

芈一之、张科：《青海蒙古族简史》，青海人民出版社2014年版。

芈一之、张科：《青海撒拉族简史》，青海人民出版社2014年版。

芈一之主编：《青海蒙古族历史简编》，青海人民出版社1993年版。

芈一之：《撒拉族史》，四川民族出版社2004年版。

穆赤·云登嘉措主编：《青海少数民族》，青海人民出版社1995年版。

欧华国主编：《中国公路交通史丛书·青海公路交通史》，人民出版社1989年版。

彭启胜主编：《青海寺庙塔窟》，青海人民出版社1998年版。

蒲文成：《甘青藏传佛教寺院》，青海人民出版社1990年版。

蒲文成：《青海佛教史》，青海人民出版社2001年版。

青海公路交通史编委会编：《青海公路交通史》（第一册），人民交通出版社1989年版。

青海省编辑组：《青海藏族蒙古族社会历史调查》，青海人民出版社1985年版。

青海省编辑组：《青海回族撒拉族哈萨克族社会历史调查》，青海人民出版社1985年版。

青海省编辑组：《青海土族社会历史调查》，青海人民出版社1985年版。

青海省社会科学院藏学研究所编：《中国藏族部落》，中国藏学出版社1991年版。

青海省文物管理处考古队、中国社会科学院考古研究所：《青海柳湾》，文物出版社1984年版。

青海省文物考古研究所：《上孙家寨汉晋墓》，文物出版社1993年版。

青海省志编纂委员会：《青海历史纪要》，青海人民出版社1987年版。

冉光荣、李绍明、周锡银：《羌族史》，四川民族出版社1984年版。

任晓燕主编：《再现文明——青海省基本建设考古重要发现》，文物出版社2013年版。

《撒拉族简史》编写组编：《撒拉族简史》，青海人民出版社1982年版。

汤惠生：《青藏高原古代文明》，三秦出版社2003年版。

童永生、刘秉德主编：《青海丝路》，青海人民出版社2004年版。

《土族简史》编写组：《土族简史》，青海人民出版社1982年版。

王辅仁、陈庆英编著：《蒙藏民族关系史略》，中国社会科学出版社1985年版。

王敬斋主编：《岩石上的历史画卷——青海海西岩画》，中国民族摄影艺术出版社2012年版。

王森：《西藏佛教发展史略》，中国社会科学出版社1987年版。

王昱主编：《青海简史》（修订版），青海人民出版社2013年版。

王昱主编：《青海历史文化与旅游开发》，青海人民出版社2008年版。

西藏自治区交通厅、西藏社会科学院：《西藏古近代交通史》，人民交通出版社2001年版。

先巴：《青海藏族简史》，青海人民出版社2014年版。

辛峰主编：《海西州第三次全国文物普查资料精选》，中国民族摄影艺术出版社2013年版。

许新国：《西陲之地与东西方文明》，北京燕山出版社 2006 年版。
杨建新主编：《古西行纪》，宁夏人民出版社 1987 年版。
杨建新：《中国西北少数民族史》，民族出版社 2003 年版。
翟松天：《青海经济史（近代卷）》，青海人民出版社 1998 年版。
张生寅、杜常顺：《青海历史》，民族出版社 2014 年版。
赵生琛、谢瑞琚、赵信：《青海古代文化》，青海人民出版社 1986 年版。
赵宗福选注：《历代咏青诗选》，青海人民出版社 1986 年版。
赵宗福：《青海历史人物传》，青海人民出版社 2002 年版。
中国社会科学院考古研究所编：《昌都卡若》，文物出版社 1985 年版。
周伟洲：《南凉与西秦》，广西师范大学出版社 2006 年版。
周伟洲：《唐代党项》，广西师范大学出版社 2006 年版。
周伟洲：《唐代党项》，三秦出版社 1988 年版。
周伟洲：《吐谷浑史》，广西师范大学出版社 2006 年版。
周新会：《青海藏族牧业区封建领主经济研究》，陕西人民教育出版社 1993 年版。
祝启源：《唃厮啰——宋代藏族政权》，青海人民出版社 1988 年版。

三　论文

阿朝东：《从历史文物看青海地区多元文化的形成及发展》，《青海民族研究》2005 年第 3 期。
陈洪海、格桑本、李国林：《试论宗日遗址的文化性质》，《考古》1998 年第 5 期。
顾颉刚：《从古籍中探索我国的西部民族——西羌》，《社会科学战线》1980 年第 1 期。
国际古迹遗址理事会文化线路科学委员会制定：《国际古迹遗址理事会（ICOMOS）文化线路宪章》，丁援译，《中国名城》2009 年第 5 期。
韩建业：《齐家文化的发展演变：文化互动与欧亚背景》，《文物》2019 年第 7 期。
侯光良、鄂崇毅、杨阳、王青波：《共存与交流——青藏高原东北部史前陶器来源地分析》，《地理环境学报》2016 年第 6 期。
李健胜：《从考古资料看青藏高原史前制陶业的发展历程》，《重庆文理学院学报》（社会科学版）2016 年第 4 期。

芈一之：《青海汉族的来源、变化和发展》（下），《青海民族研究》1996年第3期。

彭燕凝：《齐家文化玉器与三星堆文化的关系》，《深圳大学学报》（人文社会科学版）2008年第4期。

乔虹：《卡约文化金属制品及其文化意蕴》，《青海师范大学学报》（哲学社会科学版）2013年第4期。

青海省文物局：《民和马场垣遗址》，《青海文化》2006年第2期。

陶柯：《论吐蕃为开辟高原丝路做出的贡献》，《甘肃高师学报》2000年第1期。

仝涛：《青海都兰热水一号大墓的形制、年代及墓主人身份探讨》，《考古学报》2012年第4期。

王力、郭胜利：《从朱绣入藏观北洋初年对西藏之经营》，《中国史研究》2009年第22期。

王丽萍：《文化线路：理论演进、内容体系与研究意义》，《人文地理》2011年第5期。

王仁湘：《庙底沟文化彩陶向西南的传播》，《四川文物》2011年第1期。

王献军：《试论甘青川滇藏区政教合一制的特点》，《西藏民族学院学报》2004年第2期。

席元麟：《从青海民族语地名透视民族关系》，《青海民族研究》1999年第1期。

许新国：《露斯沟摩崖石刻图像考》，《青海社会科学》1994年第2期。

叶茂林、何克洲：《青海民和县喇家遗址出土齐家文化玉器》，《考古》2002年第12期。

臧振：《"玉石之路"初探》，《人文杂志》1994年第2期。

赵春娥：《青海社会变迁与教育"内地化"进程初探》，《中南民族大学学报》（人文社会科学版）2012年第2期。

后　　记

　　《唐蕃古道青海段历史文化》一书是青海省社会科学院唐蕃古道联合申遗前期研究项目的阶段性成果之一。2016年6月，由中国社会科学院科研局牵头，陕西、甘肃、青海、四川、西藏五省（区）社会科学院联合召开了"唐蕃古道"联合申遗第一次协调工作会议，初步确定了前期研究项目框架及时间进程。为了进一步推进青海省的申遗前期研究工作，青海省社会科学院于2016年9月召开"唐蕃古道申请世界文化遗产前期研究咨询论证会"。之后，中国社会科学院历史研究所联合甘肃省社会科学院对唐蕃古道相关路段进行了实地考察，我院科研人员也参与调研。2017年7月，青海省可可西里正式列入世界自然遗产名录，这给我们的申遗前期研究工作以极大的鼓舞和许多有益启示。是年8月，由青海省社会科学院协调召开了"2017年唐蕃古道申遗前期研究青海段座谈会"，紧接着由中国社会科学院历史研究所牵头，组织甘肃、青海、西藏三省（区）社会科学院进行唐蕃古道青海段和西藏段的考察。9月，经国家文物局批准，青海省文物局、青海省文物考古研究所与西北大学、陕西省考古研究院、青海省社科院等单位联合开展"丝绸之路南亚廊道——唐蕃古道（青海段）"考古调查，为"唐蕃古道"申遗工作提供了学术支撑。

　　在中国社会科学院和青海省委宣传部的大力支持以及陕、甘、青、川、藏五省（区）社会科学院的通力合作下，申遗前期研究工作得以稳步推进，特别是考察组成员连续两年克服持续的高原反应和身体不适，走访古城遗址，探寻古道驿站，了解民俗风情等，不仅对唐蕃古道青海段有了全面准确的感性认识，而且收集了大量的第一手资料，为申遗前期研究奠定了坚实基础。

　　唐蕃古道延绵数千公里，其中青海段占很大比重，这一路段至今还遗留有丰富的考古文化遗存，同时，还有大量与之密切相关的史料典籍，我们项目组围绕着唐蕃古道青海段线路及历史变迁、历史事件和历史人物、古道沿线物质文化遗产和非物质文化遗产、沿线历史民俗、民族历史变迁和民族文化交流、宗教传播与交流以及唐蕃古道青海段文化内涵及价值等多维度开展广泛而深入的研究。《唐蕃古道青海段历史文化》由陈玮教授任主编，张生寅研究员任副主编。陈玮总体策划，并与张生寅进行篇章设计。本书撰稿从2018年10月开始，到2021年3月定稿。撰稿分工情况是：第七章由陈玮执笔；绪论、第八章、第十章由张生寅执笔；第一章、第九章由解占录执笔；第二章、第六章由胡芳执笔；第三章、第四章由毕艳君执笔；第五章由张筠执笔。全书由陈玮统稿。该书作为科研项目，在立项过程中得到了原中共青海省委常委、宣传部长张西明的大力支持。在项目进行过程中还得到了中国社会科学院科研局、历史研究所的帮助和指导，陕、甘、川、藏四省区社会科学院也给予了很大帮助。书稿在征求意见中承蒙崔永红、米海萍、李健胜等专家学者进行了认真审阅，提出了宝贵的修改意见。本书还得到中国社会科学出版社的大力支持，责任编辑刘艳女士也付出了辛勤劳动，在此一并致以诚挚的谢意。

著者

2021年3月3日于西宁